le Guide du routard

Directeurs de collection et auteurs

Philippe GLOAGUEN et Michel DUVAL

Rédacteur en chef
Pierre JOSSE

Rédacteurs en chef adjoints
Amanda KERAVEL et Benoît LUCCHINI

Directrice de la coordination
Florence CHARMETANT

Directrice administrative
Bénédicte GLOAGUEN

Rédaction
Olivier PAGE, Véronique de CHARDON,
Isabelle AL SUBAIHI, Anne-Caroline DUMAS,
Carole BORDES, André PONCELET,
Marie BURIN des ROZIERS, Thierry BROUARD,
Géraldine LEMAUF-BEAUVOIS,
Anne POINSOT, Mathilde de BOISGROLLIER,
Alain PALLIER, Gavin's CLEMENTE-RUÏZ
et Fiona DEBRABANDER

LOUISIANE
et les villes du Sud

2009

Hachette

Avis aux hôteliers et aux restaurateurs

Les enquêteurs du *Guide du routard* travaillent dans le plus strict anonymat. Aucune réduction, aucun avantage quelconque, aucune rétribution n'est jamais demandé en contrepartie. Face aux aigrefins, la loi autorise les hôteliers et restaurateurs à porter plainte.

Hors-d'œuvre

Le *Guide du routard,* ce n'est pas comme le bon vin, il vieillit mal. On ne veut pas pousser à la consommation, mais évitez de partir avec une édition ancienne. Les modifications sont souvent importantes.

routard.com dépasse 1,3 million de visiteurs uniques par mois !

● ***routard.com*** ● Sur notre site, tout pour préparer votre périple. Des fiches pratiques sur plus de 180 destinations, de nombreuses informations et des services : photos, cartes, météo, dossiers, agenda, itinéraires, billets d'avion, réservation d'hôtels, location de voitures, visas... Et aussi un vaste forum pour échanger ses bons plans, partager ses photos ou trouver son compagnon de voyage. Sans oublier *routard mag,* ses reportages, ses carnets de route et ses infos pour bien voyager. La boîte à outils indispensable du routard.

Petits restos des grands chefs

Ce qui est bon n'est pas forcément cher ! Partout en France, nous avons dégoté de bonnes petites tables de grands chefs aux prix aussi raisonnables que la cuisine est fameuse. Évidemment, tous les grands chefs n'ont pas été retenus : certains font payer cher leur nom pour une petite table qu'ils ne fréquentent guère. Au total, plus de 700 adresses réactualisées, retenues pour le plaisir des papilles sans pour autant ruiner votre portefeuille. À proximité des restaurants sélectionnés, 280 hôtels de charme pour prolonger la fête.

Nos meilleurs campings en France

Se réveiller au milieu des prés, dormir au bord de l'eau ou dans une hutte, voici nos 1 700 meilleures adresses en pleine nature. Du camping à la ferme aux équipements les plus sophistiqués, nous avons sélectionné les plus beaux emplacements : mer, montagne, campagne ou lac. Sans oublier les balades à proximité, les jeux pour enfants... Des centaines de réductions pour nos lecteurs.

Avis aux lecteurs

Les réductions accordées à nos lecteurs ne sont jamais demandées par nos rédacteurs afin de préserver leur indépendance. Les hôteliers et restaurateurs sont sollicités par une société de mailing, totalement indépendante de la rédaction, qui reste donc libre de ses choix. De même pour les autocollants et plaques émaillées.

Pour que votre pub voyage autant que nos lecteurs,
contactez nos régies publicitaires :
● fbrunel@hachette-livre.fr ●
● veronique@routard.com ●

Le contenu des annonces publicitaires insérées dans ce guide n'engage en rien la responsabilité de l'éditeur.

Mille excuses, on ne peut plus répondre individuellement aux centaines de CV reçus chaque année.

TABLE DES MATIÈRES

LA LOUISIANE

LA RÉGION DES PLANTATIONS

VERS LE NORD, LES VILLES HISTORIQUES

LE PAYS CAJUN ET LES BAYOUS

EN ALLANT VERS L'OUEST ET LE TEXAS

LES VILLES DU SUD

LA GÉORGIE

LA CAROLINE DU SUD

LE TENNESSEE

Nous avons divisé les États-Unis en plusieurs titres. En effet, la très grande
majorité d'entre vous ne parcourt pas tout le pays. Et ces contrées sont tellement riches culturellement qu'elles nécessitent 6 ou 7 guides à elles seules.
Rassemblés en un seul volume, nos ouvrages atteindraient 1 500, voire
2 000 pages. Ils seraient alors intransportables et coûteraient... 3 fois plus cher !
Nous souhaitons conserver un format pratique à un prix économique, tout en
vous fournissant le maximum d'informations sur des régions qui méritent d'être
développées. Voilà !

La rédaction

LES GUIDES DU ROUTARD
2009-2010

(dates de parution sur **routard.com**)

France

Nationaux

- Nos meilleures chambres d'hôtes
  en France
- Nos meilleurs campings
  en France
- Nos meilleurs hôtels et restos
  en France
- Petits restos des grands chefs
- Tables à la ferme et boutiques du terroir

Régions françaises

- Alpes
- Alsace (Vosges)
- Aquitaine
- Ardèche, Drôme
- **Auvergne (nouveauté)**
- Bourgogne
- Bretagne Nord
- Bretagne Sud
- Châteaux de la Loire
- Corse
- Côte d'Azur
- Franche-Comté
- Languedoc-Roussillon
- **Limousin (nouveauté)**
- Lorraine
- Lot, Aveyron, Tarn
- Nord-Pas-de-Calais
- Normandie
- Pays basque (France, Espagne), Béarn
- Pays de la Loire

- **Picardie (avril 2009)**
- Poitou-Charentes
- Provence
- Pyrénées, Gascogne et Pays toulousain

Villes françaises

- Bordeaux
- Lille
- Lyon
- Marseille
- Montpellier
- Nice
- Strasbourg
- Toulouse

Paris

- Environs de Paris
- Junior à Paris et ses environs
- Paris
- Paris balades
- Paris exotique
- Paris la nuit
- Paris, ouvert le dimanche
- Paris à vélo
- Paris zen
- Restos et bistrots de Paris
- Le Routard des amoureux à Paris
- Week-ends autour de Paris

Europe

Pays européens

- Allemagne
- Andalousie
- Angleterre, Pays de Galles
- Autriche
- Baléares
- Belgique
- Catalogne (+ Valence et Andorre)
- Crète
- Croatie
- Danemark, Suède
- Écosse
- Espagne du Nord-Ouest (Galice,
  Asturies, Cantabrie)
- Finlande
- Grèce continentale
- Hongrie, République tchèque, Slovaquie

- Îles grecques et Athènes
- Irlande
- Islande
- Italie du Nord
- Italie du Sud
- Lacs italiens
- Madrid, Castille (Aragon et Estrémadure)
- Malte
- Norvège
- Pologne et capitales baltes
- Portugal
- Roumanie, Bulgarie
- Sicile
- Suisse
- Toscane, Ombrie

LES GUIDES DU ROUTARD
2009-2010 *(suite)*

(dates de parution sur **routard.com**)

Villes européennes

- Amsterdam et ses environs
- Barcelone
- Berlin
- Florence
- Lisbonne
- Londres
- Moscou, Saint-Pétersbourg
- Prague
- Rome
- Venise

Amériques

- Argentine
- Brésil
- Californie
- Canada Ouest et Ontario
- Chili et île de Pâques
- Cuba
- Équateur et Galápagos
- États-Unis côte Est
- Floride
- Guadeloupe, Saint-Martin, Saint-Barth
- Guatemala, Yucatán et Chiapas
- Louisiane et les villes du Sud
- Martinique
- Mexique
- New York
- Parcs nationaux de l'Ouest américain et Las Vegas
- Pérou, Bolivie
- Québec et Provinces maritimes
- République dominicaine (Saint-Domingue)

Asie

- Bali, Lombok
- Birmanie (Myanmar)
- Cambodge, Laos
- Chine (Sud, Pékin, Yunnan)
- Inde du Nord
- Inde du Sud
- Istanbul
- Jordanie, Syrie
- Malaisie, Singapour
- Népal, Tibet
- Sri Lanka (Ceylan)
- Thaïlande
- Tokyo-Kyoto
- Turquie
- Vietnam

Afrique

- Afrique de l'Ouest
- Afrique du Sud
- Égypte
- Île Maurice, Rodrigues
- Kenya, Tanzanie et Zanzibar
- Madagascar
- Maroc
- Marrakech
- Réunion
- Sénégal, Gambie
- Tunisie

Guides de conversation

- Allemand
- Anglais
- Arabe du Maghreb
- Arabe du Proche-Orient
- Chinois
- Croate
- Espagnol
- Grec
- Italien
- Japonais
- Portugais
- Russe

Et aussi...

- Le Guide de l'humanitaire
- **Tourisme durable (mai 2009)**
- G'palémo

NOS NOUVEAUTÉS

LIMOUSIN (paru)

Du vert, du vert, toujours du vert... bienvenue dans le Limousin ! Ici, l'herbe pousse à foison et fait le régal des vaches réputées pour leur viande savoureuse. Mais la richesse du Limousin ne s'arrête pas là. En plus de ses merveilles de bouche, vous serez étonné, au fil de votre balade, de découvrir des richesses insoupçonnées. L'artisanat y connaît un vrai succès. La porcelaine continue de faire la fierté des Limougeauds et, si on pousse un peu plus loin, on découvre tanneries, ganteries, moulins à papier... Eh oui, la forêt, qui couvre une bonne partie de la région, ne ravit pas que les promeneurs mais aussi les imprimeurs. Et puis, voici le Limousin citadin : Limoges, Brive-la-Gaillarde ou encore Guéret, qui sont des villes chargées d'histoire.

AUVERGNE (paru)

Ah les monts d'Auvergne ! Les amoureux de la rando trouveront plus que leur compte en visitant le cœur de la France. Attention, ouvrez grand les yeux : ici, un volcan, un massif, une réserve, un lac ; là-bas, une vallée, des thermes... Voici l'Auvergne ! Une nature verdoyante que les bougnats ont su préserver. En suivant les courbes voluptueuses de ses volcans, vous atteindrez la capitale, Clermont-Ferrand. Il y fait bon vivre, à en croire tous les étudiants qui animent la ville. Sur les terres de Vercingétorix, vous découvrirez une région qui porte encore les traces de son histoire, les vendeurs de charbon, l'exode, Vichy... Enfin, pour finir, sachez qu'il existe une vraie tradition culinaire dont seuls les Auvergnats ont le secret.

Nous tenons à remercier tout particulièrement Loup-Maëlle Besançon, Thierry Bessou, Gérard Bouchu, Grégory Dalex, Fabrice Doumergue, Cédric Fischer, Carole Fouque, Michelle Georget, David Giason, Lucien Jedwab, Emmanuel Juste, Fabrice de Lestang, Pierre Mitrano, Jean-Sébastien Petitdemange, Thomas Rivallain, Claudio Tombari et Solange Vivier pour leur collaboration régulière.

Et pour cette nouvelle collection, nous remercions aussi :

David Alon et Andréa Valouchova
Ariadna Barroso Calderon
Jean-Jacques Bordier-Chêne
Déborah Bueche
Stéphanie Campeaux
Nathalie Capiez
Louise Carcopino
Raymond Chabaud
Alain Chaplais
Bénédicte Charmetant
François Chauvin
Cécile Chavent
Stéphanie Condis
Agnès de Couesnongle
Agnès Debiage
Isabelle Delpière Revéret
Jérôme Denoix
Solenne Deschamps
Tovi et Ahmet Diler
Céline Druon
Nicolas Dubost
Clélie Dudon
Aurélie Dugelay
Sophie Duval
Alain Fisch
Aurélie Gaillot
Adrien et Clément Gloaguen
Angela Gosmann
Romuald Goujon
Stéphane Gourmelen
Claudine de Gubernatis
Xavier Haudiquet

Claude Hervé-Bazin
Bernard Hilaire
Sébastien Jauffret
François et Sylvie Jouffa
Hélène Labriet
Francis Lecompte
Jacques Lemoine
Sacha Lenormand
Amélie Lepley
Valérie Loth
Béatrice Marchand
Amanda de Martino
Kristell Menez
Delphine Meudic
Éric Milet
Jacques Muller
Anaïs Nectoux
Hélène Odoux
Caroline Ollion
Nicolas Pallier
Martine Partrat
Odile Paugam et Didier Jehanno
Mathilde Pilon
Xavier Ramon
Dominique Roland et Stéphanie Déro
Corinne Russo
Caroline Sabljak
Prakit Saiporn
Jean-Luc et Antigone Schilling
Julien Vitry
Céline Vo
Fabian Zegowitz

Direction : Nathalie Pujo
Contrôle de gestion : Joséphine Veyres, Vincent Leav et Héloïse Morel d'Arleux
Responsable éditoriale : Catherine Julhe
Édition : Matthieu Devaux, Marine Barbier-Blin, Géraldine Péron, Jean Tiffon, Olga Krokhina, Vanessa Di Domenico, Julie Dupré, Gaëlle Leguéné, Gia-Quy Tran et Laura Gélie
Secrétariat : Catherine Maîtrepierre
Préparation-lecture : Émilie Guerrier
Cartographie : Frédéric Clémençon et Aurélie Huot
Fabrication : Nathalie Lautout et Audrey Detournay
Couverture : Seenk
Direction marketing : Dominique Nouvel, Lydie Firmin et Juliette Caillaud
Responsable des partenariats : André Magniez
Édition des partenariats : Juliette de Lavaur, Raphaële Wauquiez et Mélanie Radepont
Informatique éditoriale : Lionel Barth
Relations presse France : COM'PROD, Fred Papet. ☎ 01-56-43-36-38. ● info@com prod.fr ●
Relations presse : Martine Levens (Belgique) et Maureen Browne (Suisse)
Régie publicitaire : Florence Brunel

LES QUESTIONS QU'ON SE POSE LE PLUS SOUVENT

➤ **Quels sont les papiers indispensables pour se rendre en Louisiane ?**
Passeport électronique ou passeport individuel à lecture optique valide et émis avant le 26 octobre 2005, même pour les enfants, ainsi qu'un billet aller-retour et, à partir de début 2009, une autorisation de voyage à remplir sur Internet. Visa nécessaire pour un séjour de plus de trois mois.

➤ **Quel est le décalage horaire ?**
Pour la Louisiane et le Tennessee, 7h de décalage. Pour la Géorgie et la Caroline du Sud, 6h. Quand il est 12h en France, il est 5h à La Nouvelle-Orléans, Memphis et Nashville, et 6h à Atlanta, Savannah et Charleston.

➤ **Quelle est la meilleure saison pour y aller ?**
Le printemps et l'automne à partir d'octobre. Éviter l'été, très chaud et humide en Louisiane (les prix chutent de moitié, ce n'est pas pour rien !).

➤ **La vie est-elle chère ?**
Assez chère dans l'ensemble, bien que le cours du dollar penche ces derniers temps en notre faveur ! Aux prix affichés, n'oubliez pas d'ajouter les taxes (entre 5 et 15 % selon le type d'achat) et le service (minimum fixé entre 15 et 20 % !).

➤ **Comment se loger au meilleur prix ?**
Le motel de bord de route reste la solution la moins chère, d'autant qu'une famille de quatre personnes peut dormir dans la même chambre pour le même prix.

➤ **Comment se déplacer ?**
En voiture, bien sûr. Le carburant est encore bon marché, et les voitures de location sont bien plus spacieuses et confortables qu'en France.

➤ **Peut-on y aller avec des enfants ?**
L'Amérique est une destination familiale par excellence et les États du Sud n'échappent pas à la règle (à condition d'éviter l'été, trop chaud). Cela dit, la musique qui règne un peu partout (jazz, country et blues) et le contexte historique du Vieux Sud intéresseront plus les ados que les petits enfants.

➤ **Y a-t-il des problèmes d'insécurité en Louisiane et dans les États du Sud ?**
Certains quartiers de La Nouvelle-Orléans, de Savannah et de Charleston sont dangereux surtout à la nuit tombée, mais il suffit de respecter quelques consignes de bon sens, valables pour la plupart des grandes villes du monde.

➤ **Y a-t-il encore des Indiens en Louisiane ?**
Même s'ils ne sont pas reconnus en tant que nation et mal connus des Américains eux-mêmes car peu nombreux, les Indiens houmas résident dans la région du même nom. En plus, ils parlent souvent le français !

➤ **Peut-on vraiment voir des alligators en liberté ?**
Oui, les balades sur les bayous permettent d'observer en toute sécurité de sacrées bestioles, et ce à 30 km de La Nouvelle-Orléans.

➤ **Où peut-on écouter du jazz, de la country ou du blues ?**
La Nouvelle-Orléans est bien sûr le berceau du jazz, Nashville le temple sacré de la country et Memphis celui du blues. Tous les soirs, d'excellents groupes se produisent pour pas cher dans des clubs de réputation mondiale.

➤ **Mange-t-on bien dans cette région des États-Unis ?**
Oh que oui ! Le sud des États-Unis revendique une vraie tradition culinaire : spécialités cajuns en Louisiane héritées des cuisines française, espagnole et antillaise, et cuisine gastronomique réputée du côté de Charleston.

LES COUPS DE CŒUR DU ROUTARD

● À La Nouvelle-Orléans, zoner dans le French Quarter en se laissant porter par des vibrations de sax et de contrebasse. Arpenter le quartier Marigny et aller à la rencontre d'une ville en train de redresser la tête après Katrina.

● Se glisser dans la peau de Scarlett O'Hara, en faisant craquer les planchers des vastes demeures des plantations aux colonnes majestueuses.

● Dans les environs de Breaux Bridge, explorer le Lake Martin, avec ses crocos, ses tortues et ses cyprès, sur le petit bateau de Norbert Leblanc, un authentique trappeur cajun.

● Passer un samedi soir au délicieux show live du Liberty Theater de Eunice, au « rendez-vous des Cajuns ».

● Savourer une soirée dansante au resto Mulate's de Breaux Bridge, véritable institution en Louisiane, où toutes les stars du blues, du jazz et du rock ont défilé.

● Passer une nuit dans un Bed and Breakfast tenu par nos cousins cajuns, à Houma par exemple : accueil chaleureux en français et immersion immédiate dans la culture des bayous !

● Découvrir les différents sites du Jean Lafitte National Historical Park and Preserve, à Eunice, Lafayette, Thibodaux, La Nouvelle-Orléans et ses environs. Des visites incontournables pour se familiariser avec l'histoire, la culture et la vie des Cajuns d'hier et d'aujourd'hui.

● Explorer à pied ou en canoë les magnifiques State Parks de Louisiane, en plein cœur d'une nature exubérante. Nos préférés : Chicot State Park et le Louisiana State Arboretum près d'Opelousas, Lake Fausse Pointe State Park à proximité de Saint Martinville, et le Sam Houston Jones State Park dans les environs de Lake Charles.

● À Nashville, visiter le Country Music Hall of Fame et plonger dans les racines de ce style musical. Le soir, faire du bar hopping sur Broadway pour passer sans trève de la country au bluegrass et du bluegrass au hillbilly.

● Visiter le poignant National Civil Rights Museum à Memphis, situé dans le Lorraine Motel, où Martin Luther King fut assassiné, pour comprendre le long combat des Noirs pour leurs droits.

● À Atlanta, admirer l'architecture du High Museum of Art, signée Renzo Piano. Et assister à une messe gospel le dimanche matin à Auburn.

● Croiser les fantômes du passé dans les squares de Savannah, et, au lever ou au coucher du soleil, se promener le long de Jones Street, considérée comme la plus belle rue des États-Unis.

● À Charleston, admirer les demeures coloniales autour de Battery Park.

COMMENT Y ALLER ?

LES LIGNES RÉGULIÈRES

Compagnie française

▲ AIR FRANCE

Rens et résas : ☎ 36-54 *(0,34 €/mn ; 24h/24), sur • airfrance.fr •, dans les agences Air France et dans ttes les agences de voyages (fermées dim et parfois lun).*

➢ Air France dessert Atlanta avec plusieurs vols quotidiens directs au départ de l'aéroport Roissy-Charles-de-Gaulle. Air France dessert, en partage de codes avec les compagnies Northwest, Delta, KLM et Continental Airlines, de nombreuses destinations en Louisiane et dans les États du Sud, parmi lesquelles La Nouvelle-Orléans, Memphis, Charleston... (vols non directs via Atlanta, Detroit, Amsterdam et New York).

Air France offre une gamme de tarifs accessibles à tous : du *Tempo 1* (le plus souple) au *Tempo 5* (le moins cher) selon les destinations. Pour les moins de 25 ans, Air France propose des tarifs très attractifs *Tempo Jeunes,* ainsi qu'une carte de fidélité *(Flying Blue Jeune)* gratuite et valable sur l'ensemble des compagnies membres de *Skyteam.* Cette carte permet de cumuler des *miles.*

Tous les mercredis dès minuit, sur • airfrance.fr •, Air France propose les tarifs « Coup de cœur », une sélection de destinations en France pour des départs de dernière minute.

Sur Internet, possibilité de consulter les meilleurs tarifs du moment, rubriques « Offres spéciales » et « Promotions ».

Compagnies américaines

▲ AMERICAN AIRLINES

Rens et résas : lun-ven 8h-20h, w-e 9h30-18h au ☎ 01-55-17-43-41 ; • america nairlines.fr •

➢ American Airlines propose, au départ de Paris-Roissy, 2 vols quotidiens, sans escale, sur New York ainsi qu'un vol quotidien sans escale sur les villes suivantes : Boston (liaisons saisonnières), Chicago, Dallas/Fort Worth et Miami. Aux États-Unis, correspondances sur près de 200 destinations domestiques, ainsi que vers le Canada, l'Amérique centrale, la zone Caraïbes et l'Amérique du Sud.

▲ DELTA AIR LINES

– Paris : 2, rue Robert-Esnault-Pelterie, 75007. ☎ 0811-640-005 (lun-ven 8h-21h, w-e et j. fériés 9h30-17h30). • delta.com • Ⓜ Invalides. Lun-ven 9h30-18h30 ; sam 10h-13h, 14h-18h.

➢ Delta Air Lines propose des vols quotidiens vers Boston, New York, Atlanta, Cincinnati, Chicago, Washington, Los Angeles, Philadelphie, San Francisco, Miami, Houston, Detroit et Seattle. Le réseau outre-Atlantique de Delta est l'un des plus étendus, avec plus de 200 villes desservies.

En Louisiane, la compagnie relie La Nouvelle-Orléans, Baton Rouge, Lafayette, Shreveport et Monroe, via Atlanta et Cincinnati.

▲ UNITED AIRLINES

Rens et résas : par téléphone lun-ven 8h-20h au ☎ 0810-72-72-72 (n° Azur), ou sur Internet : • united.fr •

➢ Au départ de Paris, la compagnie dessert tous les jours La Nouvelle-Orléans et d'autres villes via Washington ou Chicago. Toute l'année, United Airlines propose des tarifs promotionnels vers plus de 150 destinations aux États-Unis (Hawaii compris).
Pour les 12-25 ans, un numéro spécial est mis à leur disposition leur permettant de bénéficier de tarifs préférentiels jusqu'à - 25 % : ☎ 0820-001-225 (0,12 €/mn).

▲ US AIRWAYS
Rens et résas : ☎ 0810-63-22-22 *(n° Azur) en sem 8h-21h, w-e 9h-17h.* ● *usairways. com* ●
➢ Un vol quotidien sur La Nouvelle-Orléans via Philadelphie. Au départ de Paris, plus de 225 destinations au total sur tous les États-Unis, le Canada et les Caraïbes.

LES ORGANISMES DE VOYAGES

– Ne pas croire que les vols à tarif réduit sont tous au même prix pour une même destination à une même époque : loin de là. On a déjà vu, dans un même avion partagé par deux organismes, des passagers qui avaient payé 40 % plus cher que les autres. De plus, une agence bon marché ne l'est pas forcément toute l'année (elle peut n'être compétitive qu'à certaines dates bien précises). Donc, contactez tous les organismes et jugez vous-même.
– Les organismes cités sont classés par ordre alphabétique, pour éviter les jalousies et les grincements de dents.

EN FRANCE

▲ BACK ROADS
– *Paris :* 14, pl. Denfert-Rochereau, 75014. ☎ 01-43-22-65-65. ● *backroads.fr* ●
Ⓜ *ou RER B : Denfert-Rochereau. Lun-ven 10h-19h ; sam 10h-18h.* Depuis 1975, Jacques Klein et son équipe sillonnent chaque année les routes américaines, ce qui fait d'eux de grands connaisseurs des États-Unis, de New York à l'Alaska en passant par le Far West. Pour cette raison, ils ne vendent leurs produits qu'en direct. Ils vous feront partager leurs expériences et vous conseilleront sur les circuits les plus adaptés à vos centres d'intérêt. Spécialistes des autotours, qu'ils programment eux-mêmes, ils ont également le grand avantage de disposer de contingents de chambres dans les parcs nationaux ou à proximité immédiate. Dans leur brochure, ils offrent également un grand choix d'activités, allant du séjour en ranch aux expéditions à VTT, en passant par le jeeping, le trekking ou le rafting.
De plus, Back Roads représente deux centraux de réservation américains lui permettant d'offrir des tarifs très compétitifs pour la réservation. D'abord *Amerotel* : des hôtels sur tout le territoire, des *Hilton* aux *YMCA*. Ensuite *Car Discount* : un courtier en location de voitures et motos (Harley notamment).

▲ BOURSE DES VOLS / BOURSE DES VOYAGES
Infos : ☎ 01-42-62-66-61, *lun-sam 8h-22h.* ● *bdv.fr* ●
Agence de voyages en ligne, bdv.fr propose une vaste sélection de vols secs, séjours et circuits à réserver en ligne ou par téléphone. Pour bénéficier des meilleurs tarifs aériens, même à la dernière minute, le service de Bourse des Vols référence en temps réel un large panel de vols réguliers, charters et dégriffés au départ de Paris et de nombreuses villes de province à destination du monde entier.

▲ COMPAGNIE DES ÉTATS-UNIS & DU CANADA
– *Paris :* 3, av. de l'Opéra, 75001. ☎ 01-55-35-33-55 *(pour les États-Unis)* et ☎ 01-55-35-33-50 *(pour le Canada-4).* Ⓜ *Palais-Royal-Musée-du-Louvre. Lun-ven 9h-19h ; sam 10h-19h.*

– *Paris : 82, bd Raspail (angle rue de Vaugirard), 75006.* ☎ *01-53-63-29-29 (pour les États-Unis) et* ☎ *01-53-63-29-28 (pour le Canada).* Ⓜ *Rennes ou Saint-Placide. Mêmes horaires.* ● compagniesdumonde.com ●

Après plus de 20 ans d'expérience, Jean-Alexis Pougatch, passionné de l'Amérique du Nord, a ouvert à Paris le centre des voyages à la carte et de l'information sur les États-Unis & le Canada.

D'un côté, la compagnie propose 1 500 vols négociés sur les États-Unis et le Canada. De l'autre, deux brochures très complète sur les États-Unis et sur le Canada. Elles offrent toutes les formules de voyages sur mesure : des circuits thématiques (en Harley Davidson, en avion privé, en camping, en trekking, etc.), de nombreux circuits individuels en voiture, des circuits accompagnés en français et des séjours plage.

Les circuits et les séjours sur mesure représentent la spécificité de ce voyagiste. La Compagnie est aussi spécialisée dans les séjours tournés vers l'art, les grands musées, les expositions. Elle propose de nombreux séjours à New York, Philadelphie, Boston, Chicago, Las Vegas, sans oublier chaque année deux forfaits de 7 jours pour les réveillons de Noël et du Jour de l'an à New York.

Compagnie des États-Unis & du Canada fait partie du groupe Compagnies du Monde, comme Compagnie d'Amérique Latine & Caraïbes, Compagnie des Indes & de l'Extrême Orient et Compagnie de l'Afrique Australe & de l'Océan Indien. Une envie de croisière, consultez le site le plus complet ● mondeetcroisieres.com ●

▲ COMPTOIR DES ÉTATS-UNIS

– *Paris : 6, rue Saint-Victor, 75005.* ☎ *0892-238-438 (0,34 €/mn).* ● comptoir.fr ● Ⓜ *Cardinal-Lemoine. Lun-ven 9h30-18h30, sam 10h-18h30.*
– *Toulouse : 43, rue Peyrolières, 31000.* ☎ *01-53-10-47-70.* Ⓜ *Esquirol. Lun-sam 10h-18h30.*
– *Lyon : 10, quai de Tilsitt, 69002. Ouverture nov 2008.*

La diversité culturelle, le dynamisme de l'Est et les légendes de l'Ouest ne sont jamais bien loin lorsque leurs conseillers vous aident à bâtir un voyage. Comptoir des États-Unis propose un grand choix d'hébergements et des idées de voyages originales à combiner selon son budget et ses envies.

Chaque Comptoir est spécialiste d'une ou plusieurs destinations : Afrique, Brésil, États-Unis, Canada, Déserts, Italie, Islande, Groenland et Terres polaires, Maroc, Pays celtes, Égypte, Pays scandinaves, Pays du Mékong, Pays andins et Grèce.

▲ EXPERIMENT

– *Paris : 89, rue de Turbigo, 75003.* ☎ *01-44-54-58-00.* ● experiment-france.org ● Ⓜ *Temple ou République. Lun-ven 9h-18h.*

Partager en toute amitié la vie quotidienne d'une famille, c'est ce que vous propose l'association Experiment. Cette formule de séjour chez l'habitant à la carte existe dans une douzaine de pays à travers le monde (Amérique, Europe, Asie ou Océanie). Aux États-Unis, Experiment offre également la possibilité de suivre des cours intensifs d'anglais sur 3 campus pendant une durée de 2 semaines à 9 mois. Les cours d'anglais avec hébergement chez l'habitant existent également en Irlande, en Grande-Bretagne, à Malte, au Canada, en Australie et en Nouvelle-Zélande. Experiment propose aussi des cours d'espagnol, de brésilien, d'allemand, d'italien, d'arabe, de chinois et de japonais dans les pays où la langue est parlée. Ces différentes formules s'adressent aux adultes et adolescents.

Sont également proposés : des jobs en Grande-Bretagne, au Canada, en Afrique du Sud ; des stages en entreprise aux États-Unis, en Angleterre, en Irlande, en Espagne et en Allemagne ; des programmes de bénévolat aux États-Unis, au Costa Rica et au Mexique. Service *Départs à l'étranger* : ☎ 01-44-54-58-00.

Pour les 18-26 ans, Experiment organise des séjours « au pair » aux États-Unis (billet aller-retour offert, rémunération de 139 US$ par semaine, formulaire DS 2019, etc.). Service *Au Pair* : ☎ 01-44-54-58-09. Également en Espagne, en Angleterre, en Italie, en Irlande et en Allemagne.

NOUILLORC

▲ PLEIN VENT VOYAGES

Résas et brochures dans les agences du Sud-Est et du Rhône-Alpes, ainsi que sur ● *pleinvent-voyages.com* ●
Premier tour-opérateur du Sud-Est, Plein Vent assure toutes ses prestations (circuits et séjours) au départ de Lyon, Marseille et Nice. Parmi ses destinations phares, les États-Unis. Nouveautés : l'Afrique du Sud et le Japon. Plein Vent garantit ses départs et propose un système de « garantie annulation » performant.

▲ PROMOVACANCES.COM

Les offres Promovacances sont accessibles sur ● *promovacances.com* ● *ou au* ☎ *0899-654-850 (1,35 € l'appel puis 0,34 €/mn) et dans 10 agences situées à Paris* (Ⓜ *Bonne-Nouvelle, Chaussée-d'Antin, Voltaire, Forum-des-Halles...) et à Lyon.*
N°1 français de la vente de séjours sur Internet, Promovacances a fait voyager plus de 2 millions de clients en 10 ans. Le site propose plus de 10 000 voyages actualisés chaque jour sur 300 destinations : séjours, circuits, week-ends, thalasso, plongée, golf, voyages de noce, locations, vols secs... L'ambition du voyagiste : prouver chaque jour que le petit prix est compatible avec des vacances de qualité. Grâce aux avis clients publiés sur le site et aux visites virtuelles des hôtels, vous réservez vos vacances en toute tranquillité.

▲ USA CONSEIL

Devis et brochures sur demande, réception sur rdv, agence Paris XVIᵉ. Rens : ☎ *01-45-46-51-75.* ● *usaconseil.com* ●
Spécialiste des voyages en Amérique du Nord, USA Conseil s'adresse particulièrement aux familles ainsi qu'à toutes les personnes désireuses de visiter et de découvrir les États-Unis et le Canada en maintenant un bon rapport qualité-prix. USA Conseil propose une gamme complète de prestations adaptées à chaque demande et en rapport avec le budget de chacun : vols, voitures, hôtels, motels, bungalows, circuits individuels et accompagnés, itinéraires adaptés aux familles, excursions, *motorhomes,* motos... Bureau d'assistance téléphonique tout l'été avec numéro vert USA et Canada. Sur demande par téléphone, mail ou fax, USA Conseil adresse un devis gratuit et détaillé pour tout projet de voyage.

▲ VACANCES FABULEUSES

– *Paris : 36, rue de Saint-Pétersbourg, 75008.* ☎ *01-42-85-65-00.* ● *vacancesfabuleuses.fr* ● Ⓜ *Place-Clichy. Lun-ven 10h-18h. Et dans ttes les agences de voyages.*
Vacances Fabuleuses, c'est « l'Amérique à la carte ». Ce spécialiste de l'Amérique du Nord (États-Unis, Canada, Bahamas, Mexique et Amérique centrale) vous propose de découvrir l'Amérique de l'intérieur, avec un large choix de formules allant de la location de voitures aux formules sportives en passant par des circuits individuels de 6 à 21 jours.
Le transport est assuré sur compagnies régulières, le tout proposé par une équipe de spécialistes.

▲ VACANCES USA

– *Paris : 4, rue Gomboust (angle 31, av. de l'Opéra), 75001.* ☎ *01-40-15-15-15.* ● *cercledesvacances.com* ● *Lun-ven 8h30-20h, sam 10h-18h30. Vacances USA est une marque de la société* Le Cercle des Vacances.
Voyagiste spécialiste des USA, Vacances USA propose des voyages à travers tous les États du pays, des destinations phares et incontournables à celles plus insolites, pour tous les types de budgets, pour les individuels comme pour les groupes, grâce à des conseillers voyages ayant vécu sur place. Découverte, culture, parcs nationaux et aventure, plusieurs formules sont proposées dans leurs brochures (été) et sur leur site internet. Au programme : vols sur toutes les compagnies régulières, circuits accompagnés, week-end, voyages à la carte, circuits aventure, hébergements variés, locations de voitures à prix très attractifs...

NOUVEAUTÉ

PICARDIE (avril 2009)

Beaucoup de lecteurs s'extasient sur la beauté de la cathédrale de Beauvais, le musée du château de Chantilly ou le charme de Gerberoy, véritable village d'opérette à 100 km de Paris, sans savoir qu'ils ont déjà les pieds en pays picard ! La Picardie, c'est l'une des dernières *terrae incognita* de France. Outre le fabuleux parc de Marquenterre et la magie des hortillonnages d'Amiens, elle offre d'autres sites naturels totalement préservés (la forêt d'Halatte, la verte Thiérache), des cathédrales d'anthologie, comme celle d'Amiens évidemment, mais aussi celles de Laon et de Saint-Quentin (choisie par Patrice Chéreau pour y tourner la *Reine Margot*), et nombre de coutumes encore bien vivantes, tel le parler picard. Émotion garantie lors de la visite des champs de bataille de la Somme de 1916 où soldats des deux côtés payèrent un si lourd tribut... Quant aux lecteurs utopistes, ils rendront un vibrant hommage, à Guise, au vieux père Godin, qui ne se contenta pas de chauffer les corps, mais aussi les cœurs. Allez, laissez-vous surprendre par cette région discrète mais riche, et bienvenue chez les Picards !

▲ VOYAGES-SNCF.COM

Voyages-sncf.com, première agence de voyages sur Internet, propose des billets de train, d'avion, des chambres d'hôtel, des locations de voitures et des séjours clés en main ou Alacarte® sur plus de 600 destinations et à des tarifs avantageux. Leur site • voyages-sncf.com • permet d'accéder tous les jours, 24h/24, à plusieurs services : envoi gratuit des billets à domicile, Alerte Résa pour être informé de l'ouverture des résas et profiter du plus grand choix, calendrier des meilleurs prix (TTC), mais aussi des offres de dernière minute et des promotions...
Et grâce à l'Écocomparateur, en exclusivité sur • voyages-sncf.com •, possibilité de comparer le prix, le temps de trajet et l'indice de pollution pour un même trajet en train, en avion ou en voiture.

▲ VOYAGES ET DÉCOUVERTES

– *Paris : 58, rue Richer, 75009.* ☎ *01-47-70-28-28 et 01-42-61-00-01.* Ⓜ *Grands-Boulevards. Lun-jeu 10h-18h ; ven 10h-15h.*
Voyagiste proposant d'excellents tarifs sur lignes régulières. Difficile de trouver des vols moins chers sur Israël et les États-Unis. Grâce à ses accords spécifiques, tarifs assez exceptionnels sur plus de 200 destinations.

▲ VOYAGEURS AUX ÉTATS-UNIS, AU CANADA ET AUX BAHAMAS

(Alaska, Bahamas, Canada, Québec, Hawaii, USA). ☎ *0892-23-63-63 (0,34 €/mn). Le grand spécialiste du voyage en individuel sur mesure.* • vdm.com •
– *Paris : La Cité des Voyageurs, 55, rue Sainte-Anne, 75002.* ☎ *0892-23-56-56 (0,34 €/mn).* Ⓜ *Opéra ou Pyramides. Lun-sam 9h30-19h.*
Également des agences à Bordeaux, Caen, Grenoble, Lille, Lyon, Marseille, Montpellier, Nantes, Nice, Rennes, Rouen, Strasbourg et Toulouse.
Sur les conseils d'un spécialiste de chaque pays, chacun peut construire un voyage à sa mesure...
Pour partir à la découverte de plus de 150 pays, des conseillers-voyageurs, de près de 30 nationalités et grands spécialistes des destinations, donnent des conseils, étape par étape et à travers une collection de 30 brochures, pour élaborer son propre voyage en individuel.
Voyageurs du Monde propose également une large gamme de circuits accompagnés (Famille, Aventure, Routard...). Voyageurs du Monde a développé une politique de « vente directe » à ses clients, sans intermédiaire.
Dans chacune des *Cités des Voyageurs*, tout rappelle le voyage : librairies spécialisées, boutiques d'accessoires de voyage, expositions-ventes d'artisanat ou encore cocktails-conférences. Toute l'actualité de VDM à consulter sur leur site Internet.

▲ WEST FOREVER

– *Wolfisheim : 4, impasse Joffre, 67202.* ☎ *03-88-68-89-00.* • westforever.fr • *Lun-ven 9h-12h30, 14-18h (ven 17h).*
West Forever est le spécialiste français du voyage en Harley Davidson. Il propose des séjours et des circuits aux États-Unis (Floride, Rocheuses, Grand Ouest, etc.), au Mexique, mais aussi en Australie et en France. Agence de voyages officielle Harley Davidson, West Forever propose une large gamme de tarifs pour un savoir-faire dédié tout entier à la moto. Si vous désirez voyager par vous-même, West Forever pourra vous concocter un voyage à la carte, sans accompagnement, grâce à sa formule « Easy Ride ».

EN BELGIQUE

▲ GLOBE-TROTTERS

– *Bruxelles : 179, rue Victor-Hugo (coin avenue E.-Plasky), 1030.* ☎ *02-732-90-70.* • globe-trotters.be • *Lun-ven 9h30-13h30, 15h-18h ; sam 10h-13h.*
En travaillant avec des prestataires exclusifs, cette agence permet de composer chaque voyage selon ses critères : de l'auberge de jeunesse au *lodge* de luxe isolé,

Tout pour partir*

*bons plans, concours, forums,
magazine et des voyages à prix routard.

> www.routard.com

routard *com*

Chacun
sa route

du *B & B* à l'hôtel de charme, de l'autotour au circuit accompagné, d'une descente de fleuve en pirogue à un circuit à vélo... Motoneige, héliski, multi-activités estivales ou hivernales, équitation... Spécialiste du Québec, du Canada, des États-Unis, Globe Trotters propose aussi des formules dans le Sud-Est asiatique. Assurances voyages. Cartes d'auberges de jeunesse (IYHF). Location de voitures, *motorhomes*, motos.

▲ SERVICE VOYAGES ULB
– *Bruxelles : campus ULB, av. Paul-Héger, 22, CP 166, 1000.* ☎ *02-648-96-58.*
– *Bruxelles : rue Abbé-de-l'Épée, 1, Woluwe, 1200.* ☎ *02-742-28-80.*
– *Bruxelles : hôpital universitaire Érasme, route de Lennik, 808, 1070.* ☎ *02-555-38-49.*
– *Bruxelles : chaussée d'Alsemberg, 815, 1180.* ☎ *02-332-29-60.*
– *Ciney : rue du Centre, 46, 5590.* ☎ *083-216-711.*
– *Marche (Luxembourg) : av. de la Toison-d'Or, 4, 6900.* ☎ *084-31-40-33.*
– *Wepion : chaussée de Dinant, 1137, 5100.* ☎ *081-46-14-37.*
● *servicevoyages.be* ●
Service Voyages ULB, c'est le voyage à l'université. L'accueil est donc très sympa. Billets d'avion sur vols charters et sur compagnies régulières à des prix hyper-compétitifs.

▲ TAXISTOP
Pour ttes les adresses Airstop, un seul numéro de téléphone : ☎ *070-233-188. Taxistop :* ☎ *070-222-292.* ● *airstop.be* ● *Lun-ven 9h-18h30, sam 10h-17h.*
– *Taxistop/Airstop Bruxelles : rue Fossé-aux-Loups, 28, 1000.*
– *Airstop Anvers : Sint Jacobsmarkt, 84, 2000.*
– *Airstop Bruges : Dweersstraat, 2, 8000.*
– *Taxistop/Airstop Gand : Maria Hendrikaplein, 65B, 9000.*
– *Airstop Louvain : Maria Theresiastraat, 125, 3000.*
– *Taxistop Ottignies : boulevard Martin, 27, 1340.*
Taxistop propose un système de covoiturage alors qu'Airstop offre une large gamme de prestations, du vol sec au séjour tout compris à travers le monde.

▲ VOYAGEURS DU MONDE
– *Bruxelles : 23, chaussée de Charleroi, 1060.* ☎ *090-044-500 (0,45 €/mn). Le grand spécialiste du voyage en individuel sur mesure.* ● *vdm.com* ●
Voir texte dans la partie « En France ».

EN SUISSE

▲ STA TRAVEL
● *statravel.ch* ●
– *Fribourg : rue de Lausanne, 24, 1701.* ☎ *058-450-49-80.*
– *Genève : rue de Rive, 10, 1204.* ☎ *058-450-48-00.*
– *Genève : rue Vignier, 3, 1205.* ☎ *058-450-48-30.*
– *Lausanne : bd de Grancy, 20, 1006.* ☎ *058-450-48-50.*
– *Lausanne : à l'université, Anthropole, 1015.* ☎ *058-450-49-20.*
Agences spécialisées notamment dans les voyages pour jeunes et étudiants. Gros avantage en cas de problème : 150 bureaux STA et plus de 700 agents du même groupe répartis dans le monde entier sont là pour donner un coup de main *(Travel Help)*.
STA propose des voyages très avantageux : vols secs *(Blue Ticket)*, hôtels, écoles de langues, *work & travel*, circuits d'aventure, voitures de location, etc. Délivre la carte internationale d'étudiant et la carte Jeune.
STA est membre du fonds de garantie de la branche suisse du voyage ; les montants versés par les clients pour les voyages forfaitaires sont assurés.

AU QUÉBEC

▲ INTAIR VACANCES

Membre du groupe Intair, Intair Vacances propose un vaste choix de prestations à la carte incluant vol, hébergement et location de voitures en Europe, aux États-Unis ainsi qu'aux Antilles, au Mexique et au Costa Rica. Sa division Boomerang Tours présente par ailleurs des voyages sur mesure et des circuits organisés dans le Pacifique sud. Cette année, Intair propose une nouvelle gamme d'hôtels en France et un programme inédit en Europe de l'Est. Également au menu, des courts ou longs séjours, en Espagne (Costa del Sol) et en France (hôtels et appartements sur la côte d'Azur et en région). Également un choix d'achat-rachat en France et dans la péninsule Ibérique.

▲ MERIKA TOURS

(Anciennement Kilomètre Voyages*) :* ● *merikatours.com* ●
Vendu dans les agences de voyage, Merika Tours est une division de Jonview Canada Inc., membre de Transat A.T.Inc., qui propose des voyages au Canada et aux États-Unis (côte Est et côte Ouest). Sa brochure présente des circuits accompagnés, de courts forfaits individuels, des autotours, des hôtels à la carte, des locations de voitures, des véhicules récréatifs et, en hiver, des forfaits ski. En été, des croisières au départ de Montréal sur les îles de la Madeleine et dans le grand Nord canadien. Plusieurs départs garantis toute l'année sur New York et, pendant la saison estivale, vers les chutes du Niagara.

▲ STANDARD TOURS

Ce grossiste né en 1962 programme les États-Unis, le Mexique, les Caraïbes, l'Amérique latine et l'Europe. Specialité : les forfaits sur mesure.

▲ TOURSMAISON

Spécialiste des vacances sur mesure, ce voyagiste sélectionne plusieurs « Évasions soleil » (plus de 600 hôtels ou appartements dans quelque 45 destinations), offre l'Europe à la carte toute l'année (plus de 17 pays) et une vaste sélection de compagnies de croisières (11 compagnies au choix). Toursmaison concocte par ailleurs des forfaits escapades à la carte aux États-Unis et au Canada. Au choix : transport aérien, hébergement (variété d'hôtels de toutes catégories ; appartements dans le sud de la France ; maisons de location et condos en Floride), locations de voitures pratiquement partout dans le monde. Des billets pour le train, les attractions, les excursions et les spectacles peuvent également être achetés avant le départ.

▲ VACANCES AIR CANADA

● *vacancesaircanada.com* ●
Vacances Air Canada propose des forfaits loisirs (golf, croisières et excursions diverses) flexibles vers les destinations les plus populaires des Antilles, de l'Amérique centrale et du Sud, de l'Asie et des États-Unis. Vaste sélection de forfaits incluant vol aller-retour, hébergement. Également des forfaits vol + hôtel/ vol + voiture.

▲ VOYAGES CAMPUS / TRAVEL CUTS

● *voyagescampus.com* ●
Voyages Campus / Travel Cuts est un réseau national d'agences de voyages qui propose des tarifs aériens sur une multitude de destinations pour tous et plus particulièrement en classe étudiante, jeunesse, enseignant. Il diffuse la carte d'étudiant internationale (ISIC), la carte jeunesse (IYTC) et la carte d'enseignant (ITIC). Voyages Campus publie quatre fois par an le *Müv*, le magazine du nomade (● muv mag.com ●). Voyages Campus propose un programme de vacances-travail (SWAP), son programme de volontariat (Volunteer Abroad) et plusieurs circuits au Québec et à l'étranger. Le réseau compte quelque 70 agences à travers le Canada, dont 9 au Québec.

LOUISIANE UTILE

Pour la carte générale de la Louisiane, se reporter au cahier couleur.

ABC DE LA LOUISIANE

- *Superficie :* 125 674 km^2 (environ le quart de la France).
- *Population :* 4,5 millions d'habitants.
- *Capitale :* Baton Rouge (224 000 habitants).
- *Villes principales :* La Nouvelle-Orléans, Lafayette, Shreveport, Natchitoches, Alexandria.
- *Gouverneur de la Louisiane :* Bobby Jindal, Indo-Américain et membre du parti Républicain, en poste depuis 2008.

- *Langues :* l'américain est la langue officielle, le français est la 2e langue la plus parlée.

AVANT LE DÉPART
Adresses utiles

En France

Office de tourisme – USA (c/o Visit USA Committee) : ☎ 0899-70-24-70 *(1,35 € l'appel + 0,34 €/mn).* • office-tourisme-usa.com • Bureau d'information privé, représentant certains États, mais aussi des sociétés (chaînes d'hôtels, loueurs de voiture...) et des services. Fermé au public, mais nombreux renseignements sur le site internet et par téléphone.

Office de tourisme de La Nouvelle-Orléans et de la Louisiane-Express Conseil : ☎ 01-44-77-88-05 *(lun-jeu 9h-18h, ven 9h-17h).* • louisiane@ecltd.com • ecltd.com/louisiane.htm • louisianatravel.com • Ce bureau ne reçoit pas le public, mais peut envoyer de la documentation gratuite sur demande (via le site internet par exemple). Bonnes infos.

Association France-Louisiane franco-américaine : 17, av. Reille, 75014 Paris. ☎ 01-45-88-02-10. Fax : 01-45-88-03-22. Ⓜ Glacière ou RER B : Cité-Universitaire. Lun-ven 14h-18h.

Cette association, créée en 1977, a pour objectif de resserrer les liens entre les francophones des États-Unis. Elle possède un important centre de documentation sur la Louisiane et sur les Franco-Américains (un millier d'ouvrages) et peut fournir toutes sortes de documentations touristiques très détaillées et de bons conseils.

Ambassade des États-Unis, section consulaire : 2, av. Gabriel, 75008 Paris. ☎ 01-43-12-22-22. Ⓜ Concorde. Lire plus loin le paragraphe concernant les formalités d'entrée et l'obtention d'un visa. *Rens sur les visas :* • france.usembassy.gov •, puis cliquer sur « Visas ». Également rens au ☎ 0892-238-472 *(serveur vocal 24h/24 : 0,34 €/mn).*

Librairie Brentano's : 37, av. de l'Opéra, 75002 Paris. ☎ 01-42-61-52-50. • brentanos.fr • Ⓜ Pyramides ou Opéra. Lun-sam 10h-19h30, dim 13h-19h. La plus grande librairie américaine de la capitale. Section tourisme bien approvisionnée.

En Belgique

■ *Visit USA Marketing & Promotion Bureau :* PO Box 1, Berchem, 3, Berchem 2600. ● visitusa.org ● Bureau d'information privé, qui pallie l'absence d'office de tourisme. Les demandes de renseignements peuvent être communiquées par courrier, fax ou Internet.

Participation aux frais pour l'envoi de documentation ou brochures.
■ *Ambassade et consulat des États-Unis :* bd du Régent, 25, Bruxelles 1000. ☎ 02-508-21-11. ● french.bel gium.usembassy.gov ●

– Le visa n'est pas obligatoire pour les Belges pour un séjour de moins de 90 jours (voir « Formalités d'entrée », plus loin).

En Suisse

■ *Ambassade des États-Unis :* Sulgeneckstrasse 19, 3007 Berne.

☎ 031-357-70-11. ● bern.usembassy. gov ●

– Le visa n'est pas obligatoire pour les Suisses pour un séjour de moins de 90 jours (voir « Formalités d'entrée », plus loin).

Au Québec

■ *Consulat général des États-Unis :* 1155, rue Saint-Alexandre, Montréal. Adresse postale : CP 65, succursale Desjardins, Montréal H5B-1G1. ☎ 1-514-398-9695 (serveur vocal). ● montreal.usconsulate.gov ●

■ *Consulat général des États-Unis :* 2, pl. Terrasse-Dufferin (derrière le château Frontenac), Québec. Adresse postale : CP 939, Québec G1R-4T9. ☎ 1-418-692-2095 (serveur vocal). ● quebec.uscon sulate.gov/content/index.asp ●

– Le visa n'est pas obligatoire pour les Canadiens pour un séjour de moins de 90 jours (voir « Formalités d'entrée », ci-dessous).

Formalités d'entrée

ATTENTION : les mesures de sécurité concernant les formalités d'entrée sur le sol américain n'ont cessé de se renforcer depuis le 11 septembre 2001. *Avant d'entreprendre votre voyage, consultez impérativement le site de l'ambassade des États-Unis,* très détaillé et constamment remis à jour, pour vous tenir au courant des toutes dernières mesures : ● france.usembassy.gov ●, rubrique « Visas ».
– *Passeport électronique en cours de validité, ou passeport individuel à lecture optique* (modèle Delphine) en cours de validité et émis avant le 26 octobre 2005. À défaut, un visa est obligatoire. Les enfants de tous âges doivent impérativement posséder leur propre passeport. *À partir du 12 janvier 2009,* les voyageurs (y compris les enfants) doivent aussi être en possession d'une autorisation électronique de voyage, à remplir en ligne sur le site internet d'*ESTA* (● https :// esta.cbp.dhs.gov ●) avant d'embarquer pour les États-Unis, que ce soit par voie maritime ou aérienne. La demande d'autorisation de voyage peut être faite au plus tard 72h avant le départ, mais le plus tôt est bien sûr le mieux.
Enfin, tous les voyageurs se rendant aux États-Unis doivent être en mesure de présenter un *billet d'avion aller-retour* et se soumettre au rituel des empreintes digitales et de la photo, lors du passage de l'immigration.
– *Le visa* n'est à priori pas nécessaire pour les Français qui se rendent aux États-Unis pour tourisme (lire plus haut). Cependant, votre séjour ne doit pas dépasser 90 jours.

ATTENTION : le visa reste indispensable pour les diplomates, les étudiants pour-suivant un programme d'études, les stagiaires, les jeunes filles/garçons au pair, les journalistes en mission et autres catégories professionnelles.
– Le visa n'est pas obligatoire pour les ***Belges*** et les ***Suisses*** pour un séjour de tourisme de moins de 90 jours, sous certaines conditions (grosso modo les mêmes que pour les Français).
Quant aux ***Canadiens,*** ils doivent être eux aussi munis d'un passeport valide.
Avant tout voyage, il est impératif de vérifier ces formalités via les sites internet des ambassades (voir plus haut).
– Si vous allez aux États-Unis en passant par le Mexique ou le Canada, il n'est pas nécessaire d'avoir un visa (mais une taxe de 6 $, payable en espèces, vous sera demandée).
– Pas de ***vaccination*** obligatoire (lire la rubrique « Santé », plus loin).
– ***Pour conduire sur le sol américain :*** impératif d'avoir son ***permis de conduire national.*** Le ***permis international*** n'est pas une obligation mais une facilité, même si l'on ne conduit pas. Il est beaucoup plus souvent demandé, comme preuve d'identité, que le passeport (les Américains s'en servent comme carte d'identité).
– ***Interdiction d'emporter des denrées périssables non stérilisées*** (charcuterie, fromage, biscuits...) ***et des végétaux.*** Seules les conserves sont tolérées. Une bou-teille d'alcool par personne est autorisée.
– ***Aucun objet coupant n'est autorisé en cabine.*** Même les ciseaux à bout rond des enfants seront confisqués !
– ***Les liquides, gels, crèmes, pâtes dentifrice sont restreints en cabine*** (sauf aliments pour bébés). Ils doivent être conditionnés dans des flacons ou tubes de 100 ml max et placés dans une pochette plastique transparente (type sac de congélation).
– ***Évitez de verrouiller vos valises*** de soute, sous peine de retrouver leurs serrures forcées par les services de sécurité qui fouillent régulièrement les bagages. À noter qu'il existe maintenant des cadenas agréés *TSA,* qui permettent à la *Transportation Security Administration* d'ouvrir les bagages sans les endommager.
– ***Attention :*** en arrivant aux États-Unis, à la police des frontières, ne dites jamais que vous êtes au chômage ou entre deux contrats de travail. Vous pourriez être refoulé *illico presto* ! Vous aurez à remplir un formulaire vert (sans ratures, sinon il faudra recommencer !) par personne et une déclaration de douane par famille. Ces documents sont généralement distribués dans l'avion.

Assurances voyage

■ ***Routard Assurance :*** c/o AVI Inter-national, 28, rue de Mogador, 75009 Paris. ☎ 01-44-63-51-00. Fax : 01-42-80-41-57. ● avi-international.com ● Depuis 1995, Routard Assurance, en collaboration avec AVI International, spécialiste de l'assurance voyage, pro-pose aux routards un tarif à la semaine qui inclut une assurance bagages de 1 000 € et appareil photo de 300 €. Pour les séjours longs (de 2 mois à 1 an), il existe le plan Marco Polo. Routard Assurance est aussi disponible en ver-sion *light* (durée adaptée aux week-ends et courts séjours en Europe). Bul-letin d'inscription dans les dernières pages de chaque guide.

■ ***AVA :*** 25, rue de Maubeuge, 75009 Paris. ☎ 01-53-20-44-20. ● ava.fr ● Un autre courtier fiable qui propose un contrat Snowcool pour les vacances d'hiver, Capital pour ceux qui souhai-tent s'assurer en cas de décès, invali-dité ou accident lors d'un voyage à l'étranger. Attention, franchises pour leurs contrats d'assurance voyage.
■ ***Pixel Assur :*** 18, rue des Plantes, 78600 Maisons-Laffitte. ☎ 01-39-62-28-63. ● pixel-assur.com ● Assurance de matériel photo et vidéo tous risques dans le monde entier. Devis basé sur le prix d'achat de votre matériel. Garantie à l'année.

Carte FUAJ internationale des auberges de jeunesse

Cette carte, valable dans 81 pays, permet de bénéficier des 4 200 AJ du réseau *Hostelling International* réparties dans le monde entier. Les périodes d'ouverture varient selon les pays et les AJ. À noter, la carte des AJ est surtout intéressante en Europe, aux États-Unis, au Canada, au Moyen-Orient et en Extrême-Orient (Japon...). On conseille de l'acheter en France car elle est moins chère qu'à l'étranger.

Pour tous renseignements et réservations en France

Sur place

■ **Fédération unie des auberges de jeunesse (FUAJ) :** 27, rue Pajol, 75018 Paris. ☎ 01-44-89-87-27. ● *fuaj.org* ● Ⓜ *Marx-Dormoy* ou *La Chapelle.* Lun 10h-17h, mar-ven 10h-18h. Montant de l'adhésion : 11 € pour les moins de 26 ans et 16 € pour les autres (tarifs 2008). Munissez-vous de votre pièce d'identité lors de l'inscription. Pour les mineurs, une autorisation des parents leur permettant de séjourner seul(e) en auberge de jeunesse est nécessaire (une photocopie de la carte d'identité du parent qui autorise le mineur est obligatoire).
– Inscription possible également dans toutes les auberges de jeunesse, points d'information et de réservation FUAJ en France.

Par correspondance

Envoyez une photocopie recto verso d'une pièce d'identité et un chèque correspondant au montant de l'adhésion. Ajoutez 2 € pour les frais d'envoi de la FUAJ. Vous recevrez votre carte sous 15 jours.
– La FUAJ propose aussi une **carte d'adhésion « Famille »,** valable pour les familles de deux adultes ayant un ou plusieurs enfants âgés de moins de 14 ans (les plus de 14 ans devront acquérir une carte individuelle). Compter 23 €. Fournir une copie du livret de famille.
– La carte donne également droit à des réductions sur les transports, les musées et les attractions touristiques de plus de 80 pays. Ces avantages varient d'un pays à l'autre, ce qui n'empêche pas de la présenter à chaque occasion. Liste des réductions disponibles sur ● hihostels.com ●

En Belgique

Son prix varie selon l'âge : 3-15 ans, 3 € ; 16-25 ans, 9 € ; après 26 ans, 15 €.

Renseignements et inscriptions

■ **LAJ :** *rue de la Sablonnière, 28, Bruxelles, 1000.* ☎ *02-219-56-76.* ● *laj.be* ●

■ **Vlaamse Jeugdherbergcentrale (VJH) :** *Van Stralenstraat, 40, Antwerpen 2060.* ☎ *03-232-72-18.* ● *vjh.be* ●

En Suisse

Le prix de la carte dépend de l'âge : 22 Fs pour les moins de 18 ans, 33 Fs pour les adultes et 44 Fs pour une famille avec des enfants de moins de 18 ans.

Renseignements et inscriptions

■ **Schweizer Jugendherbergen (SJH) :** *service des membres des AJ suisses, Schaffhauserstrasse 14, Postfach 161, 8042 Zurich.* ☎ *01-360-14-14.* ● *youthhostel.ch* ●

Au Canada

La carte coûte 35 $Ca pour une durée de 16 à 26 mois et 175 $Ca à vie. Gratuit pour les moins de 18 ans accompagnant leurs parents. Pour les juniors voyageant seuls, la carte est gratuite, mais la nuitée est payante (moindre coût). Ajouter systématiquement les taxes.

Renseignements et inscriptions

■ ***Auberges de jeunesse du Saint-Laurent/Saint Laurent Youth Hostels :***
– *À Montréal* : 3 514, av. Lacombe, Montréal (Québec) H3T-1M1. ☎ (514) 731-10-15. N° gratuit (au Canada) : ☎ 1-866-754-10-15.
– *À Québec* : 94, bd René-Lévesque Ouest, Québec (Québec) G1R-2A4. ☎ (418) 522-25-52.

■ ***Canadian Hostelling Association :*** *205 Catherine St (c'est à deux pas de la gare d'autobus interurbains), bureau 400, Ottawa (Ontario) K2P-1C3.* ☎ *(613) 237-78-84.* ● *info@hihostels.ca* ● *hihostels.ca* ●
■ ***Voyages Campus,*** qui a 7 agences à travers le Québec, distribue aussi la carte de membre. ● voyagescampus. ca ●

ARGENT, BANQUES, CHANGE

La monnaie américaine

Mi-2008, 1 $ valait 0,65 € environ. Pour 1 €, on avait environ 1,50 $ (hors frais de retrait).
– **Les pièces :** 1 cent *(penny),* 5 cents *(nickel),* 10 cents *(dime,* plus petite que la pièce de 5 cents), 25 cents *(quarter)* et 1 dollar, cette dernière ayant du mal à s'imposer face au billet que les Américains préfèrent. On peut faire la collection des différents types de *quarters,* car chaque État frappe le sien.
– **Les billets :** sur chaque billet, le visage d'un président des États-Unis : 1 $ (Washington), 5 $ (Lincoln), 10 $ (Hamilton), 20 $ (Jackson), 50 $ (Grant), 100 $ (Franklin). Il existe aussi un billet de 2 $ (bicentenaire de l'Indépendance, avec l'effigie de Jefferson), très peu en circulation, que les collectionneurs s'arrachent.
En argot, un dollar se dit souvent *a buck.* L'origine de ce mot remonte au temps des trappeurs, lorsqu'ils échangeaient leurs peaux de daims *(bucks)* contre des dollars.

Les banques

Les banques sont généralement ouvertes en semaine de 9h à 15h ou 17h, et parfois le samedi matin.

Argent liquide, change et chèques de voyage

– En gros, les bureaux de change et certaines banques convertissent les euros en dollars aux États-Unis, mais moyennant souvent une commission exorbitante... On vous recommande donc d'emporter quelques dollars changés en Europe et de retirer le reste sur place, selon vos besoins, aux ***distributeurs automatiques*** au moyen d'une ***carte bancaire.*** On trouve partout des distributeurs de billets (appelés *ATM* pour *Automated Teller Machine* ou *cash machine),* jusque dans certaines petites épiceries ! Chaque retrait d'argent liquide étant soumis à une taxe de votre banque (pouvant aller jusqu'à 8 $ quand même) et souvent à une taxe sur place (2 $ en moyenne), évitez absolument de retirer de faibles sommes à tout bout de champ. N'oubliez pas non plus qu'il y a un seuil maximal de retrait par semaine, fixé par votre banque (téléphonez-lui pour le connaître, et négociez éventuellement une extension temporaire).

– Pour ceux qui ne disposeraient pas de carte de paiement, avoir presque tout son argent sous forme de *chèques de voyage* est plus sécurisant car on est assuré en cas de perte ou de vol. Sachez à ce propos qu'aux États-Unis, vous n'êtes pas obligé, comme souvent en Europe, d'aller dans une banque ou un bureau de change pour convertir vos chèques en liquide : la plupart des grands magasins, restaurants, motels et boutiques les acceptent sur simple présentation du passeport.

Les cartes de paiement

C'est le moyen le plus économique de payer ! Tout simplement parce que l'opération se fait à un meilleur taux que si vous achetiez des dollars dans une banque ou un bureau de change. Ici, on surnomme les cartes de paiement *plastic money.* Les plus répandues aux États-Unis sont la *MasterCard* et la *Visa,* qui génèrent à chaque achat une commission prélevée par votre banque. Sinon, la carte *American Express* est également acceptée pratiquement partout, avec l'avantage d'être exonérée de taxe bancaire...

Une carte est indispensable pour louer une voiture ou réserver une chambre d'hôtel (même si vous avez tout réglé avant le départ par l'intermédiaire d'une agence, on prendra systématiquement l'empreinte de votre carte). Précaution au cas où vous auriez l'idée saugrenue de partir sans payer les prestations supplémentaires, qu'on appelle en anglais les *incidentals* (parking, petit déj, téléphone, minibar...).

Les Américains paient tout en carte, même 5 $, les commerces n'imposant généralement pas de montant minimum, sauf les petites épiceries isolées dans des trous perdus. C'est plus simple et cela permet de garder une trace de l'achat et de bénéficier de certaines assurances souscrites avec la carte, sans frais supplémentaires. Vous noterez que de plus en plus de commerces sont munis d'écrans de paiement sur lesquels vous signez au moyen d'un stylo électronique. Attention, au restaurant, n'oubliez pas de remplir vous-même la case *Gratuity* (pourboire) ou de la barrer si vous laissez le pourboire en liquide. N'oubliez pas non plus que *1* s'écrit *l* aux USA, sinon il risque d'être prix pour un *7* !

– *En cas de perte ou vol :* quelle que soit la carte, chaque banque gère elle-même le processus d'opposition et le numéro de téléphone correspondant ! Avant de partir, notez donc bien le numéro d'opposition propre à votre banque en France (il figure souvent au dos des tickets de retrait, sur votre contrat ou à côté des distributeurs de billets), ainsi que le numéro à 16 chiffres de votre carte. Bien entendu, conservez ces informations en lieu sûr, et séparément de votre carte. Par ailleurs, l'assistance médicale se limite aux 90 premiers jours du voyage.

– *Carte MasterCard :* assistance médicale incluse, numéro d'urgence : ☎ 00-33-1-45-16-65-65. ● *mastercardfrance.com* ● *En cas de perte ou vol, composez le numéro communiqué par votre banque ou à défaut le numéro général :* ☎ 00-33-892-69-92-92 *pour faire opposition 24h/24. Numéro également valable pour les autres cartes de paiement émises par le* Crédit Agricole *et le* Crédit Mutuel.

– *Carte Bleue Visa :* assistance médicale incluse, numéro d'urgence (EuropAssistance) : ☎ 00-33-1-41-85-88-81. *Pour faire opposition des USA, contacter le* ☎ 1-800-847-2911 *(gratuit) ou 1-410-581-9994 (PCV accepté).* ● *carte-bleue.com* ●

– *Pour la carte American Express, téléphoner en cas de pépin au :* ☎ 00-33-1-47-77-72-00, 24h/24, PCV accepté en cas de perte ou de vol. ● *americanexpress.fr* ●

– *Pour toutes les cartes émises par La Banque Postale, composer le* ☎ 0825-809-803 *(pour les DOM ou de l'étranger :* ☎ 00-33-5-55-42-51-97).

– *Également un numéro d'appel valable quelle que soit votre carte de paiement :* ☎ *0892-705-705 (serveur vocal à 0,34 €/mn). Ne fonctionne ni en PCV, ni depuis l'étranger.*

Dépannage d'urgence

Bien sûr, c'est très cher, mais en cas de *besoin urgent d'argent liquide,* vous pouvez être dépanné en quelques minutes grâce au système *Western Union Money Transfer.* ● westernunion.com ●

– *Aux États-Unis :* ☎ *1-800-325-6000.*
– *En France :* demandez à quelqu'un de déposer de l'argent à votre attention dans l'un des bureaux *Western Union.* Les correspondants en France sont *La Banque Postale (fermé sam ap-m et dim, n'oubliez pas !* ☎ *0825-00-98-98 ; 0,15 €/mn)* et *Travelex* en collaboration avec la *Société financière de paiement (SFDP ; lun-sam 9h-19h ;* ☎ *0825-825-842).* L'argent vous est transféré en 10-15 mn aux États-Unis. Évidemment, avec le décalage horaire, il faut que l'agence soit ouverte de l'autre côté de l'Atlantique, mais certaines restent ouvertes la nuit. La commission, assez élevée donc, est payée par l'expéditeur. Possibilité d'effectuer un transfert en ligne 24h/24 par carte de paiement (*Visa* ou *MasterCard* émise en France).

ACHATS

Tableau comparatif entre les tailles

HOMMES								
Costume	USA	34	36	38	40	42	44	46
	Métrique	44	46	48	50	52	54	56
Chemise	USA	14	14 1/2	15	15 1/2	16	16 1/2	17
	Métrique	36	37	38	39	41	42	43
Chaussures	USA	8	8,5	9	9,5	10	10,5	11
	Métrique	41	42	42-43	43	44	44-45	45
	USA	11,5	12	13				
	Métrique	46	46-47	47				

FEMMES								
Pulls et chemisiers*	USA	28 / XS	30 / S	32 / M	34 / L	36 / XL	38 / XXL	40
	Métrique	36	38	40	42	44	46	48
Pantalons et jupes*	USA	8	10	12	14	16	18	20
	Métrique	36	38	40	42	44	46	48
Chaussures	USA	5	5 1/2	6	7 1/2	8	8 1/2	9
	Métrique	35	36	37	38	39	40	41
Lingerie (la taille de bonnet est la même)	USA	28	30	32	34	36	38	40
	Métrique	75	80	85	90	95	100	105

ENFANTS								
Bébés	Âge		– 3 mois	3 mois	6 mois	12 mois	18 mois	24 mois
	USA		19-20 in	22-24 in	24-27 in	27-29 in	29-31 in	31-33 in
	Métrique		48-56 cm	56-61 cm	61-69 cm	69-75 cm	75-79 cm	79-84 cm
Enfants	USA		2	4	6	8	10	12
	Métrique		40/45	50/55	60/65	70/75	80/85	90/95
Chaussures	USA	4	5	6	7	7 1/2	8	9
	Métrique	20	21	22	23	24	25	26

*Pour les femmes mesurant moins de 1,55 m, il existe souvent un rayon « Petites » dans les magasins. Les tailles sont les mêmes, mais pour un plus petit gabarit – très pratique !

Certains achats restent très intéressants aux États-Unis, d'autant plus que le taux de change nous est, pour le moment, vraiment favorable. Attention toutefois : le prix est toujours affiché hors taxes (ajouter 5 à 10 %). Voici quelques articles à rapporter dans vos bagages :

– *Les CDs de musique :* cajun, jazz, blues, country...

– *Les jeans bien sûr.* Les modèles *Levi's* coûtent bien moins cher qu'en France (facilement moitié prix), même si vous les achetez dans les *Levi's Store.* Attention toutefois, il n'est pas toujours facile de retrouver aux États-Unis un modèle repéré en France (hormis les classiques *501* et *Boot Cut*), car les numéros de référence ne sont pas les mêmes qu'en Europe. Cela dit, les coupes, elles, sont similaires...

– *Le prêt-à-porter décontracté,* particulièrement les tee-shirts (choix incroyable), les baskets (*Converse* et Cie) et les vêtements pour enfants.

– *Les chaussures et vêtements de sport et de loisirs* (yoga notamment).

– Pour mesdames, les *produits de beauté et de maquillage,* genre *L'Oréal, Maybelline* ou *Neutrogena,* coûtent moitié moins cher qu'en France. On les trouve dans les grands drugstores comme *Walgreens, Duane Reade, CVS* ou *Rite Aid.* Les grandes marques américaines comme *Clinique* sont également plus intéressantes aux US.

– *Les appareils photo, caméras* (et surtout leurs accessoires), *les Ipod* (Apple offre en prime la garantie internationale sur tous ses produits, sans frais supplémentaires).

– *Les DVD.* S'assurer avant tout que votre lecteur puisse les décrypter. Les États-Unis utilisent un standard zone 1, alors que la France est en zone 2.

– *ATTENTION,* si vous devez acheter des *appareils électroniques,* assurez-vous qu'ils peuvent fonctionner correctement en France (tension et fréquence, notamment). La plupart des consoles de jeux vidéo achetées aux États-Unis ne sont pas compatibles ; même si le vendeur vous affirme le contraire, le système électronique est différent. Bon à savoir, les *Nintendo DS, les PSP et les PS3,* elles, sont compatibles (consoles et jeux). Quant aux TV et lecteurs DVD, ils répondent à la norme américaine NTSC, incompatible avec notre procédé Secam. Sachez enfin que si, au retour, vous ne déclarez pas ces achats auprès du service des douanes, vous risquez de payer de fortes amendes (*idem* pour les appareils photo et caméra). En fait, pour de petits achats comme un appareil photo numérique classique, le jeu n'en vaut pas la chandelle.

Acheter moins cher

D'une manière générale, profitez absolument des **soldes** *(sales)* pour faire vos emplettes. Toutes les occasions sont bonnes pour attirer le consommateur ! Du coup, les **malls** (ces grands centres commerciaux typiquement américains qui regroupent pléthore de magasins de chaîne) et même les petites boutiques organisent des opérations spéciales les week-ends et jours fériés, pour la Saint-Valentin... En janvier, les réductions atteignent des sommets, surtout lorsque les commerçants font une remise supplémentaire sur le prix déjà soldé à partir d'un certain montant d'achats. C'est le moment de renouveler sa garde-robe !

Très bon plan : les **factory outlets,** d'énormes centres commerciaux situés à la périphérie des villes et signalés par des panneaux publicitaires le long des *interstates* (autoroutes). Les Américains y passent volontiers un après-midi en famille. Ces *outlets* regroupent des magasins d'usines de grandes marques américaines de vêtements et chaussures : *Ralph Lauren, Timberland, Reebok, Nike, OshKosh, Gap, Calvin Klein, Esprit, Tommy Hilfiger, Quiksilver...* Les articles sont souvent écoulés toute l'année à des prix défiant toute concurrence (parfois jusqu'à 75 % de réduction en période de soldes !) et proviennent souvent du stock des collections précédentes. Ils peuvent parfois présenter des défauts (mention *irregular* sur l'étiquette). Nous indiquons quelques adresses de ces véritables « temples des soldes », mais vous obtiendrez leur liste complète auprès du *Visitor Center* local.

BUDGET

Si le coût de la vie est assez comparable aux États-Unis et en France, la force de l'euro par rapport au dollar favorise pour l'instant les visiteurs de la zone euro. Et les bonnes surprises demeurent : le burger-frites à 6 $ au resto et l'essence plutôt bon marché.

Très important : les prix affichés (dans les restaurants, hôtels, boutiques...) s'entendent toujours SANS LA TAXE, qui varie de 6 à 13 % dans l'hôtellerie et entre 5 et 10 % dans les autres secteurs (restauration, magasins...). Seuls les musées échappent à cette règle.

La voiture de location et ce qui va avec

La voiture demeure le moyen de transport le plus pratique dans cette région, et certainement le plus rentable (même en couple) en considérant le temps gagné. L'essence est encore assez bon marché malgré les récentes hausses de prix : environ 2,90 $ le *gallon* (3,8 l) d'essence sans plomb *(unleaded)*.

Le logement

Nous indiquons les tarifs pour deux personnes, en haute saison principalement. Exception faite naturellement pour les AJ (prix/pers) et les campings (prix/emplacement). Tous les tarifs sont généralement mentionnés hors taxes, il faut donc toujours ajouter de 6 à 13 % !

Voici des fourchettes indicatives (valables pour l'ensemble du guide, sauf Charleston, où c'est plus cher) :
– *Très bon marché :* moins de 20 $ (lit d'une pers dans les AJ, ou emplacement d'une tente dans les campings).
– *Bon marché :* 20-60 $.
– *Prix moyens :* 60-100 $.
– *Chic :* 100-200 $.
– *Plus chic :* 200-300 $.
– *Très chic :* plus de 300 $.

Bonne nouvelle, le petit déj continental est de plus en plus souvent inclus dans le prix de la chambre. Si ce n'est pas le cas, compter 7-10 $ en sus. Quant au parking, il n'est compris que dans les motels. Ailleurs, compter 8-25 $ pour 24h. Les prix indiqués sont souvent négociables, en fonction du taux de remplissage de l'hôtel.

Les repas

Il est souvent possible de se caler vite fait, bien fait, sans se ruiner. Pour environ 5 $, on trouve un peu partout des sandwichs et des burgers à emporter. Et pour une poignée de dollars supplémentaires, on peut faire un repas plantureux dans un vrai resto. La plupart des établissements offrent une grande variété de plats à des prix les plus divers, souvent plus chers le soir que le midi.

Ainsi, de nombreux restos offrent le midi sandwichs, burgers et salades à des prix « Bon marché ». Puis, au moment du dîner, la carte propose des plats de viande et de poisson plus cuisinés dont les prix flirtent souvent avec la catégorie « Très chic ». Le montant de l'addition dépend donc plus de ce qu'on mange que de la catégorie du resto, et il est difficile de classer les restos selon leurs prix.

Bon à savoir : les Américains grignotent toute la journée, et personne ne s'offusquera si vous vous contentez d'un plat ou d'une entrée (les portions sont généreuses), ni même si vous partagez votre assiette. Au contraire, c'est une tradition ici, au même titre que le *doggy bag*, pour emporter ses restes ! Les fourchettes moyennes indiquées sont valables pour un plat principal.

– **Bon marché :** environ 5 $.
– **Prix modérés :** 5-10 $.
– **Prix moyens :** 10-20 $.
– **Chic :** 20-30 $.
– **Très chic :** plus de 30 $.

Attention là aussi, en plus des taxes, il faut toujours ajouter le service (*tip* ou *gratuity,* voir rubrique « Taxes et pourboires » plus loin). Minimum d'usage 15 %, parfois 18 %, surtout dans les endroits touristiques et branchés. Il arrive qu'il soit directement inclus dans la facture. On peut y échapper en mangeant au bar, dans les fast-foods, ou en emportant son plat. Et encore, car le *tip* fait aussi vivre le personnel en cuisine.

Les loisirs

En Louisiane, une entrée dans un musée ou un site historique vaut toujours moins de 10 $, une excursion en bateau dans les bayous autour de 20 $/personne. À La Nouvelle-Orléans, vos oreilles vous en voudront toute leur vie si vous ne les emmenez pas faire le tour des boîtes de jazz. Comptez de 30 à 50 $ la soirée selon les clubs visités. Dans le reste de la Louisiane, les concerts de musique cajun sont souvent gratuits, profitez-en.

CLIMAT

Le climat du sud-est des États-Unis est presque subtropical, avec des étés chauds et très humides et des hivers relativement doux et secs. La période idéale pour visiter cette région est le printemps ou l'automne. En été, il peut faire horriblement chaud et humide, surtout à La Nouvelle-Orléans, ce qui rend les balades en ville peu agréables (mais les prix bien plus bas).
Les cyclones peuvent parfois sévir, surtout vers la fin de l'été et le début de l'automne. Katrina (fin août 2005), probablement le plus dévastateur de l'histoire des cyclones aux États-Unis, est encore dans toutes les mémoires...

– **Infos sur la météo :** • weather.com • Utile pour bien préparer ses itinéraires en voiture ou à pied.

Tableau d'équivalences des températures

Celsius	Fahrenheit	Celsius	Fahrenheit
40	104	16	60,8
38	100,4	14	57,2
37	98,6	12	53,6
36	96,2	10	50
34	93,2	8	46,4
32	89,6	6	42,8
30	86	4	39,2
28	82,4	2	35,6
26	78,8	0	32
24	75,2	- 2	28,4
22	71,6	- 4	24,8
20	68	- 6	21,2
18	64,4	- 8	17,6

LOUISIANE UTILE

LOUISIANE UTILE

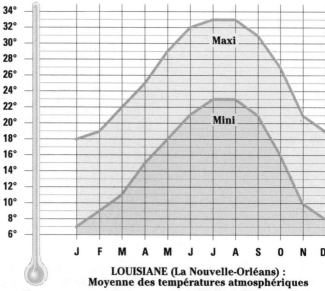

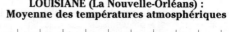

LOUISIANE (La Nouvelle-Orléans) :
Moyenne des températures atmosphériques

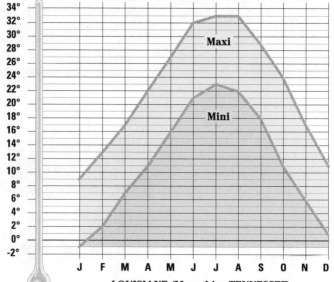

LOUISIANE (Memphis - TENNESSEE) :
Moyenne des températures atmosphériques

DANGERS ET ENQUIQUINEMENTS

Pas de réel danger dans les villes du Sud, *safe* dans les quartiers touristiques, mais soyez vigilant dans les zones plus défavorisées et à la nuit tombée. Pas de parano non plus, vous ne risquerez pas votre peau en vous baladant dans le Vieux Carré de La Nouvelle-Orléans à 14h ! Mais ne perdez pas de vue que la Terre promise n'a pas tenu ses promesses à tout le monde.

De façon générale, ne laissez rien dans votre véhicule, car les voitures de location sont parfois vite repérées et forcées. Petit conseil : quand vous vous garez, laissez donc visible l'intérieur de votre coffre en ôtant le rabat, si c'est possible. Les voleurs potentiels, observant qu'il n'y a rien à voler, passent leur chemin. De même, si vous optez pour des motels modestes, évitez d'y laisser des objets de valeur lorsque vous quittez votre chambre, même pour aller simplement dîner en ville. En effet, les serrures sont souvent enfantines à crocheter. En revanche, pour les établissements possédant des cartes-clés, pas de problème.

Autre nuisance (qui n'a rien à voir) : les moustiques, particulièrement redoutables, surtout le soir en été. Les bayous de Louisiane sont un refuge particulièrement hospitalier pour tous les petits insectes piqueurs.

– Enfin, en cas de problème urgent, composer le ☎ 911 (gratuit de n'importe quel téléphone public ; pas besoin d'introduire de pièce).

DÉCALAGE HORAIRE

Il y a quatre fuseaux horaires aux États-Unis (six avec l'Alaska et Hawaii). La Louisiane et le Tennessee sont dans le fuseau *Central Time,* il y est donc 7h de moins qu'en France. Quant à la Géorgie et la Caroline du Sud, elles sont dans le fuseau *Eastern Time,* avec 6h de décalage par rapport à l'Hexagone.

Attention, comme en Grande-Bretagne, quand on vous donne rendez-vous à 8.30 p.m., cela veut dire 20h30. À l'inverse, 8.30 a.m. désigne le matin. Pensez-y, cela vous évitera de vous lever de très bonne heure pour rien. Enfin, notez que 12 a.m., c'est minuit et 12 p.m., midi... et pas l'inverse. Retenez surtout que, si vous êtes crevé les premiers jours, c'est dû au décalage horaire.

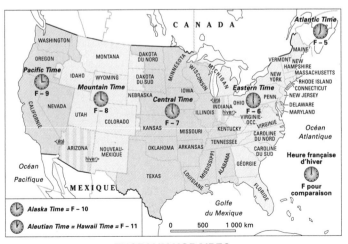

FUSEAUX HORAIRES

ÉLECTRICITÉ

Généralement : 110-115 volts et 60 périodes (en France : 220 volts et 50 périodes). Attention : si vous achetez du matériel aux États-Unis, prévoyez l'adaptateur électrique qui convient. De même, sachez que les fiches électriques américaines sont plates. On conseille d'apporter un adaptateur (difficile à trouver sur place) si vous voulez recharger la batterie de votre appareil numérique par exemple.

HÉBERGEMENT

De tout et à tous les prix. Toutefois, il est un type d'établissement omniprésent sur le territoire américain et qu'on ne trouve pas, ou peu, en Europe : le motel. Plus d'infos sur ce dernier dans la rubrique qui lui est consacrée plus loin.

À part ça, l'hébergement est très varié : il va du camping au palace design en passant par l'auberge de jeunesse, le *B & B* et, bien sûr donc, le motel. Un bon plan consiste à récupérer des coupons de réduction pour les hôtels et motels dans certains journaux distribués gratuitement en ville (dans les *Visitor Centers,* les restos, etc.).

Dans les endroits touristiques, il est conseillé de réserver son hôtel le plus longtemps possible à l'avance. Les moyens les plus utilisés sont tout simplement l'e-mail et le téléphone (il s'agit d'ailleurs très souvent de numéros gratuits si vous téléphonez depuis les États-Unis). On vous demandera votre numéro de carte de paiement. Attention, si vous ne pouvez pas prendre votre chambre et si vous n'en informez pas l'hôtel au moins un ou deux jours à l'avance, vous serez débité quand même. Dans les *B & B,* le délai d'annulation est souvent plus long.

Le prix des chambres est parfois négociable, en période creuse notamment (surtout si vous arrivez en fin de journée et que vous payez en liquide). La phrase clé est donc : « *Could I have a discount ?* » Signalons enfin le site ● hotels.fr ●, qui recense des milliers d'hôtels à prix cassés partout aux États-Unis (également par téléphone : ☎ 0892-393-393 depuis la France et ☎ 1-800-246-8357 des États-Unis). Réservation possible plusieurs mois à l'avance.

Les auberges de jeunesse

Il n'y a plus que des auberges privées dans la zone géographique couverte par ce guide.

Compter environ 20 $ pour un lit en dortoir individuel (draps – *linen* – compris), et à partir de 50 $ pour une chambre double avec salle de bains privée. La plupart des auberges disposent d'une cuisine bien équipée et d'une salle commune. Les services ne coûtent pas cher : accès Internet et wi-fi, laverie libre-service, navettes diverses, TV, billard (souvent), et c'est souvent une mine d'infos en tout genre. Aucune limite d'âge pour y séjourner.

Les campings

Il existe deux types de campings.

– Les campings nationaux ou d'État (national ou state campgrounds) sont les moins chers (10-20 $), et on paie généralement pour l'emplacement (ou par véhicule), jusqu'à six personnes. En prime, les *campgrounds* sont la plupart du temps situés dans les meilleurs endroits, en pleine nature. Dans certains sites non équipés, il arrive encore que ce soit gratuit, mais c'est de plus en plus rare. On les trouve partout dans les National Parks, National Monuments, National Recreation Areas, National Forests et State Parks. Dans ces *campgrounds* les moins fréquentés, il faut déposer une enveloppe contenant le prix de la nuit dans une urne en notant sur l'enveloppe vos nom et adresse, le numéro minéralogique de la voiture et celui du camping retenu. N'essayez pas d'en profiter, car les *rangers* veillent et l'amende est alors salée. L'espace entre l'emplacement de chaque tente est le plus souvent très grand. Mais ce n'est pas une raison pour faire du bruit le soir, car beaucoup de parcs imposent des *quiet hours* dès 22h. Il y a toujours des toilettes et des lavabos, mais pas nécessairement de douches ni d'électricité. Arrivez tôt le matin pour réserver votre emplacement dans les parcs, ou, mieux, réservez à l'avance quand c'est possible (on peut le faire jusqu'à 5 mois à l'avance), car en été la demande peut être forte. Dans certains parcs, il n'est pas possible d'obtenir une réservation. Dans ce cas, le premier arrivé est le premier servi *(first come, first served !)*. Pensez aussi à faire vos courses dans un supermarché avant d'arriver. Les boutiques sont rares ou alors plus chères et moins bien fournies.

– *Réservations pour camper dans les parcs nationaux ou d'État :*
– *sur Internet :* ● *recreation.gov* ● C'est le plus pratique. Fonctionne de 10h à 22h, heure de la côte Est (6h de moins par rapport à la France) ;
– *par téléphone :* ☎ 1-877-226-7652 ou ☎ (518) 885-3639 *de l'étranger.* On donne son numéro de carte de paiement et sa date d'expiration au téléphone. Un numéro de résa vous est donné, à ne pas perdre puisque ce sera votre sésame une fois arrivé au parc.
– **Les campings privés** sont globalement moins bien situés, car dans un environnement moins sauvage. En revanche, ils offrent souvent plus de commodités : sanitaires complets, électricité, machines à laver, boutique avec produits de première nécessité, ainsi que des tables de pique-nique et des grilles pour vos barbecues (si vous prévoyez d'emporter un brûleur, adoptez un modèle récent de la marque *Camping Gaz* ; on trouve assez facilement les recharges sur place). Dans certains, il y a même une piscine et des bungalows en bois *(cabins)* ou des mobile homes à louer au même prix qu'une chambre dans un petit hôtel.
Bien sûr, ils sont aussi plus chers que les campings nationaux ou d'État : compter grosso modo 25 $ pour deux avec un camping-car, un peu moins avec une tente. Il y a aussi des chaînes de camping telles que *KOA (Kampgrounds of America),* qui édite une brochure (disponible dans tous ses campings) avec toutes les adresses et leur emplacement précis sur une carte routière. Elle propose également une carte d'abonnement qui coûte environ 15 $ et donne droit à 10 % de réduc.

■ **KOA** *(Kampgrounds of America) :* PO Box 30558, Billings, MT 59114. ☎ (406) 248-7444. ● *koa.com* ● ■ Utiles, le *Woodall's Campground*

Directory (● *woodalls.com* ●*)* ou le *Trailer Life (* ● *tldirectory.com* ●*),* qui recensent les campings du pays.

Les motels

Le nom « *motel* » provient de la contraction de « *motor* » (moteur, donc voiture) et « *hotel* ». Logique, puisqu'ils sont conçus pour que l'on puisse se garer directement devant sa chambre ! Comme vous le savez sans doute, c'est le type d'établissement le plus répandu aux États-Unis. Un motel, c'est donc un hôtel au bord d'un axe routier... plus ou moins fréquenté, généralement un bâtiment bas autour d'une vaste cour qui fait office de parking. Ils sont plutôt anonymes et proposent des chambres à la déco très standardisée, avec salle de bains et TV, souvent très propres, mais parfois aussi un peu vétustes. La plupart sont ouverts 24h/24. Les tarifs varient le plus souvent selon le type de chambre et le nombre de personnes qui l'occupent. Généralement intéressant pour les familles, qui peuvent occuper une chambre avec deux *queen beds* (1,40 m de large) pour un prix avantageux (en général, les enfants de moins de 17 ans ne paient pas s'ils sont dans la chambre des parents). Très courantes aussi, les chambres avec *king size bed,* soit un lit de 1,80 m de large ! Sinon, il y a aussi des chambres avec un seul *queen bed,* mais quasiment jamais avec deux lits simples comme en Europe. Le parking est gratuit, bien sûr (c'est le principe !).

Les *motels indépendants* sont souvent plus conviviaux que les établissements de chaîne, et le petit déj (continental) y est souvent inclus. Attention, parfois les bureaux de réception ferment assez tôt. Téléphoner avant.

Les *motels franchisés* : les chaînes les plus importantes en Louisiane et dans les États du Sud sont *Days Inn, Holiday Inn, Hampton Inn, Best Western et Howard Johnson.* Le confort et la propreté y sont très satisfaisants. On recommande aussi des chaînes de motels plus économiques, au confort simple mais à la propreté sans faille et à la réputation sans histoire, comme *Econo-Lodge, Motel 6* ou *Super 8 Motel.* Il arrive que certains établissements fassent à la fois hôtels et motels. Les tarifs y sont souvent plus élevés que dans les motels indépendants, cela dit les parties communes et la réception sont souvent plus soignées, et la piscine est généralement plus grande et jolie ! Pour le reste, c'est du pareil au même.

Quelques infos valables pour les hôtels et les motels, en vrac

– Les prix que nous indiquons s'entendent sans la *taxe* de l'État (de 10 à 15 %).
– Dans les endroits touristiques, *mieux vaut réserver à l'avance.* En haute saison, c'est même parfois indispensable. Cela se fait surtout via le site internet de l'hôtel (plus simple, surtout d'Europe, et souvent des promos) et par téléphone (beaucoup d'hôtels proposent un numéro gratuit mais utilisable uniquement aux États-Unis). Quel que soit le moyen choisi, on vous demandera un numéro de carte de paiement. Dans la plupart des hôtels, vous pourrez annuler sans frais votre résa jusqu'à 48h ou même parfois 24h avant la date d'arrivée. Notez aussi que, dès votre arrivée, on prendra l'empreinte de votre carte de paiement, pour les *incidentals* comme ils disent, à savoir les éventuels frais de téléphone (beaucoup plus élevés que d'une cabine, lire plus loin), minibar, *pay TV,* etc.
– La plupart des hôtels proposent des chambres équipées de *TV, clim'* et *sanitaires complets.* Si tel n'est pas le cas, nous le précisons dans le commentaire.
– *De plus en plus d'hôtels proposent le petit déj* (inclus dans le prix de la nuitée). Le plus souvent, il s'agit d'un petit déj continental servi dans le *lobby,* avec du thé, du café et un choix de *muffins, bagels, donuts* ou gaufres en libre-service. Mais il arrive que ce soit un buffet plus varié, avec céréales, fruits et même des œufs. Si le petit déj n'est pas compris, allez plutôt le prendre à l'extérieur, d'autant que les restos dédiés à cela ne manquent pas aux USA : en dehors de nos adresses « Spécial petit déjeuner », bien sûr, on trouve des *diners* (restos traditionnels américains) ou des *coffee shops* un peu partout. Enfin, lorsque le petit déj n'est pas servi du tout, l'hôtel met souvent à disposition des clients du café et du thé près de la réception.
– Cela peut surprendre dans ce pays, mais la plupart des hôtels et motels proposent encore des chambres *fumeurs.* Bien le demander au départ : risque de surtaxe pour avoir perverti l'atmosphère de la chambre avec l'odeur du tabac !
– Faites attention au *checkout time,* heure au-delà de laquelle vous devez payer une nuit supplémentaire. C'est généralement 12h, parfois 11h. Le *checkout* des *B & B* est presque toujours plus tôt.
– *Le téléphone :* téléphoner des hôtels coûte très, très cher. La solution la plus économique consiste à acheter plutôt une carte téléphonique prépayée (lire plus loin la rubrique « Téléphone et télécommunications ») que vous utiliserez depuis votre chambre d'hôtel. Une taxe d'environ 1 $ par appel vous sera parfois prélevée (même si la communication n'a pas abouti, mieux vaut le savoir !), mais ce n'est rien à côté du montant que vous auriez dû payer sans carte.

Les *Bed & Breakfast*

Assez répandus dans le Sud. Ces établissements occupent pour la plupart de belles demeures anciennes souvent en bois, et parfois classées Monuments historiques. Ils proposent en général une dizaine de chambres, toutes différentes et meublées avec goût, souvent dans le style victorien. Un copieux petit déj et le parking sont en principe compris. Les plus grandes maisons ont une piscine, les plus petites un jacuzzi. L'ambiance y est vraiment sympa, et puis c'est un bon moyen pour faire connaissance avec des Américains ou nos fameux cousins cajuns. Les proprios proposent aussi souvent des sorties avec pique-nique ou des prêts de bicyclettes. Bien entendu, la qualité a un prix, et ces adresses appartiennent souvent aux catégories « Plus chic » à « Très chic ». Bon à savoir, les enfants de moins de 10 ans sont rarement les bienvenus (pour préserver le calme des hôtes).

L'échange d'appartements

Une formule de vacances originale et très pratiquée outre-Atlantique. Il s'agit d'échanger son propre logement (que l'on soit proprio ou locataire) contre celui d'un adhérent du même organisme dans le pays de leur choix, pendant la période des vacances. Cette formule offre l'avantage de passer des vacances aux États-Unis à moindres frais et intéressera en particulier les jeunes couples avec enfants. Voici deux agences qui ont fait leurs preuves :

■ **Intervac :** 230, bd Voltaire, 75011 Paris. ☎ 0820-888-342. ● intervac. com ● Ⓜ Rue-des-Boulets. Adhésion : 100 €/an, avec annonce valable 1 an sur Internet (avec photo).

■ **Homelink International :** 19, cours des Arts-et-Métiers, 13100 Aix-en-Provence. ☎ 04-42-27-14-14. ● home link.fr ● Adhésion : 115 € avec annonce sur Internet valable 1 an.

ITINÉRAIRES CONSEILLÉS EN LOUISIANE

Une semaine

– La Nouvelle-Orléans : 4 jours.
– La route des plantations : 1 jour.
– Saint Martinville : 1 jour.
– Houma : 1 jour (avec une 1 excursion sur les bayous).

Dix jours

– La Nouvelle-Orléans : 4 jours.
– La route des plantations : 1 jour.
– Saint Francisville : 1 jour.
– Lafayette, capitale du pays cajun, et ses environs (Breaux Bridge, lac Martin, Henderson et l'Atchafalaya Basin) : 2 jours.
– Saint Martinville : 1 jour.
– Houma (avec une excursion sur les bayous) : 1 jour.

Deux semaines

– La Nouvelle-Orléans : 4 jours.
– La route des plantations : 1 jour.
– Saint Francisville : 1 jour.
– Natchez : 2 jours, de préférence pendant les *Pilgrimages* car toutes les maisons de la ville sont alors ouvertes (2 sessions de 15 jours environ, à cheval sur mars-avril et septembre-octobre).
– Natchitoches : 1 jour.
– Lafayette, capitale du pays cajun, et ses environs (Breaux Bridge, lac Martin, Henderson et l'Atchafalaya Basin) : 3 jours.
– Saint Martinville : 1 jour.
– Houma (avec une excursion sur les bayous) : 1 jour.

LOUISIANE UTILE

Et dans les autres villes du Sud

– Deux jours suffisent pour découvrir Atlanta.
– Pour les fans d'Elvis et les amateurs de musique country : 3 jours à Memphis et 2 jours à Nashville.
– Pour les nostalgiques du Vieux Sud : 2 jours à Savannah et 3 jours à Charleston.

LANGUE

Voici un lexique de base pour vous débrouiller dans les situations de tous les jours. Si vous souhaitez quelque chose de plus touffu, **pensez à notre *Guide de conversation du routard* en anglais**. Voir aussi la rubrique « Langue cajun » plus loin.

Vocabulaire anglais de base utilisé aux États-Unis

Oui	*Yes*
Non	*No*
D'accord	*Okay*

Politesse

S'il vous plaît	*Please*
Merci (beaucoup)	*Thank you (very much)*
Bonjour !	*Hello ! (Hi !)*
Au revoir	*Good bye/Bye/Bye Bye*
À plus tard, à bientôt	*See you (later)*
Pardon	*Sorry*

Expressions courantes

Parlez-vous le français ?	*Do you speak French ?*
Je ne comprends pas	*I don't understand*
Combien ça coûte ?	*How much is it ?*

Vie pratique

Bureau de poste	*Post office*
Office de tourisme	*Visitor center*
Banque	*Bank*
Médecin	*Doctor/Physician*
Hôpital	*Hospital*

Transports

Billet Aller simple	*Ticket One-way*
Aller-retour	*Round-trip*
Aéroport	*Airport*
Gare ferroviaire	*Train station*
Gare routière	*Bus station*
À quelle heure y a-t-il un bus/train pour... ?	*At what time is there a bus/train to... ?*

À l'hôtel et au restaurant

J'ai réservé	I have a reservation
Dortoir	Dorm
C'est combien par nuit ?	How much is it per night ?

Petit déjeuner	*Breakfast*
Déjeuner	*Lunch*
Dîner	*Dinner*
L'addition, s'il vous plaît	*The check, please*
Pourboire	*Tip, gratuity*

Les chiffres, les nombres

1	*one*
2	*two*
3	*three*
4	*four*
5	*five*
6	*six*
7	*seven*
8	*eight*
9	*nine*
10	*ten*
20	*twenty*
50	*fifty*
100	*one hundred*

LIVRES DE ROUTE

Certains titres mentionnés dans cette liste peuvent être momentanément épuisés. Vous pourrez toutefois les trouver d'occasion sur ● chapitre.com ● ou ● amazon.com ●

Brûlots

– **Dégraissez-moi ça** et **Mike contre-attaque,** de Michael Moore, Éd. 10/18, nos 3603 et 3597, 2004. Véritable poil à gratter de l'Amérique sous George W. Bush, le réalisateur de *The Big One, Bowling for Colombine, Fahrenheit 9/11,* récompensé par la Palme d'or à Cannes en 2004 et, plus dernièrement, *Sicko,* est un pamphlétaire corrosif qui s'en prend avec un humour ravageur aux maux endémiques de l'*American way of life.* Ses provocations ne font pas dans la dentelle : racisme, illettrisme, alcoolisme, prolifération des armes, arrogance de l'équipe au pouvoir, peine de mort, insécurité, corruption, ultralibéralisme, licenciements massifs font partie de ses cibles favorites. Même si la frappe tient parfois de l'artillerie lourde, son tir fait toujours mouche et détonne dans le consensus patriotique dominant depuis le 11 Septembre. À lamper à grandes gorgées comme antidote à l'unilatéralisme de l'Oncle Sam.

– **Sacrés Américains !** de Ted Stanger, Éd. Gallimard, « Folio Documents », no 28, 2005. Après son best-seller *Sacrés Français,* ce journaliste originaire de Columbus, au fin fond de l'Ohio (comme Michael Moore), et installé à Paris depuis une dizaine d'années, s'attaque sans complaisance à son pays d'origine avec un humour distancié mais corrosif. Il aborde différents thèmes, légers ou sérieux : politique, économie, culture... de la francophobie primaire au culte du dieu dollar, de la mentalité cow-boy au patriotisme pur et dur, en passant par la complexité infernale du système électoral... Il raconte la vraie vie *made in USA.* C'est insolite, souvent comique et parfois terrifiant.

Sur la civilisation

– **Les États-Unis d'aujourd'hui,** d'André Kaspi, Éd. Perrin Tempus, 2004. André Kaspi est un des meilleurs historiens de l'Amérique contemporaine, auteur de nombreux ouvrages sur le sujet. Celui-ci fournit les clés de l'Amérique du XXIᵉ s, tout en restant facile à lire. Une excellente introduction à la culture des States.

– *États-Unis, peuple et culture,* Éd. La Découverte, 2004. De l'origine du territoire yankee à la culture américaine d'aujourd'hui, en s'arrêtant sur des questions aussi fondamentales que les peuplements ou les mythes fondateurs du pays, l'étudiant comme le lecteur curieux liront avec un grand intérêt cet ouvrage concis. En 200 pages écrites par un collectif (professeurs, sociologues, géographes, historiens, journalistes...), sont abordés les thèmes majeurs qui ont façonné l'Amérique d'aujourd'hui, admirée par les uns, honnie et vilipendée par les autres. Ce livre de qualité, très instructif et à la page, a l'avantage de remettre les pendules à l'heure sur la spécificité du pays, en nous faisant intelligemment comprendre ses rouages.

– *Les États-Unis au temps de la prospérité, 1919-1929,* d'André Kaspi, Éd. Hachette Littérature, « Vie quotidienne », 1994. Grandeur et décadence des années 1920, celles que l'on appelait les *Roaring Twenties.* Kaspi évoque ici les mirages d'une prospérité américaine insolente, bientôt brisée sur les écueils de la crise de 1929. Organisé par thèmes, très agréable à parcourir, ce livre n'est pas dépourvu d'un certain humour.

– *De la Démocratie en Amérique*, 1834-1840, d'Alexis de Tocqueville, Éd. Gallimard, « Folio Histoire », n° 12. Le 2 avril 1831, Alexis de Tocqueville embarque pour le Nouveau Monde dans le dessein d'étudier le fonctionnement et les institutions de cette nouvelle République qui suscitait encore interrogations et méfiance chez les conservateurs du Vieux Continent. Un ouvrage incontournable.

– *Histoire de l'esclavage aux États-Unis,* de Claude Folhen, Éd. Perrin, « Tempus », n° 183, 2007. Un essai solidement étayé qui pose une question restée jusqu'ici sans réponse : Pourquoi et comment, après avoir été une des dernières démocraties à avoir aboli l'esclavage malgré le principe d'égalité inscrit dans sa Constitution, les USA ont échoué à faire de leurs anciens esclaves des citoyens à part entière, alors qu'ils ont assimilé des millions d'immigrants venus des horizons les plus divers ?

– *American Vertigo,* de Bernard-Henri Lévy, LGF, « Le Livre de Poche, Biblio essais », n° 4408, 2007. Même si, à son habitude, BHL parle surtout de lui, certains passages (pas tous) de cette enquête en forme de *road-movie,* réalisée sous prétexte de mettre ses pas dans ceux d'Alexis de Tocqueville, sont émaillés de portraits brillants et d'analyses éclairantes de la réalité américaine contemporaine. À picorer de façon sélective de crainte de parfois friser l'indigestion logorrhéique.

Spécial Louisiane et le Sud

– *Un Grand Pas vers le bon Dieu,* de Jean Vautrin ; roman ; LGF, « Le Livre de Poche », n° 7307, 1991. Par la plume du lauréat du Goncourt, vous plongerez dans la culture cajun. Une incursion dans la vie d'une famille de 1893 à 1920 pour mieux appréhender la langue, les expressions et les chansons. Passionnant.

– Situés le plus souvent en Louisiane, entre La Nouvelle-Orléans, l'estuaire du Mississippi et les bayous du pays cajun, les romans de James Lee Burke (Rivages/Noir) mêlent suspens et action. *Dixie City* (2000 ; le surnom de « Niou Olinss »), *Black Cherry Blues* (1993), *Prisonniers du ciel* (1991), d'un livre à l'autre on retrouve Dave Robicheaux, un Cajun plein d'humour et de philosophie, « qui agit comme un penseur et pense comme un homme d'action ».

– Les livres de Maurice Denuzière : après des années de journalisme au *Monde,* Maurice Denuzière prit un congé sabbatique pour découvrir la Louisiane en 1977. Fondée sur une observation rigoureuse des lieux et des gens, nourrie d'une documentation abondante, *Louisiane,* saga historique dans le genre *Autant en emporte le vent,* raconte la destinée agitée d'une grande famille de planteurs, de l'âge d'or des plantations jusqu'à la guerre de Sécession. Mais comme un volume ne suffisait pas pour narrer toute l'histoire, d'autres suivirent, dans la même veine : **Les Trois Chênes** (2006, Fayard), **L'Adieu au Sud** (2008, Fayard), **Bagatelle** (2006, Fayard),

Fausse Rivière (2004, Fayard), ainsi que des livres d'histoire : *La Louisiane : du coton au pétrole* (1990, Denoël), *Je te nomme Louisiane* (2003, Fayard).

– *Autant en emporte le vent* (1936), de Margaret Mitchell, Éd. Gallimard, « Folio », nos 740, 741 et 742, 2005. Un roman mythique, presque autant vendu que la Bible aux États-Unis. Le prix Pulitzer de 1937 nous fait partager les désillusions de Scarlett O'Hara, issue d'une riche famille de planteurs de coton en Géorgie, dans le sud des États-Unis. Au cinéma, cette histoire d'amour impossible, sur fond de guerre de Sécession et d'esclavage, va passionner la terre entière et consacrer pour la première fois une artiste noire (Hattie Mc Daniel), en lui attribuant l'Oscar du meilleur second rôle féminin. Belle revanche quand on sait qu'elle ne put assister à la première du film à cause des lois raciales en vigueur à Atlanta en 1939...

– *Beloved* (1987), de Toni Morrisson, Éd. 10/18, no 2378, 2008. Le roman débute dans une maison hantée par le fantôme d'un enfant assassiné par sa mère, une « négresse » en fuite, pour qu'il ne vive pas en esclavage. Dans cette maison, 18 ans ont passé depuis le drame, jusqu'au jour où arrive une femme mystérieuse, Beloved. Toni Morrisson a reçu le prix Nobel de littérature en 1993, et *Beloved*, le prix Pulitzer.

– *Minuit dans le jardin du Bien et du Mal* (1996), de John Berendt, Éd. Pocket, no 10174, 1999. Journaliste new-yorkais réputé (il a été rédacteur en chef du *New York Magazine*), John Berendt a enquêté sur une affaire criminelle qui a défrayé la chronique à Savannah, ville de Géorgie réputée « coincée ». Il en a rapporté un récit qui a passionné l'Amérique : le livre s'est maintenu pendant 3 ans en tête des *best-sellers*, alors que l'adaptation cinématographique de Clint Eastwood a été un bide. La base du récit est l'assassinat par un antiquaire de son amant, mais le livre dépasse largement ce seul fait divers, l'auteur brossant une savoureuse galerie de portraits de personnages plus originaux les uns que les autres.

MESURES

Même s'ils ont coupé le cordon avec la vieille Angleterre, même s'ils roulent à droite, pour ce qui est des unités de mesure, les Américains ont conservé un système « rustique ». Après les Fahrenheit (voir « Climat ») et le voltage électrique (voir « Électricité »), une autre différence à assimiler. On a essayé de limiter les dégâts en vous donnant les mesures : bon courage pour les calculs !

Longueur
1 yard = 0,914 mètre
1 foot = 30,48 centimètres
1 inch = 2,54 centimètres
0,625 mile = 1 kilomètre
ou 1 mile = 1,6 kilomètre
1,09 yard = 1 mètre
3,28 feet = 1 mètre
0,39 inch = 1 centimètre

Poids
1 pound = 0,4536 kilogramme
1 ounce (oz) = 28,35 grammes

Capacité
1 gallon = 3,785 litres
1 quart = 0,946 litre
1 pint = 0,473 litre

PARCS NATIONAUX OU D'ÉTAT

Les parcs nationaux ou d'État *(National or State Parks)* et les monuments nationaux *(National Monuments)* sont des endroits rigoureusement protégés. En réalité, pas de grandes différences entre eux. Les premiers sont créés après un vote du Congrès, ou décision du gouverneur de l'État, les seconds le sont par simple décret signé par le président des États-Unis. Ils sont gérés par la même administration, et des réglementations très strictes les préservent de toute dégradation d'origine humaine (50 $ d'amende si vous ramassez du bois mort). Le résultat est fabuleux. Pourtant, les Américains ont réussi à y intégrer toutes les commodités possibles en matière de logement champêtre : il est possible d'y passer la nuit dans une cabane améliorée (bains, douche, kitchenette, TV...), sous une tente ou dans une caravane. Pour dormir dans un parc en saison, il est bon de réserver longtemps à l'avance ou de s'y prendre très tôt le matin (lorsque la réservation n'est pas possible).

Dans tous les parcs naturels, il existe un ou plusieurs *Visitor Centers.* Allez-y en arrivant pour glaner le plus d'infos. C'est souvent aussi le point de départ des visites. Certains sont même de véritables petits musées.

– *Sites internet des parcs nationaux américains :* pour toutes infos utiles, tarifs d'entrée, etc. : ● nps.gov ●, puis cliquer sur la carte des États-Unis. Pour réserver un hébergement dans tous les parcs nationaux : ● recreation.gov ● Et pour des infos encore plus précises sur les parcs d'État de la Louisiane : ● crt.state.la.us/parks ●

Le *Pass America The Beautiful*

Ce sésame vendu à l'entrée de chaque parc donne accès pendant un an à tous les parcs et monuments nationaux des États-Unis (nombre d'entrées illimité). Il coûte 80 $ pour une voiture et 4 passagers max (les moins de 15 ans ne comptent pas). Ne vaut le coup que si vous prévoyez de visiter d'autres parcs ailleurs aux USA.

POSTE

Les **bureaux de poste** sont pour la plupart ouverts du lundi au vendredi de 8h30 à 16h30 et le samedi matin pour les achats de timbres, dépôts de lettres ou paquets. Ils ne se chargent pas de l'envoi des télégrammes, réservé aux compagnies privées.

– Vous pouvez vous faire adresser des lettres à la poste principale de chaque ville par la **poste restante.** Exemple : Harry Cover, General Delivery, Main Post Office, ville, État. Attention, les postes restantes ne gardent pas toujours le courrier au-delà de la durée légale : 30 jours.

– À noter, si vous achetez des **timbres** *(stamps)* : vous pouvez vous en procurer dans les guichets de poste *(US Mail)* ainsi que dans les distributeurs *(automats)* situés dans les papeteries, dans certaines AJ, mais, comme ils ne rendent pas la monnaie, ils reviennent plus cher. Ils sont également plus chers chez les marchands de souvenirs. Enfin, il existe des distributeurs de timbres à l'entrée des postes, accessibles jusqu'à des heures assez tardives, en tout cas bien après la fermeture des bureaux.

– Compter 94 cents pour l'envoi d'une lettre ou d'une carte postale en Europe.

SANTÉ

La sécurité sanitaire est excellente aux États-Unis, mais extrêmement chère, même pour les Américains. Pas de consultation médicale à moins de 100 $! Pour les médicaments, multiplier par deux au moins les prix français. D'où l'importance de souscrire, avant le départ, une assurance voyage intégrale avec assistance-rapatriement (voir rubrique « Avant le départ »).

Les médicaments et consultations

Un conseil : prévoir dans ses bagages une bonne pharmacie de base, avec éventuellement un antibiotique à large spectre prescrit par votre généraliste (au cas où), à fortiori si on voyage avec des enfants. Sur place, si vous souffrez de petits bobos courants ou facilement identifiables (rhume, maux de gorge...), on peut pratiquer en premier lieu l'automédication, comme le font les Américains. De nombreux médicaments, délivrés uniquement sur ordonnance en France, sont vendus en libre-service dans les drugstores type *Duane Reade, CVS, Rite Aid* ou *Walgreens* (certains sont ouverts 24h/24). En revanche, les lentilles de contact sont parfois difficiles à obtenir rapidement, surtout sans ordonnance (prévoir un petit stock).

Évidemment, si cela vous semble grave ou s'il s'agit d'enfants, un avis médical s'impose. Vous trouverez les coordonnées des médecins dans les Pages jaunes (sur Internet : • yellowpages.com •) à *Clinics* ou *Physicians and Surgeons*. Attention, on le répète : les consultations privées sont chères (100-200 $ chez un généraliste...).
– Voir aussi la rubrique « Urgences » plus loin.

Les maladies

Pas de panique à la lecture des lignes suivantes, qui n'ont pour but que d'améliorer les conditions de votre voyage, en aucun cas de vous angoisser sur ses risques potentiels.
Attention aux **tiques** dans les zones boisées : leurs piqûres transmettent la redoutable maladie de Lyme *(Lyme disease)*. Pour éviter les piqûres, prévoir un répulsif spécial (on en trouve en France ou sur place) et bien se couvrir la tête (chapeau), les bras, les jambes et les pieds. Examinez-vous régulièrement pour limiter les risques de transmission (il faut 24h à une tique pour transmettre la maladie).
La virose à West Nile, avec pour redoutable complication l'encéphalite, est implantée aux États-Unis depuis 1999. Elle est transmise par les piqûres de moustiques très communs et partout répandus. Depuis 2003, l'épidémie se calme mais peut reprendre à tout moment sa virulence du début. Quoi qu'il en soit, dès le mois de mai et jusqu'au début de l'hiver, il convient d'éviter les piqûres de moustiques dans l'ensemble du pays : répulsifs cutanés à 50 % de DEET, imprégnation des vêtements voire moustiquaires imprégnées.
Même si tous les moustiques ne sont pas vecteurs de maladies, ils gâchent parfois un peu le voyage ! Si vous allez dans des zones « à risques », comme les bayous en Louisiane, pensez à emporter dans vos bagages des produits anti-moustiques efficaces (par exemple *Insect Ecran*), car ils sont beaucoup plus chers là-bas. On en trouve en pharmacie ou en parapharmacie ou via le site • sante-voyages.com • qui propose la vente en ligne de matériel pour voyageurs (lire ci-dessous).

• **sante-voyages.com** • Infos complètes pour toutes les destinations, boutique en ligne en paiement sécurisé, expéditions par Colissimo Expert sur l'Europe et les Dom-Tom, les autres pays sont desservis par Colissimo ou Chronopost. Téléchargement gratuit du catalogue sur la page d'accueil du site. ☎ *01-45-86-41-91 (lun-ven 14h-19h). Dépôt-vente : 30, av. de La Grande-Armée, 75017 Paris.* Ⓜ *Argentine. Lun-sam 10h-19h.*

Les vaccins

Aucun vaccin exigé sur le sol américain mais, comme partout, soyez à jour de vos vaccinations « universelles » : tétanos, polio, diphtérie (DTP) et hépatite B. Le vaccin préventif contre la rage (maladie transmissible par à peu près tous les mammifères, y compris les chauves-souris) est recommandé pour tout séjour prolongé en zone rurale ou au contact avec des animaux.

SITES INTERNET

• **routard.com** • Tout pour préparer votre périple. Des fiches pratiques sur plus de 180 destinations, de nombreuses informations et des services : photos, cartes, météo, dossiers, agenda, itinéraires, billets d'avion, réservation d'hôtels, location de voitures, visas... Et aussi un espace communautaire pour échanger ses bons plans, partager ses photos ou trouver son compagnon de voyage. Sans oublier *routard mag,* ses reportages, ses carnets de route et ses infos pour bien voyager. La boîte à outils indispensable du routard.

Les médias

● *cnn.com* ● *abcnews.go.com* ● *time.com* ● *washingtonpost.com* ● *nytimes. com* ● *iht.com* ● figurent parmi les meilleurs sites d'actualité.

Sur la Louisiane, le pays cajun et l'Acadie

● *neworleanscvb.com* ● Le site de l'office de tourisme de La Nouvelle-Orléans, très complet.
● *lastateparks.com* ● Pour toutes informations sur les parcs nationaux et les sites historiques de Louisiane (en anglais).
● *louisianatravel.com* ● Site hyper-complet sur la Louisiane. On peut y faire des recherches très pointues.
● *collections.ic.gc.ca/acadian/intro* ● Un site remarquable pour ses infos précises et synthétiques sur l'histoire et la culture d'Acadie. Nombreuses illustrations. En anglais et en français.
● *radiolouisiane.com* ● La voix de l'Amérique française, comme son slogan l'indique. Logiquement, le site est en français.
● *flfa.free.fr/webflfaf.html* ● Site très complet de l'association franco-américaine France-Louisiane sur la Louisiane et les Acadiens (voir « Adresses utiles » au début du guide). De l'historique aux recettes de cuisine en passant par les légendes, la danse et la musique, ce site est un fourre-tout de la culture de la région. Petit plus : dico des mots acadiens.
● *forray.com/louisiana* ● Site perso sur la Louisiane, qui vaut le coup pour ses belles photos, ses liens et son forum. En français et anglais.
● *alligator.com* ● Un site en anglais consacré non aux reptiles, mais au blues. Eh oui, Alligator Radio, la radio du blues !
● *mardigras.com* ● Un site coloré entièrement dédié au mythique Mardi gras de La Nouvelle-Orléans. Nombreuses photos, rubriques pratiques...

Sur les autres villes du Sud

● *route-du-blues.net* ● Site perso en français conçu par un passionné du blues : complet avec cartes, photos, l'itinéraire de « la route du blues » et des liens intéressants.
● *elvis.com* ● Pour les fans d'Elvis, c'est le site officiel en anglais où l'on peut découvrir « l'Elvisologie » tout en réécoutant ses plus grands titres (*medley* et extraits).

TABAC

Depuis 1995, une sévère loi antitabac sévit un peu partout aux États-Unis. D'une manière générale, il est interdit de fumer dans les lieux publics (bus, magasins, cinémas, théâtres, musées, hôtels, restaurants, gares, aéroports, etc.). Impossible d'y déroger, on ne rigole pas (les amendes sont quelque peu dissuasives).
Les cigarettes s'achètent dans les stations-service, les boutiques d'alcool, etc., mais aussi dans des distributeurs automatiques, où elles sont souvent plus chères.

TAXES ET POURBOIRES

Taxes...

Dans tous les États-Unis, les prix affichés dans les magasins, les hôtels, les restos, etc. s'entendent SANS TAXE. Celle-ci s'ajoute au moment de payer, et varie selon l'État et le type d'achat. Dans les hôtels, elle oscille entre 10 et 15 % ; pour tout ce qui est restos, vêtements, location de voitures... elle varie entre 5 et 10 %.

Les commerçants, les restaurateurs et les hôteliers l'ajoutent donc à la caisse. Seuls les produits alimentaires vendus en magasin ne sont pas soumis à la taxe (en fait, cela dépend des États). De même, certains secteurs, il est vrai peu nombreux, en sont exonérés.

Achats hors taxes

« Trop d'impôt tue l'impôt ! » L'État de Louisiane est convaincu, en bon libéral, de cet aphorisme emprunté à Lafer (un économiste américain). Le *Louisiana Tax Free Shopping* (LTFS) rembourse ainsi aux visiteurs étrangers le montant de la taxe sur la valeur ajoutée de l'État de Louisiane sur tous les objets achetés dans l'un de ses magasins membres (il en existe plus de 1 100). Les biens achetés doivent quitter la Louisiane avec le visiteur. Au moment de payer, montrez votre passeport et demandez un formulaire de détaxe. Le permis de conduire suffit pour les Canadiens.
Par la suite, le plus pratique est de se rendre – au moment de votre départ – au *Louisiana Tax Refund Center* de l'aéroport international Louis-Armstrong de La Nouvelle-Orléans (face à American Airlines). *Tlj 7h-18h (15h le w-e). Infos :* ☎ *(504) 467-0723.* ● *louisianataxfree.com* ● Il vous faudra alors présenter factures, passeport et billet d'avion pour obtenir le remboursement de la TVA en espèces, ou par chèque si le montant est supérieur à 500 $. Rapide et efficace. En Louisiane, non seulement ils ont du pétrole, mais en plus ils ont des idées...

Pourboires (*tips* ou *gratuities*)

Dans les restos, les serveurs ayant un salaire fixe ridicule, la majeure partie de leurs revenus provient des pourboires. Voilà tout le génie de l'Amérique : laisser aux clients, selon leur degré de satisfaction, le soin de payer le salaire des serveurs, pour les motiver. Le *tip* est une institution à laquelle vous ne devez pas déroger (sauf dans les fast-foods et endroits self-service). Un oubli vous fera passer pour le plouc total. Les Français possèdent la réputation d'être particulièrement radins et de laisser plutôt moins de 10 % que les 15-20 % attendus. Pour savoir quel pourboire donner, il suffit en général de doubler la taxe ajoutée au montant de la note, ce qui représente, selon l'État, environ 15-17 % (et donc un pourboire honnête). Parfois, le service est ajouté d'office au total, après la taxe ; ce qui n'est pas très correct, car il est alors trop tard pour marquer son désaccord si la prestation n'est pas à la hauteur... Heureusement (allez savoir pourquoi), cela se passe surtout avec les *parties* (groupes) de huit ou plus... Si vous payez une note de resto par carte bancaire, n'oubliez pas non plus de remplir vous-même la case *Gratuity* qui figure sur l'addition car, sinon, le serveur peut s'en charger lui-même... et, du coup, doper carrément l'addition en vous imposant un pourboire plus élevé que celui que vous auriez consenti ; vous ne vous en apercevriez qu'à votre retour, en épluchant votre relevé de compte bancaire. Enfin, gardez bien en tête qu'aux USA, *1* s'écrit *I,* sinon vous avez toutes les probabilités que votre *1* soit pris pour un *7* !
Idem dans les *bars* : le barman, qui n'est pas mieux payé qu'un serveur de restaurant, s'attend à ce que vous lui laissiez un petit quelque chose, par exemple 1 $ par bière, même prise au comptoir... Pour les *taxis* : il est coutume de laisser un *tip* de 10 à 15 % en plus de la somme au compteur. Là, gare aux jurons d'un chauffeur mécontent ; il ne se gênera pas pour vous faire remarquer vertement votre oubli.
Prévoir des billets de 1 $ pour tous les petits boulots de service où le pourboire est légion (bagagiste dans un hôtel un peu chic par exemple...).

TÉLÉPHONE ET TÉLÉCOMMUNICATIONS

Téléphone

– *États-Unis* → *France :* 011 + 33 + numéro du correspondant à 9 chiffres (sans le 0).
– *France* → *États-Unis :* 00 + 1 + indicatif de la ville (sans le 1 initial) + numéro du correspondant.

Tuyaux

– *Le réseau téléphonique :* les numéros de téléphone américains à 7 chiffres sont précédés d'un *area code* (indicatif régional). Ex : 504 pour La Nouvelle-Orléans. Pour passer un appel local, il ne faut pas composer cet *area code,* sauf dans quelques zones spécifiques... En revanche, pour appeler d'une région à une autre, il faut composer le 1, puis l'*area code* et enfin le numéro de téléphone à 7 chiffres. Pour connaître un numéro local, composez le ☎ 411 (ou ☎ 1-411, cela dépend de l'endroit où vous vous trouvez) ; pour un numéro interurbain, composez l'indicatif + 555-1212, et pour un numéro gratuit, le ☎ 1-800 + 555-1212.

– *Utilisez le téléphone au maximum :* d'abord, les appels locaux sont souvent gratuits depuis les motels (attention, pas tous cependant, et pas depuis les grands hôtels, renseignez-vous). En tout cas, cela vous fera gagner pas mal de temps. Au début de l'annuaire des Pages jaunes *(Yellow Pages),* vous trouverez un tas d'infos intéressantes concernant les transports (intérieurs et extérieurs), les parcs, les sites, les musées, les théâtres...

– *Tous les numéros de téléphone commençant par 1-800, 1-888, 1-877 ou 1-866 sont gratuits* (compagnies aériennes, chaînes d'hôtels, location de voitures...). On appelle ça les *toll free numbers* : nous les indiquons dans le texte, ça vous fera faire des économies, que ce soit pour vos réservations d'hôtels ou vos demandes de renseignements (la plupart des *Visitor Centers* en ont un).

– *Les numéros gratuits sont parfois payants depuis les hôtels* et ne fonctionnent pas quand on appelle de l'étranger. Ceux des petites compagnies fonctionnent parfois uniquement à l'intérieur d'un État.

– *Certains numéros sont composés de mots,* ne vous affolez pas, c'est normal ! Chaque touche de téléphone correspond à un chiffre et à trois lettres. Ce qui permet de retenir facilement un numéro (exemple : pour contacter les chemins de fer ☎ 1-800-USA-RAIL, ça équivaut à 1-800-872-7245 pour contacter les chemins de fer Amtrak). Ne vous étonnez pas si certains numéros dépassent les onze chiffres, c'est tout simplement pour faire un mot complet, plus facile à retenir.

Les règles de base

– Joindre la France ou même les États-Unis depuis une cabine aux États-Unis relève en général du calvaire si l'on n'a pas de carte téléphonique. Il faut faire des provisions de pièces de 25 cents et en déverser des quantités dans l'appareil. De plus, même si cela s'améliore, la plupart des cabines n'acceptent pas toujours les cartes de paiement. Cela dit, le téléphone est plutôt bon marché avec une carte prépayée (voir plus loin).

En revanche, les hôtels pratiquent toujours des tarifs abusifs qui ne laissent que le choix de la carte de téléphone *(phone card)*. Dans certains hôtels, on peut aussi vous facturer une communication téléphonique même si l'appel n'a pas abouti ! Il suffit parfois de laisser quatre ou cinq coups dans le vide pour que le compteur tourne. Dans le même ordre d'idées, il arrive souvent que les hôtels (sauf les petits motels) fassent payer les communications locales, qui sont normalement gratuites... Pour éviter les surprises, renseignez-vous avant de décrocher votre combiné.

Les cartes téléphoniques prépayées
(prepaid phone cards)

Ces cartes téléphoniques demeurent le moyen le plus pratique et le moins cher de téléphoner aux States. Éditées par des dizaines de compagnies différentes, elles sont en vente un peu partout (supermarchés, drugstores, réceptions d'hôtels, certains *Visitor Centers*...) à des prix variables selon le crédit disponible de la carte (généralement 5, 10 ou 20 $). Il faut d'abord appeler un numéro gratuit indiqué sur la carte qui commence par 1-800 puis, en vous laissant guider par la voix enregistrée, composer le code d'accès confidentiel inscrit aussi dessus (à gratter préala-

PLANS ET CARTES EN COULEURS

LA LOUISIANE

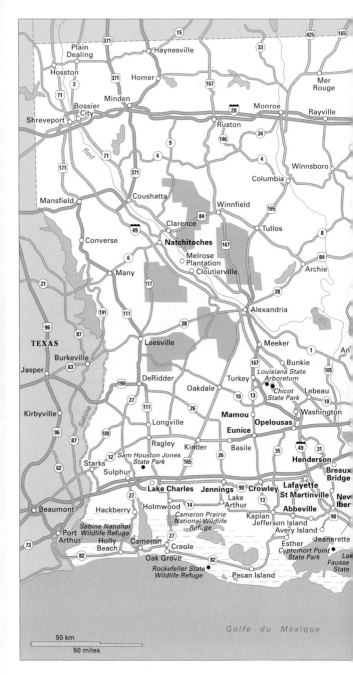

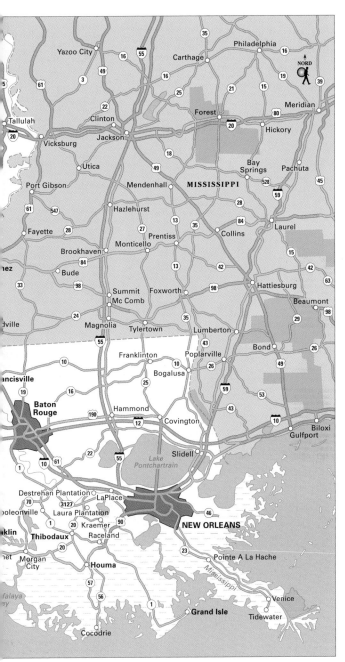

LA LOUISIANE

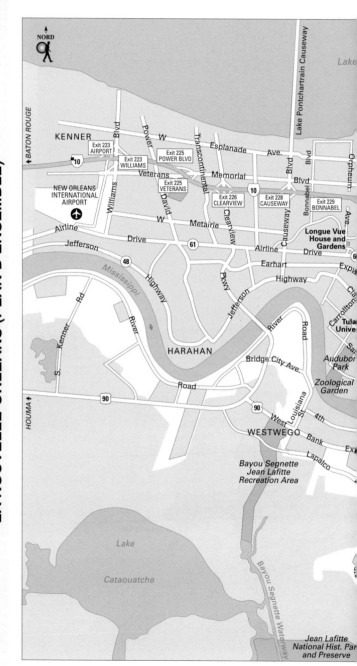

LA NOUVELLE-ORLÉANS (PLAN D'ENSEMBLE)

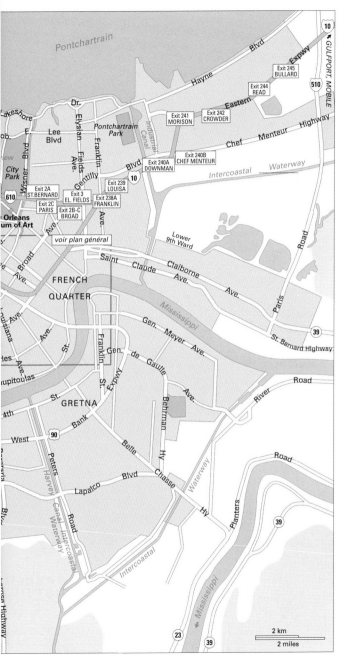

LA NOUVELLE-ORLÉANS (PLAN D'ENSEMBLE)

LA NOUVELLE-ORLÉANS – GRAND CENTRE (PLAN GÉNÉRAL)

voir plan centre II

LA NOUVELLE-ORLÉANS – GRAND CENTRE (PLAN GÉNÉRAL)

LA NOUVELLE-ORLÉANS – PLAN CENTRE I (FRENCH QUARTER)

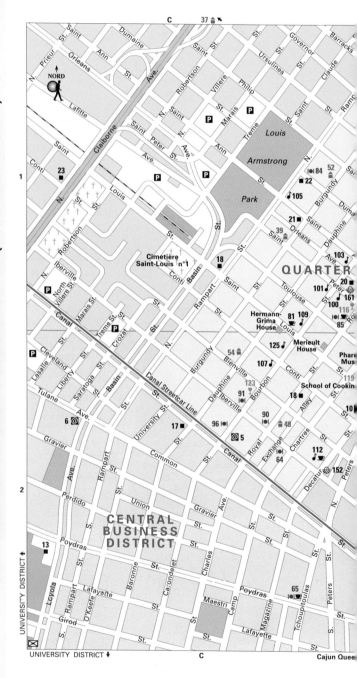

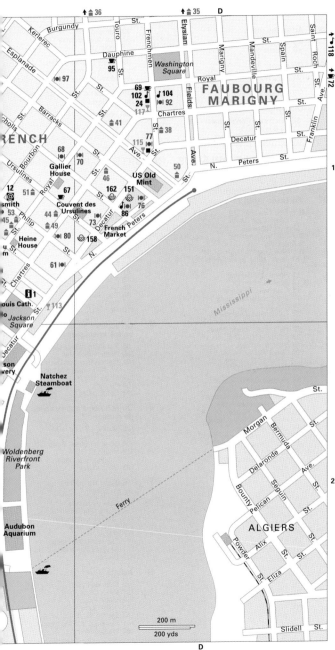

LA NOUVELLE-ORLÉANS – PLAN CENTRE I (FRENCH QUARTER)

REPORTS DES PLANS DE LA NOUVELLE-ORLÉANS

■ **Adresses utiles**
- 🚌 Greyhound
- 🚂 Amtrak

🛏 **Où dormir ?**
- 32 India House
- 34 Lions Inn B and B
- 43 Columns Hotel

🍴 🍷 **Où manger ?**
- 62 Ricobono's Panola Street Café
- 71 La Boulangerie
- 74 Elizabeth's Restaurant

- 82 Camelia Grill
- 83 Rue de La Course
- 87 Feelings
- 88 Bluebird Cafe
- 89 Lucy's Retired Surfers
- 93 Dick & Jenny's
- 94 Jacques Imo's

♪ **Où écouter d'autres styles de musique ?**
- 106 Tipitina's
- 108 Michaul's
- 110 Maple Leaf Bar
- 111 Mid-City Lanes Rock-n-Bowl

LA NOUVELLE-ORLÉANS – REPORTS DU PLAN GÉNÉRAL

■ **Adresses utiles**
- 🛈 1 New Orleans CVB Information Center
- ✉ Post Office
- 📷 3 Bastille Computer
- 📷 5 Krystal
- 📷 6 New Orleans Public Library
- 🛈 10 Jean Lafitte National Historical Park
- 11 Royal Mail Service
- 📷 12 Postal Emporium
- 13 Consulat de France
- 17 Walgreen's Pharmacy
- 18 Police
- 20 La Librairie d'Arcadie
- 21 The Washboard Launderette
- 22 Hula Mae's Tropic Wash
- 23 Fourrière
- 24 Bicycle Michael
- 115 Check Point Charlie

🛏 **Où dormir ?**
- 35 Elysean Guest House
- 36 Marigny Manor House
- 37 New Orleans Guest House
- 38 The Frenchmen Hotel
- 39 Saint Peter House
- 40 Nine-O-Five Royal Hotel
- 41 Lamothe House
- 44 Hôtel Villa Convento
- 45 The Cornstalk Fence
- 46 Le Richelieu
- 47 Lafitte's Guesthouse
- 48 Hôtel Monteleone
- 49 Chateau Hotel
- 50 Hôtel de la Monnaie
- 51 Ursulines Guest House
- 52 Hotel Saint-Pierre
- 53 Andrew Jackson Hotel
- 54 Château Lemoyne

🍴 🍷 **Où manger ?**
- 60 A and P Food Store
- 61 Central Grocery
- 63 Johnny's Po-Boy
- 64 Country Flame
- 65 Mother's
- 66 Café Maspero
- 67 Croissant d'Or
- 68 The Verti Marte
- 69 Café Rose Nicaud
- 70 Mona Lisa Restaurant
- 72 Café Flora
- 73 Coop's Place

- 75 Gumbo Shop
- 76 Barracks Street Café
- 77 Mona's Café
- 79 Clover Grill
- 80 Irene's Cuisine
- 81 Petunias Restaurant
- 84 Le Peristyle
- 85 The Court of Two Sisters
- 90 Mr B's Bistro
- 91 Galatoire's
- 92 Adolfo's
- 95 La Peniche
- 96 The Red Fish Grill
- 97 Port of Call
- 112 House of Blues

♪ **Où écouter du jazz dans les boîtes mythiques ?**
- 86 Palm Court Jazz Café
- 100 Preservation Hall
- 101 Maison Bourbon Dedicated for the Preservation of Jazz
- 102 Snug Harbor
- 103 Fritzel's
- 104 Spotted Cat

♪ **Où écouter d'autres styles de musique ?**
- 105 Donna's Bar and Grill
- 107 The Famous Door
- 109 Bourbon Street Blues Company
- 112 House of Blues
- 118 Vaughan's Lounge
- 125 Razzoo Bar

🍷 **Où boire un verre ou un café ?**
- 113 Café du Monde
- 114 Lafitte Blacksmith Shop
- 115 Check Point Charlie
- 116 Pat o' Briens
- 117 D.B.A.
- 119 The Napoleon House
- 121 Seville's Pirate Alley Café
- 123 Utopia

⊛ **Achats**
- 150 Fleur de Paris
- 151 Vieux Carré Vinyl
- 152 Music Factory
- 153 Buba Gump
- 158 Santas' Quarters
- 161 Zombie's Voodoo Shop
- 162 Wicked Orleans

LA NOUVELLE-ORLÉANS – REPORTS DU PLAN CENTRE I

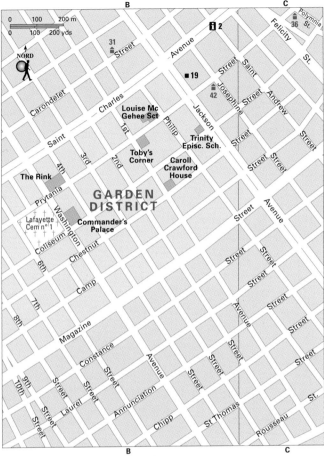

**LA NOUVELLE-ORLÉANS – PLAN CENTRE II
(GARDEN DISTRICT)**

■ Adresses utiles

🛈 2 New Orleans Metropolitan CVB
et New Orleans Multicultural
Tourism Network
19 Alliance française

🛏 Où dormir ?

31 Marquette House New Orleans
International Hostel
36 Saint Charles Guesthouse
42 The Josephine

LAFAYETTE (PLAN GÉNÉRAL)

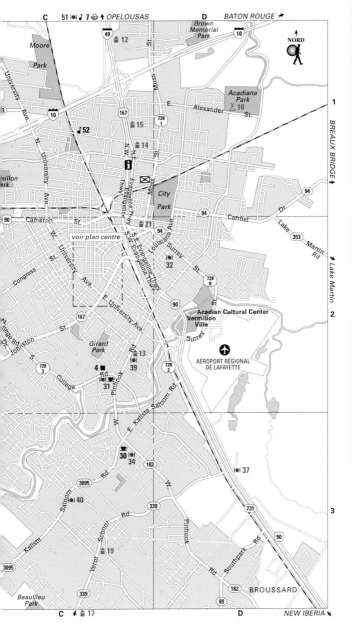

LAFAYETTE (PLAN GÉNÉRAL)

- **Adresses utiles**
  - 🏠 Visitor Center✉
  - ✉ Post Office
  - 4 Lafayette General Medical Center
  - 🏬 5 Mall of Acadiana
  - 🏬 7 Marché aux puces

🍴🛏 Où dormir ?
  - 10 Acadiana Park and Campground
  - 11 KOA Campground
  - 12 Motel 6
  - 13 Travelodge
  - 14 Jameson Inn
  - 15 Super 8 Motel
  - 17 Acadian B & B
  - 18 The Savoy B & B
  - 19 T' Frere's B & B
  - 21 Bois des Chênes B & B

🍴🍷 Où manger ?
  - 30 Poupart Bakery
  - 31 Hub City Diner
  - 32 Creole Lunch House
  - 34 Chris' Po Boys
  - 36 Lagneaux's
  - 37 Evangeline Steakhouse & Seafood
  - 38 Zea
  - 39 Blue Dog Café
  - 40 Fresh Pickin's Farmer Market

🍴 🎵 🎶 Où manger en écoutant de la musique cajun ? Où écouter de la musique ? Où danser ?
  - 50 Randol's
  - 51 Prejean's
  - 52 El Sido's Zydeco and Blues Club

LAFAYETTE – REPORTS DU PLAN GÉNÉRAL

- **Adresses utiles**
  - 📖 Public Library
  - 1 Codofil
  - 🚂 Gare ferroviaire Amtrak
  - 🚌 2 Gare routière Greyhound
  - 🚌 3 Lafayette Transit System
  - 🏬 6 Sans Souci

🛏 Où dormir ?
  - 20 Blue Moon Guest House

🍴🍷 Où manger ?
  - 33 Dwyer's Café
  - 35 T-Coon's Restaurant
  - 41 Tsunami

🍷 🎵 🎶 Où boire un verre ? Où écouter de la musique ? Où danser ?
  - 20 Blue Moon Guest House
  - 60 Jefferson Street
  - 61 Grant Street Dancehall

LAFAYETTE – REPORTS DU PLAN CENTRE

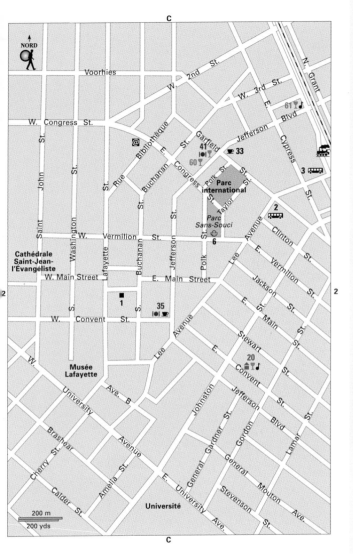

LAFAYETTE (PLAN CENTRE)

LAFAYETTE (PLAN CENTRE)

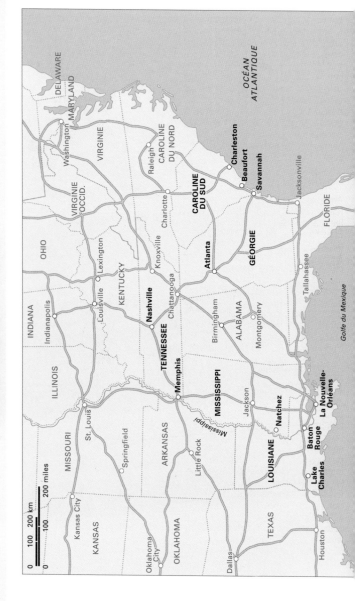

LE SUD DES ÉTATS-UNIS

blement), et enfin le numéro que vous souhaitez joindre (pour la France : 011-33 + le numéro de votre correspondant à 9 chiffres, sans le 0 initial). Ça fait un paquet de chiffres en tout ! On n'introduit donc pas la carte dans le téléphone. Le montant du crédit téléphonique disponible est indiqué automatiquement par la voix enregistrée. Quand il est épuisé, mieux vaut acheter une autre carte plutôt que de recharger son compte en communiquant son numéro de carte de paiement. Avec 5 $, on peut parler plusieurs heures avec la France en appelant un poste fixe (les unités défilent bien plus vite sur les portables !). En revanche, plus vous passez de coups de fil différents, plus la carte se vide rapidement car il y a des frais supplémentaires pour les appels courts, la « maintenance » à partir du 2e jour, etc. (c'est écrit en tout petit !). Pour passer des coups de fil locaux, préférer les pièces aux cartes téléphoniques (les frais de connexion liés à la carte sont élevés par rapport au prix d'une communication locale).

Téléphoner avec un portable

Attention, votre téléphone portable français peut ne pas être compatible avec le réseau américain. Il faut d'abord que votre mobile soit tribande GSM (les modèles les plus récents le sont). Ensuite, tout dépend de l'endroit où vous vous rendez aux États-Unis : la norme n'est pas toujours la même. Bref, contactez le service clients de votre opérateur pour vous faire confirmer ces deux paramètres. Sinon, vous aurez toujours la possibilité d'acheter sur place un portable américain à crédit de communication rechargeable (dans les magasins *Radio Shack* par exemple). Le modèle de base coûte dans les 10 $ et les recharges, sous forme de cartes, se trouvent très facilement dans la plupart des drugstores... L'avantage est de pouvoir passer des coups de fil locaux, nationaux et internationaux à prix acceptables, et d'être appelé (on vous octroie un numéro de téléphone américain au moment de l'achat) à tout moment. Dans ce cas, si votre interlocuteur se trouve en France et utilise une ligne numérique ADSL dont l'opérateur a des accords avec les États-Unis (*Freebox* par exemple), la communication est gratuite. Malin, non ?

Internet

Aux États-Unis, plus d'un foyer sur deux dispose d'un ordinateur connecté à Internet, utilisé avant tout pour le courrier électronique. Les routards qui souhaitent rester en contact avec leur tribu n'auront pas vraiment le choix des cafés Internet, plutôt rares (même dans les grandes villes), en raison du fort taux d'équipement informatique des foyers américains. Cela dit, de plus en plus de lieux (hôtels, cafés, bars, restos...) sont équipés wi-fi. Pour ceux qui ne voyageraient pas avec leur portable (on dit *laptop* en anglais), on trouve aussi des accès Internet en libre-

D'ARPANET À INTERNET

Le réseau Internet est né aux États-Unis dans les années 1960, en pleine guerre froide. Il s'appelait alors Arpanet et était destiné à relier les militaires, avant de s'étendre aux centres de recherche et aux universités. La grande nouveauté de ce réseau était de répartir les ressources sur tout le territoire au lieu de les concentrer sur un seul lieu. Ensuite, c'est l'invention du World Wide Web, au début des années 1990, qui a révolutionné ce réseau en le rendant multimédia (image et son) et accessible au grand public.

service un peu partout... Il s'agit de bornes qui fonctionnent soit comme des distributeurs (la machine avale les billets ou la carte de paiement) soit avec des codes à entrer après avoir payé à la caisse pour la durée souhaitée... Autre bon plan : les bibliothèques publiques *(public libraries)* disposent toutes d'un accès Internet gratuit, généralement limité à 1h de connexion par personne et par jour. En revanche, l'impression de pages Web est un service payant... Une sélection de sites internet à consulter avant le départ est détaillée plus haut, à la rubrique « Sites internet ».

TRANSPORTS

L'avion

Les compagnies desservant l'intérieur des États-Unis sont nombreuses. À bord des avions, le service est réduit à sa plus simple expression, et la plupart des prestations sont payantes (boissons, repas, écouteurs...).

On conseille d'arriver bien en avance pour l'embarquement, à cause des mesures de sécurité qui entourent les aéroports américains depuis le 11 septembre 2001.

Les compagnies aériennes

■ **Air France :** ☎ 1-800-237-2747 ou ☎ 36-54 (en France). ● airfrance.fr ●
■ **American Airlines :** ☎ 1-800-433-7300. ● aa.com ●
■ **Continental Airlines :** ☎ 1-800-523-3273. ● flycontinental.com ●
■ **Delta Air Lines :** ☎ 1-800-221-1212. ● delta-air.com ●
■ **Northwest Airlines :** ☎ 1-800-225-2525. ● nwa.com ●
■ **United Airlines :** ☎ 1-800-241-6522. ● ual.com ●
■ **US Airways :** ☎ 1-800-428-4322. ● usairways.com ●

Les forfaits (passes)

En gros, c'est une fleur que font certaines compagnies aériennes aux passagers résidant en dehors des États-Unis et munis d'un billet transatlantique. Le prix des distances en est réduit. Il est nécessaire de fixer l'itinéraire avant de partir. Inscrire le plus de villes possible. Si l'on ne va pas à un endroit, on peut le sauter, mais on ne peut pas ajouter d'escale, à moins de payer parfois un supplément. Attention : un trajet n'est pas forcément égal à un coupon, faites-vous bien préciser le nombre de coupons nécessaires pour chaque voyage, avant le départ.

Pour les coordonnées des compagnies aériennes, se reporter au chapitre « Comment y aller ? » en début de guide.

La voiture

C'est la formule idéale pour circuler, d'autant que les routes sont bonnes et l'essence plutôt bon marché. La voiture est même indispensable pour visiter la Louisiane, ainsi que Nashville, Memphis et Atlanta, qui sont des villes très étendues (l'option GPS peut d'ailleurs s'avérer rentable). En revanche, vous pouvez vous en passer dans le centre de La Nouvelle-Orléans, ainsi qu'à Savannah et Charleston.

Conduire une voiture automatique

Il n'y a pratiquement que cela aux États-Unis. Voici la signification des différentes commandes internes :

P : Parking (à enclencher lorsque vous stationnez, mais à ne pas utiliser comme frein à main).

R : Reverse (marche arrière).

N : Neutral (point mort).

D : Drive (position de conduite que vous utiliserez quasiment tout le temps).

1, 2 et 3 ou I et L : vous sélectionnez votre propre rapport de boîte (bien utile en montagne ou dans certaines côtes, mais ça consomme plus d'essence).

Pour oublier vos vieux réflexes, calez votre pied gauche dans le coin gauche et ne l'en bougez plus jusqu'à la fin de votre périple. On se sert uniquement du pied droit pour accélérer ou freiner. Et un conseil : lorsque vous passez de la position « P » à une autre, appuyez toujours sur le frein sinon vous risquez de faire un bond ! D'ailleurs, certains véhicules refusent de quitter le point « P » tant que vous n'avez pas posé le pied sur le frein, non mais ! Autre astuce : les voitures américaines sont

LOUISIANE UTILE

Ville / Distance en miles	Atlanta (Géorgie)	Baton Rouge (Louisiane)	Charleston (Caroline du S.)	Chattanooga (Tennessee)	Grand Isle (Louisiane)	Houma (Louisiane)	Lafayette (Louisiane)	Lake Charles (Louisiane)	Memphis (Tennessee)	Montgomery (Alabama)	Nashville (Tennessee)	Natchez (Louisiane)	Natchitoches (Louisiane)	New Iberia (Louisiane)	New Orleans (Louisiane)	Opelousas (Louisiane)	Raleigh (Caroline du N.)	St Francisville (Louisiane)	Saint Louis (Missouri)	Savannah (Géorgie)	Thibodaux (Louisiane)	Washington (DC)
Washington (DC)	638	1147	534	604	1197	1143	1201	1272	882	798	571	1219	1212	1214	1090	1220	280	1154	866	577	1152	
Thibodaux (Louisiane)	530	71	849	554	82	16	103	178	372	594	239	249	85	127	66	54	935	101	697	705		1152
Savannah (Géorgie)	248	700	108	366	749	696	754	825	636	335	495	816	826	773	643	773	324	731	800		705	577
Saint Louis (Missouri)	555	665	856	439	756	704	720	790	308	590	308	692	687	742	749	822	822	661		800	697	866
St Francisville (Louisiane)	539	32	863	554	191	117	75	146	378	397	585	140	152	97	111	54	945		661	731	101	1154
Raleigh (Caroline du N.)	411	938	280	470	984	932	992	1064	748	571	537	1024	1013	1005	878	1012		945	822	324	935	280
Opelousas (Louisiane)	598	58	916	618	196	125	24	99	455	439	669	115	125	46	153		1012	54	822	773	54	1220
New Orleans (Louisiane)	468	81	787	492	110	57	135	206	365	310	532	266	276	134		153	878	111	749	643	66	1090
New Iberia (Louisiane)	593	69	916	614	152	135	24	99	460	444	657	159	170		134	46	1005	97	742	773	127	1214
Natchitoches (Louisiane)	606	181	929	608	318	248	147	121	369	472	641	7		170	276	125	1013	152	687	826	85	1212
Natchez (Louisiane)	616	171	940	619	308	237	136	128	376	482	646		7	159	266	115	1024	140	692	816	249	1219
Nashville (Tennessee)	249	589	550	134	637	585	643	713	212	282		646	641	657	532	669	537	585	308	495	594	571
Montgomery (Alabama)	160	366	435	233	415	420	438	459	333		282	482	472	444	310	439	571	397	590	335	594	798
Memphis (Tennessee)	388	383	711	316	474	422	459	459		333	212	376	369	460	365	455	748	378	308	636	372	882
Lake Charles (Louisiane)	655	126	969	671	178	76	76		459	459	713	128	121	99	206	99	1064	146	790	825	178	1272
Lafayette (Louisiane)	580	55	899	601	102	102		76	459	438	643	136	147	24	135	24	992	75	720	754	103	1201
Houma (Louisiane)	521	86	840	542	68		102	76	422	420	585	237	248	135	57	125	932	117	704	696	16	1143
Grand Isle (Louisiane)	574	160	858	595		68	102	178	474	415	637	308	318	152	110	196	984	191	756	749	82	1197
Chattanooga (Tennessee)	118	546	438		595	542	601	671	316	233	134	619	608	614	492	618	470	554	439	366	554	604
Charleston (Caroline du S.)	323	843		438	858	840	899	969	711	435	550	940	929	916	787	916	280	863	856	108	849	534
Baton Rouge (Louisiane)	525		843	546	160	86	55	126	383	366	589	171	181	69	81	58	938	32	665	700	71	1147
Atlanta (Géorgie)		525	323	118	574	521	580	655	388	160	249	616	606	593	468	598	411	539	555	248	530	638

toutes équipées d'un *cruise control,* dispositif qui maintient votre vitesse, quel que soit le profil de la route, tant que vous n'appuyez pas sur le frein ou l'accélérateur. Très pratique sur les longues autoroutes américaines, mais ingérable (et inutile) en ville.

Les règles de conduite

Certaines agences de location de voitures distribuent des fiches avec les règles de conduites spécifiques à l'État dans lequel on loue le véhicule.

– *La signalisation :* les panneaux indiquant le nom des rues que l'on croise sont généralement accrochés aux feux ou aux poteaux des carrefours, ce qui permet de les localiser un peu à l'avance.

– *Les feux tricolores :* ils sont situés après le carrefour et non avant comme chez nous. Si vous stoppez au niveau du feu, vous serez donc en plein carrefour. Pas d'inquiétude, après une ou deux incartades, on flippe tellement qu'on s'habitue vite !

– *La priorité à droite :* elle ne s'impose que si deux voitures arrivent en même temps à un croisement. La voiture de droite a alors la priorité. Dans tout autre cas, le premier arrivé est le premier à passer !

– *Tourner à gauche avec une voiture en face :* contrairement à la circulation dans certains pays, dont la France, un tournant à gauche, à un croisement, se fait au plus court. Autrement dit, vous passerez l'un devant l'autre, au lieu de tourner autour d'un rond-point imaginaire situé au centre de l'intersection. Attention : si une pancarte indique « No left turn » ou « No U turn », vous devrez attendre la prochaine intersection pour vous engager à gauche ou faire demi-tour ; ou alors, tourner à droite et revenir sur vos pas.

– *Tourner à droite à une intersection :* à condition d'être sur la voie de droite, vous pouvez tourner à droite au feu rouge après avoir observé un temps d'arrêt et vous être assuré que la voie est libre. Attention ! Dans certains États seulement. Bien entendu, on ne le fait pas si une pancarte indique « No red turn ».

– *Une fois sur l'autoroute :* gare aux erreurs de direction, qui se paient cher... en kilomètres, notamment sur les routes à péage. Il n'est pas rare de devoir faire 10, 20, voire 30 km sans pouvoir faire demi-tour.

– *Sur les routes nationales et les autoroutes,* les voies venant de la droite ont soit un STOP, soit un YIELD (« Cédez le passage »), et la priorité à droite n'est pas obligatoire.

– *Les ronds-points (ou giratoires) :* plutôt rares, ils donnent la priorité aux voitures qui sont déjà engagées dans le giratoire.

– *Les 4-way stops :* carrefour avec stop à tous les coins de rue. S'il y a plusieurs voitures, le premier qui s'est arrêté est le premier à repartir. Assez fréquent aux USA et totalement inédit chez nous.

– *Le système du « car pool » :* sur certains grands axes, pour faciliter la circulation et encourager le covoiturage, il existe une voie dénommée car pool (ou HOV pour High Occupancy Vehicle), réservée aux usagers qui roulent à deux ou plus par voiture. Il y a bien sûr beaucoup moins de monde que sur les autres voies. Très utile aux heures de pointe ; parfois, la règle ne s'applique qu'à certaines périodes de la journée. Et à n'emprunter évidemment d'aucune façon si vous êtes seul à bord, sous peine d'amende.

– *La limitation de vitesse :* elle est fixée par les États. Maximum 55 mph (88 km/h) sur de nombreuses routes. Mais sur les autoroutes *(interstates),* elle peut atteindre 65 mph (104 km/h), voire 70 mph (113 km/h). En ville : 20-25 mph, soit 32-40 km/h. À proximité d'une école (à certaines heures), elle chute à 15 mph (24 km/h), et tout le monde la respecte ! Les radars sont nombreux et la police, très présente et très vigilante, aime beaucoup faire mugir ses sirènes.

– *Le stationnement :* faites attention où vous garez votre voiture, sous peine de voir votre pare-brise couvert de PV. Des panneaux « No parking » signalent les stationnements interdits. Ne vous arrêtez JAMAIS devant un arrêt d'autobus, ni devant une arrivée d'eau pour l'incendie *(fire hydrant),* ni s'il y a un panneau « *Tow away* » qui signifie « enlèvement demandé ». On vous enlèvera la voiture en quelques minutes, et la fourrière comme l'amende sont très chères (plus de 200 $).

– *Le stationnement en ville :* le problème du parking est crucial dans certaines grandes villes (La Nouvelle-Orléans surtout, mais dans le centre-ville d'Atlanta aussi, dans une moindre mesure bien sûr), où il est très cher. Il vaut mieux trouver un *Park and Ride,* grand parking aux terminaux et grandes stations de bus et métro (généralement indiqués sur les plans des villes). Arriver tôt, car ils sont vite complets. Mais, dans d'autres villes, se garer est un jeu d'enfant, même en plein centre.

– *Les parcmètres :* le système de stationnement est assez compliqué. La présence de parcmètres ne veut pas forcément dire qu'on peut se garer tout le temps, et vérifiez bien les périodes où ils sont payants (parfois 24h !). Dans certaines villes, il faut observer la couleur du marquage sur le trottoir : rouge (interdit), blanc (réservé à la dépose de passagers comme devant les hôtels), vert (limité à 15 mn), etc. Attention aux places réservées à la livraison. De plus, il faut observer les petits panneaux sur les trottoirs indiquant des restrictions comme le nettoyage des rues *(street cleaning).* Ainsi, aux jours et heures indiqués, mieux vaut débarrasser le trottoir, sous peine de voir sa voiture expédiée à la fourrière. Et si le parcmètre est hors service, ne pensez pas faire une bonne affaire : vous devez alors vous garer devant un parcmètre qui fonctionne ! La liste n'est pas exhaustive, et vous découvrirez encore plein de surprises par vous-même. Globalement, sachez enfin que l'Américain est généralement civique et qu'il ne lui viendrait pas à l'idée de bloquer la circulation en se garant en double file pour acheter son journal. Que ceux qui se reconnaissent lèvent le doigt...

– *Les bus scolaires à l'arrêt :* très important, lorsqu'un *school bus* (on ne peut pas les louper, ils sont toujours jaunes) s'arrête et qu'il met ses feux clignotants rouges, l'arrêt est obligatoire dans les deux sens, pour laisser traverser les enfants qui en descendent, donc, si on le suit, ne surtout pas le doubler. Tant que les feux clignotants sont orange, le bus ne fait que signaler qu'il va s'arrêter. À l'arrêt, un petit panneau triangulaire est parfois automatiquement déployé, sur la gauche du véhicule, pour vous intimer l'arrêt. C'est l'une des infractions les plus gravement sanctionnées aux États-Unis.

– *Le respect dû aux piétons :* le respect des passages protégés n'est pas un vain mot, et le piéton a VRAIMENT la priorité. Dès qu'un piéton fait mine de s'engager sur la chaussée pour la traverser, tout le monde s'arrête. La voiture n'est pas, comme chez nous, un engin de course mais un outil pratique de la vie moderne. On roule pépère, on respecte l'autre et on est tolérant. Faites donc de même. D'autre part, sachez que traverser hors des clous ou au feu vert peut être passible d'une amende dans certains États ! Il y a même un terme pour ça : le *jaywalking...*

– *Les PV :* si vous avez un PV *(ticket)* avec une voiture de location, mieux vaut le payer sur place et non une fois rentré chez vous. Car lorsque vous signez le contrat de location, vous donnez implicitement l'autorisation au loueur de régler les contraventions pour vous (avec majoration). La solution la plus simple consiste à payer en se rendant directement à la *Court House* locale. Autre possibilité : le règlement par carte de paiement. Au dos du PV, un numéro de téléphone et un site internet vous permettent de le faire. Votre compte est ensuite débité par la police.

L'essence

Faites votre plein avant de traverser des zones inhabitées, certaines stations-service *(gas stations)* sont fermées la nuit et le dimanche. Parfois, sur les autoroutes, on peut rouler pendant des heures sans en trouver une. Or, la plupart des voitures américaines ont une consommation plus élevée que les européennes et on roule facilement sur de longues distances. Le prix de l'essence *(gas)* est en forte hausse en ce moment. Malgré cela, il reste bien moins cher que chez nous (dans les zones touristiques, entre 3,30 et 3,70 $ pour 1 gallon = 3,8 l environ) ; ce qui n'encourage pas les constructeurs à concevoir des voitures moins gourmandes, et surtout moins polluantes. Les bouchons de réservoir indiquent parfois le carburant à utiliser, généralement du *unleaded* (sans plomb), dont il existe plusieurs qualités. La moins chère, la *regular,* convient parfaitement. Enfin, il y a le diesel, mais peu de véhicules l'utilisent. Dans les stations-service, deux possibilités : le *full-serve* (on vous sert et on vous fait le pare-brise) et le *self-service* (10 % moins cher et le plus fréquent en ville). Un truc à savoir, pour remettre le compteur de la pompe à zéro et l'amorcer, détacher le tuyau et relever le bras métallique. On paie parfois à la caisse avant de se servir. Mais si on ne sait pas combien on veut d'essence (si on fait le plein, par exemple), on peut laisser sa carte de paiement ou un gros billet au caissier et on revient prendre la monnaie ou signer ensuite. Sinon, la plupart des stations-service ont des pompes avec règlement automatique par carte de paiement, mais les cartes étrangères ne sont pas toujours reconnues. On vous conseille de toute façon de payer en cash, car une commission est prélevée par votre banque pour chaque paiement par carte. La plupart des *gas stations* offrent une grande variété de services : des w-c à disposition, du café ou des cigarettes, souvent une petite épicerie. Ils vendent aussi des cartes très précises de la localité où l'on se trouve et qui couvrent en général toute la périphérie.

Circuler et s'orienter

En France, si vous connaissez le nom de la ville où vous allez, vous pourrez toujours vous débrouiller. Aux États-Unis, il faut connaître en plus le nom et le numéro de la route et votre orientation (nord, sud, est ou ouest). C'est particulièrement vrai pour les abords des grandes villes. Un conseil : munissez-vous d'une carte routière car les panneaux indiquent en priorité les numéros de route et plus rarement les directions.

On distingue les *freeways* (larges autoroutes aux abords des grandes villes), les *interstates,* qui effectuent des parcours transnationaux (elles sont désignées par 2 chiffres), et les routes secondaires (désignées par 3 chiffres). Elles sont signalisées de manières différentes et faciles à repérer. Simplement, ouvrez bien l'œil et sachez vers quel point cardinal vous allez. Sur les *interstates,* le numéro de la sortie correspond au mile sur lequel elle se trouve. Ainsi, la prochaine sortie après la 189, peut très bien être la 214.

Si vous rencontrez des *turnpikes* (rares), sachez que ce sont des autoroutes payantes. Les grands ponts et beaucoup de tunnels majeurs sont aussi souvent payants. La signalisation routière utilise peu de symboles, contrairement à celle en Europe. Impératif de bien connaître l'anglais, surtout pour les stationnements.

Les cartes routières

Pas très utile d'acheter des cartes détaillées en France. Pratiquement toutes les stations-service vous en proposeront à des prix bien moins élevés. Les cartes des agences de location de voitures sont également utiles (bien qu'un peu sommaires), ainsi que celles des offices de tourisme ; et elles sont gratuites.
– Se procurer l'*Atlas des routes* de Rand MacNally, la bible du voyageur au long cours aux États-Unis : une page par État, très bien fait. Indique les parcs nationaux et les campings. L'*Atlas* de l'American Automobile Association n'est pas mal non plus.
– Lorsqu'on traverse la frontière d'un État, il y a très souvent un *Visitor Center* où il est possible d'obtenir gratuitement des cartes routières de l'État dans lequel on entre. Vous trouverez aussi moult brochures et coupons de réduction.

Les voitures de location

La location depuis la France

■ **Auto Escape :** ☎ 0800-920-940 (n° gratuit) ou 04-90-09-28-28. ● info@autoescape.com ● autoescape.com ● L'agence *Auto Escape* réserve auprès des loueurs de véhicules de gros volumes d'affaires, ce qui garantit des tarifs très compétitifs. Il est recommandé de réserver longtemps à l'avance. Important : une solution spécialement négociée aux États-Unis pour les conducteurs de moins de 25 ans. Vous trouverez également les services d'*Auto Escape* sur ● routard.com ● *Auto Escape* offre 50 % de remise sur l'option d'assurance « zéro franchise » (soit 2,50 €/j. au lieu de 5) pour les lecteurs du *Guide du routard*.
■ Et aussi : **Hertz** (☎ 01-41-91-95-25), **Avis** (☎ 0820-05-05-05 ; 0,12 €/mn) et **Budget** (☎ 0825-003-564 ; 0,15 €/mn).

La location aux États-Unis

– Les prix peuvent varier du simple au double pour les mêmes prestations. La taxe, qui va de 4 à 13 %, est rarement incluse dans les *vouchers* des agences de location ; quant aux assurances, ça dépend des compagnies, d'où l'intérêt de bien se renseigner. Si vous pensez faire peu de kilomètres, mieux vaut prendre le tarif le plus avantageux à la journée, même si le coût au kilomètre est plus cher. Pour un très long parcours, la formule « kilométrage illimité » est toujours plus rentable, en tout cas à partir de 150 miles (240 km) par jour. Les voitures de location les moins chères sont les *economies* et les *compacts* (catégorie A) avec 3 ou 5 portes. Très bien jusqu'à 3 personnes. Ensuite viennent les *mid-sizes* et les *full-sizes*. De façon générale, les voitures sont beaucoup plus spacieuses et confortables qu'en Europe, à catégorie égale.

Quelques règles générales

– Il est impossible de louer une voiture si l'on a **moins de 21 ans**, voire 25 ans pour les grandes compagnies.
– Avoir absolument une **carte de paiement** (*MasterCard* et *Visa* sont acceptées partout). Très rares sont les compagnies qui acceptent le liquide ; de plus, elles exigent alors une importante caution. Avec les cartes de prestige comme *MasterCard Gold* ou *Visa Premier*, vous bénéficiez gratuitement de l'assurance vol et dégradation. Certes ces cartes ne sont pas données, mais vous aurez vite amorti votre investissement si vous louez votre voiture pour 15 jours et plus.
– Bien souvent, le permis international (délivré gratuitement dans les préfectures) est facultatif ; la plupart des agences refusent de louer une voiture sans le **permis national**.
– Attention, il arrive fréquemment que les loueurs vous incitent à prendre une **catégorie supérieure** à celle que vous avez réservée, « pour votre confort personnel », mais le supplément vous sera bien facturé ! Méfiance donc, et lisez bien la facture avant de partir avec votre véhicule.
– Seules les **grandes compagnies** sont représentées dans les aéroports. Les moins chères se trouvent en ville (en fait, les taxes sont moins élevées), mais si vous arrivez en avion, elles peuvent vous livrer le véhicule.
– Les **tarifs les moins chers** sont à la semaine. Si vous louez pour plus de 2 semaines, n'hésitez pas à demander une ristourne, ça peut marcher. Il existe aussi des réductions week-end *(week-end fares),* du vendredi midi au lundi midi. De même, si vous réservez à l'avance, vous paierez moins cher qu'en vous y prenant le jour même.
– Dans de nombreuses compagnies, on peut rendre le véhicule dans un endroit différent de celui où on l'a pris *(one-way rental),* mais il faudra payer un **drop off charge (frais d'abandon)**, qui va de 50 à 500 $.
– Les véhicules disposent tous de la **clim'**, indispensable l'été, surtout dans le Sud. Bien sûr, ça consomme plus d'essence et ça pollue l'atmosphère...

– Toujours *faire le plein* avant de rendre la voiture. À moins que le contraire ne soit clairement stipulé dans votre contrat. Sinon, on vous facturera le *gallon* deux ou trois fois plus cher que le prix à la pompe.

Les assurances

Elles sont nombreuses, et on s'emmêle rapidement les pinceaux. Tous les véhicules possèdent une assurance minimum obligatoire, comprise dans le tarif proposé. Au-delà, tout est bon pour essayer de vous vendre le maximum d'options qui ont vite fait de revenir plus cher que la voiture elle-même. Renseignez-vous bien aussi sur les franchises qui varient d'une compagnie à l'autre. Avec une carte de paiement « haut de gamme » *(MasterCard Gold, Visa Premier...)*, il est inutile de prendre l'assurance *CDW* ou *LDW,* car le paiement par ces cartes donne automatiquement droit à ces deux options. Ne prenez alors, dans ce cas, que la *LIS* ou *SLI* (responsabilité civile) si vous le souhaitez.

– *LDW (Loss Damage Waiver) ou CDW (Collision Damage Waiver) :* c'est l'assurance tous risques avec suppression de franchise, partielle *(CDW)* ou totale *(LDW).* Elle est à présent obligatoire dans la plupart des États. Son coût : 10 à 20 $ par jour. Elle couvre votre véhicule pour tous les dégâts (vol, incendie, accidents... mais pas le vandalisme) si vous êtes en tort, mais pas les dégâts occasionnés aux tiers si vous êtes responsable.

– *LIS ou SLI (Liability Insurance Supplement) :* c'est une assurance supplémentaire qui vous couvre si vous êtes responsable de l'accident. Aucune carte de paiement ne l'inclut dans ses services. Il faut savoir qu'aux États-Unis, si vous renversez quelqu'un et que cette personne est hospitalisée pour six mois, votre responsabilité sera engagée bien au-delà de vos revenus. Il est donc important d'avoir une couverture en béton. Attention toutefois, si vous roulez en état d'ivresse, cette assurance ne fonctionne pas.

– *PAI (Personal Accident Insurance) :* couvre les accidents corporels. Inutile si vous avez par ailleurs souscrit une assurance personnelle (responsabilité civile) incluant les accidents de voiture. La *PAI* ferait alors double emploi.

– *PEP (Personal Effect Protection) :* elle couvre les effets personnels volés dans la voiture. À notre avis, cette assurance est inutile. Il suffit de faire attention et de ne jamais rien laisser de valeur à l'intérieur. À cet égard, une loi interdit aux loueurs de matérialiser la voiture de location avec des macarons et autocollants. C'était du pain béni pour les voleurs qui repéraient ainsi les véhicules à « visiter ».

Enfin, sachez que certaines compagnies proposent une petite assurance complémentaire (encore !) couvrant tous les petits dégâts possibles au cours d'un voyage : pare-brise fissuré, pneu crevé, rayures grosses comme le bras, etc. Encore un moyen de vous prélever dans les 5 $ par jour, mais sur un long trajet cela peut éviter d'avoir à payer 100 $ par ci, 100 $ par là...

Les petites compagnies

Si vous désirez faire seulement un *U-drive,* c'est-à-dire partir pour revenir au même endroit, il est préférable de louer une voiture dans une petite compagnie locale : c'est nettement moins cher et, en principe, ils accepteront de l'argent liquide en guise de caution. De toute façon, si vous reconduisez la voiture à l'endroit où vous l'avez louée, vous avez des chances de payer moins cher.

Voici quelques petites compagnies (nationales tout de même !) avec leur numéro *toll free* (gratuit). Pour les appeler de France, voir la rubrique « Téléphone et télécommunications » plus haut.

■ *Thrifty Rent-a-Car :* ☎ 1-800-THRIFTY (847-4389). ● cf.thrifty.com ● Site en français.
■ *Payless Rent-a-Car :* ☎ 1-727-321-6352. ● paylesscarrental.com ●
■ *Dollar Rent-a-Car :* ☎ 1-800-800-6000. ● dollar.com ●

Les grandes compagnies

Inconvénient

– Elles acceptent rarement une caution en liquide.

Avantages

– Les voitures sont généralement neuves, donc plus sûres !
– En cas de pépin mécanique, le représentant local de la compagnie vous changera aussitôt la voiture.
– Possibilité (généralement) de louer une voiture dans une ville et de la laisser dans une autre (supplément à payer). Si vous la rendez dans un autre État, les frais seront d'autant plus élevés.
Voici quelques-unes d'entre elles, avec leurs numéros de téléphone gratuit :

■ *Hertz :* ☎ 1-800-654-3001. ● hertz.com ●

■ *Avis :* ☎ 1-800-331-1084. ● avis.com ●

■ *National :* ☎ 1-800-CAR-RENT. ● nationalcar.com ●

■ *Budget :* ☎ 1-800-527-0700. ● budget.com ●

La location d'un camping-car (ou *RV* ou *motorhome*)

Voyager en *RV* (prononcer « harviii ») est une expérience unique pour les enfants. Comparés à nos camping-cars, les *RV* américains sont le plus souvent énormes ! Cela dit, c'est assez lent et surtout très cher, même à 4-6 personnes (à partir de 1 200 $ la semaine en haute saison, kilométrage en plus) comparativement à un séjour voiture + motels. D'autant qu'au prix de la location s'ajoute évidemment l'essence (de 12 à 45 l aux 100 km selon les modèles !), et l'emplacement dans les campings puisqu'il est interdit de passer la nuit en dehors des *campgrounds*. Compter 10 à 25 $ la place seule, sans compter le *hook-up* (branchements eau et électricité dont vous aurez besoin pour l'AC ou le chauffage *full hook up* avec la vidange en plus), payant dans les terrains aménagés. Même dans la journée, il est interdit de se garer n'importe où ; dans certaines grandes villes, on vous met en fourrière sur l'heure. Les parkings des hypermarchés ou des magasins sont parfois autorisés, à condition évidemment d'éviter tout déballage et de laisser les lieux propres.
Un permis classique suffit pour conduire ce genre de véhicule, encore faut-il évidemment se sentir capable de le faire ! Si vous êtes intéressé, mieux vaut louer le véhicule depuis Paris car, en haute saison, il est parfois difficile d'en trouver sur place.

■ Une bonne adresse avec plus de 150 agences aux États-Unis, *Cruise America RV Rental & Sales* : 11 West Hampton Ave, Mesa, AZ 85210. ☎ (480) 464-7300 ou 1-800-671-8042. ● *cruiseamerica.com* ● Loue des *motorhomes (RV)* et *trailers* (caravanes) dans tout le pays, depuis les aéroports ou les diverses agences en ville. La location du véhicule ne comprend pas le kilométrage : forfait 700 miles (environ 1 150 km) environ 225 $, assurances incluses. Loue également des *RV* équipés pour les personnes handicapées.
– Pour toute info complémentaire : ● motorhomerentals.com ●, un site internet complet sur les locations de *motorhomes* aux États-Unis. Présentation des différents types de véhicules, liens vers les principaux loueurs par région, infos touristiques sur chaque destination...

L'auto-stop *(hitchhiking)*

De moins en moins pratiqué, voire interdit dans certains États. Aux États-Unis, c'est louche de ne pas avoir de voiture, et depuis le 11 septembre 2001, les Américains se méfient encore plus de tout. Ne soyez donc pas étonné que les clients ne se bousculent pas pour vous offrir un brin de conduite...

La moto

Il existe quelques loueurs de motos – essentiellement de grosses Harley Davidson – dans cette partie des États-Unis. Si vous avez décidé d'accomplir tout votre périple en moto façon *easy rider,* mieux vaut la louer depuis la France. Sinon, possibilité de location sur place à la journée, histoire de prendre un bon bol d'air ! On déconseille de venir avec sa propre moto où même d'en acheter une sur place qu'il faudra revendre à la fin du voyage ; trop de tracasseries administratives, d'assurance... Enfin, le port du casque n'est pas toujours obligatoire (une folie !) selon les États, mais on le recommande strictement.

Le bus

Si le réseau des bus *Greyhound* couvre la quasi-totalité du pays, ces derniers ne desservent que quelques villes de Louisiane et du Sud. Informations : ☎ 1-800-231-2222. ● greyhound.com ●
Les bus *Greyhound* ont, à tort, mauvaise réputation dans cette Amérique où la voiture et l'avion priment. Ils sont en effet considérés comme le moyen de transport des pauvres, à éviter dès qu'on a les moyens de voyager autrement. C'est vrai que se pointer dans une station de bus le soir est la meilleure façon d'être confronté à l'Amérique profonde, avec tous ses échoués du rêve américain. On déconseille d'ailleurs de passer la nuit dans les terminaux de bus, souvent situés dans des quartiers difficiles, excentrés et dépourvus de services (transports urbains, location de voitures...). Cela dit, on peut tout à fait parcourir le pays de long en large sans danger et faire des rencontres qui pimentent le voyage, les Américains étant souvent curieux et bavards...
Le problème en Louisiane et dans le Sud, c'est qu'une fois arrivé à destination, les villes sont souvent étendues et dépourvues de transports en commun pour rejoindre le centre, votre hébergement, un éventuel loueur de voitures... Si la solution la moins galère demeure donc de louer une voiture dès votre arrivée à l'aéroport, que les fanas du voyage en bus ne décrochent pas pour autant ! Nous les renseignons ci-après sur les généralités des déplacements en bus *Greyhound* aux États-Unis, sans oublier les infos de nos rubriques « Arriver – Quitter » à chaque ville présentée dans ce guide.

Les billets

Ils s'achètent dans toutes les gares routières et agences *Greyhound,* ainsi que par téléphone (☎ 1-800-231-2222). Possibilité de réductions (notamment 15 % avec la *Student Advantage Card,* lire la rubrique « Avant le départ » plus haut). Consulter leur site internet pour les offres spéciales et les billets à prix réduits achetés à l'avance. Attention, pas de place numérotée sur les billets ; donc, si vous ne voulez pas être obligé d'attendre le prochain bus, prévoyez au moins 30 mn d'avance, un peu plus si vous avez des bagages à mettre en soute : il vous faudra alors passer au guichet pour faire imprimer un *baggage tag,* et il y a souvent la queue !

Les forfaits

Intéressants seulement si vous comptez sillonner les États-Unis. Environ 120 petites compagnies régionales de bus acceptent les forfaits *Greyhound* sur tout le territoire américain.
– *Greyhound* propose les forfaits **Discovery Pass,** avec plusieurs durées possibles : 7, 15, 30 ou 60 jours. Plus la durée est longue, plus le prix est intéressant (environ 280 $ pour 7 jours et 650 $ pour 2 mois). Ces forfaits sont également vala-

bles pour le Canada et certaines villes du Nord du Mexique. Ils doivent être achetés avant l'arrivée en Amérique du Nord, au moins 21 jours avant la première utilisation. Distance illimitée et consignes des bagages incluses. Pour effectuer un trajet avec *Greyhound*, faire valider le *pass* au comptoir puis le présenter au chauffeur, avec une pièce d'identité. Pour utiliser le *Discovery Pass* sur une autre compagnie que *Greyhound* (et qui a passé un accord avec la compagnie nationale), il est nécessaire de se présenter au guichet pour y recevoir un billet de transport. Ne plastifiez pas cette carte car la colle dissout le texte du *pass* ! Attention, pas de réservation pour un trajet, donc se présenter suffisamment tôt pour avoir de la place (1h avant).
– *Se procurer les forfaits Discovery Pass :* achat en ligne sur le site ● greyhound. com ● (cliquer sur *Discovery Pass* dans le menu *« Products and Services »*). Les forfaits sont aussi vendus en France par *Voyageurs aux États-Unis*. Voir leurs coordonnées ainsi que celles des autres agences dans la rubrique « Comment y aller ? » au début du guide. On peut obtenir auprès d'eux tous les renseignements utiles sur le fonctionnement général des bus *Greyhound*, sauf les horaires. Concernant les *Discovery Passes,* pensez à vérifier auprès d'eux qu'il y a bien un bureau *Greyhound* dans votre ville de départ, car ils vous remettent un bon à échanger auprès de la compagnie.

Les bagages en bus

Pour vos bagages en soute, retirez un *baggage tag* au guichet et mettez-vous dans la file d'attente pour votre destination avec vos bagages. Au moment de monter dans le bus, laissez-les le long du véhicule, un employé les placera dans la soute. En règle générale, c'est à vous de récupérer vos bagages à l'arrivée ou dans une station où vous changez de bus. Dans ce dernier cas, prenez vos bagages et mettez-vous dans la file d'attente pour votre nouveau bus à l'intérieur de la station. C'est aussi simple que ça... Sinon, le personnel se charge de tous les bagages non transférés par les voyageurs eux-mêmes, mais là, attention, il y a parfois des pertes ou plutôt des égarements : vous vous trouvez à Atlanta et vos bagages se dirigent vers La Nouvelle-Orléans, ou, au mieux, ils arriveront dans le bus suivant ! Cela arrive un peu trop fréquemment. Si nous avions un conseil à vous donner, ce serait de prendre vos bagages avec vous chaque fois que c'est possible et de les mettre dans les filets...
À l'arrivée, un truc pour éviter de payer la consigne, dans les grandes villes : ne récupérez pas vos bagages dès la sortie du bus, ils seront gardés gratuitement au guichet bagages. Attention, les consignes automatiques *Greyhound* sont vidées au bout de 24h, et les bagages mis dans un bureau fermé la nuit et le week-end. Si vous avez besoin de laisser vos affaires plus de 24h, mettez-les directement en consigne au guichet bagages (forfait journalier pas très cher). Là encore, notez les heures d'ouverture ! Une précision : quand vous achetez votre sac à dos, même de marque américaine, il ne faut pas qu'il dépasse 82 cm de long pour qu'il puisse entrer dans les consignes automatiques. Pour les routards chargés : la limite de poids des bagages en soute (deux autorisés, plus deux bagages à main) est de 27 kg par bagage et la longueur totale (longueur + largeur + hauteur) ne doit pas dépasser 155 cm (62 *inches*).

Le confort des bus

Outre leur rapidité, ces bus offrent un certain confort : ils sont non-fumeurs, avec w-c à bord et AC, ce qui veut dire qu'il peut y faire très frais. Prévoyez un pull, surtout si vous avez l'intention de dormir.
Ces bus sont particulièrement intéressants de nuit car ils permettent de couvrir des distances importantes tout en économisant une nuit d'hôtel ! Mais les sièges ne s'inclinent que faiblement. Si vous avez de grandes jambes, préférez les sièges côté couloir. En principe, quand un bus est plein dans les grandes stations, un

deuxième prend le restant des voyageurs. C'est moins évident dans les petites stations. Même si cela apparaît plus intéressant de voyager dans le second bus à moitié vide (pour s'étendre), sachez que parfois, dès qu'il y a de la place dans le premier, on transfère les voyageurs et, en pleine nuit, ce n'est pas marrant ! Ne pas se mettre à l'avant (on est gêné par la portière, mais si vous voulez admirer le paysage, c'est toutefois la meilleure place), ni à l'arrière (*because* les relents des w-c et la banquette du fond ne s'abaisse pas). Enfin, sachez que Greyhound propose un service d'aide pour les personnes handicapées, à condition d'appeler 48h à l'avance (☎ 1-800-752-4841).

En vrac

– Faites attention aux diverses formes de trajet : *express, non-stop, local...* Comparez simplement l'heure de départ et l'heure d'arrivée, vous saurez ainsi quel est le plus rapide.
– En période de fêtes, les bus sont pris d'assaut par tous ceux qui ne peuvent pas payer un billet d'avion (et ils sont nombreux !). Donc, arrivez impérativement à la station en avance et ne vous attendez pas à ce que votre bus parte à l'heure prévue.
– Les arrêts en route ne sont pas mentionnés sur les billets (seuls ceux avec changement de bus sont indiqués). Un conseil : respectez impérativement le temps donné par le chauffeur pour la pause. Ce dernier repartira en effet à l'heure annoncée, sans états d'âme pour ceux qui ne seront pas remontés dans le bus. Outre le risque de rester coincé sur une aire de repos au milieu de nulle part en attendant le prochain bus (qui peut arriver quelques heures plus tard), vos affaires continueront à faire le voyage sans vous... En descendant lors d'une pause, relevez aussi le numéro du bus pour bien remonter dans le même, d'autres bus pour la même destination pouvant arriver entre-temps. Lors d'un arrêt prolongé dans une station, le chauffeur vous donnera un *reboarding pass* qui vous permettra de remonter dans le bus avant les nouveaux passagers pour conserver votre place ou en choisir une meilleure qui se serait libérée. Attention, pour vous inviter à remonter dans le bus, le chauffeur fera une annonce dans le terminal en évoquant le numéro du *reboarding pass* (et non pas le numéro du bus ou la destination !).
– Pour les voyages longue distance, apportez de quoi grignoter. Sinon, profitez de l'occasion si le bus fait une pause dans une aire avec un fast-food, car la bouffe vendue dans les snacks des stations *Greyhound* est en général immonde. Si vous croyiez que jamais ça ne vous arriverait de prier pour que le bus s'arrête dans un *McDo*...

Les bus urbains

– Ils sont rares dans les villes de Louisiane et du Sud, et pas toujours pratiques compte tenu de leur étendue. Décidément, la voiture est ici reine !
– Quand un service de bus urbain existe, les abonnements à la journée ou pour plusieurs jours sont très rapidement rentabilisés.
– Pensez toujours à demander un *transfer*. Pour un petit supplément généralement, ils permettent, à l'intérieur d'un même trajet, de changer de ligne sans être obligé de racheter un autre billet.
– *Attention :* les chauffeurs de bus rendent rarement la monnaie. Avoir de la monnaie sur soi et payer le compte juste.

Le train

Aux États-Unis, le train est très confortable mais ne couvre pas l'ensemble du territoire, et demeure plus cher que le bus. En général, reconnaissons-le, voyager en train n'est pas franchement pratique, d'autant plus en Louisiane et dans le Sud où la voiture s'impose...

Ainsi, pour ceux que « l'appel du rail pousse au train », la ligne *Amtrak Sunset Limited* reliant Orlando (Floride) à Los Angeles (Californie) traverse la Louisiane en desservant New Orleans, Schriever (Houma/Thibodaux), New Iberia, Lafayette et Lake Charles. On compte ainsi 3 trains par semaine dans chaque sens, qui s'arrêtent rapidement dans de petites gares sans guichet ni aucun service. Vers l'ouest, ces trains desservent également Houston et San Antonio (Texas), Tucson (Arizona)... Et Pensacola, Tallahassee (Floride), etc. en allant vers l'est.

Pour les longues distances, **Amtrak** propose une série de *Rail Passes* valables sur tout ou une partie (Ouest, Est, Nord-Est) du territoire américain, permettant de faire un nombre de trajets et d'arrêts illimité. Valables 15 ou 30 jours et moins chers de septembre à fin mai (sauf 2e quinzaine de décembre). À titre d'exemple, pour le forfait national compter de 390 à 600 $ environ selon la saison et la durée.

On peut se procurer billets et forfaits en France (sans frais supplémentaires) en téléphonant chez Interface Tourism *au :* ☎ 01-53-25-03-56. ● amtrak@interfacetourism.com ●

Coordonnées aux États-Unis : ☎ 1-800-872-7245. ● amtrak.com ●

TRAVAILLER AUX ÉTATS-UNIS

ATTENTION : le visa touristique interdit formellement tout travail rémunéré et toute recherche de travail sur le territoire américain.

– Pour effectuer n'importe quel travail déclaré, il faut absolument se procurer un **visa spécifique,** que l'on peut obtenir soit par le biais d'un organisme d'échange agréé (lire plus loin), soit (et c'est beaucoup plus difficile) par l'employeur directement, qui effectue les démarches nécessaires pour l'obtention d'un visa approprié, et ce avant le départ du territoire français. Régulariser sur place, une fois le travail trouvé, n'est pas impossible légalement, mais quel employeur voudrait s'enquiquiner avec une montagne de paperasses (coûteuses), alors qu'il est si facile d'engager quelqu'un qui a déjà une carte verte *(green card)* ? De toute façon, vous l'aurez compris, il est très difficile de travailler aux États-Unis pour un étranger. Mais la chance peut vous sourire, on ne sait jamais. Pour tout renseignement, contacter :

■ *Commission franco-américaine :* 9, rue Chardin, 75016 Paris. ☎ 01-44-14-53-60 (administration) ou 0892-680-747 (0,34 €/mn). ● fulbright-france.org ● Ⓜ Passy ou Trocadéro. Organisme spécialisé dans les échanges éducatifs entre la France et les USA. Intéressant pour son centre d'information « *Education USA » (ouv mar-ven 14h-17h ; fermé 2 sem en août).* Accès gratuit en autodocumentation sans prêt. Possibilité aussi de consultations individuelles payantes (env 20 €, sur rdv).

■ *Département Green Card :* 19, rue Jean-Lolive, 93170 Bagnolet. ☎ 01-72-36-55-55. ● carteverteusa.com ● À partir de 60 € pour une aide personnalisée à la constitution du dossier. Clôture des inscriptions mi-nov. Cet organisme sert d'intermédiaire entre les services américains d'immigration et les candidats à la fameuse loterie fédérale américaine. Sont ainsi attribuées tous les ans 55 000 *green cards* (permis de séjour et de travail sur le sol américain sans limite dans le temps) en décembre par tirage au sort.

■ *France Service :* 311 N Robertson Blvd # 813, Beverly Hills, CA 90211, USA. ● franceservice.com ● Ce journal mensuel (basé à Los Angeles) s'adresse à tous les Français vivant aux États-Unis ou souhaitant y habiter. *France Service* donne aussi des infos sur la **loterie des cartes vertes** *(green cards)* et les autres types de visas.

■ Site internet de la **Maison des Français de l'étranger :** ● mfe.org ● La MFE est un service du ministère des Affaires étrangères destiné à renseigner les Français qui souhaitent s'installer à l'étranger, pour y vivre et/ou y travailler.

– *Site internet de l'ambassade des États-Unis* à Paris pour obtenir des infos sur les types de visas : ● france.usembassy.gov ● puis cliquer sur « Visas ».

Les organismes d'échanges agréés

■ **Parenthèse :** 39, rue de l'Arbalète, 75005 Paris. ☎ 01-43-36-37-07. ● pa renthese-paris.com ● Ⓜ Censier-Daubenton. Lun-ven 9h-12h, 14h-18h. Pour décrocher un *job d'été* aux États-Unis, il faut déjà être majeur et « bac + 1 ». Ensuite, les autorités américaines exigent que l'étudiant soit en possession d'un visa spécifique. Ce dernier n'est délivré que si l'étudiant participe à un programme d'échange intergouvernemental, proposé par un organisme agréé. Le rôle de *Parenthèse* est de vous aider à monter ce dossier pour obtenir le fameux visa, et d'assurer le suivi une fois sur place. *Attention :* ce n'est pas une société de placement, c'est à vous de trouver l'entreprise. Mais on pourra vous donner des pistes, notamment les grands parcs d'attractions qui proposent régulièrement des emplois saisonniers, et vous orienter vers des sites internet spécialisés dans les jobs (● *summer jobs.com* ●). *Parenthèse* se charge aussi de vous aider à trouver un *stage en entreprise,* dans le cadre des études, pour les jeunes diplômés et également pour les professionnels en activité ou en formation (jusqu'à 40 ans).
■ **InterExchange :** ● interexchange. org ● Pas d'agence en France, slt aux États-Unis : 161 6ᵗʰ Ave, New York,

NY 100 13. ☎ 1-212-924-0446. Cette association s'occupe d'échanges internationaux, culturels et éducatifs, depuis une trentaine d'années. Nombreux programmes pour les jeunes : au pair, jobs d'été (et d'hiver), toujours pendant une période de quelques mois maximum dans l'hôtellerie, la restauration, les parcs nationaux, les parcs d'attractions, les stations de sports d'hiver ; offres de stages en entreprise pour les étudiants. Possibilité enfin d'être moniteur dans un *summer camp*.
■ **Experiment :** 89, rue de Turbigo, 75003 Paris. ☎ 01-44-54-58-00. ● expe riment-france.org ● Ⓜ Temple. Cette association à but non lucratif, établie en France depuis 1934, propose des jobs au pair et également des stages non rémunérés en entreprise ou du bénévolat.
■ **French-American Center :** 4, rue Saint-Louis, 34000 Montpellier. ☎ 04-67-92-30-66 et 04-67-58-98-20. ● fren chamericancenter.com ● Ce programme offre le choix entre 2 sortes de job : moniteur de centre de vacances et au pair. Pour être mono dans un *summer camp*, il faut être majeur et disponible pour 9 semaines minimum. Prendre contact avec eux avant fin mars de l'année en cours. Pour le programme au pair, lire ci-dessous.

Le travail au pair

Important : on ne négocie pas un contrat de travail au pair directement avec la famille de son choix, tout se passe par l'intermédiaire d'organismes spécialisés dans ce type d'échanges qui se chargent de mettre en relation les familles d'accueil et les jeunes filles (eh oui, les garçons sont presque automatiquement refusés !). On en cite quelques-uns ci-dessus.
Conditions très strictes : avoir entre 18 et 26 ans, se débrouiller en anglais et avoir le baccalauréat ou équivalent, justifier de 200 h d'expérience avec les enfants au cours des 3 dernières années, être titulaire du permis de conduire (la plupart des familles l'exigent), avoir un casier judiciaire vierge et être disponible pour une année entière. Si vous répondez à tous ces critères (bravo !), il faut encore être prête à travailler entre 30 et 45h par semaine, et cela pendant les 12 mois maximum du contrat. En revanche, votre voyage est payé et l'argent de poche est assez conséquent (env 140 $/sem).

Les chantiers de travail bénévole

■ **Concordia :** 17-19, rue Etex, 75018 Paris. ☎ 01-45-23-00-23. ● concordia-

association.org ● Ⓜ Guy-Môquet. En échange du gîte et du couvert, le travail est bénévole. Chantiers très variés : restauration de patrimoine, valorisation de l'environnement, travail d'animation, etc. Places très limitées, s'y prendre à l'avance (en avril pour l'été). *Attention :* voyage à la charge du participant et frais d'inscription obligatoires.

URGENCES

– *Pour une urgence (médicale ou autre), téléphonez au 911* (*numéro national gratuit*). Si vous ne parlez pas l'anglais, précisez-le à l'opérateur (*« I don't speak English, I am French »*) qui vous mettra en relation, selon votre problème, avec le service adéquat (la police, les pompiers ou les ambulances).

HOMMES, CULTURE ET ENVIRONNEMENT

BOISSONS

Les alcools

Le rapport des Américains à l'alcool n'est pas aussi simple que chez nous. La société, conservatrice et puritaine, autorise la vente des armes à feu mais réglemente de manière stricte tout ce qui touche aux plaisirs « tabous » (sexe, marijuana, alcool). L'héritage de la prohibition et, bien sûr, les lobbies religieux n'y sont pas pour rien. On peut acheter un pistolet mitrailleur et des caisses de munitions sans aucun permis ou presque mais, paradoxalement, on vous demande quasiment toujours une pièce d'identité quand vous achetez une simple bière ou une bouteille de vin au supermarché si vous paraissez un peu jeunot ! Il est impératif de sortir avec ses papiers (*ID*, prononcer « aïdii ») car de nombreux bistrots, bars et boîtes de nuit les exigent à l'entrée. Enfin, dans certains *counties* (comtés), il est même impossible d'acheter de l'alcool le dimanche dans les supermarchés, voire tous les jours dans les *dry counties.*

– **Âge minimum :** le *drinking age* est 21 ans, sans dérogation possible. On ne vous servira pas d'alcool si vous n'êtes pas majeur ou si vous ne pouvez pas prouver que vous avez 21 ans. Il vous faudra donc impérativement votre passeport sous peine de vous voir refuser l'entrée des bars et des boîtes de nuit.

– **Vente et consommation surveillées :** dans la plupart des États, il est strictement interdit de boire de l'alcool (bière comprise) dans la rue. Vous serez surpris par le nombre de gens cachant leur canette de bière dans un sachet en papier ou dans une housse en néoprène censée conserver la fraîcheur. Interdit d'avoir des bouteilles ou canettes d'alcool dans la voiture ; elles doivent impérativement être dans le coffre, en cas de contrôle par la police. Certains États sont plus permissifs, mais il vaut mieux respecter cette règle. N'oubliez pas non plus que la vente d'alcool est en principe interdite dans les réserves indiennes. Les horaires de fermeture des boîtes sont aussi fixés par décret dans chaque État : ça peut être très tôt (à 2h, tout le monde remballe), ou pas du tout...

– **Les vins :** ce n'est plus une surprise pour personne, on trouve désormais de très bons *vins californiens* qui enchanteront la curiosité des amateurs. Les progrès des vignerons sont considérables depuis quelques années (ils sont nombreux à avoir appris le métier en France pendant plusieurs vendanges), et certains crus n'ont plus à rougir de la comparaison. On pense notamment aux vins d'exception de grands domaines comme Beringer ou Mondavi. Cela dit, la plupart des *wineries* vinifient des vins souvent charmeurs, faciles à apprécier, mais généralement sans complexité... Seule véritable ombre au tableau, les crus, même les moins élaborés, sont proposés à des prix toujours très élevés (goûter au célèbre *Opus One* relève même du fantasme !). À fortiori pour les vins français ou italiens, très bien représentés également sur les cartes des restaurants. Le vin au verre se pratique de plus en plus, mais à des tarifs peu démocratiques (environ 6 ou 7 $ en moyenne !).

– **Les cocktails :** les plus répandus sont le *Manhattan* (vermouth rouge et bourbon), le *Cocktail Martini* (gin et vermouth mélangés dans un shaker avec des glaçons), le *Bloody Mary* (vodka et jus de tomate), la *Margarita* (tequila et *Cointreau*), servie glacée *(frozen)* et le *Mimosa* (champagne, jus d'orange et Cointreau ou triple-sec), servi à l'heure du brunch.

– *Le bourbon* (prononcer « beur' beun ») *:* impossible de passer sous silence ce whisky américain *(whiskey)* dont le Kentucky fournit une bonne moitié de la production. Cette région s'appelait autrefois le Bourbon County, nom choisi en l'honneur de la famille royale française. C'est ainsi que, depuis 1790 (en pleine Révolution française !), le célèbre whisky américain porte le nom de bourbon. Pas étonnant

non plus que la capitale du bourbon s'appelle... Paris !

– *Happy hours :* beaucoup de bars attirent les foules après le travail, généralement entre 16h et 19h, en leur proposant moitié prix sur certains alcools.

Les boissons non alcoolisées

– *L'eau glacée :* dans les restaurants, la coutume est de servir d'emblée un verre d'eau glacée à tout consommateur. Quand on dit glacée, ce n'est pas un euphémisme, donc n'hésitez pas à demander sans glaçons *(without ice)* ou avec peu de glaçons *(with little ice)*. Les Américains sont des adeptes de l'eau du robinet *(tap water)* et consomment très peu d'eau minérale dans les restaurants. D'ailleurs, une fois vide, votre verre sera immédiatement rempli à nouveau (et avec le sourire !).

– *Le thé et le café :* dans de nombreux restos et cafés (en particulier pour le petit déj), on peut redemander le café de base *(regular* ou *American coffee)* autant de fois qu'on le désire *(free refill)*. Notez que cela ne s'applique pas à tous les restos, ni à tous les repas, ni surtout aux cafés spéciaux *(espresso, cappuccino* et consorts). Sachez par ailleurs que le café américain de base est plus proche du café très allongé que du *ristretto* en Italie. Dans le même ordre d'idées, n'oubliez pas de préciser *black coffee* (café noir), sinon on vous le servira automatiquement avec du lait ! Bien heureusement, on peut déguster des *espresso* un peu partout. Chez *Starbucks* et consorts – les Américains ne faisant jamais les choses à moitié –, la carte de cafés présente un choix impressionnant de *cappuccino, mochas, caffè con leche,* etc., servis chauds ou glacés. Enfin, les amateurs de thé ne seront pas gâtés : dans beaucoup de restos (notamment les *diners*), c'est *Lipton* bas de gamme garanti ! Heureusement, le *Chai Latte* (thé sucré et épicé, avec du lait) a de plus en plus la cote.

– *Jus de fruits frais et smoothies :* de plus en plus de *coffee-shops,* voire même des chaînes comme *Jamba Juice,* mesurent désormais la nécessité d'une alimentation saine. Aussi, vous trouverez de plus en plus souvent des jus de fruits pressés et des *smoothies,* mélanges de fruits mixés avec de la glace, du yaourt, parfois du lait de soja ou même du thé vert, des céréales, etc. Existe aussi avec des légumes. Des dizaines de variantes pour le plus grand bonheur de votre petite santé et ce, dès le petit déj. Pas tous diet, cela dit... Le diable en a inventé de très sucrés !

– *Les cream sodas :* encore une expérience culturelle à ne pas manquer ! Il s'agit d'un soda (en général du *Coke* ou de la limonade) mélangé à de la glace à la vanille. Hyper-sucré et... euh, un retour en enfance assuré.

– *La root beer :* ce sinistre breuvage au goût de chewing-gum médicamenteux est très apprécié par les *kids* américains, mais n'a rien à voir avec de la bière. Exercez-vous longtemps pour prononcer le mot (bien dire « rout bir ») ; la marque la plus courante est la *A & W*. Dans le même genre, vous pouvez essayer le *Dr Pepper*. Une fois, mais sans doute pas deux.

– *Habitudes :* le *Coca-Cola* (on dit *Coke* aux États-Unis) a été inventé à Atlanta, et les Américains consomment des sodas sucrés à longueur de journée. D'ailleurs, dans de nombreux restaurants de chaîne, fast-foods, *coffee shops* et autres petits restos, les sodas *(fountain drinks)* sont souvent à volonté. Soit on se sert soi-même « à la pompe », soit on demande un *free refill*. Autre habitude de plus en plus en vogue : les *energy drinks,* ces boissons à base de caféine, parfois de guarana et, en ce qui concerne le *Red Bull* (la boisson la plus vendue au monde devant le *Coca* et autres *Pepsi*), de taurine, une molécule longtemps interdite en France. Ces boissons énergisantes ont souvent un goût chimique assez... improbable.

CINÉMA

– *Un tramway nommé Désir* (*A Streetcar Named Desire* ; 1951), du regretté Elia Kazan, tiré de la pièce de Tennessee Williams. À la mort de son mari, Blanche Dubois (Vivien Leigh) part s'installer à La Nouvelle-Orléans chez sa sœur, mariée avec Stanley (Marlon Brando). Mais, rapidement, elle déchante car elle n'apprécie guère le mode de vie de sa sœur et de son mari. Elle croit trouver une porte de secours avec Mitch, un ami de Stan.
– *La Petite* (*Pretty Baby* ; 1977), de Louis Malle. Avec Brooke Shields, Susan Sarandon, Keith Carradine. Dans un bordel de La Nouvelle-Orléans, en 1917, Violett vit avec sa mère en toute liberté. À l'âge de la puberté, sa virginité est mise aux enchères et Violett commence à avoir un certain succès.
– *Louisiana* (1984), de Philippe de Broca. Avec Margot Kidder, Ian Charlesen. Tiré d'un roman de Denuzière (voir, plus haut, la rubrique « Livres de route »). Saga d'une famille louisianaise de 1830 à la fin de la guerre de Sécession.
– *La Couleur pourpre* (*The Color Purple* ; 1985), de Steven Spielberg, tiré du bestseller d'Alice Walker. Le destin de deux sœurs noires au début du XXe s, Celie (Whoopi Goldberg) et Nettie, avec pour cadre la Louisiane profonde. Au fil des années longues et difficiles, Celie endure les pires vexations et subit l'humeur violente et intolérante de son maître (Danny Glover).
– *Angel Heart* (1996), d'Alan Parker. Avec Mickey Rourke et Robert De Niro. En 1955, une enquête entraîne un détective privé, Harry Angel, dans les milieux voodoo de New York et New Orleans. Une reconstitutution très controversée des rituels sataniques supposés subsister dans l'Amérique d'après-guerre.
– *Colère en Louisiane* (*A Gathering of Old Men* ; 1987), de Volker Schlöndorff. Avec Louis Gosset Jr, Richard Widmark et Holly Hunter. Par le réalisateur allemand de *Mort d'un commis voyageur*. *Colère en Louisiane* est son deuxième film aux États-Unis. Dans les années 1970, un jeu favori des Blancs était la chasse aux Noirs. Malheureusement pour les Blancs, une des proies se rebelle et tue un fils d'une riche et puissante famille. Mais Dieu descend dans la mêlée via un ange gardien, Holly Hunter.
– *Un été en Louisiane* (*The Man in the Moon* ; 1991), de Robert Mulligan. Avec Reese Whiterspoon, Sam Waterston, Emily Warfield, Tess Harper. Dans les années 1950, une mère et son fils retournent en Louisiane et s'installent dans une ferme. La jeune voisine tombe amoureuse du jeune loup, qui préfère la grande sœur de cette dernière. Un très beau film d'amour entre adolescents, sur fond de bayous. Par le réalisateur d'*Un été 42*.
– *Autant en emporte le vent* (*Gone with the Wind* ; 1939), de Victor Fleming. Les déboires sentimentaux de la belle Scarlett O'Hara avec le cynique Rhett Buttler sur fond de guerre de Sécession et d'incendie d'Atlanta font indiscutablement partie de la culture populaire. À moins d'avoir passé le plus clair du XXe s sur la planète Mars, faut-il encore présenter ce qui a été vanté pompeusement comme « le longmétrage le plus connu de l'histoire du 7e art » ? À noter pour les inconditionnels que la propriété de Tara ne se visite malheureusement pas, elle a été entièrement créée en décor de cinéma à Hollywood.
– *Forrest Gump* (1994), de Robert Zemeckis. Où Tom Hanks, tel le Candide de Voltaire, depuis le banc d'un parc à Savannah remonte le fil de son existence, qui a

traversé de façon désopilante les grands événements de l'histoire de son pays durant la seconde moitié du XXᵉ s. La B.O. est une superbe anthologie de la musique pop de cette époque.

– *Minuit dans le jardin du Bien et du Mal* (*Midnight in the Garden of Good & Evil* ; 1997), de Clint Eastwood. Film culte pour certains, malgré son échec commercial, adapté du best-seller éponyme de John Berendt et s'inspirant d'un fait divers survenu en 1981, qui a ébranlé la ville de Savannah. Plus qu'un film, ou qu'une simple adaptation, c'est la représentation d'un état d'esprit, celui de la Géorgie et du Sud profonds.

– *The Patriot* (2000), de Roland Emmerich. Avec Mel Gibson. En 1776, en Caroline du Sud. Le conflit entre les indépendantistes et les Anglais devient inévitable. Benjamin Martin, qui connaît trop les horreurs de la guerre puisqu'il a combattu les Français, ne veut pas s'en mêler. Mais quand les Anglais s'en prennent à sa famille et à sa plantation, il n'a plus le choix. Guidé par le besoin de vengeance, il entre en guerre à sa façon... Spectaculaire et violent.

– *Dans la brume électrique* (2008), de Bertrand Tavernier. Adapté du thriller de James Lee Burke, avec Tommy Lee Jones. Alors qu'il enquête sur un tueur en série de jeunes filles, le policier cajun Dave Robicheaux fait la connaissance d'Elrod Sykes, un acteur d'Hollywood qui prétend avoir découvert dans un bayou le cadavre en décomposition d'un homme noir, enchaîné à un arbre. Une nouvelle enquête commence, qui mettra Robicheaux sur la piste de sa propre famille... La guerre de Sécession n'est pas tout à fait terminée en Nouvelle-Ibérie, où le sentiment de culpabilité est encore très vif.

CRÉOLES ET AFRO-AMÉRICAINS

Avant de désigner une cuisine ou un style de musique, le mot « créole » désignait une population à la définition complexe, dont la caractéristique principale était qu'elle était née sur le sol louisianais. Le mot lui-même vient du portugais *criollo*. Un ou une créole est une personne née aux colonies, de parents français, espagnols, allemands ou africains, parlant le français et pratiquant la religion catholique. Ce qui regroupe de fait pas mal de monde. On peut donc être blanc, noir, café au lait avec un peu ou beaucoup de lait, « passé-blanc » et être créole. Par voie de conséquence, ce n'est pas un terme qui fait allusion à la couleur, mais à la culture et au mode de vie. Cet élément est absolument primordial pour la compréhension de ce groupe humain particulièrement disparate.

La société créole de Louisiane s'organisait autour de la notion de classe sociale et se divisait grosso modo en quatre groupes : une population fortunée blanche et esclavagiste, des gens de couleur libres *(free men of color)* – souvent très à l'aise financièrement et possédant eux-mêmes des esclaves –, les pauvres Blancs fraîchement immigrés et enfin les esclaves noirs, démunis de tout. Comme on peut le constater, la couleur de peau était un élément déterminant dans l'appartenance à l'une ou l'autre des classes (hormis les gens de couleur libres, mais ils étaient très minoritaires). En effet, l'esclavage ne concernait que les gens de couleur, à la différence de ses anciennes formes historiques, par exemple pendant l'Antiquité gréco-romaine. Malgré leur peu de choses en commun, ces groupes humains appartenaient tous au monde créole.

Les gens de couleur libres, qui formaient une classe sociale à part entière, quoique peu nombreuse, étaient le fruit d'unions mixtes, qui étaient mieux tolérées à l'époque des colonies françaises et espagnoles que dans les colonies anglaises de la côte Est (voir plus loin « Le bal des quarteronnes ou le mélange des genres »). Ils fournissaient la meilleure réponse à la croyance raciste légitimant l'esclavage selon laquelle les « Négros » ne pouvaient pas se suffire à eux-mêmes. Ils étaient complètement intégrés dans la société, vivaient dans leur propre maison dans les villes et pratiquaient librement leur métier, même s'ils gardaient le plus souvent un lien de subordination avec leur ancien maître qui les avait émancipés. Mais ils avaient, au fil des décennies, acquis une relative respectabilité, et des distinctions de classes sont apparues entre les gens de couleur riches qui possédaient leurs propres esclaves et les autres. La Cour suprême a même jugé qu'il y avait autant de différences entre un Noir libre et un esclave qu'entre un Blanc et un esclave ! Cependant, les sudistes les craignaient, dans une certaine mesure, car ils les croyaient capables de fomenter une insurrection. C'est pourquoi le législateur a voulu rendre l'accès à ce privilège plus difficile, par exemple en soumettant l'émancipation d'un esclave au parrainage par un Blanc et à une reconnaissance officielle par l'État. On leur délivrait un certificat pour preuve de leur nouvelle liberté qu'il devait porter sur eux pendant leurs déplacements.

Créoles et Anglo-Américains

En Louisiane, on avait coutume d'opposer les créoles aux Anglo-Américains qui arrivèrent après 1803 (rachat de la Louisiane par les États-Unis). La société anglo-américaine, anglophone et protestante, s'était établie non pas autour du concept de classe sociale mais de la race, donc de la couleur. Il s'agit là d'un changement de philosophie radicale et une approche de l'humain totalement différente par rapport à celle des Français. On imagine facilement pourquoi créoles et Anglo-Américains eurent du mal à cohabiter, à s'entendre, les créoles reprochant aux Américains de faire étalage de leur richesse, leur agressivité en affaires, leur manque de culture, et les Américains méprisant les créoles pour leur goût exagéré pour les plaisirs, leur soi-disant paresse, leur arrogance et leur manque d'ouverture d'esprit ! Déjà en gestation, les prémices de la grande faille culturelle qui sépare le Vieux et le Nouveau Monde.

Le bal des quarteronnes ou le mélange des genres

Mais avant d'aller plus loin, il est impossible de parler des créoles sans se pencher sur le cas des gens de couleur libres et des fameux bals des quarteronnes qui faisaient fureur en Louisiane.
Bien avant 1810, période pendant laquelle des Noirs libres de Haïti trouvèrent refuge en Louisiane, il y avait ici une importante communauté de couleur, libre, avec son fameux bal des quarteronnes. Au cours de ce bal, des jeunes femmes libres de couleur (ou fraîchement émancipées) étaient secrètement présentées à de jeunes Blancs, fils de familles, cherchant à prendre maîtresse. Les mères des jeunes élues veillaient à ce que la « transaction » se déroule dans les règles de l'art et assistaient aux rendez-vous secrets, supervisés par l'Église catholique et l'ordre des Ursulines qui « facilitaient » l'accord alors passé entre le jeune Blanc et la famille de couleur (voir plus loin le couvent des Ursulines dans la rubrique « À voir » de La Nouvelle-Orléans, « Petite balade dans le Vieux Carré »). L'homme devenait alors responsable de sa maîtresse qu'il installait dans une maison de maître, lui procurant train de vie, esclaves... Prisonnière de sa liberté, elle asservissait ainsi parfois à son tour ses pairs d'origine.

Le « plaçage »

Ces unions non légales mais largement pratiquées dans la Louisiane coloniale s'apparentaient au concubinage et portaient le nom de « plaçage ». Il faut dire que l'accès à ces bals était interdit aux femmes blanches qui, masquées, essayaient cependant de s'infiltrer dans ces cercles fermés, pour prendre fiancés ou maris en flagrant délit d'adultère !
Bien qu'étant communément appelées quarteronnes, les jeunes femmes participant à ces mystérieux bals ne répondaient cependant pas toutes à la définition (un quart de sang noir, grand-père et père blancs). Certaines avaient un huitième de sang noir (arrière-grand-père, grand-père et père blanc), elles étaient alors des octa-

vonnes. La réalité était que toute jeune fille d'ascendance africaine et aux traits plutôt européens était, dès l'âge de 15 ans, une sérieuse candidate pour devenir « placée », ce qui représentait une respectabilité accrue par rapport à sa situation antérieure et une ascension sociale évidente. Les enfants issus de ces unions devenaient souvent des membres extrêmement éminents de la société, en tant que journalistes, ingénieurs comme le célèbre Norbert Rilleux... cousin du non moins célèbre peintre impressionniste français Edgar Degas. Bref, être « placée » était une manière comme une autre de s'en sortir.

L'américanisation en bonne marche

Dès 1803, la définition changea quelque peu. Une américanisation forcenée se mit en place, et de nombreux créoles blancs, séduits par le modernisme américain et craignant d'être laissés de côté par cette société en mutation, ajustèrent leur mode de vie et adoptèrent progressivement l'*American way of life* (en reniant au passage la langue française). Ceux qui continuèrent à se définir comme créoles furent les personnes de couleur à la peau claire, descendant souvent de ces fameux gens de couleur libres d'avant la guerre de Sécession, qui d'ailleurs pouvaient facilement passer pour blancs. Majoritairement, ces personnes à la peau très claire ont des liens de sang avec les vieilles familles blanches, établies en Louisiane depuis le début des colonisations.

Une définition mal acceptée

Le mot « créole » fait, encore aujourd'hui, l'objet d'une importante controverse. Avec le temps, une simplification abusive s'est installée dans les esprits, désignant en bloc les créoles comme les descendants d'Africains, par opposition aux Cajuns, considérés en bloc comme issus des Acadiens d'origine européenne. Très peu de Blancs en Louisiane se présenteront à vous en tant que créoles dans la crainte d'un sous-entendu d'une ascendance africaine. Actuellement, un trente-deuxième de sang noir fait basculer l'état civil dans le registre *colored*. La société rétrograde du Vieux Sud, depuis toujours ségrégationniste et souvent raciste, n'a jamais aimé ses Noirs, surtout depuis qu'ils sont libres. Les cicatrices de la guerre civile, ici plus qu'ailleurs, sont loin d'être refermées.

Quant aux personnes de couleur qui se disent créoles, leur statut reste ambigu et fait resurgir une histoire que la majorité des Noirs a toujours du mal à admettre. En effet, les Noirs, en grande majorité descendants d'esclaves baptistes, n'ont rien de commun avec ces créoles de couleur catholiques, dont les ancêtres directs étaient souvent esclavagistes eux-mêmes. C'est compliqué, hein ? Ces réalités touchent pourtant au cœur même de l'histoire des hommes qui ont fait cette Louisiane. C'est sans doute l'une des parties les plus délicates et les plus douloureuses du passé louisianais.

Encore aujourd'hui subsiste un gouffre entre ces Noirs-là, les créoles de tous horizons et les Américains : origines multiples, identités culturelles antagonistes, objectifs opposés. Les communautés vivent encore très séparées.

CUISINE

Dire que l'Américain moyen mange mal et trop est à la fois vrai et très simpliste. Certes, aucune hygiène alimentaire n'est apprise à l'école ou à la maison. Même les tout petits enfants consomment quotidiennement frites, hot-dogs, bacon et saucisses... Seule la quantité importe. Pour quelques *cents* de plus, on est souvent tenté de prendre le menu « extra-large » (la taille du menu ou celle du pantalon ?). Mais cela ne veut pas dire qu'il n'y a pas de cuisine américaine. Dès qu'on s'intéresse à un État en particulier, on s'aperçoit des différences culinaires et même des antagonismes entre régions.

Cuisine créole en Louisiane, viandes grillées dans les États du Sud, en sauce et avec beaucoup de légumes dans le Tennessee et la Géorgie, savoureux poissons en Caroline du Sud... On trouve de tout et à tous les prix, du snack vendu à tous les coins de rue au restaurant gastronomique inspiré du modèle français. En tout cas, « bouffer » (c'est le mot) est l'un des péchés mignons de nombreux Américains, d'ailleurs ils n'arrêtent pas de grignoter toute la journée : bretzels, burgers, sodas... À ce sujet, vous serez frappé par le nombre d'obèses. Près de 30 % des Américains le sont... Et l'obésité coûte si cher au pays que le président Bush l'a pendant son dernier mandat considérée comme ennemi national numéro 2, après Ben Laden bien sûr ! D'où la récente mode *eating healthy* (« mangeons sain ») et le succès des aliments *organic* (« bio ») que l'on trouve un peu partout maintenant. Cela dit, les Américains ont du mal à abandonner le registre « malbouffe » et se donnent bonne conscience en achetant pop-corn bio, burgers bio, chips bio...

Le *breakfast*

Le *breakfast made in America* est l'un des meilleurs rapports qualité-quantité-prix qu'on connaisse. Pour les Américains, c'est souvent un vrai repas, copieux et varié (qui inclut des plats salés) et qu'ils prennent souvent dehors. Un peu partout, vous trouverez des restos qui servent le petit déj (certains ne font même que ça), des cafétérias, des *diners*, des *coffee shops*...
La carte est souvent longue comme le bras avec, au choix, jus de fruits, céréales, *hash browns* (pommes de terre râpées et grillées), *pancakes*, pain perdu que l'on appelle ici *French toast*, et puis, bien sûr, des œufs *(eggs)*, servis brouillés *(scrambled)*, en omelette *(omelette* en anglais

dans le texte) ou frits *(fried)*. Sur le plat, il peut être ordinaire *(sunny side up)* ou retourné et cuit des deux côtés *(over)* comme une crêpe. Dans ce cas, pour éviter que le jaune ne soit trop cuit, demandez-le *over easy* (« légèrement »). Les œufs peuvent également être pochés *(poached)*, mollets *(boiled)* ou durs *(hard boiled)*. Le fin du fin, les *eggs Benedict* : pochés, allongés sur un petit pain toasté et nappés de sauce hollandaise. On peut aussi y ajouter du jambon, du bacon, des saucisses, des haricots *(beans)*, beaucoup de ketchup, quelques *buttered toasts*, des *French fries* (« frites »). Slurp !
Ne pas oublier les *muffins*, aux myrtilles, à la framboise, à la banane, etc., moelleux et délicieux, qu'on trouve surtout dans les *coffee shops*. Beaucoup d'Américains mangent des *donuts* (beignets en forme d'anneau, un peu gras forcément) ou, bien meilleurs à notre avis et surtout beaucoup plus digestes, des *bagels*, traditionnel-lement grillés *(toasted)* puis tartinés de *cream cheese* (cousin américain du *Kiri*) ou beurre et confiture. Inventés en Pologne au XVIIe s, les *bagels* ont suivi les émigrés juifs jusqu'à New York pour devenir un *breakfast food* incontournable. Dans les petits déj ou bien les brunchs tout compris à prix défiant toute concurrence, la boisson chaude n'est pas incluse (demandez un café *regular*, en principe servi à volonté...). Pour les inconditionnels du petit déj « à la française », on trouve aussi assez souvent des croissants (pas aussi bons qu'à la boulangerie du coin de votre rue, mais tout de même...). Et pour ceux qui surveillent leur ligne, les yaourts et les bols de fruits sont systématiquement présents sur les menus.

Le brunch

Les samedi matin et dimanche matin, les Américains ont l'habitude de bruncher. Après la grasse matinée, il est un peu tard pour le petit déj, mais on a trop faim pour attendre l'heure du déjeuner. Ainsi, bon nombre de restaurants servent, de 10h ou 11h à 16h en général, le brunch, qui contient des plats à mi-chemin entre le *break-fast* et le *lunch,* à accompagner d'une boisson chaude, ou parfois d'un cocktail genre *Bloody Mary* ou *Mimosa.* On trouve souvent des formules de brunch arrosé au champagne (mieux vaut alors ne pas y aller trop tôt...). En général, on en a pour sa faim ; ne négligez donc pas cette option qui peut vous faire deux repas en un.

Le *lunch* et le *dinner*

Dans la plupart des restos (on ne parle pas de fast-foods, mais bien de vrais restos), le *lunch* est généralement servi de 11h à 14h30. Puis, les portes se ferment pour rouvrir vers 17h. Hormis dans les grandes villes, on dîne tôt ; rien de plus normal que de se rendre au restaurant à partir de 17h30-18h. D'ailleurs, passé 21h-21h30 en semaine, vous aurez le plus grand mal à mettre les pieds sous une table. Heureusement, les chaînes de restauration ferment bien plus tard.

Sachez que **la carte n'est pas la même le midi et le soir.** Au déjeuner, elle est souvent plus réduite et moins chère, avec principalement des salades, sandwichs, pizzas et autres burgers. Le soir, en revanche, les plats (que l'on appelle *entrees* en américain, mais qui se prononce à française !) sont plus élaborés et les prix plus élevés. Mieux vaut donc bien manger le midi et se contenter d'un repas plus léger le soir. Ou alors, si, à cause du décalage horaire, vous avez faim en fin d'après-midi, profitez des tarifs *early bird* (spécial couche-tôt) : pour étendre leurs heures de service et faire plus de profit, certains restaurants ouvrent dès 17h ou 17h30 et proposent, pendant 1h ou un peu plus, des prix spéciaux pouvant atteindre - 30 % sur une gamme de plats.

– Les **today's specials** (ou *specials* tout court ou encore *specials of the day*) : ce sont les incontournables plats du jour, servis en fait midi et soir, que les serveurs vous encouragent à choisir. Si vous optez pour un *special* ou un plat principal, vous aurez parfois droit à une soupe ou une salade d'accompagnement à prix réduits, ce qui cale son homme pour une poignée de dollars. Très fréquent le soir, un peu moins le midi.

– Un bon truc économique, rapide et sain : les **salad bars** dans les *deli sections* des supermarchés qu'on trouve un peu partout aux États-Unis (ne pas confondre avec les *delicatessen* de New York). Un choix de crudités, de salades (à accompagner de nombreuses sauces), plats cuisinés de toutes sortes, y compris des plats chinois ou mexicains, des desserts, des fruits frais, etc., à consommer sur place (*for here* ou *to stay*) ou à emporter *(to go)* dans une barquette en plastique. Idéal pour les végétariens qui font le plein de verdure pour trois fois rien. Il vous suffit de remplir une barquette et de passer à la caisse : on paie au poids (de 5 à 10 $ le *pound,* soit 454 g) et on assaisonne à sa façon. On vous donne même des couverts en plastique, une serviette, du sel et du poivre. Attention cependant, dans certaines épiceries, les aliments ne sont pas de toute première fraîcheur... Privilégier les hypermarchés car le débit est important.

– Les **food courts** : très courants aux États-Unis, ce sont des espaces type cafétéria regroupant des stands de cuisines différentes : asiatique, mexicaine, italienne, mais aussi BBQ, bars à jus de fruits et smoothies, etc. On navigue d'un comptoir à l'autre pour se concocter un menu sur mesure, à déguster sur place ou à emporter. On trouve des *food courts* dans les aéroports, les centres commerciaux mais aussi en plein centre-ville. Une formule pas chère, pratique et rapide.

– Certains restos proposent des formules buffets appelées **all you can eat** (ou ACE, c'est-à-dire « tout ce que vous pouvez manger »). Pour une poignée de dollars, vous pouvez vous en mettre plein la lampe. Une bonne manière de goûter à tout.

L'abondance est garantie, la qualité un peu moins. Dans les grandes villes, certains restos font ça une fois par semaine, le jour le plus creux.
– La plupart des bars proposent des **happy hours** (généralement de 16h à 18h). La nourriture est souvent proposée à prix réduits si l'on a consommé une boisson. L'idée des *happy hours,* c'est donc de boire et de grignoter *avant* le dîner, ce qui explique que, souvent, un restaurant soit adjacent au bar.
– Lire aussi la rubrique « Savoir-vivre et coutumes » plus loin.

La cuisine américaine en général

– **La viande :** la viande de bœuf est de premier ordre, mais assez chère. Pour nous, le meilleur morceau (et le plus tendre) aux États-Unis est le *prime rib* (à ne pas confondre avec le *spare ribs* qui est du travers de porc). On oserait dire qu'il n'y a pas d'équivalent chez nous. L'essayer, c'est l'adopter. Détail intéressant : la tendreté de la viande américaine provient aussi de sa découpe (perpendiculaire aux fibres du muscle), différente de celle des bouchers français. Comme les animaux sont de plus petite taille que les nivernais ou les charolais, on peut s'attaquer à un *T-bone,* c'est-à-dire la double entrecôte avec l'os en T.
Si vous aimez la viande cuite à point comme en France, demandez-la *medium,* saignante se disant *rare* (et non *bloody*...). Mais il est souvent encore difficile d'obtenir de la viande *vraiment* saignante ! Si au contraire vous préférez votre steak bien cuit, demandez-le *well done.* L'Ouest des cow-boys et des *cattlemen* a donné à l'Amérique et au reste du monde la recette indispensable : le barbecue, accompagné de son cortège de sauces en flacons. Le poulet frit du Kentucky (ou d'ailleurs) est également l'une des bases du menu américain.
– **Le hamburger** *(ou burger)* **:** depuis quelques années, le burger est en perte de vitesse dans les fast-foods (même chez *McDo*), sans doute parce qu'il est associé à la malbouffe engendrant l'obésité. Cela dit, le hamburger n'est pas forcément mauvais. Pour l'apprécier, ce n'est surtout pas dans les fast-foods qu'il faut aller, mais dans les vrais restos, qui servent des viandes fraîches, *juicy,* tendres et moelleuses (on vous en demande la cuisson), prises entre deux tranches de bon pain. Attention, les frites *(fries)* ne sont pas

ET VOGUE LE BURGER

Fin d'un mythe, le hamburger n'est pas américain ! Il est né en Allemagne, à Hambourg comme son nom l'indique. À la fin du XIXe s, les immigrés allemands de la région de Hambourg affluaient en masse vers les États-Unis, et le hamburger désignait alors le bifteck hâché qu'on leur servait à bord des transatlantiques. C'est donc grâce aux immigrants que le burger a fait son apparition au Nouveau Monde, avant d'en devenir un des symboles.

toujours servies avec, il faut parfois les prendre en plus.
– **Les salades :** les Américains sont les champions des salades composées. Toujours fraîches, appétissantes et copieuses, elles constituent un repas sain et équilibré. La star est la *Caesar salad,* à base de romaine, parmesan râpé, croûtons et d'une sauce crémeuse à l'ail. En version *Deluxe,* elle s'accompagne de poulet ou de grosses crevettes *(shrimp).*
– **Les sauces (dressings) :** impossible d'évoquer les salades sans le cortège de sauces qui va avec. Les plus populaires sont la *Ranch,* relevée d'ail et de poivre, la *Blue cheese,* au bleu, la *Thousand Island,* de couleur rosée (un peu l'équivalent de notre « sauce cocktail ») avec des cornichons et des œufs hachés, et la *Caesar,* au parmesan et à l'ail, qui accompagne la *Caesar salad.* Pour ceux qui font attention à leur ligne, toutes ces sauces existent en version allégée. Enfin, on trouve aussi des vinaigrettes variées, souvent à base de vinaigre balsamique et d'huile d'olive. Vous voilà paré pour répondre à la rituelle question que l'on vous posera si vous commandez une salade : « *What kind of dressing would you like ?* »

– **Les sandwichs :** le sandwich que nous connaissons en Europe s'appelle en américain *cold sandwich.* À ne pas confondre avec les *hot sandwiches,* qui sont de véritables repas chauds servis avec frites (ou chips) et salade dans les restaurants, donc plus chers. Au fait, savez-vous d'où vient le mot « sandwich » ? Il tire son nom du comte Sandwich (un Anglais), joueur invétéré qui, en 1762 exactement, pour ne pas quitter la table de jeux (et ne pas tacher les cartes de gras), demanda à son cuisinier de lui inventer ce nouveau type de repas.

Et le **hot-dog** alors ? Ce nom étrange (« chien chaud ») proviendrait de la ressemblance entre les frankfurters et une autre importation des immigrants allemands arrivés à la fin du XIXe s aux États-Unis : le chien teckel ou basset, dont le corps allongé évoque une saucisse.

– **Le pop-corn :** si vous achetez du pop-corn, précisez si vous le voulez sucré, sinon il sera salé. On peut aussi le demander avec du beurre fondu. Dans les cinémas ou les salles de spectacle, les gens achètent des seaux entiers de pop-corn (et un litre de *Coca* !) et grignotent durant toute la séance.

– **Les glaces (et dérivés) :** plusieurs marques se partagent le gâteau, comme *Dairy Queen,* une chaîne nationale, *Baskin Robbins* (plus de trente parfums !) ou *Ben & Jerry's.* En plus de faire des glaces succulentes, *Ben & Jerry's* est une entreprise citoyenne et originale, qui emploie des personnes en difficulté et achète des produits bio.

La glace est présentée en cornet, ou bien dans un petit récipient en carton avec, par-dessus, toutes sortes de garnitures *(toppings)...* Cela s'appelle un *sundae...* à la fraise, à la noix de coco râpée, avec des ananas, au caramel, ou au *hot fudge* (avec du chocolat chaud et fondu plus des noix ou des cacahuètes).

Outre la glace classique, il existe aussi le **frozen yogurt** (yaourt glacé), un peu plus léger en matières grasses tout en ayant une texture onctueuse. On peut y ajouter des *toppings* sympas comme des *M & M's,* des noix ou des céréales. Et puis on trouve bien sûr de délicieux milk-shakes mixés avec de grandes louchées de glace à la vanille, à la banane ou à la fraise, et des *malts* (avec de la poudre de malt dedans). Enfin, les **smoothies** (cocktails de fruits mélangés à du yaourt, du lait ou de la glace, un délice) remportent un gros succès.

– **Les pâtisseries :** certains les trouvent alléchantes, d'autres écœurantes rien qu'à les regarder... Les desserts traditionnels sont les *cheese cake* (gâteau au fromage blanc vraiment excellent quand il est réussi), *carrot cake* (gâteau aux carottes et aux noix, sucré et épicé, nappé d'un glaçage blanc crémeux) ; mais aussi les *chocolate cake, pumpkin pie* (célèbre tarte au potiron, typique de la période de Halloween), sans oublier les *muffins* et *cookies.*

Les spécialités cajuns

Autrefois, les Cajuns disaient : « On peut manger tout ce qui ne nous mangera pas le premier. » Certains gourmets hésiteront certainement à suivre les recommandations d'une bonne cuisinière cajun, mais elle saura toujours parfaitement transformer un alligator, un rat musqué et même un tatou en plat délicieux. Les Cajuns sont fiers, et à juste titre, de posséder une véritable tradition culinaire : une synthèse des traditions gastronomiques française, espagnole, antillaise, adaptée aux produits de base des bayous : riz, coquillages, poissons, crustacés (crevettes, crabes, écrevisses). Autour des fourneaux, il y avait un consensus entre le maître et les esclaves. Ainsi, l'interdiction faite aux esclaves de lire était levée dès qu'il s'agissait de consulter les livres de cuisine...

– **Le po-boy** (ou *poor boy*) **:** la spécialité de la Louisiane la plus connue et la moins chère. D'ailleurs, son nom souligne que c'était la nourriture des pauvres. C'est en fait un sandwich dans du véritable pain. Il peut contenir du poisson, des écrevisses, des huîtres, de la viande... Il constitue un repas à lui tout seul et vaut tous les hamburgers de la terre.

– *Des hors-d'œuvre :* des huîtres cuites *Bienville* (au jambon et aux champignons) ou *Rockefeller* (aux épinards). Si vous les voulez crues, demandez *on the half shell,* mais elles ne seront jamais servies vivantes ! En tout cas, elles sont plus grosses qu'en France et presque pas salées.

– *Des soupes :* la grande spécialité régionale, le gumbo, soupe faite à base d'*okra* (plante tropicale) avec du riz, des crevettes, du crabe et des épices. En hiver, l'andouille et le poulet remplacent souvent crabes et crevettes.

– *Le jambalaya :* une autre des grandes spécialités louisianaises. Il est préparé à partir d'une énorme quantité de riz à laquelle on ajoute du jambon, du poulet, des saucisses, du porc frais, des crevettes et du crabe.

– *Les crustacés :* la véritable attraction de Louisiane. Parmi les nombreux restaurants de *seafood,* ceux tenus par les Cajuns sont les plus cotés. Ils connaissent plusieurs recettes pour préparer les crabes, crevettes *(shrimps)* et écrevisses *(crawfish)* qui abondent dans les eaux du delta : en bisque, à l'étouffée, le plus souvent frits (quel gâchis !), etc. La meilleure préparation : au court-bouillon *(boiled).* On vous apporte généralement un plateau de 1 kg (voire

> ### HOMARD À BOUT
>
> *Selon une belle légende cajun, les homards auraient suivi les Acadiens quand ils quittèrent la Nouvelle-Écosse en longeant la côte Est. Mais ce long voyage les épuisait tellement que leur taille diminuait au fur et à mesure de leur avancée. Une fois arrivés dans les bayous de Louisiane, les milliers de homards se seraient transformés en... écrevisses !*

plus !) de ces braves bêtes, épicées à souhait. *À savoir :* les *chevrettes* sont des crevettes provenant d'une baie (en l'occurrence le golfe du Mexique). Goûter à l'étonnant *soft-shell crab* : petit crabe capturé au moment où il change de coquille, la nouvelle n'étant pas complètement formée ; on fait frire et voilà.

– *Du poisson :* les eaux des bayous et celles du golfe du Mexique fournissent de nombreuses espèces, dont l'omniprésent *catfish* (qui n'a rien à voir avec notre poisson-chat, c'est en fait de la barbue), que les Louisianais savent préparer de nombreuses façons (farcis au crabe, par exemple). Comme pour les crustacés, évitez de les commander *fried* (panés et frits), demandez-les plutôt *boiled.*

– *De la viande :* beaucoup de porc, préparé en andouille, en fromage de cochon, en *ponce* (estomac de porc farci de viande et de patates douces) ou en boudin blanc. Bizarrement, le boudin noir est interdit à la vente par le service de santé américain.

– *Des desserts :* les Cajuns sont de grands amateurs de *bread pudding,* genre de pain perdu arrosé de rhum et truffé de raisins de Corinthe. Goûtez aussi à l'excellente *pecan pie* (tarte aux noix de pécan).

Les restaurants de chaîne

Disséminées dans tous les États-Unis, ces chaînes de restaurants garantissent une même qualité de Boston à San Francisco. Les Américains en sont assez friands. Côté fast-foods, on vous recommande les burgers de *Carl's Jr.* (pas plus chers que ceux des incontournables *McDonald's, Burger King* et *Wendy's,* et bien meilleurs). Sinon, on peut essayer les *Denny's* (familial ; on y sert à table de traditionnels et copieux *burgers*), *Applebees,* les *Country Kitchen, Jack in the Box* (assez « prolo »), les *Houses of Pancakes* et autres *Dunkin' Donuts* pour les petits creux. Côté buffets, notre préférence va sans hésiter à *Shoney's, Ryan's* et *Sweet Tomatoes* (ce dernier est spécialisé dans les salades, soupes et pâtes), où, pour environ 8 $, vous serez rassasié. Dans un genre plus élaboré, on conseille *Chili's* pour, comme son nom l'indique, son excellent *chili* mais aussi ses très bons burgers (et son *cajun chicken,* vous nous en direz des nouvelles !). De plus, le cadre coloré et l'atmosphère familiale à la fois sont une vraie carte postale à l'américaine sans le côté bas de gamme de certains fast-foods. Même recommandation pour *Mel's Diner* pour son décor *fifties* souvent très réussi et sa carte de spécialités ricaines longue comme le bras, *Olive Garden* (cuisine d'inspiration méridionale), et enfin *Cracker Barrel* qui propose une cuisine saine et roborative dans un cadre qui rappelle *La Petite Maison dans la Prairie.* Mais dans tous les cas, ne vous hasardez pas dans les *Subway* : cuisine graillonneuse garantie !

DROITS DE L'HOMME

Habeas Corpus : une nouvelle fois, le vieux principe anglo-saxon de protection contre la détention arbitraire a été utilisé par la Cour suprême en juin 2008, pour refuser l'utilisation de juridictions d'exception pour les prisonniers de Guantanamo. Malgré cet arrêt, le premier jugement concernant l'un de ces détenus (l'ancien chauffeur de Ben Laden) devant un tribunal militaire d'exception a bel et bien débuté le mois suivant. Cette affaire illustre bien les tensions auxquelles sont soumises les institutions et les forces armées américaines depuis le 11 septembre 2001. Le Center for Constitutionnal Rights (CCR) n'a ainsi jamais cessé depuis de dénoncer les cas de torture, les centres de détention secrets, ainsi que les lois liberticides (Patriot Act) adoptées dans le cadre de la lutte antiterroriste. Le bilan laissé par G.W. Bush dans ce domaine n'est guère brillant. La FIDH a par ailleurs récemment dénoncé l'arsenal répressif anti-immigrants, désormais symbolisé par un « mur » (barrière électrifiée, placée sous haute surveillance) construit en bordure de la frontière mexicaine. Les inégalités raciales sont toujours présentes et Amnesty dénonce entre autres les contrôles au faciès, qui tournent parfois assez mal. L'organisation souligne également la persistance des violences policières, et l'utilisation du Taser (arme paralysante) par la police, soupçonnée dans certains cas de provoquer la mort des personnes visées. Certains États qui avaient suspendu l'application de la peine de mort en attendant le verdict – malheureusement favorable – de la Cour suprême sur la constitutionnalité de l'injection létale, ont repris les exécutions début 2008. Mais d'autres maintiennent toujours aujourd'hui un moratoire de fait, en partie par crainte de l'erreur judiciaire, et le New Jersey est même devenu le premier État à avoir de nouveau aboli la peine de mort depuis sa réintroduction en 1976. Enfin, l'un des condamnés à mort les plus célèbres, Mummia Abbu Jammal, a vu sa peine commuée en peine de prison à perpétuité en mars 2008, après 26 ans passés dans les couloirs de la mort.
Pour en savoir plus, n'hésitez pas à contacter :

■ **Fédération internationale des Droits de l'homme :** 17, passage de la Main-d'Or, 75011 Paris. ☎ 01-43-55-25-18. • *fidh.org* • Ⓜ *Ledru-Rollin.*

■ **Amnesty international** *(section française) :* 76, bd de la Villette, 75940 Paris Cedex 19. ☎ 01-53-38-65-65. • *amnesty.fr* • Ⓜ *Belleville ou Colonel-Fabien.*

N'oublions pas qu'en France aussi, les organisations de défense des Droits de l'homme continuent de se battre contre les discriminations, le racisme et en faveur de l'intégration des plus démunis.

ÉCONOMIE

L'économie de la Louisiane a toujours été en dents de scie et liée à l'activité du port de La Nouvelle-Orléans. C'est en effet le premier port de l'Amérique du Nord. Au cours des vingt dernières années, il a subi une modernisation radicale visant à augmenter sa capacité de transiter sucre, textiles et acier. Une technologie de pointe doublée d'une informatisation des données ont permis de créer ce que les Louisianais appellent, non sans fierté, l'*Industrial Canal,* qui relie le lac Borgne à la mer, offrant ainsi un complexe portuaire partant de la capitale administrative Baton

HOMMES, CULTURE ET ENVIRONNEMENT

Rouge jusqu'au golfe, assurant une ouverture pour les échanges avec l'Amérique du Sud et l'Europe. Avec ses 5 ports, la Louisiane assure désormais près de la moitié des exportations américaines de céréales et une part importante pour celles de produits chimiques et de charbon.

Cependant, malgré de nombreux efforts et le développement de l'industrie pétrochimique, le taux de chômage reste élevé, et on constate une fuite des « cerveaux » qui, ne trouvant pas d'emploi à la hauteur de leurs qualifications, partent vers Atlanta ou Houston, qui offrent des perspectives d'avenir plus séduisantes.

L'État de Louisiane compte parmi les plus pauvres des États-Unis. Très exactement le 43e si on classe les États selon le revenu moyen par habitant. Un Louisianais gagne en moyenne 20 000 $ par an, alors que la moyenne nationale atteint près de 25 000 $. Un autre chiffre est révélateur : on estime que 15 % de la population de Louisiane vit sous le seuil de pauvreté, alors que, pour l'ensemble des États-Unis, la moyenne est de 10 %. Le boom économique des années 1980 entraîné par l'exploitation des ressources pétrolières aura été de courte durée : en 1981, 502 puits de pétrole étaient en activité pour n'en compter plus que 92 cinq années plus tard, les ressources s'étant simplement épuisées et les bénéfices ayant été maladroitement réinvestis. Le résultat fut immédiat, on assista à des suppressions d'emploi, à la fermeture des usines et au départ des populations. La Louisiane reste quand même le 2e État raffineur du pays, juste derrière le Texas. De là à imaginer qu'un président des États-Unis soutenu par l'industrie pétrolière texane reste indifférent aux malheurs d'une Louisiane concurrente de ses sponsors... non, ce serait vraiment de la mauvaise foi. Toujours est-il qu'en 2005, l'estocade est portée par le cyclone Katrina, dont les dommages ont été estimés au moins à 125 milliards de dollars et les pertes d'emploi à 215 000. Un coup dur pour l'activité touristique, l'une des industries les plus rentables de la Louisiane après la pétrochimie, l'agriculture et l'industrie forestière. Des centaines de plates-formes pétrolières ont été fermées et une zone grande comme la moitié de la France dévastée. Quelques années avant la catastrophe, le journal *Times Pycauyne* avait écrit, dans un reportage tristement prémonitoire, que dans l'hypothèse d'un ouragan majeur s'abattant sur La Nouvelle-Orléans, la ville, située au-dessous du niveau de la mer et ouverte sur le golfe du Mississippi, pourrait bien disparaître complètement. Le maire de La Nouvelle-Orléans, Ray Nagin, avait d'ailleurs pour projet de rendre l'économie de la ville moins dépendante des éléments naturels, en renforçant digues et paravents. L'administration Bush ne l'a malheureusement pas écouté, et le budget consacré à l'entretien des digues lui a été sabré sans scrupules.

La pression de l'opinion a pourtant forcé l'État fédéral à bouger. Des aides d'urgence ont été débloquées, qui se chiffrent en dizaines de milliards de dollars. Surtout, il a consenti à augmenter les *royalties* encaissées par la Louisiane sur son pétrole – comme par hasard moins élevées que celles accordées au Texas. Entre-temps, le prix du baril a explosé, ce qui rend l'exploitation du brut bien plus juteuse. Ces deux éléments ont permis à l'industrie pétrochimique louisianaise de se refaire une santé et donnent l'espoir à New Orleans d'investir dans des infrastructures crédibles, capables de la mettre à l'abri d'une nouvelle catastrophe. En mai 2007, l'État a donné son accord de principe pour un projet (pharaonique) qui prévoit de ramener le Mississippi vers son lit d'origine et de mettre en place une série d'écluses. Ça risque de prendre du temps – on parle de trois ou quatre décennies ! – et de coûter très cher, mais cette solution a l'avantage de convenir à tout le monde, y compris aux lobbies pétroliers et agricoles, inquiets de voir le fleuve s'attaquer de plus en plus à leurs installations ou leurs terres. Le temps de surmonter tous les barrages administratifs et d'arracher les premiers chèques, il risque de s'écouler encore quelques saisons et tout le monde croise les doigts pour qu'une petite sœur de Katrina n'en profite pas pour faire un tour par ici.

ÉCREVISSES

Ça fait bien longtemps que l'on déguste l'écrevisse en Louisiane, les Indiens en appréciaient déjà la chair. Naturellement abondante dans les *swamps,* elle ne sera produite industriellement qu'à partir des années 1940, surtout dans l'Atchafalaya Basin. Mais l'irrégulière fluctuation des eaux en rend la production imprévisible, alors que la demande ne cesse de croître.

Dans les années 1960, on s'aperçoit qu'il est possible de développer la culture de ces jolies bestioles dans des espaces humides destinés au départ à d'autres usages, notamment à la culture du riz. Le contrôle de plus en plus précis de la montée des eaux permet de rationaliser la culture. La production d'écrevisses en eau douce ne fera que s'amplifier. Ainsi, la Louisiane réalise 90 % de toute la production américaine. Plus de 1 500 éleveurs le font industriellement (c'est-à-dire gèrent les flux d'eau et la récolte) tandis que 800 se contentent de les ramasser en milieu naturel. La Louisiane détient d'ailleurs le monopole de la récolte « naturelle » des écrevisses. Ce sont souvent des cultivateurs ou des pêcheurs qui font ça en guise de *second job.*

En fait, si l'on possède un terrain humide et bien irrigué, il n'y a rien de plus facile que de produire des écrevisses. La première année vous en lâchez une poignée, l'année d'après vous en avez une colonie. Dans les champs de riz, elles se nourrissent toutes seules et font des petits toutes seules. À croire qu'elles n'ont que ça à faire ! Dans les espaces conçus pour l'élevage, on fait également pousser du riz rien que pour elles, ainsi qu'une plante qui s'adapte bien à l'eau sans la dénaturer et que les écrevisses adorent. Bref, le rêve. Évidemment, au moment de la récolte, il faut en laisser quelques centaines dans le bassin, sinon l'année d'après risque d'être creuse. L'écrevisse croît entre 90 et 120 jours. Elle est à son top au printemps et jusqu'au tout début de l'été.

Les écrevisses sont capturées dans des sortes de nasses. À notre avis, elles sont très bonnes bouillies dans un court-bouillon épicé. Servies sur un plateau au *pound* (souvent deux ou quatre), pour quelques petits dollars, c'est un régal sans égal. Au restaurant, on vous demandera quel assaisonnement vous préférez : *mild, regular* ou *hot.* Faites-nous confiance, le moins épicé *(mild)* suffit et il ne gâche pas le bon goût de la chair. Et dire qu'en France, on n'en trouve pratiquement plus. Profitez-en, les amis, gavez-vous d'écrevisses !

ENVIRONNEMENT

L'écologie et le réchauffement de la planète n'ont pas été au cœur des préoccupations de l'administration Bush, trop soucieuse de caresser les puissants lobbies industriels du pays et de flatter le confort des Américains. Mais ce qui est intéressant, c'est que l'écologie a véritablement touché les consciences. Le film de l'ancien vice-président Al Gore, *Une Vérité qui dérange,* a certainement joué un rôle important, mais ce n'est pas le seul facteur déclencheur. Le cyclone Katrina, la hausse des prix de l'essence, la sécheresse historique qui sévit dans la quasi-totalité des États-Unis et les terribles inondations dans le centre des États-Unis, menaçant les digues du Mississippi au printemps 2008, en sont d'autres.

Le paysage de la Louisiane est d'ailleurs indissociable du fleuve Mississippi qui a modelé le paysage. En effet, par ses ramifications naturelles ou créées par l'homme, ses lacs et ses bayous, le fleuve offre un système élaboré de voies fluviales.

Il y a d'abord les lacs dits lagunaires aux eaux salées ou saumâtres qui longent la côte. Le plus grand est le lac Pontchartrain dont la rive sud baigne La Nouvelle-Orléans. Il offrait d'ailleurs, jusque dans les années 1960, des plages très appréciées des plaisanciers et des pêcheurs. Malheureusement, des problèmes d'environnement ont depuis trente ans empêché toute baignade, et des efforts sont aujourd'hui menés pour assainir la situation. Il était question que des plages soient à nouveau à la disposition des baigneurs (la Louisiane ne bénéficiant pas de plages naturelles), mais la catastrophe liée au passage du cyclone Katrina a évidemment changé la donne. Les rives du lac sont actuellement en piteux état.

La seconde catégorie de lacs regroupe des étendues façonnées au cours des siècles par les accidents de terrain et la fantaisie des eaux. Ces lacs à géométrie variable sont souvent reliés par des bayous et sont moins sujets à la pollution, car non exposés aux déversements de produits chimiques. Leurs eaux sont réputées fraîches et poissonneuses, l'écosystème est préservé, et leur paysage, formé par les fameux cyprès avec leur mousse espagnole pendant des branches, reste un spectacle pour l'œil.

Cependant, depuis les années 1960, le percement de canaux, l'assèchement de certaines zones afin de les rendre constructibles, la pénétration des eaux salées dans des marécages aux eaux saumâtres (fragile équilibre d'eaux douces et salées) a accru le niveau de pollution générale et mis terriblement en danger l'équilibre entre flore et faune. Au début des années 1980, l'accélération de l'exploitation des ressources naturelles (pétrole) et l'implantation de nouvelles zones d'habitations le long des canaux, dans des secteurs jugés inadéquates comme lieux de vie, n'a fait qu'amplifier le mouvement. La rupture des digues de certains canaux lors de la montée des eaux de l'été 2005, implantées en dépit de toute cohérence géologique sur des sols bas et meubles, fut pour certains spécialistes, au-delà de la tragédie humaine, une simple évidence naturelle, comme une réponse du berger à la bergère.

Si, pendant longtemps, le Mississippi permettait le transport du coton et de la canne à sucre, il dessert maintenant les industries pétrochimiques implantées dans les années 1970 et 1980. En effet, la fameuse River Road, qui relie La Nouvelle-Orléans à Baton Rouge, n'est plus une succession de majestueuses maisons de planteurs : les raffineries de pétrole et les industries métallurgiques ont remplacées, redéfinissant ainsi le paysage pour longtemps. Dans les paroisses Saint-Jacques et Saint-Jean, un pic de pollution avait atteint un seuil inquiétant en 1998, obligeant certaines populations à déménager. Outre les problèmes d'aspect social et médical, certains firent part de leurs inquiétudes quant aux répercussions sur le tourisme, qui reste un des piliers de l'économie de la Louisiane.

Comment se laisser charmer par une élégante plantation entourée de chênes ancestraux, quand planent au-dessus de lourds nuages chargés de dioxyde de carbone et que, de part et d'autre, surgissent des champs de canne à sucre, des usines d'un autre temps crachant leurs déchets dans la campagne ? C'est le dilemme des gouvernants : développer les industries tout en préservant une nature et les traces d'un riche passé, sources évidentes d'un tourisme rémunérateur.

ESCLAVAGE ET CODE NOIR

En 1719, la Compagnie des Indes importe en Louisiane des esclaves du Sénégal. Dès 1724, la population noire est si importante que le gouvernement français fait passer un certain nombre de lois réunies sous le nom de Code noir, dont le but était de définir et délimiter les droits et les devoirs des maîtres, de leurs esclaves, mais aussi des gens de couleur libres. Impossible de passer ici en revue tous les articles de cet étrange code qui cherchait à mettre un cadre propre à la situation d'esclave. Il faut tout d'abord rappeler que, si l'esclavage est reconnu à peu près par tout le monde comme une ignominie et une décadence, à l'époque il était perçu comme parfaitement naturel et même indispensable pour passer de la vie sauvage à la vie civilisée, comme cela fut le cas dans le développement des civilisations grecque et romaine pendant l'Antiquité. Les maîtres le justifiaient par le fait qu'ils procuraient sécurité, cadre de vie structuré à une population qui, selon eux, était parfaitement incapable de se prendre en charge, une action charitable, en quelque sorte.

Aussi hypocrite et désuet fut-il (on voit mal un esclave porter plainte contre son maître pour mauvais traitement !), le Code noir possédait donc des articles quelque peu déroutants quant à ses « bonnes intentions » envers cette population.

Droits et devoirs

L'esclave était considéré comme un bien meuble, dont le maître pouvait disposer comme bon lui semblait, ce qui impliquait un droit de vie et de mort. Cette définition simple de l'esclavage n'est pas pour autant simpliste, car elle sous-tend l'esprit du Code noir et des relations entre le maître et son esclave. Plus précisément, les minutes de certains jugements impliquant des esclaves montrent que les juges leur conféraient le statut juridique de personne lorsqu'ils étaient condamnés pour un crime ou un délit et qu'ils étaient considérés comme un bien le reste du temps (permettant aussi de le vendre ou de le louer à un tiers). Les esclaves étaient dépourvus des droits du citoyen, et tout privilège était accordé à la libre appréciation de leur maître, le statut d'esclave étant la condition naturelle de tout Afro-Américain. Entre autres, les esclaves n'avaient pas le droit de vote et ne pouvaient pas témoigner contre un Blanc lors d'un procès. Cependant, les propriétaires se devaient d'assurer le baptême à tous. Ainsi, ils devenaient catholiques (le souci du salut des âmes, fussent-elles noires, à défaut du respect des corps !). Ces mêmes esclaves ne travaillaient pas les jours fériés ni le dimanche, en respect des traditions religieuses. Ils se réunissaient alors sur Congo Square, à La Nouvelle-Orléans, pour danser au rythme des percussions. C'est le site actuel du parc Louis Armstrong, sur North Rampart Street. Autre droit qui peut paraître bizarre : le port des armes était admis pour les hommes (chasse et pêche). De même, il était officiellement interdit de séparer les membres d'une même famille avant que les enfants n'aient 13 ans. Ainsi ce fameux Code noir possédait une certaine flexibilité et assurait un meilleur traitement des esclaves que partout ailleurs dans le Sud.

L'arrivée du Code américain

Quand la Louisiane tomba dans l'escarcelle américaine, le Code noir fut aboli pour être remplacé par le Code américain, déjà en vigueur partout ailleurs. Bien plus sévère, bien plus répressif. Les esclaves ne tardèrent pas à faire les frais de ce nouveau code.

Dès 1803, la population, de plus en plus asservie, de moins en moins respectée, se mit à résister avec une vigueur nouvelle à l'autorité des Blancs. Le nombre d'esclaves augmente très vite à partir de la fin du XVIIIe s, lorsque les colons abandonnent les cultures de tabac et d'indigo pour le coton, plus rentable. De plus, les actes de violence envers les Blancs n'étaient pas rares, et ces derniers craignaient les insurrections. D'ailleurs, les réglementations successives alternaient sévérité et laxisme entre les dispositions répressives censées réduire le danger d'une insurrection (par exemple en limitant le nombre de gens de couleur libres au sein d'un même État car, selon les Blancs, certains pouvaient devenir des leaders insurrectionnels) et les dispositions pro-esclavagistes pour répondre à la forte demande des plantations de coton, l'économie étant totalement fondée sur le travail des esclaves. Les punitions devinrent fréquentes, les tentatives de fuite aussi. Dans la presse de l'époque, on offrait ainsi des récompenses à quiconque ramenait vivant l'esclave en fuite. Un « marron » était un esclave qui s'était échappé, avait récidivé et était finalement capturé. Les « marrons » subissaient alors le fouet, souvent sous les yeux de leur famille impuissante.

Plus généralement, la société de l'époque, dominée par les riches planteurs blancs dont le paternalisme était teinté d'une certaine cruauté, était très coercitive. Les relations sociales étaient fondées sur une violente domination : les esclaves recevaient leur ration quotidienne de coups de fouet, les enfants étaient fouettés par leurs parents, les élèves par leur maître et les femmes par leur mari.

Quant au prix des esclaves, les tarifs variaient en fonction de différents critères : pour les hommes, leur force physique, leur âge, leur savoir-faire ; pour les femmes, la beauté était une valeur sûre. Rappelons que les maîtres les transformaient souvent en maîtresses, alors, quitte à choisir, ils optaient pour le « meilleur ».

Les jeunes esclaves (des deux sexes) dont on remarquait l'habileté ou l'intelligence faisaient l'objet de soins particuliers et étaient mieux soignés par leurs maîtres. Ainsi, il était fréquent qu'un maître loue un esclave doué, qui avait fait ses preuves dans un domaine particulier, à une famille amie ayant besoin d'un service. De cette façon, le maître rentrait dans ses frais et rentabilisait un prix d'achat de base élevé.

Les esclaves : une société de classes

Le cliché de l'esclave inculte et paresseux, tel que certains films le montrent, est loin d'une réalité bien plus complexe. Au-delà d'un statut commun et d'une législation commune, les esclaves étaient répartis en trois classes selon leur fonction dans la société de l'époque. La plus haute était représentée par les domestiques qui travaillaient dans la maison du maître pour le servir au quotidien (nourrice, cuisinier, cocher, jardinier, etc.). Ils étaient appelés à n'importe quelle heure du jour ou de la nuit par le maître grâce à un système de cloches, que l'on voit en visitant certaines maisons de planteur.

Ensuite, les esclaves « de la ville » formaient la deuxième catégorie. Ils avaient un métier qu'ils exerçaient pour le compte de leur maître. Par la transmission d'un savoir-faire de génération en génération, certains esclaves devenaient guérisseurs, charpentiers, forgerons, savaient calculer et lire, tout en conservant leur spiritualité venant du plus profond de l'Afrique. Sans pour autant être émancipés, ils étaient libres de leurs déplacements en ville, sociabilisaient entre eux et avec les domestiques des plantations. Certains d'entre eux (comme les charpentiers) travaillaient aussi dans les plantations pour construire des granges, des silos et des cabanes d'esclaves.

Enfin, tout en bas, les esclaves travaillant dans les plantations de coton formaient la catégorie la plus nombreuse. Par exemple, au milieu du XIXe s, la moitié des esclaves de la ville de Natchez travaillait dans les champs de coton. Ils étaient aussi les plus exclus car ils restaient dans leur plantation et avaient peu de contacts avec les autres esclaves.

Une vie toujours plus dure

La répression et la dureté des traitements ne firent qu'empirer avec le temps. Un exemple, un seul : en 1811, une trentaine d'esclaves en fuite (hommes, femmes et enfants) furent décapités publiquement à La Nouvelle-Orléans. Ce ne fut pas tout. Les autorités américaines installèrent des piquets sur le bord du Mississippi, sur lesquels furent plantées les têtes des victimes. Le but était bien sûr de décourager les rébellions à venir. Cette tragédie ne fit qu'intensifier une tension raciale qui ne vit un début d'apaisement qu'avec l'abolition de l'esclavage après la guerre de Sécession (1861-1865). Et encore, si la loi donnait alors des droits aux Noirs en terme de liberté, il fallut bien des décennies pour faire évoluer la mentalité blanche du Sud.

La journée « normale » d'une jeune esclave

Voici la journée type d'une esclave domestique travaillant dans la maison du maître : le lever dans les quartiers d'esclaves se faisait vers 3h. Après un rapide petit déjeuner (soupe et viande), elle se rendait au poulailler pour recueillir les œufs, puis allait traire les vaches. On procédait à l'allumage des torches, bougies, cheminées pour le reste de la journée, ceci dans les cuisines et dans la maison principale. La préparation du petit déjeuner pour les maîtres était l'étape suivante. L'esclave avait ensuite pour tâche de réveiller les maîtres et leurs enfants. Responsable de l'allaitement des enfants blancs et noirs, elle était encore chargée de les laver et de les habiller. La maîtresse de plantation commençait son inspection des tâches jusque-là accomplies.

L'esclave retournait alors aux cuisines pour préparer le déjeuner (souvent léger en Louisiane à cause de la chaleur). Après avoir servi les maîtres, le reste de la population d'esclaves se rendait aux cuisines pour venir chercher les rations de nourriture. Vers 15h, on fermait les cuisines, et l'esclave avait alors le devoir de se rendre à la rivière pour laver le linge et surveiller la baignade des enfants blancs et noirs. La fin de l'après-midi était dévolue à la couture, à la fabrication et réparation de paniers et chaises, ceci se déroulant sous les galeries bénéficiant à la fin de la journée d'une ombre et d'une brise rafraîchissantes.

L'esclave ensuite devait accompagner sa maîtresse et les enfants au cours de diverses visites dans les plantations voisines, visites se faisant en fin de journée, quand la fraîcheur le permettait enfin.

Le début de la soirée était réservé au jardinage autour de la maison, suivi d'un rapport quotidien à l'esclave superviseur qui, à son tour, faisait un compte rendu des tâches accomplies au contremaître.

Puis venait la préparation des chambres des maîtres (ventilation adéquate, eau fraîche sur les tables de nuit). Suivie, avant le dîner, de la prière commune. Vers 21h, l'esclave rendait aux contremaîtres diverses clés (du cellier, des cuisines, caves...) et retournait dans les quartiers d'esclaves, pratiquement à la nuit, pour s'occuper des tâches domestiques : cuisiner pour sa propre famille, laver les vêtements... et profiter d'un petit brin de vie communautaire enfin permise sans la surveillance et la menace des contremaîtres.

Les infirmières et gardeuses d'enfants retournaient dans la maison des maîtres vers minuit pour, enfin, s'endormir sur une paillasse près du lit des enfants du maître, tout en ayant la tâche ultime de s'assurer de la propreté des pots de chambre et de la sécurité des enfants (maladie, cauchemars).

Les week-ends étaient généralement plus souples quant à l'emploi du temps, et les esclaves avaient l'autorisation de rendre visite à d'autres esclaves sur des plantations voisines, seul moment où la vie sociale, affective et communautaire pouvait enfin trouver sa place, si limitée fût-elle.

FAUNE

La vedette du coin est bien sûr l'*alligator.* Si, aujourd'hui, le voir se promener tranquillement partout dans les bayous – et parfois au bord des routes – apparaît comme une évidence, il y a quelques décennies la bébête était en danger d'extinction. Car tout le monde pouvait le chasser tranquillement, ainsi que les loutres, ratons laveurs, belettes, rats musqués et autres ragondins. Puis la chasse en fut totalement interdite pendant une bonne dizaine d'années, car il était en péril.

Aujourd'hui, outre les élevages parfaitement légaux, la chasse est très contrôlée et nécessite un permis particulier. Elle n'est ouverte que 30 jours par an, à partir de la première semaine de septembre. La limite est fixée à 30 alligators, sans limite de taille. Il vaut mieux attraper les plus gros. Afin de respecter un certain équilibre écologique, le chasseur s'engage à chasser également toutes les autres espèces comme les ragondins ou ce genre de bestioles.

Comment chasse-t-on l'alligator ?

« Dis, Onc' Routard, raconte-nous comment on fait ! » Alors, voilà. L'alligator se chasse idéalement dans l'eau saumâtre ou l'eau douce, mais pas dans l'eau salée, ça les rend aveugles. Une fois que tu as choisi ton coin, tu t'enfonces en barque dans un bras du bayou et tu fixes une corde autour de la branche d'un arbre qui pend au-dessus de l'eau. Au bout de la branche, un gros hameçon. Au bout de l'hameçon, un beau morceau de poulet. Mais attention : si tu fais pendre l'hameçon trop près de l'eau, les poissons bouffent ton poulet. À moins que ce soit l'*alligator-turtle* qui s'en régale. Car avec son long cou, elle saute haut, la coquine. Bien doser la hauteur de l'hameçon par rapport au niveau de l'eau est une des qualités du bon chasseur de *gators*. Entre 50 cm et 1 m, tu es bon. Plus tu le places haut, plus les alligators seront gros... jusqu'à une certaine limite où tu ne chopes plus rien !

On peut évaluer précisément la taille d'une bestiole en mesurant la distance qui sépare le bout de son nez de son œil. Chaque pouce équivaut à un pied (33 cm). Le chasseur évaluera la peau entre 15 et 50 $ le pied (ça dépend de la peau et du cours de l'année), et la viande sera vendue aux restaurants. Le meilleur dans l'alligator c'est la queue, ainsi que la partie située entre les pattes arrière, l'équivalent du filet : tendre, délicat et très peu nerveux.

Les mamans alligators pondent au printemps plusieurs dizaines d'œufs, dont parfois plus de la moitié seront dévorés par les loutres et ratons laveurs. C'est pourquoi, si vous vous promenez sur les bayous ou au bord de certains chemins longeant les marécages à cette époque, il faut être très prudent, même si les accidents sont particulièrement rares. Car la maman n'apprécie guère qu'on s'approche de son nid. Normal, après tout.

Ceux qui viendront en hiver en Louisiane pourront être un peu déçus, car l'alligator hiberne. Il est donc rarement visible entre novembre et mars. Les responsables de *swamp tours* ne le crient pas sur les toits, mais autant le savoir.

FÊTES ET JOURS FÉRIÉS

Jours fériés américains

Voici ceux valables pour l'ensemble du territoire. Presque toutes les boutiques sont fermées ces jours-là.

– **New Year Day :** 1er janvier.

– **Martin Luther King Birthday :** vers le 3e lundi de janvier, celui le plus près de son anniversaire, le 15 janvier. Un jour très important pour la communauté noire américaine.

– **Presidents' Day :** 3e lundi de février, pour honorer la naissance du président Washington, le 22 février 1732.

– **Easter** (Pâques) **:** les boutiques sont souvent fermées le dimanche et certaines aussi le lundi.

– **Memorial Day :** dernier lundi de mai. En souvenir de tous les morts au combat. Correspond au début de la saison touristique.

– **Independence Day :** 4 juillet, fête nationale qui commémore l'adoption de la Déclaration d'indépendance en 1776.

– **Labor Day :** 1er lundi de septembre, la fête du Travail. Marque la fin de la saison touristique.

– **Colombus Day :** 2e lundi d'octobre, en souvenir de la « découverte » de l'Amérique par Christophe Colomb.

– **Veterans Day :** 11 novembre.

– **Thanksgiving Day :** 4e jeudi de novembre. Fête typiquement américaine commémorant le repas donné par les premiers immigrants (les pères pèlerins) en remerciement à Dieu et aux Indiens pour leur avoir permis de survivre à leur premier hiver dans le Nouveau Monde. Fête familiale et chômée par à peu près tout le monde.

– **Christmas Day :** 25 décembre.

– Impossible de clore une rubrique sur les fêtes sans évoquer celle d'**Halloween,** la nuit du 31 octobre au 1er novembre. Cette tradition celte, importée par les Écossais et les Irlandais, est célébrée avec une grande ferveur aux États-Unis. Sorcières ébouriffées, fantômes et morts vivants envahissent les rues, tandis que les enfants, déguisés eux aussi, font du porte-à-porte chez les voisins en demandant : « Trick or treat ? » (« Une farce ou un bonbon ? »), et repartent les poches pleines de bonbecs.

Les Cajuns et la fête

La Louisiane est le pays où il fait bon « laisser le temps rouler ». Les traditions sont empreintes d'une certaine joie de vivre, on y mange bien, on y danse beaucoup. À la moindre occasion, les Cajuns sortent les trois instruments traditionnels : le violon, l'accordéon et la guitare. Les mélodies rappellent celles d'une bourrée bretonne à laquelle se mélangent des rythmes noirs américains.

Vous aurez peut-être la chance de tomber sur l'un des nombreux festivals : le plus important se déroule à l'occasion des récoltes. Autre événement intéressant, la « grande boucherie », durant laquelle on tue le cochon, on mange le boudin, les gratons et on danse.

La musique a une grande importance dans la vie des Cajuns. Ici, le « fais-dodo » est roi. À l'origine, plusieurs familles se réunissaient le samedi soir et mettaient leurs enfants dans de grands lits. « Fais dodo, pendant que tes parents dansent toute la nuit », leur disaient-ils... Aujourd'hui, cette tradition est toujours bien vivante, même si l'on n'amène plus les enfants au « fais-dodo ». Chaque samedi soir, les groupes cajuns jouent comme des fous et les danseurs se déchaînent. Une grande leçon de joie de vivre. Ce qui surprend le plus, c'est l'âge des danseurs, de 40 à... 90 ans. Et si vous êtes invité, il n'est pas évident que votre partenaire aux cheveux argentés craque avant vous. On raconte qu'il meurt autant de vieux sur les planches des « fais-dodo » que dans leur lit. On n'a pas vérifié, mais ce n'est pas impossible, vu l'énergie qu'ils y dépensent !

Voilà comment Paul Vann, un bon copain à nous de Louisiane, décrit les Cajuns pendant leurs loisirs : « Au contraire du *red neck* de l'Arkansas, puritain, sobre (parce qu'il vit dans un comté sec !) et conservateur, le Cajun cherchera toujours quelque chose à célébrer : un anniversaire, un mariage, un divorce, n'importe quoi, dès lors que c'est prétexte à boire, danser, se distraire... Le Cajun adore bâfrer. Durant ses loisirs, après le petit déj, il va commencer à réfléchir au déjeuner et, habituellement, s'envoyer un sandwich avec une bière. L'après-midi, il ira pêcher quelques crevettes et crabes et y rencontrera quelques amis. Quand tout le monde sera rassasié et trop gai pour tenir une conversation, chacun rentrera chez soi. Le barbecue est traditionnel. Presque chaque week-end, le Cajun trouvera le moyen de participer à l'un d'eux. Avec ses amis, il descendra quelques *Budweiser* et ingurgitera plus de nourriture que qui que ce soit. Voilà comment le Cajun passe son temps libre lorsqu'il n'y a pas de festival en cours, comme celui de la canne à sucre, de la crevette, de l'écrevisse, le Yambilee, le Mardi gras... »

Tout cela pour vous dire que parmi leurs nombreux traits de caractère, les Cajuns sont de bons vivants. Tant mieux pour vous !

Quelques fêtes cajuns

– *Mardi gras :* le plus gros de la fête se situe au cours des deux semaines précédant le Mardi gras, mais les festivités commencent en fait dès l'Épiphanie (début janvier). Des défilés et de la musique partout. À La Nouvelle-Orléans surtout, mais aussi à Lake Charles.

– *Festival de jazz :* le dernier jour d'avril et les premiers jours de mai, à Lafayette. En même temps que celui de La Nouvelle-Orléans.

– *Week-end le plus proche du 4 juillet :* à Church Point, au nord-ouest de Lafayette, défilé de diligences, danses de rue, concours de cuisine.

– *Week-end le plus proche du 4 juillet :* à Charenton, au sud-est de New Iberia, fête des Indiens chitimachas. Danses tribales, musique indienne, produits d'artisanat.

– *Week-end le plus proche du 14 juillet :* à Kaplan, au sud-ouest de Lafayette, *Bastille Day,* le plus célèbre du pays cajun. Fête de rue avec un « fais-dodo », un rodéo et des orchestres cajuns.

– *15 août :* fête nationale cajun.

– *3ᵉ week-end d'août :* à Delcambre, au sud de Lafayette, festival de la crevette. Fête de rue avec un « fais-dodo », orchestres cajuns et bingo. Crevettes sauce piquante ou bouillies.

– *Labor Day Week-end :* à Morgan City, au sud-est de New Iberia, festival de la crevette et du pétrole. Bénédiction des bateaux, défilé de rue, danses et feu d'artifice.

– *Dernier week-end d'août ou premier week-end de septembre :* à Loreauville, au nord-est de New Iberia, parade, cuisine cajun et « fais-dodo ».

GÉOGRAPHIE

L'État de la Louisiane s'étend sur une surface de 125 674 km² (près du quart de la France). Baton Rouge, fondée par les Français au XVIIIᵉ s, en est la capitale. Le visage qu'elle présente est surtout celui d'une ville industrielle : en témoigne une immense raffinerie de pétrole qui côtoie le port maritime.

Les plantations de canne à sucre qui entourent Baton Rouge et qui s'étendent vers La Nouvelle-Orléans le long de River Road forment une nature plus sauvage : ces bâtisses de bois ou de brique sont implantées dans une végétation de chênes ou de cyprès.

Le paysage du nord de la Louisiane, autour de Natchitoches, est moins attirant : des plaines agricoles et des sites industriels (principalement pétroliers). En revanche, plus au sud, autour d'Opelousas, Lafayette, New Iberia et Houma, c'est le pays cajun qui présente le plus d'attraits avec la région des bayous et la région des prairies. La première, concentrée autour de Lafayette et Grand Isle, est régie par les eaux. Ici, le paysage de la Louisiane est fidèle à son éternelle image de pays verdoyant et sauvage : alligators, écrevisses et nombreux cyprès. D'ailleurs, les maré- cages s'étendent à l'infini entre Baton Rouge et Lafayette. Les bras de fleuve et les lacs dessinent ainsi un gigantesque labyrinthe appelé l'Atchafalaya Basin. La région des prairies (au nord et à l'ouest de Lafayette) est, quant à elle, plus paisible. L'authentique Louisiane se trouve dans les villages bien plus pauvres.

Les bayous

Ces eaux peu profondes, à faible courant ou stagnantes, qu'on trouve essentielle- ment en Louisiane ou au sud du Mississippi, sont plutôt hostiles à la nature humaine. « Avec la carapace d'un *gator* (comprenez alligator), les palmes d'un canard et les ailes d'un héron, je m'en sortirais parfaitement », disait un vieux pêcheur cajun. Les ratons laveurs, lièvres, ibis, aigrettes, hérons, cormorans, tortues, crevettes, alliga- tors (qui hibernent) et toutes sortes de poissons s'y trouvent pourtant bien. Et l'abondante littérature – contes, fictions, romans policiers – chante la magie et le mystère de ces lieux. En outre, ce « boyau » devenu « bayou » a largement contri- bué au développement économique de la Louisiane. Ses richesses naturelles (pêche, fourrure, pétrole, bois) et la diversité des cultures (riz, maïs, coton, sucre) font qu'aujourd'hui on estime qu'un acre (un petit demi-hectare) vaut entre 50 000 et 80 000 $. Alliant le rêve, le folklore, l'histoire, mariage de la terre, de l'eau, des hommes, des animaux et de la nature, on ne s'étonnera plus que la Louisiane se fasse appeler « *the Bayou State* ».

Une des grandes attractions de la Louisiane consiste à se balader sur ces fameux bayous. En fonction de la période, ils sont plus ou moins en eau. Les lieux les plus réputés et les plus faciles d'accès pour les touristes sont ceux où les tour-opéra- teurs ont des embarcadères, ça va de soi. Ainsi, dans les environs de La Nouvelle- Orléans, de Lafayette (à Henderson et sur le Lake Martin), mais aussi à Houma, il existe de nombreuses possibilités. Bien entendu, on peut explorer les bayous à partir de centaines d'autres endroits... encore faut-il avoir un bateau ou connaître quelqu'un qui en possède un !

Vous remarquerez sur la plupart des arbres des bayous une sorte de mousse aérienne accrochée aux branches. Elle s'agrippe à tous les arbres (sauf aux saules) en formant de longues chevelures. Les premiers colons la baptisèrent du nom de *Spanish moss*, « barbe espagnole », car ils la trouvaient semblable aux barbes des capucins espagnols. On l'employa peu à peu comme rembourrage de coussins, de selles, et on l'utilisait encore pour les matelas en 1950. Les Indiens houmas en faisaient des poupées pour les enfants.

Le Mississippi

En algonquin (langue amérindienne), *misi* signifie « grand » et *sipi* « eau ». Les Indiens l'appellent aussi « père des eaux ». On comprend pourquoi. C'est l'un des fleuves les plus puissants de la planète (son débit moyen est de 20 000 m^3/s) et l'un des plus longs. Il charrie un volume impressionnant d'alluvions (400 millions de tonnes par an).

Avec le Missouri, affluent de la rive droite, il forme le troisième cours d'eau du monde (après le Nil et l'Amazone), tant pour sa longueur que pour la superficie de son bassin. Le Mississippi couvre les deux cinquièmes de la surface des États-Unis et six fois celle de la France ! Son histoire est intimement liée à celle de la Louisiane. En 1540, de nombreux peuples indiens étaient établis sur les rives du fleuve lorsque l'Espagnol Hernando de Soto découvrit les bouches de celui-ci. C'est en 1682 que le gouverneur du Québec, Cavelier de La Salle, descendit le cours d'eau jusqu'à la mer. Il annexa les régions découvertes et les nomma Louisiane, en l'honneur du roi Louis XIV.

Le delta du Mississippi commence à Baton Rouge. À certains endroits, la terre charriée par le fleuve s'accumule sur les berges, donnant naissance à des levées. En arrière, on trouve des lacs, des marais sillonnés de bras morts : les bayous. Car le Mississippi est capricieux. Parfois, il lui arrive de changer de cours, mais pour le moment le lit principal s'offre un passage vers le sud-est et La Nouvelle-Orléans. C'est à 35 km de l'extrême pointe que le chenal se divise en trois branches, dont l'une, celle du sud-ouest, s'allonge vers le large depuis plus d'un siècle, à raison de 100 m par an. Les principaux affluents du Mississippi sont le Missouri, l'Ohio et l'Arkansas. À partir de Saint Louis, il coule dans une immense plaine alluviale et peut d'ailleurs connaître de fortes crues. Ainsi, en 1927, son niveau est monté de 14 m à Memphis. La superficie inondée a atteint 73 000 km^2, il y eut 200 morts. En 2008, de très violentes intempéries ont provoqué des crues terribles, particulièrement dans l'Iowa, mais aussi dans l'Indiana, le Wisconsin, l'Illinois et le Minnesota. Né dans le Minnesota, à la frontière du Canada, le Mississippi se termine à une latitude quasi tropicale et fait ainsi le lien entre des mondes différents. Il a joué un rôle primordial lors de l'exploration puis de la mise en valeur des grandes plaines américaines, jusqu'au milieu du XIXe s. C'est pourquoi le fleuve est un repère important pour les Américains. Il y a les territoires à l'est du Mississippi et ceux qui se trouvent à l'ouest. Car les immigrants, dans leurs chariots bâchés légendaires, partaient généralement de Saint Louis à la conquête de l'ouest. Aujourd'hui, il est encore fréquent d'entendre dire : « C'est la plus vieille maison à l'ouest du Mississippi », « le building le plus haut à l'ouest du Mississippi ». Et sa symbolique de frontière demeure présente dans les esprits.

Par la suite, la mise en place d'un réseau ferroviaire, dont les voies transversales orientées de l'est à l'ouest soulignent les nouvelles forces de l'économie américaine, a réduit l'importance du fleuve. Cependant, au XXe s il a été largement utilisé pour la production électrique, l'irrigation et la navigation commerciale (le port de La Nouvelle-Orléans est dans les dix premiers du monde). Pour lui permettre d'assumer toutes ses fonctions, il a fallu bétonner les rives, draguer le lit, optimiser le fleuve, etc., ce qui a porté atteinte à la vie sauvage. Par ailleurs, la pollution atteint à certains endroits des niveaux importants... Après les inondations de 2005, la solution retenue pour contenir le fleuve serait tout simplement de le ramener dans son lit originel tout en installant un vaste système d'écluses. Pharaonique, le projet a été adopté dans son principe en 2007 et pourrait demander trente, voire quarante ans de travaux !

HISTOIRE DE LA LOUISIANE

En 1673, au nom du roi Louis XIV, Louis Joliet et le père Marquette flirtent avec le territoire inviolé de la future Louisiane. Il faut attendre 1682 et René Robert Cavelier, sieur de La Salle, explorateur français en mission dans les Grands Lacs, pour voir la région déflorée. Celui-ci descend le Mississippi, devient le premier Européen à parvenir jusqu'à l'embouchure du fleuve et baptise les nouvelles terres traversées « Louisiane » en l'honneur de son roi. La même année, il repart en France afin de préparer sa prochaine expédition avec le soutien de Sa Majesté. Mais son voyage le conduit par erreur au Texas, où il périt avant de rejoindre le delta du Mississippi.

La première colonie

Pierre Le Moyne d'Iberville poursuit l'action de son prédécesseur. Marin et explorateur, il atteint l'embouchure du Mississippi par le sud et décide d'y établir la première colonie française. On est le 2 mars 1699, jour de Mardi gras, et Iberville baptise tout naturellement son camp militaire *Le Point Mardi Gras*. Quelle imagination ! Les Français remontent ensuite le fleuve et fondent Baton Rouge. En 1702, l'explorateur devient le premier gouverneur de la Louisiane, mais ce n'est qu'en 1718, avec la fondation de La Nouvelle-Orléans, que la colonie française prend véritablement son essor. Les premiers immigrés sont rejoints en 1755 par les Acadiens, Français du Canada chassés par les Anglais. Ce sont les Cajuns, dont voici quelques mots d'histoire.

Les persécutés d'Acadie

Afin de bien saisir d'où viennent ces Cajuns et qui ils sont, il faut revenir en arrière, au début du XVIIᵉ s, et surtout se projeter plus au nord, au Canada, en Nouvelle-France, qui deviendra sous les Anglais Nova Scotia.

Car les Acadiens (le terme « Cajun » viendra bien plus tard) constituent un peuple sans nation, une population sans État. Lorsque Richelieu envoie des colons français au début du XVIIᵉ s pour peupler ce vaste territoire, il est seulement occupé par des coupeurs de bois, des trappeurs et des chasseurs. Une centaine de familles s'installent alors, afin de donner un peu plus de sens à la colonie naissante.

Le territoire sur lequel elles bâtissent leur avenir se nomme La Cadie, qui deviendra rapidement l'Acadie. Il s'étend sur la Nouvelle-Écosse actuelle, le Nouveau-Brunswick et une partie du Maine. La colonie s'organise autour de Port-Royal, un petit fort. On est courageux à la tâche, et les terres rendent bien. Rien ne manque. Les colons s'adaptent rapidement, et les naissances sont nombreuses. Bref, la vie est plutôt belle. Tout le XVIIᵉ s peut d'ailleurs être considéré comme le véritable âge d'or pour ces pauvres paysans français qui quittèrent sans regret leur Poitou natal. C'est cette période, précisément, qui engendrera la nostalgie future, celle de l'Acadie Terre promise, possédée puis retirée. L'Acadie ressemble en effet étrangement à l'Arcadie, contrée montagneuse et bienheureuse de la Grèce antique, située dans le Péloponnèse. Le symbole de ce paradis mythique prendra d'autant plus d'importance qu'il échappera à cette population.

Plus le territoire occupé par les Acadiens s'étend et leurs richesses aussi, plus les Anglais veillent et commencent à faire pression sur ce peuple par trop entreprenant, catholique de surcroît. Car la motivation des Anglais n'est pas seulement politique, elle est aussi fondée sur la jalousie et la rancœur. La réussite des Acadiens est trop arrogante. Ainsi les troupes anglaises prennent Port-Royal en 1710, et trois ans plus tard le traité d'Utrecht fait passer l'Acadie entre leurs mains. Elle devient et demeurera Nova Scotia. Les Acadiens parviennent à arracher un statut de « Français neutres ». La tolérance affichée envers ces colons se mue rapidement en méfiance lorsque la maison de Hanovre remplace les Stuarts à la tête du royaume d'Angleterre. Puis la méfiance devient répression. On leur demande de faire allégeance au roi George II, de jurer fidélité absolue à la Couronne et de renoncer à leur religion. Certains acceptent, beaucoup refusent. Les choses ne feront que s'envenimer quand une nouvelle guerre franco-anglaise est déclarée en 1744, ayant pour objectif de faire passer l'ensemble de la Nouvelle-Écosse sous contrôle anglais.

Le « Grand Dérangement »

Sous ce nom presque sympathique se cache l'une des grandes opérations d'éradication ethnique organisée par un État. Le commandant Charles Lawrence sera le maître d'œuvre de cette odieuse entreprise entamée en 1755 : terre confisquée, bétail volé, maisons brûlées et familles séparées. Il s'agit en fait d'une véritable persécution organisée. Les populations acadiennes seront dispersées dans treize colonies américaines, afin d'éclater leur unité. On embarque tout le monde en vrac sur des navires vétustes, surchargés. Les villages sont anéantis pour éviter tout retour. Ce Grand Dérangement grave rapidement une lourde cicatrice au cœur des Acadiens, loin d'être refermée aujourd'hui. C'est sans doute aussi le véritable acte fondateur du mythe de l'Acadie, le paradis perdu. Cette errance durera trois décennies et forgera à jamais le caractère de ce peuple.
Sur les 13 000 Acadiens, on estime que près de 10 000 furent expulsés, et que la moitié périrent durant la déportation. Les régions d'« accueil » reçoivent ces « nouveaux » de manière inégale. En Virginie, on tente de les renvoyer ; en Nouvelle-Angleterre, on les enferme. Certains s'embarquent pour Saint-Pierre-et-Miquelon. Sur le territoire américain, les Indiens seront pratiquement les seuls à les accueillir comme des frères. Il faut dire qu'eux-mêmes sont en délicatesse (euphémisme) avec les Tuniques rouges. En 1763, la France perd administrativement le Canada, la Nouvelle-France n'existe plus. Les derniers Acadiens sont autorisés à regagner leur pays d'origine. Belle-Île-en-Mer et le Poitou voient revenir ces colons du bout du monde. Certains repartiront d'ailleurs bien vite.

L'arrivée des Cajuns en Louisiane

Le delta du Mississippi, et donc la Louisiane (nous y voilà enfin !), est une autre région d'« échouage » de ces réfugiés qui tentent de chercher une terre de salut. Étrangers sur une terre étrange.
C'est en 1785 que débarquent à La Nouvelle-Orléans sept bateaux bourrés à craquer des derniers réfugiés (près de 1 500). La Nouvelle-Orléans n'a pas peur des têtes nouvelles, puisqu'il y a déjà ici des Indiens, des créoles, des esclaves noirs, des gens de couleur libres, des colons français évidemment, ainsi que quelques Acadiens qui avaient fui plus tôt que les autres. Métissage, méli-mélo de peaux et de chairs, La Nouvelle-Orléans est à cette période une terre de brassage, de mélanges. Ces petits nouveaux seront plutôt correctement accueillis par le gouvernement espagnol. On leur donne même quelques provisions pour démarrer. Ils s'installent là où ils le peuvent, là où il reste quelques lopins de terre pas trop ingrate à cultiver, si possible non loin de l'eau mais dans les régions inhabitées, c'est-à-dire les plus inhospitalières, comme les bayous. Bien plus pauvres que les autres fermiers, ils sont souvent un peu méprisés, de la même façon que les Noirs, enfin peut-être pas autant.
Le bayou Teche, le bayou Lafourche et tout l'Atchafalaya Basin seront leurs zones de regroupement. La terre n'est pas aussi bonne qu'en Acadie (rappelez-vous le paradis perdu), mais ils n'ont pas vraiment le choix et ce n'est pas la peine de trop se faire remarquer. Ils retroussent leurs manches et s'adaptent à nouveau. Ils vivent

sans heurts avec les différentes communautés mais, comme toutes les minorités menacées, ils se replient sur eux-mêmes pour recréer une société idéale. Ce sont les Africains de la « traite », implantés dans cette région depuis pratiquement un demi-siècle qui, progressivement, par une déformation linguistique, oublieront le « a », transformant ainsi le mot « Acadien » en « Cadien », puis en « Cajun ». La greffe prend.

Au tournant du XIXe s, les Acadiens d'Acadie sont devenus les Cajuns de Louisiane. C'est une minorité comme une autre, ni plus ni moins. Mais après la pluie vient le beau temps. Après les années terribles, il est temps de profiter un peu de la vie. Ainsi, avec l'amélioration des conditions de vie, on a à nouveau envie de faire la fête. Les familles se réunissent sous la véranda le samedi soir et l'on se met à chanter, à boire un coup, puis à danser. Les célèbres « fais-dodo » renaissent. Leur culture se mêle à celles des autres groupes humains, notamment à celle des Noirs. Ces deux cultures ayant en commun la musique et le sens de la fête.

Les Cajuns ne seront jamais riches. Au mieux, ceux qui réussiront en affaires posséderont quelques esclaves, jamais plus d'une poignée. Cette relative pauvreté est encore apparente aujourd'hui quand on visite le cœur du pays cajun, c'est-à-dire la région située entre Ville-Plate au nord, Kaplan au sud, Eunice à l'ouest et New Iberia à l'est. On y voit encore quelques maigres vaches indiennes (!) paître ce qu'elles trouvent sur des champs minuscules. Pour subvenir à leurs besoins, les Cajuns cultivent un peu de riz ou de canne à sucre et pêchent les grosses crevettes dans l'estuaire. Ils vivent dans de petites maisonnettes en bois vieillottes. On est bien loin du rêve américain !

Et la France dans tout ça ?

Fort d'être un État français, la Louisiane de la fin du XVIIe s, dans les premiers temps, se réclame de la culture hexagonale. Mais le ver est dans le fruit, et les valeurs traditionnelles héritées du Vieux Continent sont progressivement abandonnées. La production littéraire, ainsi que la pratique de la langue française s'étiolent au profit d'une culture très américaine et fière de l'être. Napoléon ne vendit-il pas ce vaste territoire aux Américains en 1803 (qui du coup doubla la surface des États-Unis d'alors) ? La France n'avait-elle pas laissé tomber les Cajuns ?

Même s'ils continuent d'être fiers de leur culture, les Cajuns hésitent à employer le français, par timidité, un peu par manque de confiance aussi. Et puis, les interlocuteurs sont limités. Le rouleau compresseur américain est en marche. Pourtant, en 1847, le poète Longfellow écrit l'histoire d'Evangeline, qui retrace la tragédie des Acadiens, sous couvert d'un romantisme échevelé. C'est un succès incroyable. Mais de moins en moins de Cajuns parlent le français, et l'idée de s'exprimer dans une langue qu'ils ne maîtrisent plus parfaitement, n'existant que sous la forme orale, devient de plus en plus saugrenue.

Une ère de sauvegarde de la langue française apparaît bien timidement à la fin du XIXe s. Des initiatives telles que la « Renaissance louisianaise » ou l'« Athénée louisianais », en 1876, proposent aux écrivains une sorte de plaidoyer pour une littérature franco-louisianaise. Cependant, faute de combattants, le mouvement disparaîtra avec le nouveau siècle. Les préoccupations des habitants sont ailleurs.

La perte d'identité

Le véritable coup de grâce sera donné en 1916, avec l'interdiction de l'usage du français dans les écoles louisianaises. C'est l'heure de la honte. Tout élève surpris à s'exprimer en français est puni. On soutient que c'est la langue des pauvres et qu'elle ne permet pas de trouver du travail. La culture française est « blacklistée » (si l'on peut dire), et l'assimilation linguistique anglaise forcée. Dans les années 1950, la radio et la TV achèvent de faire pénétrer l'anglais en milieu rural. Les Texans, quant à eux, n'embauchèrent les Cajuns pour exploiter le pétrole de Louisiane qu'à la condition qu'ils parlent l'anglais.

Le début d'une renaissance

Il faudra attendre 1955 et Dudley Leblanc, un sacré personnage, pour que la culture cajun renaisse de ses cendres. Ce riche négociant, devenu député à la Chambre des représentants de Louisiane, a l'idée de célébrer le bicentenaire du début du Grand Dérangement. De ce jour, le mot « cajun » ne sera plus synonyme de honte mais de fierté. Il retrouve un sens, une histoire, et surtout un avenir.

En 1968, sous l'impulsion d'un ancien membre du Congrès, M. Demongeaux, d'origine cajun, un organisme est créé pour la promotion du français de Louisiane, le Codofil. Avec l'aide de plusieurs pays francophones, cet organisme met sur pied un ambitieux programme scolaire qui permet à bon nombre d'écoliers de suivre des cours de français grâce à la création de nombreuses écoles bilingues. Ce n'est pas vraiment le pur cajun, et la tradition linguistique ne se perpétue pas tout à fait, mais la direction est montrée. Certains vieux Cajuns, qui parlaient le français dans leur enfance, retournent à l'école pour retrouver l'écho de leur passé, enfoui au fond d'eux-mêmes. Sur environ 900 000 Cajuns que compte la communauté, seulement 10 % parleraient le français, sans compter qu'ils ne sont plus très jeunes et que dans moins de vingt ans...

Le rôle de la chanson

La chanson et la musique cajuns sont certainement les éléments clés du renouveau. Zachary Richard est depuis bien longtemps la tête de pont, la figure de proue, l'emblème de ce légitime combat pour la préservation et le développement de la culture cajun. Il a bien compris que le renouveau de cette culture passera par le plaisir. Plaisir de s'amuser, de chanter, de danser et de manger. Ainsi, tous les 15 août, jour de la fête de tous les Acadiens, il chante sa chanson *Réveil* sur la survie de la nation acadienne et termine par cette phrase : « Lâcher Jamais ! » Tout n'est pas encore gagné, mais aujourd'hui on est cajun avant d'être américain. Belle renaissance.

Si la culture n'est plus aujourd'hui en danger de mort, sur le plan géographique, il n'existe plus que trois principales régions acadiennes : la première au Canada (Nouveau-Brunswick et Nouvelle-Écosse), la deuxième en Louisiane et la troisième à Belle-Île-en-Mer (France) où s'en retournèrent quelques familles au XVIIIe s. Cette grande famille éclatée possède malgré tout trois symboles importants : un drapeau (tricolore avec une étoile jaune dans le bleu), une fête nationale (l'Assomption, le 15 août) et un hymne (l'*Ave Maris Stella*).

Quelques dates de l'histoire américaine

– **35000 à 10000 av. J.-C. :** premières migrations de populations d'origine asiatique à travers le détroit de Béring.
– **2640 av. J.-C. :** les astronomes chinois Hsi et Ho auraient descendu la côte américaine par le détroit de Béring.
– **1000-1002 apr. J.-C. :** Leif Erikson, fils du Viking Erik le Rouge, explore les côtes de Terre-Neuve et du Labrador, et atteint peut-être ce qui est aujourd'hui le nord-est des États-Unis.
– **1492 :** découverte de l'Amérique par Christophe Colomb.
– **1524 :** découverte de la baie de New York par Giovanni Da Verrazano.
– **1607 :** fondation de Jamestown (Virginie) par le capitaine John Smith.
– **1613 :** découverte des chutes du Niagara par Samuel de Champlain.
– **1619 :** premiers esclaves noirs dans les plantations de Jamestown.
– **1620 :** le *Mayflower* débarque à Cape Cod avec 100 pèlerins qui fondent Plymouth (les Pères Pèlerins).
– **1636 :** création du collège *Harvard*, près de Boston.
– **1647 :** Peter Stuyvesant, premier gouverneur de La Nouvelle-Amsterdam, rebaptisée ensuite New York par les Anglais.

– *1650 :* légalisation de l'esclavage.

– *1682 :* le 9 avril, un explorateur français, René Robert Cavelier, sieur de La Salle, occupe, au nom de la France, la vallée du Mississippi. Il lui donne le nom de Louisiane, en l'honneur de Louis XIV. Pendant une trentaine d'années, la France délaisse cette immense colonie marécageuse et sans ressource apparente.

– *1692 :* chasse aux sorcières à Salem (Massachusetts).

– *1718 :* fondation de La Nouvelle-Orléans.

– *1762 :* par le traité de Fontainebleau, Louis XV cède la Louisiane à l'Espagne.

– *1776 :* adoption de la Déclaration d'Indépendance le 4 juillet.

– *1784 :* New York élu provisoirement capitale des États-Unis.

– *1789 :* George Washington désigné premier président des États-Unis.

– *1790 :* Philadelphie devient provisoirement capitale des États-Unis.

– *1800 :* Washington devient la capitale des États-Unis à la place de Philadelphie. l'Espagne restitue la Louisiane à Napoléon.

– *1803 :* Napoléon vend la Louisiane aux États-Unis pour 15 millions de dollars, ce qui correspond à 25 centimes de francs l'hectare ! Ce sera la plus grande vente foncière de tous les temps. C'était pour lui un moyen d'empêcher que ce vaste territoire tombe aux mains des Anglais.

– *1812 :* la Louisiane constitue un État à part entière.

– *1830 :* fondation de l'Église mormone par Joseph Smith à Fayette (État de New York).

– *1831 :* 2 millions d'esclaves aux États-Unis.

– *1847 :* invention du jean par Levi Strauss.

– *1849 :* ruée vers l'or en Californie.

– *1857 :* invention de l'ascenseur à vapeur par E. G. Otis.

– *1861 :* guerre de Sécession. La Louisiane, refusant l'abolition de l'esclavage, fait sécession et se joint au gouvernement sudiste.

– *1865 :* la défaite des États sudistes et l'abolition de l'esclavage par Abraham Lincoln annoncent le déclin des grandes plantations.

– *1867 :* les États-Unis achètent l'Alaska à la Russie.

– *1871 :* création du Yellowstone National Park.

– *1872 :* invention du chewing-gum par T. Adams.

– *1876 : Les Aventures de Tom Sawyer* de Mark Twain.

– *1880 :* premier gratte-ciel en acier à Chicago.

– *1886 :* invention du Coca-Cola par J. Pemberton. La statue de la Liberté, de Auguste Bartholdi, est offerte aux États-Unis pour symboliser l'amitié franco-américaine à New York (une copie est érigée sur le pont de Grenelle à Paris).

– *1895 : Sea Lion Park*, premier parc d'attractions américain, à Coney Island.

– *1898 :* guerre hispano-américaine.

– *1903 :* fabrication du fameux Teddy Bear par Morris Michtom, surnom au départ donné à Theodore Roosevelt qui chassait l'ours dans le Mississippi et qui refusa de tuer un ours attaché à un arbre.

– *1906 :* grand séisme de San Francisco.

– *1911 :* premier studio de cinéma à Hollywood.

– *1913 :* construction à New York du Woolworth Building par Cass Gilbert (le plus élevé à l'époque).

– *1914 :* création de la Paramount.

– *1916 :* premier magasin d'alimentation libre-service à Memphis, Tennessee.

– *1921 :* première Miss America.

– *1923 :* création de la *Warner* Bros par Harry M. Warner.

– *1924 :* l'Indian Citizenship Act, citoyenneté américaine des Indiens.

– *1925 :* Hoover est le premier président à utiliser la radio pour sa campagne électorale.

– *1927 :* création de l'oscar du cinéma par Louis Mayer.

– *1928 :* Walt Disney crée le personnage de Mickey Mouse.

– *1929 :* construction du *Royal Gorge Bridge*, pont le plus haut du monde (321 m), au-dessus de l'Arkansas dans le Colorado. Krach de Wall Street le jeudi 24 octobre. Ouverture du MoMA à New York.

– *1930 :* premier supermarché, ouvert à Long Island.

– *1931 :* construction de l'Empire State Building à New York.

– *1932 :* New Deal instauré par Franklin Roosevelt pour remettre sur pied l'économie américaine.

– *1933 :* invention du Monopoly par Charles B. Darrow.

– *1936 :* l'athlète noir américain Jesse Owens remporte quatre médailles d'or aux J.O. de Berlin.

– *1937 :* premier caddie testé dans un magasin d'Oklahoma City.

– *1939 :* *La Chevauchée fantastique* de John Ford. *Autant en emporte le vent*, réalisé par Victor Fleming, Sam Wood et George Cukor.

– *1941 :* attaque japonaise à Pearl Harbor (Hawaii) le 7 décembre. Déclaration de guerre des États-Unis au Japon le 8 décembre. Déclaration de guerre de l'Allemagne et de l'Italie aux États-Unis le 11 décembre.

– *1944 :* débarquement allié en Normandie le 6 juin.

– *1945 :* bombes atomiques sur Hiroshima et Nagasaki les 6 et 9 août.

– *1946 :* début de la guerre froide. Winston Churchill parle du « rideau de fer ».

– *1948 :* premier fast-food, créé par deux frères, Maurice et Richard MacDonald.

– *1949 :* naissance de l'OTAN à New York.

– *1950 :* début du maccarthysme, croisade anticommuniste par le sénateur MacCarthy.

– *1951 :* construction du musée Guggenheim à New York par l'architecte Frank Lloyd Wright.

– *1952 :* début de l'Action Painting (ou expressionnisme abstrait) qui consiste à projeter des couleurs liquides (Pollock, De Kooning, Kline, Rothko).

– *1953 :* exécution des Rosenberg, accusés d'espionnage.

– *1955 :* ouverture du parc d'attractions Disneyland en Californie.

– *1960 :* début du Pop Art lancé par Andy Warhol.

– *1962 :* décès de Marilyn Monroe le 5 août.

– *1963 :* *Ich bin ein Berliner*, discours historique de Kennedy le 26 juin. Assassinat de John F. Kennedy à Dallas le 22 novembre.

– *1964 :* début de la guerre du Vietnam.

– *1966 :* fondation des Black Panthers à Oakland par des amis de Malcom X. *Black Power*, expression lancée par Stockeley Carmichael, prônant le retour des Noirs en Afrique.

– *1968 :* assassinat de Martin Luther King le 4 avril à Memphis. Le 5 juin, Bob Kennedy, frère de John, meurt lui aussi assassiné.

– *1969 :* *Easy Rider* de Dennis Hopper. Premiers pas d'Armstrong sur la Lune. Mythique concert de Woodstock, dans l'État de New York.

– *1973 :* inauguration du World Trade Center (417 m) à New York. Élections des premiers maires noirs à Los Angeles, Atlanta et Detroit. Cessez-le-feu au Vietnam. Insurrection indienne à Wounded Knee (Dakota).

– *1974 :* la crise du Watergate entraîne la démission de Richard Nixon.

– *1975 :* légalisation partielle de l'avortement.

– *1976 :* rétablissement de la peine de mort (après sa suspension en 1972).

– *1979 :* accident nucléaire à Three Mile Island.

– *1981 :* attentat contre Ronald Reagan.

– *1982 :* courant artistique Figuration libre, inspiré des graffitis, de la B.D. et du rock. Keith Haring en est l'un des plus célèbres représentants.

– *1984 :* la statue de la Liberté est inscrite sur la liste du Patrimoine mondial de l'Unesco. J.O. de Los Angeles boycottés par les pays de l'Est.

– *1986 :* la navette *Challenger* explose en direct.

– *1987 :* création d'Act Up (mouvement d'action et de soutien en faveur des malades du sida).

– **1988 :** gigantesque incendie au parc de Yellowstone. Un cinquième du parc est détruit.

– **1989 :** séisme de magnitude 7,1 à San Francisco (55 morts).

– **1991 :** 17 janvier-27 février, guerre du Golfe.

– **1992 :** émeutes à Los Angeles (59 morts et 2 300 blessés). Élection de Bill Clinton.

– **1993 :** le 19 avril, 80 membres (dont 25 enfants) d'une secte millénariste, les Davidiens, périssent à Waco dans l'incendie de leur ferme assiégée depuis 51 jours par le FBI. La même année, Toni Morrisson reçoit le prix Nobel de littérature.

– **1994 :** séisme à Los Angeles (51 morts). Signature de l'ALENA, accord de libre-échange avec le Mexique et le Canada. Affaire Whitewater, enquête liée aux investissements immobiliers des Clinton.

– **1995 :** le sénat du Mississippi ratifie enfin le 13e amendement de la constitution des États-Unis, mettant un terme à l'esclavage ! Attentat d'Oklahoma City par des extrémistes de droite (170 morts).

– **1996 :** J.O. à Atlanta. Réélection de Bill Clinton.

– **1998 :** début du Monicagate le 21 janvier.

– **1999 :** tricentenaire de l'installation de la première colonie française en Louisiane. Tuerie de Littleton (Colorado) ; deux ados se suicident après avoir abattu 12 de leurs camarades et un professeur du lycée de Columbine.

– **2000 :** en décembre, George W. Bush devient le 43e président des États-Unis.

– **2001 :** le 11 septembre, les États-Unis sont victimes de la plus grave attaque terroriste de l'histoire mondiale (3 000 morts).

– **2003 :** en mars-avril, guerre en Irak, suivie par l'occupation militaire du pays par la coalition formée par les États-Unis. En septembre, les USA rejoignent l'Unesco, après 20 ans de désertion. Le 7 octobre, Arnold Schwarzenegger est élu gouverneur de la Californie. Le même mois, la Californie subit les incendies les plus importants de son histoire (300 000 hectares dévastés entre Los Angeles et la frontière mexicaine).

– **2004 :** en mai, Michael Moore reçoit la Palme d'Or à Cannes pour son film-pamphlet contre l'Amérique de Bush, *Fahrenheit 9/11*. George W. Bush est réélu président en novembre, face à John Kerry.

– **2005 :** fin août, le cyclone Katrina, un des plus dévastateurs de l'histoire américaine, provoque une catastrophe humanitaire, écologique et économique sans précédent dans trois États : la Louisiane, le Mississippi et l'Alabama.

– **2006 :** les crédits votés par le Congrès pour venir en aide aux villes les plus dévastées tardent à être acheminés. Certains éditorialistes n'hésitent pas à accuser le gouvernement fédéral de freiner intentionnellement la reconstruction des secteurs les plus touchés à La Nouvelle-Orléans, pour empêcher la population pauvre, à dominante noire, de revenir. Les élections municipales de mai offrent à Ray Nagin un 2e mandat. Ce républicain de cœur, qui, en 2002, avait stratégiquement rejoint le parti démocrate pour augmenter ses chances d'être élu maire de sa ville natale, obtient 52 % des voix, grâce au soutien simultané des milieux d'affaires blancs conservateurs et de la population noire à laquelle il ne cesse de promettre un retour à La Nouvelle-Orléans... Le Dakota du Sud adopte la première loi du pays qui interdit l'avortement, même en cas de viol ou d'inceste. La population américaine atteint la barre des 300 millions d'habitants. En novembre, condamnation à mort de Saddam Hussein. Victoire des démocrates aux *mid-elections*.

– **2007 :** La Nouvelle-Orléans a pratiquement retrouvé son visage d'avant-Katrina. Tous les services touristiques fonctionnent normalement et n'attendent plus que le retour des Européens. L'État adopte un méga projet de réaménagement du Mississippi pour éviter de nouvelles inondations. Des dizaines d'années de travail en perspective et de milliards de dollars d'investissements. Le prix Nobel de la paix est décerné à l'ancien vice-Président Al Gore et au Groupe d'Experts Intergouvernemental sur l'Évolution du Climat, pour leur engagement dans la lutte contre les changements climatiques.

– **2008 :** en juin, Barack Obama est désigné comme candidat démocrate pour succéder à Georges W. Bush, éliminant de la course la sénatrice de New York Hillary Clinton. Obama est le premier Afro-Américain à se présenter à la présidence américaine, face au républicain John McCain.

Fin août, le maire de La Nouvelle-Orléans, Ray Nagin, ordonne l'évacuation totale de la population à l'approche de l'ouragan Gustav, qui, après avoir dévasté et fait de nombreuses victimes à Haïti, s'annonce comme la tempête du siècle. Deux millions de Louisianais fuient sur les routes, traumatisés par le spectre de Katrina. Heureusement, Gustav faiblit d'intensité pour se transformer en tempête tropicale en atteignant les côtes américaines. Les digues de La Nouvelle-Orléans résistent et les habitants sont autorisés à regagner leurs maisons plus tôt que prévu.

INDIENS HOUMAS : LES OUBLIÉS DE LA LOUISIANE

Dès les années 1540, divers explorateurs, dont l'Espagnol Hernando de Soto, avaient descendu et remonté le Mississippi, exploré les rives et leurs environs. À sa mort, ses hommes étendirent leurs recherches, parcourant les territoires allant de la Louisiane jusqu'à la Floride. Ce n'est cependant qu'en 1699, l'année où la Louisiane passa officiellement sous le contrôle de la Compagnie des Indes, que furent localisés et reconnus, pour la première fois, les Indiens houmas (sur le site actuel de la ville de Houma). Il s'agissait à l'origine d'une tribu sédentaire, vivant de l'agriculture sur des terres fertiles et élevées (pour éviter les crues). Ils allaient à la chasse une fois par an, généralement à l'automne, et leur mode de vie était différent des autres tribus nomades, chasseurs de métier et facilement belliqueux.

Selon les notes des explorateurs de l'époque comme René Robert Cavelier de La Salle (vers les années 1670), les terres occupées par ces présumés Indiens houmas étaient séparées de celles des Bayogoulas par un fameux « bâton rouge », site actuel de la capitale administrative de la Louisiane portant le même nom ! Car il existait une rivalité entre les différentes tribus.

Les Anglais, toujours les Anglais... puis les Américains

C'était l'époque où la France, montrant de plus en plus d'ambition à élargir son entreprise de colonisation du Nouveau Monde, sortait d'une guerre avec l'Angleterre (1697), qui elle-même avait des vues sur la vallée du Mississippi. Les conflits entre les deux pays, qui avaient commencé en Europe, trouvaient donc un nouveau terrain de jeu pour s'exprimer dans la vallée du Mississippi.

Les différentes tribus indiennes installées dans ces régions furent contraintes de prendre part au conflit franco-anglais, et chacun choisit son camp : les Natchez, guerriers et belliqueux de nature, s'allièrent aux Anglais ; les Houmas, plus pacifistes, se retrouvèrent alliés des colons français aux côtés desquels ils vécurent, apprenant ainsi leur langue (voilà pourquoi de nombreux Houmas parlent aujourd'hui un excellent français, dont ils se sentent plus proches que de l'anglais). Les Français, inclusifs de nature, se mirent très vite à considérer les Indiens houmas comme faisant partie des leurs.

Parallèlement, les Anglais, qui au contraire n'avaient jamais considéré les Indiens natchez comme de vrais alliés, leur avaient pourtant donné pour mission de chasser les Houmas francophiles de leur terre d'origine. Ces Indiens-là se virent ainsi expulsés de leur terre par les Natchez (sous le contrôle des Anglais) et refoulés plus au sud, dans la région actuelle de Burnside. Recommençant leur vie sur des terres nouvelles, les Houmas réussirent à maintenir leur cohésion et connurent une réelle prospérité jusqu'en 1803, année du rachat de la Louisiane par les États-Unis.

Le président Jefferson ordonna, dès son accès au pouvoir, de faire procéder à un recensement de la population. Il en résulta que les terres – jugées fertiles – où les Houmas prospéraient furent tout simplement réclamées par le gouvernement américain qui se les appropria arbitrairement, sans faire cas des populations installées. À nouveau, les Houmas furent expulsés et refoulés toujours plus loin, vers le sud de la Louisiane, en direction des marécages où, bien sûr, il devenait de plus en plus difficile de vivre de l'agriculture.

Pendant la déportation, l'humiliation continue

Suite à cette nouvelle déportation, en 1830, une chef indienne houma du nom de Rosalie Courteaux prit la décision d'acquérir des terres sur lesquelles son peuple pourrait vivre en paix, sans la menace d'être contraint de fuir à nouveau ou, pire, d'être envoyé de force dans des camps et réserves de l'Oklahoma. À cette époque, parquer les populations indiennes dans des réserves était le seul moyen légal et reconnu par le gouvernement américain de leur donner un statut officiel. Pour échapper à ce sort, les Houmas choisirent, une fois vivant sur les terres, d'adopter un profil bas et de ne plus revendiquer leur appartenance au peuple indien. Espérant trouver ainsi sécurité et paix, ils perdirent en même temps statut officiel, légalité et reconnaissance de leur identité. Exclus des états civils, ils devinrent marginalisés par la société américaine qui, aujourd'hui encore, n'a pas reconnu leurs droits. À noter également que les Indiens ne furent jamais réduits à l'esclavage. Leur culture si peu rationnelle (pour un esprit européen, évidemment) n'en faisait pas de « bons esclaves ». Bref, selon les planteurs, il n'y avait rien à en tirer !

Tout au long du XIXe s, ils survécurent comme par miracle à ces rejets et déportations successives en vivant de la pêche et du commerce des peaux et de la fourrure. Mais, en 1880, des compagnies agressives, désirant le monopole du commerce du cuir, profitèrent de l'expérience des Houmas, mais aussi de leur ignorance de l'anglais et du monde des affaires, pour s'emparer de ce marché. Ainsi réduits à l'état de simples employés sous-payés, ils furent l'objet d'une scandaleuse exploitation. Ces compagnies firent fortune dès l'aube du XXe s, et les Houmas virent à nouveau leur situation économique régresser.

XXe s, toujours plus abandonnés

L'histoire se répétant, dans les années 1920, des compagnies de pétrole cette fois revendiquèrent les terres peu fertiles, mais au sous-sol prometteur, sur lesquels les Houmas survivaient avec difficulté. La tribu, encore une fois sacrifiée, fut délogée sans pouvoir trouver le moindre appui gouvernemental.

Parallèlement, les enfants houmas, interdits de séjour dans les écoles blanches et noires, ne recevaient pas d'éducation. Il fallut attendre 1930 pour que le gouverneur démagogue Huey Long crée trois écoles (soit six classes... !) dans le sud de la Louisiane pour tenter de scolariser les enfants d'une population houma comptant au total... 18 000 personnes !

En 1964 enfin, les *civil rights* ouvrirent les portes des écoles aux enfants houmas, qui connurent alors des problèmes d'intégration et de racisme. Aujourd'hui encore, de nombreux Houmas, toujours francophones, n'ont jamais été scolarisés et sont toujours absents des états civils, la société américaine leur refusant la légalité de leur statut. Kirby Verret, leader et représentant des Houmas, a créé en 1979 la Nation-Unie des Houmas. Son but est de favoriser l'intégration de son peuple à la société moderne, tout en préservant sa différence, entre autres sa francophonie. Comme beaucoup commencent à le réaliser, la francophonie n'est pas le monopole des Acadiens en Louisiane. Les Houmas, au passé douloureux et au présent plus qu'incertain, continuent la lutte... en français.

Ceux qui veulent en savoir plus sur la communauté houma pourront prendre contact avec Roy A. Parfait, responsable de *The Dulac Community Center* à Dulac, bourgade au sud de Houma, *PO Box 137, Old Bridge Rd, Dulac, LA 70353.* ☎ *(504) 563-7483 ou 2506.*

LANGUE CAJUN

Bouchée moelleuse d'une population aussi douce que son parler, le cajun se déguste avec les oreilles, comme un dessert, sucré mais pas trop. C'est, pour un Français, une joyeuse fantaisie, relevant plus du folklore ou du vieux parler que d'un usage quotidien. Le Français a tort. C'est beaucoup plus que ça. On y retrouve le « françois » de Rabelais, adapté à la manière locale. Le cajun s'est enrichi des langues voisines par une suite de déformations, pour se moderniser. Si vous souhaitez entendre cette langue si particulière, plongez donc au cœur du pays cajun. À Lafayette, bien sûr, mais aussi à Houma et à Saint Martinville.

Il y a tout d'abord l'accent évidemment, mais il y a aussi la syntaxe, qui fait céder le carcan de notre langue française, qui desserre ce corset et s'enhardit de joyeuses libertés. Et puis il y a le vocabulaire, qui souvent prend à contre-pied les Français de France et provoque de marrants petits malentendus, mais résonnera avec une étonnante familiarité aux oreilles des Wallons ou des Québécois. C'est ainsi que crevette se dit « chevrette », sécher « chesser », crocodile « cocodrie », voiture « char ».

Voici quelques expressions, mots et bons mots que vous entendrez peut-être :
– *À la bord du jour :* l'aurore.
– *À la brun :* à la tombée du jour, le crépuscule.
– *Aller se graisser les jarrets :* aller danser.
– *Andouille :* saucisse épicée.
– *Asteure :* maintenant.
– *Avalasse :* averse.
– *Avé :* avec.
– *Barbe espagnole :* mousse aérienne qui envahit les arbres des bayous.
– *Bayou :* méandre d'une rivière occupé par un lac, bras mort d'un delta.
– *Boucane :* fumée.
– *Boudin :* une sorte de saucisse fourrée de riz épicé.
– *Branloire :* sorte de balançoire.
– *Le cabri est dans le maïs :* se dit par exemple quand un écolier se retrouve dans une classe avec uniquement des filles.
– *Cacatoir :* les toilettes !
– *Catin :* une poupée.
– *Ça va :* OK, on peut le faire.
– *Chaoui :* terme indien désignant un *racoon* (raton laveur).
– *Char :* voiture.
– *Chère, cher :* utilisé pour désigner un ami.
– *Chevrettes :* crevettes.
– *Cipre :* cyprès.
– *Cocodrie :* alligator (ou crocodile).
– *Coonass* (prononcez « counasse » et non « connasse ») *:* mot argot qui désigne un Cajun.
– *Cous rouges :* les *red necks,* les « Nanglais » du Nord.
– *Dégoûter :* changer d'avis.
– *Espérer :* attendre.
– *Fais-dodo :* un lieu de danse où l'on emmenait les enfants.
– *Fromille :* fourmi.
– *Giraumont :* citrouille.
– *Gratons :* peau de porc frite, qu'on mange froide. On les trouve aussi dans la région lyonnaise.
– *Grouiller :* marcher.
– *Il est pas balance :* il n'a pas toute sa tête.
– *Iou, iousque :* où.
– *Jongler :* penser.
– *La graine à voler :* le lotus.

– *Lâche pas la patate* : ne lâche pas le morceau. C'est aussi une danse cajun où les couples doivent tenir une patate entre leur tête sans la faire tomber.
– *Laisse les bons temps rouler* : profite du temps présent. Toute la joie de vivre de la Louisiane est contenue dans cette expression.
– *Magasiner* : faire ses courses.
– *Maringouins* : moustiques.
– *Mouiller* : pleuvoir.
– *Les Nanglais* : les Anglais.
– *Nutria* : un ragondin.
– *Ouaouaron* : grenouille.
– *Pagogie* : nénuphar.
– *Paré* : prêt.
– *Pas de tracas* : ne vous en faites pas.
– *Pirogue* : canoë.
– *Souhaiter* : espérer.
– *T ou Tee* : réduction de « p'tit ». Un p'tit enfant, un T (prononcez « ti »).
– *Tac-tac* : pop-corn.
– *Tambour* : poisson qu'on trouve dans les eaux du sud de la Louisiane.
– *Terrebonne* : c'est le nom de la paroisse qui a pour chef-lieu Houma. Nul doute qu'ici tout doit pousser facilement.
– *Traiteur* : guérisseur. Les croyances populaires étant très fortes, le guérisseur, qui traitait les maladies par des traitements médicinaux et des prières, se substituait jadis au médecin dans les campagnes cajuns. Comme il pensait avoir reçu un don de Dieu, il ne se faisait pas payer pour ses services.
– *Une femme bien installée* : femme aux formes généreuses.
– *Y'all* : raccourci de « *for you all* », équivalent de « vous tous ».

MÉDIAS

Programmes en français sur TV5Monde

TV5MONDE est reçue dans le pays par câble, satellite et sur Internet. Retrouvez sur votre télévision : films, fictions, divertissements, documentaires – qui témoignent de la diversité de la production audiovisuelle en langue française – et des informations internationales.
Le site ● tv5.org ● propose de nombreux services pratiques aux voyageurs (● tv5.org/voyageurs ●) et vous permet de partager vos souvenirs de voyage sur ● tv5.org/blogosphere ●
Pensez à demander dans votre hôtel sur quel canal vous pouvez recevoir TV5MONDE et n'hésitez pas à faire vos remarques sur le site ● tv5.org/contact ●

La télévision

La TV est largement répandue sur le sol américain puisqu'elle est présente dans 98 % des foyers. Il existe cinq réseaux nationaux : ABC, CBS, NBC, FOX et PBS (chaîne publique financée par l'État et les particuliers, sans pub, proposant les meilleures émissions mais pas pour autant les plus regardées). On trouve aussi dans chaque État diverses chaînes locales ou régionales. À ces réseaux vient s'ajouter le câble. On y trouve des chaînes spécialisées diffusant 24h/24 des informations (par exemple CNN, plutôt démocrate, et FOX, clairement républicaine), des émissions pour les enfants, de la météo, des films (HBO, l'équivalent de notre Canal +), du sport, de la musique, du téléachat, des programmes religieux, etc.

La presse écrite

Les quotidiens sont de véritables institutions aux États-Unis. Les Américains lisent énormément les journaux. À l'échelle nationale, les plus importants sont : le

New York Times (journal progressiste et de qualité, plus d'un million d'exemplaires vendus chaque jour, près de deux millions le dimanche), le *Washington Post* et le *Los Angeles Times* (inspiration politique plutôt libérale). Également le *Wall Street Journal* (sérieux et conservateur) et le *USA Today* (le seul quotidien national, très grand public et de qualité médiocre) ; vous serez surpris du tarif ridicule de ces journaux : environ 25 cents en semaine et 1,25 $ le dimanche. On trouve encore les différents journaux locaux concentrés sur les faits divers et les manifestations culturelles. Il y a aussi les *tabloïds* (appelés ainsi à cause de leur format) : *Daily News* et compagnie, souvent gratuits et sans contenu de fond ; on se contente des nouvelles locales, et le reste de l'actualité n'est traité que sous forme de dépêches. Côté hebdos, citons *Time* (plutôt libéral) et *Newsweek* (plus centriste). Tous ces journaux et magazines sont largement diffusés dans tous les États-Unis.

Les journaux s'achètent dans des distributeurs automatiques dans la rue. On glisse la somme et une petite porte s'ouvre pour vous laisser prendre votre quotidien. Curieusement, la presse étrangère en général et française en particulier est difficile à trouver, même à La Nouvelle-Orléans.

La radio

Il y en a pléthore, toutes différentes. Nombreuses radios locales, essentiellement musicales (rock, *country* et du hip-hop autour des grandes villes). On les retrouve sur la bande FM. Les stations de radio portent des noms en quatre lettres, commençant soit par W (celles situées à l'est du Mississippi), soit par K (à l'ouest). Le réseau public américain, le *NPR (National Public Radio)* propose des programmes d'une qualité supérieure.

Liberté de la presse

Les huit années de mandature de George W. Bush laisseront certainement un souvenir amer à une bonne partie de la presse américaine. Qui aurait cru, au pays du premier amendement, que la justice fédérale pourrait infliger la prison à des journalistes, pour avoir refusé de trahir le secret professionnel ? Le 19 avril 2005, une cour d'appel fédérale de Washington a confirmé l'ordre d'incarcération de Judith Miller, du *New York Times*, et de Matthew Cooper, du *Time,* condamnés pour « outrage à la cour ». À l'origine de l'affaire : les fuites dans la presse concernant l'identité d'un agent de la CIA, Valerie Plame. Matthew Cooper a échappé à la prison après avoir accepté de révéler ses sources, mais Judith Miller a été incarcérée, le 6 juillet 2005. Elle a finalement cédé, en septembre, après trois mois de détention. L'argument de la « sécurité nationale », brandi jusqu'à saturation après le 11 Septembre, a pourtant rendu la chose possible. Jeune journaliste indépendant, le Californien Josh Wolf avait lui aussi refusé de remettre des archives vidéo à la justice fédérale. Il est sorti de prison le 3 avril 2007 après 224 jours de détention. Du jamais vu.

Le statu quo absurde, en vertu duquel le secret professionnel est reconnu aux journalistes dans 38 États de l'Union mais pas au niveau fédéral, a commencé à évoluer avec le vote, très attendu, par la Chambre des représentants, de la loi sur la libre circulation de l'information (« Free Flow of Information Act »), le 16 octobre 2007. Le texte attend maintenant l'aval du Sénat en séance plénière, mais a peu de chance d'être promulgué avant l'élection du successeur de George W. Bush. Les prétendants à la présidence ont fait savoir qu'ils approuvaient le principe de cette « Loi bouclier », qui pose tout de même de sérieuses restrictions en matière de protection des sources.

Autre avancée législative : la promulgation, le 31 décembre 2007, de la réforme de la loi sur la liberté d'information (« Freedom of Information Act »). Le nouveau texte instaure notamment la mise en place d'un service de suivi des demandes d'informations du public auprès des agences fédérales, une ligne téléphonique d'assistance aux demandeurs et surtout un médiateur, chargé de régler les différends entre les citoyens et l'administration publique. La rétention d'information est autorisée en cas de risque majeur pour la sécurité nationale.

Le contreseing de George W. Bush à ce texte est tombé bien tard, et juste après l'annonce par la CIA, le 15 décembre, de la destruction d'enregistrements vidéo d'interrogatoires de détenus des prisons secrètes et de la base de Guantanamo.

Symbole des graves dérives de la lutte contre le terrorisme des années Bush, l'enclave militaire américaine à Cuba a compté un journaliste dans les rangs de ses prisonniers. Libéré le 1er mai 2008, Sami Al-Haj avait été arrêté en décembre 2001 à la frontière de l'Afghanistan et du Pakistan par les forces de sécurité pakistanaises. L'assistant cameraman de la chaîne qatarie *Al-Jazira* avait été livré à l'armée américaine et transféré sur la base navale de l'est de Cuba, le 13 juin 2002. L'armée américaine l'a accusé d'avoir réalisé une interview clandestine d'Oussama Ben Laden, de s'être livré à du trafic d'armes pour le compte d'Al-Qaïda et d'avoir animé un site internet islamiste. Aucune preuve n'est jamais venue étayer ces griefs et aucune inculpation n'a jamais été prononcée contre le journaliste, qui a dû endurer près de 200 interrogatoires.

Enfin, un assassinat a assombri le bilan américain de l'année 2007. Le 2 août à Oakland (Californie), Chauncey Bailey, rédacteur en chef de l'hebdomadaire *Oakland Post* et leader reconnu de la communauté noire, a été tué par balles en pleine rue. Arrêté et inculpé, le 7 août, Devaughndre Broussard, 19 ans, employé d'une boulangerie tenue par la Your Black Muslim Bakery, a confessé le crime avant de se rétracter. Son procès pourrait avoir lieu en 2008.

Ce texte a été réalisé en collaboration avec **Reporters sans frontières.** Pour plus d'informations sur les atteintes aux libertés de la presse, n'hésitez pas à les contacter :

■ **Reporters sans frontières :** 47, rue Vivienne, 75002 Paris. ☎ 01-44-83-84- 84. ● rsf.org ● Ⓜ Grands-Boulevards ou Bourse.

MUSIQUE

Cajun et zydeco

Lors du Grand Dérangement, les Cajuns ne purent emporter avec eux les instruments dont ils jouaient au Canada. Seuls quelques violons survécurent au voyage. En dépit du manque d'accessoires, la musique subsista grâce aux chants traditionnels, aux berceuses, aux cantiques religieux chantés a cappella, et grâce aussi aux bals organisés chez des particuliers.

Avec le temps, la musique cajun s'est enrichie de diverses cultures musicales : allemande, anglo-saxonne, espagnole, amérindienne, noire... Elle leur a notamment emprunté l'improvisation vocale et les percussions. Les Acadiens composèrent des chants embellis par ces différentes influences, relatant leur nouveau cadre de vie, leurs pérégrinations, voire leurs amours déçues ou perdues.

Le violon était donc le seul et unique instrument. Mais, quelques années plus tard, le triangle et la guimbarde se mêlèrent à la ronde. Puis ce fut le tour de l'accordéon, qui vola la vedette au violon grâce à sa sonorité et sa solidité. Grâce aux échanges culturels et principalement aux influences africaines, on mixa chants et instruments dans presque tous les styles de musique cajun (ballades, rondes, *two-steps*, contredanses...). Par la suite, les réunions de salon furent abandonnées, et on construisit des salles municipales spécialement conçues pour les fêtes et les banquets. Le premier enregistrement de musique cajun (Joseph Falcon et sa femme) ne fut réalisé qu'en 1928. La voix nasillarde des chanteurs peut paraître étrange, mais cela tient au fait qu'autrefois il n'y avait pas de micro et que les interprètes devaient s'époumoner pour faire passer leurs voix au-dessus de l'accordéon, des autres instruments et des danseurs.

Après la Seconde Guerre mondiale, le Cajun apprivoisa plusieurs styles (dont le rock'n'roll) tout en conservant ses racines : jazz et blues. Tout cela fit apparaître la musique zydeco au début des années 1950.

Le mot *zydeco* viendrait d'une des chansons les plus connues et qui a pour refrain « des haricots pas salés ». D'ailleurs, les Américains prononcent pour la plupart zydeco « zarico » (« comme c'est la fin des... »). Cette musique créole est inspirée de l'harmonie cajun et très fortement du rhythm'n'blues. On recense principalement deux styles de zydeco : celui de la campagne et celui de la ville. Le premier est joué *unplugged*, le second *plugged*, c'est-à-dire aidé par la fée Électricité. On y trouve, pour l'un, du violon, de l'accordéon, de la guitare, du triangle et de la batterie (de temps en temps) ; et pour l'autre, on oublie le violon qu'on remplace par des cuivres et du piano. Clifton Chénier incarnait à lui seul cette musique relayée à présent par de nombreux jeunes talents.

Quelques variantes du zydeco : zydeco-rap, zydeco-reggae, zydeco-rock.

Le jazz

Voir « Jazz Story » au début du chapitre sur « La Nouvelle-Orléans ».

Le blues et la country

Voir les introductions de Memphis et Nashville, à la fin du guide.

PERSONNAGES

– **Louis Armstrong** (1901-1971) : trompettiste et chanteur, le surnommé Satchmo ou Pops a fait danser et rêver toute La Nouvelle-Orléans sur des rythmes jazzy et bluesy. Il s'abandonne à des improvisations qui donnent le vertige, son swing est puissant. Son talent et sa voix ont profondément marqué toute l'histoire du jazz. Et comme si cela ne suffisait pas, il tourna également plusieurs films !

– **Sydney Bechet** (1891 ou 1897 selon les sources-1959) : clarinettiste dès l'âge de 6 ans, c'est en tant que saxophoniste qu'il devient l'une des figures emblématiques du style Nouvelle-Orléans, alors qu'il n'a même pas appris à lire la musique ! Bechet joue avec les plus grands noms, traverse l'Atlantique maintes fois et sillonne l'Europe. En 1949, il s'installe en France pour y rester jusqu'à sa mort.

– **James Brown** (1933-2006) : né en Caroline du Sud, le « *Godfather of Soul* » a toujours été très secret quant à sa date de naissance, située entre 1928 et 1933. Éduqué dans et par la rue, James est un bad boy. Il intègre le groupe de gospel *Starlighters* (futurs *Famous Flames*) en 1952 et débute une carrière solo qui explosera en 1964 avec les hits *I got you (I feel good)* et l'énorme *Sex Machine*. Vraie bête de scène mais trop instable, il enchaînera les séjours à l'ombre et les cures de désintox, repoussant une mort qui viendra malgré tout le happer un jour de Noël, sous la forme d'une pneumonie.

– **Truman Capote** (1924-1984) : né à La Nouvelle-Orléans. Sans conteste l'un des auteurs phares du XXᵉ s. Un premier roman publié à 24 ans, *Les Domaines hantés*, suivi entre autres de *Petit déjeuner chez Tiffany* (1958) et surtout *De sang-froid* (1965), livre culte retraçant la longue enquête sur le meurtre d'une famille de fermiers dans le Kansas. Capote devient le chef de file du nouveau journalisme, poussant le récit dans les ultimes retranchements de la description et de la précision. Réputé pour son goût des mondanités et ses relations frivoles, il côtoie le tout New York avant de s'éteindre, rongé par l'alcool.

– **Ray Charles** (1930-2004) : chanteur, pianiste, saxophoniste, Ray Charles reste un personnage charismatique aux lunettes noires masquant une cécité contractée à l'âge de 6 ans. Inspiré à ses débuts par le blues californien, il crée, dans les années 1950, un style musical alliant jazz, blues et gospel : la *soul music*. Sa fameuse chanson *Georgia on my Mind* est depuis 1979 l'hymne de l'État de Géorgie. Sa disparition laisse un vide dans le monde de la musique afro-américaine. Pour comprendre son parcours exceptionnel, on peut voir le film *Ray* sans déplaisir aucun.

– *William Faulkner* (1897-1962) : romancier venu à la littérature par dépit amoureux combiné à une terrible frustration de n'avoir pu participer à la Première Guerre mondiale (à cause de l'armistice !). Auteur de *Le Bruit et la Fureur* (1929), *Pylône* (1935), *Absolon, Absolon !* (1936), il est considéré comme l'un des plus grands écrivains de son temps.

– *Aretha Franklin* (née en 1942 à Memphis) : surnommée « Lady Soul », Aretha Franklin demeure l'une des plus grandes interprètes du soul et du gospel modernes. Il faut dire qu'une voix qui s'échelonne sur quatre octaves, ça aide ! C'est avec l'album *Amazing Grace* qu'elle atteint le zénith de sa carrière dans les années 1970.

– *Dizzie Gillespie* (1917-1993) : né en Caroline du Sud. Quelle vie ! En plus d'avoir joué avec les plus grands noms du jazz (Charlie Parker, Thelonious Monk, John Coltrane...), d'avoir initié Miles Davis au be-bop et lancé les bases du jazz afro-cubain, l'homme aux joues de crapaud (parce qu'il les avait gonflées à bloc lorsqu'il jouait de la trompette) a également baigné dans la politique, se retirant de la course aux présidentielles de 1964 en faveur de Lyndon B. Johnson ! S'il avait été élu, il aurait – selon ses dires – rebaptisé la Maison-Blanche « *The Blues House* » et placé Miles Davis à la tête de la CIA !

– *Scarlett O'Hara et Rhett Butler* : nés en 1936, dans le roman *Autant en emporte le vent,* qui fut adapté au cinéma en 1939 par Victor Fleming. D'ailleurs, le tournage commença sans le personnage principal ! Beaucoup d'actrices étaient pressenties pour incarner Scarlett, telles que Bette Davis ou encore Lana Turner. Finalement, ce fut la britannique Vivien Leigh qui joua le rôle aux côtés de Clark Gable, au grand dam du public qui lui reprocha de ne pouvoir incarner ce personnage trop « américain » ! Elle remporta pourtant l'Oscar de la Meilleure actrice pour sa performance.

– *Helen Keller* (1880-1968) : née en Alabama, Helen Keller est sourde, muette et aveugle. Grâce à la détermination et aux méthodes révolutionnaires d'une jeune institutrice spécialisée, la petite fille sort de son isolement et révèle une intelligence hors du commun. Elle apprend à écrire, lire, parler et décroche un diplôme au Radcliffe College (la branche féminine de Harvard). Helen Keller devient écrivain et donne des conférences partout dans le monde. Elle est longtemps la femme la plus célèbre des États-Unis. Son destin extraordinaire a inspiré le scénario du film *Miracle en Alabama* (1962) d'Arthur Penn et le livre pour enfants *L'Histoire d'Helen Keller* de Lorena A. Hickok.

– *Jerry Lee Lewis* (né en 1935 à Ferriday, Louisiane) : une figure phare du rock'n'roll de la fin des années 1950 (jusqu'aux années 1970). Après avoir hésité entre la musique et la religion, il chevauche son piano (aussi bien avec les coudes qu'avec les pieds !) pour des rythmes décapants directement inspirés du boogie-woogie. Attaché à un esprit de liberté, il connut quelques errances, et sa vie émaillée de scandales bouscula quelque peu l'Amérique puritaine.

– *Abraham Lincoln* (1809-1865) : homme du Nord, membre du parti républicain, Lincoln est antiesclavagiste. Son élection à la présidence des États-Unis en 1860 est perçue comme une provocation par les États du Sud ; la Caroline du Sud fait sécession. Un mois après, 10 autres États emboîtent le pas. C'est la guerre. En 1862, il émancipe les esclaves. Réélu en 1864, il est assassiné par un esclavagiste pur et dur.

– *Martin Luther King* (1929-1968) : celui qui, un jour, fit un rêve incarne la lutte pacifiste pour la reconnaissance et l'intégration du peuple noir. Depuis 1986, le lundi le plus proche du 15 janvier commémore sa naissance. Voir aussi les chapitres sur la ville d'Atlanta, où il naquit, et celle de Memphis, où il fut assassiné.

– *Margaret Mitchell* (1900-1949) *:* née à Atlanta dans une famille sudiste. Son unique roman, *Autant en emporte le vent,* écrit en 3 ans de travail ininterrompu, devint un best-seller mondial !

– *Jessye Norman* (née en 1945 à Augusta, Géorgie) *:* cantatrice afro-américaine qui aime la France. Avec sa voix de soprano, la diva envoûta des milliers de spectateurs lors du défilé commémorant le bicentenaire de la Révolution française sur les Champs-Élysées, enveloppée dans un drapeau tricolore créé par Jean-Paul Goude.

– *Elvis Presley* (1935-1977) *:* né à Tupelo (Mississippi), il vécut à Memphis. Un nom mythique, l'idole de toute une génération ou « The King », tout simplement. Un titre en 1954, *That's All Right* (qu'il enregistra pour sa mère), et voilà le premier coup de tonnerre ! Très vite, ce jeune sex-symbol à la voix chaude et sensuelle, ce crooner ténébreux, fait rêver, pleurer des dizaines de milliers d'adolescentes, déclenche des hystéries, tandis qu'il inquiète une Amérique bien pensante. Plus rien ne sera comme avant. Le rock'n'roll s'est imposé !

PLANTATIONS

Lors de votre séjour en Louisiane, une fois La Nouvelle-Orléans explorée, votre destination incontournable sera celle des plantations, témoins et vestiges d'un passé qui allie gloire et splendeur, esclavage et combat pour l'émancipation. Bien que beaucoup aient disparu (incendiées lors de la guerre de Sécession, détruites et balayées par les crues intempestives du Mississippi ou tout simplement laissées à l'abandon par des familles désargentées), quelques-unes sont encore bien présentes. Elles sont soit résidences privées (non ouvertes au public, mais vous aurez alors le plaisir de les découvrir par surprise en sillonnant les routes tranquilles de la campagne louisianaise), soit au contraire ouvertes à la visite. Dans ce cas, derrière de majestueux portails et à l'ombre de gigantesques chênes dont les lourdes branches ploient sous la mousse espagnole, vous découvrirez de mystérieuses et élégantes demeures qui donnent une idée des fortunes réalisées par les planteurs au XIXe s.

Avant tout, et contrairement à ce qu'on vous a peut-être dit, toutes les plantations ne se ressemblent pas ! D'où notre conseil d'en visiter plusieurs, au moins trois, et de ne pas s'en tenir à une seule sous prétexte que toutes les autres sont sur le même modèle.

Une étonnante diversité

Au-delà du fait de voir de jolies bicoques, la visite des plantations se révèle intéressante, voire surprenante, de par le regard qu'elles nous permettent de porter sur le système social de l'époque, sur le mode de vie de la bourgeoisie et l'attitude des personnages rapidement enrichis, loin des clichés romanesques hollywoodiens à la *Autant en emporte le vent.*

Sur le plan architectural, on découvre une incroyable diversité des styles. Selon qu'elles ont été construites avant ou après le rachat de la Louisiane par les États-Unis (1803), selon les personnalités et l'origine des familles qui les dirigeaient, ou encore selon la manière dont elles ont été conservées ou restaurées, les demeures sont très différentes. Ces vastes domaines sont avant tout le reflet d'une cohabitation et d'un mélange des cultures française, espagnole, sénégalaise et indienne. Nulle part ailleurs dans le sud des États-Unis on ne retrouvera une telle diversité et une telle expression architecturale.

De la maison coloniale au *Greek revival*

Les premiers colons français et espagnols avaient établi leurs plantations proches de villages indiens, le long du Mississippi, sur les terres les plus hautes et les plus fertiles. L'architecture coloniale à cette époque était fortement imprégnée du savoir-faire et des techniques africaines, pour la simple raison que ces demeures étaient construites en bois par des esclaves qui avaient apporté avec eux leurs traditions. En Afrique tout comme en Louisiane, il était de bon sens de construire sa cave surélevée et d'habiter au premier étage pour s'assurer d'une meilleure ventilation et s'abriter des crues. On retrouvera également un système de galeries extérieures créant des courants d'air rafraîchissants et faisant office de paravents, pour procurer aux appartements un peu d'ombre. L'architecture était directement liée aux conditions climatiques.

Après 1803, quand les Anglo-Américains arrivent, la mode change et on fait venir des architectes d'Angleterre. On se met à construire des bâtisses majestueuses dans le style *néo-Renaissance grecque (Greek revival)* et typiquement victoriennes. On transforme les vieilles maisons coloniales en rajoutant un large et pompeux fronton triangulaire, soutenu par des colonnes façon temple grec, et plein d'autres ornements caractéristiques de l'Antiquité. Ils ont bien souvent en commun la lourdeur, doublée d'un manque cruel d'imagination. Dans un genre voisin, le *néogothique (Gothic revival)* couvre les édifices de clochetons et de pignons de toutes sortes. C'est plutôt joli. Le *style fédéral* est plus dépouillé, la façade est simple et le toit décoré d'une balustrade. Typiquement, la plantation de la période anglo-américaine possède un large hall d'entrée central, et le rez-de-chaussée devient un lieu d'habitation et de réception, et non plus une cave comme autrefois. Assez proche, le *style géorgien* reprend l'idée des colonnes mais agrémente la bâtisse d'un péristyle.

Sur le devant des plantations, on trouvait communément la ou les maisons des contremaîtres blancs, les quartiers d'esclaves étant construits sur l'arrière des propriétés. La plupart des cases des quartiers d'esclaves ont été détruites aujourd'hui, bien que quelques très rares plantations les aient conservées à ce jour. La canne à sucre, le tabac et l'indigo étaient et sont toujours typiquement les cultures prédominantes dans le sud de la Louisiane. Le coton se trouve de préférence dans le centre ou le nord de l'État. Chaque plantation avait accès au Mississippi pour pouvoir charger ou décharger les diverses marchandises, le fleuve constituant le moyen de transport le plus sûr à l'époque. Le trafic y était pourtant intense, source d'encombrements fréquents et d'accidents quelquefois mortels. Bref, une véritable autoroute.

Cependant, dès les années 1850, le chemin de fer fait son apparition, et on se met à acheminer les récoltes par le train, à l'arrière des plantations où chaque exploitation possédait sa propre gare. On gagne ainsi en temps et en efficacité. Notons au passage que dans ces petites gares – dont certaines subsistent, enfouies aujourd'hui sous une végétation tropicale reprenant ses droits –, on trouvait la salle d'attente réservée aux maîtres et aux Blancs, séparée de celles réservées aux esclaves, animaux ou marchandises.

Durant près de deux siècles, certaines familles établirent ainsi des fortunes, créant une sorte d'aristocratie. On considère les années 1830 comme étant les plus prospères et correspondant à un véritable boom économique. C'est à cette époque également que, grâce à une modernisation des techniques dues à l'industrialisation, la rentabilité s'amplifie. Cependant, après la guerre de Sécession, l'âge d'or des plantations touche vite à sa fin quand l'esclavage est aboli, que la main-d'œuvre se disperse... et qu'elle cesse d'être gratuite. Les anciens esclaves se voient alors accorder cases et lopins de terre. Le nouveau système économique, la crise politique et le changement de société sonnent le glas de ce système.

Du déclin à la ruine

Les bords du Mississippi changent alors très vite, les industries dans les années 1930 contribuent à modifier le paysage à tout jamais, et beaucoup de ces grandes demeures tombent en ruine. Celles qui restent valent le détour, car elles font ressurgir un mode de vie, un système économique et des valeurs qui appartiennent heureusement au passé mais qui expliquent une partie du présent de la Louisiane d'aujourd'hui.

POPULATION

Le boom pétrolier de 1974 à 1981 entraîne une hausse de l'immigration, puis une augmentation générale de la population de 16 % dans l'État de la Louisiane. Le mouvement s'infléchit la décennie suivante, récession économique oblige. Ainsi, en 1990, la population de la Louisiane atteint 4,5 millions d'habitants. Cette augmentation profite surtout aux villes de Baton Rouge (seconde ville de l'État, avec 600 000 habitants, agglomération comprise), Lafayette et Houma-Thibodaux. Cela s'explique principalement par leur développement économique. Mais, depuis plusieurs années, on observe une tendance générale inverse dans tout le pays : un mouvement migratoire se déplace de la ville vers sa proche banlieue (les *suburbs*), à la recherche d'une qualité de vie meilleure.

La population louisianaise, estimée en 2003 à 4,5 millions d'habitants, est composée de multiples communautés. L'État affiche la population noire la plus forte, après celle du Mississippi, avec 32,5 % soit 1,4 million de Noirs (plus de 300 000 d'entre eux habitent alors La Nouvelle-Orléans). On compte également 400 000 Cajuns (les Acadiens ou les anciens Français du Canada), 2 millions de créoles (blancs et de couleur) et plusieurs milliers d'Anglo-Saxons (les *red necks* ou *Yankees,* disent les créoles blancs et les Cajuns). Parmi eux, 140 000 personnes parlent le français ou le comprennent. C'est la deuxième langue la plus parlée en Louisiane, après l'anglais bien sûr, mais devant l'espagnol. Jusqu'en 2005, en effet, les minorités hispaniques, mais aussi asiatiques ou indiennes, sont restées sous-représentées par rapport au reste des États-Unis. Les conséquences démographiques de Katrina, qui a attiré de nombreux émigrants d'Amérique centrale, sont en train de modifier cette hiérarchie linguistique, au moins pour l'espagnol.

RELIGIONS ET CROYANCES

Pour comprendre l'importance de la religion aux États-Unis, il faut la replacer dans son contexte historique. Tout a commencé avec l'implantation des premières colonies pour qui l'Amérique du Nord représentait un nouveau monde – au sens littéral du terme – et dans lequel elles allaient enfin pouvoir pratiquer leur religion sans être persécutées. En effet, les conséquences de la réforme protestante au début du XVIe s s'étaient traduites par une mise au ban, voire une persécution, des nonconformistes. L'Europe leur était devenue difficile à vivre, et c'est en partie pour fuir la vindicte des autorités que les candidats à l'émigration optèrent pour le grand voyage. L'Amérique leur offrait le meilleur espoir de survie à long terme et de réalisation de leurs objectifs religieux. C'est donc dans cet état d'esprit que débarquent les premiers colons du Mayflower en 1620.

L'Amérique du Nord devient donc le refuge pour nombre de communautés persécutées dans l'Ancien Monde, et très tôt les différences religieuses s'accordent de particularismes régionaux. Le Massachusetts accueille des puritains et des calvinistes. La Virginie, identifiée à l'origine avec la nouvelle Église d'Angleterre, accueille par la suite baptistes et calvinistes. Le Maryland devient terre des catholiques. L'État de New York et la Pennsylvanie accueillent William Penn et ses quakers, des luthériens et divers protestants allemands (les amish d'aujourd'hui). Au nord, les comtés français limitrophes de l'actuel Québec s'établissent sous influence catholique, tandis que les États du Sud voient s'implanter l'Église évangélique ou baptiste. Évidemment, le pays grandit, et sous l'influence de nouveaux flux d'émigrants, le paysage religieux se modifie. Au XIXe s, l'arrivée massive d'Irlandais augmente considérablement la communauté catholique ; tendance qui s'accentue avec l'arrivée d'Espagnols, d'Italiens, de Grecs et de Polonais. En provenance d'Europe de l'Est, une partie de la diaspora juive débarque à son tour. Quand bien même les premiers musulmans (les fameux Melungeons) seraient arrivés dès le XVIe s, ce n'est que beaucoup plus tard, au milieu des années 1960, que la communauté musulmane s'étoffe, grâce notamment à l'afflux de « cerveaux » en provenance du Pakistan, d'Inde, du Bengladesh, du Liban ou de Syrie. Parallèlement aux obédiences conventionnelles se développent de nombreuses sectes et Églises dissidentes qui permettent à chaque Américain d'embrasser le corpus dogmatique le plus proche de ses aspirations. Dans son analyse de la société américaine, Tocqueville précisera que cette pluralité de l'offre religieuse a sans doute permis à l'Amérique de ne jamais tomber dans l'opposition entre le spirituel et le politique.

Si l'Amérique ne s'est pas dotée dès le départ d'une religion d'État, c'est en partie en raison du grand nombre de sectes protestantes qui gouvernaient les idées de l'époque, et dont aucune d'entre elles n'était prédominante. La devise nationale des USA, *E pluribus Unum* (« de plusieurs, un »), en est l'expression même. C'est en Virginie, où l'Église anglicane était la religion établie, que s'est jouée la bataille décisive de la séparation de l'Église et de l'État. Cette victoire occupe une place fondamentale dans l'histoire des États-Unis. À la ratification du premier amendement de la constitution américaine en 1791, soit 15 ans après la Déclaration d'indépendance, les privilèges de toutes les Églises anglicanes (à l'exception de celles du Maryland) avaient été abolis. Il fallut attendre 1833 pour le Massachusetts. En protégeant le libre exercice de la religion tout en interdisant l'établissement d'une religion officielle, le premier amendement de la constitution américaine fait des États-Unis le pays le plus religieux de la planète. Georges Washington affirmait : « Chaque pas qui nous fait avancer dans la voie de l'indépendance nationale semble porter la marque de l'intervention providentielle ». Ce sentiment d'être investi d'une mission divine, en partie dû au puritanisme enraciné dans le calvinisme, et qui plus tard trouvera une résonance particulière en s'opposant à l'athéisme du bloc soviétique, n'a jamais cessé d'émailler les discours politiques des présidents américains. Il n'y a rien d'étonnant, donc, à ce que Bush, protestant méthodiste, en appelle à une croisade contre « l'axe du Mal » au lendemain du *September Eleven*.

Aujourd'hui, les Américains continuent d'accorder un rôle essentiel à la religion dans la vie sociale et politique de leur pays. Depuis l'école où les jeunes élèves prêtent serment au drapeau « sous les auspices de Dieu » aux serments du président sur la Bible, la religion s'immisce dans tous les aspects de la vie civile. Les émissions de radio et de télévision sont aujourd'hui une composante majeure de l'outil religieux. L'explosion de l'offre et l'accessibilité aux programmes (câble, Internet, téléphonie mobile) permet aux sectes même mineures, ou aux petites Églises évangéliques, souvent moins hiérarchisées et plus en adéquation avec une « approche plus individuelle » de Dieu, de pérenniser l'occupation des ondes. De ce fait, l'individu est en prise directe et quasi permanente avec le contenu religieux. À titre d'exemple, chaque semaine, le nombre d'Américains célébrant un office religieux est supérieur à celui assistant à une rencontre sportive.

Une grande majorité d'Américains sont affiliés à une paroisse, et le choix de résidence est le plus souvent assujetti à l'emplacement d'un lieu de culte. Il n'y a qu'à se balader dans une ville américaine pour voir combien les habitants sont fiers d'appartenir à leur paroisse. La religion est même devenue un véritable catalyseur au service du développement urbain. À Los Angeles, la cathédrale *Notre-Dame-des-Anges* dépasse de beaucoup le simple lieu de culte dans la mesure où elle sert de support à toute une politique fédérale, notamment en ce qui concerne les programmes éducatifs, et d'assistance aux plus démunis. Le phénomène des *mega-churches* est un exemple probant de l'instrumentalisation de la religion au service des idéaux libéraux. Dans son étude de la société américaine au début du XXe s, Max Weber, l'un des fondateurs de la sociologie moderne, soulignait déjà le rapport étroit entre l'éthique protestante et le capitalisme. Ces établissements conceptuels du « tout religieux » dépassent largement le cadre du simple édifice religieux, dans la mesure où l'on y trouve des garderies, des bibliothèques, des salles de spectacles et même des terrains de sport. Ces équipements, où tout a été pensé pour le confort intellectuel du croyant, incitent les familles à venir y passer leur temps libre.

Les États-Unis forment un véritable patchwork de religions. Sur les 70 % d'Américains qui se déclarent régulièrement pratiquant, on compte environ 140 millions de protestants, 62 millions de catholiques, 5 millions de juifs et 5 millions de musulmans. Mais cette répartition n'est pas constante.

> **LE CORPS DU CHRIST...**
> **SOUS VIDE**
> *Au-delà du religieux, une messe est une rencontre sociale et rituelle, indispensable à la compréhension de la société du Sud des États-Unis. Et qui dit messe dit partage du corps et du sang du Christ. Hygiène oblige, pour communier on fait passer dans certaines églises dans les rangs des petites fioles sous vide, dont le couvercle renferme une mini-hostie et la fiole elle-même un dé à coudre de jus de raisin. Partage et hygiénisme, mais dans le strict respect de la liturgie.*

Les experts s'accordent à dire que chaque année, environ 60 000 hispaniques, à l'origine catholiques, quittent leur religion pour embrasser une église évangélique comme le pentecôtisme par exemple. Il est vrai que ces Églises ont connu une croissance importante depuis les années 1970, grâce au développement des médias et notamment de la télévision, sur laquelle elles sont très présentes. À titre d'exemple, *The House of Power,* l'émission de Robert Schuller, célèbre télé-évangéliste californien, est regardée tous les dimanches par plus de 20 millions de personnes. À noter également qu'actuellement, c'est la religion musulmane qui croît le plus rapidement aux États-Unis. Depuis la création de la fédération des associations islamiques en 1950, le nombre de mosquées sur le territoire américain est passé de 150 à 1 250 en un demi-siècle.

SAVOIR-VIVRE ET COUTUMES

Difficile de décrire les règles de savoir-vivre à adopter dans un pays auquel on reproche souvent de ne pas en avoir. Pourtant, le pays de la peine de mort et de l'injustice sociale sait souvent faire preuve d'un savoir-vivre étonnant dans les situations de tous les jours. Les Américains sont dans l'ensemble puritains. Ils adorent les fêtes patronales où l'émotion à trois francs six sous déborde de partout, mais ils s'indignent peu de savoir que les enfants chinois fabriquent leurs Nike ou que l'embargo contre Cuba fait des ravages. La compassion est ici à géométrie très variable, comme partout certainement, mais peut-être un peu plus qu'ailleurs. Les Américains ne sont pas à une contradiction près. Ils sont en majorité contre les lois visant à restreindre la liberté de port d'arme, mais s'interrogent quand leurs enfants sont assassinés à la sortie du lycée. Ils se goinfrent de pop-corn et de crème glacée pour mieux s'inscrire à des programmes ultra-coûteux de régime. Peuple difficile à saisir, dont les excès sont légion mais pour lequel le civisme reste le lot quotidien. Quelques conseils et indications en vrac, pour vous montrer que cette civilisation de pionniers, où la force a de tout temps été la seule loi qui prévalait, sait faire preuve, dans la vie de tous les jours, d'une étrange gentillesse qui fait souvent passer les Français pour de curieux rustres.

– À la ville comme dans les campagnes, **on se dit facilement bonjour** dans la rue, même si on ne se connaît pas. Vous ne couperez pas non plus au « *How are you doing today ?* » (« Comment ça va aujourd'hui ? »), l'entrée en matière des serveurs ou commerçants que vous ne connaissez ni d'Ève ni d'Adam mais auxquels vous répondrez avec un grand sourire « *Fine, thanks, and you ?* » (« Bien, et vous ? »).

– **Les files d'attente** dans les lieux publics ne sont pas un vain mot. Pas question de gruger quelques places à la poste ou dans la queue de cinéma. Le petit rigolo qui triche est vite remis en place. C'est l'occasion d'apprendre la patience.

– En voiture, le **code de la route** est véritablement respecté. L'automobile est considérée comme un moyen de locomotion, pas comme un engin de course. Les distances de sécurité sont la plupart du temps une réalité. Et puis vous ne verrez jamais une voiture stationnée sur le trottoir. Non par peur des représailles policières, mais tout simplement parce que ça empêche les piétons de passer ! Ne vous avisez pas de transgresser ce genre de règles, ça vous coûtera cher ! De même, si quelqu'un est devant un passage piéton, les voitures s'arrêtent automatiquement pour le laisser passer. En revanche, au feu vert pour les piétons, il vaut mieux se presser pour traverser car il passe rapidement au vert en faveur des autos cette fois-ci.

– **Vous verrez rarement un Américain jeter un papier par terre.** Il attendra toujours de croiser une poubelle. Et si tel n'est pas le cas, il y aura toujours quelqu'un pour le rappeler à l'ordre ou lui dire avec un brin de cynisme : « *You just lost something !* » (« Vous avez perdu quelque chose ! »). Sur les autoroutes, jeter un papier par la fenêtre de sa voiture peut coûter jusqu'à 1 000 $. À bon entendeur !

– **Les crottes de chien :** voilà encore un sujet sur lequel on pourrait prendre de la graine. Ce qui apparaît comme un geste simple, civique et évident aux États-Unis a décidément du mal à se mettre en place en Europe. Tout naturellement, chaque maître a avec lui un petit sac plastique dans lequel il glisse sa main, ramasse la production canine et retourne le sac proprement avant de le mettre dans la première poubelle. À ne pas confondre avec le *doggy bag* ! (voir ci-dessous « Les petits restes »).

– **Les Américains se font très rarement la bise.** Quand on se connaît peu on se dit « *Hi !* » (prononcer « Haïe »), qui signifie « Salut, bonjour ». Quand on est proche et qu'on ne s'est pas vus depuis un moment, c'est l'accolade (le *hug*) qui prévaut. Il s'agit de s'enlacer en se tapant dans le dos, gentiment quand il s'agit de femmes, avec de grandes bourrades quand il s'agit d'hommes. Si vous approchez pour la première fois un Américain en lui faisant la bise, ça risque de surprendre (voire choquer) votre interlocuteur. Cela dit, la *French attitude* est plutôt bien vue... Le meilleur moyen de saluer quelqu'un est quand même de lui serrer la main, pratique très courante, même chez les ados.

– En arrivant **dans un restaurant, on ne s'installe pas à n'importe quelle table,** sauf si l'écriteau « *Please seat yourself* » vous invite à le faire. On attend donc d'être placé.

– **Les petits restes :** si, dans un restaurant, vous avez du mal à terminer ce que vous avez commandé (ça arrive souvent là-bas), n'ayez pas de scrupules à demander une barquette pour emporter les restes de vos plats, d'ailleurs tout le monde le fait. Jadis, on disait pudiquement : « C'est pour mon chien », et il était alors question de *doggy bag*. Aujourd'hui, n'hésitez pas à demander : « *Would you wrap this up for me ?* » (« Pouvez-vous m'emballer cela, s'il vous plaît ? »), ou plus simplement « *Would you give me a box, please ?* » (« Pouvez-vous me donner une boîte, s'il vous plaît ? »).

– **Le service n'est jamais compris** dans les restos et les cafés. En revanche, il est dû par le client (sauf si vous estimez que le service a été exécrable, ce qui est rare aux USA). Personne n'a idée de gruger le serveur ou la serveuse, car tout le monde sait que c'est précisément sur le *tip* qu'ils gagnent leur vie (le salaire minimum étant très bas). Pour calculer un pourboire honnête, multipliez la taxe (inscrite avant le total sur l'addition) par deux, et si vous êtes très content, arrondissez au-dessus ! Parfois, la *gratuity* est facturée d'office à 15 % sur la note (voir aussi la rubrique « Taxes et pourboires » dans « Louisiane utile »).

– Dans les restos et les cafés, **ne vous attendez pas à un service à l'européenne,** du genre nappe, petite cuillère pour le café, couvert à poisson, etc. Ici, c'est l'efficacité et le rendement qui priment. Ne pas s'étonner de se faire servir un *espresso* dans une grande tasse avec une paille ou d'avoir l'addition avant la fin du repas. Pour s'assurer que tout tourne à la bonne vitesse, certains serveurs n'hésiteront pas à vous rendre visite très (trop) souvent, toujours avec le sourire !

– Au sujet des **w-c publics** : ils sont presque toujours gratuits et bien tenus. Vous en trouverez dans chaque *Visitor Center,* les stations de bus, dans les stations-service, les grands centres commerciaux et grands magasins ou dans les halls des hôtels et les cafétérias. Demandez, on ne vous dira jamais non, à moins qu'une pancarte précise « *Customers only* ».

– **Les sections non-fumeurs** sont particulièrement respectées dans les restaurants et les hôtels qui possèdent la grande majorité de leurs chambres en non-fumeurs. De plus en plus d'établissements sont d'ailleurs entièrement non-fumeurs. Et ne vous avisez pas de fumer, ça déclencherait le système d'arrosage situé dans les plafonds, et l'alarme.

– **La climatisation :** les Américains ont la manie de pousser la clim' à fond dans la plupart des lieux publics (restos par exemple). Aux beaux jours, ayez donc toujours un petit pull sur vous pour éviter les chocs thermiques permanents.

– **Dans les petits campings de certains parcs nationaux, le paiement se fait par un système d'enveloppe.** On met la somme demandée dans l'enveloppe que l'on glisse dans la boîte. Le *ranger on duty* viendra le lendemain ramasser les enveloppes. Question de confiance ! Mais ce système est de plus en plus rare. On trouve le même principe dans de nombreux parkings publics.

– **Dans le même ordre d'idées, pour acheter votre journal, il existe des distributeurs automatiques.** Il suffit de glisser la somme et une petite porte s'ouvre pour vous laisser prendre votre quotidien. On pourrait parfaitement en prendre deux, trois ou dix à la fois tout en n'en payant qu'un seul, mais personne ne le fait. L'honnêteté prévaut. Et puis quel intérêt ?

– **Le rapport à l'argent** des Américains a souvent tendance à énerver les touristes, surtout lorsqu'ils font un voyage culturel. Leur guide insistera plus facilement sur les prix de tels tableaux, de telle fabuleuse construction plutôt que d'en évoquer les valeurs esthétiques. De même, ils seront rapidement énervés par l'insistance permanente des serveurs dans les restaurants ou des vendeurs à vouloir faire consommer ou dépenser plus. Il faut bien faire marcher la machine économique, et tout est super-organisé pour cela.

– Les Américains sont des individualistes forcenés, mais **ils sont prêteurs.** Ils n'hésiteront pas, après avoir fait un peu votre connaissance, à vous prêter leur voiture et à vous laisser les clés de leur maison. Ça étonne toujours un peu, mais on s'habitue rapidement à cet état d'esprit.

– **Le patriotisme :** le drapeau et l'hymne national (avec la religion) ont été le lien fédérateur essentiel des différents peuples qui constituent le peuple américain. Afficher (souvent avec fierté) son appartenance à la nation est un geste évident pour grand nombre d'Américains. Cela peut étonner plus d'un Européen et depuis les attentats du 11 septembre 2001, la bannière étoilée a tendance à se multiplier en tout lieu. Et les messages d'encouragement aux *boys* en Irak pullulent aussi. Plus surprenant encore : les églises qui carillonnent l'hymne national !

– **Il ne sert à rien de hurler** (comme on le fait souvent en France...) dès que quelque chose ne se déroule pas comme on le voudrait. Vous pouvez être accusé d'insolence, de manque de respect vis-à-vis de la personne derrière son comptoir, voire d'agression. Sachez que tout se plaide et se négocie aux États-Unis. En revanche, si vous êtes dans votre bon droit, vous serez immédiatement remboursé. Et puis, ne vous avisez pas non plus de hausser le ton avec un policier : vous finiriez illico au poste.

– **Les malentendus culturels :** les Américains, joyeux drilles, aiment les contacts et sont d'un abord facile. Cet élan immédiat peut laisser croire qu'ils se font de nouveaux amis dans la minute. Mais le premier contact passé, l'analyse de cette situation fait dire aux Français que les Américains sont superficiels, légers, inconsistants. À l'inverse, les Américains nous trouveraient froids et distants. Mais, ce qui ressort le plus souvent de l'aventure américaine, c'est toujours la gentillesse, les rencontres et la serviabilité des gens.

HOMMES, CULTURE ET ENVIRONNEMENT

UNITAID

Les Nations Unies ont voté en 2000 un plan, appelé « Objectifs du millénaire », visant à diviser par deux l'extrême pauvreté dans le monde (plus d'1 milliard d'individus vivent avec moins de 1 $ par jour), à soigner tous les êtres humains du sida, du paludisme et de la tuberculose et à mettre à l'école primaire tous les enfants du monde d'ici 2015. Les États ne fourniront que la moitié des besoins requis, c'est-à-dire 40 des 80 milliards de dollars requis. C'est dans cette perspective qu'a été créée, en 2006, UNITAID, qui permet l'achat de médicaments contre le sida, la tuberculose et le paludisme. Aujourd'hui, plus de 30 pays se sont engagés à mettre en œuvre une contribution de solidarité sur les billets d'avion afin de financer UNITAID. Cette taxe obligatoire est de l'ordre de 1 à 4 € par billet d'avion en classe économique, et s'applique à tous les trajets au départ de France depuis 2006. Les frais de gestion sont réduits à 3 % des sommes collectées grâce à l'hébergement de l'OMS et une organisation particulièrement efficace. Grâce aux 300 millions de dollars récoltés en 2007, UNITAID a déjà engagé des actions en faveur de 100 000 enfants séropositifs en Afrique et en Asie, de 65 000 malades du sida, de 150 000 enfants touchés par la tuberculose, et fournira 12 millions de traitements contre le paludisme. Le *Guide du routard* soutient, bien entendu, la réalisation des objectifs du millénaire et tous les outils qui permettront de les atteindre ! Pour en savoir plus ● unitaid.eu ●

VOODOO (OU VAUDOU)

La pratique du *voodoo* était chose courante au sein de la population noire en Louisiane, spécialement dans la seconde partie du XIXe s. Il s'agissait d'un culte animiste que les esclaves avaient apporté depuis la côte ouest de l'Afrique. Les adeptes du vaudou croient en des forces de la nature et toutes sortes de divinités cachées dans un monde surnaturel et dont il faut s'attirer la bienveillance. Le meilleur moyen, c'est encore de leur demander directement. D'où les cultes et les pratiques, étranges aux yeux des non-initiés, dont l'objectif est d'entrer en contact avec ce monde surnaturel. Qui dit étranges dit inquiétants : importés dans le Nouveau Monde en même temps que les esclaves africains, les rituels vaudous eurent vite fait d'être accusés par la « bien-pensance » catholique de satanisme, de sorcellerie, voire de cannibalisme. Bref, de toutes sortes de ces friponnes turpitudes insinuées par le diable dans l'âme de pauvres humains sans défense pour les détourner du droit chemin. Contraints d'adopter la religion catholique, les esclaves continuèrent bien sûr de pratiquer leur culte dans la clandestinité. Le trait d'union qui en résulta devint le *voodoo*, renforcé par l'arrivée, dès les années 1810, d'une population haïtienne fortement imprégnée par ces croyances et rituels.

Marie Laveau, la grande prêtresse

Née en 1794 d'un père blanc et d'une mère moitié indienne, moitié africaine, Marie Laveau, la plus célèbre prêtresse *voodoo* du sud des États-Unis, conduisait des rituels dans le jardin de sa maison du 1020 de la rue Saint Ann, dans le Vieux Carré de La Nouvelle-Orléans (encore visible aujourd'hui). Au cours de ces réunions, on dansait nu et on buvait du rhum et du sang d'animaux sacrifiés, le tout menant à des orgies, selon certains ! Mais on exagère tellement ! La bonne société anglo-américaine, puritaine en diable (c'est le cas de le dire), en était profondément choquée.

Néanmoins, Marie Laveau se taillait une solide réputation de guide spirituel en vendant gris-gris et potions aux Noirs bien sûr, mais aussi beaucoup aux Blancs. Parallèlement, fine manipulatrice, femme d'affaires et opportuniste, elle s'introduisait dans l'intimité des politiciens et des grandes familles de l'époque. Liaisons extra-conjugales, coucheries en tout genre, petits scandales du microcosme bourgeois...

tout était exploité, étouffé par ses soins, cela étant bien sûr secrètement et largement monnayé ! Il faut dire qu'elle était aussi coiffeuse. Rien de tel, on le sait, pour
récolter les derniers cancans ! Sa fortune et sa notoriété grandissant, elle devint
plus tard la tenancière de la « maison blanche » (pas celle de Washington, rassurez-
vous !), située juste en dehors du Vieux Carré, où elle organisait des rencontres
clandestines entre hommes blancs et noirs avec de jeunes mulâtresses. En effet,
les choses étant ce qu'elles étaient en Louisiane, les hommes de la bonne société
cherchaient à se marier avec toujours plus blanc que soi, mais à coucher avec
toujours plus noir que soi.

Quelques décennies plus tard, Storyville, le célèbre quartier des maisons closes,
devint également le lieu de résidence de nombreuses prêtresses (dont la célèbre
Lulu White) menant de front à leur tour, suivant ainsi l'exemple de leur aînée Marie
Laveau, les activités répondant aux besoins de la chair comme à ceux de l'esprit !

Marie la revenante

Une amusante légende d'immortalité entoure le personnage de Marie Laveau. Officiellement décédée en 1881, elle apparut à de nombreuses reprises dans divers
rituels jusqu'en... 1918 ! Des témoignages décrivent en effet une belle femme à la
peau couleur de banane, portant des anneaux d'or aux oreilles. L'explication est en
fait assez simple : il y a bien eu au moins deux, voire trois Marie Laveau. La première avait cédé ses pouvoirs à sa fille (d'où la ressemblance et la méprise), qui
probablement, à son tour, fit de même quand sonna l'âge de la retraite. Tout cela
reste un mystère encore aujourd'hui. Seul fait avéré en tout cas : la tombe de Marie
se trouve dans le cimetière Saint Louis n° 1, le long de Basin Street (ne pas s'y
rendre seul pour des problèmes de sécurité, voir le texte qui lui est consacré dans
« La Nouvelle-Orléans »).

Déclin et renouveau

Cependant, dès l'aube du XXe s, la pratique du *voodoo* connut un certain déclin.
L'américanisation forcenée de la Louisiane, le désir d'intégration et de normalisa-
tion d'une partie de la population poussèrent beaucoup de personnes à tourner le
dos à ces traditions qui avaient pourtant cours depuis deux siècles. Bizarrement,
furent lentement introduits dans les pratiques des éléments venant de l'époque
médiévale en Europe et de sa mythologie (sorcellerie, magie, croyance aux mira-
cles, récitation de prières). Toujours est-il que la fascination persiste, comme en
témoigne la présence de nombreuses boutiques du Vieux Carré qui allient vaudou,
magie et satanisme, mais dont le but est bien plus commercial que spirituel !

Bien qu'inspirant toujours une certaine crainte dans la population américaine, le
voodoo doit être aujourd'hui considéré comme une religion qui allie l'utilisation de
l'eau bénite à des croyances afro-haïtiennes. Une sorte de syncrétisme capable
d'englober les croyances des uns et des autres. Les pratiques du *voodoo* existent
encore aujourd'hui. En milieu rural et retiré, elles restent certes isolées mais plus
authentiques et relèvent de croyances transmises de génération en génération.

LA LOUISIANE

La Louisiane tient une place à part dans le cœur des Français. Elle réveille les fantasmes de ces premiers explorateurs qui partirent pour des lendemains meilleurs. Elle évoque la lointaine, mais ô combien omniprésente, parenté entre les Français de France et ces Acadiens devenus Cadiens puis Cajuns, qui durent résister en milieu hostile pour se faire une place au soleil du Grand Sud. Minorité parmi les minorités, on comprend que plus tard des liens se tissèrent presque naturellement entre ces Français et certains esclaves noirs – qui, comme eux, n'avaient pas choisi d'être là – et avec les Indiens houmas qui, comme eux, furent pourchassés.

La Louisiane, c'est une partie de l'histoire de la France, tout simplement. Une histoire que tout le monde, curieusement, cherche à effacer, à occulter, ou à réécrire. Les Américains tout d'abord, qui n'ont guère brillé sur ce coup-là ; les Anglais ensuite, premiers responsables de l'éradication ethnique des Acadiens de la Nouvelle-France (actuellement Nova Scotia) ; les Français enfin, qui ne font même pas allusion dans les livres scolaires d'histoire à ce tragique épisode. Pour tout cela et pour d'autres raisons encore, le Français qui débarque en Louisiane se sent un peu chez lui, comme happé par d'impalpables vibrations qui le mettent vite à l'aise. Car, à priori, ce relief plat et marécageux, où l'eau ne se résigne jamais tout à fait à laisser place à la terre et où la terre ne parvient jamais totalement à prendre le dessus, présente un intérêt limité. Et pourtant, là encore, on éprouve pour cette région une sorte d'attraction irrésistible, une mystérieuse tendresse. La Louisiane incarne un certain mythe de l'Amérique. Une Amérique dont rêvent les Français. Ils la rencontreront bien plus à Lafayette, à Houma ou encore dans les villages comme Saint-Martinville qu'à La Nouvelle-Orléans, même si cette dernière en est une bonne introduction.

La sensibilité particulière que nous éprouvons pour cette contrée, ce lointain lien historique, ce fragile cordon linguistique se ravive dès qu'un Cajun vous accueille avec ce savoureux parler, cette diction unique qu'il faut encourager, car si notre français n'est pas en danger, le leur l'est.

Bien avant les dentelles de fer délicatement forgé du Vieux Carré, avant le son d'une trompette qui swingue, avant l'image des gros alligators et des lumières diaphanes entre les cyprès géants, le souvenir qui sans doute restera le plus gravé dans votre mémoire sera celui de l'accueil dans une famille cajun, ressemblant plus à des retrouvailles qu'à un premier contact. Cette chaleur immédiate est peut-être une manière de combler les deux siècles passés, de retisser d'un coup les fils d'une chaotique histoire.

LA NOUVELLE-ORLÉANS (NEW ORLEANS)

Autour de 200 000 hab. actuellement   (485 000 hab. avant Katrina)   IND. TÉL. : 504

Pour les plans de La Nouvelle-Orléans, se reporter au cahier couleur.

En débarquant à La Nouvelle-Orléans, on a la tête pleine d'airs de jazz, d'impressions de joie de vivre, d'images de rocking-chairs sur les terrasses des vieilles maisons aux balcons de fer ouvragé... et même, l'été, d'ouragans terribles. Il y a tout ça. Et aussi mille autres subtilités par lesquelles se laisser surprendre. Le jazz se répand au cœur du French Quarter, autour de la fameuse Bourbon Street, avec ses clubs de légende. Mais un peu partout dans la ville, une vingtaine de lieux distillent chaque soir la bonne parole du jazz, racontant les joies et les peines d'une population malmenée – encore récemment – par l'histoire et par la nature. Le caractère créole suinte de partout, à commencer par la sensualité des natifs, toujours prêts à faire la fête – la ville ne s'est-elle pas autoproclamée la *Big Easy* pour célébrer son caractère nonchalant ? Créole, surtout, la cuisine relevée qui se démarque nettement de l'environnement yankee. Ici on privilégie le *gumbo* créole au melting-pot anglo-saxon : au lieu de fondre les ingrédients sociaux dans un ensemble uniformisé, on préfère préserver à chaque composante sa saveur particulière, sa différence. Et ça fait du bien dans un pays souvent trop policé.

Des influences multiples ont forgé le profil physique et humain de New Orleans. Le French Quarter et ses rues de Chartres, Toulouse et autres Dauphine ou Burgundy perpétuent les traces d'une période française pas si lointaine et finalement assez courte – de 1699 à 1762. Mais l'influence la plus durable, au sein même du Vieux Carré, a été imprimée par les Espagnols, à qui l'on doit ces façades si caractéristiques. Avec la montée des populations hispaniques, sensible en Louisiane comme dans tout le sud des États-Unis, la ville réhabilite peu à peu cet héritage-là aussi.

PREMIÈRES IMPRESSIONS

On pourrait, de prime abord, être un peu déçu par New Orleans (ici, on prononce « Nolinss » et non « Niou Olinnss »). Rien de plus banal que ces faubourgs plats et interminables, rythmés seulement par des centres commerciaux et des marchands de voitures. C'est que le berceau du jazz cache dans un écrin très ordinaire une véritable perle architecturale, un bijou étonnant, mis en valeur par une atmosphère qui, même si elle semble parfois trop exploitée, reste absolument unique aux États-Unis : le *French Quarter* (le quartier français), appelé aussi *Vieux Carré,* ce qui n'est pas vraiment la traduction mais chacun s'en accommode. Deuxième erreur, il ne s'agit pas d'un carré mais d'un rectangle. Là encore, tout le monde s'en fout. Si l'on voulait être exact, on appellerait le coin *The Spanish Rectangle,* « le rectangle espagnol » (ce qu'on est pinailleur !). Mais les visiteurs n'en ont rien à faire, car le soir tard, quand ils l'explorent, ils sont souvent un peu ronds !

Comme San Francisco et Boston, La Nouvelle-Orléans est une ville exceptionnelle aux States, exceptionnelle par ses différences et sa fierté de les conserver. C'est ce qui accroche immédiatement le visiteur européen et qui déroute... les Américains eux-mêmes. Le Vieux Carré s'explore à pied, et le reste de la ville en tramway *(streetcar),* ainsi découvre-t-on ses charmes à petites lampées, jour et nuit. Car elle possède un point commun avec Las Vegas, elle dort très peu.

« REVENEZ À LA NOUVELLE-ORLÉANS ! »

C'est le cri du cœur que poussent les habitants de la ville ! La population qui a pu revenir après Katrina s'est réinstallée. Et tout le monde attend que les touristes retrouvent les routes de Louisiane. Les premiers à revenir ont été les amateurs de jazz, bien décidés à ne manquer leur *Jazzfest* sous aucun prétexte. À l'été 2006, ils ont pu constater que New Orleans n'avait rien de la ville morte dont on a vu l'image après la catastrophe. Le *buzz* a fait son travail, et les touristes américains ont emboîté le pas aux mélomanes dès le printemps 2007. Mais beaucoup d'Européens se demandent encore dans quel état est la ville. Y a-t-il encore quelque chose à voir ? Les gens ne sont-ils pas complètement déprimés ? Bref, le voyage en vaut-il la peine ?

À cette dernière interrogation, on répond : « Oui, mille fois oui ! » Les images de désastre et d'apocalypse portées par des médias avides de sensationnel ne doivent pas faire oublier que seuls quelques quartiers d'habitations, aussi vastes soient-ils, ont été touchés et qu'ils sont situés hors des centres touristiques. L'ouragan n'a pas épargné grand monde, mais l'inondation n'a pas noyé la ville entière ! Certes, il s'agit d'un terrible drame humain, sociologique et économique. Une catastrophe naturelle sans précédent dans l'histoire des États-Unis. Loin de nous l'idée de minimiser les conséquences de la tragédie, ni à court ni à moyen terme, sur le devenir de la Cité du Croissant. Mais du fait que la totalité des quartiers que visitent les touristes ait été épargnée par la montée des eaux (lire le texte que l'on consacre à ce sujet plus loin), La Nouvelle-Orléans est très rapidement redevenue une ville en état de marche, visitable, souriante et prête à vous accueillir les bras grand ouverts.

Les hôtels embauchent à tour de bras, les restos vous attendent avec des brassées d'écrevisses, les bars proposent des *happy hours* toute la journée (avec leur étonnant *Mint Julip*), les clubs de jazz ont fait briller leurs cuivres et les gens n'ont jamais été aussi chaleureux (si c'est toutefois possible de l'être plus !). Bref, la *Big Easy* attend de refaire le plein de touristes pour reprendre du poil de la bête et que les premiers signes de renaissance se confirment sur le long terme.

En visitant La Nouvelle-Orléans actuellement, on gagne sur trois tableaux : tout est facile d'accès (vu le nombre encore relativement faible de touristes), les tarifs sont plutôt attractifs en dehors des périodes chaudes (festival et Mardi gras) et enfin, et surtout, vous participez concrètement au renouveau de la cité qui, à bien des égards, se sent si proche de la France. Si chacun attend de voir, si les touristes ne reviennent pas, pour le coup, la ville ne sera sans doute jamais plus la même. Et on sera tous les premiers à la pleurer !

Pour sauvegarder ce mode de vie particulier, loin de l'ennui et de la standardisation que connaissent d'autres ville d'Amérique, afin que subsiste la richesse de cette cité qui a donné naissance au jazz et à l'art de flâner (et que certains bien-pensants voudraient justement voir disparaître, voyant ainsi Katrina comme une aubaine du ciel), Nolinss a besoin de ses touristes !

HISTOIRE DE LA NOUVELLE-ORLÉANS

Le rôle du Mississippi

La ville s'est développée entre le Mississippi, le lac Pontchartrain et les marécages environnants. *The Crescent City* doit son surnom au fait qu'elle se love dans un méandre paresseux du grand fleuve, en forme de croissant. Les Indiens s'étaient établis sur le site actuel de la ville, car le sol y était plus élevé qu'ailleurs, avec des digues naturelles empêchant les inondations. Cependant, La Nouvelle-Orléans étant pratiquement construite sur l'eau, son niveau par rapport au fleuve descend de trois pouces (7,6 cm) par siècle ! Elle se retrouve donc aujourd'hui comme une nouvelle Amsterdam, sous le niveau des eaux, mais « la solidarité des Hollandais en moins », comme le regrettent les habitants. Un système de digues et de portes monumentales a bien été construit, renforcé par plusieurs pompes gigantesques et automatiques, installées pour évacuer l'eau en cas de précipitations abondantes. Des études avaient calculé qu'en l'an 2300 il faudrait un masque et un tuba pour visiter la ville. On ne croyait pas si bien dire... Katrina et ses conséquences ont montré qu'il ne faut pas faire trop confiance aux études. De nouvelles installations ont été imaginées, très ambitieuses, qui en principe devraient résister à d'autres catastrophes. Les premiers travaux ont débuté au printemps 2007.

La période française (1699-1762)

Venus du Canada par les Grands Lacs et descendant le long du Mississippi, divers explorateurs français s'étaient intéressés à la Louisiane et, dès 1682, la France s'attribue officiellement un territoire gigantesque (mais encore inexploré) dont les limites vont des Grands Lacs jusqu'au golfe du Mexique (en fait quasiment la surface de l'Europe moins l'Angleterre !). Pierre et Jean-Baptiste Lemoyne, puis John Law un peu plus tard, établissent la nouvelle colonie qui passe sous le contrôle de la Compagnie des Indes en 1699. La Nouvelle-Orléans est rapidement fondée par Bienville en 1718 et devient la capitale de la Louisiane dès 1722. C'est alors une cité aux habitations sommaires en bois, aux rues étroites non pavées, où se croisent Européens fuyant un passé douteux, pirates, gens de couleur libres venant des Caraïbes, prostituées et Indiens. Tout ce petit monde vit sous la tutelle bienveillante du régent de France, le duc d'Orléans, en l'honneur de qui la ville avait été baptisée.

L'époque espagnole (1762-1803)

Bien que passant sous domination espagnole en 1762, la ville reste française dans ses traditions. La Nouvelle-Orléans va pourtant changer de visage. À deux reprises (1788 et 1794), des incendies ravagent la ville, et on se met à construire à l'espagnole des maisons en brique avec des jardins privés qui séparent les cuisines des habitations (afin de limiter les risques d'incendie), des sortes de courettes-patios et d'élégants balcons ciselés aux formes végétales. La plupart des Américains qui viennent à La Nouvelle-Orléans sans jamais être venus en France pensent que ce quartier est typiquement *Frenchy*. Quelle erreur !... Mais que ce soient les Français ou les Espagnols, les habitants prennent soin de bâtir les habitations sur les parties les plus hautes par rapport au niveau du fleuve et du lac, étant régulièrement témoins de soudaines montées des eaux. Le bon sens tenait alors lieu de géomètre et d'architecte tout à la fois.

L'américanisation commence en 1803

Les Espagnols rétrocèdent le territoire de la Louisiane à Napoléon qui, faute d'avoir les moyens de l'administrer (et de le défendre militairement), préfère affaiblir son ennemi héréditaire, l'Angleterre, en le vendant à la jeune nation des États-Unis en 1803. Na ! À cette époque, La Nouvelle-Orléans constitue quand même le premier port du continent nord-américain.

Aussitôt, des néo-Anglo-Américains se mettent à affluer et commencent à s'installer dans le faubourg Sainte-Marie (aujourd'hui, à l'ouest de Canal Street par rapport au Vieux Carré). Créoles d'origines française, espagnole et américaine vivent alors dans des mondes pratiquement cloisonnés. Canal Street devient le *no man's land* qui sépare les communautés. D'un côté le Vieux Carré, créole en diable, même en étant de tradition catholique, considéré comme un lieu de débauche et de dépravation (un endroit chouette, quoi ! et), de l'autre côté, plus à l'ouest, la partie anglo-américaine, protestante, moderne et proprette. Inutile de dire que les sages citoyens de l'ouest s'aventurent le moins possible de l'autre côté. Les premières années sont dominées par la confusion, due à la rapide et intense transformation de la ville. On construit n'importe où, on assèche vaille que vaille les terres marécageuses et basses – donc inondables. On estime alors que le renforcement des « levées » pourrait suffire à contenir d'éventuels débordements ! Bref, la ville explose.

À cette époque débarque également à La Nouvelle-Orléans une population de planteurs blancs et de gens de couleur d'Hispaniola (Haïti et Saint-Domingue), affranchis à la suite de la révolte d'esclaves menée avec succès par Toussaint Louverture.

Le XIXᵉ s des richesses

À partir de 1820, La Nouvelle-Orléans connaît un boom économique et une période de paix. C'est l'âge d'or des bateaux à vapeur, des plantations de coton et de canne à sucre. La richesse afflue, les banques s'implantent. Des familles anglo-américaines, mais également d'anciennes familles installées depuis longtemps, érigent des fortunes. La Nouvelle-Orléans devient la plus grande ville du sud des États-Unis et représente la plus importante plaque tournante mondiale de l'industrie du coton. Dès 1849, la baronne Pontalba transforme le Vieux Carré en construisant des appartements qui portent son nom et redonnent ainsi du panache à la place d'Armes, aujourd'hui Jackson Square, cœur historique du French Quarter. Ce Vieux Carré essaie de rattraper l'évolution rapide des autres secteurs de la ville qui s'étendent sans cesse. Mais patatras, la guerre de Sécession éclate en 1861 et frappe durement la cité, qui est occupée de 1862 à 1876. C'est le déclin des plantations, les pressions pour l'abolition de l'esclavage, la mise au ban du Mississippi, bref la fin de l'âge d'or. Le fleuve s'endort, la ville s'assoupit. Les Nordistes, jaloux des avantages de leurs rivaux du Sud parviennent à leurs fins : les esclaves sont libérés, donc toute l'économie flanche. Plus tard, le jazz naît dans les nombreux bordels qui fleurissent à Storyville, le quartier de la prostitution. Le début du XXe s voit la naissance de Louis Armstrong. C'est une époque riche pour la musique, mais confuse pour tout le monde. Le pays est en mutation, mais le Sud s'accroche à un mode de vie révolu.

Lente résurrection

La renaissance sera pénible, freinée par des conflits et des tensions raciales importantes. En 1917, le port de La Nouvelle-Orléans est massivement utilisé pour l'acheminement de l'armée américaine et de son charroi vers l'Europe. Mais les autorités fédérales exigent de la ville qu'elle rase les bouges de Storyville pour ne pas détourner de leur devoir les jeunes soldats, venus du Middle West puritain parfaire leur préparation dans des camps d'entraînement tout proches. Les professionnelles et leurs clients se délocalisent alors dans le French Quarter. Il faut attendre 1936 pour que le Vieux Carré, laissé à l'abandon jusque-là, connaisse une véritable renaissance grâce à la fondation du « Vieux Carré Commission », qui en fait un site classé Monument historique. Il était temps.

Modernisation

Dans les années 1930, la ville en pleine mutation attire aussi les travailleurs du pétrole dont les *derricks* hérissent le sud du pays. En 1942, après l'entrée en guerre des USA, les rives du lac Pontchartrain sont aménagées en base militaire. Tout cela sera rasé en 1960 pour ériger le campus de l'université. Ces années-là sont aussi, socialement, le début de l'intégration des enfants noirs dans les écoles, jusque-là réservées aux Blancs. C'est l'explosion immobilière.
De nouveau, on construit n'importe où et n'importe comment, sans se soucier des questions de zones inondables, de stabilité des sols, etc. Ce sont certains de ces quartiers qui paieront le prix fort lors des inondations qui suivirent le passage de Katrina. Les banlieues n'en finissent pas de s'étendre. Les problèmes de délinquance commencent à se multiplier, les classes sociales défavorisées faisant les frais de la pauvreté des années de restrictions. Des ghettos « naturels » se forment aux portes de la ville. Si les lois raciales ont changé, ce n'est pas le cas des mentalités. Les classes moyennes blanches fuient les quartiers qui deviennent trop « noirs » et s'installent dans des secteurs nouvellement construits... et vulnérables aux inondations. La Nouvelle-Orléans cumule deux records : elle devient l'une des villes les plus dangereuses du pays, mais aussi l'une des plus touristiques, où débarquent chaque semaine des milliers de congressistes.
La richesse retrouvée, les tensions raciales semblent diminuer malgré tout ces dernières années (voir plus loin « La Nouvelle-Orléans, ville dangereuse ? »). La ville, juste avant Katrina, vivait majoritairement de son tourisme, en cultivant ses propres valeurs : l'insouciance, le soleil... et le jazz, sous le regard du reste de l'Amérique qui ne l'a jamais vraiment aimée. C'est qu'ici, on ne cultive pas l'hypocrisie chère ~reste du pays : on rit, on s'amuse et on boit ouvertement, sans fausse pudeur.
...up, Noirs et Blancs viennent aussi à New Orleans pour des cures périodiques éblocage, histoire de « laisser le bon temps rouler ! ».

KATRINA FRAPPE LA NOUVELLE-ORLÉANS

En cette fin d'août 2005, un ouragan comme la région en voit défiler tous les ans à cette époque se forme dans les Caraïbes. Baptisé Katrina, il chatouille le sud de la Floride, puis sa trajectoire s'incurve sur le golfe du Mexique en direction des côtes de Louisiane. L'itinéraire inhabituel alerte les autorités, qui donnent l'ordre d'évacuer New Orleans. Plus de 80 % des habitants quittent la ville vers des positions de repli préparées de longue date. Lorsque, finalement, Katrina, revigoré par les eaux chaudes du golfe et classé en catégorie 5 (sur une échelle de 1 à 5), infléchit sa route vers l'est et frappe très durement les côtes du Mississippi (Biloxi est rasée), on pousse un grand soupir de soulagement dans la *Crescent City.*

Les habitants des quartiers pauvres ne sont pas partis, en grande majorité des Afro-Américains mais aussi des Blancs de conditions très modestes, sont confinés sous la coupole de béton du Superdome. Les plus têtus (« Pff ! On en a vu d'autres mon p'tit gars ! »), et parfois des personnes âgées qu'un départ bouleverse, sont simplement restés dans leurs petites maisons de bois des quartiers défavorisés. Au total, ils sont 100 000 à être restés en ville. Contrairement à ce qui a été dit et écrit, même si les autorités n'avaient rien prévu pour évacuer ceux qui n'avaient pas de voiture (il y en a quand même aux États-Unis), la solidarité de voisinage aidant, peu de gens ont été laissés sur le carreau. Tout le monde a eu, à un moment ou à un autre, la possibilité de quitter la ville.

Mais le pire est à venir...

Ce que beaucoup de spécialistes avaient clairement prévu et redoutaient depuis des années se produit alors. Les digues de 4,80 m, qui sont censées protéger la ville basse d'un débordement du lac Pontchartrain, cèdent sur 60 m de longueur, et les eaux du lac, en vertu du simple principe des vases communicants, se déversent lentement mais sûrement dans les bas quartiers de la ville, atteignant rapidement les étages des maisons. Les canaux, notamment l'*Industrial Canal* au nord et l'*intracoastal Waterway* à l'est, qui ne sont pas équipés de portes, sortent de leurs lits et noient les quartiers les plus bas. *Lakeview* et le *Lower 9th Ward,* entre autres, sont les plus touchés. Le premier est entièrement noyé, mais la structure des maisons résiste tant bien que mal (elles sont en brique et en pierre pour la plupart). Le second est totalement ravagé. Les maisons de bois chavirent, se disloquent, ou se détachent de leur socle et glissent au fond du jardin. C'est l'apocalypse. Ceux qui s'y trouvent encore n'ont qu'un recours : monter sur le toit pour trouver un refuge ; d'autres, sans accès au toit, sont noyés dans leurs greniers. Rapidement, l'électricité est coupée et la ville plongée dans les ténèbres.

Le Vieux Carré fait de la résistance

Le *French Quarter,* lui, bâti au-dessus du niveau des eaux à la période française et espagnole, n'est pas touché, les eaux s'arrêtant aux limites des grands boulevards qui bordent ce quartier. Mais rapidement, des bandes de pillards armés venus des quartiers pauvres prennent d'assaut les magasins et les hôtels. La police, privée de moyens de communication, est rapidement débordée.

Au lever du jour, le 30 août, l'étendue de la catastrophe est criante. Une zone grande comme la moitié de la France a été touchée par l'ouragan. Les secours locaux tentent de parer au plus pressé, mais faute de moyens suffisants (une partie de la garde nationale de l'État de Louisiane se trouve en Irak), il faut faire appel à l'aide fédérale. Et c'est à ce stade que les ratés se multiplient : l'administration Bush a regroupé les services de crise dans une nouvelle agence fédérale, la FEMA *(Federal Emergency Management Agency),* censée gérer les situations de crises (inondations, ouragans, tremblements de terre, attaque terroriste...). Celle-ci révèle rapidement ses carences. La lourdeur administrative freine dangereusement l'organisation des secours de base : l'approvisionnement en eau et en vivres, la situation sanitaire, l'évacuation des malades des hôpitaux, la sécurité face aux pillards... Pendant 5 jours, La Nouvelle-Orléans sombre dans le chaos le plus total : on tue pour une bouteille d'eau, le Superdome se transforme en immense camp de réfugiés où se multiplient les scènes de vols et de viols, des enfants meurent étouffés, des cadavres sont laissés à l'abandon... Les images rapportées par les télévisions nationales montrent aux Américains atterrés des images du tiers-monde dans leur propre pays, si riche et si puissant !

Il faudra plus d'une semaine pour que l'administration fédérale réagisse et se décide à envoyer l'armée (et non les services civils) pour évacuer enfin les réfugiés vers le Texas voisin. Certains habitants vont jusqu'à « doubler » les autorités, et, avec leur propre bateau, passent au travers des barrages de la FEMA et partent à la recherche de survivants. Deux sauveteurs amateurs réussiront ainsi à évacuer plus de 300 personnes ! Quelques semaines après la catastrophe, les derniers bilans, bien que provisoires, font état d'un millier de morts, dont plus de la moitié à La Nouvelle-Orléans. Il faudra environ 3 semaines (un temps record) pour pomper les eaux grâce à du matériel venu d'Allemagne et des Pays-Bas.

Si le nettoyage des rues, la remise en état des voies de communication ont été relativement rapides, la reconstruction des digues selon de nouvelles normes prendra bien plus de temps.

Mais, techniquement, que s'est-il passé ?

Jusque dans les années 1930, la ville, construite en partie sur des zones marécageuses et protégée par des digues de terre et de pierre, s'arrêtait vers la rue Broad. C'est là, en bordure extérieure, qu'on décida d'installer les stations de pompage du lac Pontchartrain. Mais le boom immobilier de l'après-guerre ignora toute prudence, et l'on se mit à construire à tour de bras, y compris dans les zones à risque. Les autorités décidèrent de renforcer les levées (digues) du lac Pontchartrain selon un système absurde en forme de « doigts » : des canaux qui rentrent à l'intérieur de la ville et y rejoignent les stations de pompage. Et les promoteurs bâtirent sans mesure entre ces canaux.

La faute aux canaux !

À la même période, on creusa un grand canal traversant la ville du nord au sud, le *Mississippi River Gulf Outlet,* dans le but de raccourcir la route des bateaux entre le lac et le fleuve puis l'océan, et favoriser ainsi quelques industries proches de la ville. Ce canal fut lié au canal *Intracoastal Waterway* (axe est-ouest), ce qui eut pour conséquence de redoubler la force des eaux quand elles s'engouffrèrent en ville. Ces deux derniers canaux sont de véritables catastrophes écologiques : en creusant les rives naturelles, on fit pénétrer les eaux salées qui détruisirent l'équilibre des marais protecteurs. Sous l'effet de Katrina, les eaux du lac ont monté, puis les canaux se sont vidés au passage de l'ouragan et se sont de nouveau remplis brutalement. Les canaux pénétrant dans la ville ont donc subi un flux, puis un reflux brutal qui a fait céder les digues sur le *canal de la 17e rue, le canal de Londres* et le *canal Intracoastal.* Les eaux ne sont jamais passées par-dessus mais au travers, soulevant même le sol par en dessous, faisant se coucher une partie des digues ! Ce sont donc les canaux creusés par l'homme en dépit du bon sens, ainsi que l'élévation de digues trop faiblement ancrées dans le sol qui furent responsables des dégâts causés dans le quartier du *Lower 9th Ward* et de *Lakeview.*

Depuis, le corps des ingénieurs a tenté de réparer les nombreuses brèches avec frénésie et installé des « portes » pour bloquer les entrées des canaux. Malgré cela, on sait que même les nouvelles digues ne résisteraient pas à un ouragan de puissance comparable ou plus fort que Katrina.

Des promesses non tenues

Les grandes promesses faites par George Bush en septembre 2005, main sur le cœur, ont été peu suivies d'effets. La plupart des particuliers ont été indemnisés

pour la perte de leur maison, mais les assureurs traînent les pieds pour toutes les infrastructures publiques et commerciales. Les crédits débloqués par l'administration fédérale ne sont attribués qu'au compte-gouttes. Washington ne fait-elle pas traîner l'affaire en longueur afin d'empêcher les Noirs de revenir et de donner naissance à une ville plus « blanche » ? Pourquoi le maire de la ville semble-t-il si démuni face au gouvernement ?
Comme si l'histoire de la Louisiane, parmi les plus pauvres des États de l'Union, et de son rapport avec le Nord n'en finissait pas de jouer les prolongations. Un constat semble s'imposer : le pays le

plus puissant du monde semble prêt à abandonner sans état d'âme un de ses plus beaux joyaux. Simple dédain ou véritable calcul politique ? Sans doute un peu de l'un et beaucoup de l'autre.
Pourtant, même si la ville a perdu plus de la moitié de ses habitants, on a assisté tout au long de l'année 2006, à l'arrivée en masse de milliers de travailleurs mexicains et guatémaltèques venus remplacer la population noire qui n'est pas revenue. Curieusement, à la frontière, les autorités ont laissé passer sans problème cette force de travail bon marché et sans papiers, venue tenter sa chance. La Nouvelle-Orléans est-elle en passe de perdre sa majorité noire pour accueillir une nouvelle minorité hispanique ? Ce qui est certain, c'est que la ville connaît et va connaître une importante mutation dans les années qui viennent.

Les conséquences touristiques à court terme

Thanks God, le Vieux Carré a miraculeusement été épargné par les inondations, et les dégâts y sont finalement limités. La cathédrale Saint-Louis a tenu bon, les vieilles artères historiques et les clubs de jazz ont rapidement rouvert. Quant aux nombreux musées de la ville, la plupart n'ont été que peu endommagés et ils sont tous ouverts au public.
Hôtels, restos, sites, visites guidées, à peine quelques mois après l'ouragan dévastateur, tout était en place pour accueillir les touristes. Le vrai problème est encore le manque de personnel. En effet, près de la moitié de la population a refait sa vie ailleurs ou est encore en attente, notamment la population noire, d'un éventuel retour. Mais malgré l'ampleur de la tragédie, la vie a repris son cours et les habitants entendent bien rendre à La Nouvelle-Orléans l'atmosphère de fête qui en a fait la renommée.

JAZZ STORY

C'était à la fin du XIXe s. Peut-être un peu avant… Personne ne sait au juste quand ça a commencé. En réalité, « ça s'est fait comme ça, sans y penser : tout d'un coup, le jazz était là et tout le monde était content ! ».
Chaque population entretenait son folklore et ses traditions. Ainsi, le sous-prolétariat noir se rendait le week-end sous les frondaisons de Congo Square (actuellement Armstrong Square) pour y invoquer, au rythme extatique des tambours, les sortilèges de l'Afrique ancestrale et les divinités vaudoues.

Des chants libérateurs

On leur avait très vite interdit l'usage du tam-tam ou du tambour, qui auraient pu allumer en eux la flamme de la révolte ; on avait aussi imposé la religion mono-théiste des maîtres, et la seule musique autorisée aux esclaves jusqu'en 1803 était la liturgie catholique. Pourtant, des lamentations et des chants destinés à soutenir la cadence dans le travail naquirent le *blues,* réminiscence de mélopées modales africaines, modifiées par l'influence de la musique européenne, et aussi le *negro spiritual,* le *gospel song,* qui n'est autre qu'un cantique rythmé à la gloire du Sau-veur très vite identifié au Libérateur.

On ne lui demandait pas le paradis, mais plutôt la libération, la fin de l'oppression sur terre. Il est d'ailleurs normal que, lors des enterrements traditionnels à La Nou-velle-Orléans, si l'on pleure en accompagnant le défunt au cimetière, en revanche, au retour, on rit et on danse, car on sait que, là-haut, il sera bien plus heureux que dans ce bas monde.

Peu à peu, la musique est descendue dans la rue. Toute occasion était bonne pour que les musiciens enfilent leurs uniformes de parade : les fêtes religieuses, les com-mémorations patriotiques, les cérémonies militaires, les campagnes électorales, les communions, les mariages et les enterrements. Une marche poignante accom-pagnait le mort jusqu'à sa dernière demeure. La musique, naturellement, présidait aux festivités baroques du Mardi gras, mais aussi aux processions des innombra-bles sociétés secrètes, dont les membres défilaient crânement à visage découvert ! Certains jours, cliques et orphéons se bousculaient dans les rues. Ils en profitaient pour se livrer à des joutes musicales tonitruantes. Le principe était simple : était déclaré vainqueur celui qui parvenait, à force de s'époumoner, à couvrir la voix de l'autre ! Nul doute que ces athlétiques performances aient été à l'origine de l'excep-tionnelle puissance du jazz louisianais.

Le sax, cadeau de l'armée française

L'arrivée du saxophone provoqua une véritable révolution dans le jazz. Peu de gens savent que ce célèbre instrument (inventé par le Belge Adolphe Sax) débarqua à La Nouvelle-Orléans grâce à... l'armée française, qui y fit escale après son échec dans les luttes contre les révolutionnaires mexi-cains (1866). Avant de connaître la gloire grâce au jazz, le saxophone était, en effet, utilisé par les fanfa-res militaires.

Depuis des lustres, experts et spé-cialistes débattent *ad libitum* sur

LE DIXIELAND, PETIT NOM DE LA NOUVELLE-ORLÉANS

On l'identifie dès les premières notes : le Dixieland est LE style musical de New Orleans. Le mot tire son origine tout simplement du billet de 10 $. Lorsque, au début du XXe s, les autochtones ne parlaient encore que le français, les billets portaient sur une face « Ten » et sur l'autre « Dix ». Prononcé par les anglophones, cela donnait « Dixie ». New Orleans avait trouvé son petit nom : Dixieland.

les multiples étymologies du mot « jazz ». Les Louisianais s'accrochent bien sûr à celle qui raconte que l'un des orchestres de rue se nommait « Razzy Dazzy Jazzy Band ». Il rencontra un tel succès que, dès 1915, cette musique négro-américaine fut connue sous le nom américain de « jazz ».

Le jazz, musique de bordel...

Jouer dans la rue ne faisait vivre personne ; à l'église encore moins, où les musi-ciens jouaient, bien sûr, bénévolement. En revanche, les bordels prirent l'habitude d'embaucher des orchestres de jazz (et de les payer !). Rappelez-vous le film de Louis Malle, *La Petite,* tourné dans l'un des trois bordels qui a résisté aux pelleteuses. Il se trouve au 1208 Bienville Street. Désaffecté, bien sûr. C'est donc à Storyville, quartier des maisons closes, que le jazz est devenu un style musical à part entière.

Près de la gare, qui n'existe plus depuis 1954, se tenait un cabaret très célèbre : *Anderson's Annex.* Salle de jazz au rez-de-chaussée et bordel à l'étage. Un certain *Louis Armstrong* y jouait tous les soirs pour quelques malheureux dollars, lorsqu'il fut découvert par un imprésario de Chicago. Armstrong habitait à l'intersection de Loyola et Perdido dans ce qui est aujourd'hui le *business district.* Sa maison a disparu avec tout Storyville bien sûr, pour laisser la place aux grands hôtels internationaux. L'*Holiday Inn* s'est quand même fendu d'un hommage au patrimoine du quartier en peignant une clarinette géante sur sa façade. Au niveau du parking de cet hôtel, on découvre également une série de fresques pas trop mal faites sur l'histoire du jazz dans la ville.

Au début du XXe s, le musicien le plus réputé de la ville basse – « Downtown », là où triomphait le jazz naissant – était le cornettiste *Buddy Bolden.* Ses admirateurs l'avaient sacré roi des musiciens. La couronne passa ensuite à *Joe Oliver,* qui devait lui-même la céder, vers 1925, à *Louis Armstrong.* Mais à cette époque, le jazz avait quitté La Nouvelle-Orléans pour Chicago, avant d'aller s'installer à New York. Dès 1917, Storyville avait été fermé par décision de l'amirauté et détruit par les pelleteuses.

... puis musique de stars

Avec les années 1930, la liste des vedettes, des publics conquis et des chefs-d'œuvre s'allonge. Triomphent alors *Billie Holiday* et *Ella Fitzgerald,* du côté des grandes chanteuses ; en face, *Count Basie, Chick Webb, Lester Young, Thomas Fats Waller* et, bien sûr, pour maintenir la tradition d'un jazz blanc, le « swing » de *Benny Goodman.* La fusion de tous ces rythmes, connue sous le nom de « boogie-woogie », fait fureur d'un bout à l'autre d'un monde pourtant déchiré par la guerre.

Vers 1940, le public se prend d'un véritable engouement pour tout ce qui touche à la préhistoire du jazz. C'est le *revival.* Ce retour aux sources est accompagné d'un raz-de-marée en direction de la Cité du Croissant.

Et c'est à nouveau le bonheur sur les bords du « *Old Father* », le calme Mississippi. Depuis lors, La Nouvelle-Orléans n'a plus cessé de vivre au rythme du jazz.

Nourri avant tout par l'improvisation et le dialogue entre musiciens, le jazz est vraiment une musique de l'instant. À moins d'être retranscrite en direct, elle est d'une certaine manière faussée. Le meilleur enregistrement ne remplacera jamais l'écoute directe ; il lui manquera forcément la tension, le contact, l'atmosphère, l'humour... D'où l'importance de votre séjour à La Nouvelle-Orléans pour fréquenter les boîtes de jazz.

Pour ce chapitre, on avoue que les connaissances d'Alain Gerber et de Jean-Christophe Averty nous ont bien aidés.

MARDI GRAS

Impossible de visiter La Nouvelle-Orléans sans entendre parler au moins une fois de Mardi gras, l'événement de l'année. Aussi réputé que celui de Venise ou de Rio de Janeiro, le carnaval de La Nouvelle-Orléans a établi des traditions bien particulières...

Les origines du carnaval (du latin *carnelevare* signifiant « enlever la viande ») remontent à l'Antiquité. La veille du Carême, les Romains lançaient de la farine (symbole de la vie) dans les champs pour remercier les dieux d'avoir survécu aux hivers rudes. Le premier Mardi gras en Louisiane, le 3 mars 1699, fut en fait une cérémonie organisée en l'honneur de l'explorateur René Robert Cavelier, qui avait donné l'appellation de « Pointe de Mardi gras » à une bande de terre située dans le delta du Mississippi, à une centaine de kilomètres au sud de la future Nouvelle-Orléans.

Mais très vite cette cérémonie se transforma au fil des années en carnaval et fut célébrée avec force agitation dans la ville entière. À tel point que Charles Trudeau, arpenteur général de son état, se plaint dans une lettre de 1798, de ne pouvoir « accéder à des documents, car la ville est en plein chaos carnavalesque ». Malheureusement pour lui, le duc d'Orléans et ses deux frères en exil sont en visite en ville et, en leur honneur, l'archevêque a même suspendu le Carême. Lors de la signature de la vente de la Louisiane, l'un des rares articles respectés par l'Amérique sera précisément le droit des créoles à célébrer le carnaval. Il faudra plus d'un demi-siècle pour que les « Américains » participent enfin à la fête.

Au début du XIXe s, les festivités étaient très agitées et copieusement arrosées... au point d'inciter les autorités à envisager d'interdire à nouveau les réjouissances carnavalesques. En 1857, six jeunes venus de Mobile organisèrent une vraie parade le soir du Mardi gras. Ce fut un tel succès que la tradition du défilé s'instaura définitivement, grâce notamment à la *Mistick Krewe of Comus,* qui sera la première confrérie organisée du carnaval et reste une des plus puissantes (voir plus loin).

La fête avant la fête !

Entre le 6 janvier et le jour J, une centaine de bals et des dizaines de parades se déroulent dans la ville. Le mardi même, des participants déguisés défilent toute la journée dans les rues sur des chars décorés, suivis de *marching bands* (des fanfares, quoi !), portant des colliers représentant les couleurs du carnaval : l'or symbolisant le pouvoir, le vert la foi, et le violet la justice. On retrouve d'ailleurs ces couleurs partout en ville à cette période. Lors des parades, chaque char est décoré et animé par une *krewe,* c'est-à-dire une équipe de bénévoles qui investissent beaucoup de temps et d'argent pour être prêts à l'aube du grand jour. Chaque année, un programme du carnaval est mis en vente dans les supermarchés et pharmacies comme *Walgreen's,* présentant la liste des réjouissances.

Une organisation complexe

Sous le caractère bon enfant et décontracté des festivités se cache une organisation complexe, où intrigues, cachotteries et quête de pouvoir s'agitent en coulisses. La plupart des défilés et des bals du carnaval de La Nouvelle-Orléans sont commandités par des entités organisées, appelées *krewe* (confréries). Au XIXe s, les membres de ces confréries étaient anonymes, ce qui ajoutait au mystère. Au début, il s'agissait uniquement de groupes d'hommes de couleur blanche. Aujourd'hui, on trouve également des *krewe* composés d'Afro-Américains, de femmes et d'enfants. Des rois et des reines président aux défilés et aux bals, mais le pouvoir véritable des confréries repose entre les mains du capitaine, qui supervise tous les événements. La plus ancienne confrérie de La Nouvelle-Orléans, et toujours très présente, reste la *Mistick Krewe of Comus.* Elle s'est organisée dans le plus grand secret, ce qui a contribué à amplifier l'atmosphère de mystère et à maintenir l'effet de surprise que les organisateurs du carnaval essaient de conserver. Des messages codés, publiés dans les journaux de La Nouvelle-Orléans et portant la seule mention « MKC », informaient les membres de la tenue d'une réunion. Une société secrète composée uniquement d'hommes s'est ainsi créée, et la confrérie n'a jamais révélé l'identité de celui qui personnifie *Comus* dans aucun de ses défilés ni de ses bals. Les adhérents formaient le *Pickwick Club,* auquel on pouvait dire appartenir, et qui servait de façade à la confrérie *Mistick Krewe.*

À ses débuts, en 1857, lors de son premier défilé de nuit à La Nouvelle-Orléans, les lampadaires au gaz de la ville n'étant pas suffisants pour les aspirations théâtrales de la confrérie, elle adopta la tradition du défilé aux flambeaux, constitués de simples lanternes de papier contenant une bougie et tenues au bout d'une perche par des hommes d'origine africaine. Ces porte-flambeaux sont toujours présents lors des principaux défilés nocturnes. Aujourd'hui, parce qu'elle ne veut pas révéler l'identité de ses membres, *Comus* a été interdite de défilé par la loi (transparence oblige). En revanche, elle tient toujours le bal le plus huppé de la ville, où le roi de la nuit rencontre le roi du jour avant que le rideau ne tombe à minuit.

Affichant la devise « *Pro Bono Publico* » (« Pour le bien public »), la confrérie *Rex* est la troisième des grandes confréries du carnaval, après *Comus* et *Twelfth Night Revelers,* à ouvrir le carnaval le 6 janvier. Cette confrérie a réussi à faire accepter ses monarques comme roi et reine du carnaval et son défilé de jour comme l'événement principal du Mardi gras.

La confrérie *Rex* a fait son apparition en 1872 dans une cascade de revendications qui exigeaient des entreprises et des bureaux gouvernementaux qu'ils ferment leurs portes à 13h la journée du Mardi gras. Le défilé – qui ne comprenait aucun char – commençait dans le milieu de l'après-midi. Personnifiant Richard III, le roi Lewis J. Salomon traversait les foules monté sur son cheval. À la suite du défilé de la confrérie *Rex,* 300 à 400 personnes marchaient, déguisées en roi ou en paysan, en démon ou en saint, en Indien ou en Nègre, en femme de bonne et de mauvaise vie, en clown et en arlequin, en oiseau, en bête et en poisson, et jetaient de la farine sur les spectateurs.

Seins contre colliers !

Aujourd'hui, lors des parades, la farine a été remplacée par les *beads* (des colliers multicolores et gobelets en plastique, pièces de monnaie en toc et autres breloques) que des hommes masqués lancent au public venu admirer leurs chars. Dans le French Quarter, cette tradition va même beaucoup plus loin, puisque les *beads* font l'objet d'un trafic bien spécial : « *The more beads you get, the more tits you can see !* » Les hommes marchandent leurs *beads* avec les femmes pour qu'elles dévoilent une partie (voire l'intégralité) de leur poitrine ! Tout ça dans une ambiance très festive, on vous rassure. Il n'est d'ailleurs pas rare de voir ce genre de marchandage en dehors de Mardi gras sur Bourbon Street.

Autre coutume : le *King Cake,* sorte de galette des rois. Ce beignet géant recouvert de sucre glacé est décoré aux trois couleurs symboliques de Mardi gras (or, vert et violet). Pour la petite histoire, la veille de leur jeûne, les Romains élisaient un roi pour un an, puis ce dernier était offert en sacrifice aux dieux. Pour y mettre fin, l'Église remplaça cette tradition par un gâteau contenant un petit pois. Le chanceux qui le trouvait dans sa part devenait roi pour une semaine. Aujourd'hui, le petit pois a été remplacé par un bébé en plastique.

Le carnaval se termine de façon impérative le mardi à minuit pile.

Celui de 2006 a été particulièrement émouvant pour les habitants. Une partie de la population, déplacée pour cause de Katrina, est revenue spécialement pour faire la fête et ne pas se laisser abattre par la déprime. Avec courage et un sens de la dérision propre aux Louisianais, ils sont venus rire, chanter, se déguiser... et oublier pour quelques jours leur détresse. Même si ce ne fut pas le plus grandiose, ce Mardi gras restera pourtant, sur le plan émotionnel, l'un des plus marquants de l'histoire. Tiens, pour l'anecdote, on vit, histoire de railler l'administration Bush, fleurir sur les poitrines des T-shirts déclarant « *Chirac, buy us back !* » (« Chirac, rachète-nous ! »). Sans commentaire.

Pour se faire une idée de la somptuosité des costumes du Mardi gras, ne manquez pas d'aller au *musée du Presbytère (plan couleur centre I, C1),* mais aussi de pousser la porte du resto *Arnaud's* (813 Bienville Street) pour monter à l'étage où sont exposées en vitrine quelques magnifiques parures d'antan.

LA NOUVELLE-ORLÉANS, VILLE DANGEREUSE ?

Avant Katrina, plus de la moitié de la population était d'origine afro-américaine. Normal, les champs de canne étaient de grands dévoreurs de main-d'œuvre. N'oublions pas également que nous sommes dans un État du Sud, et si l'esclavage a été aboli depuis longtemps, la discrimination raciale ne l'a été officiellement que récemment. Au-delà du folklore du Black-sympa-plein-de-talent qui souffle dans une trompette, on est frappé par la pauvreté et l'omniprésence de laissés-pour-compte.

Ainsi, la ville a longtemps souffert d'un niveau élevé de criminalité. Jusqu'au milieu des années 1990 où, comme à New York, la tendance a commencé à s'inverser. L'effet Katrina a ensuite été radical ! Le départ d'une bonne partie de la population pauvre et de couleur a fait soudainement chuter la courbe de la criminalité. La Nouvelle-Orléans n'a jamais été une ville aussi sûre qu'aujourd'hui, même si les autorités constatent le retour progressif des petits gangs locaux.

Avec ou sans les bandes qui sévissent dans certains quartiers, quelques conseils de prudence, fondés sur le bon sens, devraient suffire à éviter les problèmes. Les trois quarts de ces précautions d'usage sont d'ailleurs valables pour la plupart des grandes villes du monde. Ne tirez pas de conclusions alarmistes de ce que vous allez lire, la ville est loin d'être un coupe-gorge. Mais, si la délinquance n'est plus aussi virulente qu'avant, la prudence est tout de même de rigueur.

– Le conseil de base est de ne pas se promener seul(e) dans certains quartiers à pied sans savoir précisément où vous allez, à part dans le Vieux Carré où il y a du monde partout dans la journée. Le soir, ne pas s'engager dans les rues peu ou pas éclairées, même à deux ou trois.

– De manière générale, si vous devez vous déplacer le soir dans des secteurs à l'écart du Vieux Carré, faites-le en voiture ou en taxi, pas à pied. Ne pas oublier qu'aux États-Unis, contrairement à l'Europe, un quartier change complètement de type de population d'un bloc à l'autre, simplement en traversant une rue. Chez nous, les changements sont plus graduels.

– De jour comme de nuit, évitez les quartiers à risques, notamment le nord de *Canal Street* et *North Rampart Street* (c'est la limite supérieure du Vieux Carré). Puisqu'on y est, pour être complet, essayez de rester près d'un groupe lors de la visite du *cimetière Saint-Louis* : juste derrière, il y a une grande cité très pauvre.

– Ne prenez sur vous que la somme nécessaire à vos dépenses de la journée. Même dans le Vieux Carré, faites toujours attention à vos affaires. Comme partout, il y a de très fins pickpockets dont la dextérité n'a d'égale que l'audace. L'ambiance est souvent tellement sympa dans la rue qu'on baisse facilement la garde.

– Dernière porte ouverte à enfoncer : n'achetez jamais de drogue (même de l'herbe), c'est un coup à se faire poignarder, flinguer, voler ou encore arrêter par la police qui ne plaisante absolument pas avec ces choses-là (surtout s'il s'agit d'étrangers).

– Pour finir en beauté, il est bon de savoir qu'en août 1997 le parlement de Louisiane a voté une loi tolérant le meurtre (sous certaines conditions, bien entendu). Si quelqu'un surprend une personne dans sa maison ou avec l'intention de lui piquer sa voiture, il est en droit de lui tirer dessus et de le tuer (le port d'arme est légal dans cet État). Attention à la confusion de voiture, soyez sûr de votre bien. En gros, c'est la peine de mort sans jugement...

– Sachez encore que les flics de la ville ont une réputation de durs. Ne faites pas les malins quand on vous demande vos papiers en voiture. On n'est pas en France.

– En résumé : la musique n'adoucit pas toujours les mœurs...

Arriver – Quitter

➢ **En voiture :** il y a de fortes chances que vous arriviez par l'Interstate 10 East ou West (selon que vous veniez de l'est ou de l'ouest). Si vous vous rendez dans le Vieux Carré, lorsque vous commencez à voir le *Downtown,* surveillez la sortie « Vieux Carré Exit ». Vous arriverez à hauteur de Canal Street. Autre solution : contourner par l'est en suivant la Interstate 10 jusqu'à la sortie Esplanade. (Essayez de vous munir d'un plan auparavant.)

Pour quitter la ville, depuis le centre, récupérer la Interstate 10, West ou East en fonction de votre destination.

🚌 *Greyhound (plan couleur général, B2)* : *1001 Loyola Ave ; à l'angle de Girod.* ☎ 524-7571. *Ouv 24h/24.* ● *greyhound.com* ● *Résas et réduc sur le site.* Liaisons régulières en bus pour Baton Rouge (6 bus/j.), Lafayette (4 bus/j.) Jackson (2 bus/j.), Atlanta (2 bus/j. durée 10h), Chicago (4 bus/j. durée 24h), Memphis (1 bus/j.), Houston (4 bus/j.)...

🚂 *Amtrak (plan couleur général, B2)* : ☎ 528-1610. ● *amtrak.com* ● Trains pour Baton Rouge (durée : 2h) ; Lafayette (3h30) ; Lake Charles (5h) ; New Iberia (3h) ; Slidell (1h). Trois grandes lignes de trains inter-États passent par New Orleans : le *City of New Orleans* (Chicago-Memphis-Jackson-New Orleans) ; le *Crescent* (New York-Philadelphia-Atlanta-New Orleans) ; et le *Sunset Limited* (Los Angeles-New Orleans-Orlando). En moyenne, 1 train ts les 2 j. dans chaque direction.

Arrivée à l'aéroport

✈ *Aéroport international Louis-Armstrong (plan couleur d'ensemble)* : *à env 16 miles à l'ouest du centre.* ☎ 464-0831. ● *flymsy.com* ●

🛈 *Visitor Center* : *comptoir touristique principal situé au début du Terminal C (Concourse C). Tlj 8h-18h.* Infos générales sur la ville en anglais. On y trouve un plan de New Orleans et quelques brochures.

■ *Travelex Bank* : *dans le hall principal.* Le seul lieu où l'on peut faire du change dans l'aéroport. À côté, un distributeur *ATM* pour retirer du cash. **Attention** : n'attendez pas d'être en ville pour changer de l'argent. Plus aucune banque ne propose le change à La Nouvelle-Orléans. En revanche, il y a des distributeurs partout.

Bus

➢ *Pour New Orleans* : prendre le *Jeffersontransit,* la ligne *E2 Airportbus,* au *second floor* (1ᵉʳ étage), face à la porte 7. Ce bus va jusqu'à Tulane Avenue. De là, pour le French Quarter, prendre un taxi. *Tlj 5h-21h30.* En moyenne, entre 1 et 4 bus/h, selon les moments de la journée. Durée du trajet aéroport-centre-ville : 30 à 40 mn env (selon la circulation). Compter 1,60 $.

➢ *Du centre-ville vers l'aéroport* : prendre le bus *Jeffersontransit,* la ligne *E2 Airportbus.* Le bus est à prendre à l'angle de Tulane Avenue et Carrollton Avenue. Même tarif que pour l'aller. Bien se renseigner auparavant des heures de passage. ☎ 818-1077. ● *jeffersontransit.org* ●

Minivans Airport Shuttle

Fonctionnent du premier au dernier vol de la journée, ttes les 10 ou 15 mn env. S'arrêtent à tous les principaux hôtels de La Nouvelle-Orléans. Chercher leurs comptoirs aux sorties de chaque terminal. Env 13 $. Possibilité de prendre un aller-retour. Dans ce cas, réserver sa place par téléphone ou sur Internet au moins un jour à l'avance : ☎ 522-3500. ● *airportshuttleneworleans.com* ●

Taxis

Ils stationnent juste à la sortie de la livraison des bagages, côté aéroport international. Prix fixe : 29 $ pour deux. Si vous êtes 3 ou plus, compter 10 $/pers. Ces prix s'entendent pour le Downtown et le French Quarter, mais ne comprennent pas le pourboire.

En voiture

➢ *Jusqu'à New Orleans (Vieux Carré)* : compter 30 mn max (sauf en cas de circulation intense). Prendre l'autoroute Interstate 10 East ; au bout de 12 miles env, sortir à la « Orléans Vieux Carré Exit ». Se munir d'un plan auparavant.

Location de voitures

Les principales compagnies sont représentées à l'aéroport, au niveau du « Baggage Claim ». Ensuite, service de minibus sur le parking extérieur, face au tapis à bagages n° 8, pour vous rendre de l'aéroport à l'agence de la compagnie. Certaines compagnies peuvent donner un itinéraire informatisé pour regagner votre hôtel, mais dans tous les cas, demandez bien la route exacte pour rejoindre le centre de New Orleans. Toutes sont situées sur la Highway 61, qui rejoint la Interstate 10 ou mène directement en ville (il suffit de la prendre dans la bonne direction !). **Hertz :** ☎ 1-800-645-3131 ou 468-3695. **Alamo :** ☎ 1-800-237-9633 ou 469-0532. ● alamo.com ● **Budget :** ☎ 1-800-527-0700. **Dollar :** ☎ 1-800-800-4000 ou 467-2286. **Avis :** ☎ 1-800-331-1212.

Adresses utiles

Infos touristiques

🔲 **New Orleans CVB Information Center** (plan couleur centre I, C1, **1**) : 529 Saint Ann St (sur Jackson Sq). ☎ 568-5661. ● neworleanscvb.com ● Mar-sam 9h-17h. Nombreuses brochures sur la ville et toute la région, notamment les plantations. Prendre aussi les brochures publicitaires bourrées de coupons de réduction. C'est l'office principal et le plus central, où de charmantes retraitées bénévoles feront le maximum pour vous aider (et, pour certaines, vous souhaiter la bienvenue en français). Mais attention aux horaires plutôt riquiqui.

🔲 **New Orleans Metropolitan CVB** (plan couleur centre II, B3, **2**) : 2020 Saint Charles Ave. ☎ 566-5011 ou 1-800-672-6124. ● neworleanscvb. com ● Dans le Garden District. Tlj 8h30-17h. Ce n'est pas l'office principal, mais c'est une adresse pratique si vous êtes dans le secteur. On y trouve brochures et dépliants.

🔲 À la même adresse se trouve le **New Orleans Multicultural Tourism Network** (plan couleur centre II, B3, **2**) : 2020 Saint Charles Ave. ☎ 523-5652 ou 1-800-725-5652. ● soulofneworleans. com ● Tlj 8h30-17h. Bureau d'informations centré sur les activités afro-américaines de La Nouvelle-Orléans (expositions, conférences, concerts, etc.).

🔲 **Jean Lafitte National Historical Park** (plan couleur centre I, C2, **10**) : 419 Decatur St. ☎ 589-2636. Tlj 9h-17h. Gratuit. Infos sur la culture créole, les parcs nationaux, les sites historiques et les réserves naturelles proches de New Orleans ou de la Louisiane. Multimédia plaisant avec un film bien fait sur l'histoire du Mississippi. Organise tous les matins, vers 9h, une visite architecturale et historique de la ville (durée : environ 90 mn).

Poste, téléphone, Internet

✉ **Post Office** (plan couleur centre I, C2) : 701 Loyola Ave, entre le Superdome et le Union Passenger Terminal. Lun-sam 7h-17h. Fait poste restante.

◼ **Royal Mail Service** (plan couleur centre I, C1, **11**) : 828 Royal St. Lun-ven 9h-18h, sam 9h-16h. Magasin avec service postal (timbres, envois de colis).

@ **Postal Emporium** (plan couleur centre I, C1, **12**) : 1000 Bourbon St. ☎ 525-6651. Lun-ven 9h-18h, sam 9h-15h. Papeterie (beau choix de cartes posta-

les de New Orleans) et service postal pour lettres et colis. Service de fax, poste restante et un poste Internet payant.

@ **New Orleans Public Library** (plan couleur centre I, C2, **6**) : 219 Loyola Ave. ☎ 529-READ. ● nutrias.org ● Lun-sam 10h-17h. À l'intérieur de la bibliothèque publique, accès Internet gratuit.

@ **Bastille Computer** (plan couleur centre I, C1-2, **3**) : 605 Toulouse St. Tlj 10h-20h. La meilleure adresse pour se connecter : équipement moderne et en nombre, tarifs raisonnables et négociables.

@ **Krystal** *(plan couleur centre I, C2, 5) :* *103 Bourbon St.* Deux postes poussifs dans une cafétéria ouverte 24h/24.

Transports

■ **Union Passenger Terminal** *(plan couleur général, B2) : angle de Loyola Ave avec I 10. À 7 blocs à l'ouest du* *French Quarter. Ouv 24h/24.* C'est la plate-forme de *Amtrak* (les trains) et de *Greyhound* (les bus).

Consulats

■ **France** *(plan couleur centre I, C2, 13) : 1340 Poydras St, suite 1710 (17e étage), LA 70112.* ☎ *523-5394 ou 5772. No d'urgence :* ☎ *905-5562.* • *con sulfrance-nouvelleorleans.org* • *Dans un grand building du Downtown. Tlj sf w-e 9h-13h en principe.* Le consulat peut, en cas de difficultés financières, vous indiquer la meilleure solution pour que des proches puissent vous faire parvenir de l'argent, ou encore vous assister juridiquement en cas de problème grave.
■ **Suisse** : *1620 8th St, LA 70115.* ☎ *897-6510.* N'appeler qu'en cas de problème.
■ **Belgique** : *One Shell Sq, LA 70139.* ☎ *585-0151. Fax : 566-0210.* • *newor leans@diplobel.be* •

Banques, change

Des centaines de distributeurs d'argent acceptent les cartes *Visa* et *MasterCard* partout dans le Vieux Carré et dans Downtown, y compris dans de nombreux bars et boutiques. Attention tout de même, certains distributeurs *ATM* prennent jusqu'à 3 $ de commission ! Opérer par petits retraits risque de coûter cher.
Remarque : plus aucune banque ne fait le change. Prenez vos dispositions à l'aéroport si vous arrivez par avion (il y a un seul changeur). Sinon, changez votre argent avant votre arrivée en ville.

■ **Perte ou vol de la carte Visa :** ☎ *1-800-227-6811 ; de la* **carte American Express :** ☎ *1-800-528-4800 ;* des **Travellers American Express :** ☎ *1-800-221-7282.*

Médias

Infos sur la ville : plusieurs magazines et journaux indispensables pour organiser vos soirées :
– **Where Magazine :** mensuel culturel gratuit. On le trouve dans les bars, les hôtels, les boutiques touristiques, etc.
– **Times Picayune :** c'est le quotidien de La Nouvelle-Orléans. Tous les vendredis, section « Lagniappe », supplément culturel annonçant tous les concerts, expos et films en cours. • *nola.com* •
– **Gambit Weekly :** journal hebdomadaire très bien fait et complet. On le trouve dans les *coffee shops* et dans le *lobby* de certains hôtels.
– **OffBeat :** • *offbeat.com* • Mensuel gratuit spécialisé en musique. Détail des concerts et événements musicaux du moment.

Santé, urgences

■ **Numéro d'urgence santé :** ☎ *911.*
■ **Walgreen's Pharmacy** *(plan couleur centre I, C2, 17) : 900 Canal St.* ☎ *568-9544. Tlj 24h/24.* Pharmacie la mieux fournie de la ville. *Autre pharmacie au 619 Decatur (angle avec Wilkinson Row).* ☎ *525-72-60. Tlj 10h (dim 12h)-18h. Une troisième au 134 Royal St.*

☎ 522-2736.
■ *Touro Infirmary* : 1401 Foucher St. ☎ 897-8663 ou 1-800-803-7853. Possède un service d'urgences.
■ *Police* : 334 Royal St (plan couleur centre I, C2, **18**) ; entre Bienville et Conti. Numéro d'urgence : ☎ 821-2222. Également au 501 N Rampart St (plan couleur centre I, C1, **18**), à l'angle avec Saint Louis.

Loisirs

■ *Alliance française* (plan couleur centre II, B3, **19**) : 1519 Jackson Ave ; entre Saint Charles et Prytania. ☎ 568-0770. ● af-neworleans.org ● Horaires très irréguliers. Dispositif minimal, plutôt décevant pour une ville dont on glorifie les origines françaises.

Livres, journaux et magazines

■ *La Librairie d'Arcadie* (plan couleur centre I, C1, **20**) : 714 Orleans Ave ; près de Royal St. ☎ 523-4138. Lun-sam 9h30-17h30 (sam 10h30). Tenue par Russell Desmond, notre meilleur copain de La Nouvelle-Orléans, qui parle très bien le français. Sous des piles de livres d'occasion, on découvre des trésors sur la Louisiane et le pays cajun. Les fouineurs sont souvent récompensés. Nombreux livres en français, notamment des poches. Si vous avez des livres en français, Russell vous les reprendra. Les amoureux de littérature américaine apprendront avec joie que Faulkner et Tennessee Williams habitèrent à 20 m d'ici... l'un en face de l'autre ! Idéal pour compléter votre stock de livres de route. Compter entre 3 et 5 $ le bouquin. Propose également les échanges (deux bouquins apportés, un repris). Pour les curieux qui veulent en savoir plus sur la Louisiane et le parler cajun, ou l'ouragan Katrina qui a déjà généré une abondante littérature, Russell dispose aussi d'une série de références de livres que vous pourrez trouver à New Orleans ou en France. Russell est lui-même un observateur très curieux de la ville et du quartier. Un véritable office du tourisme à lui tout seul. Bref ! Une petite adresse qu'on adore...

– *Journaux et magazines français :* on ne comprend pas ! Avec le nombre d'initiatives intelligentes prises en Louisiane pour redorer le blason du parler cajun et de la langue française en général, on n'arrive pas à imaginer pourquoi il est si difficile de trouver des journaux en français en ville.

Laveries automatiques

■ *The Washboard Launderette* (plan couleur centre I, C1, **21**) : 1000 Saint Ann St ; à l'angle de Burgundy St. ☎ 522-2071. Lun-ven 9h-17h. Self-service ou *drop-off* service.
■ *Hula Mae's Tropic Wash* (plan couleur centre I, C1, **22**) : 840 N Rampart St ; à l'angle de Dumaine St. Tlj 8h-22h. Photos de *bluesmen* au-dessus des machines.
■ *Check Point Charlie* (plan couleur centre I, D1, **115**) : 501 Esplanade Ave. ☎ 949-7012. Ouv 24h/24 ; happy hours 16h-19h. Un bistrot qui fait laverie ou une laverie qui fait troquet, histoire d'être bien rincé ! Le patron, Igor, est une figure de la bistroterie locale. Voir aussi « Où boire un verre ou un café ? ».

Transports

En ville

Tout le French Quarter se fait évidemment à pied, ainsi que les rives du Mississippi. Pour explorer les autres quartiers, le moyen le plus facile et de loin le plus agréable est le *streetcar*, c'est-à-dire le tramway.

– **Conseil :** si vous devez séjourner quelques jours à La Nouvelle-Orléans, passez-vous de voiture ! Vous ferez des économies et vous vous épargnerez de sérieux problèmes de parking (cher). En choisissant judicieusement votre lieu de résidence, un véhicule est parfaitement inutile. Après quelques jours en ville, on peut alors en louer un, explorer les quartiers périphériques, puis partir visiter les plantations.

– **Saint Charles Streetcar :** 24h/24 (un seul par heure après minuit). Aller : 1,25 $ (prévoir l'appoint). Cette ligne mythique datant du XIXe s est la colonne vertébrale de la ville et suit la courbe du fleuve vers l'ouest. Elle démarre au niveau de Canal Street et Carondelet (en bordure ouest du French Quarter ; plan couleur centre I) et emprunte Saint Charles Street jusqu'à Carrollton Avenue en traversant plusieurs quartiers où nous proposons quelques adresses : le Business District (le Downtown), le Garden District et le quartier de l'Université. Grâce à ce tramway, que Katrina n'a condamné au dépôt que quelques mois (même si certaines portions de ligne peuvent être remplacées par des bus de substitution), on peut vraiment se passer de la voiture pour explorer ces secteurs. Par ailleurs, quand on loge pas loin de Saint Charles Street mais assez éloigné du Vieux Carré, ça évite les gros problèmes de stationnement dans le centre historique. Hyper-pratique et pas cher.

– **River-Front Streetcar :** tlj 6h-22h30, 1,50 $ l'aller. Il s'agit d'une petite ligne de tram assez touristique qui longe la rive du Mississippi sur environ 2 miles depuis le Convention Centre jusqu'au French Market. Pratique pour économiser vos jambes fatiguées.

– **Canal Streetcar :** cette ligne démarre de Canal Street, à l'angle de Riverfront. Il y a deux lignes : l'une, indiquée Canal Street/City Park, se dirige vers le City Park (normal). L'autre, Canal Street/Cimeteries, se dirige vers les grands cimetières de la ville (re-normal).

– **Esplanade Line :** tlj 4h30-13h, 1,25 $ l'aller. Ligne de bus qui parcourt l'avenue Esplanade jusqu'au City Park et au New Orleans Museum of Art.

– **Un tramway nommé Désir :** ce Streetcar Named Desire a bel et bien existé. Il empruntait tout simplement la rue Saint-Claude jusqu'à la rue Desire, d'où son nom. Il passait à 2 blocks de la maison de Tennessee Williams qui, de chez lui, entendait le cliquetis du tram. Il cessa de fonctionner en 1957.

■ **Taxis :** United Cab Company, 1634 Euterpe St. ☎ 522-9771 ou 1-800-323-3303. En ville, prise en charge de 2,60 $ et 1,60 $/mile parcouru. Plus cher au moment du Mardi gras et pendant le Jazz Festival.

■ **Fourrière** (plan couleur centre I, C1, 23) : City Auto Pound, à l'angle de Claiborne et de Conti. ☎ 565-7236 ou 7450. Celle-ci gère les environs de Canal Street. Moins cher qu'en France, ce qui n'est pas une raison pour vous garer n'importe où, car leur système d'enlèvement est ultrarapide : à peine le temps d'aller acheter son journal, et hop, y a plus de voiture ! Évitez de vous garer plus de 2h à certains endroits, et surtout le jour du nettoyage des rues (bien lire les panneaux rouges sur fond blanc). C'est parfois écrit en tout petit. Enlèvement assuré.

Location de vélos, tandems et autres

■ **Bicycle Michael** (plan couleur centre I, D1, 24) : 622 Frenchmen St. ☎ 945-9505. ● bicyclemichaels.com ● Lun-sam 10h-19h Fermé mer, mais loc possible en appelant avt. Tarifs : 7,50 $/h, 20 $/j. Autres formules intéressantes pour des durées plus longues. Cadenas gratuit, casque payant. Également loc de tandems et de vrais vélos professionnels de course ou de terrain sur résas. Le patron (Michael) a habité plusieurs années à Paris et parle bien le français. Si vous avez des lacunes en anglais, demandez à lui parler.

Location de voitures

Voir plus haut « Arrivée à l'aéroport ».

Où dormir ?

CAMPING

⚓ **KOA West Kampground :** à River Ridge, 11129 Jefferson Hwy, LA 70123. ☎ 467-1792 ou 1-800-562-5110. ● koa. com/where/la/18125.htm ● Wi-fi. À 12 miles à l'ouest du centre-ville. Prendre l'I 10 en direction de Baton Rouge ; sortir sur Williams Blvd (sortie 223A, LA 49) puis rouler 2,5 miles au sud jusqu'à Jefferson Hwy (LA 48, 3rd St) et tourner à gauche. Emplacement au moins 20 $. Le camping le plus proche de La Nouvelle-Orléans. Fermé de longs mois après Katrina, il est maintenant totalement opérationnel. Installations modernes (remises à neuf), équipement up to date. Bref, le parfait camping à l'américaine, prix (élevé) compris.

LOCATION D'APPARTEMENTS

■ **Maison à louer :** résas possibles par téléphone ou mail auprès de Paul, un Franco-Américain vivant à Paris. ☎ 01-42-72-00-79. ● creolwrld@aol.com ● Prix identiques tte l'année, mais variant en fonction du nombre de pers. Env 100 $ la nuit pour 1-2 pers, 140 $ pour 3-4 pers, 180 $ pour 5-6 pers. Tarifs dégressifs à la sem. Une excellente affaire toute l'année, et particulièrement durant Mardi gras et le Jazz Festival, car les tarifs n'augmentent pas, ce qui est pour ainsi dire unique ! Situé en lisière du French Quarter, dans le quartier Marigny, sur Burgundy St, une bien jolie maison de charme du début du XIXe s, classée et cachée derrière un rideau d'arbres. L'ensemble se compose de quatre pièces (2 chambres plus canapé), parfaitement équipées, au calme et à proximité de nombre de restos et clubs de jazz.

■ **Chez Marie-Françoise :** ☎ 523-2723. ● mfcrouch@bellsouth.net ● 90-130 $ (hors Festival et Mardi gras). Marie-Françoise, prof de français à la retraite, propose trois charmants petits appartements de 2 pièces, dans le Vieux Carré (Ursulines St pour être précis), agréables, idéalement situés et bien équipés (salle de bains et cuisine).

■ **French Quarter Bed & Breakfast :** 1132 Ursulines St. ☎ 525-3390. Fax : 593-9859. 85-130 $. Elmo Bergeron propose une quinzaine de petits logements charmants et bien situés dans le Vieux Carré. Un bon plan.

HÔTELS

La liste complète des hébergements de la ville est disponible sur ● neworleanscvb. com ● Certains d'entre eux proposent un parking gratuit. Faites-vous préciser si c'est bien le cas à la réservation. Si vous êtes en voiture, cet élément est important.

Bon marché

Il n'existe pas de possibilités d'hébergement bon marché dans le Vieux Carré. À part les réseaux de location d'appartements (voir ci-dessus) et quelques adresses d'hôtels et de guesthouses assez chic, la plupart des logements bon marché sont excentrés. Première règle : négocier ! Les prix font du yo-yo selon la période de l'année, le taux d'occupation, le nombre de nuitées, la motivation de l'employé de service ou la vôtre. Entre les périodes d'affluence (Festival de jazz et Mardi gras) et l'été, le prix de la chambre peut varier du simple au triple.

Les prix que nous vous indiquons ne sont donc à considérer qu'à titre indicatif ; il s'agit des prix « normaux » pour une période « normale » (ni le 15 août, ni Mardi gras, ni *Jazz Festival*). De plus, à partir d'une certaine heure, le pragmatisme de l'hôtelier américain (et c'est une qualité) l'amène à préférer vendre une chambre à moitié prix que pas du tout. De toute manière, on peut toujours discuter en toute convivialité. Dans le quartier Marigny, en lisière du French Quarter, le *bed & break-fast* devient très tendance. Ce n'est pas la solution la plus économique, mais c'est certainement la plus agréable pour entrer dans la vie locale. Dans Marigny, on vous accueillera dans la famille, alors que les *guesthouses* de Bourbon Street ou de Chartres Street côté Vieux Carré sont plus fonctionnelles. Nous vous avons choisi quelques adresses parmi les plus séduisantes, vous en dénicherez d'autres si vous prenez le temps de zoner dans le quartier.

📖 ***Marquette House New Orleans International Hostel*** *(plan couleur centre II, B3, **31**)* : Marquette House, 2249 Carondelet St ; à proximité de Jackson Ave, dans Garden District. ☎ 523-3014. ● *neworleansinternational hostel.com* ● Assez loin du centre, mais très facile d'accès en tramway *(arrêt : Jackson Ave)*. Accueil 24h/24. Lit en dortoir 16-25 $/pers. Doubles avec bains 40-60 $ selon saison, et petits appartements pour au moins 4 pers avec kitchenette *(frigo, micro-ondes, cafetière)* dès 75 $ *(10 $/pers supplémentaire)*. Résa nécessaire pdt le Festival de jazz et Mardi gras. Maison typique de la période coloniale en bois blanc avec plusieurs maisonnettes les unes à côté des autres, organisées en dortoirs de 8 à 14 personnes. Au total, environ 150 lits dans cette sorte de baraquement plutôt accueillant. Ça sent un peu l'humidité, mais c'est propre. Filles et garçons séparés dans les dortoirs. Pour les chambres doubles, préférer la grande maison de brique en face, avec balcon à l'étage, bien plus sympa et avec un vrai jardin sur le côté. À disposition : micro-ondes et frigo. Pas de couvre-feu *(chacun a sa clé)*, possibilité de rester à l'AJ dans la journée *(pour que les noctambules se reposent)*, coffres de sécurité *(payants)*, accès Internet *(payant)*. Parking fermé pour quelques voitures (5 $). Le patron ne se fera pas prier pour vous faire découvrir tous les charmes secrets du quartier *(touristiques et autres)* si bien cachés que même les meilleurs guides ne les mentionnent pas !

📖 ***India House*** *(plan couleur général, B1, **32**)* : 124 S Lopez St. ☎ 821-1904. ● *indiahousehostel.com* ● Prendre le tramway de Canal St (ou le bus). Remonter Canal St jusqu'au n° 3200 et tourner à gauche. De l'aéroport, le shuttle bus *vous y dépose sur demande*. Lit en dortoir 17 $ *(en sem)*, 25 $ *(le w-e)*. Chambre double 45 $. CB acceptées. C'est une maison bleue... euh, non, on est à New Orleans, mais la ressemblance avec San Francisco est troublante. Ici, on ne loue pas une chambre, on revient comme après un long voyage, retrouver d'autres routards juste arrivés de l'autre bout du monde et prêts à y retourner tout à l'heure. Vautrés sur des canapés défoncés *(les canapés, bien sûr !)*, on sirote un thé en surfant sur le Net. Baba cool, d'accord, mais moderne ! Certaines chambrettes sont situées dans de petites baraques de bois derrière la maison principale et se révèlent un peu glauques, d'autres sont mieux. Essayer d'en voir plusieurs avant de choisir. Excentré mais moins cher que le *New Orleans International Hostel* et plus intense pour qui apprécie la vie semi-communautaire. Ouvert en permanence, pas de couvre-feu, laverie, cuisine à disposition, organisation de tours vers les bayous, piscine. Une grosse centaine de lits, en dortoirs mixtes de 4 à 6 personnes et chambres doubles. L'entretien laisse parfois à désirer, mais les jeunes que cette adresse ravira s'en battent joyeusement le sac à dos.

Dans le French Quarter et le quartier Marigny

Prix moyens

📖 ***Saint Charles Guesthouse*** *(plan couleur centre II, C3, **36**)* : 1748 Prytania St. ☎ 523-6556. ● *stcharlesguesthouse.com* ● Wi-fi. Chambres 65-95 $, petit *déj inclus (simple)*. Pratiquement l'unique *guesthouse* accessible, à ce prix qui se mérite : l'accueil est plutôt bourru, et le patron reste intraitable sur ses tarifs. Si les chambres à 65 $ (dont une avec salle de bains commune) sont toutes prises, alors il peut être intéressant d'appeler les adresses de la rubrique « Prix moyens ». La *guesthouse* est composée de trois petites maisons de bois jaunes, accolées les unes aux autres. Petit jardin, piscine agréable, de taille raisonnable, et chambres avec AC, ventilo (en plus) et bains (pas dans toutes). Un ensemble en forme de labyrinthe plutôt marrant, même si un bon coup de neuf ne lui ferait pas de mal. Cela explique aussi les prix bas. Cette adresse reste d'un rapport qualité-prix correct.

De prix moyens à chic

🏠 *Lions Inn B and B* (hors plan couleur général par D1, **34**) : *2517 Chartres St. Un poil excentré par rapport au French Quarter.* ☎ 945-2339 ou 1-800-485-6846. • *lionsinn.com* • *Wi-fi. Chambres 90-120 $; petit déj continental inclus. Également une minuscule chambrette de 1 pers à 50 $.* Adresse emblématique du quartier Marigny, durement touché par Katrina, abandonné par beaucoup de ses habitants et envahi gentiment par les familles de la *upper working class*. Stuart est anglais, parle parfaitement le français et a mis un soin tout *British* à la décoration de la dizaine de chambres de ce petit coin de paradis, où l'on se sent très vite chez soi. Les chambres les moins chères partagent une salle de bains. Jardinet soigné sur l'arrière avec jacuzzi et jolie petit bout de piscine. Et puis tiens, tous les jours en fin d'après-midi, *cheese and wine* offert à tous les clients. Jacuzzi, soleil et pinard ! Pas mal, non ?

🏠 *Elysian Guest House* (hors plan couleur centre I par D1, **35**) : *1008 Elysian Fields Ave.* ☎ 324-4331. • *elysianguesthouse.com* • *À quelques blocs du French Quarter, à l'entrée du quartier Marigny. Double dès 85 $, 10 $/pers supplémentaire ; possibilité de réduc (10 % le jour de votre anniversaire, par exemple).* Un petit bijou tout jaune qui cache une demi-douzaine de chambres soignées et très personnalisées. Certaines se présentent un peu pompeusement comme des suites, mais cela n'enlève rien à leur charme (on avoue un faible pour la *Garden Suite*). Ici, on adore les plantes, dedans, dehors, et aussi New Orleans : il ne faudra pas longtemps à vos hôtes pour vous aider à sortir des sentiers battus. C'est ça aussi l'esprit de Marigny.

🏠 *Marigny Manor House* (hors plan couleur centre I par D1, **36**) : *2125 North Rampart.* ☎ 943-7826. • *marignymanorhouse.com* • *À la frontière entre le French Quarter et Marigny. Double dès 109 $ (2 nuits min), petit déj inclus.* Une grande maison coloniale, très néoclassique, pour une *guesthouse* un peu plus professionnelle, mais bien située à l'entrée de Marigny. Quatre chambres désignées par la couleur dominante de leur déco ou leur situation (la *Balcony*, très claire, ne manque pas d'allure). Confort assuré, ambiance sudiste garantie, le compromis se laisse apprécier.

🏠 *New Orleans Guest House* (hors plan couleur centre I par C1, **37**) : *1118 Ursulines St.* ☎ 566-1177 ou 1-800-562-1177. *Situé juste au nord de N Rampart, donc un chouia à l'extérieur du French Quarter. Chambres 80-120 $, petit déj et parking compris.* Cette immanquable *guesthouse* rose malabar sait attirer les clients, au-delà de sa couleur, pour ses prix raisonnables, sa proximité du centre, son parking, sans compter le charme de la maison elle-même et la qualité générale des prestations. Chambres de tailles variables, toutes équipées confortablement. Très agréable courette sur l'arrière, avec beaucoup de plantes et d'arbres tropicaux, mais aussi une belle terrasse, toute rose elle aussi, pour prendre le petit déjeuner. Ensemble de qualité.

🏠 *Saint Peter House* (plan couleur centre I, C1, **39**) : *1005 Saint Peter St.* ☎ 524-9232 ou 1-800-535-7815. • *stpeterhouse.com* • *Chambres 65-90 $, petit déj continental inclus.* Une des adresses abordables du French Quarter que cet ensemble de bâtiments à galerie construit au début du XVIIIe et classé Monument historique. Accueil peu amène, en revanche. Plusieurs types de chambres, de toutes tailles, la plupart assez charmantes, dont certaines (côté Burgundy Street) donnent directement sur la rue et sur le beau balcon ciselé. Ne pas hésiter à en voir plusieurs, car elles ont toutes leurs avantages et leurs inconvénients. Le petit déj est, quant à lui, le même pour tout le monde. Possibilité de parking payant à proximité. Une adresse qui se laisse un peu aller et où l'accueil ne laissera pas de souvenirs impérissables. Dommage, car son emplacement est idéal.

🏠 **The Frenchmen Hotel** (plan couleur centre I, D1, **38**) : 417 Frenchmen St. ☎ 948-2166 ou 1-800-831-1781. ● frenchmenhotel.com ● Parking payant. Doubles dès 100 $ (70 $ en été), 300 $ pdt le Festival de jazz et le carnaval. Petit déj inclus. Demeure coloniale de couleur rose (ce n'est pas par hasard !) et bleu, avec cour intérieure de brique, petite piscine et jacuzzi. Les chambres, coquettes et décorées dans l'esprit des maisons historiques d'avant la guerre civile, sont disposées le long d'un passage ou sur l'arrière de la maison principale. Petit déj copieux avec viennoiseries et jus d'orange dans une belle salle à manger (rose !) sous le portrait de Napoléon. Une adresse hospitalière.

🏠 **Hôtel de la Monnaie** (plan couleur centre I, D1, **50**) : 405 Esplanade Ave. ☎ 947-0009. ● hoteldelamonnaie. com ● Wi-fi. Env 150 $ pour 2 ou 4 pers, et 190 $ pour 6. Dans cette imposante et vaste bâtisse de pierre blanche, une cinquantaine d'appartements chic et confortables, équipés d'un salon cosy,

tous avec cuisine, AC et bain bouillonnant. Une ou deux chambres par appartement (plus un canapé), la deuxième chambre étant toute petite et sans fenêtre, mais son aménagement la rend acceptable. Très tranquille, vraiment confortable, et surtout prix attractifs pour les petits groupes d'amis quand on y réfléchit bien, compte tenu du standing et de la proximité du French Quarter. En fait, aucun autre hôtel ne propose un tel deal.

🏠 **Nine-O-Five Royal Hotel** (plan couleur centre I, C1, **40**) : 905 Royal St ; à l'angle de Dumaine. ☎ 523-0219. ● 905 royalhotel.com ● Chambres 70-125 $ (2 nuits min). Superbe maison de charme abritant un bouquet de chambres confortables, avec bains et kitchenette. Possède le gros avantage d'être en plein cœur de l'animation. Accueil assez rock'n'roll.

🏠 **Ursulines Guest House** (plan couleur centre I, C1, **51**) : 708 Ursulines St. ☎ 525-8509 ou 1-800-654-2351. ● ursulineguesthouse.com ● Wi-fi. Doubles 100-130 $, jusqu'à 200 $ en pleine saison ; petit déj inclus. Très au calme, cette discrète adresse composée de 2 maisons de brique, situées l'une derrière l'autre, fera l'affaire de ceux qui souhaitent résider dans une partie au calme du French Quarter. Chambres globalement correctes, bien qu'un peu sombres et un rien défraîchies pour certaines (le bâtiment date du XVIIIe s, on ne peut pas tout avoir !), mais toutes avec salle de bains et AC. Reste un choix honnête, qu'on est bien content de trouver quand tout est complet. Chaque jour, vers 18h, free wine pour les clients.

Plus chic

🏠 **Hôtel Villa Convento** (plan couleur centre I, C1, **44**) : 616 Ursulines St ; dans le Vieux Carré. ☎ 522-1793. ● villaconvento.com ● Doubles 90-135 $. En tout, 25 chambres coquettes et confortables, toutes différentes (mais avec une préférence pour celles situées au dernier étage) avec bains et TV, dans une belle maison aux balcons typiques de La Nouvelle-Orléans. Les moins chères n'ont pas de vue. Une jolie petite adresse bourrée de charme,

où l'on a pris soin de chaque détail. Accueil adorable.

🏠 **The Cornstalk Fence** (plan couleur centre I, C1, **45**) : 915 Royal St. ☎ 523-1515 ou 1-800-759-6112. ● cornstalkhotel.com ● Wi-fi. Doubles 100-210 $ (petit déj inclus) ; réduc en été. On dirait une folie de la Belle Époque que cette somptueuse demeure avec colonnades, grilles ouvragées (en épis de maïs, d'où le nom !) et tour crénelée sur le flanc gauche. C'est, bien sûr, une adresse luxueuse et charmante, digne des plantations les plus authentiques : meubles anciens et imposants, lustres de cristal, plancher crissant sous la moquette – mais avec un équipement complet, etc. Même les chambres les moins chères sont parfaites.

≜ *Le Richelieu (plan couleur centre I, D1, 46) : 1234 Chartres St.* ☎ 529-2492 ou 1-800-535-9653. • *lerichelieuhotel. com • Wi-fi et parking privé gratuit. Doubles 105-180 $.* Une grosse centaine de chambres dans cet établissement de charme qui garde pourtant une atmosphère presque familiale par son accueil et la bonhomie de son ambiance. En plus, on est dans la partie la plus calme du French Quarter (les chambres les plus tranquilles donnent sur Decatur), mais à quelques minutes de l'animation. D'ailleurs, Paul McCartney descend ici quand il vient à New Orleans (sauf qu'il loue 3 suites et fait poser une porte pour les relier entre elles !). Chambres tout confort (certaines avec balcon, très classe), petite piscine et déco très américaine.

≜ *Chateau Hotel (plan couleur centre I, C1, 49) : 1001 Chartres St, à l'angle de Saint Philip St.* ☎ 524-9636. • *cha teauhotel.com • Doubles 100-150 $, petit déj compris. Un peu plus cher pour un lit king size.* Au cœur du French Quarter, un charmant ensemble de maisons coloniales de brique peinte, groupées autour d'une bâtisse dotée d'un bar dans un beau patio et d'une piscine en demi-cercle. Choisissez bien votre chambre, certaines sont magnifiques avec une décoration très stylée, mais d'autres, plus petites, manquent de lumière.

≜ *Lafitte's Guesthouse (plan couleur centre I, C1, 47) : 1003 Bourbon St ; à l'angle de Saint Philip St.* ☎ 581-2678 ou 1-800-331-7971. • *lafitteguesthouse. com • Internet gratuit. Double env 200 $, plus cher le w-e, moins cher en été. Petit déj inclus.* Dans la maison, il y a toujours quelqu'un qui parle le français. Beaux balcons en fer forgé pour cette bâtisse de 1849, joliment rénovée. À l'intérieur, c'est la toute grande classe : décoration unique pour chaque chambre, mobilier d'époque, cheminées, lits à baldaquin, bibliothèque... Le rêve américain, version Scarlett O'Hara.

≜ *Hôtel Saint-Pierre (plan couleur centre I, C1, 52) : 911 Burgundy.* ☎ 524-4401. • *frenchquarterinns.com • Wi-fi. Parking gratuit dans la mesure des places disponibles. Doubles 110-160 $; petit déj compris.* Derrière la jolie façade se cache un véritable réseau de ruelles pavées et passages, reliant entre elles plusieurs maisons de bois ou de brique abritant des chambres pimpantes et confortables. Allées bordées d'arbustes et de plantes vertes. Et 2 petites piscines pour agrémenter le tout. Pas mal de charme et calme total.

≜ *Lamothe House (plan couleur centre I, D1, 41) : 621 Esplanade Ave.* ☎ 947-1161 ou 1-800-367-5858 (résas). • *lamothehouse.com • Chambres dès 80 $, jusqu'à 200 $ en hte saison. Petit déj compris.* Vénérable demeure victorienne de 1849, nichée sous les arbres d'Esplanade Avenue, en lisière du French Quarter. Mobilier d'époque avec tentures et style un peu pompeux. Chambres très agréables à l'arrière avec balcon commun. Accueil décontracté. Le petit déj (avec viennoiseries, une des fiertés de la maison) se prend dans la salle ancienne. Piscine dans le jardin fleuri avec fontaine qui glougloute, jacuzzi et parking. Rapport qualité-prix actuellement imbattable dans cette catégorie. Depuis Katrina, le patron a revu ses tarifs nettement à la baisse pour faire revenir ses clients.

≜ *Andrew Jackson Hotel (plan couleur centre I, C1, 53) : 919 Royal St (entre Dumaine et Saint Philipp).* ☎ 561-5881. • *frenchquarterinns.com • Chambre dès 109 $ (un peu cher pour les prestations, surtout les chambres à 170 $ et plus...). Petit déj inclus.* Coquette demeure jaune aux volets bleus, au balcon en dentelles de fer forgé, formant un U sur l'arrière et autour duquel s'organisent les confortables chambres. Au fond, petit patio avec fontaine. L'ensemble reste pourtant plus impersonnel que d'autres adresses, mais on est au cœur de l'activité nocturne. Et ça se paie !

≜ *Château Lemoyne (plan couleur centre I, C2, 54) : 301 rue Dauphine, entre Bienville et Conti St.* ☎ 581-1303. • *chateaulemoynneneworleans.com • Chambre dès 100 $, mais prix variable selon saison, taux d'occupation, etc.* Un des grands hôtels du French Quarter, dans la tradition de ce que propose la chaîne *Holiday Inn.* Spacieuses, confortables et décorées agréablement, les

chambres sont sans défaut et sans surprise. Grande piscine pour un hôtel de centre-ville.

Très chic

🛏 *Hôtel Monteleone (plan couleur centre I, C2, 48) :* 214 Royal St. ☎ 523-3341 ou 1-800-535-9595. • *hotelmonteleone.com* • *Parking payant très cher. Doubles 200-275 $, 250-300 $ pour les superior ; env 100 $ en été et vers Noël.* Un des plus anciens hôtels, le plus grand (près de 600 chambres !) et le plus haut bâtiment du French Quarter, qui appartient toujours à la même famille, et qui hébergea Tennessee Williams, William Faulkner, Paul Newman et Truman Capote. Complètement modernisé, il n'évite pas un petit côté m'as-tu-vu, avec son hall clinquant et son bar tournant du rez-de-chaussée.

Côté chambres, équipement complet et déco raffinée. Suites luxueuses à hauteur du toit, remarquablement aménagées. Piscine chauffée sur le toit justement, centre de fitness, salon de beauté et 3 restos, rien que ça. Le défaut, c'est que vous risquez de partager toutes ces merveilles (standardisées) avec des cohortes de congressistes, et, pour dire quand même qu'on est à New Orleans, avec un fantôme d'enfant qui hanterait le 14e étage ! Ceux qui souhaitent réserver dans cet hôtel obtiendront certainement des tarifs plus avantageux par le biais d'une agence depuis leur pays d'origine (prix négociés).

Dans le Garden District

Plus chic

🛏 *The Josephine (plan couleur centre II, B3, 42) :* 1450 Josephine St ; angle avec Prytania. ☎ 524-6361 ou 1-800-779-6361. • *josephine.us* • *Grande et belle maison blanche qui fait l'angle, et sur laquelle l'indication est plus que discrète. Doubles 115-155 $; juin-août, réduc de 25 %. Petit déj créole inclus.* Amis francophones qui avez les moyens, c'est là qu'il faut aller pour entendre l'alerte et avenant Daniel, le proprio, vous raconter dans un français impeccable et coloré l'histoire de son ancêtre, arrivé en Louisiane au XVIIIe s. Il est aussi fan de blues et saura vous tuyauter sur les bons concerts en ville. Six chambres charmantes et luxueuses, pleines de style (très classiques), meublées d'antiquités et dotées d'un parquet ciré. Élégante salle à manger pour prendre le petit déj. Accueil chaleureux et attention personnalisée.

🛏 *Columns Hotel (plan couleur général, A3, 43) :* 3811 Saint Charles Ave ; assez loin à l'ouest du Vieux Carré. ☎ 899-9308 ou 1-800-445-9308. • *the*

columns.com • *Doubles 150-230 $ (2 fois plus lors des grands événements), petit déj compris.* Superbe bâtisse à colonnades et grands balcons, construite au XIXe s par un riche marchand de tabac et classée Monument historique. Elle servit de décor au film *Pretty Baby (La Petite)* de Louis Malle. Il faut dire que rien ne manque pour se replonger dans la lenteur lascive des lourdes fins d'après-midi d'été, du salon de danse à l'escalier d'acajou en passant par les vitraux et les chandeliers de bronze. Malheureusement, toutes les chambres ne sont pas dans le même ton : si certaines (chères, trop chères) ressemblent à de véritables appartements *old-fashioned,* d'autres sont très quelconques, avec juste une petite salle de bains. Il est alors préférable de résider ailleurs et se consoler en prenant un *drink* au bar, très abordable. Soirées jazz plusieurs fois par semaine et *jazz brunch* le dimanche midi. Clint Eastwood et le commandant Cousteau y ont séjourné. Enfin, pas ensemble.

Où manger ?

Deux ans après, la New Orleans de la *mufuletta* et du *crawfish* a pratiquement retrouvé son rythme d'avant-Katrina. Les restos n'ont pas encore refait le plein d'embauches, mais presque tous ont rétabli leurs plages d'ouverture normales. Qui peuvent d'ailleurs nous sembler pas si normales, puisqu'on attaque le lunch avant 11h et les *baked potatoes* du dîner sont servies à 17h tapantes. À de rares exceptions près, on commence à mettre les chaises sur les tables dès 21h. Certaines adresses où l'on peut s'attarder autour du dernier verre n'en ont que plus de charme.

Spécial petit déjeuner

🍴 **Croissant d'Or** *(plan couleur centre I, C1, 67)* : 615 Ursulines St. ☎ 524-4663. *Tlj sf mar 7h-16h. Pour env 7 $, on est repu au petit déj. Le midi, ajouter 3 $.* Tous ceux qui en ont marre du café soluble en chambre viennent ici s'offrir un espresso et des thés de qualité. Excellents gâteaux et viennoiseries maison. Énormes pains au chocolat et délicieux croissants, pour un peu plus de 1 $. Si vous êtes dans le secteur le midi, les quiches aux épinards et les tartes aux fruits peuvent parfaitement constituer un sympathique déjeuner (sandwichs, *shrimp salad...*). Ne manquez pas non plus les pâtisseries (gâteau royal au chocolat, *ice cream* maison...). Et puis, on adore l'endroit, avec ses carrelages de vieille boulangerie de province, sa frise de stuc, sa grosse horloge au-dessus du comptoir et son petit air rétro. Courette au fond avec quelques tables. C'est un chef pâtissier français, Gérard, qui a repris l'affaire.

🍴 **La Peniche** *(plan couleur centre I, D1, 95)* : 1940 Dauphine St, à l'angle de Touro St. ☎ 943-1460. *Tlj sf mar-mer 9h-20h. Plats env 8 $.* Un peu en dehors du French Quarter, près du quartier Marigny, ce joli café tranquille à l'atmosphère cosy propose des *breakfasts* toute la journée. Pratique pour les lève-tard et rien de tel qu'une *waffle* avec du *peanut butter,* des bananes et des noix de pécan pour se remettre d'une soirée bien arrosée sur Bourbon Street !

🍴 **Petunias Restaurant** *(plan couleur centre I, C1, 81)* : 817 Saint Louis St. ☎ 522-6440. *Tlj sf mer.* Breakfast *8h-15h, 6-15 $ selon l'appétit.* Dans une jolie maison toute rose du French Quarter, à l'ambiance cosy et relax. Plus cher, mais après un « petit » déj pareil, vous risquez d'être rassasié pour toute la journée ! La carte ne fait pas vraiment dans le *light...* Énormes tranches de pain perdu ou omelettes garnies de boudin et d'andouille, sans oublier le must du lieu : les crêpes géantes. Le service prend son temps ? Normal, pour avaler tout ça. Prévoyez une promenade digestive ! Également *po-boys* et sandwichs.

🍴 **Café Rose Nicaud** *(plan couleur centre I, D1, 69)* : 632 Frenchmen St. ☎ 949-3300. *Tlj 7h-21h.* Son nom vient d'un importateur de café. *Cozy-bistrot,* comme ils disent. C'est vrai que l'endroit est simple et attachant, à l'image du quartier. On s'y attarde volontiers après un *breakfast* avec vrai café et pâtisseries. Bons *muffins, brownies,* sandwichs, soupes, quiches végétarienne ou à la saucisse, salades, petits plats. Coin-salon avec journaux et magazines, annonces de concerts et bande-son bien présente.

🍴 **Café Flora** *(hors plan couleur centre I par D1, 72)* : 2600 Royal St. ☎ 947-8358. *Tlj 6h30-23h. Env 5 $ pour se remplir la panse.* Vrais *cappuccino, mochas* et *espresso* ! Accompagné d'un *muffin* ou d'un croissant, on y passe un bon moment à observer d'un œil sociologique la clientèle de voisinage qui se presse ici le matin. Population chevelue, tatouée ou piercée (voire les trois à la fois) et tout sauf touristique. Une adresse cool en diable, bien en accord avec un quartier en pleine mutation qui hésite encore entre son récent passé prolo et son vague présent rock'n'roll, mollement contesté par de gentils branchés.

🍴 **Bluebird Cafe** *(plan couleur général, B3, 88)* : 3625 Prytania St. ☎ 895-7166.

Tlj sf mar 7h-14h. Plats env 5-6 $. Tous les habitués du Garden District se retrouvent le week-end dans ce petit resto de quartier pour un breakfast à l'américaine comme on les aime, de ceux qui tiennent bien au corps (pancakes, omelette, bacon, plats veggie...). First in, first served, donc il faut parfois faire la queue.

☛ ***Ricobono's Panola Street Cafe*** *(hors plan couleur général par A3, 62) : 7801 Panola St, à l'angle de Burdette St.* ☎ *314-1810. Au nord du campus de Tulane. Tlj 7h-14h. Plats env 8-10 $. Bien caché dans une petite rue, mais connu de tous les étudiants fauchés de la fac, ce café propose des petits déj bien costauds et bon marché (beaux pancakes, mais aussi chouettes burgers). Daily special différent chaque jour.*

☛ ***La Boulangerie*** *(plan couleur général, A3, 71) : 625 St Charles Ave.* ☎ *569-*

1925. Tlj sf dim 6h30-14h. Pas de charme particulier pour cette French bakery, mais deux atouts incontestables. Un : elle n'a pas usurpé son qualificatif (vrais croissants, vrais pains au chocolat, vrai café, etc.). Deux : elle est le seul refuge breakfast pour ceux qui se seraient égarés dans Downtown et qui en ont ras la tasse du Starbucks.

☛ *Sans oublier, parmi les restos que nous citons plus loin, **Mother's** (plan couleur centre I, C2, 65), qui ouvre tôt et sert des pâtisseries ; **Camelia Grill** (hors plan couleur général par A3, 82), **Lucy's Retired Surfers** (plan couleur général, C2, 89) et **Elizabeth's Restaurant** (hors plan couleur général par D1, 74) pour leurs brunchs. Et enfin ceux qui proposent des jazz ou gospel brunchs : **House of Blues** (plan couleur centre I, C2, 112) et **The Court Of Two Sisters** (plan couleur centre I, C1, 85).*

Dans le French Quarter et le quartier Marigny

Très bon marché

La Nouvelle-Orléans possède une authentique tradition culinaire différente des recettes cajuns. En effet, elle fut inventée par les esclaves noirs au service des grandes familles. C'est une synthèse des traditions gastronomiques française et antillaise, adaptée aux produits locaux : riz, coquillages, poisson... saucisse. Le tout assez épicé. Certaines recettes se ressemblent un peu.
Le problème des endroits touristiques, c'est qu'ils alignent à peu près tous la même carte et qu'ils sont globalement chers. Cela se vérifie tout particulièrement à La Nouvelle-Orléans. Il y a malgré tout moyen de manger pour quelques dollars, car nous avons déniché quelques perles.

|●| ***A and P Food Store*** *(plan couleur centre I, C1, 60) : à l'intersection de Royal St et de Saint Peter St. Tlj 7h (8h w-e)-18h. Épicerie très bien fournie. Les fauchés pourront toujours y acheter quelques vivres (légumes, fruits...).*
|●| ***The Verti Marte*** *(plan couleur centre I, C1, 68) : 1201 Royal St.* ☎ *525-4767. Tlj 8h-minuit. Plats env 8 $. Une*

bonne adresse si vous disposez d'une kitchenette : quelques plats préparés à emporter ou à se faire livrer (gratuitement dans le quartier) ; salades, sandwichs, boissons diverses, même du champagne. Portions généreuses : un plat pour deux suffit largement. Plats végétariens et coupes de fruits frais.

De bon marché à prix modérés

Pour manger pas cher à La Nouvelle-Orléans, vous avez deux possibilités : la *mufuletta* (s'écrit aussi *muffuletta* ou *mufaleta*) ou le *po-boy*. Le premier est un gros et fameux sandwich italien, composé d'un pain rond garni de charcuterie (salami, jambon, mortadelle) et de fromage, le tout copieusement arrosé d'une sauce aux olives, aux câpres et aux épices absolument succulente. La *mufuletta* fut inventée par un immigrant sicilien au début du XXe s. À cette période, tous les Italiens arrivant sur le Nouveau Continent étaient d'ailleurs des Siciliens (!) et se régalaient de ce gros sandwich pour le déjeuner. Curieusement la *mufuletta* n'existe qu'à La Nouvelle-Orléans ; en Sicile, on ne connaît pas. Le *po-boy* est le sandwich du pauvre (« *Poor boy* », devenu par déformation *po-boy*). Moins goûteux, du fait que le pain blanc qui lui sert de base est souvent assez banal. En tout cas, ce n'est pas cher. La plupart des restos que nous indiquons sont situés dans le French Quarter.

|●| **Central Grocery** *(plan couleur centre I, C1, 61)* : 923 Decatur St. ☎ 523-1620. *Tlj sf dim-lun 9h-17h. Mufuletta entière pour moins de 10 $.* On peut se contenter d'un seul sandwich pour deux le midi, vous verrez, ça cale déjà pas mal. On adore cette boutique-épicerie-snack créée il y a 100 ans, pleine de bonnes odeurs mélangées, aux murs couverts de 1 000 produits transalpins et d'énormes bidons d'huile d'olive. C'est ici même que naquit la *mufuletta*. Ce fut le premier, et c'est aujourd'hui toujours indiscutablement le meilleur endroit de la ville pour en déguster. On peut soit l'emporter, soit la manger sur place, accoudé au comptoir de formica blanc, au fond, en suivant distraitement *Desperate Housewives* sur les écrans télé. La salade à l'huile d'olive maison fait aussi partie des classiques.

|●| **Barracks Street Café** *(plan couleur centre I, D1, 76)* : 430 Barracks St. ☎ 525-0330. *Tlj 10h-20h (horaires indicatifs, fluctuant selon l'ambiance et l'humeur du patron). Env 7 $.* Un tout petit snack ouvert sur la rue, avec juste quelques tables et tabourets. Accueil et prix bien sympas, dans une ambiance gentiment margeo. Au choix, une ribambelle de sandwichs copieux, des salades et quelques *po-boys*. La carte se teinte aussi de couleurs mexicaines pour offrir tacos, guacamole, *quesadillas* et *huevos rancheros*. Bref, une adresse astucieuse pour se remplir l'estomac, à toute heure du jour et sans trop se vider les poches. Font aussi livraison à l'hôtel.

|●| **Johnny's Po-Boy** *(plan couleur centre I, C2, 63)* : 511 Saint Louis St ; à la hauteur de Decatur St. ☎ 524-8129. *Lun-ven 9h-15h, w-e 9h-16h. Po-boys de ttes sortes, env 5 $.* Petit resto populaire où l'on côtoie aussi bien le flic du quartier que le camionneur qui vient de finir sa livraison. Tables recouvertes de toile cirée en vichy rouge et blanc, quelques néons et ventilos. Comme le nom l'indique, on vient ici pour prendre un imposant *po-boy*, énorme casse-croûte composé au choix de crevettes, de viande ou d'huîtres frites, qu'on commande au comptoir, même si les salades sont aussi savoureuses et copieuses.

|●| **Country Flame** *(plan couleur centre I, C2, 64)* : 620 Iberville St ; entre Chartres et Royal, à l'angle de « Exchange Pl ». ☎ 522-1138. *Tlj 11h-22h (23h ven-sam). Repas complet env 10 $ et quelques plats dès 7 $.* Certainement le meilleur et le plus abordable des *black beans et rice* de la ville. Beaucoup de monde pour ce resto coloré qui conjugue cuisines cubaine, mexicaine et espagnole. Simple et bon, service un rien nonchalant mais c'est très bien ainsi, puisqu'on ne vous met pas dehors à 20h. Goûtez aux spécialités de la maison : *carne guisada, empanadas, ropa vieja.*

|●| **Elizabeth's Restaurant** *(hors plan couleur général par D1, 74)* : 601 Gallier St, à l'angle de Chartres St. ☎ 944-9272. *Mer-ven 11h-14h30 et 18h-22h, sam 8h-14h30 et 18h-22h, dim 8h-14h30. Le w-e, fameux brunch, 9h-14h30, 9-11 $. Bons lunch specials 7-9 $.* Le long de la levée, dans un coin du Bywater un peu paumé où Katrina a laissé pas mal de cicatrices. Beaucoup d'habitants n'y sont jamais revenus, les rues coulent lentement dans l'abandon. Une nouvelle population investit ce quartier qui ferait un décor parfait pour un film de Wenders et a fait de ce resto un de ses points de ralliement. On vient de loin savourer les bons petits plats du jour dans une salle modeste sur de bonnes vieilles nappes à carreaux. Pas cher, tranquille et familial, typique du Sud gourmand !

|●| **Café Maspero** *(plan couleur centre I, C2, 66)* : 601 Decatur St ; à l'angle de Toulouse. ☎ 523-6250. *Tlj 11h-22h. Sandwichs env 6 $ et assiettes 10 $.* Grande salle agréable aux murs de bri-

que et meublée de tables en bois massif. Malgré (ou grâce à) l'afflux perpétuel de clients (des touristes, mais aussi pas mal de gens du coin), patrons et serveurs gardent calme et sourire. *Salades* et grand choix de sandwichs *(mufulettas)*. Spécialités de fruits de mer également, mais un peu trop souvent frits à notre goût. Se contenter des plats les plus simples.

|●| *Port of Call (plan couleur centre I, C1, 97)* : 838 Esplanade Ave. ☎ 523-0120. *Tlj 10h-1h (2h ven-sam). Plats simples genre burgers et steaks pour moins de 10 $.* À la frontière entre le French Quarter et le quartier Marigny en pleine effervescence, cette petite taverne avec ses poutres et ses lumières tamisées est très réputée pour ses hamburgers (essayez ceux accompagnés de champignons cuisinés dans du vin et de l'ail), servis avec une *baked potato* recouverte de crème, bacon et cheddar, qui rassasiera les plus affamés. Possibilité aussi de manger au bar si c'est plein – autant dire qu'on mange souvent au bar. Enfin, bons cocktails maison à base de rhum, dont le fameux *Mansoon*.

|●| *Mona Lisa Restaurant (plan couleur centre I, D1, 70)* : 1212 Royal St. ☎ 522-6746. *Tlj 11h-23h. Plats 10-12 $ (un peu plus cher le soir).* Bon, ce n'est jamais qu'une pizzeria, d'ailleurs plus engageante pour ses plats de pâtes que ses pizzas. Mise en ambiance classique : bougies sur les tables, nappes à carreaux rouges et blancs, murs de brique couverts de Mona Lisa grimaçantes. Adresse tranquille où se retrouvent les habitués et quelques touristes presque égarés.

|●| *Lucy's Retired Surfers (plan couleur général, C2, 89)* : 701 Tchoupitoulas St – Warehouse District. ☎ 523-8995. *Tlj 11h-22h (plus tard au bar). Plats env 10 $.* Dans le quartier des galeries d'art et du Convention Center, ce resto-bar apporte un peu d'air aux employés de banque du quartier, avec sa déco surf, son ambiance californienne et sa cuisine américano-mexicaine *(quesadillas, tacos, burritos...* mais aussi copieuses salades et burgers). Essayez leurs cocktails (une bonne vingtaine) dont le *Shark Attack* : le serveur se fera un plaisir de plonger un requin rempli de grenadine dans votre verre où flottent quelques sirènes multicolores ! Très populaire le week-end. Ambiance *after work* le vendredi soir avec *happy hours* (16h-19h en semaine), et plus décontractée le samedi. Brunch le dimanche. À l'étage, un écran géant projette les matchs en cours en fonction des saisons sportives.

|●| *Adolfo's (plan couleur centre I, D1, 92)* : 611 Frenchmen St. ☎ 948-3800. *Tlj 17h30-22h30.* Au 1er étage au-dessus d'un bar un rien déjanté. *Résa conseillée. Plats env 12-15 $.* Possibilité d'apporter sa bouteille de vin *(droit de bouchon – corkscrew – de 5 $).* Ce petit resto ne paie pas de mine, c'est le moins qu'on puisse dire, mais on y mange très bien. Une cuisine qui mélange avec bonheur les recettes italiennes et créoles, et quelques bons plats de poissons. Bons choix de pâtes également.

|●| *Coop's Place (plan couleur centre I, D1, 73)* : 1109 Decatur St. ☎ 525-9053. *Tlj 11h-2h (plus tard le w-e). Plats 7-10 $.* Le repaire des couche-tard et des lève-tard... à qui il reste quelques dollars en poche. Atmosphère bar-vidéo et public jeune. Dans la pénombre, on devine une cuisine simple et copieuse : sandwichs, poulet, salades, *sausage jambalaya*... Rien de bien sorcier (vaudou), mais ça cale son homme. En fait, son principal atout est qu'il sert à manger jusqu'à 1h avant la fermeture, et c'est finalement assez rare dans le secteur pour être signalé. En plus, l'addition reste très sage. Billard au fond de la salle.

|●| *Mother's (plan couleur centre I, C2, 65)* : 401 Poydras St ; à l'angle de Tchoupitoulas St. ☎ 523-9656. À 4 blocs à l'ouest du French Quarter. *Tlj 7h-21h. Plats du jour env 10 $.* Breakfast *moins de 8 $ pour les* early birds *(les lève-tôt, jusqu'à 9h, sf sam-dim).* Une belle surprise au cœur du Downtown des affaires, où l'on sert depuis 1938 de copieux *po-boys* (servis en *regular* ou *half*) dans une atmosphère conviviale, mais aussi de nombreux plats du jour *(jambalaya, gumbo, meatball...).* Une nourriture avant tout reconstituante, lourde souvent, pas chère toujours : une vraie tranche d'Amérique dans votre assiette.

|●| **Mona's Café** (plan couleur centre I, D1, **77**) : 504 Frenchmen St. ☎ 949-4115. Tlj 11h-21h. Plats copieux moins de 10 $. Chouette petite adresse libanaise au cœur de la populaire, estudiantine et bohème rue Frenchmen. Shawarma, humus et kebab sont les piliers de la carte. Bonne ambiance qui réchauffe une salle banale. Parfait si on passe la soirée dans le secteur.

|●| **Clover Grill** (plan couleur centre I, C1, **79**) : 900 Bourbon St. ☎ 598-1010. Tlj 24h/24. Burgers env 7 $. Étonnant de trouver encore ce genre d'adresse dans Bourbon St. Une salle grande comme un abribus, un comptoir de formica, une bonne odeur de vieux graillon et, derrière le bar, des hamburgers qui grillent, des omelettes qui bavent et des sandwichs qui débordent. Une nourriture basique, vous l'aviez compris, mais quand on erre sans raison dans Bourbon Street au bout d'une nuit peut-être un rien arrosée, on est ravi d'échouer dans ce vieux rade des familles, quelques dollars en poche, pour mettre un peu de solide dans le liquide.

Prix moyens

|●| **Café Degas** (hors plan couleur centre I par C1) : 3127 Esplanade Ave (au nord, près de City Park). ☎ 945-5635. Mer-dim 11h-15h, 18h-21h30. Brunch 26 $. Plats 12-22 $. Un des restos les plus romantiques de La Nouvelle-Orléans, situé dans le faubourg Saint John (voiture ou taxi indispensable), un quartier très agréable peuplé d'artistes et d'intellos à proximité de la maison où a vécu Degas, d'où son nom. En fait, une espèce de cabane en bois construite tout autour d'un arbre avec des petites tables éclairées par des bougies et terrasse verdoyante. Cuisine d'influence française et créole, normal, c'est tenu par un Français. On y trouve régulièrement des moules marinière, des quiches, un bel onglet aux échalotes et même du pâté. Tradition et régularité. Une bonne adresse connue des locaux.

|●| **Gumbo Shop** (plan couleur centre I, C1, **75**) : 630 Saint Peter St ; à la hauteur de Royal St. ☎ 525-1486. Tlj 11h-15h, 17h-23h. Plats principaux 8-20 $. Dîner créole de bon aloi : 4 plats pour 20 $. Cadre élégant, à défaut d'être original ou chaleureux. La petite courette agrémentée de quelques plantes vertes est plus accueillante, ou encore la minuscule salle au fond de ladite courette. Beaucoup de touristes viennent se serrer autour de petites tables pour y goûter les spécialités cajuns. Tous les classiques sont là, et certains à des tarifs étonnamment raisonnables : jambalaya (vraiment pas cher), seafood okra gumbo, chicken andouille gumbo... Assez épicé. Bon service régulier malgré le côté « faut-qu'ça-tourne ». On pourrait croire au prototype du piège à touristes, et pourtant on en ressort content et pas plumé, pour peu qu'on slalome intelligemment entre les plats trop chers.

Chic

|●| **Irene's Cuisine** (plan couleur centre I, C1, **80**) : 539 Saint Philip St. ☎ 529-8811. Lun-mer et sam 17h30-22h, jeu-ven 11h-14h30 et 17h30-22h. Plats 20-30 $. Pour y aller, ce n'est pas compliqué, il suffit de pister l'odeur d'ail qui embaume trois blocs à la ronde. Dedans, deux petites salles chargées de photos en noir et blanc, de vaisselle et d'objets inutiles. Cosy et chaleureux comme tout, avec son effervescence de brasserie bourdonnante. Ils ne prennent pas les réservations et, si vous devez attendre (parfois longtemps) votre table, on vous conduira dans la petite pièce du fond où un pianiste accompagnera votre drink. Cuisine italienne, moderne sans être révolutionnaire, goûteuse, précise au niveau des cuissons, soignée sur la présentation, juste quant aux quantités, le tout encadré par un service professionnel qui n'empêche pas l'humour. Une bonne table qu'on se refile dans le creux de l'oreille.

|●| **The Court of Two Sisters** (plan cou-

leur centre I, C1, **85**) : 613 Royal St (une autre entrée sur Bourbon St). ☎ 522-7261. Tlj sf mer 9h-15h pour le jazz-buffet et le soir (sf mar, mer et dim) 17h30-21h. Jazz-buffet le midi env 25 $; sinon, plats 20-26 $. Menu dîner 43 $. On vient ici surtout pour le célèbre jazz brunch-buffet quotidien, servi dans un immense et magnifique patio fleuri, avec tonnelle, musiciens dans la journée et fontaine ! Au buffet, une dizaine de plats à volonté. Maison coloniale qui fut occupée par Étienne de Perrier, gouverneur pendant la période française. Clientèle de yuppies et touristes friqués, mais les routards sont bien acceptés. Dîner plus cher et moins intéressant. Accueil variable. Dans le couloir d'entrée, beaux drapeaux anciens, espagnols, français et américains.

|●| **Feelings** (hors plan couleur général par D1, **87**) : 2600 Chartres St (angle avec Franklin St) ; à l'est du vieux quartier. ☎ 945-2222. Mer-dim 18h-22h, brunch dim 10h-14h. Plats 15-20 $. En marge du circuit touristique classique, dans une ancienne plantation un peu décrépite. D'ailleurs, le bar est ouvert dans l'ancien quartier des esclaves, dans une jolie petite courette qui regorge de plantes. Cuisine classique, d'inspiration faubourg Marigny, avec quelques réminiscences françaises (tournedos au poivre, veau marchand de vin, etc.) et les inévitables spécialités locales. Belle salle en brique et patio sur l'arrière. Le balcon n'est accessible qu'en fin de semaine, quand un pianiste donne le la. Portions à taille plus humaine qu'ailleurs.

|●| **The Red Fish Grill** (plan couleur centre I, C2, **96**) : 115 Bourbon St. ☎ 598-1200. Tlj 11h-15h et 17h-23h. Plats 15-28 $. Adresse conceptuelle, créée par Ralph Brennan, le designer à la mode de La Nouvelle-Orléans. Ici, tout est axé sur le poisson : fresque murale, bestioles empaillées, éléments de mobilier et, of course, la carte. Spécialités de poisson grillé, d'une exemplaire fraîcheur, et de tout ce qui vit dans l'eau (catfish, crevettes, huîtres, etc.), préparé de différentes manières. L'endroit est assez à la mode, plutôt bruyant, et la clientèle soucieuse d'être vue.

Très chic

Ne soyez pas effrayé ! Les prix de ces restos ne sont pas si exorbitants quand on se contente d'un plat. Et si l'on y vient le midi, ils deviennent presque abordables grâce aux plats du jour.

|●| **Le Peristyle** (plan couleur centre I, C1, **84**) : 1041 Rue Dumaine. ☎ 593-9535. Tlj 18h-22h. Plats 20-30 $. Dans péristyle il y a style, et cette maison n'en manque pas depuis qu'elle tourne sous l'œil exercé d'un manager d'origine belge. Qui imprime à toute son équipe un humour décalé totalement inattendu sous ces latitudes. Quant à la carte, elle a été élaborée par un chef allemand sans lésiner sur la petite touche d'alcool pour pimenter à sa façon la cuisine locale. Le tout donne un cocktail savoureux, pour le palais comme pour les yeux. Carte des vins longue comme un défilé de Mardi gras et service à la fois stylé, chaleureux et complice. La prochaine fois, c'est sûr, on y retourne !

|●| **Mr B's Bistro** (plan couleur centre I, C2, **90**) : 201 Royal St. ☎ 523-2078. Tlj 11h30-15h et 17h30-22h (sam slt 17h30-22h). Le dim, superbe jazz-brunch 11h-15h. Menu complet env 33 $; lunch-menu env 15 $, ce qui constitue une vraie bonne affaire. On se croirait dans une brasserie parisienne chic, mais la cuisine est d'inspiration créole traditionnelle, et des meilleures. Clientèle d'affaires décontractée (ici, pas de cravate obligatoire !) et serveurs stylés mais enjoués, ce qui n'est donc pas incompatible (du moins aux États-Unis)... Goûter à le gumbo ya ya, succulente soupe locale. Plats originaux qui changent des habituelles fritures du Vieux Carré : enfin du lapin, du canard, du porc et des poissons différents (thon, saumon, etc.). Piano-bar le soir.

|●| **Galatoire's** (plan couleur centre I, C2, **91**) : 209 Bourbon St ; à la hauteur d'Iberville St. ☎ 525-2021. Tlj sf lun 11h-22h. Plats 22-30 $. Pas de résa.

Grande salle assez cossue, avec nappes blanches et ventilos. On y rencontre plus la clientèle *upper class* prospère que des Texans nouveaux riches. Très bonne cuisine créole (qui se prétend française...). Spécialité de brochettes d'huîtres, mais la carte est très étendue. Jeans et shorts refusés, veste et cravate requises après 17h !

Dans le quartier de Tulane University

Bon marché

|●| **Whole Foods Market** (hors plan couleur général par A3) : 5600 Magazine St, à l'angle de Joseph St. ☎ 899-9119. Tlj 9h-20h. Moins de 10 $. Le jour où cette chaîne de supermarchés haut de gamme s'installera en France, Lafayette Gourmet et Monoprix trembleront. Véritable temple des produits et légumes bio (*organic* en anglais) très bien fourni en fruits et légumes, idéal pour un déjeuner sur le pouce ou un pique-nique au soleil dans Audubon Park. *Salad and soup bar*, sandwichs frais, pizzas... Une succursale s'est ouverte sur Veteran's Blvd. Plein d'autres **snacks** dans ce quartier étudiant.

|●| **Rue de la Course** (hors plan couleur général par A3, 83) : 1140 Carrollton, à l'angle de Oak. ☎ 861-4343 Tlj 9h-20h. Petite restauration env 6 $. Une *coffee house* qui propose toutes sortes de sandwichs copieux et pas chers.

L'ambiance rappelle la bibliothèque de la fac, avec les étudiants qui pianotent sur leur ordinateur portable, sur fond de musique baroque. Si, si, du Vivaldi ou du Corelli, ça change des bars de Marigny où l'on est obligé de hurler à sa voisine pour couvrir la trompette du bon vieux Kermitt (et si vous ne connaissez pas encore Kermitt, ruez-vous sur les rubriques consacrées à la musique).

|●| **Café Freret** (hors plan couleur général par A3) : 7329 Freret St. ☎ 861-7890. Tout près de Loyola-Tulane. Tlj 8h-23h. Plats moins de 10 $. Les étudiants de Tulane viennent « faire le plein » dans cette ancienne station-service reconvertie en café-resto. Au menu : sandwichs, salades, burgers, *mufuletta* et *chicken wings*. Propose aussi des petits déj. Grande terrasse avec ventilo. Parfait pour les étudiants du quartier, mais on n'y vient pas exprès.

Prix moyens

|●| **Camelia Grill** (hors plan couleur général par A3, 82) : 626 S Carrollton Ave ; à la hauteur de Saint Charles Ave, près de la station Shell (dans le quartier de Tulane University). ☎ 866-9573. Tlj 9h-1h (plus tard ven-sam). Plats moins de 10 $. Une escale pour ceux qui ont pris le tramway de Saint Charles Avenue. Avec ses colonnes blanches, la façade rappelle une jolie plantation. À l'intérieur (si l'on a eu la patience d'attendre son tour), on s'installe sur les tabourets bas qui épousent les méandres du comptoir sinusoïdal. Les serveurs souriants se taquinent joyeusement, les plats sont abondants et l'ambiance décontractée. Le cheeseburger maison et l'omelette géante figurent parmi les favoris des habitués. Ne partez pas sans goûter au *pecan pie*. Très couru le dimanche matin.

Chic

|●| **Jacques Imo's** (hors plan couleur général par A3, 94) : 8324 Oak St. ☎ 861-0886. Tlj 17h-22h (23h ven-sam). Juste à côté du célèbre Maple Leaf (voir « Où écouter d'autres styles de musique ? »). Plats env 20 $, mais qui se suffisent à eux-mêmes. Dans cette rue qui concentre toute l'animation du quartier étudiant, cela fait plus d'une décennie que Jacques, le patron, sympathique et coloré comme sa cuisine, tient son affaire avec sourire et effica-

cité. Il faut passer devant le bar et traverser les cuisines pour trouver une place dans l'une des salles aménagées de bric et de broc dans une sorte de maison bringuebalante, qui semble arriver à pied de l'époque des pionniers où l'on sert de copieux plats de *seafood* créole et cajun, du populaire *shrimp étouffée* à l'*alligator sausage* en passant par la *gumbo soup*. Des goûts marqués et subtils à la fois, des assiettes bien garnies et une atmosphère du tonnerre ! Et juste après, repu, on file *next door* faire fondre ses calories, en assistant à un concert endiablé au *Maple Leaf* !

|●| ***Dick & Jenny's*** *(hors plan couleur général par A3, 93)* : 4501 Tchoupitoulas. ☎ 894-9880. Mar-jeu 17h30-22h *(22h30 ven-sam). Fermé dim-lun. Repas sans boisson min 35 $. Pas de résa, prévoir une petite attente.* À 10 mn en voiture ou en taxi du French Quarter, pas loin de *Tipitina's,* ce qui peut constituer un bon plan resto-sortie pour découvrir ces rues qui courent le long des docks dans une lumière poisseuse. Prendre Tchoupitoulas le long de la zone portuaire, puis toujours tout droit. Sorte de longue maison de bois, style guinguette avec loupiotes colorées. La salle principale, brassée par des ventilos, est décorée d'assiettes payées par les clients lors de l'ouverture du resto et de vagues croûtes. Toile cirée sur les tables et eau fraîche servie dans des pots à confiture. La carte nécessite un bon quart d'heure de décryptage tout en provoquant immédiatement une excitation des papilles gustatives par ses télescopages culinaires surprenants. On est en pleine *fusion food.* Cuisine par conséquent sophistiquée et débouchant sur de bonnes surprises, mais sans le côté chichiteux et compassé que l'on peut connaître en Europe. Service décontracté. À quand le petit coup de neuf ?

Où boire un verre ou un café ?

Dans le French Quarter et autour

🍷 ***Café du Monde*** *(plan couleur centre I, C1, 113)* : French Market ; 800 Decatur St et Saint Ann St. ☎ 587-0833. *Tlj 24h/24, sf Noël.* Ambiance méridionale sous les arcades de ce vieux café. Depuis 1860, on y sert les célèbres beignets *(French doughnuts),* pas chers, excellents et servis par 3, ainsi qu'un café-chicorée : contraints par la pénurie à boire de la chicorée pendant la guerre de Sécession, les Néo-Orléanais en gardèrent l'habitude. Grande terrasse ombragée. On n'échappe pas complètement au débit touristique, avec accueil à la chaîne et des gadgets parfaitement inutiles.

🍷 ***The Napoleon House*** *(plan couleur centre I, C2, 119)* : 500 Chartres St, à l'angle de Saint Louis. ☎ 524-9752. *Tlj 10h-22h (plus tard le w-e). Sandwichs et salades moins de 10 $.* Vous êtes dans un café-resto chargé d'une histoire romantique et cocasse à la fois. Ce fut ici la demeure de Nicholas Girod, maire de la ville à la fin du XVIIIe s. Sympathisant des bonapartistes, le maire conçut le projet de préparer l'évasion de l'Empereur de Sainte-Hélène pour l'emmener en Louisiane en exil. Girod avait même fait agrandir sa maison pour accueillir Napo. Patatras, l'hôte de Sainte-Hélène mourut avant ! Voilà pourquoi cette maison est dédiée au petit Corse. Remarquez, l'histoire aurait eu du piquant : Napoléon réfugié en Louisiane après l'avoir vendue ! Salles aux plafonds de bois, à la courette adorable et aux murs à la peinture écaillée par le temps, chargés de souvenirs de Napoléon, le tout baigné dans une savante pénombre et noyé dans un fond de musique classique (le plus souvent la 3e symphonie de Beethoven, bien sûr !). Fait restaurant, mais mieux vaut se contenter d'une *mufuletta* ou d'un *poboy,* le reste étant souvent décevant et assez cher.

🍷 ***Seville's Pirate's Alley Café*** *(plan couleur centre I, C1, 121)* : 622 Pirates Alley. *Tlj 11h-minuit (2h le w-e).* Compter quelques dollars pour faire une halte, se désaltérer ou casser une petite graine. Cette minuscule allée bordant le flanc gauche de la cathédrale, invisible aux promeneurs distraits, abrite un non moins minuscule bar qui sert des petites choses à grignoter. Un petit coin tranquille à deux pas de Jackson Square.

🍸 **Pat o' Briens** (plan couleur centre I, C1, **116**) : 718 Saint Peter St. ☎ 525-4823. Tlj 16h-2h. Attention : verre (contenant) facturé 3 $; demander un gobelet. Interdit aux moins de 21 ans. Q.G. des touristes américains, mais ambiance telle qu'il faut y faire un tour ! Deux pianos mis côte à côte, deux chanteurs jouant les grands classiques américains. Ne manquez pas le *Hurricane*, un cocktail à base de différents jus de fruits et d'une dizaine de rhums restant au-dessus (on commence par le jus de fruits et on termine par l'alcool, d'où le nom… hurricane signifie « ouragan »). C'est LE cocktail de Bourbon Street, mais celui du *Pat o' Briens* reste l'un des meilleurs. Leur *mix* est même vendu dans tout l'État ! Lieu particulièrement agréable en fin d'après-midi, surtout dans le patio extérieur au fond, car il y a moins de monde.

🍸 **Lafitte Blacksmith Shop** (plan couleur centre I, C1, **114**) : à l'angle de Bourbon St et Saint Philip St. ☎ 593-9761. Ouv midi-petit matin, jusqu'au dernier client. Entrée libre. Un des plus vieux bars des États-Unis, ouvert depuis 1772, sis dans une minuscule maison aux murs de traviole, et un de nos préférés à « Niouorlins ». Le soir, le pianiste, qui semble être là depuis l'ouverture, vous susurre des sérénades roucoulantes de crooners américains. On pose son verre sur son piano. C'est un peu ringard, pas toujours juste, mais on aime bien quand même. Atmosphère rustique avec feu de cheminée et chandelles. La maison

aurait appartenu au pirate Lafitte.

🍸 **Check Point Charlie** (plan couleur centre I, D1, **115**) : 501 Esplanade Ave. ☎ 949-7012. Ouv 24h/24, happy hours 16h-19h. Entrée libre. Igor est une figure de la bistroterie locale. Ici, on peut laver son linge en se rinçant le gosier. Pratique. Rien de particulier côté laverie (enfin, c'est propre) et côté bistrot, des concerts accueillent du beau linge quasiment tous les soirs, en général autour de 19h (musiques très variées), une ambiance enfumée de pub irlandais que brassent mollement des ventilos, et une clientèle plutôt sympathique. *Jambalaya* pas cher pour éponger la bière. Programmation affichée à l'extérieur.

🍸 **D.B.A.** (plan couleur centre I, D1, **117**) : 618 Frenchman St. ☎ 942-3731. Tlj 17h-4h ou 5h. Entrée (payante ven et sam slt) 5 $. Interdit aux moins de 21 ans. Resté longtemps à l'écart, le *D.B.A.* profite maintenant de l'engouement pour ce quartier qui attire ceux qui recherchent de nouveaux styles de musique. Sur d'anciens sièges de ciné, on peut entendre du jazz, mais aussi du funk et du blues. Le week-end, c'est bondé, et la bière ou la tequila coulent à flots. Hors des concerts, le juke-box vous jouera les vieux classiques américains.

🍸 **Utopia** (plan couleur centre I, C2, **123**) : 227 Bourbon St. ☎ 523-3800. Lun-ven 16h-4h, w-e 12h-5h. Entrée payante w-e 5 $. Musique 17h30-20h (slt w-e). Happy hours tlj 19h-21h : 2 verres pour le prix d'un. Bourbon Street croule sous les bars, mais celui-ci reste une valeur sûre depuis plusieurs années. Plusieurs bars et pistes de danse. Tubes du moment, disco, rock et funk, même du R & B, y en a pour tous les goûts, toutes les nationalités et tous les âges !

Vers Tulane University (plan couleur d'ensemble)

Bon, on ne vient pas exprès à ces adresses, mais elles sont pratiques quand on est dans le secteur.

🍸 **PJ's Coffee and Tea Co :** à côté du 7624 Maple St, près d'Adams St. ☎ 866-7031. Tlj 7h-22h. Salon de thé très plaisant, où l'on peut choisir son café et le faire moudre à son goût. Patio agréable et ombragé, terrasse bien

aérée. Idéal pour discuter avec les jeunes du coin (des étudiants pour la plupart) ou bouquiner au soleil et au calme.

🍸 **Cooter Brown's :** 509 S Carrollton Ave ; à l'intersection de Saint Charles et de Carrollton, au carrefour, en diagonale de la station Shell. ☎ 866-9104. Tlj 11h-2h ou plus selon l'affluence. Interdit aux moins de 21 ans après 20h. Grande taverne très sombre, avec billard, jeux et vidéos, assez représentative de l'*American way of life*. Pas mal pour essayer de comprendre les règles du base-ball, du football, de l'Indycar, quoi d'autre ? Les écrans de télé diffusent en boucle une bonne douzaine de programmes sportifs différents. Des caricatures de personnalités en bas relief égaient l'ensemble. On a le choix aussi entre 400 sortes de bières de tous les pays du monde, dont une quaran-taine à la pression ; on trouve même de la *Jenlain* ! Petite restauration de snack créole, très loin de la gastronomie.

🍸 **Fat Harry's** : 4330 Saint Charles Ave. ☎ 895-9582. Tlj 10h-3h. Véritable institution auprès des étudiants de Tulane, ce pub est réputé pour servir les meilleures frites recouvertes de cheddar fondu, le tout assaisonné au *ranch dressing*. Si ça ne mérite pas le détour ! Ce *Fat Harry's* n'usurpe donc pas son nom... Idéal aussi pour regarder les matchs de football en cours et les parades sur Saint Charles. Jeux vidéo et billard dans le fond.

Où écouter du jazz dans les boîtes mythiques ?

C'est évidemment sur Bourbon Street que la soirée commence, qu'on prend le pouls et la température de la ville. Et dès la fin d'après-midi, ça bat fort. La partie centrale de la rue devient piétonne et la musique jaillit de tous les troquets bien avant que le soleil décline dans un colossal tohu-bohu où rock, heavy-music, funky, techno et rap se disputent à coups de kilo-décibels. La rue est pleine, beaucoup de gens le seront bientôt aussi. C'est là que durant Mardi gras, depuis les balcons des hôtels et des bars, les jeunes mâles, canette à la main, jettent des colliers de carnaval aux filles qui osent découvrir la naissance d'une poitrine ou le début d'un popotin sans oser aller plus loin dans le dévoilement de leur anatomie, tant les flics locaux sont sourcilleux sur la morale... Ambiance un peu lourde, donc, en version *cheap* et boîtes de strip bas de gamme (on y est allés parce qu'on était obligés !). Les boutiques à souvenirs et les enseignes racoleuses se remplissent et se vident d'un flux de congressistes en ribote et de touristes d'un week-end venus s'encanailler dans cette cité à la réputation sulfureuse dans le reste des USA. Pas de panique, ce que vous voyez sur Bourbon Street n'est pas le reflet de la musique de La Nouvelle-Orléans ; les bonnes adresses sont souvent un peu à l'écart de cette débauche de décibels qui sortent par les fenêtres des établissements volontiers racoleurs, même si quelques bars se distinguent pour leurs formations rock de bon aloi.

Arpenter Bourbon Street au moins une fois n'est pourtant pas désagréable. On tend l'oreille, on prend un verre ici, puis on file ailleurs. Toutes les formations qui bossent dans les bars un peu pourris de la rue ne sont pas forcément mauvaises, loin de là, mais ce sont rarement les meilleures. Une fois que vous aurez pris votre dose de bourbon (ici, jeu de mot), dirigez-vous vers les vrais lieux, les piliers du temple, ceux qui ont fait, font et feront ce jazz si typique de la ville. Ce sont ces adresses que nous vous indiquons, notamment les premières.

Au cours de votre séjour et vos soirées musicales, vous croiserez peut-être plusieurs fois les pas de musiciens déjà vus ailleurs un soir précédent. Il faut savoir que la plupart des musiciens ne roulent pas sur l'or, loin de là, et que seuls les très bons parviennent à « faire leur beurre ». Maîtriser le *Nou Olliinss Jazz* n'est pas une mince affaire. Ensuite, il faut trouver des contrats qui permettent de tourner suffisamment pour ne pas avoir à faire un autre boulot dans la journée (c'est souvent le cas). La concurrence est rude, et si la demande est élevée, l'offre l'est encore plus et les musiciens de qualité ne manquent pas.

En fait, les grands jazzmen ont tous fait leurs armes aux States, avec un passage obligé par la Louisiane, mais aujourd'hui c'est en Europe essentiellement, et plus particulièrement en Allemagne, aux Pays-Bas et en France, qu'ils acquièrent une reconnaissance internationale. Le jazz se vend en réalité très mal aux États-Unis, et peu de musiciens, fussent-ils excellents, pourraient en vivre. Exilés sur le Vieux Continent, les meilleurs reviennent régulièrement donner quelques triomphants concerts. La vie d'un jazzman n'est pas celle d'un milord. Ainsi, quand vous avez vraiment apprécié une prestation et que le chapeau tourne, ne soyez pas chien : que sont quelques dollars à côté d'un sublime moment d'émotion pure ?

Suite à Katrina, les clubs de jazz ont tous rouvert petit à petit au fil des mois et repris leur cours normal, même si quelques fluctuations d'horaires peuvent encore intervenir ici et là. À signaler également qu'une fondation a été créée pour recueillir les dons en vue de racheter des instruments aux musiciens qui ont perdu leur outil de travail. Dans certains lieux, on vous demande un petit quelque chose à l'entrée, par solidarité avec les musicos. À vot'bon cœur !

♪ **Preservation Hall** (plan couleur centre I, C1, **100**) : 726 Saint Peter St ; à la hauteur de Royal St. ☎ 522-2841 ou 1-888-946-JAZZ. • preservationhall. com • Concert mer-dim 20h-23h. Pas de résa. Entrée 10 $. Le saint des saints, le temple du Graal pour tous les amateurs de jazz. Si vous cherchez le petit coin intime et les banquettes moelleuses, Preservation Hall ne vous conviendra pas. Ici, on reste debout ou on fait la queue avant l'ouverture à 20h pour profiter de quelques bancs ou des petites mousses placées à même le sol, juste sous le nez des musiciens. Car il faut dire que la salle est minuscule et les murs décrépits, juste animés de quelques vieux tableaux. Bon, si vous ne pouvez pas entrer au premier set, attendez le second. Ici, on ne sert aucune boisson et il est interdit de fumer. En revanche, vous entendrez du grand jazz. Le seul lieu de La Nouvelle-Orléans qui préfère ne pas utiliser de micro ; l'orchestre en est quitte pour jouer plus fort ! Vous tomberez d'accord avec Sartre qui disait : « Le jazz c'est comme les bananes, ça se consomme sur place. » La moyenne d'âge des musiciens est de 60 ans. Ils vous joueront Ice Cream ou Basin Street, et vous en redemanderez. Certains soirs, quand ils sont un peu tristes, ils vous joueront le fantastique hymne funéraire Closer Walk with Thee... Prévoir l'achat du disque, vraiment très bon.

♪ **Maison Bourbon Dedicated for the Preservation of Jazz** (plan couleur centre I, C1, **101**) : intersection de Saint Peter et Bourbon St. ☎ 522-8818. Jeu-lun 19h30-minuit (1h ven-dim). Sam et dim, musique à partir de 15h30. Fermé mar-mer. Entrée gratuite, conso obliga-

toire (chère). Du bon jazz classique mais un peu trop « carré » peut-être. À l'avantage d'offrir un spectacle dès l'après-midi le week-end. Malgré ses qualités intrinsèques, on ne peut toutefois s'empêcher de penser que, par son nom à rallonge, ce bar joue sur la confusion avec le prestigieux Preservation Hall (qui est d'ailleurs presque voisin). Les formations qui s'y produisent sont malgré tout d'excellente qualité. Les fauchés peuvent profiter de quelques notes depuis la rue.

♪ **Snug Harbor** (plan couleur centre I, D1, **102**) : 626 Frenchmen St ; à la hauteur de Chartres St. À l'est du French Quarter. ☎ 949-0696. • snugjazz.com • À 20h et 22h, ts les soirs, groupes de modern jazz. Prix selon programmation 12-20 $. Un des meilleurs clubs de jazz de La Nouvelle-Orléans. On aime beaucoup cette boîte, car elle est légèrement excentrée de la zone touristique, les formations sont généralement de très bon niveau et on y rencontre surtout des jeunes de la ville. On y entend de tout : ensemble, trio, quartet, sextet. Fait également resto, mais la cuisine est médiocre.

♪ ⦿ **Palm Court Jazz Café** (plan couleur centre I, D1, **86**) : 1204 Decatur St ou 61 French Market. ☎ 525-0200. • palmcourtcafe.com • Mer-dim 19h-23h, musique à 20h. Fermé août. Repas créole 30 $. Entrée gratuite, mais consos majorées de 5 $. Résa indispensable pour dîner. Le jazz, genre big band, est de très bonne qualité. Chaque soir la formation change. Évitez de vous trouver trop près de la scène, les musiciens jouant assez fort (n'espérez pas y faire des confidences tant que les messieurs jouent de la trompette). Mais quel talent ! Dans cette grande salle agréable aux faux airs de brasserie parisienne, on y mange aussi de l'excellente cuisine créole avec un zeste de je-ne-sais-quoi ajouté par la patronne. C'est très fin et pas trop cher pour la qualité. Goûtez au *shrimp ambrosia* (crevettes au Pernod), une des spécialités de la maison, ou le *shrimp potato cake* (et puis encore les *gumbos, jambalaya*).

♪ **Fritzel's** *(plan couleur centre I, C1,* **103**) : 733 Bourbon St. ☎ 561-0432. Tlj 21h-1h (2h w-e). Entrée 1 $ (versé au fond de solidarité du jazz). Traditionnel *dixieland jazz* tiré du meilleur tonneau et servi par des pros. Minuscule, la salle permet de « coller » à la musique.

♪ **Spotted Cat** *(plan couleur centre I,* **D1,** **104**) : 623 Frenchmen St, juste en face du Snug Harbor. ☎ 943-3887. Musique live tlj 18h30-22h. Entrée libre. Très prisé de la population bohème du quartier et des étudiants, voici un bar chaleureux en diable, qui distille un jazz efficace et rondement joué (mais pas seulement du jazz). En principe, chaque vendredi à 18h30, le *Panorama Jazz Band* avec son génial clarinettiste.

Où écouter d'autres styles de musique ?

Nombreux concerts quasiment chaque jour. Et pas seulement de jazz ! Se procurer le mensuel gratuit *Wavelength,* disponible dans la plupart des boutiques du Vieux Carré. Toutes les musiques de la ville sont passées en revue, et leurs ressources sont inépuisables, avec dates des concerts et adresses des clubs et cafés.

♪ **House of Blues** *(plan couleur centre I, C2,* **112**) : 225 Decatur St. ☎ 310-4999. • hob.com • Tlj 11h30-minuit (1h ven-sam, 22h dim). Résa conseillée si groupe connu. Entrée de 10 à... 30 $ selon programmation. Sandwichs 8 $, plats dès 15 $. Happy hours 17h-20h. Antenne locale d'une chaîne californienne, cet endroit est devenu un lieu de concerts incontournable par la qualité des groupes invités. Créé par Dan Aykroyd (des *Blues Brothers*), il a déjà reçu les Wailers, Maceo Parker, Jimmie Vaughan, Jerry Lee Lewis... Concerts quasiment tous les soirs. Deux salles bien arrangées, de taille différente mais pas trop vastes, avec un bon son, et conçues aussi bien pour écouter, danser et boire. Mais certains ne supporteront pas le côté trop business, trop hollywoodien du lieu, les caméras, les gars armés de talkies-walkies et le manque de chaleur du service (parfois limite), etc. Ce temple de la musique possède également un resto au fond de la cour avec terrasse couverte, agréable pour un verre mais pas pour manger. De grosses TV diffusent les concerts de la salle voisine.

♪ **Tipitina's** *(hors plan couleur général par A3,* **106**) : 501 Napoleon Ave ; à l'angle de Tchoupitoulas. ☎ 895-8477. • tipitinas.com • À l'ouest du Vieux Carré. Compter 10 mn en voiture, sinon bus direct (ligne n° 10) par Canal Street. Ouv 4 ou 5 soirs/sem jusqu'à 2h en fonction des concerts. Entrée payante mais prix très raisonnables. L'un des hauts lieux musicaux de Louisiane. Les jeunes de la région vous raconteront avec ferveur certains concerts mémorables qui se sont déroulés dans cette salle pourtant très banale... Les organisateurs ne sont pas sectaires : musique cajun, zydeco, rock ou blues. Les meilleurs groupes du cru y passent régulièrement. Ne les ratez pas : ambiance délirante ! Sachez que *Tipitina's* a fait des petits, avec 2 autres adresses, dont une à la lisière du French Quarter, 233 North Peter (ouvert uniquement quand il y a un concert ou une soirée privée).

♪ **Michaul's** *(plan couleur général C2,* **108**) : 840 Saint Charles Ave. ☎ 522-5517. • michauls.com • Ouv jeu-sam dès 18h. Immense salle, genre entrepôt, à la déco rigolote, reproduisant des paysages de bayous. Groupes cajuns et zydeco certains soirs pour une ambiance très « baloche ». Quelques nostalgiques y dansent le *two-step* dans la bonne humeur. En revanche, la cuisine cajun n'est pas mirobolante.

♪ **Maple Leaf Bar** (hors plan couleur général par A3, **110**) : 8316 Oak St ; à la hauteur de Carrollton Ave, non loin de Tulane University. ☎ 866-9359. Tramway de Saint Charles jusqu'à Oak St. Tlj 15h-4h au moins. Entrée 6-10 $. Jazz excellent, mais également du rock, brass band, funk ou blues, dépouillé de tout racolage touristique, qui distille une ambiance parfois assez démente. Deux bars : si le premier est plein, allez près du patio, il y en a un autre. Beaucoup d'étudiants de l'université voisine le fréquentent.

♪ **Mid-City Lanes Rock-n-Bowl** (hors plan couleur général par A1, **111**) : 4133 S Carrollton Ave. ☎ 482-3133. ● rocknbowl.com ● Très excentré, non loin de Xavier University, taxi conseillé. Tlj 13h-minuit au moins, groupes vers 22h. Entrée concerts 5-10 $. Vaste salle genre années 1950, où l'on peut jouer au bowling, boire et manger, et écouter de la musique. Souvent, c'est du bon gros rock, mais le mercredi on entend du swing, le jeudi c'est zydeco et les vendredi et samedi du blues ou du rock. Beaucoup d'ambiance et de bruit. Ça danse, ça chante, ça boit, ça rigole, ça joue au bowling. Une adresse connue et appréciée des autochtones. Même Mick Jagger a apprécié, tout comme nous.

♪ **Donna's Bar and Grill** (plan couleur centre I, C1, **105**) : 800 N Rampart St ; à l'angle de Saint Ann St. ☎ 596-6914. Ouv certains soirs (plutôt w-e). Entrée 10 $. On n'y vient pas avant 22h au moins, puisque c'est l'heure à laquelle la musique débute, et on peut y traîner jusqu'à très tard. Un curieux endroit, étrangement méconnu des touristes, où Blancs et Blacks se mêlent dans l'amour de la musique : petit groupe de brass band (cuivres), de rhythm'n'blues ou de jazz qui se met en place, sans chichis, au fond du troquet, sans véritable scène. Et la musique vous embarque, embarque tout le monde, dans une simple communion. On aime.

♪ **Vaughan's Lounge** (hors plan couleur centre I par D1, **118**) : 800 Lesseps St, à l'angle de Dauphine St. ☎ 947-5562. Prononcez « Vaun's ». Très excentré, dans le quartier du Bywater. Entrée env 10 $ les soirs de concert (en général 3 fois/sem). Bar dès 11h, musique jusqu'à 2-3h. La salle, toute petite et très connue des autochtones, se remplit très vite. Ne vous fiez pas à ses allures d'Amérique profonde, avec vieux bar en bois et guirlandes d'un autre âge. Loin de la country, cet endroit produit les meilleurs groupes de jazz locaux, dont le légendaire trompettiste Kermitt Ruffins. À la pause, après s'en être mis plein les oreilles, on s'en met plein la panse : rice and beans à volonté sont offerts par la maison. D'ailleurs, le jeudi, c'est souvent Kermitt lui-même qui se met au BBQ sur le trottoir, entre deux sets.

♪ **The Famous Door** (plan couleur centre I, C2, **107**) : Bourbon St et Conti St. ☎ 598-4334. Musique dès 19h (plus tôt w-e). Ouv jusqu'à 1-2h. Gratuit, mais conso obligatoire (chère). Petit bar ouvert sur la rue d'où vous entendrez d'emblée si la musique vous plaît ou pas (rock'n'roll, heavy metal, funk...). À l'entrée, un panneau donne la liste impressionnante des « pipoles » qui sont venus laisser traîner une oreille ici. On relève par exemple les noms d'Anthony Quinn, Clint Eastwood ou Jerry Lewis. Mais pas Jim Morrison.

♪ **Bourbon Street Blues Company** (plan couleur centre I, C1, **109**) : à l'angle de Bourbon et Saint Louis St. ☎ 566-1507. Entrée gratuite. Très bruyant, super-animé et haut en couleur. Un peu meat market évidemment, mais il faut avouer que les groupes de jeunes musicos qui reprennent les grands standards du rock et de la pop le font avec efficacité et un entrain communicatif.

♪ **Razzoo Bar** (plan couleur centre I, C2, **125**) : 511 Bourbon St. ☎ 522-5100. Tlj 16h-4h (5h ven-sam). Vu de l'extérieur, ce bar ressemble à tous ceux de la rue, mais pourtant il est un des plus fréquentés. La raison : il suffit de tendre l'oreille, même si ça n'est plus Mardi gras, l'ambiance continue de battre son plein, toujours un ton au-dessus des autres, si c'est possible. DJ ou groupe live, c'est selon les soirs. Petite cour à l'arrière, façon place de village, agréable pour reprendre ses esprits, mettre les oreilles au repos et boire un verre.

Où assister (et participer) à une messe gospel ?

■ **Greater Saint Stephen Full Gospel Baptist Church :** 2308 S Liberty St. ☎ 895-6800. Du Vieux Carré, prendre à l'ouest St Charles Ave vers Garden District, puis à droite la Jackson Ave jusqu'à l'ave Lasalle (6e bloc à gauche) ; South Liberty St part sur la gauche à l'intersection avec Philip St ; l'église est située à un bloc de là sur la gauche. Ou tramway jusqu'à Jackson Ave. Messes le dim (en principe 8h et 10h). Le dimanche, l'église est pleine de monde, et la messe dure 1h30 environ. Les fidèles, des Noirs américains, sont honorés d'accueillir des visiteurs blancs et les convient à partager leur ferveur. Ça dépend du curé qui officie, mais parfois c'est vraiment du très grand show. Remarquables chants soutenus par une chorale d'une centaine de voix (parfois beaucoup plus), accompagnée de guitares, d'une batterie et d'un orgue. Soyez discret en sortant de l'église : évitez de prendre des photos (on rappelle que l'on n'est pas au spectacle). Pour les fidèles, c'est un rendez-vous très important dans la semaine, pour lequel on sort les robes et les costumes du dimanche. Il vaut mieux éviter de s'y présenter un peu trop décontracté (short court, épaules dénudées...). Un peu de tenue, que diable !

À voir

On rappelle que l'ensemble des quartiers touristiques, Vieux Carré, les rives du Mississippi, le Garden District et le secteur de Tulane University n'ont absolument pas souffert des inondations qui ont suivi le cyclone Katrina. Bien sûr, son passage a détérioré des toits, brisé des fenêtres, mais l'ensemble de ce qu'il y a à voir et à visiter est globalement ouvert.

LE VIEUX CARRÉ (French Quarter ; plan couleur centre I)

🎭🎭🎭 Quartier historique de La Nouvelle-Orléans, appelé aussi French Quarter, bien que le style architectural ait hérité de la période espagnole. Si Jackson Square en est le cœur, Bourbon Street en est la colonne vertébrale. Le Vieux Carré doit sa cohérence et son nom au fait qu'il a été dessiné dans son ensemble par un architecte français au début du XVIIIe s, avec l'idée d'en faire une sorte de village. Mais si les plus vieux monuments de la vallée du Mississippi datent de l'époque française, la plupart des maisons du Vieux Carré ont été reconstruites sous les Espagnols. La Nouvelle-Orléans se composait, à l'époque, de deux mondes qui ne se fréquentaient quasiment pas. Le Vieux Carré était le cœur du monde créole, tandis que le monde américain commençait à l'ouest de Canal Street. Jackson Square, centre religieux et administratif de ce carré, abritait côte à côte l'église et le Cabildo (siège du gouvernement), où fut signé l'acte de vente de la Louisiane aux États-Unis en 1803. Bourbon Street devint au fil du temps l'axe commercial, puis musical, au début du XXe s. Les boîtes de jazz succédaient alors aux boîtes de jazz. Aujourd'hui la célèbre rue, victime de son succès, est devenue un coin très touristique ; les strip-teases de dernière catégorie, les vendeurs de hot dogs ambulants et les bars louches y font bon ménage avec les restaurants de grande renommée, les boîtes à jazz et les rock-cafés. On y croise indifféremment musiciens, touristes venus des quatre coins des États-Unis et du monde, artistes, cadres supérieurs, Noirs et Blancs attirés par ce jazz de La Nouvelle-Orléans omniprésent. Grosse différence d'ambiance entre la semaine et le week-end dès le vendredi soir.

🎭 Le centre du Vieux Carré, c'est **Jackson Square** (plan couleur centre I, C1-2), un parc au centre duquel trône Andrew Jackson sur son fougueux cheval, façon cowboy. Une manière de remercier ce vaillant militaire qui sauva la cité des attaques

anglaises en 1815, avec la seule aide d'une petite troupe d'hommes. Situé en plein centre du Vieux Carré, face au Mississippi (qu'on ne voit pas de là, il se cache derrière une digue), au temps des Espagnols c'était la plaza de Armas, comme toute place espagnole qui se respecte. Le marquis de La Fayette y reçut les honneurs de la ville en 1825, lui qui avait prêté main-forte aux Américains dans leur combat contre les Anglais. Tout autour, et surtout devant la cathédrale, musiciens de rue (parfois les mêmes qu'on retrouve le soir dans certains bars), jongleurs, diseuses de bonne aventure, prêtresse vaudou disant l'avenir et portraitistes à la petite semaine qui accrochent leurs œuvres aux grilles du parc. Ambiance plutôt décontractée, touristique évidemment. Cela dit, il nous est arrivé d'entendre de superbes formations sur la place. Ouvrez donc les yeux, et surtout les oreilles.
– Devant Jackson Square, sur Decatur Street, on peut faire un **tour de ville en calèche,** comme les riches familles d'autrefois. Seulement, vu les tarifs pratiqués (au moins 12 $ par personne), seuls les riches d'aujourd'hui pourront se l'offrir. Nous, on a préféré le faire à pied.

🚶 **La cathédrale Saint-Louis** (plan couleur centre I, C1) : ouv dans la journée. Aussi connue ici que la tour Eiffel. Elle n'a pourtant rien d'un chef-d'œuvre, mais elle fut la première église catholique d'Amérique du Nord. Édifiée au début du XVIIIe s au moment de la naissance du quartier, son nom rend hommage au saint patron de France. Pour faire court, disons qu'elle brûla, fut reconstruite, faillit rebrûler puis fut agrandie au milieu du XIXe s. Rien de remarquable sur le plan architectural, mais elle dégage une gentille cohérence et se caractérise par ses trois clochers, hauts et pointus, dont les deux latéraux arborent bizarrement une croix de Lorraine. Paul VI l'éleva à l'ambitieux titre de cathédrale. C'est certainement la plus modeste qu'on connaisse. L'intérieur n'est pas débordant d'intérêt. Sur la placette devant, toujours quelques musicos, pas ennuyeux du tout pour le coup.

🚶🚶 **Le Cabildo** (musée de la Louisiane ; plan couleur centre I, C1) : sur Jackson Sq, à gauche de la cathédrale. ☎ 568-6968. Mar-dim 9h-17h. Entrée : 6 $; gratuit enfants. Billet valable également pour le presbytère et l'Old Mint. Le Cabildo était le siège du gouvernement espagnol, qui commandait toute la vallée du Mississippi. Date de la fin du XVIIIe s. Noter le toit mansardé et le fronton triangulaire sculpté d'un aigle et de munitions. C'est aujourd'hui un musée historique consacré à l'histoire de l'État, de l'arrivée des Français, de la période coloniale jusqu'à la « reconstruction » après la guerre civile. Sans être ennuyeux, globalement le musée ne se révèle pas d'une très grande richesse, et sa taille est un peu trompeuse au regard de la qualité des collections présentées. Voici ce qui a retenu notre attention :
– **Au rez-de-chaussée :** évocation des conquistadores espagnols, des premiers échanges avec les Indiens, mobilier et vaisselle des colons fraîchement débarqués. Armes, gravures, reproductions de documents. Évocation de la religion : « ... le diable possède ici un très large empire... », expliquait déjà le père Antoine de Sedella. On peut encore y découvrir des propos pas très flatteurs sur les Français de Louisiane, qui sont qualifiés de « coiffeurs, aventuriers, profs de danse... Ils passent leur temps à se quereller pour des motifs qui n'ont d'importance que pour eux-mêmes et qui prétendent faire la loi et imposer le bon ton à tous parce qu'ils viennent de Paris... ». Rien de bien neuf, en somme !
Au bas de l'escalier, tableau présentant le père Antoine de Sedella, qui n'avait pas l'air de rigoler tous les jours. À côté, voir le masque mortuaire de Napoléon qui ressemble étrangement au profil de Mitterrand âgé.
– **Au 1er étage :** c'est dans la grande salle que furent signés deux actes essentiels concernant le territoire de la Louisiane : le premier entre l'Espagne et la France en 1800, et le second entre la France et l'Amérique en 1803. La France, nouvelle propriétaire de l'État, le conserva durant à peine trois ans pour le revendre aux Ricains. C'était suffisant pour faire la nique aux Anglais, ce qui était l'objectif. En vitrine, les reproductions des documents signés par les deux parties. Un tableau montre la passation des couleurs entre les deux pays. Évocation de la guerre de libération (armes, costumes...) et intéressant tableau de la fameuse bataille de

La Nouvelle-Orléans. Section présentant la grosse poussée démographique de l'État au XIXe s, avec l'arrivée d'Allemands, juifs, Irlandais, Français, période pendant laquelle la population passa de 80 000 à 700 000 habitants (presque le double de ce que la ville comptait avant Katrina).

– *Au 2e étage,* une salle nous rappelle la vie dans les plantations (lire les fac-similés d'avis de recherche d'esclaves en fuite et voir le présentoir à esclaves). Explications sur la vie agricole, l'organisation des quartiers d'esclaves. Émouvante et anecdotique à la fois, on a conservé ici, telle une relique, la plume ayant servi à signer l'émancipation des esclaves. Guerre civile (malle de chirurgien ambulant), puis le déferlement après la défaite du Sud des *carpettbaggers,* ces affairistes yankees dont le seul bien tenait dans un sac de voyage en tapisserie.

🏛️🏛️ *Le presbytère (plan couleur centre I, C1) : à droite de la cathédrale sur Jackson Sq.* Autre édifice espagnol dans lequel aucun curé n'habita jamais. Même style et même époque que le Cabildo. Il abrita le palais de justice jusqu'en 1911. Sur son fronton triangulaire, les armoiries espagnoles furent remplacées par des emblèmes américains. Il accueille à présent un musée consacré au Mardi gras et aux traditions carnavalesques. Mêmes horaires que le Cabildo, et billet combiné (voir plus haut).

On y fait donc connaissance avec Rex, le roi du Mardi gras, et ses acolytes, Comus et Proteus, et on peut y admirer les costumes somptueux et les cartons d'invitation personnalisés qui étaient imprimés... à Paris.

Pour illustrer cette histoire des origines du carnaval de La Nouvelle-Orléans, multitude de documents intéressants : photos, éventails et superbes costumes jusqu'à ces vidéos récentes où l'on voit la police refouler inexorablement les participants à l'échéance fatale de minuit.

🏛️ Deux très longs édifices symétriques en brique, du XIXe s, **Pontalba Buildings,** ferment les flancs de la place. *Entrée : 3 \$. Billet combiné avec John Legacy's House et la Old Courthouse.* Superbes doubles balustrades de fer forgé qui constituent d'agréables arcades. Ce furent parmi les premiers aussi longs du genre aux États-Unis. Sur le côté gauche, dos à la cathédrale, on peut visiter une maison historique : *The 1850 House* qui restitue par son mobilier la vie quotidienne de la *middle class* locale au moment de la grande prospérité de la ville. Pas très palpitant.

🏛️ *La maison de William Faulkner :* La Nouvelle-Orléans n'est pas que le berceau du jazz. Quelques chefs-d'œuvre de la littérature y ont vu le jour. William Faulkner (prix Nobel), originaire d'Oxford (Mississippi), écrivit en 1925 son premier roman, *Monnaie de singe,* au 624 Pirate's Alley *(plan couleur centre I, C1),* passage étroit juste à gauche de la cathédrale Saint-Louis.

Petite balade dans le Vieux Carré

➢ Le nez en l'air, partons à la recherche des plus belles façades. Rappelons que c'est aux Espagnols et non aux Français qu'on doit ces petites merveilles. On peut parfaitement se laisser guider par son propre instinct pour explorer ce secteur dont l'harmonie de style participe activement à la magie de la ville. Pour ceux qui nous suivrons, voici quelques bijoux parmi tant d'autres. Depuis Jackson Square, empruntons Chartres Street.

➢ Commençons par **Royal Street** : au n° 431, une demeure aux généreuses proportions, aux balcons superposés, ciselés avec délicatesse. Au n° 437, surprenante boutique d'armes antiques, dans un étrange décor vert lagon. C'était autrefois une pharmacie, tenue par un étrange personnage qui, après la fermeture de la boutique, donnait à boire une mixture à base de brandy et d'eau gazeuse dans un coquetier. Certains affirment que c'est de coquetier que viendrait le mot « cocktail » désignant le mélange de plusieurs boissons. Plus nombreux sont ceux qui affirment que le nom provient de la plume de la queue d'un coq *(cock-tail)* que l'on mettait dans le verre contenant cette boisson mélangée afin de le reconnaître.

– Au n° 501, à l'angle de Saint-Louis, encore un large balcon ciselé de riches motifs floraux.

– Au 533 Royal Street, **Merieult House – The Historic New Orleans Collection** *(plan couleur centre I, C2) :* ☎ 598-7145. *Mar-sam 10h-16h30.* La plus vieille demeure de la rue, élégante et sans clinquant, abrite un petit musée. Collections et documents sur la ville. Pour les passionnés surtout.

– Juste en face, au n° 528, on aime bien **Le Petit Soldier Shop,** avec ses petits soldats et ses vieilleries à vendre.

🏚 **Hermann-Grima House** *(plan couleur centre I, C1-2) :* 820 Saint Louis St. ● hgghh.org ● *Lun-mar et jeu-ven 10h-16h (dernière entrée 15h30). Visite guidée obligatoire, ttes les heures. Entrée : 6 $; forfait 10 $ incluant la Gallier House (voir ci-dessous). Descriptif en français dans chaque pièce.* Cette grande maison en brique fut édifiée en 1831 pour un marchand spécialisé dans l'import-export... d'esclaves. Il devint millionnaire, mais fit faillite en 1837. Elle fut rachetée par son propre notaire, un certain Grima, qui y vécut jusqu'à 1922. Mobilier du milieu du XIXe s, original ou copié. Noter les remarquables parois de séparation coulissantes entre le salon et la salle à manger. Beau lit à baldaquin dans la chambre du rez-de-chaussée. Devant la cour, galerie vitrée qui permettait de surveiller les enfants tout en restant au frais. Dans la cour, un bâtiment réservé aux esclaves. Au rez-de-chaussée, la cave à vin, les cuisines (séparées de la maison principale), la salle de repassage, la pièce pour la vaisselle.

➤ Petite incursion dans **Toulouse Street,** où, au n° 718, une grille laisse apparaî-tre une courette verdoyante et une bien jolie véranda.

– Retour sur Royal Street, au n° 627. Dans cette maison basse vécut la célèbre cantatrice Adelina Patti, surnommée « le Rossignol à la voix d'or », dont les hommes tombaient follement amoureux après l'avoir entendue au French Opera House. C'était dans les années 1860, et elle n'avait pas 20 ans. La petite boutique qui occupe les lieux aujourd'hui donne accès à une cour intérieure typique du Vieux Carré. Il y en a plusieurs centaines dans ce genre, mais finalement peu sont accessibles librement.

– L'écrivain **Tennessee Williams** changea quatre fois de domicile. Il vécut en 1946-1947 au 632 1/2 Saint Peter Street et y écrivit *Un tramway nommé Désir,* ligne de transport qui exista réellement. Son adaptation au cinéma, avec le ténébreux Marlon Brando, est devenue un classique.

– Au 708 Royal Street : la **Labranche House** *(plan couleur centre I, C1),* transfor-mée en resto, propose l'une des plus belles doubles galeries de la ville et l'une des plus remarquables balustrades, avec ces entrelacs élégants de feuilles de chêne, mis en valeur par moult plantes et rythmé par des ventilos.

– Au n° 741, à l'angle de Saint Ann, joli balcon tournant du plus bel effet. Bloc sui-vant, les n°s 809 et 811 abritent une croquignolette maison bringuebalante à mort et un peu pourrie. Ça change des maisons trop proprettes.

– Poursuivons avec le n° 829, où l'on peut observer une petite maison basse et coquette à la fois, assez rare dans le genre, plus dans le style purement caraïbe que New Orleans, même si parfois l'un déteint sur l'autre.

➤ Petit crochet sur la droite dans **Dumaine Street.** Au n° 632, **Madame John's Legacy House** a été construite en 1726. ☎ 568-6968. *Mar-dim 9h-17h. Entrée : 3 $. Billet combiné (voir 1850 House plus haut).* Avec le couvent des Ursulines, c'est le seul vrai bâtiment français du Vieux Carré.

– La **Heine House** *(plan couleur centre I, C1)* se situe au 900 Royal Street, à l'angle de Dumaine. Peut-être pas le plus bel édifice, mais en tout cas l'un de nos favoris. Le délicat ciselé du fer forgé en guirlande de feuilles de chêne semble naturelle-ment se poursuivre par de vraies plantes qui chargent le balcon. Construite en 1730 et en partie détruite par un incendie en 1788, la maison fut reconstruite dans son style français original.

– Pour ceux que ça envoûte, petit détour au *Vaudou Museum* en remontant Dumaine St.

🎭 **Vaudou Museum** (plan couleur centre I, C1) : 724 Dumaine St ; entre Bourbon et Royal St. ☎ 581-3824. Tlj 10h-18h. Entrée : 7 $; réduc.
Les rites vaudous étaient très puissants à l'époque de la colonisation française. Ces croyances furent introduites à La Nouvelle-Orléans par des esclaves venus de Saint-Domingue et d'Haïti, surtout pour se défendre de la tyrannie des planteurs. Ils mélangèrent les différentes croyances, africaines et chrétiennes, pour en faire cette étrange et mystérieuse religion, toujours très présente et puissante en Louisiane ainsi qu'en Afrique noire, notamment au Bénin. Potions, charmes et gris-gris en étaient la base. Le vaudou est encore bien là !
Le musée est tout petit et se résume à trois salles. Il privilégie les aspects « gore » et racoleurs du vaudou ; un tas d'objets hétéroclites, crânes, poupées, serpents dans le formol, souches de bois sculpté, portraits de Marie Laveau, photos de rites, le tout en vrac et sans clés pour mieux cerner ce monde étrange. Ce serait bien plus amusant si l'entrée coûtait trois fois moins cher. En bref, on peut se passer de la visite.
– Un peu plus au nord, on peut pousser jusqu'à un parc, finalement banal, mais important dans l'histoire du jazz.

🎭 **Louis Armstrong Park** (plan couleur centre I, C1) : l'ancien Congo Square fut le lieu de réunion des esclaves noirs tout au long des XVIIIe et XIXe s. Les autorités ayant interdit la pratique du vaudou, on se retrouvait ici pour pratiquer la musique et les danses rituelles africaines qui restaient autorisées. Lieu de rencontre et de partage, creuset de mélange des genres et des styles, des rythmes africains et des instruments en cuivre, Congo Square, s'il n'est pas le lieu de naissance du jazz, en est certainement le lieu de conception. Le parc prit naturellement le nom d'Armstrong, personnage qui éleva ces formations au rang de musique à part entière, la libéra et lui fit parcourir le monde. Sa statue (un peu figée) trône dans le parc. Pour des raisons de sécurité, ne pas pénétrer dans le parc après la nuit tombée.
– Revenons sur nos pas et retrouvons notre belle Royal Street. Au n° 916, une maison absolument couverte de plantes. Extra ! En face, au n° 915, **The Cornstalk Fence,** aujourd'hui un hôtel, dont la grille rappelle les épis de maïs. Il paraîtrait que la femme du proprio s'ennuyait de son environnement champêtre. Son mari fit alors réaliser cette grille tout spécialement pour elle. L'histoire ne dit pas si elle trouva la blague très drôle.
– Tout le bloc des nos 1000 n'est pas avare en façades intéressantes.

🎭 **Gallier House** (plan couleur centre I, C1) : 1118-1132 Royal St ; entre Ursulines St et Gov. Nicholls. ☎ 525-5661. ● hgghh.org ● Lun-mar et jeu-ven 10h-16h, sam 12h-16h (dernière visite 15h). Entrée : 6 $. Visite guidée obligatoire (45 mn-1h). Départ à l'heure pile. Demander la feuille d'infos en français. Billet couplé avec la Hermann-Grima House : 10 $ (voir plus haut).
Les propriétaires actuels de la Gallier House et de la Hermann-Grima House se sont intéressés à la vie des esclaves à La Nouvelle-Orléans. De nombreux écrits traitent en effet de l'esclavage dans les plantations, mais peu de recherches ont été entreprises à propos de l'esclavage urbain. La Gallier House est une remarquable maison particulière du milieu du XIXe s, construite par et pour l'architecte James Gallier Jr, connu à son époque pour avoir réalisé, entre autres, l'immeuble de la Bank of America et le French Opera House, qui brûla en 1919. Intéressant pour le beau mobilier victorien, tout en rondeur, très représentatif des goûts de la bourgeoisie locale du XIXe s.
– À l'étage : petit salon, chambre à coucher avec lit à baldaquin, chambre d'enfant... Certains papiers peints ont été refaits à l'identique. À noter, cette petite chambre de malade où l'on mettait à l'écart ceux soupçonnés d'avoir contracté la fièvre jaune. La salle de bains fut l'une des premières de la ville avec eau froide et chaude, baignoire en cuivre et toilettes en porcelaine. Visite également de la partie réservée aux serviteurs. Plus de tapis, des murs blancs, et des conditions de vie correctes.
– À l'extérieur : gros réservoir qui permettait de récupérer les eaux de pluie pour les boire, parce que beaucoup moins contaminées que les autres, qui véhiculaient les

pires maladies. À deux pas, au n° 1140, une maison sans rien de spécial, pensez-vous ! C'est pourtant là qu'on découvrit, un peu par hasard, lors d'un incendie, que la famille créole huppée qui y résidait possédait une salle où les esclaves étaient torturés. Cela confirmait des doutes préalables. La famille prit la fuite alors que la foule envahissait la maison. On dit aujourd'hui que la maison est hantée. Nous, on n'a rien repéré d'anormal !

➢ Puisqu'on est dans le coin, poussons un peu plus au sud, jusqu'au 1112 Chartres Street, à l'angle d'Ursulines Street, pour le *couvent des Ursulines* (plan couleur centre I, C-D1) : mar-sam 10h-16h (dim 11h-16h). Fermé lun. Entrée : 5 $; réduc. Brochure en français. Surtout intéressant pour son histoire, plus que pour ce qu'on y voit. Tenu par les ursulines, ce très classique édifice de facture plutôt ennuyeuse, premier couvent de Louisiane, fut édifié au milieu du XVIII° s sur la demande de Louis XV. Les sœurs ouvrirent ici la première école indienne, la première école catholique et la première école noire. Elles accueillaient également des jeunes filles pas toujours très prudes, l'objectif étant de les marier puisque, à cette époque en Louisiane, le nombre d'hommes était bien supérieur à celui des femmes. La situation évoluant, on fit petit à petit venir des jeunes filles de bonne famille, qui recevaient ici une éducation complémentaire avant qu'on leur trouve un parti. Le couvent, tout d'abord axé sur l'aide aux enfants démunis, se transforma donc peu à peu en un centre de placement pour jeunes filles. Entre mère supérieure et mère maquerelle, il s'agit parfois seulement d'une question de longueur de robe.
– Juste en face, au n° 1113, *Beauregard-Keyes House and Gardens :* lun-sam 10h-15h. Entrée : 5 $. Grosse maison de ville surélevée, de style *Greek revival* néoclassique, portant le nom d'une de ses propriétaires, la romancière Frances Parkinson Keyes. Caractérisée par un large portique pompeux et par un charmant jardin latéral à la française, avec une gentille fontaine centrale et néanmoins glougloutante. Ceux qui ne feront pas la visite pourront toutefois jeter un œil à ce jardin par les grilles. Bon, la visite des différentes pièces n'apporte rien de plus – et même plutôt moins – que d'autres visites du genre. On ne conseille pas vraiment.

➢ *Ursulines Street* abrite de très nombreuses petites maisons, modestes souvent, charmantes toujours.

➢ On remonte par Bourbon Street, dont les blocs n°s 900 et 1000 offrent encore de bien belles choses au regard curieux. Peu de touristes viennent jusque-là.
– Ne pas louper, au 941 Bourbon Street, à l'angle de Saint Philip Street, la *Blacksmith Shop* (plan couleur centre I, C1). Incroyable de trouver en plein centre d'une aussi grande ville cette adorable maisonnette bringuebalante de bois et de brique, rescapée du XVIII° s. C'était, comme son nom l'indique, l'atelier d'un forgeron qui servait, dit-on, de couverture à Jean et Pierre Lafitte et leurs compagnons qui s'y réunissaient pour couvrir leur activité de marchands de denrées illicites, notamment le bois d'ébène (les esclaves). Pirates bien aimés de la bourgeoisie malgré leurs activités, les Lafitte eurent toujours une bonne cote historique, sans doute grâce à l'aide qu'ils apportèrent à la lutte antianglaise. C'est aujourd'hui un bar sombre qu'on adore pour son atmosphère étrange, où trône toujours au centre une vieille cheminée. Nous, on aime bien se mettre au fond, le soir, autour du piano, en écoutant des mélodies de toujours (voir « Où boire un verre ou un café ? »).
– C'est aussi sur Bourbon Street, au n° 541, qu'on trouvait le *French Opera House.* Ne cherchez pas, il a brûlé il y a bien longtemps.

➢ Au 401 Dauphine Street, à l'angle de Conti, *Audubon Cottage,* modeste cabanon créole du début du XIX° s, tout simple, avec son toit de tôle où le célèbre peintre naturaliste dessina ses fameux *Birds of America* quand il résida en ville en 1821.

🕯 *New Orleans Pharmacy Museum* (plan couleur centre I, C2) : 514 Chartres St ; à hauteur de Saint Louis St. ☎ 565-8027. ● pharmacymuseum.org ● Mar et jeu 10h-14h, mer, ven et sam 10h-17h. Fermé dim-lun. Entrée : 5 $; réduc. Feuille d'infos en français à l'entrée. *Attention : visite comprise dans le circuit du* Monde créole *(voir plus bas), c'est d'ailleurs la seule manière d'avoir des explications en français.*

Cette pharmacie date de 1816, et c'est la boutique du premier pharmacien diplômé aux États-Unis, Louis Dufilho (un aïeul de Jacques ?). Parfaitement intacte, elle a été transformée en un très intéressant musée.

Superbe meuble de pharmacie couvrant une bonne partie des murs. Étonnant, tous les produits qui sont dans les bouteilles et fioles sont parfaitement authentiques. Le pharmacien faisait déjà du paramédical puisqu'il vendait également des parfums. Encore plus surprenant, il fournissait les drogues pour les camés de l'époque et, contrairement à ce qu'on peut penser, les gens utilisant des produits stupéfiants étaient assez nombreux. Les premières lois réglementant cette question ne furent votées qu'en 1908. Le pharmacien préparait lui-même nombre de ses décoctions ; aussi, derrière sa maison, il cultivait un mini-lopin de terre avec quantité d'herbes. La pharmacie avait aussi un rôle social. Près de l'entrée, un bar de poche en marbre, de 1855, son siphon d'eau de Seltz en témoigne.

Ici, les pots contenant des médicaments cohabitaient avec les potions vaudoues : très prisés furent le *Love Success* (nul besoin d'explications), le *Devil* ou le *Lucky-lucky*. Pour plus de discrétion, ces potions portaient des numéros. Un peu comme aujourd'hui, on est un peu poil gêné quand, dans la pharmacie, on demande une boîte de Viagra ou un paquet de capotes. L'utilisation des plantes fut apportée par les Noirs d'origine africaine, et on voit bien ici l'interpénétration des cultures afro-haïtiennes et les différences du rapport à la maladie et à la manière de s'en débarrasser.

– Non loin, au n° 500, toujours dans la même rue, **The Napoleon House,** un bar-resto à la sympathique histoire (voir « Où manger ? »).

➤ À l'extrémité est du Vieux Carré, Esplanade Avenue aligne de magnifiques maisons créoles très bien rénovées. Ce quartier, nettement moins touristique, est en pleine expansion, comme en témoigne la flopée de petits restos sur Frenchmen Street. Pour ceux qui disposent d'une voiture, il est intéressant de remonter la rue jusqu'à City Park. Il ne faut pas aller bien loin pour constater les dégâts encore visibles de Katrina : fatras de planches amoncelées sur les trottoirs, maisons désaxées, toits affaissés... et ces sinistres croix pas encore effacées sur de multiples façades, que l'armée avait tracées sur les maisons sécurisées.

➤ On peut gagner ensuite la partie sud du Vieux Carré, notamment *Decatur Street.* Cette rue est au commerce touristique ce que Bourbon est à la beuverie. Pléthore de boutiques vendant force T-shirts et gadgets, et quelques restos qui sortent un peu du lot. Noter que certains T-shirts font allusion à Katrina avec un solide sens de l'humour. En prenant la rue vers le nord-est, entre les n°s 1100 et 1300, plusieurs bric-à-brac et brocantes où l'on peut dénicher quelques trucs sympas.

Visite guidée du Vieux Carré

Ceux qui préfèrent faire un tour guidé du Vieux Carré auront l'embarras du choix. De nombreuses compagnies proposent cette balade avec des thèmes particuliers. Beaucoup sont un peu bidons, avec force anecdotes improbables. Voici une compagnie sérieuse qui a fait ses preuves depuis de nombreuses années :

🎭🎭🎭 *Le Monde créole :* ☎ 568-1801. ● mondecreole.com ● *Visites en français lun, mer, ven et dim 10h. Résa obligatoire par téléphone ou via le site internet (au moins la veille en saison) pour caler l'horaire et le lieu de rdv. Possibilité d'autres visites sur demande. Visite en anglais tlj 10h30 (résa obligatoire). Durée de la visite : 2h15. Prix : 20 $; réduc ; 18 $ sur présentation de ce guide.*

Notre coup de cœur à La Nouvelle-Orléans : ce tour explore le Vieux Carré et vous raconte l'histoire de l'une des plus célèbres familles créoles de La Nouvelle-Orléans, les *Duparc-Locoul,* sur plusieurs générations. Le créateur du *Monde créole* a mené d'assidues recherches en France et aux States pour remonter le fil de la vie de cette famille. Un vrai roman-feuilleton à la Denuzière, avec ses secrets de famille et ses rebondissements. Ces grands planteurs possédaient en ville plusieurs maisons, outre leurs plantations. On visite donc sept jardins ou cours intérieurs oubliées, patios secrets de maisons créoles du Vieux Carré, riche d'une vie sociale urbaine mal connue. On pénètre dans leur vie quotidienne, on s'immisce dans l'univers fascinant et controversé des créoles, des gens de couleur libres et des esclaves. Leur vie alternée entre plantation en été et maison de ville en hiver, entre épouse légitime (souvent une riche héritière) et maîtresses métisses. Excellentes explications sur les codes sociaux de l'époque, les rapports complexes entre propriétaires et esclaves, l'histoire de la famille et les mondanités au temps où la saison du French Opera, ses bals, ses mariages et ses fêtes rythmaient la vie de la ville pendant les quatre mois d'hiver.

On y apprend aussi les différences architecturales entre les maisons des WASP (*White, Anglo-Saxon, protestant*), peintes en blanc, et les maisons créoles, plus colorées et, à l'instar de celles des Antilles ou de l'océan Indien, construites par des Sénégalais, architectes doués et pourtant esclaves. La visite guidée du Vieux Carré comprend aussi le cimetière Saint-Louis, mais elle ne serait pas complète sans un arrêt à la *Laura Plantation*, une des plus intéressantes plantations, sur la route de Baton Rouge et qui appartient au proprio du *Monde créole* (voir « La route des plantations »).

Visites des cimetières

🎥🎥 **Le cimetière Saint-Louis Number One** (plan couleur centre I, C1) **:** *400 Basin St, au nord du French Quarter. Ouv 9h-15h (12h dim).* Il y a plusieurs cimetières intéressants en ville mais celui-ci est le plus ancien, le plus connu et le plus proche du Vieux Carré. Les cimetières étaient autrefois édifiés en lisière de la ville et, au rythme des agrandissements de la cité, les nouveaux se situaient toujours plus loin. Le deuxième plus fréquenté est le *Lafayette Cemetery Number One*. Il y en a deux de chaque, ce qui explique les numéros (1 et 2).

ATTENTION : ici il y a déjà eu des agressions, parfois violentes. Évitez de vous balader seul au cimetière, ou essayez de rester à proximité d'un groupe... Il y a au nord du cimetière une cité vraiment craignos.

Le plus simple et le plus sûr pour ceux qui veulent visiter le cimetière est de participer à une visite guidée (la visite du Vieux Carré menée par le *Monde Créole* l'inclut ; voir ci-dessus). Tout d'abord parce qu'il ne possède en lui-même rien d'extraordinaire (sauf pour les Américains, qui ont peu l'habitude de voir des cimetières catholiques avec des tombes sculptées). L'intérêt de la visite réside donc essentiellement dans les histoires qu'on va vous y raconter. Bon, les guides en racontent toujours un peu trop sur les histoires de vaudou. Comme on est dans un domaine à la limite du surnaturel, chacun réinvente les histoires à sa sauce, sans véritable souci de véracité. Autant le savoir. Certaines visites incluent même un arrêt dans un temple vaudou assez toc que commercial.

■ De nombreux ***tour-opérateurs*** proposent la visite. Ils sont de valeur très inégale. En voici deux à peu près sûrs :

– *Historic New Orleans Tours :* ☎ 947-2120. ● tourneworleans.com ● Départ lun-sam à 10h et 13h, dim à 10 h. Rdv 10 mn avt le départ au 334-B Royal St, au Café Beignet. Prix : 15 $; réduc. Durée : env 2h.

– ***Save Our Cemeteries :*** ☎ 525-3377 ou 1-888-721-7493. ● saveourcemete ries.org ● Visite du cimetière Lafayette (6 $; réduc) lun, mer, ven et sam 10h30. Rdv 10 mn avt le départ à Washington Ave Gate (vers 1400 Washington Ave). Visite également du cimetière Saint-Louis (12 $; réduc) dim 10h. Rdv 10 mn avt au Basin St Station Visitor Center, 501 Basin St. Il s'agit d'une association de sauvegarde des cimetières, qui a aussi un rôle de protection du patrimoine.

Dans tous les cimetières de la ville, vous noterez que les tombes sont surélevées (on enterre au-dessus du sol), car la ville est située au-dessous du niveau de la mer d'environ 1,50 m ; et on n'a pas envie de voir flotter les cercueils en cas de crue. Ainsi, et c'est assez rare aux États-Unis, les tombes sont toutes de grands caveaux de famille, ce qui ne constitue en rien un trait d'originalité pour les Français. Au *Lafayette Number One,* on reconnaît un peu tous les styles : gréco-romain, néo-classique, néo-Renaissance, marbre, pierre... et souvent de larges grilles tout autour. Beaucoup de personnages historiques de la ville y reposent : une des tombes les plus célèbres est celle de Marie Laveau, la reine du vaudou. C'est aussi là que fut tournée la scène mythique de défonce de *Easy Rider.* Le premier maire de la ville, Étienne de Boré, y sommeille également, mais ça c'est moins rigolo.

LES RIVES DU MISSISSIPPI

La partie du fleuve la plus exploitée sur le plan touristique est comprise entre Esplanade au nord-est et le Convention Center au sud-ouest. Sans être d'un intérêt folichon, on peut s'y balader sans déplaisir. La première chose qui frappe quand on connaît l'importance du Mississippi dans la vie de la ville, c'est que le fleuve est quasiment absent du paysage urbain ! On le voit très peu, il faut toujours le chercher. Cette curieuse impression vous suivra tout le long de votre balade louisianaise. La raison en est simple : le fleuve étant plus haut que la ville, il a fallu édifier tout le long de celui-ci des levées, hauts monticules de terre qui canalisent les eaux et les empêchent de sortir de leur lit. Édifiées dès la présence française et en permanence consolidées au fil des siècles par les différents colons, les digues du Mississippi résistèrent sans problème à la poussée des eaux au passage de Katrina. Plusieurs points d'attractions aux abords de l'eau.
– **Transports :** on rappelle qu'une courte ligne de tram *(Riverfront streetcar)* longe le fleuve entre Esplanade et Julie Street. Bien pratique pour s'éviter des pas inutiles.

🍴 *French Market (plan couleur centre I, D1) :* situé entre N Peters St et Decatur St, au bord du Mississippi. C'est le plus vieux marché des États-Unis, qui nourrissait tous les gens qui arrivaient par bateau. Il avait donc une grande importance stratégique. Aujourd'hui, il a été transformé en boutiques touristiques et stands vendant des babioles et quelques rares fruits et légumes à l'entrée. À l'une des extrémités, on y trouve le *Café du Monde* (halte parfaite pour déguster de bons beignets). Pile en bordure du *French Market,* un petit centre culturel avec salle de concerts (gratuits) le mercredi en général à 12h et vers 15h, et point de départ d'un *walking tour* intéressant sur le thème du jazz.

🍴 *Jackson Brewery (plan couleur centre I, C2) :* 620 Decatur St ; presque en face de Jackson St. Lun-sam 9h-20h, dim 10h-19h. Ancienne grosse brasserie transformée en vaste centre commercial. On l'appelle *Jax* pour les intimes. Quelques postes internet en libre-service.

🍴 👫 *Audubon Aquarium of the Americas (plan couleur centre I, C2) :* 1 Canal St, au bord du Mississippi, à l'extrémité d'Iberville St. ☎ 1-800-774-7394. ● audubo ninstitute.org ● Tlj sf lun 10h-17h (ouv certains lun fériés). Entrée : 17,50 $; 7,50 $ enfants 2-12 ans. Billet combiné possible avec le cinéma Imax voisin pour 22,50 ou 12,50 $ et avec l'Audubon Zoo pour 25,50 ou 14,50 $ (lire plus loin). L'aquarium des Amériques, complètement reconstruit après Katrina, s'inspire d'un modèle du genre, tâchant de reconstituer au mieux le milieu naturel de la faune et de la flore aquatiques d'un continent entier. Parmi les espaces les plus remarquables, le *Caribbean reef,* où l'on pénètre dans des récifs caraïbes (requins, poissons multicolores, raies, tortues, etc.). Reconstitution de la *rain forest* amazonienne avec oiseaux, reptiles et poissons en tout genre qui évoluent dans une minijungle (toucans, piranhas, incroyables minuscules grenouilles colorées), sans oublier la population du Mississippi barbotant dans un petit bayou (alligators, dont leur curieux alligator albinos, tortues, échassiers, *paddle fish* à la gueule énorme). À voir encore, l'aquarium géant figurant le golfe du Mexique (requin-tigre, raie électrique, barracudas et autres poissons de grande taille...). Un autre aquarium est rempli de superbes petits hippocampes. Un lieu de qualité, mais quel dommage que le prix soit si élevé !

🏃 **Riverwalk :** le long du fleuve, un peu plus loin vers le sud. Large espace aménagé qui offre une bonne vue sur le fleuve (c'est rare !).

🏃 **Harrah's Casino :** 8 Canal St (en face du Riverwalk). ☎ 1-800-847-5299. • harrahs.com • Tlj 24h/24. S'il vous reste quelques billets verts, allez les dépenser dans l'une des 2 500 machines à sous, tout en sirotant l'un des cocktails offerts par la maison. Tendez une oreille vers le *jazz court* où des concerts gratuits ont lieu chaque soir vers 20h.

Balade sur le Mississippi

🚶 Même si le grand paresseux a perdu de sa superbe avec l'industrialisation féroce de ses rives, un petit tour en bateau, aussi touristique soit-il, n'est pas désagréable. Deux compagnies en proposent. Appeler pour réserver et pour vérifier les horaires, fluctuants (malgré la tranquillité du fleuve) selon l'affluence.

■ **Cajun Queen Riverboat** (plan couleur centre I, C2) : départ face à Canal St, juste devant l'aquarium. ☎ 529-4567 ou 1-800-445-4109. Normalement, quelques départs/j. mais pas tlj (appeler). Env 16 $ pour 1h. Le moins cher, car le seul à proposer une balade courte.
■ **Steamboat Natchez** (plan couleur centre I, C2) : départ derrière Jackson Brewery, presque au niveau de Jackson Square. ☎ 586-8777 ou 1-800-233-2628. • steamboatnatchez.com • En principe 1 à 2 départs/j. (11h30 ven-dim et 14h30 tlj). Prix : 25 $; réduc. C'est une très belle copie de bateau à aubes qui fonctionne vraiment à la vapeur, pour s'offrir une croisière d'une journée à Natchez. Ils font aussi des dîners dansants, mais on y dîne mal et on n'y danse pas tellement mieux.

– Il existe un **ferry** gratuit qui traverse le Mississippi, mais ça ne vaut pas vraiment le coup. Il n'y a rien à voir, ni pendant la traversée ni de l'autre côté. Bien sûr, vous serez content d'avoir navigué sur le troisième plus grand fleuve du monde, mais si vous voulez avoir une meilleure impression, prenez donc un bateau à aubes (lire ci-dessus).

FAUBOURG MARIGNY (plan couleur centre I, D1)

En bordure du Lower French Quarter, Esplanade Avenue trace la frontière avec un quartier résidentiel un peu bohème, le Faubourg Marigny, où se succèdent *cottages* créoles et demeures de caractère. Son nom lui vient de son propriétaire, Bernard de Marigny de Mandeville, flambeur notoire et inventeur d'un jeu appelé « le crapaud » (devenu le craps) et qui possédait là une plantation. Il rêvait de prolonger le quartier français vers l'est et démembra son bien en lotissements après le rachat de la Louisiane. Ce fut longtemps le quartier des gens libres de couleur, c'est maintenant un quartier tranquille des plus agréable, à l'allure de village, où les artistes, les gens un peu en marge et la communauté gay ont planté leurs pénates autour de Frenchmen Street. Ce mouvement s'accélère depuis Katrina : beaucoup d'habitants parmi les plus démunis ont définitivement déserté le quartier, faute de pouvoir retaper leur maison. Les bonnes affaires immobilières attirent de jeunes couples ou des familles de la *middle class* qui refont de ces habitations des petits nids douillets – en France, ça s'appellerait des bobos. Cette rue, colonne vertébrale sociale du quartier, accueille plusieurs restos pas chers et vraiment sympas, ainsi que quelques bars où les concerts réguliers attirent une population cool et discrète, bien différente de celle de Bourbon.

On peut y flâner à l'aise, errer sans raison dans les rues tranquilles, papoter avec les habitants en observant les maisons créoles typiques de plain-pied (*single* ou *shotgun houses*) ou les demeures de prestige *ante bellum* en *Greek revival* principalement sur Esplanade Avenue. Les petites artères à l'est d'Esplanade regorgent de constructions à l'architecture cocasse, parfois riches et démonstratives, mais aussi de modestes demeures, touchantes de simplicité.

GARDEN DISTRICT *(plan couleur centre II)*

À l'angle de Canal Street et de Carondelet Street, prenez le très célèbre *St Charles Streetcar* (voir « Transports ») pour découvrir le superbe quartier résidentiel appelé Garden District, qui fut touché par les vents de Katrina, mais pas du tout par les inondations. Sinon, très chouette promenade à faire (de préférence le dimanche) pour ceux qui disposent d'un véhicule.

De gigantesques demeures du plus pur style colonial, d'influences à la fois grecque et victorienne, résidences orgueilleuses entourées d'immenses parcs toujours verts, de chênes, de cyprès et de frangipaniers.

➢ Laissez le tram (ou le bus) entre Jackson Avenue et Louisiana pour découvrir à pied la trame d'une zone résidentielle unique aux États-Unis. Les grandes vérandas en bois, la douceur de l'air sont le cadre de vie des grandes familles de Louisiane. Parmi les magnifiques demeures, signalons la *Caroll Crawford House* au 1315 1st Street, pour ses balcons ouvragés. Dans cette même rue, voir aussi les nos 1134, 1239 et 1331. Impossible de répertorier toutes les maisons, mais traînez dans un carré allant d'est en ouest, de 1st à 4th Street, et du nord au sud, de Prytania Street à Camp Street. La plus ancienne maison du quartier se trouve d'ailleurs sur Prytania, au n° 2340. Mais passez donc au très chic restaurant *Commander's Palace* (sur Washington Avenue, à hauteur du riche cimetière Lafayette), où vous pourrez prendre un plan du quartier.

➢ Au sud du Garden District et parallèle à Saint Charles, Magazine Street est une des rues commerçantes les plus agréables de La Nouvelle-Orléans. À l'abri des hordes de touristes, de nombreux antiquaires, brocanteurs et artistes ont aménagé leurs boutiques dans des maisons créoles typiques (c'est l'occasion d'en visiter une !). Mais attention, les boutiques se regroupent par tronçons : de Audubon Park à Jefferson Street, de Louisiana Street à Washington Street et de Jackson Street à Saint Mary Street (voiture ou bus conseillés : le n° 11 sillonne Magazine Street d'est en ouest). La plupart des restos se situent entre Louisiana et Washington Street.

🍴 *Audubon Park (plan couleur d'ensemble)* : 6500 Magazine St. Entre le fleuve et Tulane University. Accessible directement en tramway de Saint Charles Ave. Depuis le début du XIXe s, ce bien joli parc continue à attirer des milliers d'autochtones à chaque apparition d'un rayon de soleil. On y trouve notamment golf, courts de tennis, piscine, allée de chênes et surtout de nombreux petits lacs.

🍴 🚶 *Audubon Zoo* : 6500 Magazine St, dans Audubon Park. ☎ 1-800-774-7394. ● auduboninstitute.org ● Mar-dim 10h-17h. Ouv certains lun fériés. Entrée : 12,50 $; 7,50 $ enfants 2-12 ans ; billet combiné avec l'aquarium 25,50 ou 14,50 $. Le parcours est organisé par thème (Afrique, Asie, bayou, reptiles...). Gratouiller un éléphant, charmer un serpent, apprivoiser un bébé alligator : plein d'animations prévues pour les petits et les beaucoup plus... courageux ! Et pour l'anecdote, *Monkey Hill,* alias la butte aux singes, est le point le plus élevé de La Nouvelle-Orléans !

UNIVERSITY DISTRICT *(plan couleur général C2)*

Le tramway St Charles (voir plus haut la rubrique « Transports ») dessert aussi Tulane University et Loyola University.

La catastrophe de l'été 2005 n'a pas touché la partie sud du campus, mais a sérieusement inondé tout le secteur nord, où se situent les résidences universitaires. En 2005-2006, les étudiants ont logé sur des bateaux ancrés sur les rives du Mississippi.

Si vous avez un véhicule, c'est un chouette secteur à explorer, en se perdant dans les rues tranquilles et résidentielles. Vous tomberez fatalement sur le campus, fort agréable, enfoui dans les arbres et la verdure. Certains bâtiments en brique rouge évoquent les universités anglaises ; d'autres sont beaucoup plus modernes. En été, évidemment c'est le désert car les étudiants sont en vacances.

Si vous prenez le tram (ou le bus), à la hauteur de Hillary Street, marchez jusqu'à Maple Street, une petite rue avec ses petits restos et ses boutiques en bois. On n'y vient pas exprès, mais c'est une bonne halte si vous êtes dans le secteur.

En descendant Broadway Street jusqu'à Audubon Park, vous apercevez toutes les maisons des associations étudiantines de l'université : les *sororities* pour les filles et les *fraternities* pour les garçons (eh oui, elles ne sont pas mixtes !). Elles sont faciles à reconnaître : ce sont celles avec des lettres grecques dessus. Barbecue improvisé dans la rue !

– Au 5705 Saint Charles Avenue se trouve la réplique de la maison de Scarlett O'Hara.

– Quelques rues plus au sud, la section de Magazine Street située autour des n°s 5000 possède une chouette ambiance estudiantine. S'il ne fait pas trop chaud, achetez donc de quoi manger au *Whole Foods Market* (voir « Où manger ? ») et pique-niquez dans Audubon Park.

LE CITY PARK ET DANS LES ENVIRONS (plan couleur d'ensemble)

🎣 🚶 **City Park :** *au nord de la ville, tt droit par Esplanade Ave, depuis le Vieux Carré.* Cette zone a été en bonne partie inondée par la montée des eaux, mais le parc lui-même, l'un des plus grands du pays, qui couvre près de 600 ha, bien plus vaste que Central Park à New York, a rapidement retrouvé un aspect à peu près normal. Les maisons tout autour en revanche ont largement eu les pieds (et même les genoux) dans l'eau. En regardant bien, on voit encore les marques du niveau des eaux sur les murs extérieurs. Bâties pour la plupart en pierre, les maisons ont globalement mieux résisté que celles des quartiers de *Lakeview* et *Lower 9th Ward*. Longues balades possibles dans des décors de bayous et de chênes couverts de *Spanish moss*. Un jardin botanique ravira les grands, et de nombreux jeux les petits. Les gens du coin y pratiquent aussi des activités sportives (tennis, golf, etc.). À l'entrée du parc, superbe musée d'art fondé en 1910 (voir plus loin).

– **La partie nord du City Park :** elle donne sur le désormais célèbre Lake Pontchartrain, dont la montée des eaux est responsable des inondations de la fin août 2005. Les rives du lac et les plages qui le bordaient ont été ravagées. Le port n'existe plus. En revanche, les eaux s'étant engouffrées par la rupture des digues et des canaux pénétrant dans la ville, toutes les zones n'ont pas été noyées de la même manière. Une des plus touchées a été le quartier de *Lakeview*, situé juste à l'ouest du City Park. Là, si les maisons ont globalement tenu le coup, les intérieurs ont été entièrement ravagés et les arbres et pelouses comme brûlés par les boues et l'eau. Curieuse impression.

🎣🎣 **New Orleans Museum of Art** (NOMA) **:** *dans City Park, entre le lac Pontchartrain et le Vieux Carré.* ☎ 488-2631. ● noma.org ● Mer 12h-20h, jeu-dim 10h-17h. Entrée : 8 $; réduc.

Un bien beau musée aux riches collections, suffisamment hétéroclites pour attirer tous les amateurs d'art. La peinture française est à l'honneur : Horace Vernet, Hubert Robert, Vigée-Lebrun (un portrait de Marie-Antoinette), Claude Gelée, l'école de Barbizon, Renoir, Courbet, Monet, Gauguin, Bonnard, Vuillard et, entre autres, Degas qui peignit l'un des portraits exposés lors d'un voyage à La Nouvelle-Orléans en 1872. Une copie de *L'Âge d'homme* de Rodin trône dans l'escalier. Beaucoup de surréalistes ou assimilés également : Braque, Ernst, Miró, Man Ray, Juan Gris, Picasso, Arp, Giacometti... Sans oublier, en vrac : Kandinsky, Modigliani, Warhol, Rodin, notre copine Line Emery-Braselman et, plus classiques, Véronèse et Tiepolo.

Le musée propose également des œuvres précolombiennes et surtout africaines, des estampes japonaises, des verreries antiques et photographies anciennes... et une salle aux trésors avec de la magnifique joaillerie dont des œufs de Fabergé. Ne manquez pas d'aller faire un tour dans le jardin adjacent pour y découvrir des sculptures.

🍴 *Longue Vue House and Gardens :* 7 Bamboo Rd. ☎ 488-5488. ● longuevue. com ● De l'Expressway I 10, prendre la sortie Metairie Rd. Puis sur la gauche juste avt le canal (petit panneau). Lun-sam 10h-16h, visite guidée chaque heure pile, (dernière visite 15h), dim 13h-17h (dernier tour 16h). Entrée : 10 $; réduc. Jardin seul 7 $. Luxueuse propriété des années 1940 s'inspirant des plantations que l'on peut voir dans la région. Intéressant pour ceux qui n'auraient pas le temps de sortir de La Nouvelle-Orléans. Sinon, préférez la visite d'une vraie plantation. Jardins de style espagnol, dessinés selon le modèle de ceux de l'Alhambra à Grenade, mais bien plus modestes, avec des jets d'eau (dont un très moderne, sculpté par Line Emery-Braselman), bassins, canaux d'irrigation (portugais), allée de chênes, massifs de fleurs, etc. Les propriétaires fantasmaient beaucoup sur le goût européen, comme la plupart des planteurs américains avant eux. Cette imposante bâtisse *Greek revival* est meublée de manière très hétéroclite. Elle se révèle malgré tout intéressante : armoires des XVIIIe et XIXe s, tapis et tapisseries françaises, porcelaines et meubles anglais... *Dining room* aux murs animés d'œuvres d'art moderne qu'appréciait particulièrement la dernière propriétaire. Noter, dans le couloir du 1er étage, les fresques représentent des vues de la ville de Lyon au début du XIXe s. Voir encore le *sleeping porch,* une pièce abritant dans ses murs d'étranges armoires-lits rotatifs et escamotables.

🍴 *Degas House* (plan couleur général C1) : 2306 Esplanade Ave. ☎ 821-5009. ● degas.org ● Tlj 9h-17h Entrée : 10 $; réduc. Originaire de la Louisiane par sa mère, native de La Nouvelle-Orléans, l'impressionniste Edgar Degas arrive dans la ville en 1872 et y séjourne pendant six mois. Il y réalise une série de portraits de famille, le climat étant peu favorable à la peinture en extérieur (chaleur, humidité...). Tous les tableaux présentés sont des reproductions d'œuvres peintes lors de son séjour et, franchement, on trouve que l'entrée est vraiment trop chère pour voir des photos ! Réservé donc aux super-fans de Degas...

CENTRAL BUSINESS DISTRICT (plan couleur général B-C2)

Ce quartier, coincé entre Canal St à l'ouest et l'Expressway à l'est, s'est rapidement développé ces dernières années. Certaines anciennes usines et dépôts désaffectés se sont habilement transformés en galeries d'art, musées, ateliers, et de jeunes artistes rénovent de vénérables manufactures à l'abandon. Bien sûr, le coin n'est pas encore le plus excitant de la ville, et le passage de Katrina a malheureusement quelque peu freiné les projets de développement. Malgré tout, plusieurs musées d'importance sont à découvrir, notamment le **D-Day Museum** et le **Contemporary Arts Center.** Une association, *The Arts District,* regroupe les différents intérêts touristiques du quartier. Dans sa partie nord, la silhouette du *Superdome,* en forme de soucoupe volante, ne pourra échapper à personne. La promenade aussi est édifiante, elle permet d'observer tous les styles d'architectures qui se sont succédé au fil des décennies depuis 150 ans, des vieilles fabriques en brique rouge jusqu'aux immeubles de verre. Le tout dans un désordre éclectique qui fait le charme des villes américaines.

🎎 *National WW2 Museum* *(ex D-Day Museum ; plan couleur général C2) :* 945 Magazine St, à l'angle d'Andrew Higgins Dr. ☎ 527-6012. • nationalww2mu seum.org • Tlj sf lun 9h-17h. Entrée : 14 $; réduc. Noter que devant le musée, le pavement de brique rend hommage aux différentes sections et unités de combat. Ouvert le 6 juin 2000, 56 ans jour pour jour après le débarquement des troupes anglo-saxonnes en Normandie, cet excellent musée commémoratif et pédagogi-que met en valeur les diverses opérations amphibies lancées par les Américains pendant la deuxième partie de la Seconde Guerre mondiale, et plus particulière-ment celles du Pacifique (Guadalcanal, Okinawa, Tarawa...), finalement assez méconnues des Européens. Une section importante est également réservée au débarquement du 6 juin 1944. Le tout est présenté dans un souci de clarté, en revenant sur les origines du conflit et les raisons de l'entrée en guerre des USA, puis en tirant les conclusions chiffrées effrayantes des pertes et dégâts globaux mais aussi des souffrances collectives et individuelles de tous les peuples entraî-nés dans cette inutile folie générale.

– *Le 2ᵉ étage* est consacré à toutes les opérations américaines dans le Pacifique : recrutement, reconstitution de saynètes, affiches de sensibilisation de la popula-tion (déjà très marketing !). Intéressante section sur les *Higgins Boats,* du nom de l'inventeur de ces fameuses barges de débarquement, originaire de La Nouvelle-Orléans. Petit film montrant comment ce petit industriel réussit à convaincre les autorités militaires de l'intérêt de son invention. Une bonne partie de cet étage relate site par site l'avancée américaine dans les eaux du Pacifique, cherchant à contrer les avancées japonaises. Une vaste carte lumineuse détaille pédagogiquement l'enchaînement terrible des opérations, qui aboutira à l'explosion, en août 1945, des deux premières bombes atomiques, qui changeront l'ordre mondial. Dans des interviews, des militaires liés au largage des bombes atomiques s'expliquent, ten-tent de justifier le choix de leurs dirigeants pour mettre fin à la guerre. Photos des combats contre les Japonais, parfois difficiles à supporter. Enfin, la capitulation.

– *Le 3ᵉ étage* se concentre sur le débarquement sur les côtes normandes. Photos, documents, vêtements militaires, mais aussi explications sur plans de l'opération Overlord, photos des différentes plages, témoignages... De nombreux objets pro-venant des plages d'Utah et d'Omaha, des blindés allemands, des armes, des uni-formes et équipements, que ce soit les forces alliées ou de l'Axe.

– Également un film de 40 mn à ne pas manquer, projeté toutes les heures à la demie de chaque heure, relatant le débarquement sur les côtes normandes.

🎎 *Contemporary Arts Center* *(CAC ; plan couleur général C2) :* 900 Camp St. ☎ 528-3805. • cacno.org • Jeu-dim 11h-16h. Entrée : 5 $; réduc. Logé dans un entrepôt rénové, le centre accueille les expositions temporaires d'artistes contem-porains de diverses disciplines : peinture, photographie, sculpture et vidéo. Au fil de l'année s'y produisent également des spectacles de théâtre et de danse.

🎎 *The Ogden Museum of Southern Art* *(plan couleur général C2) :* 925 Camp St. ☎ 539-9600. • ogdenmuseum.org • Ouv en théorie mer-dim 11h-16h. Entrée : 10 $. Concert jeu 18h-20h inclus dans billet. Sur trois niveaux, dans un espace de conception moderne et lumineux, est présenté l'art contemporain de 15 États du Sud (peinture, sculpture, photo, accrochages divers, travail sur bois...). Essentiel-lement des expos temporaires, avec une petite partie permanente comme le tra-vail de *Benny Andrews* (peinture-collage), avec son intéressante série sur le thème de la migration aux États-Unis au cours de l'histoire. On pourra encore remarquer les toiles de *Will Henry Stevens,* ancien prof à l'université de Tulane, traitant notam-ment du réalisme social des années 1940. Un musée à découvrir, pour se forger une image des sudistes un peu différente.

🎎 *Louisiana Children's Museum* *(plan couleur général C2) :* 420 Julia St. ☎ 523-1357. • lcm.org • Mar-sam 9h30-16h30 et lun slt en été. Entrée : 7 $ pour *ts.* Un musée bien sympa comme savent en imaginer les Américains. Les mômes peuvent y découvrir, à travers toutes sortes d'installations, les lois de la physique, faire des courses dans un faux supermarché, jouer au serveur dans le *Kids' Café* ou même se mettre dans la peau d'un présentateur de télévision ! Cette crèche géante, pleine de jeux formidables et de cris d'enfants, vaut vraiment le coup si vous êtes avec des gosses. Quant à la boutique, elle devrait vous permettre de trouver vos cadeaux pour les trois prochaines générations de neveux. Au passage, admirer la réhabilitation architecturale très réussie de cet ancien entrepôt de brique.

🕴 **Confederate Museum** *(plan couleur général C2)* : 929 Camp St. ☎ 523-4522. ● *confederatemuseum.com* ● *Lun-sam 10h-16h. Entrée : 5 $; réduc. Feuillet explicatif en français. Fermé pour rénovation en 2008-2009, renseignez-vous.* Comme on s'en doute, ce musée évoquant la guerre de Sécession est avant tout un hommage aux États du Sud. Une nostalgie guerrière assez gênante entoure les objets exposés : effets personnels du président Jefferson Davis, uniformes, canons, portraits de généraux, drapeaux (dont un taché de sang !), nombreuses armes, dont un exemplaire de la première grenade à main de l'histoire, etc. Seuls souvenirs « amusants » : un manuel de chirurgie militaire et ce qui reste du service en argent qui ne quittait jamais le général Lee, même sur un champ de bataille ! À propos d'argent, on peut voir quelques billets du temps où l'État de Louisiane battait monnaie (1863). Au final, une visite dont on peut aisément se passer.

🕴 **Superdome** *(plan couleur général B2)* : 1500 Poydras St. ☎ 587-3663. ● *super dome.com* ● *Ne se visite pas.*
Le plus grand stade couvert du monde ; 90 000 places ! Devenu tristement célèbre depuis qu'il a servi d'abri forcé aux derniers réfugiés n'ayant pu ou voulu quitter la ville en temps et en heure, lors du passage du cyclone Katrina fin août 2005.
Les dizaines de milliers de personnes qui passèrent ici plusieurs jours vécurent une des expériences les plus terribles de leur vie. Enfermés dans cette cocotte-minute dans laquelle régnait une chaleur accablante, en l'absence de sanitaires (hors d'état de fonctionner), au milieu d'une puanteur indescriptible, quasiment sans eau ni nourriture, avec l'interdiction formelle de quitter les lieux, ces réfugiés de la dernière heure racontèrent avec émotion les scènes de sauvagerie que certains vécurent (racket, vols, viols...). Les militaires, restés à l'extérieur du Superdome, se contentaient d'empêcher la population de sortir, sans s'inquiéter de ce qui se déroulait à l'intérieur.
Le Superdome a rouvert en 2006 après de longs mois de travaux pour le début de la saison de football américain.
On ne peut d'ailleurs que vous conseiller d'aller assister à un match de football américain (le dimanche après-midi à coup sûr) pour partager un moment social important pour la population.

Fêtes et festivals

– **Mardi gras :** ● *mardigrasneworleans.com* ● Le spectacle le plus éblouissant du pays et certainement l'un des plus grands carnavals du monde avec ceux de Rio et de Venise. *Attention :* à cette époque tous les hôtels sont pris d'assaut, et les prix sont automatiquement majorés, doublés, voire triplés. Lundi soir, dernière veillée avec costumes magnifiquement ornés et, deux semaines avant, grande parade dans les rues de la ville. Les habitants investissent des sommes importantes en costumes mais aussi en chars *(floats)* et en *throws,* c'est-à-dire tout ce qu'on jette du haut des chars vers la foule qui crie « *Throw me something, Mister* ». Le jour fatal voit débarquer quelque 30 000 clowns, mais aussi des gens déguisés en décapsuleur, en canette ; des alligators en mousse prennent le bus... Et de la musique partout.

– **French Quarter Festival :** *le 2ᵉ w-e d'avr, à condition que la fête de Pâques ne tombe pas en même temps. Infos :* ☎ 522-5730. • *fqfi.org* • Pendant 3 jours, la musique bat son plein.

– **New Orleans Jazz and Heritage Festival :** *entre le dernier w-e d'avr et le 1ᵉʳ w-e de mai, slt jeu-dim. Infos :* ☎ 522-4786. • *nojazzfest.com* • Une ville entière convertie à la musique, aux concerts et aux spectacles. Outre la musique de jazz, de rock et de folklore local, les costumes traditionnels que les habitants revêtent pour l'occasion sont assez extraordinaires. Plein de concerts à l'hippodrome, sous de grandes tentes.

– **Fourth of July :** *le 4 juil bien sûr.* Grande journée de fête dans le parc municipal, concours de pirogues et feux d'artifice très spectaculaires.

– **Decadence Festival :** *le 1ᵉʳ w-e de sept, lors du Labor Day.* Défilé dans les rues, essentiellement gay et lesbien.

– **Halloween :** *31 oct.* À l'occasion de la « fête des Sorcières », les jeunes se défoulent librement, comme dans tout le pays, mais contrairement aux autres villes, ici, les adultes se joignent à la fête et se déguisent ! Beaucoup de masques (citrouilles sculptées) et fêtes dans les bars. L'histoire ne dit pas si les mômes se font piquer leurs bonbons par les grands.

Où apprendre à cuisiner créole ?

■ **The New Orleans School of Cooking** *(plan couleur centre I, C2) :* 524 Saint Louis St. ☎ 525-2665 ou 1-800-237-4841. • *nosoc.com* • *Résa obligatoire au moins la veille. Cours de cuisine de 2h30, 10h-12h30. Prix : 27 $.* Deux compères inénarrables, Kevin et Michael, vous enseignent les bases de la cuisine créole et ses principales recettes : *jambalaya,* riz créole, *gumbo,* pralines... mais ça relève plus de la démonstration que véritablement du cours pratique. Qu'importe, le *show* vaut le détour. Et même si on ne comprend pas toutes les vannes, le rire est communicatif et ça ouvre sacrément l'appétit. Tant mieux, puisqu'en fin de leçon, on déguste les plats. Une manière originale de découvrir les richesses de la cuisine locale, le meilleur moyen de les recréer chez soi au retour. À côté, magasin où acheter des produits et spécialités culinaires créoles.

Achats

⚜ **Vieux Carré Vinyl** *(plan couleur centre I, D1,* **151***) :* 1214 Decatur St ; à la hauteur de Governor Nicholls St. Tlj 12h-20h. Achète et vend tous les disques d'occase, parfois introuvables. Beaucoup de vinyles. Assez cher quand même.

⚜ **Music Factory** *(plan couleur centre I, C2,* **152***) :* 210 Decatur St, face à la House of Blues. ☎ 586-1094. Tlj 10h (dim 12h)-19h. Très large choix de blues et de jazz, disques neufs ou d'occasion. Vinyles à l'étage. Possibilité d'écouter la plupart des CD. Prix corrects. Toutes sortes de produits aussi liés à la musique. Certains soirs, concerts live.

⚜ **French Market** *(plan couleur centre I, D1) :* à deux pas du Mississippi. Un tas de choses, mais surtout la célèbre sauce créole Tony Chacheres. Les piments ont toujours eu des vertus aphrodisiaques. À toutes fins utiles...

⚜ **Buba Gump** *(plan couleur centre I, C2,* **153***) :* 429 Decatur St. Pour les fans de Tom Hanks qui retrouveront l'ambiance et les juteux produits dérivés inspirés par le film Forrest Gump, dont une partie de l'histoire se déroule à bord d'un crevettier dans les bayous et sur le golfe du Mexique. Vous pouvez même y manger des crevettes à tous les temps, toutes les modes ou y acheter une boîte de chocolats (comme dans le film !).

⚜ **Fleur de Paris** *(plan couleur centre I, C1,* **150***) :* 712 Royal St. Boutique de lingerie et de robes de bal, pour se faire une idée des accoutrements dont se parent les filles de la bonne société pour le bal du *Rex* à l'occasion de leur entrée dans le monde.

☸ **Santas' Quarters** *(plan couleur centre I, D1, 158) : 1025 Decatur St ; à la hauteur de Ursulines St. Tlj 9h30-17h30.* Boutique dans laquelle on trouve toute l'année ce qu'il faut pour bien fêter Noël ! Aussi magique que les boutiques allemandes du même type.

☸ **Zombie's Voodoo Shop** *(plan couleur centre I, C1, 161) : 723 Saint Peter St.* ☎ *4-VOODOO (amusant, non ?). Tlj 12h-18h... ou jusqu'à minuit, c'est selon.* Des jeunes gens, qui ne doivent plus être étanches à force de se piercer de partout, vendent avec nonchalance des gadgets autour du vaudou, des masques africains, colliers. Très Disney.

☸ **Wicked Orleans** *(plan couleur centre I, D1, 162) : 1205 Decatur St, à l'angle de Governor Nicholls. Tlj 11h-18h.* Toujours dans le genre bizarre, une boutique de fringues pour *fashion victims* déglinguées dans le genre destroy-gothique, *raver-trash* ou cuir-dominateur. Bref, pas pour aller au boulot. Enfin, ça dépend quel boulot !

➤ **DANS LES ENVIRONS DE LA NOUVELLE-ORLÉANS**

À la découverte du bayou

🍴👤🎒 **Le bayou Segnette** *(plan couleur d'ensemble) : résa obligatoire.* Expérience à ne pas manquer, c'est le plus proche de la ville. Nos premières adresses y sont situées.

■ **Westwego Swamp Adventures :** *501 Laroussini St, à Westwego à 12 miles du centre.* ☎ *581-4501 ou 1-800-633-0503.* ● *westwegoswampadventures.com* ● Prendre Magazine St, puis la 90 West direction Westwego. Faire env 5 miles puis, quand elle redescend au niveau du sol, compter 7 feux tricolores et prendre à gauche dans Louisiana St. Poursuivre sur un bloc et se garer devant le Cottage Gift Shop Inn Cafe. *Entre 2 et 4 tours tlj. Durée : 2h. Prix : 24 $; réduc.* Compter 45 $/pers avec transport depuis New Orleans. Sinon, on peut prendre un bus à l'angle de Tulane et Loyola (« Jet », « West Bank Expressway »). Grosse compagnie organisant des excursions sur le bayou Segnette sur des bateaux de 50 places.

■ **Bayou Segnette State Park :** *777 Westbank Expressway, à Westwego.* ☎ *736-7140 ou 1-888-677-2296.* ● *crt.state.la.us/parks* ● À 100 m du Westwego Swamp Adventures. *Ouvtte la journée, mais ferme à la nuit tombante. Entrée : 1 $.* Joli parc national à deux pas de New Orleans. On peut y faire de nombreuses balades en forêt ou des tours en bateau dans les marais. Une jolie pause nature à proximité de New Orleans.

■ **Barataria Preserve :** *7400 Hwy 45, à Marrero.* ☎ *589-2330.* Mal indiqué, préférable de passer avt prendre un plan au *Jean Lafitte National Historical Park,* au *419 Decatur St.* Demander à l'accueil du Visitor Center *(ouv 9h-17h)* quel est le trail le plus intéressant à parcourir *(variable selon saison).* Ce parc naturel fait partie du *Jean Lafitte National Historical Park.* Plusieurs sentiers à parcourir (8 miles au total). Spectacle magnifique au printemps, lorsque les iris bleus géants colorent les bords des marais. On peut y voir des alligators, des écureuils et de nombreux oiseaux.

LA RÉGION DES PLANTATIONS

Il était une fois Scarlett, les robes en taffetas, les demeures d'un luxe inouï, bardées de colonnades et de nostalgie architecturale, châteaux d'une terre vierge où s'inventait un art de vivre.

Et puis, il y avait l'argent qui coulait aussi sûrement que le Mississippi, les fortunes gagnées dans les champs de coton, à la sueur d'hommes exploités, avilis, privés de tout et d'abord de leur liberté, qui, eux, inventaient un art de survivre.

Mais, autant en a emporté le vent, vint la guerre, bien plus provoquée par les États du Nord jaloux de la prospérité du Sud, que motivée par l'émancipation des Noirs. Elle emporta donc les grands propriétaires et les esclaves. Les premiers en sortirent beaucoup, beaucoup moins riches, et les seconds à peine moins pauvres et guère plus libres.

The Recent Unpleasantness (« le Désagrément récent », comme disent par dérision les Sudistes à propos de la guerre de Sécession) a toutefois laissé de nombreuses traces. Les cicatrices psychologiques ne se voient pas trop – même si elles sont bien présentes –, et c'est tant mieux : aigreur, méfiance vis-à-vis du Nord, relents ségrégationnistes, etc.

D'autres, plus concrètes, se visitent, et souvent avec plaisir. Les grandes plantations *ante bellum* (avant la guerre) témoignent d'un monde disparu, comme les châteaux de la Loire racontent la Renaissance.

On trouve la grande majorité des plantations sur la route entre La Nouvelle-Orléans et Baton Rouge, ainsi qu'autour de Saint Francisville.

LA ROUTE DES PLANTATIONS, DE LA NOUVELLE-ORLÉANS À BATON ROUGE

Quand on pense à la Louisiane, il y a plusieurs images qui viennent immédiatement en tête : le jazz évidemment, les bayous et puis les riches plantations avec leur lot d'esclaves suant leur calvaire dans les champs de coton. Les plantations désignent la terre cultivée mais aussi l'habitation principale des propriétaires. Elles se sont développées tout le long du Mississippi pour deux raisons. La terre ne manquait pas et la proximité du fleuve permettait l'irrigation des cultures. Véritable autoroute, le grand fleuve facilitait aussi le transport des marchandises et des hommes. Le coton et la canne furent les principales cultures développées tout le long du fleuve et apportèrent aux propriétaires terriens fortune et prospérité. Ils se firent construire de somptueuses demeures, où la surenchère de luxe et de raffinement contraste cruellement avec la rudesse des cabanes de planches laissées aux esclaves. Ces maisons furent construites à la sueur d'hommes asservis, qui y apportèrent leur savoir-faire. Et le Mississippi offrit ses terres boueuses pour le façonnage des briques. On comptait sa fortune en dollars, en acres de terre, mais aussi en nombre d'esclaves. C'est ainsi que la douleur des uns profite aux dollars des autres. Après le déclin, provoqué par l'émancipation des esclaves, l'arrivée du chemin de fer, qui mit en préretraite le Mississippi, et la découverte de nouveaux textiles qui ébranlèrent le marché du coton, les plantations disparurent petit à petit. Mais nombre de bâtisses restèrent debout. Elles furent parfois habitées par les descendants des premiers planteurs, mais le plus souvent laissées à l'abandon dans les dernières décennies du XIXe s. Plus tard, on les redécouvrit, on commença à les restaurer, les remeubler pour certaines, puis la vague du tourisme de masse redonna une seconde vie à ces demeures. Il en subsiste plusieurs dizaines, la plupart concentrées le long du fleuve, sur les deux rives, entre La Nouvelle-Orléans et Baton Rouge, mais aussi autour de Saint Francisville (voir plus loin).

Entre-temps, les plantations ont vu arriver de nouveaux voisins. Hautes, vastes et impressionnantes cathédrales modernes, les raffineries de pétrole rythment à leur tour les rives du fleuve. L'économie n'est plus aux champs de coton mais au marché de l'or noir, même si celui de Louisiane n'est pas des plus facile à exploiter. Les images d'un passé, qu'on se représente volontiers romanesque, sont donc projetées brutalement sur celles, plus prosaïques, de la réalité présente. L'effet ne manquera pas de vous surprendre. Et toujours le Mississippi, qui, aujourd'hui comme hier, fait office d'autoroute paresseuse, où les bateaux à aubes ont laissé la place aux supertankers.

Infos pratiques

Certaines plantations sont ouvertes à la visite, et ce sont celles que nous vous proposons. Nous les présentons par ordre d'arrivée sur la route, et non par ordre de préférence. Cela dit, comme ça coûte quand même assez cher, il n'est pas indispensable de toutes les voir. En revanche, il serait dommage de se contenter d'une seule. En voir trois ou quatre, selon le budget, donnera un bon aperçu de l'ensemble. Voici notre palmarès, tout personnel, sur la route de Baton Rouge.
– *Laura Plantation,* pour son histoire et la qualité de la visite.
– *Oak Alley Plantation,* pour la majesté de son allée de chênes.
– *San Francisco Plantation,* pour l'originalité de sa conception et la qualité de sa décoration (mais visite moyenne).
– *Nottoway Plantation,* pour son aspect extérieur et son gigantisme (visite non indispensable).
Évidemment, on nous dira que telle ou telle autre est également intéressante pour telle et telle raison. C'est sans doute vrai, mais nous les avons choisies pour leur diversité architecturale, l'intérêt de leur aménagement intérieur et la qualité de la visite. Malheureusement, les guides, sauf exception comme à la Laura Plantation, se contentent de parler de l'architecture et de donner les dates du mobilier ; ils occultent trop souvent l'aspect humain et font totalement l'impasse sur toutes les questions liées aux conditions de vie des esclaves, à la dureté de la vie de tous les jours. Certains sont tellement langue de bois que ça en est risible ! Il est encore des sujets brûlants sous le soleil du Grand Sud.

Arriver – Quitter

➢ L'unique moyen de visiter les plantations est la voiture. De La Nouvelle-Orléans, vous pourrez rejoindre la première plantation par la 10 West, sortie 220 puis la 310, sortie 6. Puis suivre le fléchage jusqu'à la Destrehan Plantation. Ensuite, il suffit de suivre River Road. Il y a une qui suit la rive nord du fleuve (Highway 48 puis 44, puis 942) et une autre la rive sud (Highway 18). Voir la carte « La route des plantations ». Attention à bien goupiller votre parcours pour ne pas louper les ponts si vous devez passer d'une rive à l'autre, il n'y en a pas tant que cela.
Pour les non-motorisés, une solution de rattrapage possible (bien que pas donnée) : plusieurs agences de tourisme de New Orleans organisent des excursions d'une demi-journée (départ vers 8h30, retour vers 13h30), avec visite d'une ou deux plantations. Prix moyen : 70 $. Infos à l'agence de tourisme.

Horaires et tarifs

– Les plantations sont ouvertes tous les jours mais fermées certains jours fériés. Les visites sont quasiment toujours guidées... en anglais, à l'exception de *Laura*. Les prix tournent autour de 15 $. Une brochure en français est souvent disponible. Demandez-la.

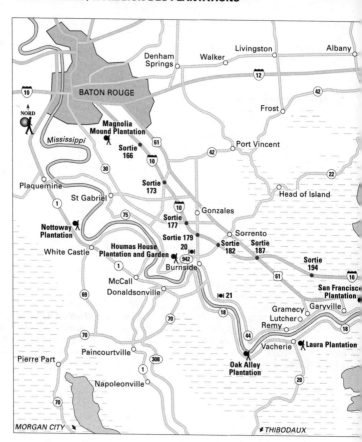

Où dormir ?

Pour dormir, il est possible de réserver une chambre (somptueuse mais hors de prix) dans l'une des plantations faisant *B & B*. Nous le signalons quand c'est le cas. Si les prix vous rebutent, il y a quelques motels autour de Donaldsonville et surtout de Gonzales, au nord. Si vous comptez profiter du coin pour faire un *swamp tour* (tour dans les bayous ; nettement moins cher ici qu'à La Nouvelle-Orléans) et visiter le pays cajun, Thibodaux et Houma offrent un bon rapport qualité-prix et une situation stratégique (à 30 mn des plantations, des *swamps*...). Sinon, pour une somme intermédiaire, voici ce qu'on vous a trouvé dans le coin. Pour manger, en revanche, ça ira. Une dernière solution consiste à partir très tôt de La Nouvelle-Orléans, à faire toutes les visites dans la journée et à arriver le soir à Baton Rouge.

🏠 🍴 **Nottoway Plantation :** à 2 miles au nord de White Castle (c'est le surnom de Nottoway), sur la Hwy 1, donc sur la rive sud du fleuve. ☎ (225) 545-2730 ou 1-866-428-4748. ● nottoway. com ● *Chambres 160-265 $ tt de*

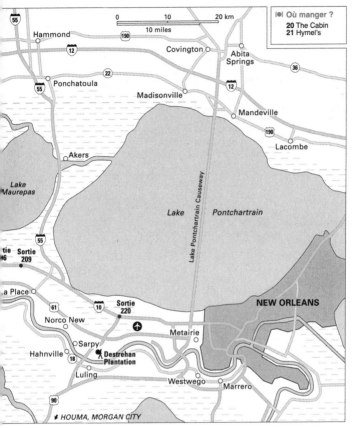

Où manger ?
20 The Cabin
21 Hymel's

LA ROUTE DES PLANTATIONS

même, petit déj compris. Également un resto, mais très cher (env 15 $ le plat pour le lunch, près du double pour le dîner). Voici un havre de paix idéal pour les *honeymooners*. Dans l'aile de la maison ou dans un *cottage,* les chambres sont coquettes et toutes différentes, naturellement *so lovely* avec lustre en cristal, consoles d'époque et cheminée. Éviter les 2 suites incluses dans la visite guidée (les plus belles et les plus chères), car on vous oblige à arriver après la dernière visite à 17h et à quitter la chambre le lendemain avant 9h, avant que les premiers touristes n'arrivent, ce qui fait cher au taux horaire !

⌂ **Oak Alley Cottages :** *3645 Hwy 18, à Vacherie. À 3 miles (5 km) env de Laura* Plantation. ☎ *(225) 265-2151 ou 1-800-44-ALLEY.* ● *oakalleyplantation.com* ● *Cottages 130-165 $ pour 2 pers, petit déj compris. Réception au magasin de souvenirs.* Dans le parc, à l'écart de la plantation, quelques bungalows aménagés avec goût et tout le confort moderne. Pas de TV, mais des jeux de société dans les tiroirs. C'est évidemment très cher, et on aurait préféré faire dodo dans la maison principale, mais le site est tout de même plein de charme, l'un des plus beaux sûrement de toute la région, surtout quand la lumière descend doucement et que les derniers touristes ont quitté les lieux. Là, on se sent un peu privilégié. Mais ça reste trop cher.

Où manger ?

Bon marché

|●| *Spuddy's Cajun Foods :* 2644 Hwy 20. ☎ (225) 265-4013. Juste après Laura Plantation en allant vers Oak Alley Plantation, prendre à gauche la direction de Thibodaux et passer la voie ferrée. C'est un peu après, sur la droite. Tlj sf dim 8h-19h (20h ven). Po-boys et gumbo à partir de 4 $. Vous voilà dans un endroit cruellement banal et délicieusement typique. Murs clairs, rangée de néons, grosses tables de bois et clientèle hyper-locale, dans le fond, on s'y sent plutôt bien. Collection de photos noir et blanc représentant les façades de la région. Si c'est la saison, c'est vers le plateau d'écrevisses qu'il faudra vous diriger sans hésiter.

|●| *B & C Seafood :* 2155 River Rd (Hwy 18), Vacherie. ☎ (225) 265-8356. Env 150 m avt d'arriver à Laura Plantation, sur la gauche. Tlj sf dim 9h-18h. À partir de 4-5 $. Magasin-resto à la façade de brique. Une bonne adresse pour découvrir la cuisine cajun des familles, pas celle réservée aux touristes – enfin, la carte est quand même traduite en français –, crevettes, crabe, *catfish*, alligator, andouille (cherchez l'erreur). Excellentes soupes *seafood gumbo*. Pas cher, bien servi et goûteux. On mange sous l'œil de têtes d'alligators – et c'est bien connu, les alligators ne supportent pas qu'on fasse le ménage trop souvent.

|●| *The Cabin* (carte, **20**) *:* à Burnside, non loin de la Houmas Plantation. ☎ (225) 473-3007. Au croisement des routes 44 et 22. Mar-sam 11h-21h, lun 11h-15h, dim 11h-18h. Po-boys env 5 $; plats autour de 10 $. Les salles les plus chaleureuses, avec leur fatras d'objets, sont en entrant à droite. Dans la vaste grange, plus récente, l'ambiance monte très tôt dans la matinée. Cuisine traditionnelle de qualité. Boissons servies dans des bocaux à confiture. Adresse de qualité, très fréquentée par les touristes et les locaux.

|●| *Hymel's* (carte, **21**) *:* 8740 Hwy 44. ☎ (225) 562-7031. À 5 miles après le Sunbridge sur River Rd longeant le Mississippi, à côté d'une station-service. Mar-ven 11h-14h30, jeu-ven 17h-21h, w-e 11h-22h (dim 20h). Fermé lun. Plats env 8 $. On croit débarquer au milieu de nulle part, on plonge en réalité au cœur de la Louisiane laborieuse. Dans cette cantine posée sur un méandre du fleuve se donnent rendez-vous tous les ouvriers des usines pétrochimiques voisines. Dans un joyeux brouhaha, on partage avec eux les spécialités de poisson et de fruits de mer (tortue à la sauce piquante, *soft shell crab*, cuisses de grenouilles...). Également des plats du jour le midi.

La visite des plantations

🗡 *Destrehan Plantation :* 13034 River Rd, rive nord. ☎ (985) 764-9315. ● destre hanplantation.org ● De La Nouvelle-Orléans, prendre la 10 W, sortie 220, puis la 310, sortie 6. Puis suivre le fléchage. Entrée par le magasin de souvenirs. Tlj 9h-16h (heure du dernier tour). Visite guidée de 55 mn et départ ttes les heures. Entrée : 10 $; réduc.

La plantation est assez proche de la route, si bien que, si vous passez par là sans pour autant vouloir faire la visite, vous la verrez quand même très bien.

Jolie sans être très belle, elle fut édifiée en 3 ans à la fin du XVIIIe s dans le style tropical, ce qui en fait l'une des plus anciennes de Louisiane. Construite en brique et en cyprès essentiellement, pour la résistance de ce bois à l'humidité et aux termites. Fils d'aristocrate, Jean-Noël Destrehan, le propriétaire, après avoir tenté l'indigo, fit fortune dans la canne à sucre en participant à l'amélioration des techniques de raffinage. La plantation utilisait les services de plus de 200 esclaves à son apogée et fut saisie pendant la guerre civile par les unionistes. Elle fut ensuite remodelée de manière plus classique, en *Greek revival,* au milieu du

XIXe s. La culture de la canne cessa définitivement en 1914. Aujourd'hui, la plantation est gérée par une association de bénévoles.

Avant d'entrer, ce qui frappe d'abord, ce sont les très beaux chênes qui encadrent la bâtisse et les huit colonnes massives qui devancent sa façade.

La visite commence par une petite vidéo ennuyeuse, puis on arpente les pièces. Si l'architecture classique de la maison est très intéressante, la visite s'avère globalement décevante, car le mobilier est assez pauvret (pas mal du XIXe s). Intéressant tout de même : les murs d'une pièce de l'étage sont écorchés et permettent de voir comment on fabriquait le bousillage (boue, *Spanish moss,* paille, coquilles d'huîtres...). À noter encore, l'ingénieux système de moustiquaire dans les chambres et la baignoire de marbre dont on aime à nous faire croire qu'elle fut offerte par Napoléon Ier. Et pourquoi pas par Benoît XVI tant qu'on y est ? Vous aurez aussi droit à une rapide démonstration des savoir-faire de l'époque (une par jour) : teinture à l'indigo, cuisine, chandelle, bousillage, etc. Enfin, le grand réservoir d'eau et la large galerie sur laquelle on dînait. On s'aperçoit de là que la plantation perdit la vue sur le fleuve lors de l'édification en 1929 des levées, qui avaient pour objectif de protéger les édifices bordant le Mississippi de ses terribles crues.

🐾 *San Francisco Plantation House :* 2646 River Rd, sur la Hwy 44 ; toujours rive nord, à env 20 miles de Destrehan Plantation. De cette dernière la 310 N puis la 61 N, puis la 637. ☎ (985) 535-2341 ou 1-888-509-1756. ● sanfranciscoplantation. org ● Tlj 9h30-16h40 (9h-16h nov-mars). Visite guidée de 45 mn et départ ttes les 30 mn env. Tour en français de temps en temps. Sinon, demander la brochure en français. Entrée : 15 $; réduc.

Voici une demeure qu'on repère de loin ! Couleurs vives et claires, gros réservoir d'eau peint en bleu et chapeauté d'une coupole, et surtout architecture massive tout à fait originale. Il est très difficile d'apposer un nom de style à cette bâtisse construite par Edmond Marmillion au milieu du XIXe s qui mélange allègrement une structure créole mais massive, des éléments *Greek revival,* mais aussi un forts accents victoriens. Les galeries, très profondes, n'allègent en rien l'ensemble. Pas plus que le toit, qui semble posé comme un chapeau trop grand en équilibre sur la maison ! À ce sujet, observer la galerie qui l'entoure : elle est trouée de dizaines de volets qui permettaient d'aérer l'espace et d'évacuer la chaleur. Bref, on aime ou on n'aime pas, mais c'est particulier. Pour terminer avec l'extérieur, sur le plan technique cette fois, à noter encore le système d'approvisionnement en eau qui venait directement dans la maison. Autre particularité, le nom de la plantation : on raconte qu'elle s'appelait « Saint Frusquin » provenant de *sans fruscins* (« sans le sou »). Curieux nom qu'un des propriétaires jugea inapproprié (et on le comprend) et transforma en San Francisco, histoire de conserver la consonance. Assez rare pour être noté : la maison fut habitée jusqu'en 1974, date à laquelle une compagnie pétrolière la racheta. C'est aujourd'hui une fondation qui l'a reprise.

La visite comporte une quinzaine de pièces. Tous les meubles sont des copies, mais recréent assez bien l'atmosphère de l'époque. Sans passer en revue toutes les salles, quelques éléments sont véritablement notables : les beaux plafonds en cyprès peints, les panneaux de portes ainsi que les cheminées, elles aussi en bois et peintes en faux marbre de couleurs assez osées. Il faut dire qu'à cette époque, on avait pris l'habitude de peindre les bois en un « faux autre bois ». Ainsi le cyprès pouvait devenir du faux acacia. Ben oui, faut toujours qu'on ait ce qu'on n'a pas ! Salons, boudoirs pour les femmes, fumoir pour les hommes, et quand tout ce beau monde était pris par l'envie de danser, les parois s'escamotaient pour laisser place à une salle de bal. L'ensemble est particulièrement coloré, et chaque pièce révèle un petit quelque chose d'original : chaise percée au pied du lit dans une chambre (super-élégant !), somptueux tissu de soie dans une autre, lit volumineux et à baldaquin, et toujours des frises décoratives ou des murs et plafonds peints (salon des femmes, angelots dans le boudoir). Tous les tapis ont été refaits à l'identique. Depuis le balcon, vue sur le grand fleuve. Au rez-de-chaussée, dans le garde-manger *(foodstorage room),* voir les jarres qui s'enfoncent dans le sol pour conserver les denrées au frais. Derrière le magasin de souvenirs, ne pas manquer les deux baraques où logeaient les esclaves chargés du service de la maison. Pourtant si proches, ces deux habitations sont séparées par un précipice. D'un côté un luxe ostentatoire et, de l'autre, le simple dénuement.

Laura Plantation : 2247 Hwy 18, River Rd, Vacherie. ☎ (225) 265-7690. • lau raplantation.com • Sur la rive sud du Mississippi. De San Francisco Plantation, poursuivre River Rd (rive nord) et prendre le 1er pont ; récupérer River Rd (rive sud) sur la droite, la plantation est à env 4 miles. Tlj 9h30-16h. Tour guidé : ttes les heures env. Durée : 1h. Visites en français à priori mar et sam à 11h, 13h et 15h15 (vérifier, c'est plus prudent). Entrée : 15 $; réduc. Cette plantation, parmi les plus authentiques, a été longtemps notre préférée. La maison, toute simple, avait été édifiée par un esclave sénégalais sur le modèle des maisons africaines. D'abord préparée en kit, tous les éléments numérotés avaient été assemblés en onze jours. Mais, en 2004, suite à un incident électrique, un terrible incendie a détruit la quasi-totalité de l'habitation et son mobilier. Qu'à cela ne tienne ! La plantation a survécu à la guerre de Sécession, aux cyclones et à l'abandon, elle peut bien renaître de ses cendres ! Presque entièrement reconstruite dès le printemps 2007, elle accueille à nouveau les visiteurs. On a simplement ajouté le récit de l'incendie au parcours guidé. Une visite passionnante, d'ailleurs, menée par des guides passionnés. On suit pas à pas les traces de la famille Locoul, à partir des mémoires de l'arrière-petite-fille du fondateur de la plantation, Laura Locoul (1861-1963), qui dirigea longtemps la plantation. On découvre ainsi plus de 200 ans d'histoire de la vie créole en Louisiane. Cette famille, on l'a déjà rencontrée à La Nouvelle-Orléans, dans le cadre de la visite au *Monde créole* (se reporter à la rubrique « À voir »). Ainsi, la visite de *Laura Plantation* complète le puzzle complexe de l'épopée des Locoul. Les guides de Laura sont aussi les seuls qui abordent sans détours, mais aussi sans misérabilisme, le rôle des esclaves, leurs conditions de vie et leurs difficultés pour entrer dans la société, une fois affranchis. Dans les baraquements où devaient s'entasser plusieurs familles, les esclaves inventèrent des contes qui ont bercé les soirées et les nuits de leurs enfants, et que les générations se transmettent toujours aujourd'hui. Pendant près de deux siècles, le français est resté la seule langue parlée à la plantation qui, de 1805 (date de sa création) à 1984, n'a appartenu qu'à deux familles d'origine française.

Oak Alley Plantation : 3645 Hwy 18, à Vacherie. ☎ (225) 265-2151 ou 1-800-44-ALLEY. • oakalleyplantation.com • À 3 miles (5 km) env de Laura Plantation. Tlj 9h-17h. Visites en français (cajun) sur résa. Entrée : 15 $; réduc. La plantation dispose également de cottages à louer dans l'enceinte du parc (voir « Où dormir ? »). Cette plantation est l'une des plus connues, grâce à son admirable allée de chênes tricentenaires. Ces majestueux vieillards étirent leurs grands bras tentaculaires pour former une voûte ombragée filtrant la rudesse du soleil. Et c'est un vrai plaisir de déambuler sous cette douce lumière. C'est en 1700 qu'un colon français édifia une petite bicoque et planta ces 28 arbres qui font le lien entre la modeste demeure (remplacée entre-temps par l'imposante bâtisse actuelle) et le fleuve. La haute levée empêche aujourd'hui de voir le Mississippi depuis la maison. Tiens, un truc bizarre : ces chênes ne possèdent pas du tout de *Spanish moss*. En effet, une des proprios trouvait que ça faisait vulgaire ; elle fit donc chimiquement traiter les arbres pour tuer ce singulier parasite qui ne demanda pas son reste.

À son apogée, la plantation s'étendait sur plus de 450 ha. Une partie de l'ancienne exploitation continue d'ailleurs à produire de la canne à sucre. Plusieurs films furent tournés dans ce décor de rêve, dont *Entretien avec un vampire, Hush, Hush, Sweet Charlotte, The Long Hot Summer, Dixie Changing Habits, Primary Colors...* La bâtisse, élevée en 1839, est l'archétype du *Greek revival* avec ses 28 colonnes de brique qui ceinturent la demeure (le même nombre que les chênes). C'était essentiellement une maison d'été, où la famille venait se réfugier trois mois par an, fuyant la fièvre jaune, la tuberculose et la malaria qui sévissaient durement à La Nouvelle-Orléans durant les mois de grosses chaleurs.

Si la visite guidée est aussi conventionnelle que la maison (commentaire débité par cœur par des jeunes femmes accoutrées des vêtements de Scarlett), elle vaut néanmoins le coup car la restauration est superbe et le mobilier Louis-Philippe absolument extraordinaire (début XIXᵉ s). Parmi plein d'autres détails évocateurs d'un style de vie, observer dans la salle à manger l'ingénieux système de ventilation au-dessus de la table, actionné autrefois par un serviteur. Sur la table, on disposait un bloc de glace. On ventilait ainsi de l'air froid. L'ancêtre de l'AC en quelque sorte. Les chambres à coucher sont également de toute beauté, avec des lits généreux où l'on a envie de se retrouver à plusieurs pour faire des galipettes tellement il y a de la place. Et en sortant, histoire de se rafraîchir, vous pourrez déguster leur production de sirop de menthe (payant bien sûr). Avec ou sans bourbon, au choix. Comme dans la plupart des plantations, la cuisine se situe à l'extérieur de la maison principale pour éviter les risques de feu. Un truc étonnant : pour que les esclaves-serviteurs ne goûtent pas la nourriture de leur patron entre la cuisine et la salle à manger, on les obligeait à siffler tout le long du chemin. L'allée fut ainsi surnommée la *Whistler Walk* (« l'allée du siffleur »). Avant de partir, jetez un coup d'œil à la forge qui se trouve derrière le magasin de souvenirs.

I●I Si vous voulez vous sustenter dans le secteur, le **Spuddy's Cajun Foods** n'est pas loin. Voir plus haut « Où manger ? ».

🍴 *Houmas House Plantation and Garden :* *40136 Hwy 942, à Burnside. ☎ (225) 473-9380 ou 1-888-323-8314. ● houmashouse.com ● En sortant de la Oak Alley, prendre à gauche jusqu'au pont Sunbridge (env 15 miles). Traverser le Mississippi, puis prendre River Rd à droite. Lun-mar 9h-17h, mer-sam 9h-20h. Tour guidé en anglais (brochure en français) ttes les 30 mn. Entrée : 10 $ jardin seul, 20 $ avec la maison ; réduc.*

Cette plantation doit son nom aux Indiens houmas, les anciens propriétaires de cette terre privilégiée qui occupe une boucle du Mississippi. Alexandre Latil l'acquit à la fin du XVIIIᵉ s et y fit construire la première maison, dont la cuisine se visite aujourd'hui. Cette demeure charmante, qui évoque une propriété française aux accents espagnols, fut sans doute jugée trop rustique par le général Hampton, héros de la guerre d'Indépendance, qui racheta le domaine pour l'offrir à sa fille et son gendre. Ils firent édifier la grosse maison blanche à colonnades, genre *Greek revival*, en 1840. Un planteur irlandais, John Burnside, la reprit en 1858 et, par sa gestion efficace, devint le plus grand producteur de sucre d'Amérique. Arguant de sa nationalité britannique, Burnside sauva sa propriété des pillages nordistes, et Houma continua à prospérer jusqu'à la fin du XIXᵉ s, où elle fut abandonnée. En 1940, un docteur de La Nouvelle-Orléans, George B. Crozat, racheta ce qui restait de Houmas. Curieuse coïncidence, on trouva sur place des documents attestant que le roi Louis XIV avait fait don des droits commerciaux des terres aux ancêtres de Crozat ! Le monde est petit.

La visite, guidée par une dame déguisée en Scarlett, passe de salle en salle et insiste sur une belle collection d'objets anciens : horloge, piano Steinway, carte... mais passe de façon très fugace sur les 600 à 1 000 esclaves qui ont fait prospérer cette plantation à la sueur de leurs souffrances.

🍴 *Nottoway Plantation :* *à 2 miles au nord de White Castle (c'est le surnom de Nottoway), sur la Hwy 1, donc sur la rive sud du fleuve. ☎ (225) 545-2730, 2409 ou 1-866-LASOUTH. ● nottoway.com ● Tlj 9h-17h. Visite obligatoirement guidée en anglais de 45 mn. Entrée : 15 $; réduc. Possibilité de dormir sur place (voir plus haut « Où dormir ? »).*

La plus grande plantation de Louisiane, sans doute la plus célèbre, mais certainement pas la plus intéressante. À partir de 1849, un certain Randolph, planteur très prospère, fit construire en dix ans cette superbe demeure. Un style d'inspiration à la fois grecque et italienne. Au total, 64 chambres. Pendant la guerre de Sécession, l'édifice fut sauvé de la destruction totale grâce à un officier nordiste, lointain cousin du propriétaire. Mais Mme Hampton, écœurée par la fin de l'âge d'or, ferma à une les 200 fenêtres et les 165 portes avant de quitter la Louisiane pour l'Europe.

Toute la décoration est due à une patiente reconstitution. La plupart des meubles ont disparu et furent refaits sur le modèle des originaux. Les rideaux verts du salon des messieurs sont la reproduction exacte de ceux que Scarlett O'Hara, dans *Autant en emporte le vent*, arrache pour s'y tailler une robe.

Non loin de Nottoway Plantation, sur la route, à Bayou Goula, on peut voir la plus petite église du monde, **Madonna Chapel.** La messe y est célébrée une fois par an, le 15 août. Sinon, elle se visite tous les jours (la clé est dans la boîte à lettres !).

🍴 *Magnolia Mound Plantation :* voir le commentaire au chapitre sur Baton Rouge. – D'autres plantations se visitent dans la région de Saint Francisville ; voir cette rubrique.

BATON ROUGE

224 000 hab.   (600 000 pour l'agglomération)   IND. TÉL. : 225

Bien sûr, on n'y passera pas toutes ses vacances. Entre son centre-ville à moitié désert et ses zones résidentielles coincées au milieu des voies rapides, Baton Rouge n'est pas ce qu'on peut à proprement appeler une destination touristique. Raison de plus pour en profiter ! Profitez d'une balade dans la région des plantations pour faire une halte (un ou deux jours suffiront) dans le vrai *American Way of Life.* Une ville à taille automobile, où les communautés cohabitent sans heurts apparents mais sans jamais se rencontrer vraiment, des zones pavillonnaires coincées entre des zones commerciales, puis des zones commerciales coincées entre des zones pavillonnaires. Le tout à l'ombre d'une des plus grandes raffineries de pétrole du pays. Et perdus au milieu de tout cet ordre quadrillé, quelques points de chute extravagants, kitsch au possible, qui font aussi tout le charme de l'Amérique.

Baton Rouge, c'est aussi un drôle de nom. En explorant les rives du Mississippi en 1699, Le Moyne d'Iberville, navigateur d'origine normande, aperçut un cyprès dépourvu d'écorce et enduit de sang. Les Indiens utilisaient cet arbre pour sacrifier des animaux sauvages et signaler la démarcation entre les territoires de chasse de deux tribus, les Bayougoulas et les Houmas. Vingt ans après le passage de Le Moyne, des pionniers français fondèrent la ville à cet endroit-là. En 1763, le traité de Paris donna la ville aux Anglais, qui eux-mêmes la cédèrent aux Espagnols en 1779. En 1810, les habitants de Baton Rouge se révoltèrent et proclamèrent la république indépendante de West Florida. Soixante-quatorze jours plus tard, le drapeau américain flottait de nouveau sur la ville. Elle devint capitale de la Louisiane en 1846. En 1861, la Louisiane fit sécession du reste de l'Union. Baton Rouge fut reprise par les unionistes dès l'année suivante, mais perdit son statut de capitale, au profit de La Nouvelle-Orléans, jusqu'en 1882. Entre-temps, la ville s'était dotée d'une université, la LSU, qui fut l'une des premières du sud des États-Unis à accueillir des étudiants noirs. Un des temps forts du XXe s fut le mandat du tumultueux gouverneur populiste Huey P. Long (1928-1932), qui fut finalement assassiné en 1935.

À quelque 85 miles au nord-ouest de La Nouvelle-Orléans, sur le Mississippi, Baton Rouge est aujourd'hui la capitale de la Louisiane, une ville industrielle et administrative au cœur d'une agglomération de plus de 600 000 habitants, qui concentre une grande partie de l'activité économique de l'État. Sauf le tourisme...

Arriver – Quitter

➤ N'envisagez pas de venir ici autrement qu'en voiture : on vous prendrait pour un E.T. tant la ville est étendue et son centre inexistant. Un véhicule est indispensable pour n'importe quel déplacement. Comme la ville est peu animée (euphémisme), on circule assez facilement, à condition de ne pas se perdre. Se munir donc d'un bon plan, bien que le nôtre puisse dépanner, surtout en arrivant. La référence, c'est le *Rand McNally* (dans toutes les stations-service).

🚌 *Greyhound (plan centre B2)* : 1253 Florida Blvd ; en face de 13th St et d'une station Chevron. ☎ 343-3811. Bus vers les principales villes de Loui-siane (6 départs/j. vers La Nouvelle-Orléans, 6h-18h), ainsi que vers le Texas, le Tennessee, l'Alabama, la Géorgie et la Floride.

Adresses et infos utiles

🅸 *Visitor Information Center (plan centre B2, 1)* : situé au rdc du Louisiana State Capitol. ☎ 1-800-527-6843. • vi sitbatonrouge.com • Tlj sf j. fériés 8h-16h. À gauche en entrant dans le hall, le comptoir de la ville et, à droite, infos générales sur la Louisiane. Avec, toujours fidèles aux postes, de charmants retraités passionnés par l'his-toire de leur ville. Des ascenseurs vous emmènent au 27e étage, pour une vue imprenable sur la ville. Et imprévisible : de là-haut, on voit la raffinerie, le Missis-sippi et... des arbres ! Vous pouvez aussi vous adresser au *Convention and Visitor Bureau (plan centre B3, 2)*,

situé dans une belle maison de style colonial au 730 N Blvd. Lun-ven 8h-17h.
✉ *Post Office (plan centre B3)* : 750 Florida Blvd ; à la hauteur de 7th St. ☎ 381-0708. Imposant bâtiment à colonnades.
@ *Internet :* à la *Main Library (plan centre B2)*, 7711 Goodwood, en face du Capitol. ☎ 231-3740. Tlj 8h-22h, sf ven-sam 8h-18h et dim 14h-18h. Plusieurs postes en accès libre.
■ *Transports :* on rappelle que ne pas être motorisé à Baton Rouge est une punition (transports en commun mini-maux : bus bleus slt 6h-18h sf le dim, distances énormes, etc.). Toutefois, un

BATON ROUGE

■ **Adresses utiles**

🅸 **1** Visitor Information Center *(plan centre)*
🅸 **2** Convention and Visitor Bureau *(plan centre)*
✉ Post Office *(plan centre)*
🚌 Greyhound *(plan centre)*
@ Main Library *(plan centre)*
3 Librairie Barnes & Noble *(plan général)*

⚤ 🛏 **Où dormir ?**

10 KOA Campground *(plan général)*
12 Super 8 *(plan général)*
13 Motel 6, route 61 *(plan général)*
15 Days Inn *(plan général)*
17 Deluxe Inn *(plan général)*
18 Best Western Chateau Louisianne Suite Hotel *(plan général)*

🍴 **Où manger ?**

20 Louie's Café *(plan général)*
21 Lloyd's *(plan centre)*
22 Dajonel's Restaurant *(plan général)*

23 Boutin's *(plan général)*
24 De Angelo *(plan général)*
25 Superior Grill *(plan général)*
26 Albasha *(plan général)*
27 Mike Anderson's Seafood *(plan général)*
28 Juban's *(plan général)*
29 Gino's *(plan général)*
30 Da Pinetta *(plan général)*
31 Maison Lacour *(plan général)*

🍸 🎵 **Où boire un verre ?**
Où écouter de la musique ?
Où fumer un cigare ?

40 Churchill's *(plan général)*
42 Phil Brady's Bar & Grill *(plan général)*
43 The Chimes *(plan général)*
44 The Varsity *(plan général)*
45 Casino Argosy *(plan centre)*
46 Casino Rouge *(plan centre)*

■ **Où assister à une messe gospel ?**

50 Shiloh Missionary Baptist Church *(plan centre)*

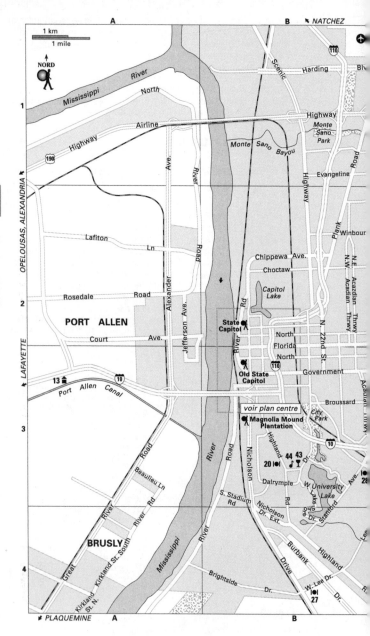

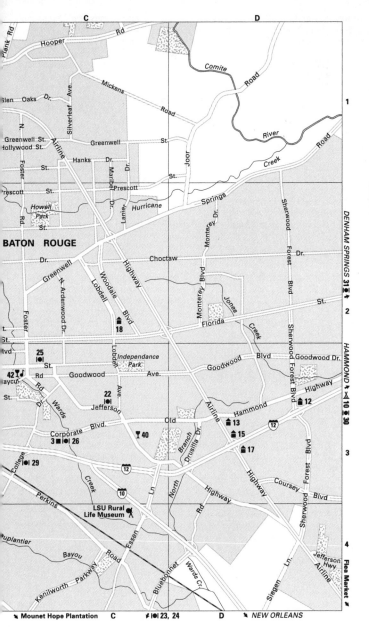

BATON ROUGE

Plank Rd
Hooper
Rd
C
D
Comite
Road
Mickens
Glen Oaks Dr.
Silverleaf Ave.
Road
River
N. Greenwell St.
Hollywood St.
Airline
Greenwell
St.
Joor
Creek
Road
Hanks
Dr.
Maribel Dr.
Foster St.
St.
Prescott St.
Prescott
St.
Hurricane
Lanier Dr.
Springs
Sherwood
Howell Park Dr.
Rd
St.
DENHAM SPRINGS 31
BATON ROUGE
Dr.
Greenwell
Choctaw
Monterey Blvd.
Forest
Dr.
Highway
N. Ardenwood Dr.
Woodale
Lobdell Blvd
Blvd.
Jones
St.
HAMMOND 10 30
Foster
18
Florida
Creek
Sherwood Forest Blvd.
25
Lobdell
Independance Park
Goodwood
Blvd
Goodwood Dr.
St.
Ave.
Goodwood
12
42
Baycu
Rd
Goodwood
Ave.
Highway
St.
Wards Dr.
22
Jefferson
Airline
Hammond
13
12
Corporate
Blvd.
Old
15
3 26
40
Branch
Drusilla Dr.
17
College 29
12
Creek
North
Ln.
Highway
Highway
Coursey
Blvd
Perkins
10
Sherwood Forest Blvd
LSU Rural Life Museum
Duplantier
Bayou
Essen
Road
Jefferson Hwy.
Airline
Flea Market
Kenilworth
Parkway
Bluebonnet
Wards Cr.
Stagen
Ln.
Mounet Hope Plantation   C   23, 24   D   NEW ORLEANS

BATON ROUGE (PLAN GÉNÉRAL)

trolley gratuit dessert le centre-ville, du State Capitol au casino Argosy, principalement le long de 3rd et 4th St (slt lun-ven 10h-12h).

■ *Librairie Barnes & Noble* (plan général C3, **3**) : 2590 Citiplace Court, sur Corporate Blvd. ☎ 926-2600. Tlj 9h-23h, sf dim 10h-22h. Grande librairie sur 2 niveaux, avec un bon choix de livres sur la Louisiane (histoire, tourisme, cuisine). Rayon disques à l'étage.

– Si vous restez plusieurs jours, munissez-vous de *Country Roads*, un mensuel gratuit qu'on trouve un peu partout et qui informe sur les festivités du moment. *Rhythm City*, autre mensuel gratuit, est uniquement consacré aux concerts se déroulant à Baton Rouge.

Où dormir ?

La capitale de la Louisiane, moins touristique (faible mot) que sa pétulante voisine New Orleans, a l'avantage d'offrir des hôtels et motels aux prix beaucoup plus intéressants pour des prestations équivalentes. Cela dit, ne vous attendez pas à trouver le petit hôtel charmant. Il s'agit plutôt de motels standardisés, appartenant aux grandes chaînes américaines. On les trouve le long des *interstates* 10, 12 et 110, et vous n'aurez aucun mal à compléter notre sélection.

Camping

⚹ *KOA Campground* (hors plan général par D3, **10**) : 7628 Vincent Rd, à Denham Springs. ☎ 664-7281 ou 1-800-562-5673. À 7 miles à l'est de Baton Rouge par l'I 12 : sortie 10, faire 0,5 mile vers le sud, puis tourner à droite et faire 0,25 mile. Ouv tte l'année. Emplacement 20 $. Site ombragé pour les tentes, emplacement pour *motorhomes*, grande piscine, salle de jeux, sanitaires modernes mais pas toujours propres, épicerie, minigolf, tennis, machines à laver, etc. Beaucoup de familles avec enfants y séjournent.

De bon marché à prix moyens

▤ *Motel 6* (plan général A3, **13**) : 2800 Frontage Rd, à Port Allen (rive droite). ☎ 343-5945 ou 1-800-466-8356. • motel6.com • De Baton Rouge, prendre l'I 10, puis la sortie 151 ; tourner à gauche, passer sous l'I 10, le motel sera sur la droite, sur la route 415. Chambre 45 $, 3 $/pers supplémentaire ; gratuit moins de 17 ans. Piscine et AC pour ce motel tout ce qu'il y a de plus classique, même si les chambres sont plus petites que d'habitude. Préférez celles situées autour de la piscine et de la cour intérieure, moins bruyantes car plus loin de l'autoroute. Café à la réception. Autres adresses de la même chaîne avec les mêmes prestations à proximité de l'intersection entre l'I 12 et Airline Dr (route 61 ; plan général D3, **13**) : 9901 Gwen Adele Ave, juste à côté du Days Inn, ☎ 924-2130. Et 10445 Rieger Rd, ☎ 291-4912.

▤ *Days Inn* (plan général D3, **15**) : 9919 Gwen Adele Ave. ☎ 925-8399. • daysinn.com • Chambre 70 $, petit déj inclus. Grand motel, dont les chambres au confort standard (AC, TV, cafetière) sont distribuées en 4 bâtiments. Celles situées en bout de parking, derrière la piscine, sont les plus éloignées de la route, donc les moins bruyantes. L'accueil est une bonne surprise, l'espace *breakfast* presque tentant. Bref, règne ici un petit air familial qui met cette adresse un petit peu au-dessus de ses concurrents du même genre.

▤ *Super 8* (plan général D3, **12**) : 11444 Reulet Ave ; depuis l'I 12, prendre la sortie Sherwood Blvd. ☎ 275-8878 ou 1-800-800-800. Fax : 275-1134. Chambre env 50 $, petit déj inclus. Une cinquantaine de grandes chambres confortables, avec AC, micro-ondes, cafetière et frigo, réparties sur 2 étages. Piscine minuscule. Pratique à défaut d'être charmant. Accueil très aimable.

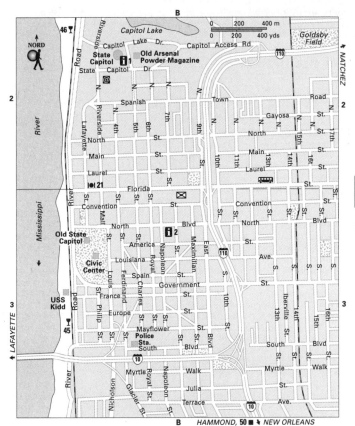

BATON ROUGE (PLAN CENTRE)

🛏 *Deluxe Inn* (plan général D3, *17*) : 10245 Airline Hwy. ☎ 291-8152. Chambre 45 $; 75 $ pour atteindre le comble du kitsch, un jacuzzi rouge en forme de cœur. Petit déj inclus. Ne vous fiez pas au nom, le luxe fait partie du passé pour cet hôtel un peu vieillot et tristounet, au confort spartiate. Un bon coup de peinture et une nouvelle moquette ne seraient pas superflus dans les chambres à la banalité aussi laide qu'ennuyeuse, mais bon, pour le prix, on s'en contentera. Micro-piscine. Accueil affable.

Chic

🛏 *Best Western Chateau Louisianne Suite Hotel* (plan général C2, *18*) : 710 N Lobdell Ave ; rue perpendiculaire à Florida Blvd. ☎ 927-6700 ou 1-800-256-6263. ● bestwesternlouisiana.com ● Wi-fi. À une dizaine de mn du centre-ville. Double très confortable 100 $ (TV câblée, cafetière, frigo, micro-ondes), puis 5 $/pers en plus ; chambres avec jacuzzi 125-150 $. Petit déj (avec gaufres !) inclus. La plupart des chambres, spacieuses et très confortables, de cette bâtisse en brique donnent sur la piscine ou le joli patio intérieur, style French Quarter. Toutes sont équipées de kitchenette (frigo, micro-ondes). Sauna et jacuzzi.

Soirée piano-bar de temps en temps. Excellent accueil.

Où manger ?

Bon marché

|●| *Lloyd's (plan centre B2, 21) : 201 Florida St, en plein centre-ville.* ☎ *387-2271. Lun-jeu 7h-16h, ven-sam 7h-22h. Moins de 10 $. Petit déj jusqu'à 10h. Concert ven soir.* Une vieille affaire qui marche toujours, puisque ce petit restaurant propose une cuisine ultra-simple mais roborative à petits prix. Le linoléum y a traversé les modes et complète le tableau d'un petit resto familial perdu au milieu du quartier d'affaires. Des po-boys et des sandwichs à qui mieux mieux, y compris à la saucisse de renne fumée aux écrevisses frites en saison, sans oublier les *cookies* tout chauds sortis du four.

|●| *Louie's Café (plan général B3, 20) : 209 W State St.* ☎ *356-8221. Ouv 24h/ 24. Plats à partir de 5 $.* Situé dans « Tigertown » (le quartier de l'université, célèbre pour son équipe de football américain les Tigers) depuis 1941, ce petit resto est une véritable institution à Baton Rouge. Gentiment kitsch, avec son lino noir et blanc assorti aux rideaux zébrés, il accueille une clientèle bigarrée et de tous âges, pour qui les cuisiniers assurent le spectacle. Le mieux est de se percher sur l'un des tabourets en skaï rouge du bar : vue

imprenable sur la cuisine qui exhale de délicieuses odeurs d'omelettes aux 10 légumes, de *hashbrowns* (pommes de terre rôties) à la cajun et de biscuits (petits pains briochés) moelleux. Grand choix de sandwichs et de salades. Portions gargantuesques et accueil plus que chaleureux.

|●| *Albasha (plan général C3, 26) : 2561 Citiplace Court.* ☎ *216-1444. Sur le même parking que la librairie* Barnes & Noble. *Lun-jeu 11h-14h30 et 17h-21h30, ven-sam 11h-22h, dim 11h-20h30. Env 10 $, grande sélection de* lunch specials *8 $.* Ce resto situé au cœur d'un centre commercial propose d'excellentes spécialités grecques et libanaises : *mezze* variés *(hummous, falafel, spanakopita)*, plats plus consistants composés de *shawarma*, de *gyros* ou de moussaka, et nombreux plats végétariens, en particulier un taboulé parfumé à souhait. Le tout accompagné de thé glacé libanais à l'eau de rose et jus de citron. Décor oriental bien conforme et musique attendue. Service efficace et très aimable. Deux autres adresses : *5454 Bluebonnet Rd ;* ☎ *292-7988 ; 4520 S Sherwood Forest Blvd.* ☎ *293-1100.*

Prix moyens

|●| *Da Pinetta (hors plan général par D3, 30) : 14421 Coursey Blvd.* ☎ *387-9174. Tlj 11h-14h et 17h-22h. Plats env 10 $.* Un petit bijou qui cache bien son jeu, échoué sous un échangeur autoroutier, mais très couru par la jeunesse locale. Italien ? Oui, mais pas que. Européen, tendance Balkans, avec incursions turques et arméniennes, et encore échappées germaniques – si, si, une authentique *Bratwurst* de Thuringe à Baton Rouge ! Donc pour tous les goûts, dans une ambiance chaleureuse et enfiévrée, où l'on vous sert vraiment

avec le sourire, pas avec des risettes de parc d'attractions.

|●| *Boutin's (hors plan général par C4, 23) : 8322 Bluebonnet Blvd.* ☎ *819-9862. Lun-ven 11h-14h et 17h-22h, sam 11h-22h, dim 11h-21h. Plats 10-15 $. Dansant lun-sam dès 19h.* « Bon manger, bon temps », la devise de ce resto rappelle qu'ici on est déjà en pays cajun : dans une grande grange en bois, on mange du boudin, de l'andouille, du *jambalaya*, et bien sûr des écrevisses en promo, s'il vous plaît, le mercredi soir ! Au son du zydeco, la jeunesse se dan-

dine ; au son du violon et de l'accordéon, les anciens tournent en cadence. Pas de doute, la culture cajun est toujours bien vivante. Une excellente adresse pour se mettre en jambes avant de découvrir le vrai pays cajun, autour de Lafayette.

|●| *Superior Grill* (plan général C3, 25) : 5435 Government St. ☎ 927-2022. Tlj 11h-22h (ven-dim 23h). Plats env 15 $. Musique live jeu-sam 18h30-22h. Un peu de bonne volonté, et la végétation devient luxuriante. Un peu d'imagination, et la grande salle décorée de guirlandes et de bestioles empaillées arrive tout droit du Mexique. Ne reste qu'à se régaler des grands classiques de la cuisine d'outre-Rio Grande revus à la sauce cajun : les *quesadillas* et *fajitas* sont proposées avec des fruits de mer variés, et les parts sont copieuses sans

être bourratives. L'endroit se vante aussi de servir les meilleures *margaritas* de la ville.

|●| *De Angelo* (hors plan général par C4, 24) : 7550 Bluebonnet Blvd, dans le Bluebonnet Village Shopping Center, à l'angle de Perkins Rd. ☎ 761-4465. Tlj 11h-22h (dim-lun 21h). Plats 10-15 $; salades moins de 10 $. Cette pizzeria jouit d'une certaine popularité chez les yuppies « baton-rougeais ». Normal, tout ici est conforme à une Italie de cinéma. Et peu importe que tout soit du toc, y compris le four en trompe l'œil : dans les assiettes, pas de carton-pâte, mais de la pâte bien croustillante, fine et onctueuse. Pizzas en versions innombrables, parmi lesquelles une vingtaine de *calzones*, que les locaux prennent souvent « à emporter ». Six autres restos de la même chaîne dans la ville.

De chic à très chic

|●| *Maison Lacour* (hors plan général par D2, 31) : 11025 N Harrel's Ferry Road. ☎ 275-3755. À l'intersection d'Old Hammond et Sherwood Forest. Tlj 11h30-14h et 17h-21h. Fermé dim. Résa conseillée. Plats 15-20 $. En cuisine, un Américain qui s'est pris de passion pour les secrets de la gastronomie française, que lui a transmis patiemment sa belle-mère. En salle, une Indonésienne soucieuse du bien-être de ses clients. À l'arrivée, un précieux îlot de calme et de saveurs, totalement inattendu dans cet environnement. La carte pourrait se retrouver sur une table de Touraine, elle réserve pourtant quelques (bonnes) surprises. Beaucoup de raffinement, mais jamais grandiloquent (y compris sur l'addition), qui séduit une clientèle d'habitués – sénateurs, édiles et autres notables y ont, en toute simplicité, leur rond de serviette.

|●| *Mike Anderson's Seafood* (plan général B4, 27) : 1031 W Lee Dr, excentré au sud de la ville. ☎ 766-7823. Depuis le centre, prendre Nicholson Dr et, après env 4 miles, tourner à gauche dans W Lee Dr. Lun-jeu 11h-14h et 17h-21h30, ven-sam 11h-22h30, dim 11h-21h. Lunch specials lun-ven 10 $ mais, dans l'ensemble, les prix flirtent avec un bon 20 $. Bienvenue au ranch, *guys* !

Dans une grande bâtisse de bois, dans laquelle se succèdent des salles tout en bois, on savoure, sur des banquettes de bois, façon wagon de chemin de fer à vapeur, une cuisine locale irréprochable. Ses spécialités sont des combinaisons de crevettes, huîtres, écrevisses, crabe et différents poissons.

|●| *Dajonel's Restaurant* (plan général C3, 22) : 7327 Jefferson Hwy. ☎ 924-7537. Tlj 11h30-14h et 17h-22h, sf lundim soir. Compter 20-35 $. Les vrais restos de la ville étant dans l'ensemble assez chic, c'est le moins cher du genre que nous ayons trouvé. Tenue correcte exigée (en clair, pas de tongs ni de shorts, mais vous pouvez vous épargner la cravate). Cadre bourgeois intimiste et ambiance feutrée. Rassurez-vous, la clientèle n'est ni froide ni coincée. Service parfait, et délicieuses viandes. Également des plats de poisson raffinés et des spécialités de crabe et d'huîtres. Plats d'un excellent rapport qualité-prix, servis avec une soupe, une salade et, bien sûr, des légumes. Une bonne adresse, où il est prudent de réserver le soir en fin de semaine.

|●| *Juban's* (plan général B3, 28) : 3739 Perkins Rd. ☎ 346-8422. Tlj sf dim 11h30-14h et 17h30-22h. Lunch specials 11-26 $; plats 20-30 $. Résa

conseillée. Ce resto très haut de gamme commence par une prouesse : donner l'illusion de se blottir au cœur du French Quarter, alors qu'il se camoufle au fond d'un parking de centre commercial. Il doit aussi sa notoriété à une cuisine créole revisitée, bien équilibrée entre spécialités de la mer (crabe, poissons du golfe du Mexique, bouillabaisse) et viandes grillées ou rôties. Plats fins et présentés avec soin. Service prévenant.

|●| *Gino's (plan général C3, 29) : 4542 Bennington Ave.* ☎ *927-7156. Entre l'I 10 et Perkins Rd. Lun-ven 11h-14h et 17h-22h (ven 23h), sam 17h-22h. Fermé dim. Résa conseillée sam soir.*

Lunch specials *différents chaque jour moins de 10 $. Le soir, plats 12-25 $.* Lounge *fumeurs, avec* jazz session *en quartet jeu soir à partir de 20h30.* Comme ailleurs, l'illusion d'optique joue à fond. On se gare devant une boîte sur un parking, on pousse la porte et on se retrouve dans une trattoria sicilienne authentique jusqu'au bout des fourchettes, avec ses serveurs stylés et empressés, mandolines et accent italien quasiment parfait. Pavarotti a fait honneur à leurs pâtes, les pizzas sont moins convaincantes. Sélection de vins à prix prohibitifs. Service un peu trop prévenant : on ne vous pousserait pas à la conso, là ?

Où boire un verre ? Où écouter de la musique ? Où fumer un cigare ?

🍷 🎵 *Phil Brady's Bar & Grill (plan général C3, 42) : 4848 Government St* (entrée par le parking, à l'arrière). ☎ *927-3786. Tlj sf dim 11h-14h, 17h-22h et plus. Entrée payante les soirs de concerts (2-5 $).* Bar authentique (miteux, diront certains) avec son odeur persistante de fumée et les auréoles de bière sur le vieux comptoir en bois. Il s'y passe tous les soirs quelque chose : les lundi et mercredi, on y joue au poker ou au black-jack ; le mardi, c'est musique acoustique ; le jeudi, *blues jam session,* et les vendredi et samedi, concerts de rock. Programme des festivités du mois affiché près du comptoir. Ambiance particulièrement échauffée le jeudi soir. Si, par malheur, vous atterrissez ici un des rares soirs creux, il y aura toujours quelques soiffards pour reprendre en chœur les titres du juke-box !

🍷 *Churchill's (plan général C3, 40) : 7949 Jefferson Hwy.* ☎ *927-4211. Lun-sam 10h-2h. Cocktail env 7 $.* De l'extérieur, on dirait un *liquor store* quelconque, caché au fond d'un parking. *Churchill's* est en réalité un bar à cigares, qui en propose plus de 5 000 sortes. Dans le salon vert, les hommes d'affaires viennent tirer quelques bouffées sous l'œil goguenard du grand Winston. Dans la grande salle rouge tout en longueur et en fumée (on s'en serait douté), la jeunesse dorée vient siroter de l'absinthe ou un bon verre de vin, californien de préférence. Si vous ne trouvez pas votre bonheur, vous pouvez également acheter une bouteille française, chilienne, australienne ou italienne dans la cave située à l'entrée, et la boire sur place.

🎵 *The Varsity (plan général B3, 44) : 3353 Highland Rd.* ☎ *383-7018. Jeu-sam à partir de 20h. Prix variables.* Cette grande et belle salle de concerts d'inspiration Art déco, fréquentée par les étudiants de la Louisiana State University, accueille les vedettes de passage dans le coin. Le reste du temps, *The Varsity* fait discothèque. Demandez le programme ou consultez *Crossroads.*

🍷 *The Chimes (plan général B3, 43) : 3357 Highland Rd, à l'angle de Chimes St.* ☎ *383-1754. Lun-sam 11h-2h, dim 11h-minuit.* Ce bar, qui fait aussi resto, est le repaire des jeunes de LSU qui viennent y boire un verre avant d'aller aux concerts du *Varsity* voisin. Archi-bondé et très bruyant. On est serrés comme des sardines le long du bar, ce qui favorise les rencontres sympas. Après le concert, on vient se refaire une santé avec l'une des 130 bières disponibles ici, avant d'aller s'échouer chez *Louie's* (voir « Où manger ? ») pour le petit creux de 3h.

🍷 *Casino Argosy (plan centre B3, 45) : amarré sur le Mississippi, à côté de*

USS Kidd. *Accès à ce casino flottant par le centre commercial sous verrière (impressionnante) Catfish Town.* On vient comme tout le monde y perdre ses sous : roulette, black-jack, bandits manchots, etc. Autre casino flottant, également reproduisant un *steam-boat*, un peu au nord : c'est le **Casino Rouge** *(plan centre B2, 46).* Allez au moins jeter un œil à l'un des deux (ils sont ouverts quasiment tout le temps), pour constater la folie et l'espoir que les Américains mettent au jeu.

À voir

🎖 **Louisiana State Capitol** *(plan centre B2) : State Capitol Dr.* ● *cr.nps.gov/nr/tra vel/louisiana/cap.htm* ● *Tlj 9h-17h.* C'est le plus haut immeuble abritant le gouvernement d'un État aux États-Unis (137 m tout de même) et le seul gratte-ciel de la ville, une des fiertés de Huey Long, gouverneur très controversé de la Louisiane, qui le fit ériger en 1932 et mourut assassiné à ses pieds trois ans plus tard. Sa statue se tient toutefois toujours devant et semble encore montrer la voie. Pendant la crise de 1929, Long mit sur pied un plan pour « répartir les richesses », mais une grande partie servait surtout à alimenter ses caisses noires. Ceci explique sans doute cela... Sur les marches qui conduisent à cet imposant building, un peu disproportionné pour la ville, notez les noms des États et la date de leur adhésion à l'Union. Passez les portes et le contrôle de sécurité, traversez le hall qui en jette avec ses vases de Sèvres géants offerts par le président Lebrun en 1934 et prenez l'ascenseur (24e étage, puis correspondance jusqu'au 27e étage), pour jouir d'une vue magnifique sur la ville, la région, le Mississippi... et la raffinerie. Accès gratuit. De retour dans le hall d'entrée, admirez à gauche, en sortant de l'ascenseur, la Chambre des députés, et à droite le Sénat. Dans le joli parc qui entoure le *Capitol* et où les mariés viennent poser pour leur postérité, plusieurs bornes audio délivrent des précisions historiques sur la ville.

🎖 Non loin, voir aussi **Old Arsenal Powder Magazine** *(plan centre B2) :* ☎ 342-0401. *Mar-sam 9h-16h, dim 13h-16h. Entrée : 1 $.* Installé dans une ancienne poudrerie de 1838, ce petit musée sur l'histoire de Baton Rouge propose une visite autoguidée grâce à une brochure (disponible en français) très bien faite. Saviez-vous qu'avec un baril de poudre, on peut tirer 11 000 coups de feu, 50 coups de canon ou 5 tirs de mortier ? Illustrations très intéressantes sur la construction de l'arsenal lui-même et sur les différentes colonisations de la Louisiane. Le conservateur de l'arsenal est très aimable et soucieux de partager son savoir avec les visiteurs.

🎖 **Old State Capitol** *(plan centre B3) : 100 N Blvd, à l'angle de River Rd.* ☎ 342-0500 ou 1-800-488-2968. *Dans le centre, non loin du* Louisiana State Capitol. *Tlj sf lun 10h (12h dim)-16h. Entrée : 5 $; réduc.* Construit en 1849, brûlé en 1862 lors de l'occupation des confédérés, ce château fort excentrique se veut d'inspiration médiévale mâtinée de gothique, avec tourelles et créneaux. Le hall est particulièrement remarquable, avec son escalier tournant et sa verrière multicolore. Ce sympathique bâtiment assez kitsch abrite des expositions permanentes et interactives, consacrées à l'histoire politique de l'État de Louisiane, en particulier l'assassinat de Huey Long et l'achat de la Louisiane en 1803, ainsi que des animations temporaires. À l'extérieur est conservé le wagon de la Reconnaissance, don que chaque État reçut de la France après la Libération.

🎖🎖 **USS Kidd et le Musée naval** *(plan centre B3) : 305 S River Rd.* ☎ 342-1942. ● *usskidd.com* ● *Tlj 9h-17h. Entrée : 7 $; réduc.* Il s'agit d'un des plus fameux contre-torpilleurs de l'histoire américaine, qui porte le nom de l'amiral Kidd, commandant de l'USS Arizona, tué à Pearl Harbour. Lancé en 1943, il a servi dans le Pacifique, aux Philippines, en Corée. Pendant la bataille d'Okinawa, au Japon, en avril 1945, il fut la cible des redoutables kamikazes : 38 soldats du *Kidd* périrent.

BATON ROUGE

Plusieurs fois touché, il a survécu à tous les dangers car il était réputé pour sa mobilité et sa force de frappe. Visite (très intéressante) à l'aide d'une petite documentation bien faite et disponible en français. Il faut avoir vu cette machine de guerre de près pour comprendre l'hallucinante sophistication technologique des installations intérieures et la façon dont un groupe de 300 hommes pouvait tenir là-dedans. Sur le pont, la surface est savamment utilisée pour contenir les armes offensives, un lance-torpille à cinq tubes est coincé entre des canons de différents diamètres. Musique de Glenn Miller et photos de pin-up achèvent de recréer l'ambiance de l'époque. Dans le bâtiment par lequel on accède au bateau, petit musée de l'US Navy et de l'armée en général : maquettes de bateau, dont une au 1/25 montrant l'étonnante machinerie servant à propulser le *USS Kidd,* canons, et même un avion *Corsair* devant. Voir également l'impressionnant annuaire des morts et disparus du Vietnam ; 58 000 bonshommes tout de même, et seulement du côté américain.

🎭 *LSU Rural Life Museum* (plan général C4) : 4650 Essen Lane ; à la hauteur de l'I 10, sortie 160 au sud-est de la ville. ☎ 765-2437. ● http://rurallife.lsu.edu ● Tlj 8h30-17h. Entrée : 7 $; réduc. Musée en plein air de 2 ha environ, où l'on a reconstitué des bâtisses d'une plantation de canne à sucre. Par un film vidéo d'une dizaine de minutes (disponible en français) et différents objets, des cercueils qui ressemblent à des scaphandres aux métiers à tisser, sans oublier les outils, une intéressante présentation de la vie rurale du Sud dans une plantation au XIXe s : maison des esclaves, du contremaître, la forge, les chaudrons à raffiner le sucre et une petite église de campagne avec des vitres peintes à la place de vitraux. Même si ce n'est qu'une reconstitution, on y apprend plus de choses qu'en visitant la plupart des plantations.

🎭🎭 *Magnolia Mound Plantation* (plan général B3) : 2161 Nicholson Dr, au sud du Old State Capitol, *non loin de l'université.* ☎ 343-4955. ● magnoliamound.org ● Lun-sam 10h-16h, dim 13h-16h. Entrée : 8 $; réduc. Visite guidée en costumes Empire qui débute à chaque heure pile, 10h-15h ; possible en français (demander à l'accueil). Plats préparés en cuisine mar et jeu oct-mai. Dans un parc où prospèrent logiquement de gigantesques magnolias, une très jolie maison en bois, sur pilotis, construite en 1791 dans le plus pur style créole français : la surélévation de la bâtisse permettait à la brise du fleuve de circuler et ainsi de rafraîchir la maison en été, mais aussi de se protéger des crues. D'ailleurs, elle fut édifiée par un Français. Bien plus de charme que la plupart des plantations de la région, et surtout sans l'habituel côté prétentieux et pompeux. Ici, authenticité et rusticité sont mises en évidence. À l'intérieur de la maison, objets et meubles d'époque en acajou, fabriqués en Louisiane, ce qui est suffisamment rare pour être souligné. Le salon est particulièrement soigné, avec ses hauts plafonds moulurés et son papier peint importé de France, qui a été recréé à l'identique. À noter : l'éventail en bois géant au-dessus de la table de la salle à manger, qui servait à éloigner les mouches importunes. De plus, des plats traditionnels sont parfois préparés sous vos yeux dans la vieille cuisine restaurée ! Celle-ci était séparée de la maison principale pour la préserver de la chaleur. À l'extérieur, on verra encore quelques *cabins* d'esclaves, dont l'une présente une exposition permanente sur l'esclavage en Louisiane, et la maison du contremaître, qui a été retrouvée sur Vermont Street, puis déplacée dans la plantation. Bref, une présentation vivante, d'autant plus que de nombreuses activités culturelles et artisanales y sont organisées.

Où assister à une messe gospel ?

■ *Shiloh Missionary Baptist Church* (hors plan centre par B3, **50**) : 185 Eddie Robinson Dr. ☎ 343-0640. Depuis l'I 10 en venant de La Nouvelle-Orléans, sortir à Government St, prendre à droite au feu, puis à gauche dans Eddie Robinson Dr, qui prolonge 13th St. L'église est un peu plus loin sur la droite. Offices *le dim à 8h et 11h.* Authentique messe gospel avec une chorale nombreuse accompagnée de piano, guitare, batterie et harpe. L'office, qui rassemble environ 500 fidèles, dure en moyenne 2h, dont un sermon de 30 mn. Si votre séjour à La Nouvelle-Orléans a été trop court pour assister à la ferveur joyeuse des chants gospel, rattrapez-vous à Baton Rouge et sacrifiez votre grasse matinée du dimanche. Les visiteurs blancs sont accueillis chaleureusement, signent le registre à l'entrée et sont traditionnellement présentés à l'assistance au cours de l'office. Évitez de prendre des photos (vous n'êtes pas au spectacle). Vous constaterez que les fidèles sont sur leur trente et un, ce qui peut justifier un effort vestimentaire des visiteurs. Un excellent souvenir de voyage !

Festival

– **Baton Rouge Blues Week :** *dernière sem d'avr. Rens :* ☎ *344-3328.* Du blues, évidemment, dans plusieurs lieux en ville.

SAINT FRANCISVILLE   2 000 hab.   IND. TÉL. : 225

Charmante bourgade située à 25 miles au nord-ouest de Baton Rouge, sur la Highway 61. Ses agréables maisons en bois, dont un certain nombre sont historiques, autrement dit antérieures à la guerre civile, s'éparpillent dans des rues verdoyantes et des sous-bois. Saint Francisville vivote tranquillement. On y vient pour découvrir les jolies plantations qui l'entourent ou pour s'enfoncer dans les bois sur les traces d'Audubon, célèbre naturaliste et héros local, dont on glorifie encore les planches d'oiseaux et de végétaux. Un pèlerinage lui est même dédié en mars (voir plus bas). La ville s'est construit aussi une petite réputation de rendez-vous artistique, en particulier pour les amateurs d'antiquités, qui aiment venir chiner dans les nombreuses boutiques aux ressources inégales et quelquefois cocasses.

➢ Pour aller de Saint Francisville à Baton Rouge, ou le contraire, la route la plus sympa n'est pas la Highway 61, mais la petite route (n° 415) qui passe par la rive droite du Mississippi. Prendre le bac, à environ 1 mile au sud de Saint Francisville (en théorie ttes les 30 mn, 4h-minuit mais la fréquence est très variable selon les jours, vérifier avant ; 1 $). Un panneau vous souhaite, en français, un bon voyage. Enfin, si vous choisissez vos dates, pensez au pèlerinage Audubon *(le 3ᵉ w-e de mars,* ● *audubonpilgrimage.info* ● *)* ou, plus spectaculaire, au rodéo du pénitencier d'Angola (ts les dim d'oct ; voir plus loin).

Adresses utiles

🄸 **Tourist Office** *(plan centre) : W. Feliciana Historical Society, 11757 Ferdinand St (rue principale).* ☎ *635-6330.* ● *stfrancisville.net* ● *À 500 m du garage (au carrefour), en direction du ferry. Lunsam 9h-17h, dim 10h-17h. Dans une ancienne quincaillerie, doc sur les plantations de la région.* On y trouve également une librairie et un petit musée d'Histoire locale, doc sur Audubon compris, et une description des maisons historiques, qui montre assez bien comment la *Far South* a précédé, dans l'esprit des pionniers, le *Far West.* Ce sont bien les Français qui s'installèrent ici les premiers, non sans avoir chassé les Indiens, bien sûr. Quelques docs en français. Accueil très prévenant, à l'égal des habitants de la région souvent très touchés que des Européens s'intéressent à leur histoire.

✉ **Post Office** *(plan centre) : Com-*

merce St. Lun-ven 8h30-16h30, sam 9h-11h.

@ *Internet :* à la **Parish Library** (plan centre). Lun-ven 8h-17h, sam 9h-11h.

Où dormir ?

Camping

� **Green Acres Campground** (plan des environs, 10) : sur la Hwy 965, peu après Oakley Gardens. ☎ 635-4903. De Baton Rouge par la Hwy 61, tourner à droite 2 miles avt Saint Francisville et rouler encore 3 miles. En lisière d'un bois. Réception 11h-19h. Emplacement dès 20 $. Le cadre est grandiose, très vert, au cœur de la forêt, les équipements malheureusement un peu limite, malgré un accueil très attentionné – prévoir par exemple de faire ses provisions « en ville ». À quelques arpents de la maison natale d'Audubon, c'est un point de départ idéal pour de grandes balades naturalistes, à pied ou à vélo (si on a eu la bonne idée d'en apporter : aucune location à 120 miles à la ronde).

Prix moyens

🛏 **3-V Tourist Court** (plan centre, 11) : 5695 Commerce St (accueil dans le Magnolia Café). ☎ 635-5540. En centre-ville, 3 bungalows en bois bien tenus. Chambres doubles 65-75 $; w-e supplément 10 $. Des chambres vraiment riquiqui, avec micro-ondes pour jouer à la dînette et douche. La plus grande dispose d'une baignoire et d'une (mini) cuisine. L'ameublement est minimal mais très soigné. Pour le petit déj (en sus), rendez-vous au Bird Man dans la même cour (voir « Où manger ? »).
🛏 **The Saint Francisville Inn – The Wolf-Schlesinger House** (plan centre, 12) : 5720 Commerce St. ☎ 635-6502. Résas (7h-21h) au ☎ 1-800-488-6502.

● wolfsinn.com ● Chambre 100 $, petit déj compris. Très centrale, cette charmante maison coloniale de style victorien (en bois) fut construite par un riche marchand vers 1880. Disposées autour d'un patio à galeries avec fontaine et petite piscine, une dizaine de chambres meublées par bonne-maman avec ventilo et moustiquaire. Dommage que la literie soit également d'époque. Une brocante est installée dans le salon, peut-être y dénicherez-vous des merveilles ?
🛏 **Quality Inn Saint Francis Hotel on the Lake** (plan centre, 13) : Hwy 61, un peu avt la LA 10, sur la gauche en venant de Baton Rouge. ☎ 635-3821 ou 1-800-826-9931. ● qualityinn.com ●

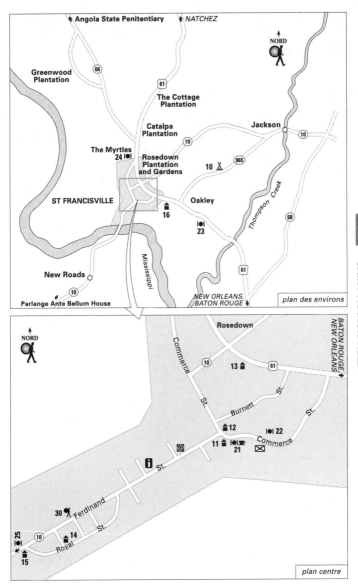

plan des environs

plan centre

SAINT FRANCISVILLE

Chambre 75 $, petit déj compris. Motel de chaîne, confortable mais sans le charme d'une vieille demeure, bien sûr, malgré l'étang où se prélassent quel-ques canards (et où il est possible de pêcher). Très calme. Une centaine de chambres standard avec bains, cafe-tière et TV câblée. Piscine.

Chic

🛏 **Shade Tree** *(plan centre, 15)* : à l'angle de Royal St et de Ferdinand St. ☎ 635-6116. • shadetreeinn.com • *Chambres 165-200 $, petit déj compris.* Évidemment, à ce prix-là, c'est luxueux et de bon goût. Dans une ancienne maison de bois abritant des chambres char-mantes où l'on se sent rapidement chez soi. La décoration est plaisante et le grand confort au rendez-vous. Barbe-cue à disposition. En prime, un magni-fique jardin avec balancelle. Bref, la Cadillac des *B & B* pour routards rou-lant sur les dollars, quoique le proverbe dise : « Routard qui roule n'amasse pas mousse. »

🛏 **Barrow House** *(plan centre, 14)* : 9779 Royal St ; dans le quartier histori-que. ☎ 635-4791. • topteninn.com • Wi-fi. *Chambres 115-160 $, petit déj inclus.* Superbe *B & B* situé dans 2 mai-sons classées, dont les balcons don-nent sur la plus jolie rue de la ville. Beau mobilier dans les chambres, préférez les moins chères, plus rustiques et moins américano-chichiteuses (broderies, col-lection de nounours) que les autres. Le plafond de l'une d'elles porte encore les traces occasionnées par la chute d'un obus, tombé là lors de la guerre civile. Accueil cordial – les propriétaires n'igno-rent rien de ce qui se passe en France.

Où dormir dans les environs ?

🛏 **Hemingbough** *(plan des environs, 16)* : au sud, juste avant l'entrée de Saint Francisville sur la Hwy 61. ☎ 635-6617. • hemingbough.com • *Chambre 100 $, suite 120 $, petit déj inclus.* Résa conseillée le w-e (souvent concerts ou mariages). Superbe *B & B* de 10 cham-bres dont 2 suites dans un immense et paisible parc de 240 ha agrémenté d'un étang, d'un jardin à la française, d'un amphithéâtre et de bâtisses dans le style néoclassique. Les chambres, toutes différentes et très confortables,

sont meublées avec goût et dotées de lits à baldaquin. Cet ensemble totale-ment mégalo, inspiré de l'Antiquité grecque, est le fruit de l'imagination de son propriétaire, Arlin Dease, connu pour avoir restauré avec succès les grandes plantations de Nottoway et de The Myrtles.
🛏 Si votre budget vous le permet, n'oubliez pas les *plantations* aux alen-tours du village qui, bien souvent, pro-posent le gîte et le couvert à des prix prohibitifs (voir « Les plantations »).

Où manger ?

Spécial petit déjeuner

🍽 **Bird Man** *(plan centre, 21)* : dans la cour du 3-V Tourist Court *(voir « Où dor-mir ? »)*. ☎ 635-3665. Tlj 7h (w-e 8h)-18h. Les rois du petit déj et du 4-heures.

Atmosphère colorée un peu précieuse, pour déguster quelques pâtisseries bienvenues.

Bon marché

🍴 **Cypress Grill** *(plan centre, 22)* : 5632 Commerce St. ☎ 784-0992. Tlj 11h-22h et plus. *Plats moins de 8 $.*

Dans une grande salle nue, on vous sert de bonnes recettes locales et généreu-ses. La carte ne donne pas dans la finesse, mais le rapport quantité-prix est honnête. Le week-end, des orchestres rock ou country viennent mettre un peu d'ambiance. Ringard ou exotique, selon les points de vue, mais toujours ouvert en soirée pour boire un verre.

|●| *Que Pasa (hors plan centre, 25) : 11429 Ferdinand St.* ☎ *784-0161. Tt au bout de la rue principale, à un petit mile* *du centre-ville. Lun-sam 11h-22h. À partir de 6 $. Du pur latinos. Les murs ont dû être jaune vif, mais c'était il y a longtemps. Décorer ? À quoi bon, on vient ici pour siroter un jus de pêche ou croquer des nachos et de plantureuses quesadillas. Sans prétention, mais imbattable sur les prix.*

Prix moyens

|●| *Magnolia Café (plan centre, 21) : 5687 Commerce St.* ☎ *635-6528. Tlj 10h-16h (jeu-sam 10h-21h). Plats moins de 10 $.* Snack dédoublé – une petite salle conviviale, une autre plus grande et timidement sophistiquée – , rendez-vous des jeunes qui n'ont pas encore choisi l'exil à Baton Rouge. Ravissantes serveuses au sourire ensorcelant offrant de généreuses salades et de sympathiques *po-boys* à des prix raisonnables. Également des spécialités mexicaines et des pizzas.

|●| *D'John's Restaurant (plan des environs, 23) : 1729 Hwy 61.* ☎ *635-6982. Au sud de Saint Francisville sur la route de Baton Rouge. Mar-ven et dim 11h-20h, sam 16h-21h. Fermé lun. Plats 8 $; le midi, buffet 7 $.* Presque un saloon, avec son mobilier rustique et la bannière étoilée qui fait concurrence à l'écran télé. Spécialités cajuns, poisson et snack, sans surprise ni déconvenue.

Où manger dans les environs ?

|●| *The Oxbow Carriage House Restaurant (plan des environs, 24) : 7193 Hwy 61, au nord de Saint Francisville.* ☎ *635-6276. Mar-sam 11h30-13h30 et 17h-21h, dim 11h30-15h. Résa conseillée le soir. Au déjeuner, plats env 10 $; le soir, 15-25 $ pour un dîner aux chandelles.* Resto plein de charme, parfait pour faire une demande en mariage. Tables joliment dressées dans un cadre sobre et élégant. Bons plats de poisson et de fruits de mer, et carte d'inspiration française. Beau brunch le dimanche. Service impeccable.

À voir

🎖 Agréable petite balade dans *Royal Street (plan centre),* verte et résidentielle, bordée de jardins bien entretenus et de belles maisons bourgeoises du XIXe s de différents styles : néoclassique avec fronton et porche à colonnades ou victorienne avec des balustrades en fer forgé ou encore des façades en brique rouge. Pousser dans les rues perpendiculaires pour admirer les maisons historiques – la ville a édité un petit circuit, disponible au *Tourist office.* L'ensemble est très paisible, et on se demande bien ce qui pourrait perturber la vie calme et privilégiée de ses riverains.

🎖 *L'église épiscopale (plan centre, 30) : Ferdinand St.* Ce n'est pas tant l'église néogothique construite au milieu du XIXe s qui est intéressante que l'atmosphère particulière de son cimetière planté de magnifiques chênes centenaires au feuillage prolongé de mousse espagnole.

À faire dans les environs

🎖 *Tunica Hills Management Area : depuis Saint Francisville, prendre la Hwy 61 vers le nord, puis la Hwy 66 à gauche, après The Myrtles et Butler-Greenwood Plan-*

SAINT FRANCISVILLE

tation. *Après plusieurs miles, tourner à gauche au niveau de la station* Exxon. Forêt de sapins et de feuillus où quelques sentiers de randonnée ont été aménagés. Indispensable de se renseigner sur les dates de chasse.

🐾 👫 **Cat Island National Wildland Refuge :** *à 5 miles de Saint Francisville. Suivre Ferdinand St et prendre à droite Tunica Rd. Rens auprès de l'office de gestion du parc, situé à côté du Tourist Office.* Autre réserve protégée d'oiseaux et de poissons. On se balade sur un sentier balisé par des losanges blancs qui longe sur plusieurs miles la rive du Mississippi en passant par une étrange forêt de cyprès chauves plusieurs fois centenaires. Agréable pour pique-niquer, mais n'oubliez pas la crème antimoustiques. Attention, au printemps, les eaux du Mississippi inondent la route d'accès au parc. De nombreux chemins de randonnée balisés dans toute la région, sur des pistes anciennes qu'utilisaient déjà les Indiens.

Les plantations

🐾 **Rosedown Plantation and Gardens** *(plan des environs) :* 12501 Hwy 10, au nord-est de la ville. ☎ 635-3332 ou 1-888-376-1867. ● crt.state.la.us/parks/irosedown.aspx ● Tlj 9h-17h ; 1re visite 10h. Entrée : 10 $; réduc. Le billet donne accès gratuitement le même j. à la Oakley (voir ci-dessous). La plus belle, ou du moins la plus impressionnante plantation des environs. Après un grand périple en Europe, les propriétaires, Daniel Turnbull et Martha Barrow, de richissimes planteurs de coton, décidèrent de tracer des allées comme à Versailles et de planter ici des fleurs et des essences récoltées au cours de leur voyage. Cette passion donna à la Louisiane l'un de ses plus prestigieux jardins qu'on ne se lasse pas d'arpenter, parmi les vieux arbres couverts de mousse espagnole. L'intérieur de la maison se visite aussi (avec un guide).

🐾 **Oakley** *(plan des environs) :* à 4 miles au sud de la ville, 11788 LA 965. Accès par la route 61 (vers Baton Rouge), puis la 965 à gauche et après 3 miles à droite. ☎ 635-3739 ou 1-888-677-2838. Tlj 9h-17h. Entrée : 2 $; billet gratuit le même j. pour la Rosedown Plantation and Gardens. Voilà enfin un tarif raisonnable, car la maison est propriété de l'État. À ne pas confondre avec une autre célèbre maison, Oak Alley à Vacherie. Demander à voir la vidéo en français. Pique-nique autorisé.
Dans la salle de projection de l'écomusée sont présentées des planches originales de *Bird of America,* gravées par John James Audubon. Le fameux peintre naturaliste fut le professeur de dessin d'un enfant du propriétaire, il profita de ses loisirs pour peindre ici les plus belles œuvres de ses *Oiseaux d'Amérique.* Malheureusement, suite à une querelle avec la patronne, il ne resta ici que quatre mois et dut trouver d'autres façons de financer son travail.
Plantation sobre et sans arrogance au milieu d'un parc sauvage où gazouillent des oiseaux. Beaucoup plus authentique que Rosedown, la maison a de drôles de persiennes de style caraïbe. Nous, on a préféré. Elle fut bâtie au début du XIXe s par la famille Pirries, des planteurs d'origine écossaise. On y sent bien l'atmosphère du Vieux Sud, chère à Faulkner. Dans un pré, au fond du jardin, vous pourriez voir deux cases d'esclaves bien conservées (lit, cheminée, chapeau et gousses d'ail !). Une famille, parfois dix ou douze personnes, vivait là-dedans. Quel contraste avec le luxe des maisons des proprios !

🐾 **The Myrtles** *(plan des environs) :* à la sortie nord de Saint Francisville, sur la Hwy 61. ☎ 635-6277 ou 1-800-809-0565. ● myrtlesplantation.com ● Tlj 9h-17h. Entrée : 8 $ pour le tour simple, 10 $ pour le Mystery Tour (ven-sam 18h, 19h et 21h, avec sonorisation du fantôme). Durée : 1h env. Chambres 125-230 $ incluant petit déj et tour guidé. Jolie demeure de taille relativement modeste, trop proche de la route, hélas, mais dont la véranda est bordée d'un superbe balcon de fer forgé à l'espagnole. On la prétend hantée par plusieurs fantômes, notamment celui de Chloé, une esclave qui empoisonna sa maîtresse et ses deux enfants en confectionnant un *cake* à l'arsenic. Elle revient certaines nuits pour couvrir les invités et dérange très régulièrement les chambres. Pour preuve, quelqu'un a réalisé une photo de Chloé. Des études scientifiques ont mesuré une tension électrique dans cette demeure et une différence de température de quelques degrés dans la salle à manger des enfants, où le gâteau leur a été servi. Plus classiquement, on admirera dans la maison les magnifiques moulures des deux salons, des dames et des messieurs, en vis-à-vis.

🛏 On peut dormir ici, mais c'est très (trop !) cher pour le confort, même si les chambres de la maison principale sont tout à fait charmantes. D'autant que les clients sont quasi systématiquement logés dans l'annexe, dont les chambres sont bien peu confortables et pas terribles pour le prix d'un grand 3-étoiles. Si vous logez dans la chambre de Fanny, ayez soin de laisser la lumière allumée en partant, car le fantôme de cette dernière (rien à voir avec celui de Chloé...) ne supporte pas l'obscurité. Essayez d'éteindre pour voir... Elle rallumera.

🍴 *Catalpa Plantation* (plan des environs) *:* à 4 miles au nord-est de Saint Francisville par la Hwy 61, direction Woodville. ☎ 635-3372. • catalpaplantation.com • Téléphoner pour prendre rdv. Fermé déc-janv. Entrée : 5 $. Pour les gourmands, petit verre de sherry offert à chaque visiteur. Adorable et minuscule demeure victorienne, isolée dans une très belle forêt. Visites guidées par la propriétaire des lieux, qui habite la plantation mais n'est pas toujours là.

🍴 *The Cottage Plantation* (plan des environs) *:* 1 mile après Catalpa, sur la même Hwy. ☎ 635-3674. • cottageplantation.com • Tlj 9h30-16h30. Entrée : 7 $. Tour guidé de 30 mn. Chambres 115-135 $, petit déj compris. Une maison qui a beaucoup de charme et qui a conservé toute son âme. La charmante propriétaire pourra vous faire visiter sa demeure. Toutefois nous indiquons cette adresse plus pour son B & B. Au-delà de la maison, bâtie en 1795 et plusieurs fois agrandie depuis, c'est pour ses dépendances que *Cottage* présente de l'intérêt. Plusieurs cabanes d'esclaves et une grange avec un carrosse.

🛏 Côté *B & B,* quelques jolies chambres meublées d'antiquités, qui ont le charme désuet des chambres de grand-maman. Préférer l'une des chambres situées à l'étage, car elles ont un coin-salon. Ce *cottage* entouré de verdure est très apaisant et agréable. Il offre en plus un bon rapport qualité-prix et l'avantage de pouvoir prendre un *breakfast* convivial dans la *dining room* de la maison principale. Piscine.

🍴 *Greenwood Plantation* (plan des environs) *:* 6838 Highland Rd, à une quinzaine de miles au nord de Saint Francisville. ☎ 655-4475 ou 1-800 259 4475. • greenwoodplantation.com • Prendre la 61 North sur 3 miles puis tourner à gauche sur la 66 ; la suivre sur 4 miles, puis à gauche à nouveau sur une petite route (highland) qui pénètre dans la forêt. Tlj 9h-17h mars-oct ; 10h-16h nov-fév. Droit d'entrée pour le parc seul 3 $, ou pour le parc et la maison 7 $. Brochure en français. La particularité, ici, c'est que la maison est située en pleine campagne. Bâtie en 1830 par l'un des descendants de la famille Barrow, richissimes planteurs de Caroline, elle est un des meilleurs exemples du style *Greek revival* avec 28 colonnes entourant l'édifice. Il s'agit en fait d'une copie conforme, puisque l'original brûla en 1960. La plantation possédait 750 esclaves avant la guerre de Sécession, et fut épargnée car elle servit d'hôpital aux troupes nordistes. Les propriétaires actuels exploitent toujours leurs terres. Le film *Bagatelle* y fut tourné, ainsi que la saga *Nord et Sud,* film très populaire aux États-Unis, tiré du roman de John Jakes. Le problème de cette plantation est que le mobilier fait très « faubourg Saint-Antoine ». Dans le parc, l'étang servait de baptistère aux Noirs, de 1840 à 1965. Notez la romantique balancelle à côté. On s'y croirait vraiment ! Dommage que l'accès au belvédère ne soit pas permis ; la vue doit être sublime.

🛏 *Juste à côté, dans l'annexe moderne, un **B & B**. Chambres 95 $ (rdc)-125 $, petit déj (copieux) inclus. Celles au 1ᵉʳ étage, avec un balcon, offrent une belle vue sur l'étang et la maison de maître, ce qui justifie la différence de prix. Chambres confortables (bain à bulles, TV câblée) meublées dans un* style bourgeois. Malheureusement, l'établissement manque vraiment d'authenticité et les prix ne sont donc pas totalement justifiés par rapport à un B & B dans une demeure d'époque. L'adresse vaut davantage pour son cadre, à recommander aux adeptes du calme pastoral.

➤ **DANS LES ENVIRONS DE SAINT FRANCISVILLE**

🍴 ***Parlange Ante Bellum House*** *(hors plan des environs) :* ☎ *638-8410. De Saint Francisville, prendre le bac payant (1 $ mais gratuit dans l'autre sens, départ ttes les 30 mn) qui traverse le Mississippi et continuer sur la LA 10 jusqu'à New Rd, puis prendre la Hwy 1 et suivre les flèches « Baton Rouge ». Après un ravissant village qui s'étale le long du lac False River (maisons en bois, cabanes de pêche, hérons, écureuils...), la plantation est indiquée sur la droite. Tlj 9h-17h. Mieux vaut téléphoner avt. Tour guidé de 1h env (jardins inclus) : 9 $.* La plantation la plus célèbre puisqu'elle servit de modèle à la « Bagatelle » des romans de Denuzière. Elle est située sur Fausse-Rivière, bras mort du Mississippi. La propriété appartient toujours à la même famille. Le maître des lieux s'est senti un peu humilié par les scènes d'amour décrites dans le roman, notamment celle qui raconte comment Virginie se serait livrée à un général nordiste un soir de grand vent.

🍴 ***Angola State Penitentiary*** *(hors plan des environs) : tt au bout de la route 66, à 25 miles env au nord-ouest de Saint Francisville.* ☎ *655-2592. ● angolamuseum. org ● Musée ouv lun-ven 8h-16h, sam 8h-17h, dim 13h-16h ; gratuit, mais dons acceptés. Rodéo d'Angola : ts les dim d'oct, 10h-16h, et un w-e mi-avr ; entrée : 10 $.*
Quelle drôle d'idée d'aller passer ses vacances dans ce genre d'endroit ! Pourtant, ce pénitencier permet d'approcher une réalité américaine autrement plus contemporaine que les plantations.
D'abord, il y a un musée qui raconte la vie de la prison et l'histoire de quelques célèbres pensionnaires, dont Charly Frazer, recordman du crime (17 meurtres) et de l'évasion (18 tentatives). On voit aussi des armes, celles des gardiens, mais surtout celles bricolées par les détenus : mini-pistolet, brosse à dents-poignard, etc. Enfin, une chaise électrique est exposée. À côté, les photos de tous ceux qui sont montés dessus ou ont été exécutés par d'autres moyens. La chaise, qui avait remplacé la pendaison en 1957, a elle-même été mise au rancart en 1991, et l'on tue aujourd'hui par injection létale. En fait, un seul des trois produits injectés par trois personnes différentes provoque la mort. Les visages de ces hommes qui sont morts par la volonté de l'État sont particulièrement impressionnants. Et même s'il y en a certains qu'on n'aurait pas aimé rencontrer dans une rue sombre, ce n'est pas une raison pour les mettre à mort.
En fait, ce n'est pas que pour ce musée, pourtant intéressant et cogéré par les gardiens et les détenus, qu'on vous parle du pénitencier. Chaque automne a lieu ici l'un des plus célèbres rodéos du Sud : le ***rodéo d'Angola***. La particularité de ce rodéo, c'est que ce sont bien sûr les prisonniers qui participent aux courses de chevaux sauvages, ou tentent d'arracher le ticket de 200 $ entre les cornes d'un taureau. Tentante somme quand on n'a pas grand-chose à perdre et que l'on gagne moins de 5 cents/h ! Mais aussi un moyen de réinsertion original. En s'initiant au dressage des chevaux, certains détenus apprennent, avec l'aide d'un formateur spécialisé, à établir une relation de confiance avec l'animal. Qui, dans bien des cas, leur donne de l'assurance et leur permet d'envisager le monde extérieur avec un autre regard. Beaucoup de monde, et une ambiance énorme. Un vrai *show* améri-

cain, avec tout ce que ça peut avoir de spectaculaire et d'abject, et l'obligation pour les visiteurs de déposer leur arme avant d'entrer dans l'enceinte.
– Autres temps forts du pénitencier, deux fois par an, un week-end au printemps et un à l'automne, les prisonniers vendent leur production artisanale. Assez étonnant. Les brosses à dents-poignards ne sont toutefois pas disponibles.

VERS LE NORD, LES VILLES HISTORIQUES

Dans la mythologie américaine, un personnage occupe une place prépondérante : le pionnier. Ce défricheur dut se battre contre les éléments, les Indiens (qu'il préféra exterminer) et souvent contre d'autres pionniers, venus d'une autre puissance de la lointaine Europe.
Il y eut plusieurs vagues et plusieurs types de pionniers : les explorateurs, les migrants du *Mayflower,* les premiers colons (sans parler de Christophe), les chercheurs d'or, les Italiens fuyant la pauvreté, les juifs fuyant le nazisme et, avant tous ceux-là, les Vikings, et même les Indiens qui, venant d'Asie, franchirent probablement le détroit de Béring il y a plus de 50 000 ans !
Les deux villes emblématiques de cette route du Nord font partie des pionnières. Natchez fut l'une des toutes premières places commerciales du Sud et, bien avant, Natchitoches, la première installation permanente européenne (française en l'occurrence) en Louisiane. Voici donc deux cités qui vous entraînent dans 300 ans d'Amérique.

NATCHEZ   20 000 hab.   IND. TÉL. : 601

À 58 miles au nord de Saint Francisville (et 90 miles de Baton Rouge). Ici, ce n'est plus la Louisiane mais le Mississippi (l'État), délimité à l'ouest par le Mississippi (le fleuve). Les amoureux du blues pourront suivre les traces de leurs idoles qui firent la renommée du Mississippi. Outre William Faulkner (installé à Oxford), qui n'a pas grand-chose à voir avec la musique, les grands bluesmen passèrent ou vécurent ici : Robert Johnson, Muddy Waters, John Lee Hooker, B. B. King et bien d'autres (le fameux Delta du Mississippi), sans oublier le Blanc qui chantait comme un Noir, Elvis, né dans le « trou du cul de l'Amérique » (Tupelo)... On pourra, si l'on a le temps et l'envie, remonter la Highway 61 jusqu'à Clarksdale (musée du Blues, hôtel où est morte Bessie Smith, maison où vécut Muddy Waters, etc.).
Autre route mythique de l'histoire américaine, la *Natchez Trace Parkway,* la route des pionniers, qui relie la ville à Nashville en passant par Vickburg, théâtre d'une célèbre bataille pendant la guerre de Sécession. Elle suit pendant longtemps le Mississippi, dont les bords sont bien entretenus et proposent de nombreux endroits pour pique-niquer (avec barbecues à disposition). En revanche, aucun bateau ne propose de balade sur le fleuve. Pour en revenir à Natchez, la ville doit évidemment son nom aux Indiens du même nom, qui honorèrent ici le Soleil depuis le XIIIᵉ s. Colonisée par les Espagnols, puis les Français, les Anglais et encore les Espagnols avant de devenir américaine en 1798, Natchez est connue pour avoir été la première colonie établie sur les rives du Mississippi, et pour avoir été la deuxième ville la plus riche des États-Unis (après New York) au temps de la prospérité des barons du coton.

Natchez est redevenue une tranquille bourgade de province, mais elle vit encore et toujours pour le fleuve et par le fleuve. C'est pourquoi il ne faudrait mettre le pied ici qu'en débarquant d'un *steamer*. C'est sur les flancs du Mississippi que bat vraiment le cœur de Natchez, qu'on se retrouve pour boire, jouer, flâner. Le reste de la ville semble, au contraire, figé dans une pieuse commémoration du patrimoine. Mais les 500 demeures « historiques » épargnées par la guerre de Sécession auront vite fait de

vous conquérir. De même d'ailleurs que toutes les strates architecturales qui subsistent un peu partout. Mais, surtout, la tranquillité de Natchez reflète la gentillesse de ses habitants, leur disponibilité, leur envie d'accueillir au mieux le visiteur. Plus chaleureusement qu'ailleurs, on se salue dans la rue, chez les commerçants, dans les bars. Et ce n'est pas que du savoir-vivre.

CONSEIL

Comptez deux nuits sur place pour découvrir la ville sans vous presser et laissez le bon temps rouler. Venez de préférence pendant les *Spring* ou *Fall Pilgrimages,* qui durent une quinzaine de jours, à cheval respectivement sur mars et avril, et septembre et octobre (voir plus loin « À voir. Le quartier historique »). Toutes les maisons (ou presque) sont alors ouvertes et se visitent en achetant un billet qui donne trois entrées. Beaucoup moins cher que de les voir une par une (cela dit, les hôtels sont plus chers). Renseignez-vous à l'office de tourisme, car les dates et les horaires sont variables.

Arriver – Quitter

En bus

☒ *Le terminal* Greyhound *est situé 103 Lower Woodville Rd (plan C3).* ☎ 445-5291. Attention, on ne voit pas la gare routière depuis la Hwy 84.
➢ *De La Nouvelle-Orléans :* 1 départ/j. vers 10h. Dans le sens inverse, départ de Natchez à 16h *(plan C3).* La ligne ne fonctionne pas le dim (dans les 2 sens). Compter 4h de trajet. Assez cher (env 40 $).

En voiture

➢ *De New Orleans, Baton Rouge ou Saint Francisville :* Natchez est à 90 miles de Baton Rouge et 65 miles de Saint Francisville par la US 61 North, et à 172 miles de New Orleans par l'I 10 puis la US 61 North.

En bateau

➢ Possibilité de faire escale à Natchez en remontant le Mississippi en bateau à aubes de New Orleans, avec le *Delta Queen* ou le *Mississippi Queen*. Croisières

de 3, 4, 5 j. ou plus. Rens et résas à New Orleans. *Delta Queen Steamboat Co.* :
☎ (504) 586-0631. ● deltaqueen.com ● Pour les embarquements au départ de
Natchez : ☎ 1-800-543-1949. Cher, bien sûr.

Adresses utiles

🛈 *Natchez Visitor Reception Center*
(plan A-B3) : à l'angle de Canal St et de
John R. Junkin Dr (Hwy 84). ☎ 446-6345
ou 1-800-647-6724. Lun-sam 8h30-
17h, dim 9h-16h. Dans un immeuble
flambant neuf, vous trouverez tous les
renseignements nécessaires à votre
périple en ville et dans le Mississippi.
Bonne doc et magnifique maquette de
Natchez. Projection toutes les 30 mn
d'un film vidéo d'une vingtaine de minutes sur l'histoire de la ville (2 $; réduc). À
ne pas manquer : les magazines locaux
(gratuits) qui foisonnent de bons de
réduction sur les hôtels, restaurants et
toutes sortes d'activités. Carte gratuite
de la région.
■ *Natchez Pilgrimage Tours* (plan
A-B3, 1) : dans le Visitor Center. ☎ 446-
6631 ou 1-800-647-6742. ● natchezpil
grimage.com ● Lun-sam 8h30-17h, dim

9h-16h (slt pdt les Pilgrimages). Prix :
8-20 $ selon formule. En calèche : 12 $.
Voici un tour-opérateur qui organise des
visites de la ville et se fait un plaisir de
renseigner les visiteurs. Demandez un
plan de la ville, les maisons à visiter sont
pointées. Infos sur les B & B et réservations.
✉ *Poste* (plan A-B2) : à l'angle de Canal
et Jefferson St. ☎ 442-4361.
▤ *Internet :* à la *Library* (plan B2),
220 Commerce St. Lun-jeu 9h-18h, ven
9h-17h, sam 9h-13h. Accès gratuit.
Sinon, connexions payantes (20 cents/
mn) au Natchez Visitor Reception Center (plan A-B3).
■ *Laverie automatique :* au camping
River View Park (voir rubrique « Où dormir ? »). Ouv 24h/24. Bien équipée et
très propre.

VERS LE NORD, LES VILLES HISTORIQUES

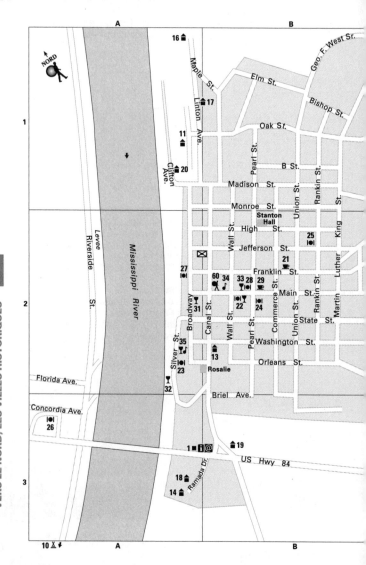

NATCHEZ

Où dormir ?

Camping

Proche du centre

⋏ **River View Park** *(hors plan par A3, 10)* : ☎ *(318) 336-1400 ou 1-866-336-1402.* ● *riverviewrvpark.com* ● *De l'autre côté du Mississippi, donc en Louisiane. Prendre la 1re route à gauche, la ML King Rd, après le pont et continuer sur 1 mile. Emplacement 12 $.* Grand terrain plat sans charme particulier, mais au bord du fleuve, offrant un beau panorama sur le bateau à vapeur du casino et sur la ville. Bon état des équipements. Une cinquantaine de places. Piscine. Il existe 2 autres campings près de la ville, mais ils ne sont franchement pas terribles.

Bon marché

Attention, ne croyez pas que les *B & B* et *guesthouses,* principalement installés dans de vieilles demeures et nombreux dans le vieux quartier, soient moins chers que les hôtels, c'est loin d'être le cas. C'est même plutôt l'inverse ! Vous pourrez en obtenir la liste auprès du *Natchez Visitor Reception Center* (voir « Adresses utiles »). D'autre part, les prix, relativement stables, ont tendance à franchement augmenter lors des *Pilgrimages,* fin mars et fin octobre, et pour Noël.

🛏 **Isle of Capri Casino Hotel** *(plan B3, 19)* : *645 S Canal St, en face du* Natchez Visitor Reception Center. ☎ *445-0605 ou 1-800-722-5825.* ● *isleofcapricasino. com* ● *Chambres en théorie 125 $ en sem, 105 $ le w-e, petit déj inclus. Mais 40 % de réduc avec la carte de membre du casino, donc respectivement 75 et 65 $.* L'hôtel est un peu tristounet et n'a pas, bien entendu, le charme d'un *B & B.* La réduction ne s'applique pas à la 1re visite du client, mais seulement à partir de la 2e. L'astuce consiste à aller chercher d'abord sa carte de membre au casino (en profitant de la navette gra- tuite) situé dans le *steamboat* arrimé au bord du Mississippi (voir « Où boire un verre ? Où écouter de la musique ? »). La carte est délivrée gratuitement sur présentation du passeport à toute personne de plus de 21 ans et n'impose aucune obligation de jouer. Vous pouvez ensuite aller à l'hôtel avec votre carte, qui vous permettra d'obtenir la réduction (il faut parfois négocier un peu). Comme dans les hôtels de Las Vegas, on suppose que les clients iront dilapider tout leur budget au casino. Piscine.

Prix moyens

🛏 **Ramada Inn on the Hilltop** *(plan A3, 14)* : *130 J. R. Junkin Dr (Hwy 84).* ☎ *446-6311 ou 1-800-256-6311.* ● *ra mada.com* ● *Env 70-80 $.* Légèrement excentré, un grand motel à la situation privilégiée sur le haut de la falaise avec une vue imprenable sur le pont et le Mississippi. Les chambres, rénovées tout récemment, sont bien confortables, avec AC, bains et TV câblée. Demander celles avec vue. Piscine.
🛏 **Passport Inn** *(plan D3, 12)* : *43 Sear- gent Prentiss Dr (S Hwy 61).* ☎ *et fax :* *442-1691. Chambres 50-80 $ avec 2 lits ou un grand lit, petit déj inclus.* Un énième motel de plain-pied qui a pour avantage (provisoire) d'avoir été refait à neuf récemment. Chambres confortables avec bains et TV câblée. Un peu bruyant, sauf si vous considérez le bruit des voitures comme une berceuse.
🛏 **Days Inn** *(hors plan par D3, 15)* : *motel sur le bord de la Hwy 61 S, à l'entrée sud de la ville.* ☎ *445-8291.* ● *daysinn.com* ● *Chambre 55 $, petit déj inclus.* Les chambres sont toutes identiques, et leur

confort standard pour ce type d'établissement. Avant d'accepter une chambre, assurez-vous qu'elle n'est pas trop proche du ronflant bloc AC. Bien sûr un peu bruyant vu la proximité de la route. Piscine. Accueil désabusé.

Chic

🛏 **1888 Wensel House** (plan B2, **13**) : 206 Washington St. ☎ 445-8577 ou 1-888-775-8577. • 1888wenselhouse. com • Wi-fi. Chambres 105-115 $, petit déj inclus ; cottages 20 $ de plus. Dans une jolie maison victorienne en bois du quartier historique, un charmant petit B & B proposant à l'étage des chambres confortables qui possèdent leur propre salle de bains ainsi qu'un dressing. Les hôtes, Mimi et Ron (qui travaille aux Monuments classés, The Historic Natchez Foundation, et pourra donc vous renseigner), proposent également un cottage avec 2 chambres, une salle à manger, une cuisine équipée, un salon avec canapé-lit. Super si vous êtes en famille et comptez séjourner plusieurs jours à Natchez. Notre adresse préférée dans sa catégorie, d'autant plus que Ron met à votre disposition un ordinateur portable connecté à Internet.

🛏 **Bluff Top** (plan A1, **20**) : 205 Clifton Ave. ☎ 304-1002 ou 1-800-211-6420. • blufftopnatchez.com • Chambres 100-110 $, petit déj compris. B & B dans une maison gris-bleu en haut de la falaise (bluff en anglais), profitant d'une vue imprenable sur le Mississippi. Pas de recherche excessive de déco, c'est une adresse qui prime par la convivialité et sa situation. Nous préférons les chambres du 1er étage, simples et sobres. Accueil chaleureux de Neil.

🛏 **Riverside B & B** (plan A1, **11**) : 211 Clifton Ave. ☎ 446-5730. Chambres 90-160 $, petit déj inclus. Pour vous garer, passez par Linton Ave et cherchez une petite maison victorienne cachée sous une abondante végétation. Préférez les chambres du 1er étage, moins chères et bien plus sobres. Au rez-de-chaussée, on profite des 2 salons de la maison, à la décoration un tantinet excessive. Assis au bout des fesses sur les beaux fauteuils, on écoute les histoires de Durell, qui se dit descendant de Lafayette, puis on s'endort à Buckingham... Puis revient le jour et sa vue exceptionnelle sur le Mississippi pour relever le breakfast.

🛏 **Weymouth Hall B & B** (plan A1, **16**) : 1 Cemetery Rd (prolongement de Maple St). ☎ 445-2304. • weymouthhall. com • Au nord de la ville, à 1 mile env du centre-ville, face au cimetière. Téléphoner avt de débarquer pour ne pas trouver porte close. Chambres 145-150 $ (avec vue sur le Mississippi, petit déj inclus). Comme les autres B & B, celui-ci profite d'un emplacement exceptionnel sur le bluff, c'est-à-dire les falaises qui dominent le fleuve. Mais ça se paie (trop) cher, surtout que les chambres sont petites et que le toit-terrasse est réservé à l'usage exclusif des proprios.

🛏 **Hightpoint B & B** (plan A-B1, **17**) : 215 Linton Ave. ☎ 442-6963 ou 1-800-283-4099. Chambres 100-110 $ (10 $ de plus pdt les Pilgrimages), petit déj inclus. Dans une rue agréable, maison victorienne blanche. Le patron, un Louisianais de souche absolument charmant, loue 3 chambres très agréables, accompagnées d'un pantagruélique petit déj. Déco un peu chargée, mais atmosphère attachante. Une adresse pour ceux qui aiment les chats... Et leur odeur en prime.

De chic à plus chic

🛏 **Linden** (plan D2) : Linden Pl. ☎ 445-5472 ou 1-800-2-LINDEN. • linden bandb.com • Accessible par Melrose Ave. Chambres 120-135 $. Les moins chères sont mignonnes mais, une fois que vous avez posé votre sac au sol, il ne reste plus beaucoup de place. Sept chambres meublées à l'ancienne, cela va de soi, dans une belle maison de maître. Pas ordinaire du tout. Elle est gérée avec dynamisme par Jeanette, arrière-arrière-arrière-(...)-petite-fille du propriétaire, qui acheta la demeure au milieu du XIXe s. Avis aux

VERS LE NORD, LES VILLES HISTORIQUES

gros dormeurs : le petit déj est servi pour tout le monde à 8h30 précises dans la belle salle à manger du rez-de-chaussée, ornée au centre d'un énorme *punkah* en bois. Ensuite, tour de la maison (oui oui, c'est un vrai musée ici !) à 9h avec les éventuels visiteurs extérieurs.

🏠 **The Briars** *(plan A3, 18) : 31 Irving Lane, au bout du parking du Ramada Inn (voir « Prix moyens »).* ☎ 446-9654 ou 1-800-634-1818. ● *thebriarsinn. com* ● *Chambres 170-230 $, petit déj inclus.* Une adresse de charme tellement imprévisible de ce côté du fleuve. Un vrai petit palace pour lune de miel. Les chambres, qui ne craignent pas une surenchère toute victorienne, sont réparties dans plusieurs bâtiments dans un jardin d'un romantisme fou ; peut-être aurez-vous la chance d'arriver pendant la floraison des magnolias. Même si vous n'y dormez pas, allez jeter un œil au bout de la promenade en bois qui part du parking. Vue sublime sur le Mississippi. Dommage que l'accueil ne dépasse pas le professionnellement correct.

🏠 **Dunleith** *(plan C3) : 84 Homochitto St (du centre, direction Hwy 61 S).* ☎ 446-8500 ou 1-800-433-2445. ● *dun leith.com* ● *Chambres 145-235 $, petit déj (excellent) compris, servi au Castle Restaurant (voir « Où manger ? »).* Dun-leith tient plus de l'hôtel de luxe que du B & B. C'est un cube imposant de style néoclassique entouré d'une colonnade formant un péristyle. Chambres immenses et très confortables, avec cheminée, lit à baldaquin et mobilier d'époque. Sublime ! Ces grands propriétaires terriens ne faisaient pas dans la sobriété. Les autres, plus petites, sont réparties dans l'aile moderne en brique.

🏠 **Monmouth** *(plan C2) : John Quitman Pwy.* ☎ 442-5852 ou 1-800-828-4531. ● *monmouthplantation.com* ● *Chambres 195-260 $, les suites les plus grandes s'envolent au-delà de 290 $; petit déj et tour guidé compris. B & B (!)* de luxe dans un beau parc de 12 ha. Encore un ton au-dessus, si c'est possible, que les *Briars* ou le *Dunleith*. Très victorienne aussi, la mise en scène, différente pour chaque chambre, se déchaîne dans de lourds drapés, des luminaires monumentaux, des divans profonds... Au salon, harpe solennelle, vaisselle rutilante, dorures à foison... Les chambres extérieures sont réparties dans plusieurs *cottages* aux noms bucoliques. Le parc, un havre de paix, est magnifique et très agréable avec sa roseraie, son terrain de croquet et ses 2 étangs. Vraiment trop cher au regard de la prestation offerte. Également un restaurant très chic (voir « Où manger ? »).

Où manger ?

Spécial petit déjeuner

🍴 **Natchez Coffee Co** *(plan B2, 29) : 509 Franklin St.* ☎ 304-1415. *Tlj 7h-18h (8h-17h w-e).* Enfin un café corsé et des croissants croquants ! Un espace tranquille tout en longueur, où l'on goûte à la quiétude du petit déjeuner en lisant la presse locale. Pour le reste de la journée, bon choix de *paninis* et de sandwichs.

🍴 **City Cafe** *(plan B2, 21) : 109 Pearl St.* ☎ 442-5299. *Tlj 7h30-14h, fermé mar-mer.* Lunch box 9 $. Minuscule snack sans prétention, mais qui offre l'immense avantage de servir du café digne de ce nom tôt le matin, accompagné de quelques viennoiseries. Petite restauration bon marché aussi, y compris le *lunch box* qui peut être pratique.

De bon marché à prix moyens

🍴 **Biscuits & Blues** *(plan B2, 22) : 315 Main St (près d'Eola Hotel).* ☎ 446-9922. *Tlj 11h-14h et 17h-22h, sf sam 11h-23h. Fermé lun. Plats 7-10 $.* Bis-trot aux couleurs vives servant une cuisine cajun simple et bonne à prix doux. Idéal pour le midi ou pour prendre un verre. Accueille sans régularité des groupes de musique en fonction de l'actualité du moment dans la belle salle blanche à colonnes de l'étage.

|●| *Natchez-Eola Hotel* (plan B2, **28**) : 110 Pearl St (angle de Main St) ; dans le quartier historique. ☎ 445-6000. Le resto du grand hôtel. Tlj 11h-14h et 17h-22h. Le midi, buffet all you can eat 10 $. Le soir, plats 9-30 $. Dim, brunch 12 $. Le gumbo y est parmi les meilleurs de la ville. Sous de hauts plafonds pendent des lustres hollandais, aux murs deux grands tableaux allégoriques où des anges volètent. Cadre plutôt chic et guindé, qui n'aide pas à dissiper une froideur ambiante, contrastant en tout cas avec la clientèle, très mélangée. Jetez en passant un œil au hall du luxueux hôtel.

Prix moyens

|●| *Cock of the Walk* (plan A2, **27**) : 200 N Broadway St. ☎ 446-8920. Tlj 17h-20h30 (ven-sam 21h, dim 20h). Resto très convivial situé dans l'ancienne gare. Plats roboratifs en diable 11-18 $. La carte est banale, le show l'est moins. Pour commencer, le serveur, d'un air de bandit, vous jette sur la table écuelle et quart en fer blanc. Il vous dirait « si tu bronches t'es mort » que vous ne seriez pas surpris. Vous n'avez toujours rien commandé, et pourtant la table se charge de victuailles, notamment un énorme pain bien gras que le cow-boy de service aura fait voler à la façon d'une crêpe. On est repu avant d'avoir commencé. Les enfants adorent...

|●| *Magnolia Bar & Grill* (plan A2, **23**) : 49 Silver St (en contrebas du quartier historique, en face du Mississippi). ☎ 446-7670. Tlj 11h-21h, sf dim 16h30-21h. Plats 10-30 $. Le seul resto à Under the Hill, autant dire qu'ils en profitent pour se croire à Saint-Trop' sur Mississippi. Cela dit, la vue sur le fleuve est somptueuse. À consommer de préférence à l'heure du lunch en croquant un po-boy sur le pouce. Au dîner, la carte manque singulièrement d'inventivité, sauf pour les prix, surréalistes.

|●| *The Carriage House Restaurant* (plan B2) : 401 High St. Restaurant de Stanton Hall. ☎ 445-5151. Tlj 11h-14h30, le soir slt pdt les Pilgrimages. Plats 8-15 $. À côté de la belle maison de maître, grande salle fréquentée surtout par les groupes de touristes, en particulier le week-end. Bonne cuisine cajun à prix raisonnables. Pour l'apéritif, ne pas manquer le mint julep, un cocktail à base de whisky et de sirop de menthe, très populaire dans le Sud au XIXe s et servi avec des biscuits à thé.

|●| *Pearl St Pasta* (plan B2, **24**) : 105 Pearl St. ☎ 442-9284. Tlj sf dim 11h-14h et 18h-21h30. Autour de 8 $ le midi, 15-20 $ le soir. Dans le centre, un restaurant un peu chic sans être cher, spécialisé, comme son nom l'indique, dans la pasta. Même si vous êtes non fumeur, préférez la salle du fond à celle en vitrine : magnifique et impressionnante charpente brute. Tables espacées, nappées d'un joli tissu délicatement fruité dans un décor vaguement romanisé (à l'antique). Plats de pâtes donc, copieux, bien préparés et richement garnis. Très bon accueil et clientèle d'habitués.

Chic

|●| *King's Tavern* (plan B2, **25**) : 619 Jefferson St ; à l'angle de Jefferson et Rankin St, dans le quartier historique. ☎ 446-8845. Tlj 17h-22h. Plats 15-25 $. La plus vieille maison de Natchez (date d'avant 1789), et même peut-être de l'État, puisque l'édification de l'une est antérieure à la création de l'autre, tout en brique, peuplier et cyprès. C'est dans cette auberge que descendaient les voyageurs après une longue route sur la Natchez Trace, piste reliant le fleuve à Nashville et repaire des bandits de grands chemins ! Pour protéger les pionniers, le patron de l'auberge, Richard King, fut chargé d'organiser une milice de cavaliers. L'endroit servit également de terminus de la diligence et de bureau de poste... On enlève donc son chapeau poussiéreux en entrant ici,

histoire de saluer la mémoire des premiers routards américains. L'ancienne taverne, bien rénovée, reste chaleureuse : belles poutres, bibelots vieillots, cheminée et serveuses très aimables.

Côté cuisine, l'endroit est réputé pour ses steaks, coupés dans une pièce préalablement fumée avant d'être débitée pour être grillée. Chers, mais délicieux petit goût fumé.

Très chic

|●| **The Castle Restaurant** (plan C3) : 84 Homochitto St (du centre, direction S Hwy 61). ☎ 446-8500 ou 1-800-433-2445. Ouv 11h-14h et 18h-21h (22h ven-sam). Fermé dim. Résa conseillée le w-e. Entrées 8 $ et plats 20-40 $. C'est le resto de la Dunleith Plantation, situé au centre du grand parc du domaine, dans les anciens garages de la propriété, un bâtiment rectangulaire de la fin du XIXᵉ siècle construit dans le style néogothique. Les tentures murales et les fauteuils tapissés donnent à la salle un aspect moyenâgeux. Carte d'inspiration française. Service impeccable, évidemment, et ambiance feutrée.

|●| **Monmouth** (plan C2) : John Quitman Pwy. ☎ 442-5852 ou 1-800-828-4531. Tlj 11h-14h et 17h-21h. Résa obligatoire au moins 1 sem à l'avance. Prix très élevés (menu-carte le soir 48 $ hors boissons et café). Restaurant de la plantation du même nom, idéal pour un dîner en amoureux, à la lumière vacillante d'une lampe à gaz, comme au bon vieux temps. Atmosphère très sélecte.

Sur l'autre rive du fleuve, côté Louisiane

Prix moyens

|●| **Sandbar** (plan A3, **26**) : 106 Carter St, à Vidalia. ☎ (318) 336-5173. Lun-ven 11h-22h. Seafood lunch 11h-15h, à un peu plus de 5 $. Le soir, plats 10-15 $. Traversez le fleuve par le grand pont (surtout à la tombée de la nuit, c'est superbe !), tournez tout de suite à droite et vous y êtes ! Très bon accueil et cadre rigolo : une grosse cabane en bois posée là par hasard, des murs de guingois, un mobilier amassé au gré des brocantes, animaux empaillés, gadgets kitsch et peinture murale représentant les bayous. On y trouve uniquement une clientèle d'habitués ayant un solide sens de l'humour et un bon coup de fourchette, et pour cause : les prix sont très abordables au vu des quantités servies... Le soir, le seafood platter est colossal, avec notamment des huîtres et des cuisses de grenouilles... Bref, une adresse inespérée, simple et chaude comme on les aime.

Où boire un verre ? Où écouter de la musique ?

🍷 ♪ **Saloon Under the Hill** (plan A2, **35**) : 33 Silver St. ☎ 446-8023. Rue parallèle à Canal St, en contrebas. Tlj 10h-2h (3h ou 4h le w-e). Un peu avt l'embarcadère. Concerts live ven-sam soir. Faites-en votre porte d'entrée dans Natchez. C'est le bon vieux saloon : gros parquet brut, tables cirées en bois massif (avec trou pour les cendres !), fusils de pionniers au mur, maquette de steamboat, bouée du Natchez, au cas où les vieux habitués accoudés au bar se noieraient dans la bière. On trouve même le nom des anciens clients gravés sur les plaques de cuivre des chaises ! Ici, ça parle haut et ça rit fort, ça donne de grandes claques dans le dos et on se fait de nouveaux amis d'enfance aussi vite qu'on descend une Budweiser.

🍷 **Old South Winery** (plan C1, **30**) : 65 S Concord Ave (fléchée depuis D'Evereux Dr). ☎ 445-9924. Du centre, prendre Catherine St (direction

N Hwy 61) et tourner à gauche. Tlj sf lun 10h-17h. Bouteilles env 8 $. Ce n'est pas un bar, mais une fabrique de vin installée dans une grange... Le jovial proprio, Mr Galbreath, 3ᵉ du nom, adore les Français (« des bons vivants ! »). On fait une courte visite, puis il vous sert d'autorité plusieurs de ses vins curieux, rosé, blanc, voire bleu ou *dry*. Il vous expliquera que cette boisson, issue de la fermentation d'une sorte de raisin appelé *muscadine* (on en voit devant la grange), était déjà fabriquée par les Indiens avant d'envahir le Sud au XVIᵉ s et de devenir le *drink* favori des Américains avant la prohibition. Les vendanges ont lieu en septembre, et la boisson titre tout de même 12°. On vous prévient, à la fin de votre dégustation, quand vos neurones seront en joie, la patronne essaiera de vous refourguer, avec pas mal de charlatanisme, des gélules à base de *muscadine* qui guérissent tout. Elle vous expliquera qu'il y a autant d'antioxydant dans une gélule que dans trois bouteilles de vin. Personnellement, nous avons fait notre choix...

🍷 **Bowie's Tavern** *(plan A2, 31) :* 100 Main St. Mar-sam 16h-22h. Fermé dim-lun. Installé dans un ancien dépôt de coton, grand comptoir à l'américaine très classique, où les habitués, la casquette bien campée sur la tête, viennent boire une bière. Autrement, il y a des canapés pour siroter cocktail ou bourbon. Jetez un œil à l'imposant mobilier qui provient du Colorado. Pas mal pour suivre paresseusement les bateaux descendant le fleuve impassible.

🍷 **Biscuits & Blues** *(plan B2, 22) :* voir « Où manger ? ».

🍷 **Andrew's** *(plan B2, 33) :* 325 Main St. ☎ 445-0702. Fermé dim. Un pub, une *local tavern*, où l'on aime à se retrouver entre amis. Un peu dans le même genre que l'adresse voisine *Biscuits & Blues*. Au gré des rencontres, l'ambiance change, et l'on peut finir la soirée ravi ou, selon la quantité de bière ingurgitée, dans un triste état. Il peut aussi ne rien se passer.

🍷 **Isle of Capri Casino** *(plan A2, 32) :* 70 Silver St, Under the Hill. ☎ 1-800-THE-ISLE. Bateau à vapeur d'époque arrimé au bord du Mississippi, à 10 mn à pied du centre de Natchez. Des dizaines et des dizaines de machines à sous sur plusieurs niveaux alimentent la rumeur incessante des pièces de monnaie. Bar à l'étage. Le restaurant *Calypsos* à bord n'a aucun intérêt.

🎵 **New Convention Center** *(plan B2, 34) :* 211 Main St, à l'angle de Canal St. Rens au Natchez Visitor Reception Center. Grande salle de concerts moderne installée dans un beau bâtiment en brique et acier du début du XXᵉ s. Le programme des concerts est lié aux manifestations locales. Expositions temporaires.

Où assister à une messe gospel ?

■ **Holy Family Catholic Church** *(plan C2, 50) :* 8 Orange Ave, à l'angle de Saint Catherine St. ☎ 445-5700. Messe le dim à 8 h (tant pis pour la grasse matinée !). La plus ancienne église catholique afro-américaine du Mississippi, construite en 1894 dans le style néogothique. Lors du pèlerinage de printemps, le chœur de l'église chante l'histoire des Afro-Américains de Natchez, *The Southern Road to Freedom*. Sans être endimanché, prévoyez une tenue adéquate.

À voir

Pas mal de choses à visiter dans la petite ville si l'on s'intéresse à l'histoire américaine. En fait, Natchez est à elle seule un condensé des trois grandes périodes qui marquèrent le Sud : fin de la civilisation indienne à l'arrivée des explorateurs français, installation des colons et prospérité des planteurs jusqu'à la guerre de Sécession.

🦎 **Grand Village :** *400 Jefferson Davis Blvd ; à 3 miles au sud-est du centre-ville.* ☎ *446-6502.* ● *mdah.state.ms.us* ● *Musée ouv tlj 9h-17h (dim 9h-13h30). Entrée gratuite et brochure en français (savoureuse).*

L'ancienne cité des Indiens natchez n'est plus qu'un site archéologique transformé en parc, doté de quelques panneaux explicatifs et d'un minuscule musée. Malgré le nom, ne vous attendez pas à trouver une réserve ou des vestiges de tipis et de temples. Une ridicule hutte en terre a simplement été reconstituée. On s'y rend avant tout pour mieux constater l'ampleur de l'anéantissement d'un monde ancien... Dans le musée, quelques belles poteries retrouvées sur le site, ainsi que des objets du quotidien, que vous pouvez manipuler : haches, bois de cerf, mortier, etc.

On sait peu de chose sur la civilisation natchez, mais les témoignages laissés par des voyageurs français nous donnent quelques indications sur la façon dont vivait ce peuple aujourd'hui totalement disparu. Vêtus de peaux de bêtes (cerf en été, vison en hiver !), les Natchez vivaient principalement de chasse et de cueillette et se soignaient avec des plantes médicinales (myrtilles contre la dysenterie, magnolia pour les fièvres, etc.). Très hiérarchisée, leur société se divisait en quatre clans, eux-mêmes répartis en tribus. Le Grand Soleil était le chef suprême. Il ne quittait jamais son habitation, donnant ses ordres de son lit situé face au temple principal. À sa mort, sa femme et ses serviteurs étaient étranglés en grande pompe, puis on brûlait sa maison ! Ses ossements étaient alors portés au temple, rejoignant ceux des chefs qui l'avaient précédé aux côtés du feu sacré et des objets sculptés ornant l'autel. C'est ici même, à Grand Village, que vivait le Grand Soleil, régnant sur la trentaine de villages natchez dénombrés en 1703 dans la région. Mais, selon toute vraisemblance, les Natchez auraient connu leur apogée au XVIe s.

À la boutique du musée, vous trouverez pas mal de choses sur les Indiens (cartes, bouquins, artisanat, etc.).

Under the Hill

Situé en contrebas du quartier historique, sur la rive droite du Mississippi, Natchez Under the Hill est en fait le premier site choisi par les colons pour établir la ville et l'ancien point de départ de la *Natchez Trace,* piste reliant le Mississippi à la ville de Nashville. De seulement deux ou trois maisons en 1776, le quartier évolua au début du XIXe s avec l'apparition des entrepôts et des *saloons.* Avec la prospérité engendrée par le commerce fluvial, l'endroit devint un repaire d'aventuriers et de flambeurs et, par extension, un haut lieu de plaisirs avec l'apparition de bars et de bordels. Mark Twain, fin observateur de la société américaine de l'époque, évoque la ville dans *Aventures sur le Mississippi* : « Elle avait une réputation épouvantable au temps des vapeurs. On y tuait beaucoup, on y buvait énormément, on s'y battait toujours... » Une autre calamité naturelle ruina ce vieux quartier : les glissements de terrain, dus à un déplacement progressif du fleuve vers l'est. Quand les ingénieurs s'en rendirent compte, la décision fut prise de construire un nouveau Natchez sur le plateau dominant la berge. L'érosion et l'importance croissante de Upper Natchez eurent finalement raison de Under the Hill, de la mythique Water Street bordée de maisons sur pilotis, des ruelles en terrasses et des bars louches.

Seul vestige de ce passé digne du Far West : *Silver Street* et son *saloon.* Mais le fleuve est toujours là ! Depuis 1993, le casino flottant installé dans un vieux *steamboat* par le groupe *Isle of Capri,* a été amarré au bas de la colline. Ça devient très touristique et de moins en moins authentique.

Le quartier historique

Le cœur de la ville est un rectangle parfait, aux rues à angle droit. Au début du XIXe s, avec l'apparition des vapeurs sur le fleuve, l'économie de Natchez s'orienta totalement vers le commerce du coton, permettant à l'élite de la ville d'édifier un nombre considérable de demeures luxueuses, aujourd'hui appelées *ante bellum* (d'avant la guerre de Sécession). Sur les 500 conservées, une quarantaine sont ouvertes au public. Nous ne mentionnons ici que les plus importantes à nos yeux. Les fanas peuvent participer aux « pèlerinages » qui se déroulent en mars-avril et en octobre-novembre, s'offrir un petit tour en calèche ou se fier à la documentation remise à l'office de tourisme. Mais attention, les visites sont toujours payantes et assez chères. De toute façon, vous en aurez vite assez, les visites étant obligatoirement guidées et la décoration de ces maisons pas toujours du meilleur goût (du moins pour des Européens !). Et puisqu'il convient de s'engager plus avant, quand vous aurez vu les trois premières que l'on cite, vous pourrez considérer que vous en savez assez. Ces « pèlerinages » ont été organisés pour la première fois dans les années 1930 par le *Pilgrimage Garden Club,* un club très fermé de la haute société de Natchez fondé au départ par les propriétaires de Longwood House et Stanton Hall, dans le but de conserver et de faire prospérer leur patrimoine et accessoirement de s'offrir des cours de jardinage. Depuis, deux autres clubs, dissidents mais tout aussi chic et conservateurs, ont été fondés, le *Natchez Garden Club* et l'*Auburn Garden Club,* rassemblant d'autres domaines.

🍴🏨 **Longwood House** *(plan C3)* : 140 Lower Woodville Rd ; à 2 miles au sud-est du centre-ville. ☎ 1-800-647-6742. ● stantonhall.com ● *Prendre la 61/84 direction Baton Rouge et tourner à droite. Tlj 9h-16h30. Visite guidée (30 mn) : 8 $; réduc. Brochure en français.*
Construite en 1859, c'est la plus grande maison octogonale des États-Unis. Un style d'inspiration orientale tout à fait réussi, avec ses colonnades ouvragées et son bulbe singulier sous ces latitudes.
Visite instructive du point de vue architectural, les travaux n'ayant jamais été achevés à cause de la guerre civile. Opposé à la sécession avec le Nord et vaguement réfractaire à l'esclavage, Haller Nutt, le millionnaire qui en commanda la construction, fut ruiné après l'incendie de ses champs de coton par les nordistes. Pourtant, le bon docteur Nutt avait travaillé sur l'amélioration des graines de coton et inventé une égreneuse révolutionnaire qui fit sa tardive fortune. Imaginez toutefois la maison si les travaux avaient pu continuer : 3 000 m² sur six étages, 26 cheminées de chauffage et un ingénieux système de miroirs placés sous la coupole pour éclairer les sous-sols ! Malgré l'interruption des travaux, la famille du propriétaire continua à vivre dans les neuf jolies pièces du rez-de-chaussée déjà achevées... De quoi se plaint-on ? Leurs esclaves n'avaient pas autant d'espace. La visite se poursuit à l'étage, resté en l'état ou presque. Notez la beauté des voûtes et les charpentes. Également des photos sur l'installation de la copie en fibre de la flèche qui domine la maison. La seule propriété vraiment incontournable de Natchez, dont la visite peut se prolonger par une agréable balade dans le parc.

🏨 **Stanton Hall** *(plan B2)* : 401 High St ; entre Pearl et Commerce St. ☎ 1-800-647-6742. ● stantonhall.com ● *Tlj 9h-16h30. Tour guidé de 30 mn : 8 $; réduc.*
Imposante maison blanche aux hautes colonnes de style *Greek revival,* datant de 1857. À l'extérieur, remarquez l'imposante porte et les balcons en fer forgé formés de motifs entremêlant des feuilles et des roses. Propriété de planteurs de coton d'origine irlandaise, les Stanton, la maison devint à la fin du XIXe s un collège de jeunes filles, après la mort de Mme Stanton, ruinée par la guerre. M. Stanton, qui avait dépensé près de 100 000 $ et affrété un bateau entier pour acheminer le mobilier, mourut, lui, moins d'un an après son installation.
Visite un peu longue, mais quelques curiosités intéressantes : vieilles mappemondes de la bibliothèque, lustres à pétrole, mobilier en bois de rose, piano droit en acajou et en cuivre, immenses miroirs, etc. Séparés par une cloison coulissante, les parloirs du rez-de-chaussée pouvaient se transformer en salle de bal ! À l'étage, amusante fresque orientaliste (on remarquera que l'éléphant a des doigts !) et pots de chambre dissimulés dans les escabeaux permettant d'accéder aux énormes lits... À côté, *The Carriage House Restaurant* (voir « Où manger ? »).

🏛 **Rosalie** (plan A-B2) : angle Canal et Orleans St. ☎ 446-5676 ou 1-800-647-6742. ● rosalie.net ● Tlj 9h-16h30. Fermé à Pâques et certains j. fériés, ainsi que pdt le Fall Pilgrimage. Entrée : 8 $; réduc. Brochure en français. Moins fastueuse extérieurement que la plupart de ses consœurs, Rosalie n'en est pas moins charmante, et peut-être même l'une des plus attachantes de cette série de propriétés. Sa situation dominant le Mississippi est idéale, sa taille, moins prétentieuse que les autres, lui donne un aspect plus engageant. Elle fut construite entre 1820 et 1823, à l'emplacement de l'ancien fort Rosalie, le premier camp français détruit par les Indiens, qui devait son nom à la duchesse de Pontchartrain. Pendant la guerre de Sécession, la propriété servit de quartier général aux troupes fédérales. Le célèbre général Grant, qui y résida après le siège de Vicksburg, devait s'y plaire... La visite, guidée par les filles de la Révolution américaine, d'authentiques descendantes des révolutionnaires américains (qui en sont aussi propriétaires), permet de découvrir la richesse du mobilier importé d'Europe (magnifique horloge) et l'élégance des proportions des pièces. On a particulièrement aimé le double salon et ses trois pianos, ainsi que la vue sur le fleuve depuis le balcon.

🏛 **Dunleith** (plan C3) : 84 Homochitto St (du centre, direction S Hwy 61). ☎ 446-8500 ou 1-800-433-2445. ● dunleith.com ● Tlj 9h-16h30 (dim 13h30-16h). Fermé 3 j. en fin d'année. Visite guidée : 8 $; réduc. La maison la plus connue de Natchez (1856), et en tout cas la plus photographiée, sans doute grâce à ses nombreuses hautes colonnes lui donnant l'aspect d'une cage (dorée). Plusieurs films y furent tournés, notamment une adaptation du Huckleberry Finn de Mark Twain. Il faut dire que son style Greek revival très poussé en fait l'une des plus représentatives plantations du Sud. Les pressés (et ceux qui suivent nos conseils) peuvent se contenter de l'admirer de l'extérieur. On ne visite que le rez-de-chaussée, soit quatre pièces très classiques, ainsi que les jardins, toutefois accessibles sans ticket. Les étages et les dépendances ont été transformés en B & B de luxe et restaurant (voir « Où dormir ? » et « Où manger ? »).

🏛 **Linden** (plan D2) : Linden Pl. ☎ 445-5472 ou 1-800-2-LINDEN. ● lindenbandb.com ● Accessible par Melrose Ave (vous voyez cette espèce de fer à cheval dessiné sur le plan de la ville ? Eh bien, c'est là). Visite guidée slt à 9h, tlj avr-oct. Entrée : 8 $; réduc. Une bien jolie maison en pierre et bois blanc, tout en longueur. Le cottage construit à la fin du XVIIIe s fut agrandi, puis devint la propriété du premier sénateur de l'État. Une anecdote : l'une des maîtresses de maison y fit aménager une école pour ses treize enfants ! La porte principale servit de décor à l'une des scènes d'Autant en emporte le vent. À l'instar de Rhett Butler et Scarlett, contentez-vous de l'extérieur : visite banale et accueil très médiocre. Fait également B & B (voir « Où dormir ? »).

🏛 **Monmouth** (plan C2) : John Quitman Pwy. ☎ 442-5852 ou 1-800-828-4531. ● monmouthplantation.com ● Du centre, prendre State St et tourner à droite après Auburn Ave. Tlj 9h30-11h45 et 14h-16h15. Entrée : 8 $; réduc. B & B de luxe et excellent resto (voir « Où dormir ? » et « Où manger ? »). Importante plantation, organisée autour d'un patio, construite en 1818 et agrandie en 1824. Elle fut un temps la propriété du général Quitman, héros de la guerre du Mexique, et conserve pas mal d'objets lui ayant appartenu : sabre, porcelaine, etc. Également, dans le hall d'entrée, des reproductions d'œuvres de Zuber, dont la particularité était de peindre des paysages qu'il n'avait pas vus. Sinon, la visite se révèle sans grande surprise (ça finit par lasser, tout ce luxe tapageur). En revanche, promenade agréable autour de l'étang du parc ; on en profitera pour voir le gift shop, installé dans une cabane d'esclave en brique.

🏛 **Auburn** (plan C3) : tt de suite à droite en entrant dans Dunean Park. Entrée par Duncan Ave, que l'on prend à gauche en venant du centre par Homochitto St (avt de rejoindre la Hwy 84 et John R. Junkin Dr). ☎ 1-800-647-6742. Mar-sam 9h30-16h. Entrée : 8 $; réduc. Longue demeure en brique rouge de 1812. L'adjonction de la clim' a un peu gâché sa façade. On visite le rez-de-chaussée et quatre chambres royalement cirées, accessibles par le célèbre escalier à spirale. Hormis cette fantaisie, rien d'inoubliable, si ce n'est la locomotive plantée derrière. Dommage que cette plantation n'héberge pas un fantôme, cela rendrait la visite un peu plus passionnante.

🍴 *Melrose Plantation (plan D2)* : 1 Montebello Pwy. ☎ 446-5790 ou 1-800-647-6742. Tlj 9h-17h (dernière visite 16h). Entrée : 8 $; réduc. Autre maison de planteur (une de plus !) de style néoclassique, construite en 1841 et en partie décorée de meubles d'époque. L'intérieur reflète bien le goût de l'opulence et du prestige des propriétaires, comme le carrelage à motifs de tapisserie peint à la main ou l'énorme *punkah* dans la salle à manger, une sorte d'éventail en bois actionné par des esclaves pour le confort des convives. Melrose comptait jusqu'à 24 esclaves ; c'est un des rares domaines où deux cabanes d'esclaves ont été conservées. Bien que leur confort paraisse dérisoire par rapport au luxe de la maison de maître, elles sont pourtant de meilleure facture que les cabanes que l'on construisait d'habitude dans les plantations car, ici, le sol en bois n'est pas ajouré et il y a des carreaux aux fenêtres. Voir en comparaison les cabanes de Frogmore Plantation (lire, plus loin, « Dans les environs de Natchez »).

À la mémoire des esclaves de Natchez...

L'histoire de Natchez ne se limite pas aux façades équilibrées des belles demeures *ante bellum* et à leurs jardins fleuris. C'est aussi l'histoire de dizaines de milliers d'esclaves afro-américains sans lesquels la société des planteurs n'aurait pas prospéré aux XVIIIe et XIXe s. Depuis 1990, une association *(Natchez Association for the Preservation of Afro-American Culture)* œuvre avec le soutien de la ville pour que ce passé-là ne tombe pas dans l'oubli, occulté par les belles manifestations organisées par les *garden clubs* de Natchez. Voici quelques lieux pour maintenir le souvenir et en savoir un peu plus :

🍴 *Natchez Museum of Afro-American History and Culture (plan B2, 60)* : 301 Main St. ☎ 445-0778. Mar-ven 13h-16h30. Entrée libre, mais participation recommandée : 5 $. Le musée organise slt sur demande des visites guidées de Natchez sur le thème de la culture et l'histoire afro-américaine. Rens auprès du musée ou du Natchez Visitor Reception Center. Le seul musée du Grand Sud consacré à l'histoire des Afro-Américains dans la région ! Il faut attendre d'être à Natchez pour en savoir un peu plus sur la vie quotidienne des esclaves dans les plantations de coton, mais on en apprend beaucoup. Documents d'archives, photos, reconstitutions de scènes de vie et surtout un film vidéo très intéressant (en anglais) sur les plus célèbres Afro-Américains, dont l'histoire fait partie du passé collectif de Natchez. Le personnel est également très disponible pour répondre à toutes vos questions.

🍴 *Forks-of-the-Road Market (plan C1, 61)* : à 1 mile du centre de Natchez, le croisement de Saint Catherine St, D'Evereux Dr et Liberty Rd marque l'emplacement de ce qui fut, jusqu'à la guerre de Sécession, l'un des plus grands marchés aux esclaves du Grand Sud après celui de La Nouvelle-Orléans. Les esclaves étaient aussi vendus à Natchez Under the Hill, ou n'importe où dans les rues du centre, mais le choix était plus grand au marché. Aujourd'hui, une (trop) discrète plaque commémorative, symbolisée par une coulée de béton à même le sol, dans laquelle sont retenus pour l'éternité des bouts de chaîne, rappelle la destinée de ces centaines de milliers d'esclaves vendus aux enchères aux planteurs de la région ou simplement loués par leur maître pour une période donnée. Rappelons que l'esclave était considéré non pas comme une personne humaine mais comme un bien, propriété d'un maître que celui-ci pouvait vendre ou louer. Les acheteurs potentiels inspectaient les esclaves avec minutie, à la recherche de toute trace de maladie. Depuis que l'importation d'esclaves aux États-Unis avait été interdite au début du XIXe s et que l'économie du coton avait explosé dans la même période, les propriétaires terriens du Mississippi et de Louisiane venaient acheter ici des esclaves transportés par leurs maîtres depuis les États de l'est du pays, où les terres plantées de riz et de tabac n'étaient plus assez productives.

Manifestations

– **Natchez Pilgrimages :** 2 fois/an, de mi-mars à mi-avr et de mi-oct à début nov. Visite des demeures *ante bellum*.
– **Natchez Blues Festival :** *un w-e mi-avr.* Concerts de jazz dans les bars de la ville et en extérieur.
– **Natchez Opera Festival :** quelques œuvres du répertoire données dans différents endroits de la ville en mai.
– **Mississippi River Balloon Race :** *le 3e w-e d'oct.* Course de montgolfières partant du fort Rosalie. Festival de musique.

➤ *DANS LES ENVIRONS DE NATCHEZ*

🚶 **Frogmore Plantation :** *11054 Hwy 84.* ☎ *(318) 757-2453 ou 3333.* ● *frogmore plantation.com* ● *À 17 miles à l'ouest de Natchez. Traverser le Mississippi River Bridge et suivre la Hwy 84 ; attention, la Hwy 84 bifurque à gauche dans Ferriday, au niveau de la station Exxon. Lun-ven 9h-15h et sam 10h-14h. Fermé dim. Juin-août, fermé sam-dim. Compter 2h de visite en tt, incluant un film vidéo (version française) et une visite de l'ancienne plantation de coton, puis de l'exploitation actuelle (facultative). Entrée : 10 $ visite historique, 5 $ tour moderne ; 12 $ pour les deux.* Cette grande exploitation de coton du XIXe s fonctionne encore aujourd'hui, ce qui permet de constater, si vous faites les deux visites guidées, les progrès techniques accomplis, même si, à l'époque, la machine à vapeur inventée pour égrener le coton et le presser était révolutionnaire. L'exploitation est proche du Mississippi, car ses alluvions nourrissaient la terre et le coton était alors transporté par voie fluviale jusqu'à La Nouvelle-Orléans. Au-delà des aspects techniques, la visite vaut surtout pour les quartiers d'esclaves dans lesquels l'habitat a été reconstitué : cuisine, cabane dédiée à la couture et au lavage et surtout les cabanes « de vie » : de simples baraques en bois de cyprès aux murs recouverts de papier journal et aux fenêtres sans carreau fermées par des battants. Pour les lits, un rudimentaire sommier fait d'un filet de cordes tendues tenait lieu de matelas. Voir également la maison du contremaître, attenante au quartier des esclaves. Il est plus intéressant de visiter l'exploitation moderne au moment de la récolte du coton en septembre-octobre.

NATCHITOCHES   20 000 hab.   IND. TÉL. : 318

Au milieu des plaines agricoles et des sites industriels (principalement pétroliers) conquis sur les terres des *Native Americans* (les Indiens), ne conservant que peu de traces des antiques civilisations, se dresse fièrement une petite cité, tirée de sa torpeur par les projecteurs d'Hollywood en 1988. Natchitoches – prononcez « Nèkitoch », en chantant la première syllabe – a servi de cadre au tournage de *Steel Magnolias*. Le film, réalisé par Herbert Ross d'après le roman de Robert Harling, interprété par Julia Roberts, Dolly Parton et Shirley McLaine, allait rencontrer un réel succès. « Nèkitoch » devint célèbre, et les marques chic ouvrirent des boutiques au rez-de-chaussée des beaux immeubles de Front Street, face à la rivière. Aujourd'hui, la petite ville touristique peut fièrement faire état de sa prestigieuse histoire et offrir aux visiteurs de nombreux points d'intérêt, en ville et tout le long de la rivière où il fait si bon se promener.

Natchitoches fut fondée en 1714 par Louis Antoine Juchereau de Saint-Denis, un Français du Québec qui, sur la route d'une mission commerciale au Mexique, sympathisa avec les Indiens natchitoches (littéralement « mangeurs de noisettes ») qui vivaient ici. Deux ans plus tard, afin de contenir l'avancée des Espagnols, le roi manda ici une troupe coloniale menée par Charles-Claude Dutisné, qui fit édifier le fort Saint-Jean-Baptiste. Cette implantation, due aux Français (cocorico), est réputée pour être la première colonie européenne permanente en Louisiane, avant New Orleans.

Hormis quelques escarmouches avec les Espagnols, installés non loin de là au Texas, et une homérique bataille avec les Indiens natchez en 1729, Natchitoches connut une certaine prospérité pendant l'ère française qui dura jusqu'en 1763. Elle vécut ensuite les aléas ordinaires de l'histoire américaine et tomba en somnolence, à l'image de la Cane River, rivière fermée qui traverse la ville.

Arriver – Quitter

➢ Si vous arrivez **en voiture** par le sud, vous pourrez longer la Cane River, où l'on peut visiter un certain nombre de maisons anciennes (voir « Dans les environs de Natchitoches »).

🚌 *Greyhound (hors plan centre)* : dans un centre commercial, sur la S Hwy 1, à env 1 mile du centre-ville. ☎ 352-8341. Sur la ligne Alexandria-Shreveport.

Adresses et infos utiles

🏛 *Tourist Information Center (plan centre)* : 781 Front St (au bord de l'eau). ☎ 352-8072 ou 1-800-259-1714. Lun-ven 8h-18h, sam 9h-17h, dim 10h-16h. Excellent accueil et beaucoup de doc. Infos sur la ville et les manifestations locales : ● natchitoches.net ● Publie également un mensuel gratuit d'informations touristiques : *Historic Natchitoches* ; demander aussi la carte de l'État.

✉ *Post Office (plan centre)* : à l'angle de Saint Denis et 3rd St. Lun-ven 8h-17h30.

@ *Internet (plan centre)* : accès gratuit à la **Natchitoches Parish Library**, à l'angle de Touline St et de 2nd St. Lun-sam 9h-17h.

■ *Kaffie-Frederick Inc.* (plan centre, 1) : 758 Front St. ☎ 352-2525. Tlj sf dim 9h-17h. Sublime quincaillerie fondée en 1863 et qui semble n'avoir pas bougé depuis, même si on y trouve tout le matériel moderne. Idéal pour faire vos cadeaux : jouets en bois ou en métal, ustensiles de cuisine, outils, vaisselle, etc. On pourrait y passer des heures. Sur cette même rue, nombreuses boutiques branchées (mode, déco, etc.).

– *Journaux* : outre le mensuel touristique dont on parle plus haut, lire aussi *The Natchitoches Times*, quotidien local dont on adore la devise : *And we shall know the truth, and the truth shall make you free* (« Et nous saurons la vérité, et la vérité vous rendra libre »).

Où dormir ?

Pendant le pèlerinage et surtout autour de Noël, quand toute la ville est illuminée, les prix des chambres d'hôtels ont une fâcheuse tendance à grimper aux rideaux. Ajoutez 30 % (au moins) aux prix que nous vous indiquons. Par ailleurs, il est impératif de réserver par téléphone si vous souhaitez dormir dans un des nombreux B & B de la ville. En effet, rares sont les propriétaires qui vivent dans les maisons, et vous risquez fort de trouver porte close en vous y pointant la fleur au fusil.

Campings

△ *Camping Sibley-Lake (plan des environs, 10)* : Hwy 3110 N Bypass, sur le contournement de la Hwy 1, à moins de 2 miles du centre. ☎ 352-6708. Emplacement 20 $. Bureau dans la station-service. D'accord, ce n'est pas loin du centre-ville, on peut prendre une douche, faire quelques emplettes à la supérette ou encore pêcher dans le lac voisin. Mais franchement, on n'a pas envie de s'attarder sur ce bout de terrain cerné par les énormes camping-cars, à 7,5 m de la voie rapide et le nez dans les pots d'échappement des 4x4 qui se succèdent toute la nuit à la pompe. Donc, uniquement comme plan B (ou C ou Z...).

△ Deux autres *campings,* plus grands et plus éloignés, sur la Hwy 6.

Bon marché

🛏 *Super 8 Motel (plan des environs, 11)* : 801 Hwy 1 Bypass, donc sur la bretelle de contournement de la highway. ☎ 352-1700 ou 1-800-800-8000. • su per8.com • Chambre 55 $, petit déj inclus, 5 $/pers en plus. Motel d'une quarantaine de chambres appartenant à une chaîne connue dans tout le pays. Prestations standard et sourire standard à l'accueil. Distributeur de soda très bruyant, évitez les chambres trop proches.

Prix moyens

🛏 *Ramada Inn (plan des environs, 12)* : 7624 Hwy 1 Bypass, donc sur une bretelle de la highway. ☎ 357-8281 ou 1-800-2-RAMADA. • ramada.com • À 4 miles env du centre, sur la bretelle de contournement de l'autoroute. Chambre 65 $. Grand motel amélioré, ce qui explique les tarifs plus élevés que dans les motels habituels. Côté moins : la situation, pas follement romantique au bord de la Highway. Côté plus : un buffet bien fourni et alléchant. Chambres au confort standard (baignoire, TV câblée, cafetière). Piscine. Également un bar.

■ **Adresses utiles**

🛈 Tourist Information Center *(plan centre)*
✉ Post Office *(plan centre)*
▣ Natchitoches Parish Library *(plan centre)*
🚌 Greyhound *(plan centre)*
1 Kaffie-Frederick Inc. *(plan centre)*

△🛏 **Où dormir ?**

10 Camping Sibley-Lake *(plan des environs)*
11 Super 8 Motel *(plan des environs)*
12 Ramada Inn *(plan des environs)*
13 Fleur de Lis Inn *(plan centre)*
14 Log Cabin on the Cane *(plan centre)*
15 Petit Tarn Guesthouse *(plan centre)*
16 Tante Huppé Inn *(plan centre)*
17 The Good House et Judge Porter House *(plan centre)*
18 Jefferson House *(plan centre)*
19 Chez des Amis *(plan centre)*

🍽 **Où manger ?**

20 Shipley Do-Nuts *(plan centre)*
21 Lasyone's *(plan centre)*
22 Just Friends Restaurant *(plan centre)*
23 Mariner's *(plan des environs)*
24 The Landing *(plan centre)*
25 Bourbon Street Deli *(plan centre)*
26 El Nopal *(plan centre)*
27 Merci Beaucoup *(plan centre)*
28 Café Lagniappe *(plan centre)*

🍸 **Où boire un verre ?**

30 Pioneer Pub & Restaurant *(plan centre)*

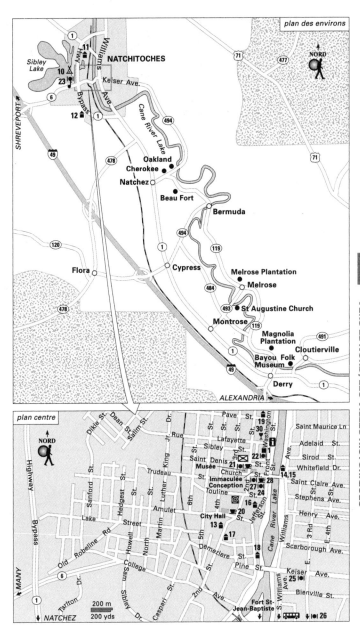

NATCHITOCHES

🛏 **Fleur de Lis Inn** (plan centre, 13) : 336 2nd St. ☎ 352-6621 ou 1-800-489-6621. ● fleurdelisbandb.com ● Proche du centre. Chambres 80-115 $; 2 chambres dans la maison voisine 90-125 $; 10 $/pers en plus ; petit déj inclus. Une adorable petite maison victorienne de 1900, à colonnades et galerie. Par sa façade lilas et bleu et par sa forme, elle rappelle un peu les maisons début du XXe s vues par Disney. Cinq chambres simples et de bon goût, bien équipées et bien meublées et, à côté, deux chambres idéales pour une famille désirant avoir tout le confort d'un appartement (cuisine équipée, salon et salle à manger). Très bon rapport qualité-prix.

Chic

🛏 **Log Cabin on the Cane** (plan centre, 14) : 614 Williams Ave. ☎ 357-0520. ● cabinoncaneriver.com ● Compter 110-150 $ pour la maison selon saison, j. de la sem, ou votre sourire, ou l'âge du capitaine, et 25 $/pers en plus (maxi 4 pers : une chambre et un canapé-lit dans la cuisine-salon). S'il n'y a personne, allez chercher la clé au n° 657, la maison en face à gauche. Le petit jeu de piste en vaut la peine, on y gagne l'accès à une petite maison en bois brut, rustique jusqu'aux toiles d'araignée. Avec accès direct à la rive ouest de la Cane River, et les pieds dans l'eau pour dîner face à la ville. Sublime au petit déj, quand le soleil levant arrose la maison. Cuisine (un peu) équipée. Une adresse du tonnerre, qui enchantera tous ceux qui sont restés de grands enfants.

🛏 **Tante Huppé Inn** (plan centre, 16) : 424 Jefferson St. ☎ 352-5342 ou 1-800-482-4276. ● tantehuppe.com ● Chambres 95-120 $, petit déj compris. Tante Huppé, du nom de la première propriétaire, en 1830 quand même ! La maison a gardé tout son charme, et les chambres d'hôtes aussi, dans l'annexe au bout du jardin. Mais son attrait majeur se nomme Robert, descendant d'une famille du sud de la France et passionné d'histoire, auteur de plusieurs ouvrages sur le passé de la ville et de la région. « Comment tu t'appelles ? Oh, il y a des gens qui s'appellent comme ça à Natchez ! » Voilà comment on retrouve ses lointains cousins d'Amérique ! Trois chambres, quasiment des suites, avec cuisine et accès à la galerie. Très charmant. D'autres chambres dans une maison annexe. Piscine.

🛏 **Petit Tarn Guesthouse** (plan centre, 15) : 612 Williams Ave. ☎ 352-9561 ou 1-877-699-8471. Chambres 95-110 $; réduc de 10 $ pour nos lecteurs. Résa obligatoire. Un petit cottage tout blanc sur 3 niveaux, offrant 3 mini-appartements l'un au-dessus de l'autre. Chacun possède son balcon sur la rivière, sa cuisine, son living et une chambre. Breakfast préparé et apporté la veille par les gérants. Agréable jardinet au bord de l'eau, carrément une petite plage privative.

🛏 **Jefferson House** (plan centre, 18) : 229 Jefferson St. ☎ 352-3957 ou 5756 ou 1-800-342-3957. ● jeffersonhouse bandb.com ● Chambre 115 $ en moyenne, selon taille et emplacement. Petit déj copieux compris. Belle maison blanche de plain-pied avec un porche à colonnades, dont les chambres situées à l'arrière, donnent sur la rivière. Confort et décoration bourgeoise, avec une préférence pour la River Room et son agréable terrasse idéalement située au bord de la rivière. Gay, cordon-bleu, experte en meat pies, et sa nièce Orleane, vous réserveront un accueil familial.

🛏 **Chez des Amis** (plan centre, 19) : 910 Washington St. ☎ 352-2647. ● chez desamis.com ● Wi-fi. Deux chambres 90 $; cottage 120 $ au fond du jardin. Petit déj compris. Ce B & B situé dans une maison moderne au milieu d'un quartier résidentiel n'a certes pas le charme des vieilles demeures victoriennes, mais l'accueil sympathique de Jim et Scott fait la différence. Ils parlent d'ailleurs un peu le français. L'atmosphère est chaleureuse et la publicité n'est pas trompeuse : on se sent comme chez des amis. Petite vidéothèque.

🛏 **The Good House** (plan centre, 17) :

314 Poete St. ☎ 352-9206 ou 1-800-441-8343. ● goodhousebandb.com ● Au 1er étage d'une maison en brique marron aux allures de cottage anglais, chambres 95-125 $ avec sdb privée, TV et magnétoscope dans chacune. Petit déj inclus. Les sympathiques propriétaires, Tod et John, possèdent aussi un autre B & B, la Judge Porter House, qui se trouve de l'autre côté du jardin (lire ci-dessous).

🛏 **Judge Porter House** (plan centre, **17**) : 321 Second St. ☎ 352-9206 ou 1-800-441-8343. ● judgeporterhouse.com ● Tient plus du petit hôtel de luxe que du B & B. Chambres 125-135 $; cottages 150-160 $. Petit déj tellement copieux que vous pourrez oublier le repas du midi. Une jolie maison, en bois avec 5 chambres très différentes, mais qui partagent un raffinement certain sans être excessif. Évidemment confortables. Bains à bulles pour les plus chères. On peut aussi louer un cottage dans le jardin avec un salon et une salle de bains.

Où manger ?

Spécial petit déjeuner

🍩 **Shipley Do-Nuts** (plan centre, **20**) : angle de Amulet et Second St. Mar-sam 4h30-12h. Fermé dim-lun. Env 1 $ pièce. Sans conteste possible, les meilleurs donuts de la ville. Les connaisseurs demanderont les donut's holes, « les trous des donuts », qui sont encore moins chers mais plus petits. Quelques tables. Une brique de lait, un donut et hop, un petit déj pas cher.

🍩 **Café Lagniappe** (plan centre, **28**) : 590 Front River. ☎ 238-5282. Mar-sam 9h-19h, dim 9h-16h. Fermé lun. Tout pour se concocter un copieux breakfast dans une grande salle claire et moderne. On peut y repasser dans la journée pour un lunch rapide ou un sandwich.

🍩 Et aussi **Lasyone's** (plan centre, **21**) : voir plus loin.

De très bon marché à bon marché

🍴 **El Nopal** (hors plan centre, **26**) : 117 S Hwy 1. ☎ 214-0219. Du centre-ville, traverser la rivière en face de Pine St, puis prendre la 2e à droite. Tlj 11h-22h (ven-sam 23h). 3-7 $. Une bonne adresse pour changer du régime burger. Cette petite chaîne de restos mexicains fondée à Los Angeles propose de très bonnes spécialités à prix très doux, ce qui justifie qu'on la mentionne : burritos, enchiladas especial... Intéressants lunchs specials et combination dinner (plats composés). Nachos délicieux et à volonté.

🍴 **Bourbon Street Deli** (plan centre, **25**) : sur Keiser Ave. Prendre le pont face à Pine St, ce deli est dans une station-service qui fait l'angle avec la 2e rue à droite. Ouv 24h/24. Env 3 $. Tester pour un en-cas les excellents meat pies, de petits chaussons frits fourrés à la viande. Idéal pour couper la faim.

🍴 **Lasyone's** (plan centre, **21**) : 622 2nd St. ☎ 352-3353. Tlj sf dim 7h-15h30. Breakfast 7h-10h. Plats 7-10 $. Pas de malentendu : malgré le micro-musée installé à la gloire des pionniers dans la vitrine, c'est par sa volonté de perpétuer une tradition culinaire de Natchitoches que le Lasyone est incontournable. Celle des marchands ambulants, qui faillit se perdre avec eux. Les meat pies sont aujourd'hui la grande spécialité de cette maison qui prétend fabriquer les meilleurs du monde. Rien que ça ! On peut les avoir servis à table et accompagnés de riz ou à emporter (3 $). C'est effectivement un délice. La maison est également réputée pour ses breakfasts et pour son fameux Cane River pie, dessert excellent et conséquent, aux noisettes et au chocolat. Cadre sans importance, on se concentre sur l'assiette.

Prix moyens

I●I **Merci Beaucoup** (plan centre, **27**) : 127 Church St. ☎ 352-6634. Tlj 10h30-15h (dim 10h30-14h). Plats 10-15 $. Bon petit resto cajun connu pour sa spécialité plutôt roborative, la cajun potato, une pomme de terre farcie d'une sauce à base de tomate et d'écrevisse. Au dessert, bon sin bar, sorte de gâteau au chocolat. Une terrasse fraîche et deux salles simples et sans chichis, tout le contraire de la boutique de décoration du même nom.

I●I **Just Friends Restaurant** (plan centre, **22**) : 74 Front St. ☎ 352-3638. Mar-sam 11h-15h. Fermé dim-lun. Sandwichs à partir de 6 $; plats dès 9 $. Sur la rue principale qui longe la rivière, un endroit aux murs de brique sous une jolie charpente. Si vous êtes fumeur, vous n'aurez d'autre choix que de manger en compagnie des poissons du bassin, dans la petite cour arrière qui est tout aussi agréable.

Chic

I●I ♪ **Mariner's** (plan des environs, **23**) : Hwy 1 Bypass, sur la bretelle de contournement ; à 3 miles du centre. ☎ 357-1220. Tlj 16h30-21h30 (ven-sam 22h, dim 21h). Salad bar 9 $; plats 15-35 $. Musique live pop, rock ou country ven-sam 21h. Sur une presqu'île, grosse maison moderne en bois d'inspiration maritime, astucieusement aménagée pour réserver une vue sur le lac à chaque table. Sublime au soleil couchant et très populaire auprès des locaux. Cuisine cajun et créole. Carte assez étendue et plats bien faits et généreux. Beaucoup de monde les soirs de concert, les distractions nocturnes étant rares à Natchitoches.

I●I **The Landing** (plan centre, **24**) : 530 Front St. ☎ 352-1579. Mar-sam 11h-22h, dim 11h-21h. Fermé lun.

Lunch-menu avec nombreux plats pour 10 $; le soir, plat à partir de 15 $. Le grand restaurant de la ville se trouve donc sur la rue du front de rivière. Belle et vaste salle, où des grilles de fer forgé évoquent les balcons des maisons anciennes, dont l'ambiance évoque vaguement les brasseries à la française. Carte très fournie, mais sans audaces particulières : seafood, steaks, pâtes, etc. Pas mauvais, mais finalement un peu décevant par rapport à la renommée de l'endroit. Cela dit, l'addition n'atteignant pas non plus des sommets, on aurait tort de se priver d'un dîner ici. Quelques conseils : évitez la meat pie, moins bonne que chez Lasyone (voir plus haut), méfiez-vous des plats épicés, le chef ayant une tendance naturelle à forcer sur le tabasco.

Où boire un verre ?

Malgré la présence d'une petite université (la NSU), ne vous attendez pas à faire des folies de vos nuits à Natchitoches. Les soirées du coin n'ont rien de délirant. Un bar dans le centre vous permettra toutefois de passer de bons moments. Et n'oubliez pas les concerts du Mariner's les vendredi et samedi (voir « Où manger ? »), qui sont le point d'orgue de l'animation.

☗ **Pioneer Pub & Restaurant** (plan centre, **30**) : 812 Washington St, en face de l'office de tourisme. ☎ 352-4884. Ouv 16h-2h en principe. L'heure de fermeture dépend du monde. Concerts jeu-sam soir avec des groupes de l'université ou de Shreveport (entrée 3 $). Pub accueillant en brique,

aéré par des ventilos. Les étudiants de l'université s'y donnent rendez-vous. Vous serez sûr de faire des rencontres, car l'ambiance est détendue et les barmaids sympas. Bonne sélection de bières et de cocktails. Sert également quelques plats cajuns.

À voir. À faire

🏃 *Le tour de ville* (plan centre) : partant de l'office de tourisme, vous apprécierez les pimpantes maisons de Front Street et leurs balcons ouvragés. Ne ratez pas, au n° 758, l'incroyable quincaillerie *Kaffie-Frederick*. On pourra prendre quelque repos sur l'un des beaux bancs, également en fer forgé, face à la *Cane River,* qui fut condamnée au début du XXe s. C'est aujourd'hui un lac. Descendre vers la rivière à hauteur du « white elephant », surnom de l'énorme banque blanche. Sur la rive, une dalle de béton gravée, *River Bank Stage,* montre l'étendue du territoire de la Louisiane que Napoléon vendit aux jeunes États-Unis pour quinze millions de dollars. Il s'agit de la plus grande vente de terres jamais réalisée : l'équivalent d'une quinzaine d'États !

Face au pont, prendre Church Street jusqu'au croisement avec 2nd Street, **The Old Courthouse** (☎ 357-2270 ; tlj sf dim 9h-17h ; entrée : 4 $, réduc), ancien palais de justice en brique, abrite aujourd'hui un musée d'Histoire de la Louisiane du Nord. Expositions tournantes et souvent intéressantes. En face, la curieuse *église de l'Immaculée-Conception* (1856), dont on appréciera les vitraux, le chemin de croix et la boutique de souvenirs. Continuez au hasard votre tour de ville pour découvrir les maisons anciennes qui font son charme. Rien de rare, mais de belles demeures victoriennes et une ambiance attachante. Aucune de ces maisons n'ouvre ses portes aux visiteurs, en dehors des *Pilgrimages*.

Traversez le pont au bout de Church Street. Sur l'autre rive, quasiment face au pont, à l'angle de Williams Avenue, *Tanzin Wells Home* est la doyenne des maisons de Natchitoches, bâtie en 1776 (indépendance des États-Unis). Si, le dos à la rivière, vous continuez à gauche, vous verrez, à l'angle de Saint Maurice Street, *Roselawn,* une énorme et sublime maison rouge et verte où l'on aimerait habiter si l'on vivait ici. Dans l'autre sens, remontez Henry Street jusqu'à l'angle avec Eastfive Street. Les deux maisons qui se font face « tournèrent » dans le film *Steel Magnolia.* Mais vous ne les reconnaîtrez pas, car elles ont été inversées sur la pellicule. Ah, la magie du cinéma !... Aucune de ces bâtisses ne se visite.

🏃 *Le fort Saint-Jean-Baptiste* (hors plan centre) : 155 Jefferson St. ☎ 357-3101 ou 1-888-677-7853. Tlj 9h-17h. Entrée : 2 $; gratuit moins de 12 ans et plus de 62 ans. Brochure en français. Entrée par le musée. Vous pourrez y découvrir un intéressant plan en relief montrant la position initiale du fort. Les plans réalisés a posteriori par l'architecte Ignace François Broutin en 1733 furent retrouvés et permirent d'édifier en 1979 une fidèle reconstitution de cette première place forte (française, on le rappelle). Dans un mur d'enceinte en pieux de bois, quelques constructions en grosses planches, dont les murs sont doublés en bousillage (mélange de boue, crins de cheval et mousse espagnole) : le corps de garde, l'église, la cuisine, etc. Pas de tour guidé à proprement parler, mais des figurants en costumes d'époque qui donnent une touche supplémentaire d'authenticité à la visite, malgré la présence de hordes de touristes. Vous pourrez leur poser toutes vos questions (aux figurants, pas aux touristes). Plutôt bien fait et assez instructif, pour appréhender l'âpreté de la vie des premiers pionniers louisianais. Régulièrement, des animations dans le fort. À noter que l'original se trouvait en fait à l'emplacement du cimetière. Quelques tables pour pique-niquer au bord de la rivière.

Manifestations

– *Natchitoches Pilgrimage :* le 2e w-e d'oct, ven-dim. Presque toutes les maisons anciennes sont ouvertes.

– *Christmas Festival of Lights :* fin nov-début janv, avec point d'orgue le 1er w-e de déc. Rens à l'office de tourisme. ● christmasfestival.com ● Toute la ville est illuminée.

VERS LE NORD, LES VILLES HISTORIQUES

– **Melrose Plantation Arts & Craft Festival :** *le 1er w-e de juin.* Expo-vente d'objets d'artisanat local dans les jardins de *Melrose Plantation* (voir « Dans les environs de Natchitoches »).

– **NSU Folk Festival :** *mi-juil, festival de musique organisé par l'université de Natchitoches.* ● nsula.edu/folklife ● Concerts de musique cajun, zydeco et *country* sur 3 podiums répartis sur le campus.

➤ DANS LES ENVIRONS DE NATCHITOCHES

🚶 👫 **Alligator Park-Bayou Pierre :** *à 8 miles au nord, sur la Hwy 1. Fléché depuis la route par un* school bus. ☎ 354-0001 *ou* 1-877-354-7001. ● alligatorpark.net ● *D'avr à mi-août, tlj 10h-18h ; de mi-août à mi-oct, slt w-e ; de mi-oct à mi-avr, horaires selon météo (appeler avt). Entrée :* 7,50 $; *réduc. Explications en français.* Un des parcs à alligators les plus rigolos, au milieu des rizières. Le patron, une espèce de *Crocodile Dundee,* manie avec brio un humour potache tout à fait réjouissant, mais qui risque d'échapper aux non-anglophones. Outre les classiques nourritures des bêtes, danses avec les alligators et autre mini-*swamp tour,* on visitera une reconstitution de Front Street qui sert de microzoo, un enclos pour les ratons laveurs, un vivarium avec des serpents dégoûtants et énormes, ainsi qu'une prison où sont enfermés certains reptiles.

L'activité principale de ce parc est d'abord l'élevage, pour la viande et le cuir. On peut d'ailleurs manger du *gator* pour pas cher au snack ou acheter à la boutique des objets en « croco » (c'est de l'élevage, on le répète). Mais le parc se veut aussi protecteur et a pour vocation de repeupler des bayous louisianais. Les œufs, dont seul 1 % arrivent à éclore à l'état sauvage, sont ici protégés, et les nouveau-nés relâchés dans la nature. D'ailleurs, on ne voit que 500 des 6 000 alligators qui vivent ici, dont le plus gros pèse près de 500 kg. Faudrait pas le relâcher, celui-là ! Cela dit, comme on vous l'expliquera ici, les alligators ne voient que ce qui bouge. Vous savez ce qui vous reste à faire si l'un de ces charmants reptiles vous fonce dessus : rester immobile. Mouais...

🚶 **The Cane River Country** *(le pays de la rivière Cane ; plan des environs) :* au sud de Natchitoches, sur chaque rive de cette charmante rivière qui se jette plus haut dans la Red River. Si vous venez du sud (Alexandria), quittez l'I 49 à la sortie « Derry » (exit 119), traversez la Hwy 1 et rejoignez la route 119, puis la 491 vers Cloutierville. *Si vous venez de Natchitoches, prenez la direction de l'université (NSU), puis rejoignez la route 494, qui devient 119.* En fait, deux petites routes champêtres serpentent dans une campagne et rappellent parfois nos chemins vicinaux. Cinq ponts permettent de traverser la rivière et de suivre la route 119 afin d'apprécier la douceur de cette région. Sur l'une et l'autre des rives, des plantations anciennes se visitent. Beaucoup moins spectaculaires que les monstres de la région des plantations, elles sont toutefois fort attachantes. Surtout, certaines furent habitées par des personnages étonnants. Notre itinéraire part du sud (Cloutierville) pour aller vers le nord (Natchitoches). La plupart des plantations sont bien indiquées.

– **Bayou Folk Museum – Kate Chopin House** *(plan des environs) :* à **Cloutierville** (route 491). ☎ 379-2233. ● caneriverheritage.org ● *Tlj 9h-17h (dim 13h-17h). Entrée :* 6 $; *réduc. Brochure en français.* Une petite maison assez simple, avec galerie, qui fut construite en bousillage (mélange de terre, crin de cheval et mousse espagnole) au début du XIXe s sur les terres d'Alexis Cloutier, planteur de tabac et d'indigo, fondateur de la ville. Dans le jardin, on visite un cabinet médical ainsi que la remise. Dans la maison, plusieurs pièces rassemblent quelques meubles du passé. On notera la cheminée commune aux quatre pièces du rez-de-chaussée. Kate Chopin, auteur louisianaise relativement célèbre, qui écrivit des contes et des chroniques sur la vie des créoles, vécut ici de 1880 à 1883. On regrettera le ravalement un peu rapide du rez-de-chaussée.

– *Magnolia Plantation* (plan des environs) *: pas loin du Bayou Folk Museum, sur la route 119.* ☎ 379-2221. ● caneriverheritage.org ● Tlj 13h-16h. Entrée : 7 $. Brochure en français. Paumée en pleine campagne et précédée d'une allée de chênes et d'un jardin en friche, c'est le paradis des chats et des poules. Cette grande maison de style « Renaissance grecque », mais sans grandiloquence, a des airs de lassitude. Elle fut édifiée par une famille de planteurs d'origine française, les Lecomte, dont une des branches a sauvegardé son « p » pour faire souche dans la petite ville de Lecompte, une trentaine de miles plus au nord. La visite de l'intérieur ne révèle pas de réelle surprise.

– *Melrose Plantation* (plan des environs) *: toujours sur la même route, un peu plus au nord.* ☎ 379-0055. Tlj sf j. fériés 12h-16h. Entrée : 7 $; réduc. Cette plantation, plutôt intéressante, vaut aussi pour les fortes personnalités féminines qui en ont fait ce qu'elle est. L'histoire commence avec Marie-Thérèse Coincoin (ça ne s'invente pas). Née en 1742, Marie-Thérèse commença sa « carrière » d'esclave chez Louis Juchereau de Saint-Denis, fondateur de Natchitoches. À la mort de son maître, elle avait déjà quatorze enfants, noirs et mulâtres. Ce qui ne découragea pas un planteur nommé Metoyer de la racheter et de lui cloquer une poignée d'autres gosses. Beau prince, il l'affranchit et lui donna même quelques terres. Femme courageuse et mère exemplaire, elle acheta ses propres esclaves, fit prospérer sa terre et obtint assez d'argent pour libérer ses enfants (ils étaient vingt-quatre !).
À sa mort en 1816, Marie-Thérèse avait fait construire *Yucca House* et *African House,* que l'on visite aujourd'hui, et possédait avec sa marmaille près de 500 ha. La propriété tomba dans l'oubli jusqu'en 1898, où elle fut rachetée par Cammie Garett Henry. « Miss Cammie » la restaura et la transforma en résidence pour artistes. Faulkner et Steinbeck y travaillèrent, mais ce fut Clementine Hunter, célèbre peintre louisianaise, qui y laissa les plus belles traces en réalisant une superbe fresque sur la plantation. Une visite incontournable donc, en hommage à ces femmes qui, et ce n'est pas si courant, en écrivirent l'histoire.

– En remontant vers Natchitoches, d'autres *plantations* le long de la route de l'autre côté de la rivière (qui devient parfois 494). Mais *Oak Lawn, Beau Fort, Cherokee, Oakland* ne vous apporteront rien de très déterminant. Les voir du bord de la route suffit amplement.

Où dormir très chic sur la route entre Natchitoches et Lafayette ?

🏚 *Loyd Hall Plantation : à 16 miles au sud d'Alexandria, à la sortie 61 de l'I 49, puis rejoindre la route 167 N, qui longe le bayou Pierre, et suivre les panneaux.* ☎ (318) 776-5641 ou 1-800-240-8135. ● loydhall.com ● Tlj sf j. fériés 10h-16h. Entrée : 7 $; réduc. Brochure en français. Chambres 125-175 $, petit déj inclus. Passez un coup de fil avt de débarquer, ce qui vous évitera de trouver porte close. Cette plantation fut édifiée en 1820 par un certain Loyd, enfant terrible d'une riche famille anglaise qu'on avait envoyé ici se faire pendre ailleurs. Ce qu'il fit d'ailleurs, et son fantôme hante évidemment les lieux que ses descendants habitent toujours.

Dans cette vaste plantation de canne à sucre encore en exploitation, on visite trois pièces de réception au rez-de-chaussée et une dizaine de chambres à l'étage, toutes fort agréablement meublées. Dans le hall, vous remarquerez les impacts de balles de la guerre civile et, sur la porte de la salle à manger (qui autrefois ouvrait directement sur l'extérieur), les traces de flèches d'une attaque indienne. Les choses se sont calmées depuis, et seuls les nombreux chats (sans queue, c'est génétique) de la propriétaire pourront troubler votre sommeil. Car on peut évidemment dormir ici, dans des chambres superbes et merveilleusement meublées (avec lits à baldaquin), réparties autour de la belle piscine et donnant sur les champs de coton ou de canne à sucre. Si vos moyens vous le permettent, arrêtez-vous ici.

LE PAYS CAJUN ET LES BAYOUS

Toute la force de la culture cajun se concentre ici, dans cette figure géométrique incertaine, dont les angles seraient Baton Rouge au nord-est, Mamou et Opelousas au nord-ouest, puis descendrait en pointe au sud-est, vers Lafayette, New Iberia, Houma et Grand Isle.

Sur cette vaste étendue, on découvre principalement la *région des bayous*, tout le long de l'Atchafalaya Basin (entre Lafayette et Grand Isle) ; et la *région des prairies*, au nord et à l'ouest de Lafayette. Si l'une est régie par les eaux, l'autre est commandée par la terre ; deux aspects différents mais complémentaires.

Les bayous offrent les clichés tant attendus, dont la Louisiane a depuis longtemps fait son fonds de commerce : alligators, écrevisses, cyprès couverts de mousse espagnole, sans oublier les « fais-dodo » endiablés.

La prairie, moins fréquentée, propose des paysages verdoyants d'une étrange platitude, occupés par des bestiaux. Si les villages y sont parfois banals, on découvre ici l'âme cajun authentique.

Notre circuit part de Lafayette et ses environs (Breaux Bridge et Henderson), pour parcourir une boucle dans le sens des aiguilles d'une montre, en commençant par l'ouest, et s'achever à New Iberia. On descend ensuite vers le sud-ouest, direction Houma, jusqu'au golfe du Mexique.

LAFAYETTE
110 500 hab.   IND. TÉL. : 337

Pour les plans de Lafayette, se reporter au cahier couleur.

La capitale du pays cajun est une ville bien curieuse. Les premiers Acadiens s'installent dans le coin en 1763, sur des terres peu colonisées où vivent les Indiens attakapas, connus pour leur penchant... cannibale ! En 1821, Jean Mouton, riche planteur de coton, fonde autour de l'église Saint-Jean la ville de Vermilionville. Celle-ci est rebaptisée Lafayette en 1884, avant de connaître un énorme boom économique avec le développement de l'industrie pétrolière... Fonctionnelle, fruit de l'opportunisme économique plus que

MUSIQUE ET « CAJUNITÉ »

La préservation et le développement de la culture cajun passent aujourd'hui forcément par la musique, dont Lafayette, capitale du pays cajun, met un point d'honneur à l'expression. Les possibilités d'écouter des concerts live de qualité sont donc ici plus nombreuses qu'ailleurs. Tout le monde danse, entraîné par les rythmes fougueux, les couplets francophones, et les fiestas sont retentissantes !

d'une longue gestation historique, Lafayette se compose principalement de maisons basses entourées de jardins. Le centre historique est ridiculement petit et étonnamment mort. Alors on prend constamment la voiture pour aller d'un point d'intérêt vers un autre, et jusque dans les environs où l'on trouve l'essentiel des choses à voir.

On conseille donc de séjourner ici 1 ou 2 nuits, ne serait-ce que pour mieux apprécier nos sympathiques cousins cajuns et explorer cette riche contrée. De plus, il s'y trouve plein de bonnes petites adresses culinaires et... musicales !

TOPOGRAPHIE DE LA VILLE

Pas facile de se repérer dans cette ville au centre dilué, alors munissez-vous dès votre arrivée d'un bon plan de Lafayette, suffisamment large pour englober tous les environs, et établissez votre itinéraire un peu à l'avance, histoire de ne pas avaler trop de miles. Nos plans serviront à vous repérer globalement, mais il est impossible sur une telle échelle d'y faire figurer toutes les rues. Toutes les stations-service vendent de bonnes cartes très complètes, et le *Visitor Center* en donne une pratique et en couleurs. Quelques infos pour vous aider : la ville est traversée du nord au sud par 2 très grandes artères parallèles qui répondent au doux nom d'*Evangeline.* Cette *Freeway* double (c'est la route US 90) est qualifiée de North East (NE) et North West (NW) au nord de Jefferson Blvd, South East (SE) et South West (SW) au sud de ce même boulevard. Les grandes artères transversales orientées est-ouest sur lesquelles vous retomberez immanquablement sont *Pinhook Road, Johnston Street, Jefferson Boulevard, Congress Street, Kalliste Saloom Road, Cameron Street...*
Question signalisation, la capitale cajun se devait de montrer son attachement officiel à la langue française. Résultat, le nom des rues du centre historique est traduit dans la langue de Molière, ce qui rend parfois cocasse la recherche de certaines artères. Vous cherchez désespérément Main Street et vous tombez sans arrêt sur « rue Principale ». Où est donc Main Street ? Mais c'est la même, gros bêta !

Arriver – Quitter

En voiture

Si vous avez quelques sous, c'est vraiment le moyen de transport le plus pratique pour se rendre à Lafayette, circuler en ville, explorer les alentours et poursuivre votre voyage en pays cajun.

En bus

▄ *Gare routière Greyhound (plan couleur centre, 2) : 315 Lee Ave (à l'angle de Clinton St). ☎ 233-6750 ou 1-800-231-2222. Ouv 24h/24.*
➢ *New Orleans :* compter 4 bus/j. dans les 2 sens (durée : 3h30).
➢ *Baton Rouge :* env 8 bus/j. aller-retour (durée : 1h).
➢ *Lake Charles :* généralement 5 bus/j. dans les 2 sens (durée : 1h15).
➢ *Alexandria :* compter 2 bus/j. dans chaque sens (durée : 45 mn).
➢ *Houston (Texas) :* compter 7 bus/j. aller-retour (durée : 4h30).
➢ *Dallas (Texas) :* env 6 bus/j. dans les 2 sens (durée : 9h).
➢ *Houma, Thibodeaux, Saint Martinville, Eunice :* aucun bus.

En train

▄ *Gare ferroviaire Amtrak (plan couleur centre) : 133 East Grant St. ☎ 1-800-872-7245. ● amtrak.com ●* Il s'agit juste d'une petite station sans guichet ni aucun service, où le train marque un court arrêt. Pour infos et résa, les contacter par téléphone ou Internet. La ligne *Amtrak Sunset Limited* reliant *Orlando* (Floride) à *Los Angeles* (Californie) dessert Lafayette lun, mer et ven vers 15h30 en direction de Los Angeles, avec des arrêts à *Lake Charles*, *Houston* et *San Antonio* (Texas), sans oublier *Tucson* (Arizona)... Dans l'autre sens, en direction d'Orlando, on grimpe dans le train mar, ven et dim vers 11h30, avec ensuite des arrêts à *New Iberia*, *Schriever* (Houma/Thibodaux), *New Orleans,* puis notamment *Pensacola* et *Tallahassee* (Floride)...

Adresses et infos utiles

Informations touristiques et services

🛈 *Visitor Center* (plan couleur général C1) : *1400 NW Evangeline Thruway (route US 90).* ☎ *232-3737 ou 1-800-346-1958 ou 1-800-543-5340 (depuis le Canada).* ● *lafayettetravel.com* ● *Sur le terre-plein central verdoyant, près d'un étang. Tlj 8h30 (9h w-e)-17h.* Toutes les brochures dont on puisse rêver sur l'ensemble de la région. Posez leur des questions précises. Accueil très aimable en français.

✉ *Post Office* (plan couleur général C1) : *1105 Moss St (à l'angle de Doulon St).* ☎ *269-7110. Lun-ven 7h45-16h15 ; sam 8h30-12h.*

🖳 *Internet* (plan couleur centre) : à la *Public Library* (bibliothèque municipale), 301 W Congress St. ☎ 261-5775. *Lun-jeu 9h-21h ; ven 9h-18h ; sam 9h-17h ; dim 13h-17h.* Connexions gratuites.

■ *Lafayette General Medical Center* (plan couleur général C2, **4**) : *1214 Coolidge St.*

Culture et médias

■ *Codofil* (plan couleur centre, **1**) : *217 rue Principale Ouest (W Main St).* ☎ *262-5810 ou 1-800-259-5810.* ● *co dofil.org* ● *Tlj 8h-12h, 13h-16h30.* Il s'agit du *Conseil pour le développement du français en Louisiane*, organisation gouvernementale dynamique qui tente de revitaliser la langue française et d'empêcher qu'elle ne disparaisse. Ainsi, grâce à l'action du *Codofil*, le français est appris comme seconde langue dans les écoles de l'État, et il existe même des programmes d'immersion totale où l'enseignement est uniquement dispensé en français. Le Conseil sponsorise également des profs francophones pour venir enseigner en Louisiane. Grâce à cette identification culturelle très forte, la musique cajun se porte bien, les villes possédant des noms de rues en français se multiplient... Bref, les choses bougent et continuent de bouger. Le *Codofil* fait aussi syndicat d'initiative pour les touristes français un peu perdus : il informe sur les lieux et dates des meilleurs concerts, les programmes radio, etc. Petite bibliothèque sur place.

– *Informations et activités culturelles :* pour s'informer de tout ce qui se passe en ville, demander *The Times of Acadiana,* journal hebdo gratuit distribué dans les restos, halls d'hôtels, cafés et lieux publics. On le trouve aussi au *Codofil.* On peut également acheter le quotidien local *The Daily Advertiser,* intéressant pour sa rubrique culturelle.

– *Radio KRVS :* émet sur 88.7 FM, depuis l'université de Louisiane à Lafayette. C'est la radio emblématique de la musique et de la culture cajuns. Émissions en français lun-ven 5h-7h (musique cajun) ; sam 7h-12h (musiques zydeco et créole), 6h-7h30 (musique cajun live en direct du *Liberty Theater* de Eunice, notre émission préférée) ; dim 7h-15h (musique cajun). Infos sur ● krvs.org ●

– *TV :* si vous séjournez dans un *B & B*, il est fréquent que nos cousins cajuns regardent les programmes en cajun sur des TV locales comme *Acadiana Open Channel (AOC)* sur le canal 5.

Transports en ville

🚌 *Lafayette Transit System* (plan couleur centre, **3**) : *100 Lee Ave* (à l'angle de Grant St). ☎ *291-8570.* ● *la fayettelinc.net/lts* ● Tout proche de la gare routière *Greyhound*, il s'agit du terminal des bus locaux. Une douzaine de lignes sillonne la ville, 6h30-18h30. Également un service de bus de nuit partant aussi d'ici, ttes les heures, 18h30-23h30. Vraiment pas cher, mais la voiture demeure indéniablement plus pratique pour circuler en ville.

■ *Location de voitures :* à l'aéroport régional de Lafayette (plan couleur général D2). On y trouve réunis les loueurs suivants : **Avis** (☎ 234-6944), **Budget** (☎ 233-8888), **Enterprise** (☎ 232-5492), **Hertz** (☎ 233-7010) et **National** (☎ 234-3170).

Où dormir ?

Entre campings, *guesthouses,* motels et *B & B,* l'éventail des hébergements est assez large à Lafayette.

Campings

⚊ **Acadiana Park and Campground** (plan couleur général D1, **10**) : 1201 E Alexander St. ☎ 291-8388. ● *iforget2@ earthlink.net* ● *Au nord-est de la ville. Emplacement tente env 13 $/j.* Un tableau à l'entrée signale les places libres ; si le gardien est absent, vous pouvez quand même vous installer, on viendra collecter votre dû le lendemain. Ce camping – le plus proche du centre – est situé dans un joli parc boisé très calme et bien entretenu, même si la propreté des sanitaires est incertaine. Possibilité de faire des balades sur le chemin balisé du parc. Le choix le plus champêtre qui soit, et de loin le moins cher.

⚊ **KOA Campground** (plan couleur général A1, **11**) : 537 Apollo Rd (route LA 93), à Scott. ☎ 235-2739 ou 1-800-562-0809. ● *koa.com* ● *À 5 miles à l'ouest de Lafayette par l'autoroute I 10, sortie 97. Pour 1-4 pers : emplacement tente env 30 $; cabin 56 $; cottage 120 $.* Proche de l'autoroute (bruyant la nuit), voici des places de tentes protégées par un toit, des *cabins* en bois assez simples à 1 ou 2 pièces, et puis des *cottages* avec salle de bains et kitchenettes ; le tout arrangé au bord d'un étang quelque peu dépouillé de végétation. Sanitaires irréprochables. Sur place : piscines, minigolf, pêche, location d'embarcations à pédales, épicerie, tables de pique-nique, aire de jeux pour les enfants... Bref, c'est plutôt bien, mais cher quand même, et parfois l'usine.

De très bon marché à bon marché

⚏ **Blue Moon Guest House** (plan couleur centre, **20**) : 215 E Convent St. ☎ 234-2422 ou 1-877-766-2583. ● *bluemoonhostel.com* ● *À 10 mn à pied de la gare routière Greyhound. Lit dortoir env 18 $; doubles 40-90 $ selon confort.* En plein centre-ville, on est séduit par cette maison bleue plantée au beau milieu d'un jardin, proposant un dortoir (12 personnes) et des chambres avec ou sans salle de bains, vraiment nickel. Accueil sympa et, à disposition, cuisine équipée, laverie et Internet. Idéal pour rencontrer des routards du monde entier. Sur place, également un agréable *saloon* à ciel ouvert, plébiscité par les noctambules du cru pour sa musique *live* (mer-sam 20h-23h), à écouter absolument même si vous ne résidez pas ici.

⚏ **Motel 6** (plan couleur général C1, **12**) : 2724 NE Evangeline Thruway (route US 90). ☎ 233-2055 ou 1-800-4MOTEL6. ● *motel6.com* ● *Double env 45 $; 3 $/pers supplémentaire (jusqu'à 4) ; gratuit moins de 17 ans.* Si le site – un peu en retrait de la route – n'est pas folichon, ce motel de chaîne compte une centaine de chambres assez basiques mais très convenables et bien propres. Piscine et laverie sur place. Bon rapport qualité-prix.

⚏ **Super 8 Motel** (plan couleur général C1, **15**) : 2224 NE Evangeline

Thruway (route US 90). ☎ 232-8826 ou 1-800-800-8000. ● super8.com ● Double env 55 $; 4 pers : 66 $; petit déj inclus. En bord de route, un autre motel de chaîne au confort et à la propreté standard. Du fonctionnel et rien d'autre ! Micro-piscine.

Prix moyens

🛏 **Acadian Bed and Breakfast** (hors plan couleur général par C3, **17**) : 127 Vincent Rd. ☎ 856-5260. ● acadian bandb@cox.net ● Au sud de la ville ; depuis Evangeline Thruway (route US 90), tourner vers le sud sur E Verot School Rd (route LA 339) et prendre à droite Vincent Rd ; c'est la 4ᵉ maison sur la gauche. Double env 65 $; 20 $/pers supplémentaire ; copieux petit déj compris. À seulement 10 mn du centre, et déjà un peu à la campagne, on aime beaucoup ce B & B tenu par Lea et Ray Lejeune, un couple de cajuns francophones adorables et vraiment disponibles pour leurs hôtes. Dans leur gentille maison, ils proposent 3 chambres (2-4 personnes) nickel, dont 2 avec salle de bains privée. Joli jardin avec balancelle pour musarder. Et puis, il y a toujours des boissons fraîches dans le frigo, car Lea pense à tout ! Également plein de bons conseils et toute la documentation touristique sur place. Excellent rapport qualité-prix-gentillesse. Notre coup de cœur à Lafayette.

🛏 **The Savoy Bed and Breakfast** (plan couleur général A1, **18**) : 533 rue Bon Secours, à Scott. ☎ 237-0835 ou 277-8782. ● savoybedandbreakfast. com ● Au nord-ouest de la ville : prendre l'autoroute I 10, sortie 97 (Scott/ Cankton) ; faire 0,5 mile sur la route LA 93 North, puis tourner à gauche dans la rue Bon Secours. Double env 70 $; cottage (2-4 pers) 100 $; petit déj compris. En pleine campagne, Darlene et Rodney Savoy – les proprios cajuns francophones – vous ouvrent leur porte avec générosité et gentillesse. Au choix : une grande chambre douillette et confortable avec salle de bains privée et mignonne petite terrasse dans la maison principale. Également un charmant cottage dans le jardin, lui aussi tout confort (cuisine, billard à l'étage...), décoré d'objets pittoresques des années 1950 et équipé d'une très agréable terrasse avec jacuzzi donnant sur la verdure. Une excellente adresse.

🛏 **Travelodge** (plan couleur général C2, **13**) : 1101 W Pinhook Rd (route LA 182). ☎ 234-7402 ou 1-800-578-7878. ● travelodge.com ● Double env 67 $; 4 pers : 78 $. Assez proche du centre-ville, encore un motel de chaîne proposant des chambres impeccables, équipées des standards du confort américain : salle de bains, AC, TV, frigo et cafetière. Choisir les plus éloignées de la route. Rapport qualité-prix correct. Et pour casser la croûte, rendez-vous au fameux Blue Dog Café, juste à côté.

Chic

🛏 **T' Frere's Bed and Breakfast** (plan couleur général C3, **19**) : 1905 Verot School Rd (route LA 339). ☎ 984-9347 ou 1-800-984-9347. ● tfreres.com ● Au sud de la ville : depuis Evangeline Thruway (route US 90), tourner vers le sud sur E Verot School Rd. Double env 125 $; 35 $/pers supplémentaire ; petit déj et cocktail d'arrivée compris. Une superbe maison construite en 1880 dans le style old South en bois de cyprès et brique rouge, meublée d'ancien et décorée avec un goût assuré. On est vraiment sous le charme des 6 chambres d'hôtes cosy et confortables qui s'y trouvent, de même que les 2 autres installées dans une garçonnière au fond du jardin. Belle véranda fermée pour prendre l'apéro. Leur Oooh ! la ! la ! breakfast (due à l'exclamation que les Français poussent en voyant la belle table dressée !) est franchement gargantuesque. Une très bonne adresse.

🛏 **Bois des Chênes Bed and Breakfast** (plan couleur général C2, **21**) : 338 N Sterling St (à l'angle de Mudd Ave). ☎ 233-7816. ● members.

aol.com/boisdchene/bois.htm ● *Depuis SE Evangeline Thruway (route US 90), tourner à droite sur Mudd Ave ; c'est à l'angle de la 2ᵉ rue sur la droite. Double env 110 $; 30 $/pers supplémentaire ; copieux petit déj compris.* Dans un quartier résidentiel proche du centre, cette élégante maison de planteur construite en 1820 et entourée d'un jardin abrite plusieurs jolies chambres dans le plus pur style Louisiane française : lits à baldaquin, armoires d'époque, beaux objets... On s'y sent bien, mais les chiens des proprios sont un peu encombrants.

🛏 **Jameson Inn** *(plan couleur général C1, 14) :* 2200 NE Evangeline Thruway *(route US 90).* ☎ 291-2916 ou 1-800-JAMESON. ● jamesoninns.com ● *Double env 90 $; 4 pers : 110 $. Petit déj inclus.* Un bâtiment qui ressemble un peu aux anciennes maisons du Sud, un *lobby* élégant avec parquet et quelques meubles stylés, et puis des chambres confortables avec d'agréables couleurs et une petite pointe de déco très appréciable. Tel est ce cocktail réussi pour un bon rapport qualité-prix. Piscine.

Où manger ?

Spécial petit déjeuner

🍴 **Poupart Bakery** *(plan couleur général C3, 30) : 1902 W Pinhook Rd (route LA 182).* ☎ 232-7921. *Juste à proximité du carrefour avec Kaliste Saloom Rd (route LA 3095). Tlj sf lun 7h-18h30 (18h dim). Moins de 5 $.* Une excellente boulangerie française proposant croissants, pains au chocolat, aux raisins, baguettes, etc., sans oublier la panoplie des classiques pâtisseries américaines : *muffins, cookies, brownies, pecan pies...* Quelques tables sur place. On y vend aussi des conserves et de délicieuses confitures maison.

🍴 **Dwyer's Café** *(plan couleur centre, 33) : 323 Jefferson St (à l'angle de Garfield St).* ☎ 235-9364. *Tlj 6h-14h ; marsam 17h-21h. Env 5 $.* Affaire familiale réputée depuis 1927 pour ses différents *breakfast specials.* Dans une jolie salle tout en brique, on dévore saucisses, *french toasts* et omelettes pour presque rien, sans oublier leurs bons *pancakes.* Sinon, pour le *lunch* et le *dinner,* hormis les sandwichs, *po-boys* et autres salades, les plats sont plutôt lourdingues. Vous voilà prévenu !

🍴 Et aussi **Hub City Diner** *(plan couleur général C2, 31)* et **T-Coon's Restaurant** *(plan centre, 35) :* voir plus loin.

Bon marché

🍴 **Fresh Pickin's Farmer Market** *(plan couleur général C3, 40) : 907 Koliste Saloom Rd (route LA 3095).* ☎ 261-2607. *Tlj 7h-20h.* C'est un marché où l'on trouve d'appétissants fruits et légumes de saison, et toutes sortes de produits (pains, confitures...) pour confectionner un pique-nique vraiment pas cher.

🍴 **Creole Lunch House** *(plan couleur général D2, 32) : 713 12ᵗʰ St (à l'angle de Saint Charles St).* ☎ 232-9929. *Lun-ven 11h-14h. Env 7 $.* Dans cette petite maison en bois vert pâle, voici notre resto chouchou, tenu par Mme Merline, une adorable *mamma* créole parlant un croustillant français. Excellente cuisine simple et plutôt épicée. Goûtez absolument la spécialité, le *creole stuffed bread,* pain fourré à la saucisse et aux piments. Également d'excellents poulet grillé, fricassée, plats au riz, purée de *yams,* etc. Menu du jour inscrit sur un tableau noir ; il ne reste plus qu'à choisir votre plat, ou bien même faire un *mix,* histoire de goûter à tout. Sans doute le seul resto authentiquement créole de la région.

🍴 **Hub City Diner** *(plan couleur général C2, 31) : 1412 S College Rd (route LA 728-3).* ☎ 235-5683. *Tlj 7h-22h (sam 8h-22h). Moins de 10 $.* Un *diner* décoré façon années 1950, avec ses banquettes en molesquine rouge et blanc, son carrelage à damier, son juke-box... Dans l'assiette, on engloutit les standards de la bouffe US : burgers, sandwichs, salades, omelettes, revus parfois à la sauce cajun. C'est bon, pas lourdingue du tout, et ça change de la cuisine traditionnelle locale. Voir leurs avantageux *today's specials*. Idéal également pour le petit déj.

|●| *Chris' Po Boys* (plan couleur général C3, **34**) : 1930 W Pinhook Rd (route LA 182). ☎ 234-6333. Lun-sam 10h30-21h. Moins de 8 $. Dans cette salle plutôt quelconque, on s'est vraiment régalé des remarquables *po-boys* à la dinde, au poisson, aux crevettes, etc. ; comme du *muffuletta*, ce sandwich salami-mortadelle-jambon-*provolone*-olive-

mayo, également disponible en demi-portions, ce qui est largement suffisant.

|●| *T-Coon's Restaurant* (plan couleur centre, **35**) : 740 Jefferson St. ☎ 232-3803. Lun-ven 6h-14h. Moins de 10 $. En plein *Downtown*, un lieu rustique et authentique, avec sa cuisine ouverte et sa salle compartimentée. Tous les jours, on y sert 3 bons petits plats cajuns différents que l'on accompagne d'un choix de 2 légumes. C'est parfois épicé mais toujours copieux. En sortant, on desserre la ceinture d'un cran ! Également très couru au petit déj, pour ses omelettes, pancakes, sandwichs… Accueil très aimable.

De prix moyens à chic

|●| *Evangeline Steakhouse & Seafood* (plan couleur général D3, **37**) : 2633 SE Evangeline Thruway (route US 90 ; au carrefour de E Verot Scholl Rd-route LA 339). ☎ 233-2658. Lun-ven 11h-21h (22h ven) ; sam 17h-22h ; fermé dim. Compter 10-25 $. Dans cette longue bâtisse blanche, on aime beaucoup ce resto cajun à la déco démodée, où seule la cuisine vous en met plein la vue ! Pour un prix raisonnable, on déguste de délicieux *gumbos*, des écrevisses fondantes, et bien d'autres plats vraiment goûteux et authentiques ; si bien qu'on se croirait à un repas de famille, dans la salle à manger de mémé ! D'ailleurs, les gens du cru ne s'y trompent pas, et les habitués se retrouvent souvent par tablées géantes. Également un sérieux choix de steaks, plus chers mais exquis. Assurément une excellente adresse.

|●| *Blue Dog Café* (plan couleur général C2, **39**) : 1211 W Pinhook Rd (route LA 182). ☎ 237-0005. Tlj sf sam 11h-14h ; lun-sam 17h-21h (22h sam). Happy hours 14h-17h sf w-e. Plats 12-23 $. Musique live jeu et ven 19h-21h, dim 10h30-14h. Ce bistrot branché vaut autant pour ses bonnes spécialités d'inspiration cajun, revisitées façon nouvelle cuisine, que pour les tableaux du peintre George Rodrigue et de son fameux chien bleu au regard ahuri, ornant les murs. Pour la petite histoire, c'est à la mort de sa chienne Tiffany que le peintre rêva d'elle

en bleu et entama cette étonnante saga artistique, largement inspirée par le roi du *Pop Art* Andy Warhol. Aujourd'hui, de galeries d'art en campagnes publicitaires, ce chien est devenu une icône connue dans le monde entier… On peut aussi se contenter d'un verre au comptoir, en grignotant quelques amuse-gueules.

|●| *Zea* (plan couleur général C2, **38**) : 235 Doucet Rd. ☎ 406-0013. À proximité de Johnston St (route US 167). Plats 10-25 $. Un resto où la nourriture prend sa source dans les recettes cajuns traditionnelles tout en s'adaptant aux exigences de la cuisine moderne créative. Dans l'assiette : *seafood*, viandes grillées, mais aussi de bons sandwichs, salades, pâtes, etc., un peu moins chers. Les produits frais du cru sont travaillés à merveille, pas lourds du tout, pas trop copieux, bien présentés et servis dans un cadre à la fois chaleureux et sobre, décoré de quelques vieilles affiches françaises.

|●| *Tsunami* (plan couleur centre, **41**) : 412 Jefferson St. ☎ 234-3474. Moins de 20 $. Un resto-*lounge* tendance où l'on déguste de succulents sushis, sashimis, *rolls*, etc., dans une grande salle à la déco résolument décalée. Installez-vous donc au *sushi bar*, où les cuistots dépotent comme des dingues sous vos yeux éblouis par autant de simplicité. Une adresse très fréquentée midi et soir. Sur place, également un bar cher au cœur des noctambules qui vien-

nent y picoler dans une joyeuse ambiance, avant d'échouer dans les autres bistrots du quartier !

●I Lagneaux's (plan couleur général B3, **36**) : 445 Ridge Rd. ☎ 984-1415. Tlj 17h-21h30 (22h30 sam-dim). Plats 10-15 $; buffet à volonté env 19 $. Réputé dans la région pour sa cuisine cajun authentique, ce resto sert écrevisses, crevettes, *gumbos*, cuisses de grenouille, alligator, crabes, etc. Les grosses faims sont calées par le fameux buffet étalant toutes les spécialités de la région, déclinées frites, grillées ou farcies. On s'y sert allègrement avec une pelle pour remplir son saladier, puis on passe des heures à décortiquer les crustacés du bayou ! Les gens du cru viennent en masse se régaler ici. Fait aussi épicerie cajun en journée, histoire d'acheter des petits boudins pour le pique-nique du midi, par exemple...

Où manger en écoutant de la musique cajun ?

C'est l'une des spécialités de Lafayette, en prise directe sur la joie de vivre légendaire de nos cousins cajuns.

●I ♪ ♫ Randol's (plan couleur général C3, **50**) : 2320 Kaliste Saloom Rd (route LA 3095). ☎ 981-7080 ou 1-800-YO-CAJUN. Au sud de la ville : depuis Evangeline Thruway (route US 90), au niveau de l'aéroport, tourner vers le sud sur E Kaliste Saloom Rd ; c'est ensuite sur la droite, un peu avt le croisement avec Ambassador Caffery Pwy (route LA 3073). Tlj 17h-21h (22h ven-sam) ; la cuisine s'arrête 1h avt la fermeture. Moins de 20 $. Randol's est une institution cajun ancrée à Lafayette depuis des décennies. Voici donc une immense grange en bois où l'on dîne en écoutant un orchestre cajun, dominant une piste de danse. Enfants et vieillards sont de la partie. On rit, on danse, on change de partenaire, et les gens du cru sont toujours là, entraînant tout le monde, désinhibant les plus coincés des franchouillards ! Côté assiette, bonne cuisine pas trop grasse mais copieuse. En saison, ne pas manquer les *boiled crawfish*, crabes, ou encore les crevettes cuisinées selon une foule de recettes... Et pas de remords si vous craquez sur la délicieuse *pecan pie*, vous vous défoulerez ensuite sur la piste ! On peut aussi se contenter d'y boire un verre... Bref, un endroit qu'on recommande volontiers – quoiqu'un brin touristique quand même – si vous n'avez qu'une soirée à passer à Lafayette.

●I ♪ Prejean's (hors plan couleur général par C1, **51**) : 3480 I 49 N. ☎ 896-3247 ou 1-866-290-0840. Du centre, prendre l'autoroute I 49 en direction du nord ; sortie n° 2 (« Gloria Switch Road »), puis à droite au feu, et tt de suite à gauche sur Frontage Rd ; le resto est ensuite sur la droite. Tlj 7h-21h (22h ven-sam, dim 9h-11h) ; musique dès 19h. Plats 10-23 $. Amusante ambiance rustique – le genre maison de trappeur – avec alligators naturalisés, pirogues, outils, etc., et puis ces nappes à carreaux où sont servis de très bons plats cajuns à base d'huîtres, alligators, poissons, crabes, écrevisses et autres bestioles du bayou préparées à toutes les sauces. On peut y prendre aussi le petit déj. C'est cher, quand même, et assez touristique en soirée. Côté musique, les groupes distillent un sympathique fond musical, sans plus... Et puis on ne danse pas !

Où manger dans les environs ?

●I Catahoula's : à Grand Coteau, 234 Martin Luther King Dr. ☎ 662-2275. À 10 miles au nord de Lafayette par l'autoroute I 49, sortie n° 11 (« Sunset/Grand Coteau ») ; puis à droite en direction de Grand Coteau. Mar-sam 17h-21h (22h ven-sam) ; dim 11h-14h. Plats 20-25 $. Encore une histoire de chien !

Le *catahoula* est une race de chien de chasse aux yeux bleus, emblématique de la Louisiane (photos aux murs)... On se trouve dans une ancienne épicerie en bois restaurée qui perd son âme du Sud, avec de grands ventilos et des baies vitrées donnant sur les chênes moussus alentour. Bref, un cadre chaleureux et décontracté, doublé d'une excellente cuisine, inventive à souhait et libérée juste ce qu'il faut de ses racines cajuns. Nos papilles sont sous le charme des *seafood,* steaks, salades et autres plats végétariens, sans oublier les desserts à se damner ! Un grand moment culinaire qui vaut vraiment le détour.

Où boire un verre ? Où sortir ?

▼ Jefferson Street *(plan couleur centre, 60) :* dès le jeudi soir, la jeunesse universitaire se retrouve sur Jefferson Street, le *hot spot* de la *nightlife* locale. Ambiance survoltée autour des billards et écrans TV du **Marley's** *(407 Jefferson St),* mais aussi autour du bar assez design du **Legends** *(413 Jefferson St).* Également des discussions très animées au comptoir du **City Bar** *(324 Jefferson St)* et du **Tsunami** *(412 Jefferson St ; plan centre, 41),* sans oublier le **Jazz & Blues 307** *(307 Jefferson St)* où des chanteurs ne cessent de chauffer la salle dans une liesse à peine contenue. Et justement, quand tout ce petit monde est chaud, rendez-vous au **Nite Town** *(524 Jefferson St),* une boîte de nuit pleine à craquer de jolies petites nanas en robe du soir et hauts talons, et de beaux mecs lookés. On y picole toute la nuit sur de la musique-de-danse-de-jeunes ! N'oubliez surtout pas votre carte d'identité ; moins de 21 ans, s'abstenir !

Où écouter de la musique ? Où danser ?

À Lafayette, la musique est l'une des expressions de la « cajunité ». Ne ratez pas une occasion d'assister à un concert. Quelle ambiance !

▼ ♪ Grant Street Dancehall *(plan couleur centre, 61) :* 113 W Grant St. ☎ 237-8513. ● grantstreetdancehall. com ● Entrée côté Cypress St. Ven-sam soir jusqu'à 2h. Env 5-20 $ selon groupe. Cet ancien entrepôt accueille les grands groupes cajuns du moment (se renseigner). Également du jazz, blues, zydeco, pop ou reggae ; pas de sectarisme ! Chaude ambiance ; ça danse de partout ! Un lieu d'importance à Lafayette.

▼ ♪ Blue Moon Guest House *(plan couleur centre, 20) :* voir plus haut « Où dormir ? ». Mer-sam 20h-23h. Moins de 10 $. Le lieu est réputé chez les noctambules du coin pour ses concerts d'enfer à vivre dans un agréable *saloon* à ciel ouvert.

♪ Downtown Alive *(plan couleur centre) :* au printemps et à l'automne, tous les vendredis de 17h30 à 20h30, des groupes se produisent en centre-ville, dans le *Parc International* et le *Parc Sans Souci.* Les gens dansent et l'ambiance est extra ! Quand il pleut, rendez-vous dans le *Parcauto (Vermilion St),* facile à trouver.

♪ El Sido's Zydeco and Blues Club *(plan couleur général C1, 52) :* 1523 N Saint Antoine (à l'angle de Martin Luther King Dr). ☎ 237-1959 ou 235-0647. *Depuis NW Evangeline Thruway (route US 90), tourner à droite sur Willow St, puis encore à droite dans N Saint Antoine St. Attention, le quartier est moyennement sûr la nuit. Ouv ven-dim soir selon programmation (se renseigner). Entrée payante.* C'est LE club zydeco de Louisiane, mais pas celui des Blancs, celui des Noirs, dont certains sont francophones. Une atmosphère complètement différente, à la fois torride et décalée. Bref, un club un peu ripou, avec en général d'excellent concerts de musique zydeco et noire américaine, où les Blacks se rendent souvent endimanchés, même quand ce n'est pas dimanche ! Pour info : le mot zydeco vient de « zarico » : les Noirs, trop pauvres à une époque pour manger de la viande salée avec leurs habituels haricots, avaient naturellement ajouté ce refrain à leurs chansons : « z'haricots, pas salés... ».

♪ Également des concerts de musique cajun à *Vermilion Ville* (voir plus loin) le dimanche 13h-16h et tous les soirs au resto *Randol's* (voir précédemment). Assez touristique quand même...

♪ Enfin, encore d'autres possibilité d'assister à de bons concerts de musique cajun dans les environs proches, à *Breaux Bridge, Henderson,* ou plus loin à *Eunice* (voir les rubriques correspondantes).

À voir

🍴 🏃 *Acadian Village (plan couleur général A3) : 200 Greenleaf Dr.* ☎ *981-2364* ou *1-800-962-9133.* ● *acadianvillage.org* ● *À 5 miles au sud-ouest du centre-ville : prendre Johnson St (route US 167), puis Duhon Rd sur la droite ; encore à droite sur West Broussard Rd, et à droite enfin sur New Hope Rd (panneaux). Tlj 10h-16h. Entrée : 8 $; enfants 7-14 ans : 5 $; moins de 6 ans : gratuit. À l'entrée, se munir du plan explicatif bilingue français-anglais.* Créé en 1976 à l'initiative d'une association de Cajuns handicapés de Lafayette, ce village, joliment reconstitué autour d'un petit plan d'eau, permet de remonter le temps en se replongeant dans la vie quotidienne des Acadiens au début du XIXe s. Le magasin général, la forge et la chapelle sont des répliques de constructions originales, tandis que toutes les autres maisons et le cabinet du médecin ont été transportés ici depuis Lafayette, Breaux Bridge, Broussard ou Saint Martinville. Construits généralement en « bousillage », mélange de boue et de mousse espagnole, qu'on intercalait entre les poutres en cyprès de la charpente, les maisons acadiennes étaient très simples : souvent avec 1 ou 2 pièces et 1 garçonnière à l'étage...

🍴 *Acadian Cultural Center (plan couleur général D2) : 501 Fisher Rd.* ☎ *232-0789.* ● *nps.gov/jela/new-acadian-cultural-center.htm* ● *Situé juste avt Vermilion Ville, il fait partie du Jean Lafitte National Historical Park and Preserve. Tlj 8h-17h. Entrée gratuite.* Une des visites incontournables pour bien comprendre l'histoire de la Louisiane et la vie des Cajuns, depuis « le Grand Dérangement » jusqu'à nos jours. Les thèmes de la musique, l'élevage, l'habitat, la cuisine, l'agriculture, la pêche, l'exploitation pétrolière, etc. y sont abordés à grand renfort de panneaux, photos, objets et outils de la vie quotidienne. Ne ratez pas le film sous-titré en français *The Cajun Way, Echoes of Acadiana,* sur l'histoire de l'Acadie et de sa population (diffusé toutes les heures 9h-16h ; durée : 45 mn). En collaboration avec Vermilion Ville (voir juste après), le centre organise aussi des visites guidées (en anglais) en bateau (4-16 personnes) du Bayou Vermilion, au printemps et à l'automne, tous les jours à 10h30 (durée : 1h30). Résa obligatoire. Ticket : 10 $; enfants 6-18 ans : 6 $; moins de 6 ans : gratuit.

🍴 🏃 *Vermilion Ville (plan couleur général D2) : 300 Fisher Rd.* ☎ *233-4077.* ● *vermilionville.org* ● *À côté de l'aéroport. Tlj sf lun 10h-16h (fermeture guichet 15h). Entrée : 8 $; 5 $ sur présentation de ce guide ; enfants moins de 6 ans : gratuit. À l'entrée, se munir du plan explicatif bilingue français-anglais.*

Il faut bien reconnaître qu'avec l'*Acadian Village,* les 2 visites font un peu double emploi. Si vous recherchez du sobre et simple, c'est l'*Acadian Village* qu'il vous faut. *Vermilion Ville* propose, quant à elle, une visite plus animée, plus vivante, mais plus touristique aussi. On conseille d'ailleurs de venir ici à l'ouverture pour profiter pleinement du site avant l'arrivée de la foule.

Au bord d'un bel étang peuplé de hérons, on explore une à une les jolies maisons colorées de ce village traditionnel du XIXe s reconstitué : de l'église aux écuries, en passant par la forge, l'habitation typique des bayous, la demeure des planteurs, etc. Sur le tableau de l'école, il est écrit « *I will not speak French in school* ». Par souci d'intégration, l'usage du français fut interdit à l'école de 1916 à 1968... Entre vieux meubles, outils et objets du quotidien, on est vraiment séduit par l'ambiance qui règne dans chaque maison, où musiciens et acteurs vous attendent en tenue d'époque, rendant ainsi la visite plus vivante et attractive pour les enfants... Sur place, également pas mal d'activités : démonstrations de cuisine 3 fois par jour, concerts de musique cajun de bon niveau le dimanche 13h-16h (compter 5 $ si l'on vient juste voir le groupe, sinon, c'est inclus dans le prix de l'entrée), artisans au travail (réparateur de filets, forgeron, tissage), promenade sur le bayou Vermilion (voir précédemment *Acadian Cultural Center*)...

|●| Possibilité de déjeuner sur place, à **La Cuisine de Maman**. *Env 10 $ pour un buffet de qualité.*

Lafayette Museum – Alexandre Mouton House *(plan couleur centre) : 1122 Lafayette St (proche W University Ave).* ☎ *234-2208. Tlj sf lun 9h-16h30 (dim 13h-16h). Entrée : 3 $; réduc.* Jolie maison traditionnelle datant de 1810, où vécut Jean Mouton, fondateur de la ville, dont le fils fut le 9ᵉ gouverneur de Louisiane et aussi le tout premier démocrate... Beau mobilier d'époque, portraits et costumes de Mardi gras... À voir si vous avez du temps à perdre.

La cathédrale Saint-Jean-l'Évangéliste *(plan couleur centre) : 914 Saint John St.* Grand édifice construit en brique rouge en 1913, dans le style romano-hollandais... Voir, sur la droite, un chêne gigantesque de près de 500 ans, absolument superbe et soutenu par des étais, car ses branches font plus de 70 m ! Vous pouvez aussi faire un tour au cimetière, où reposent de nombreux colons ayant participé à la fondation de Lafayette...

L'université *(plan couleur centre) :* à proximité de la cathédrale, un site très agréable dans la verdure (demander un plan du campus à la *Student Union,* sur McKinley St). Certainement la seule université du monde qui élève des alligators dans son étang !

Achats

Mall of Acadiana *(plan couleur général B3, 5) : 5725 Johnston St (route US 167), après Ambassador Caffery Pwy (route LA 3073), au sud-ouest de la ville. Tlj 10h-21h (dim 12h-18h).* Énorme complexe commercial pour les mordus de shopping et de marques américaines, du genre *Gap, Banana Republic...*

Sans Souci *(plan couleur centre, 6) : 201 E Vermilion St.* ☎ *266-7999. En bordure du Parc Sans Souci. Mar-ven 11h-17h ; sam 10h-16h ; fermé dim.* Ici, rien n'est *made in China* ! On trouve une foule d'objets d'artisanat local de belle qualité, parfois kitsch à souhait, mais abordables : poteries, bijoux fantaisie, objets de déco...

Flea Market *(marché aux puces ; hors plan couleur général par C1, 7) : 3011 Evangeline Thrwy (route US 90).* ☎ *236-3532. Au nord du centre-ville : prendre l'autoroute I 49, sortie 1B (panneaux).* On y débusque des vieux objets à prix souvent exagérés, mais aussi de l'artisanat local, des produits fermiers...

Fêtes et festivals

– **Festival international de Louisiane :** *4ᵉ sem d'avril.* ● *festivalinternational. com* ● Une orgie de musique *live* représentée par des groupes venus de tous les pays francophones. Tout le centre-ville devient piéton, et c'est la fiesta !

– **Festivals acadiens et créole :** *en oct.* ● *festivalsacadiens.com* ● Concerts en plein air de musique cajun et de zydeco sur la pelouse du Girard Park, au sud du centre-ville *(plan couleur général C2).*

➤ DANS LES ENVIRONS DE LAFAYETTE

🎋 **Chretien Point Plantation :**
665 Chretien Point Rd, à Sunset.
☎ 662-7050 ou 1-800-880-7050.
Au nord-ouest de Lafayette : prendre l'autoroute I 10 West, sortie 97 ; de là, faire env 8 miles vers le nord, en traversant Ossun, Vatican et Cankton ; à 2,2 miles après Cankton, tourner à gauche dans Parish Rd (route LA 356), vers Bristol ; prendre immédiatement à droite sur Chretien Point Rd et poursuivre sur 1 mile ; la planta-

ATTENTION À LA MARCHE !

C'est dans l'escalier de la maison qu'un soir des années 1840, la propriétaire des lieux se trouva face à face avec des voleurs. Elle en dégomma un avec son revolver, et on raconte que le sang imprégna profondément le bois de la onzième marche de l'escalier... Ce fait-divers fut repris dans le film Autant en emporte le vent, *et l'escalier reproduit dans les studios d'Hollywood.*

tion est sur la gauche. Visite guidée en français ttes les heures : tlj 13h (10h w-e)-17h (dernière visite 16h). Entrée : 10 $; réduc 6-12 ans : 5 $; moins de 6 ans : gratuit. Au beau milieu d'un parc magnifique (noyers, pins, cerisiers, mimosas...), c'était la maison d'une plantation de coton, édifiée en 1831 dans le style caraïbo-louisianais, avec de sobres et épaisses colonnes toscanes en façade et des fenêtres cintrées facilitant la ventilation naturelle du bâtiment... Visite des pièces principales : parloir, chambres cossues, galeries, bureau, large véranda, etc., pourvues d'un mobilier de style Empire louisianais du XIXe s. On vous contera volontiers nombre d'anecdotes datant notamment de la guerre civile, dont une bataille se déroula ici même...

🛏 |●| **Chretien Plantation** possède également quelques chambres d'hôtes *(2-4 pers)* superbes, mais pas pour toutes les bourses *(150-250 $)*. Notre préférée est « la chambre du vin » avec son étonnant râtelier à bouteilles. Le pro-
prio organise aussi pour les groupes des *ghost dinners* (environ 50 $ par personne), suivis d'une visite orchestrée par un guide en costume d'époque racontant des histoires de fantômes qui rôderaient par ici ; brrrr !

BREAUX BRIDGE   8 000 hab.   IND. TÉL. : 337

Également appelé « Pont-Breaux » en langue cajun, ce gros village est proche à la fois de Lafayette et de Saint Martinville. Fondé en 1799 par Firmin Breaux, il doit aussi son nom au pont enjambant le bayou Teche qui a étonnamment survécu au modernisme... Hormis ce pont, la bourgade ne possède rien de particulièrement remarquable, sauf son atmosphère délicieusement tranquille qui donne l'occasion d'une halte très agréable, sans oublier l'étonnant *lac Martin* et sa vie sauvage à explorer dans les environs proches.
Chaque année en mai, Breaux Bridge, « capitale mondiale de l'écrevisse », fête ce succulent crustacé dans une allégresse totale, sur fond de musique, danse et grosses bouffes !

Arriver – Quitter

➤ La **voiture** est le seul moyen d'y accéder. Depuis l'autoroute I 10, sortie 109 (« Breaux Bridge »), suivre la route LA 328 jusqu'au bout, pour alors tourner à droite, enjamber le fameux pont, et enfin entrer dans le village historique.

Adresses utiles

🛈 **Visitor Center** (carte) : 314 E Bridge St. ☎ 332-8500 ou 1-888-565-5939. • tourism.breauxbridgelive.com • Tlj sf dim 8h-16h (13h sam). Plan de la ville, liste des hébergements, infos sur les activités et autres manifestations du moment dans le village. Également un dépliant pour une visite guidée à pied du centre historique. Accueil enthousiaste.

✉ **Post Office** (carte) : 700 Rees St (route LA 328). ☎ 332-0961. Lun-ven 8h30-16h30 ; sam 9h30-11h30.

▣ **Internet :** à la **Public Library** (bibliothèque municipale), 102 Courthouse St (à l'angle de N Main St). ☎ 332-2733. Face à l'église. Tlj sf dim 8h-20h (17h ven-sam). Connexions gratuites.

■ **Saint Martin Parish Hospital :** 210 Champagne Blvd. ☎ 332-2178. Traverser le pont et continuer sur E Bridge St ; c'est plus loin sur la gauche.

Où dormir ?

Campings

⛺ **Poche's Fish-n-Camp** (carte, **15**) : 1080 Sawmill Hwy. ☎ 332-0326. • pochesmarket.com/camp/ • À la sortie 109 de l'autoroute I 10, prendre la route LA 328 vers le nord sur env 2 miles, tourner à gauche sur Poche Bridge Rd et ensuite à droite sur la route LA 31, puis enfin à gauche sur la route LA 341 ; c'est tt droit, sur la droite. Emplacement tente env 25 $/j. en couple ; pers supplémentaire : 5 $/j. ; cabins 100-200 $ selon taille. À la fois proche de Breaux Bridge et en pleine campagne, on peut planter sa tente tout autour du lac. Peu d'ombre car les arbres sont encore jeunes, mais sanitaires propres. Ils louent aussi plusieurs cabins (2-6 personnes) nickel et plutôt confortables, avec cuisine, salon et 3 chambres pour les plus chères. Sur place : piscine, laverie, pêche...

⛺ **Catfish Heaven Campground :** voir « Où dormir ? » à Saint Martinville.

De prix moyens à chic

🏠 **Bayou Cabins** (carte, **10**) : 100 W Mills Ave (route LA 94). ☎ 332-6158. • bayoucabins.com • À l'extérieur du village, à l'angle des routes LA 94 et LA 31. Doubles 60-135 $ selon taille et équipement ; pers supplémentaire : 10 $; petit déj copieux compris. Plantées dans la verdure au bord du bayou Teche, voici une dizaine de cabanes (2-6 pers) en bois parfaitement tenues et joliment décorées sur des thèmes différents : style victorien pour la « Miss Elise » avec ses vieux chapeaux, la « Fifties » inspirée par le King Elvis, ou encore la « Cajun », plus rustique, dont le papier peint est un journal de 1949... Toutes ont salle de bains, AC, et certaines sont aussi équipées de frigo, cafetière et kitchenette. En choisir une éloignée de la route pour plus de tranquillité. Sur place, également un snack très apprécié des gens du coin.

🏠 **Maison Madeleine** (carte, **13**) : 1015 John D. Hebert Dr. ☎ 332-4555 et 280-9050. • maisonmadeleine.com • Double env 120 $; petit déj compris. On est emballé par cette maison traditionnelle digne d'un magazine de déco, construite en 1840 dans les bois bordant le fameux lac Martin. Voici donc 3 sublimes chambres d'hôtes décorées et meublées d'ancien avec un goût exquis. Si toutes sont équipées de lits à baldaquin, les 2 à l'étage disposent de sanitaires communs, alors que celle du rez-de-chaussée a sa propre salle de bains, avec une jolie baignoire en cuivre originale. Dans le mignon jardin fleuri, on admire aussi des sculptures métalliques contemporaines... Un charme fou doublé d'un bon rapport qualité-prix-tranquillité-accueil.

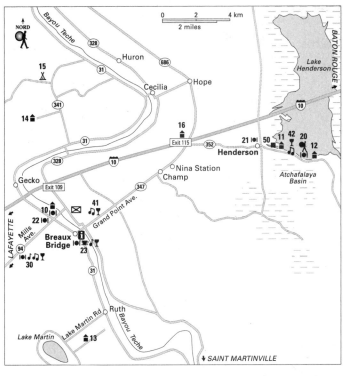

BREAUX BRIDGE, HENDERSON ET L'ATCHAFALAYA BASIN

■ **Adresses utiles**

🛈 Visitor Center
✉ Post Office

⚐ 🏠 **Où dormir ?**

10 Bayou Cabins
11 Atchafalaya Basin Landing
12 Houseboat Adventures
13 Maison Madeleine
14 Cajun Country Cottages B & B
15 Poche's Fish-n-Camp
16 Holiday Inn Express

🍴 **Où manger ?**

10 Bayou Boudin & Cracklin Cafe
20 McGee's Landing Restaurant
21 Pat's Fisherman's Wharf Restaurant
22 The Fruit Stand

23 Café des Amis et The Coffee Break

🍴♪♫ **Où manger en écoutant de la musique, tout en dansant ? (Pas facile !)**

30 Mulate's

🍸♫ **Où boire un verre ? Où danser ?**

23 Café des Amis
30 Mulate's
41 La Poussière
42 Angelle's Whiskey River Landing

⚓ **Promenades sur les bayous**

20 McGee's Landing

■ **Où louer une barque ?**

50 Wiltz's Cajun Boat Landing

Plus chic

▣ *Cajun Country Cottages Bed & Breakfast* (carte, *14*) : 1138 A Lawless Tauzin Rd. ☎ 332-3093 et 1-800-318-2423. ● cajuncottages.com ● À la sortie 109 de l'autoroute I 10, prendre la route LA 328 vers le nord sur env 2 miles, tourner à gauche sur Poche Bridge Rd et ensuite à droite sur la route LA 31, pour prendre à gauche la route LA 341, faire env 1,5 mile et enfin tourner à gauche. Double 160 $; 4 pers : 185 $. Petit déj compris (livré à votre porte). Dans ce petit coin de nature paisible au bord d'un étang, quelques belles maisonnettes confortables, toutes différentes et magnifiquement décorées. La plupart ont poêle à bois (pour l'hiver), terrasse couverte, cuisine, et certaines disposent même d'un petit ponton sur le lac avec 1 table et 2 chaises pour buller. Ceux qui ont les moyens seront vraiment sous le charme !

Où manger ?

Spécial petit déjeuner

☕ *The Coffee Break* (carte, *23*) : 109 N Main St. ☎ 442-6607. Presque à l'angle de E Bridge St, et proche du Visitor Center. Tlj 7h-19h (21h ven-sam). Env 5 $. Un gentil café sobrement décoré de photos noir et blanc. Juste quelques tables, des fauteuils confortables, et puis ces rocking-chairs en terrasse pour prendre un café accompagné de pâtisseries : donuts, rolls, cookies, muffins... Idéal aussi pour une pause en journée.

De bon marché à prix moyens

▣ *The Fruit Stand* (carte, *22*) : 220 W Mills Ave (route LA 94 ; à l'angle de la route LA 31). ☎ 332-4636. Tlj 7h30-18h. C'est un peu le marché local avec ses étalages de fruits, légumes et autres produits de la région. Facile d'y trouver les ingrédients d'un pique-nique, qu'on peut compléter en face, au *Bayou Boudin & Cracklin Cafe*...

▣ *Bayou Boudin & Cracklin Cafe* (carte, *10*) : à l'entrée de Bayou Cabins (voir « Où dormir ? »). Tlj sf lun 7h-18h (15h dim). Moins de 10 $. Un minuscule café-snack aménagé façon bicoque de trappeurs, où se retrouvent les Cajuns. On y mange un bout pour pas cher, essentiellement boudin, *cracklin* (peau de porc frite et salée), pâté de tête ; le tout fait maison, et basta ! C'est bon et l'ambiance un brin francophone est chaleureuse. Idéal pour préparer un pique-nique.

▣ ♪ *Café des Amis* (carte, *23*) : 140 E Bridge St. ☎ 332-5273. Dans le centre, à deux pas du Visitor Center. Mar 11h-14h, mer-jeu 11h-21h, ven-sam 7h30-21h30, dim 8h-14h30 ; fermé lun. Plats env 15 $. Une halte bien agréable dans un cadre un brin bohème : jolie salle en brique décorée de tableaux aux tons ocre et de drôles de poupées... On y dévore de délicieux plats d'inspiration cajun, revisités façon nouvelle cuisine. Bon rapport qualité-prix. Ne ratez pas les groupes de musique cajun (mercredi 19h-21h) qui se produisent, ni le *zydeco-breakfast* (samedi 8h30-11h30). Également sympa d'y boire un verre.

Où manger en écoutant de la musique, tout en dansant ? (pas facile !)

▣ ♪ ♫ *Mulate's* (carte, *30*) : 325 Mills Ave (route LA 94). ☎ 332-4648 ou 1-800-422-2586. Tlj resto 11h-22h. Musique : tlj 19h-23h, ainsi que 12h-14h30 sam-dim. Plats 15-20 $. Ce resto est une véritable institution en Louisiane. On y mange, on y boit, on y écoute de la musique cajun *live* et... on y danse aussi ! Le beau linge du blues, du jazz et du rock s'y est régalé de cuisses d'ouaouarons (grenouilles), de cocodrie (alligator) grillé, de crabes bourrés (entendez « farcis » !), de *catfish* à l'étouffée (excellente spécialité de la maison), accompagnés de « jardinage » : Bob Dylan, J. J. Cale, Muddy Waters, Linda Ronstadt, Robert Palmer, Paul Simon, Francis « Cabril » (tiens, un Français !), John Fogerty, Joe

Cocker, Dizzy Gillespie et bien d'autres... ont achevé de consacrer *Mulate's* qui est, depuis plusieurs décennies, réputé pour son cadre chaleureux, sa cuisine bonne et authentique, sa musique et ses danses, façon « bal populaire ». Le lieu est bien évidemment devenu touristique, et souvent bondé le week-end. Mieux vaut plutôt y dîner (arriver tôt en semaine) pour profiter de la meilleure ambiance. On peut aussi juste y prendre un verre au bar, et participer à la fiesta !

Où boire un verre ? Où danser ?

Café des Amis (carte, 23) : voir précédemment « Où manger ? ».

♪ **Mulate's** (carte, 30) : voir précédemment « Où manger en écoutant de la musique, tout en dansant ? ».

♪ **La Poussière** (carte, 41) : 1215 Grand Point Ave (Hwy 347). ☎ 332-1721. Ouv sam 20h-minuit ; dim 15h-19h. Entrée : env 5 $. Cette grande baraque grise quelconque abrite depuis les années 1940 un immense dancing

où se déroulent des « fais-dodo » avec d'authentiques Cajuns. La moyenne d'âge est assez élevée, mais des petits jeunes y participent aussi. Excellente musique cajun, sur laquelle les danseurs déploient une énergie folle qui fait vraiment plaisir à voir. Ne pas arriver trop tard, car les soirées finissent tôt. Sur place : un bar pour étancher sa soif entre 2 danses endiablées !

➤ **DANS LES ENVIRONS DE BREAUX BRIDGE**

LAKE MARTIN

𝄞𝄞𝄞 C'est un superbe petit lac essentiellement fréquenté par les gens du cru, et encore assez peu connu des circuits touristiques. Particulièrement pratique, une piste permet d'abord de l'explorer en voiture sur sa périphérie, et ainsi de profiter gratuitement d'une faune exceptionnelle, qui s'épanouit notamment entre mars et juin. On y croise des arbres mythiques comme le cyprès, le *tupelo* et le *button bush,* certains âgés de plus de 5 siècles... Puis la découverte peut se poursuivre par un tour en bateau, mené de main de maître par un authentique trappeur cajun... En fait, ce lac est une cicatrice du Mississippi, avec lequel il n'est plus connecté. Son exceptionnelle beauté n'a pas échappé aux oiseaux, puisque c'est un véritable sanctuaire, une sorte de parc ornithologique naturel : 200 espèces différentes s'y regroupent pour nidifier. En tout, 70 000 couples ont choisi d'habiter ensemble dans les arbres. Au printemps, période de nidification, les arbres sont tellement chargés d'oiseaux qu'on voit à peine les branches à travers la masse animale : aigrette des neiges, ibis, spatule rosé, héron de nuit, héron bleu, héron vert, héron, héron, petit patapon... ils sont tous là. Des oiseaux aux belles couleurs, à l'allure remarquable, comme on n'a pas l'habitude d'en voir en Europe. Impressionnant. Si les oiseaux constituent la faune la plus remarquable, les mammifères sont bien présents : ratons laveurs, castors, ragondins, tortues, et surtout le célèbre alligator, dont on dénombre 1 200 à 1 800 individus ! Autre particularité : une bonne partie du lac est recouverte de lentilles d'eau qui forment un étrange et dense tapis servant de camouflage à de nombreuses espèces. Impression étrange et effet d'une fine beauté...

Comment y aller ?

➤ Situé à 4 miles au sud de Breaux Bridge, le lac se rejoint par la route LA 31, que l'on emprunte sur 2 miles avant de tourner à droite dans Lake Martin Rd (panneau), une petite route de campagne qui mène au bord du lac, là où les gens du coin mettent leur bateau à l'eau.

Comment se balader autour et sur le lac ?

➤ *Promenade en voiture autour du lac :* une fois rendu à l'extrémité de Lake Martin Rd, face au *Boat Landing,* tourner à gauche et suivre cette large piste qui longe *l'East Levee.* On est au bord du lac et, sans les chercher vraiment, on peut observer des milliers d'oiseaux mais aussi, souvent tapis sous les lentilles d'eau, les fameux alligators. Ouvrez l'œil ! On arrête la voiture sur le côté et on observe tant qu'on veut...

➤ *Promenade à pied sur la West Levee :* il est possible de se balader le long de la rive ouest du lac, sur un chemin d'environ 6 km parfaitement balisé, qui permet d'observer les animaux. Pour cela, rejoindre la *West Gate,* située au sud du lac, juste à l'extrémité de la piste longeant *l'East Levee,* et garer sa voiture. La balade suit donc la levée ouest du lac à travers la nature sauvage... ATTENTION : ne pas s'approcher des alligators lorsqu'ils sont sur le chemin, en bordure du lac. Car c'est généralement ici que la femelle nidifie entre juin et septembre, et elle n'apprécie guère qu'on s'aventure dans les parages. Ainsi, durant cette période, ne pas emprunter le chemin. Et puis, de toute façon, informez-vous auprès des gens du coin avant d'entreprendre la balade...

➤ *Balade en bateau :* l'embarcadère, situé à l'extrémité de Lake Martin Rd, est le lieu de rendez-vous de ces excursions qui se réservent à l'avance par téléphone. Plusieurs gars du cru proposent leurs services :

🎽🎽🎽 🚶 *Leblanc Swamp Tours :* ☎ 332-6546 ou 654-1215. *Compter 3 départs/j. (durée : 2h). Env 20 $/pers.* Une immersion totale dans la culture cajun ! On a adoré l'exploration du lac Martin, ses crocos, ses tortues, ses cyprès et ses oiseaux, en compagnie de Norbert Leblanc, un Cajun francophone vraiment pittoresque. Conduisant cette superbe balade en petit comité (2-6 personnes), il raconte plein d'anecdotes de pêche, chasse, ramassage d'écrevisses, etc. ; activités que cet authentique homme des bayous mène entre 2 tours, sa barbe blanche à tous vents. On conseille de faire l'excursion quand le soleil est de la partie car les animaux sortent plus volontiers de l'eau pour lézarder. Une expérience vraiment unique !

🎽 🚶 *Champagne's Swamp Tours :* ☎ 230-4068 ou 845-5567. ● champagness wamptours.com ● *Plusieurs départs/j. (durée : 2h). Env 20 $/pers ; moins de 13 ans : 10 $.* Le débonnaire Bryan Champagne, né dans le bayou et élevé à la viande d'alligator, vous emmène dans son bateau (17 personnes maximum) à la découverte du lac et de ses habitants. Bien mais un peu l'usine quand même...

HENDERSON ET L'ATCHAFALAYA BASIN

IND. TÉL. : 337

Située à environ 30 miles à l'ouest de Baton Rouge et à 15 miles à l'est de Lafayette, l'Atchafalaya Basin est une gigantesque région marécageuse occupant l'ouest du delta du Mississippi. Curieuse géographie que ces zones humides s'étendant à l'infini. Il y a là des lacs, des bras d'eau, des espaces simplement mouillés et d'autres asséchés, dont on a du mal à saisir les contours généraux ; en évolution permanente surtout quand les pluies et rivières en amont gonflent le bassin... Car toute l'eau provient du nord du pays, de la multitude de rivières qui descendent des montagnes après la fonte des neiges, au printemps. Pour donner une idée – forcément erronée – de son étendue, on considère qu'il s'étend sur environ 225 km de long et une trentaine de kilomètres de large, et coupe en deux tout le sud de la Louisiane. Quand les eaux sont au plus bas, il ne reste que 20 % des terres immergées. Quand elles sont au plus haut, il ne reste que 20 % des terres émergées.

On pense que ce bassin s'est formé autour du Xe s, quand le Mississippi se coupa de son bras situé le plus à l'est, pour préférer l'actuel bayou Lafourche. Ces eaux abandonnées furent coupées de leur mère nourricière par des digues naturelles qui se formèrent au fil des s le long du grand fleuve.

Sauvage en majeure partie, le bassin a pourtant subi l'intervention humaine lorsqu'il a été reconnecté au Mississippi à la fin du XIXe s. Il n'a pourtant rien perdu de ses aspects les plus étranges. Sur des centaines d'hectares, les cyprès et les saules recouverts de mousse espagnole composent une mystérieuse forêt dans l'eau. Dans ce royaume silencieux, castors, ratons laveurs, ragondins, serpents, tortues et alligators côtoient quelques pêcheurs d'écrevisses. Les ibis, aigrettes et hérons ne sont troublés que par les coassements des grosses grenouilles. Plus de 300 espèces d'oiseaux trouvent ici un refuge naturel idéal, sans compter les 65 variétés de reptiles, et 90 sortes de poissons. C'est également un lieu de nidification important pour le *bald eagle*, l'aigle à tête blanche, emblème des États-Unis...

UN PEU D'HISTOIRE

Atchafalaya signifie « grande rivière » en langue des Indiens chitimacas, et c'était le nom de leur chef.

Autrefois, cette région peuplée d'Indiens accueillit des centaines de Cajuns fuyant les persécutions anglaises au Canada (voir la rubrique « Histoire » en début de guide). Avec le bayou Teche, il s'agit de l'un des sites les plus importants de l'implantation de cette communauté rejetée par tous. C'est aussi l'un des rares endroits des États-Unis où les immigrants vécurent avec les Indiens dans la plus parfaite harmonie. Entre persécutés, on se serrait les coudes. On vivait sur des maisons flottantes, déplacées au gré des migrations des animaux que l'on chassait pour vendre les peaux.

Le bassin était par ailleurs exploité pour son bois de cyprès, principale industrie du bassin. Il devint rapidement le matériau favori pour la construction des maisons au XIXe s, car c'est un bois imputrescible, détesté des termites. Mais, ici comme ailleurs, l'homme ne put s'empêcher d'aller plus loin et dompter la nature. Après la terrible « grande eau » – l'inondation de 1927 – qui mit Lafayette les pieds et les genoux dans l'eau, le gouvernement exigea que les Cajuns s'installent sur la terre ferme. Ceux qui vivaient en quasi-autarcie durent ainsi « partir pour les États-Unis », alors qu'ils ne « connaissaient pas dire *yes* en anglais ».

S'opéra alors un changement dans le mode de vie des gens du bassin qui, gagnant la ville, tournèrent petit à petit le dos à la vie aquatique... C'est alors que les ingénieurs de l'armée édifièrent des barrages, ainsi qu'un important système de *levées* (digues de terre ; prononcez « levize », comme en anglais) qui permirent de contenir le bassin dans des limites acceptables. On essaya même de raccourcir la route du Mississippi pour qu'il atteigne plus rapidement le golfe du Mexique ! Pourquoi ne pas essayer de rapprocher le Soleil de la Terre en hiver pour avoir plus chaud ! Faut vraiment être cornichon (ou technocrate !) pour chercher à défier la nature de telle manière. On créa donc de longues *floodways* pour canaliser encore plus le grand paresseux.

C'est à cette époque que les villages se développèrent, le long des levées justement. Henderson date de cette période. Mais malgré tout, quelques familles vécurent encore sur l'eau, dans de modestes *floating houses*, jusqu'aux années 1950...

Au milieu des arbres « flottants », dans l'immensité des eaux dormantes, le début des années 1970 a vu surgir le 2e plus grand pont du monde (après celui du lac Pontchartrain) pour enjamber une zone particulièrement marécageuse : des milliers de tonnes de béton sur 27 km de long ! Il ne fallut que six ans (1967-1973) aux experts américains pour vaincre l'Atchafalaya et 112 millions de dollars, des pylônes de 30 à 40 m de long ayant dû être enfoncés dans la boue pour supporter l'ensemble... Un résultat surprenant... et le kilomètre d'autoroute le plus cher du pays ! Serpents et alligators se demandent encore comment les voitures happées par la *highway* peuvent leur passer sous le nez... Confrontation brutale de la nature la plus sauvage avec la main de l'homme sous sa forme la plus violente : une autoroute de béton surréaliste !

Arriver – Quitter

➢ **En voiture,** que l'on vienne de Lafayette ou de Baton Rouge, prendre l'autoroute I 10, sortie 115 ; puis suivre les panneaux « Henderson ». Un peu après avoir traversé le village, la route arrive dans un carrefour en « T ». Prendre à droite. Les différents centres d'intérêt du bassin se situent alors derrière la haute digue qui serpente à votre gauche, et il suffit de prendre l'une des pistes pour y accéder (panneaux).

Les balades sur l'Atchafalaya Basin

Des balades sur le *basin* sont organisées à partir de Henderson, mais elles n'ont rien de bien sauvage. Cette porte d'accès au bayou étant très équipée pour accueillir les bateaux à moteur, le week-end, les gens de Baton Rouge et de Lafayette viennent y passer la journée avec leur bateau, la glacière et toute la famille. Le dimanche, on y vient même pour danser ! Tout cela est d'ailleurs fort sympathique, mais ne vous attendez pas à jouer les Joe Baroude. La découverte du *basin* est bien plus tranquille tôt le matin en semaine, et mieux vaut réserver par téléphone votre excursion.

Où dormir ?

🏠 **Atchafalaya Basin Landing** *(carte, 11)* : *1377 Henderson Levee Rd.* ☎ 228-7880. ● *basinlanding.com* ● *Au bout de la route après Henderson, prendre à droite et grimper à gauche sur la digue au niveau de la 2e entrée (panneau).* Floating cabins *(2-4 pers) env 85 $.* Ces 2 charmantes maisonnettes flottantes sont amarrées à la berge et disposent de chambres plutôt petites, mais relativement confortables (douche, AC...). Propreté sans faille et tranquillité garantie : la seule musique que vous entendrez risque bien d'être celle des moustiques et des grenouilles ! Sur place, le *Turtles Bar* sert des canons mais pas à manger. Pensez donc à apporter votre nourriture, ou allez au resto...

🏠 **Houseboat Adventures** *(carte, 12)* : *1399 Henderson Levee Rd.* ☎ 228-7484 ou 1-800-491-4662. ● *houseboat-adventures.com* ● *Au bout de la route après Henderson, prendre à droite et grimper à gauche sur la digue au niveau de la 5e entrée (panneau).* Houseboat *(2-10 pers) 185-295 $ selon taille et emplacement.* Voici plusieurs jolies maisons flottantes, spacieuses et bien aménagées (AC, douche, cuisine équipée, balancelle sur le pont, barbecue...), amarrées sur un ponton dans une baie tranquille. On peut aussi choisir l'option (plus chère, mais petit bateau à moteur compris) de faire remorquer sa maison au beau milieu du lac, pour passer des jours, mais aussi des nuits pittoresques : en balayant la surface avec une lampe électrique, on aperçoit les yeux rouges des crocos en goguette !

🏠 **Holiday Inn Express** *(carte, 16)* :

2942H Grand Point Hwy. ☎ 667-8913 ou 1-800-465-4329. ● hiexpress.com/ breauxbridgela ● Internet gratuit. Juste à la sortie 115 de l'autoroute I 10, tt de suite à gauche en allant vers le nord. Double env 95 $; même prix pour 4 pers ; petit déj compris. Un hôtel récent installé à proximité de l'autoroute, mais parfaitement isolé du bruit. Chambres spacieuses et confortables, comme dans tous les établissements de la chaîne. Aucune surprise donc, dans les deux sens. Petite piscine donnant sur la campagne voisine.

Où manger ?

|●| **McGee's Landing Restaurant** *(carte, 20) : 1337 Henderson Levee Rd. ☎ 228-2384. Au bout de la route après Henderson, prendre à droite et grimper à gauche sur la digue au niveau de la 4e entrée (panneau). Tlj 11h-15h (20h ven-dim). Plats 8-16 $.* Dans cette grande baraque sur pilotis avec jolie vue sur le lac depuis la terrasse couverte, ce resto sert une cuisine cajun honnête et bon marché : crabe frit, bouchées de barbue, catfish courtbouillon, *crawfish* à l'étouffée, etc. ; le tout accompagné de délicieux beignets de maïs. L'endroit est plus agréable en semaine que le dimanche (c'est un peu l'usine !) où se produisent souvent des groupes de musique cajun. Des promenades en bateau sur le lac sont également proposées (voir plus loin).

|●| **Pat's Fisherman's Wharf Restaurant** *(carte, 21) : au bout de la route après Henderson ; c'est à l'angle sur la gauche (grand phare). ☎ 228-7110. Tlj 11h-22h. Plats 15-20 $. Concert de musique cajun sam soir.* Véritable institution dans la région, cet excellent resto est renommé pour ses produits pêchés dans le *swamp* et la mer, à déguster dans une grande salle chaleureuse avec une imposante cheminée, où sur la terrasse couverte donnant sur le bayou. En saison, les écrevisses, cuisinées de 8 manières différentes selon des recettes de grand-mère, sont vraiment exquises... Concert de musique cajun samedi soir.

Où boire un verre ? Où danser ?

♟ ♫ **Angelle's Whiskey River Landing** *(carte, 42) : 1275 Henderson Levee Rd. ☎ (318) 228-8567 ou (318) 667-6135. Au bout de la route après Henderson, prendre à droite et grimper à gauche sur la digue au niveau de la 3e entrée (panneau). Dim 16h-20h. Entrée payante pas chère.* Dans cette baraque en bois au bord du bayou, ça guinche sec tous les dimanches ! Salle comble et ambiance du tonnerre où jeunes et vieux s'en donnent à cœur joie ; c'est l'occasion d'une immersion totale dans un bain cajun pur jus ! Une expérience inoubliable.

Promenades sur les bayous

🚶 **McGee's Landing** *(carte, 20) : 1337 Henderson Levee Rd. ☎ 228-2384. ● mcgeeslanding.com ● Au bout de la route après Henderson, prendre à droite et grimper à gauche sur la digue au niveau de la 4e entrée (panneau). Départs tlj à 10h, 13h, 15h et parfois au coucher du soleil (durée : 1h30). Env 18 $; enfants 3-12 ans : 12 $.* Même si les bateaux totalisent 25 à 50 places, rendant ainsi la balade moins intime qu'en barque, l'excursion vaut vraiment le coup. Dans un étonnant paysage de cyprès recouverts de mousse espagnole, on découvre de près la faune et la flore du *basin,* commentée dans un cajun savoureux. Avec un peu de chance, vous apercevrez Brucette, une sympathique « alligatorette » de plus de 3 m, qui vit tout près de la marina. La balade se poursuit au-delà de l'impressionnant pont de l'autoroute I 10 qui enjambe les bayous, pour s'enfoncer dans une végétation inextricable où castors et ragondins construisent des huttes en rognant les arbres... Pour faire cette visite sans trop de monde, on conseille de venir en semaine à 10h.

Où louer une barque ?

■ **Wiltz's Cajun Boat Landing** (carte, **50**) : Henderson Levee Rd. ☎ 228-2430. Au bout de la route après Henderson, prendre à droite et grimper à gauche sur la digue au niveau de la 1re entrée (panneau). Loc à la journée : barque à moteur (4 pers max) env 50 $, essence comprise ; ou sans moteur : 20 $; supplément de 1 $ par rame et gilet de sauvetage. Une autre façon de découvrir ces superbes bayous ! Venir tôt (la boutique ouvre vers 7h), car c'est à ce moment que c'est le plus beau, et penser à emporter un pique-nique, pas mal d'eau et la glacière pour les bières bien fraîches. Les eaux étant très poissonneuses, il est aussi possible d'y pêcher. Se munir pour cela d'un permis de pêche au Wal Mart de Breaux Bridge (à l'angle des routes LA 328 et LA 94).

CROWLEY   15 000 hab.   IND. TÉL. : 337

Crowley vit au rythme des rizières occupant toute la campagne alentour, ce qui lui vaut le surnom de « capitale du riz des États-Unis ». Tout a commencé en 1881, au moment où le train relia Houston (Texas) à La Nouvelle-Orléans. Le territoire n'étant alors qu'une vaste prairie, un certain W. W. Duson décide d'y établir une ville qui serait un véritable petit paradis pour ses habitants. Avec son frère C. C., ils forment la *Louisiana Land Company* en 1886 et achètent 70 ha de prairie pour un total de... 80 $! Pour se faire connaître et vendre leurs lots de terre, ils font paraître des annonces dans les journaux et parcourent les États de l'Iowa, du Kansas et du Missouri pour convaincre les fermiers de venir s'installer à Crowley. Et très vite, les gens affluent : de 240 en 1890, ils sont passés à 6 000 en 1917. Aujourd'hui, Crowley a plutôt tendance à perdre des habitants, qui préfèrent migrer vers les grandes villes... Il est très facile de se repérer à Crowley, qui a poussé autour de Parkerson Avenue (route LA 13), rue principale de la ville, qui descend depuis l'autoroute I 10, sortie 80. Au milieu de l'avenue, le vieux palais de justice *(Old Courthouse)* dresse sa masse reconnaissable. C'est ici le centre-ville !

IL NE COLLE JAMAIS...

L'histoire du petit grain blanc est bien plus vieille que celle de nos amis américains. En effet, beaucoup d'historiens s'accordent à dire qu'il existait, plus de 3 000 ans av. J.-C., une plante appelée *newaree* poussant en Inde. Elle serait le plus vieil ancêtre du riz.

Le riz apparaît aux États-Unis en 1694, lorsqu'un bateau en provenance de Madagascar et à destination de l'Angleterre est pris dans un ouragan, l'obligeant à faire escale à la colonie de Charleston, en Caroline du Sud. La bienveillance de la population envers l'équipage conduit alors le capitaine à offrir, en remerciement... une poignée de grains de riz ! Et, comme Jésus avec la multiplication des pains, les Américains ont en peu de temps développé cette culture qui a gagné d'autres États, pour devenir par la suite un produit d'exportation, notamment vers l'Angleterre. Aujourd'hui, la culture du riz est de plus en plus scientifique, avec un niveau de mécanisation très élevé et des rendements sans cesse plus importants. Les résultats sont si performants qu'un fermier américain passe moins de 2 journées de travail pour un acre (un demi-hectare) cultivé et récolté, alors que, dans de nombreux pays producteurs, il en faut 400...

Arriver – Quitter

➤ **En voiture,** à 24 miles à l'ouest de Lafayette par l'autoroute I 10, sortie 80 (« Crowley »), puis Parkerson Ave (route LA 13) vers le sud pour rejoindre le centre-ville.

Adresses utiles

Visitor Center : 401 Tower Rd (route LA 1111). ☎ 783-2108 ou 1-877-783-2109. Depuis l'autoroute I 10, sortie 82, prendre la route LA 1111 vers le nord ; c'est un peu plus loin sur la gauche. Tlj sf w-e 7h-17h. Plan de la ville et des communes voisines (Rayne...), infos sur les événements du comté dans l'édition annuelle du Visitor Guide, dépliant pour une visite guidée à pied ou en voiture du centre historique.

✉ **Post Office :** à l'angle de 3rd St et G Ave. ☎ 783-2370. Lun-ven 8h30-17h ; sam 9h-12h.

@ **Internet :** à la **Public Library** (bibliothèque municipale), 1125 N Parkerson Ave (à l'angle de 12th St). ☎ 788-1880. Tlj sf dim 8h-17h30 (sam 9h-13h). Connexions gratuites.

■ **American Legion Hospital :** 1305 Crowley Rayne Hwy (route US 90). ☎ 788-3222. À l'est du centre-ville juste au sud de la sortie 82 de l'autoroute I 10.

Où dormir ? Où manger ?

Un seul motel recommandable planté au bord de l'autoroute I 10 et... c'est tout ! Également 2 autres hébergements corrects situés 5 miles plus à l'est, à Rayne (voir plus loin : « Où dormir ? Où manger dans les environs ? »). Côté restos, le choix est restreint, mais on s'y retrouve.

🛏 **La Quinta Inn :** 9565 Egan Hwy. ☎ 783-6500. Juste au nord de la sortie 80 de l'autoroute I 10. Double env 80 $; même tarif pour 4 pers. Un hôtel de chaîne tout neuf, pimpant et éclatant, avec des chambres confortables (salle de bains, TV, frigo, four micro-ondes, cafetière...), spacieuses, et vraiment bien isolées du bruit de l'autoroute. Petite piscine. Une adresse constante.

🍴 **Cajun Way :** 1805 N Parkerson Ave (route LA 13). ☎ 788-2929. Vers le sud et sur la droite en venant de l'autoroute I 10. Tlj sf dim 10h-20h (21h ven-sam). Env 5 $. Dans une cabane en bois, la spécialité de ce fast-food familial, c'est le boudin façon cajun : un savant mélange de riz, de porc et d'assaisonnement, dans du boyau naturel, que l'on peut choisir plus ou moins épicé. Également des po-boys, gumbos et pas mal de fritures (huîtres, crevettes, poisson, poulet). Un resto simple et bon, essentiellement fréquenté par des familles du cru.

🍴 **Fezzo's :** 2111 N Cherokee Dr. ☎ 783-5515. Juste au nord de la sortie 80 de l'autoroute I 10. Tlj 11h-21h (21h30 ven-sam ; 14h dim). Plats 10-20 $. Une valeur sûre de la cuisine cajun locale. Délicieux fruits de mer, dont on recommande volontiers les alléchantes formules spéciales seafood feasts, où écrevisses, crabes, crevettes et poissons sont déclinés selon des recettes différentes et particulièrement goûteuses. Également des viandes grillées, salades, pâtes, gumbos et des po-boys bon marché. Prière de garder une petite place pour le dessert !

🍴 **Rice Palace :** 2015 N Cherokee Dr. ☎ 783-3001. Juste au nord de la sortie 80 de l'autoroute I 10. Ouv 24h/24. Plats et buffets 5-17 $. Éclairé de mille feux en façade, le resto honnête sert salades, sandwichs, gumbos, pâtes et d'intéressants buffets. Sur place, également un casino et un sport-bar, où un DJ met de l'ambiance en fin de semaine, et ça guinche ! Si vous cherchez un brin d'authenticité, passez votre chemin...

Où dormir ? Où manger dans les environs ?

Les 3 adresses suivantes se trouvent à *Rayne*, 5 miles à l'est de Crowley par l'auto-route I 10, sortie 87. Compter seulement 10 mn de voiture.

🛏 *Days Inn :* 1125 Church Point Hwy (route LA 35). ☎ 334-0000 ou 1-800-DAYSINN. *Au nord de la sortie 87 de l'autoroute I 10, juste après le resto Chef Roy's Frog City Café. Double env 65 $; 4 pers : 85 $.* À l'écart de l'autoroute, cet hôtel de chaîne récemment rénové propose des chambres nickel, spacieuses et équipées de tout le confort standard américain. Bon rapport qualité-prix.

🛏 *Maison Daboval Bed & Breakfast :* 305 E Louisiana Ave. ☎ 334-3489. ● da bovalbb.com ● *Depuis la sortie 87 de l'autoroute I 10, prendre vers le sud The Boulevard, qui devient N Adam Ave, et tourner à gauche dans Louisiana Ave, juste avt la voie de chemin de fer. Double env 85 $, petit déj compris.* Dans cette charmante maison ancienne, voici quelques chambres d'hôtes meublées d'ancien et décorées avec un goût assuré dans le style de la région. Tout est beau, nickel, et l'accueil de la sémillante Martha – une Cajun franco-phone – est formidable ! Petit jardin pour buller derrière la maison. Seul hic :

le bruit des rares trains qui passent devant la maison, contre lequel Martha fournit des *ear plugs* ! Une excellente adresse quand même, vraiment authen-tique.

🍴 *Chef Roy's Frog City Café :* 1131 Church Point Hwy (route LA 35). ☎ 334-7913. *Au nord de la sortie 87 de l'autoroute I 10, c'est un bâtiment rouge, juste avt l'hôtel Days Inn. Tlj sf lun 11h-21h (22h ven-sam ; 10h-14h dim). Plats 12-20 $.* Un excellent resto cajun tenu par le chef Roy, dont la réputation a dépassé les frontières de l'État depuis qu'il a été élu « Chef de l'année 1997 », puis officiellement « Ambassadeur de la cuisine de Louisiane ». La carte pro-pose des spécialités cajuns revisitées, comme les *crawfish enchilada* ou le *crab cake platter.* Les inconditionnels des fruits de mer seront aussi séduits par les copieux *seafood platters,* dont l'assortiment est un bon résumé de la cuisine du chef... Également des sou-pes, salades, et autres viandes pour les fanas.

À voir. À faire

🎷 *Le tour de ville :* en roulant vers le sud sur Parkerson Ave (route LA 13), vous pénétrez dans le centre historique au niveau de la *Courthouse,* un bâtiment Art déco massif qui trône sur une place, où la *Ruddock's Bakery,* une boulangerie-pâtisserie renommée en ville, peut caler une petite faim avec ses délicieux *brow-nies, cookies* et autres *pies*... En gros, le quartier historique s'inscrit dans un grand rectangle bordé par 1st St au sud, 6th St au nord, Ave F à l'ouest et Ave L à l'est. Rien de bien renversant, mais le coin est vert, les arbres conséquents, et la balade vous aérera. Un plan détaillé est disponible au *Visitors Center,* avec toutes les explica-tions nécessaires sur les 200 maisons victoriennes (1890-1910) et autres édifices Art déco qui se trouvent ici, comme le *Rice Theatre (323 N Parkerson Ave ;* ☎ 788-4103).* Cette belle et authentique salle de spectacle accueille souvent des concerts de musique cajun (se renseigner)... Si vous voulez une visite plus complète du coin, contactez Alice Whiting, la patronne d'*Acadia Tours,* 521 E 3rd St. ☎ 783-5640 ou 581-4827. ● acadia-tours.com ● *Résas au moins 1 sem à l'avance, surtout pour un guide francophone. Visite de 2h (env 20 $/pers), à pied ou en voiture (la vôtre), ou grande balade incluant également une plantation de riz et un éleveur d'écrevisses (supplément/pers : env 5 $).*

🎭 *Grand Opera House :* 505 N Parkerson Ave (route LA 13). ☎ 785-0440. ● the grandoperahouse.org ● *Juste au sud de la Courthouse. En restauration en 2008 ; se renseigner pour la visite (payante) et les spectacles.* Dans un beau bâtiment de brique percé de fenêtres en arceau, on y accède par le magasin général *(hardware store*) situé au rez-de-chaussée, qui, à l'époque, abritait un *saloon*. Inaugurée en 1901, alors que Crowley ne comptait que 4 000 habitants, cette salle de spectacle de 1 000 places fut vite surnommée « The Grand » dans la région. Malgré son nom, on y joua surtout des pièces de vaudeville, et l'histoire dit même que Buffalo Bill ou Caruso s'y produisirent... Depuis sa fermeture à la mort de son fondateur, David E. Lyons, en 1940, on prétend que son esprit hanterait les coulisses ! L'*Opera House* a ainsi gardé porte close pendant 60 ans, avant qu'un nouveau proprio, aidé par quelques fonds publics, ne décide de la restaurer *in style* pour lui redonner son statut de salle de spectacle...

🍴 **Crystal Rice Heritage Farm** : *6428 Airport Rd.* ☎ *783-6417.* ● *crystalrice.com* ● *À 3 miles au sud de Crowley ; prendre la route LA 13, puis à droite Airport Rd ; c'est plus loin sur la gauche, juste après Muskrat Rd (panneau). Tlj sf w-e 10h-15h sur rdv. Visite guidée (durée : 2h30) accessible aux groupes de plus de 20 pers slt, auxquels les individuels ont la possibilité de se greffer (se renseigner). Entrée : 10 $; réduc.* Une visite fort intéressante, menée par les descendants de M. Wright, fondateur de cette prospère exploitation de riz et d'écrevisses en 1890. On visite ainsi sa maison : le *Blue Rose Museum,* qui abrite les trésors de la famille : lustre de Murano, argenterie, service à thé en or 24 carats, lit sculpté par le même ébéniste qui réalisa le lit d'Abraham Lincoln, plat à écrevisses et un curieux vase biface, avec un côté pour la semaine et un autre pour le dimanche... À voir aussi, le *Classic Car Garage,* où dorment les voitures de collections de papy Wright, parmi lesquelles de belles Mercedes et de grosses américaines, sans oublier la Rolls et un avion. Enfin, on découvre la plantation, principalement à travers un film sur la production du riz en alternance dans les champs inondés, et l'élevage des écrevisses, de décembre à juin... En saison, la récolte de ces crustacés – près de 100 tonnes par an – se fait quotidiennement vers 14h30 et exige parfois de tirer de faux coups de canon pour effrayer les aigrettes, espèce protégée, qui se régalent des bébés écrevisses. Ensuite, les « bêtes à pinces » voyagent vivantes et calibrées dans de gros sacs maintenus humides...

🍴 **Kelly's Landing Agricultural Museum** : *1109 Roberts Cove Rd (route LA 98).* ☎ *788-0546. Depuis la sortie 80 de l'autoroute I 10, prendre la route LA 13 vers le nord pdt 6 miles, puis à droite la route LA 98 ; la maison se trouve 500 m plus loin sur la gauche. Résa obligatoire, car le proprio n'est pas toujours là. Entrée : env 5 $.* Ancien agriculteur qui loue aujourd'hui ses terres, Kelly se fera un plaisir de vous faire visiter sa ferme, en expliquant absolument tout sur la culture du riz et l'élevage des écrevisses en Louisiane. Il possède par ailleurs une impressionnante collection de tracteurs miniatures et d'objets de la marque mythique John Deere, de la boîte aux lettres au tablier en passant par la brouette. Quand vous arrivez, annoncez bien haut et fort qui vous êtes, car Kelly a presque perdu la vue...

Festivals

– **Festival international du riz (International Rice Festival)** : ● *ricefestival.com* ● *Les 3ᵉ jeu, ven et sam d'oct.* Depuis 1937, Crowley s'anime à l'occasion de ce festival qui se termine par l'élection de Miss Riz...
– **Festival germanique du village de Roberts Cove (Roberts Cove German Fest)** : *le 1ᵉʳ w-e d'oct, dans les environs de Crowley.* L'occasion aux quelques descendants des colons allemands de manger de la *sauerkraut* et de ressortir le *lederhose*. Du grand-père à la petite-fille, tout le monde est de la partie et on s'y croirait !
– **Festival de la grenouille (Rayne Frog Festival)** : *le 2ᵉ w-e de sept, à Rayne, 5 miles à l'est de Crowley.* Ce festival très prisé donne lieu à d'étonnants concours de sauts de grenouille, accompagnés de musique, danse, grosses bouffes...

LE PAYS CAJUN ET LES BAYOUS

JENNINGS

12 000 hab.

IND. TÉL. : 337

Il serait dommage de ne pas faire une halte dans cette petite ville résidentielle qui conserve quelques jolies traces de son passé. Fondée en 1888 par Jennings McComb, constructeur du chemin de fer, elle connut un grand essor avec l'industrie pétrolière. Jennings est ainsi considérée comme le berceau du pétrole en Louisiane : en 1901, le 1er puits fut en effet foré sur les terres de la ferme de Jules Clément, à 5 miles du centre. Ce champ, baptisé « Evangeline », continue à produire le précieux or noir...

Arriver – Quitter

➢ **En voiture,** à environ 40 miles à l'ouest de Lafayette par l'autoroute I 10, sortie 64 (« Jennings »), puis Elton Rd (route LA 26) vers le nord pour aller au *Visitor Center,* ou vers le sud pour gagner le centre-ville.

Adresses et infos utiles

🚩 **Visitor Center :** 100 rue de l'Acadie, dans le *Louisiana Oil and Gas Park.* ☎ 821-5521. ● jeffdavis.org ● Depuis la sortie 64 de l'autoroute I 10, prendre Elton Rd (route LA 26) vers le nord et tourner tt de suite à gauche dans le parc (panneau). Lun-ven 8h30-17h. S'y procurer le plan de la ville et la *Gator Gazette,* petit guide touristique de la ville.

✉ **Post Office :** 106 S Broadway St (à l'angle de Market St). ☎ 824-3285 ou 1-800-275-8777. Tlj sf dim 8h30-17h (8h30-12h sam).

@ **Internet :** à la *Public Library* (bibliothèque municipale), 303 N Cary Ave (à l'angle de W Plaquemine St). ☎ 821-5517. Lun-jeu 10h-18h, ven-sam 9h-17h, fermé dim. Connexions gratuites. Mêmes possibilités à la *Parish Library,* située juste en face.

■ **Jennings American Legion Hospital :** 1634 Elton Rd (route LA 26). ☎ 616-7000. Juste au sud de la sortie 64 de l'autoroute I 10.

■ **Radio cajun :** KJEF sur 92.9 FM.

Où dormir ? Où manger ?

🛏 **Comfort Inn :** 607 Holiday Dr. ☎ 824-8589. À la sortie 64 de l'I 10, prendre Elton Rd (route LA 26) vers le sud et tourner tt de suite à droite dans la contre-allée. Double env 71 $; 4 pers : 80 $. Un hôtel au pied des pistes... de l'aérodrome (peu d'avions). Les chambres sont neuves, confortablement équipées, et surtout bien isolées du bruit de l'autoroute. Piscine donnant sur le gazon de l'aérodrome.

🍴 **Boudin King :** 906 W Division St (route LA 3055). ☎ 824-6593. Depuis la sortie 64 de l'I 10, prendre vers le sud Elton Rd (route LA 26), qui devient Lake Arthur Ave, et passer la voie de chemin de fer ; c'est l'une des prochaines rues sur la droite. Tlj sf dim 9h-20h (20h30 ven-sam). Moins de 10 $. Que les choses soient claires : on ne vient pas ici pour la déco, façon maison de trappeur, mais plutôt ratée ! En revanche, on se régale de boudin blanc – le chef s'en est fait une réputation régionale –, de *po-boys* et autres poulet frit et plats de *seafood* tout simples. C'est bon et assez copieux.

À voir. À faire

🎭🚶 **W. H. Tupper Museum :** 311 N Main St. ☎ 821-5532. ● tuppermuseum. com ● Tlj sf w-e 9h-17h. Entrée : 3 $; réduc. Ce musée est en fait le magasin général de W. H. Tupper, ouvert en 1910 à 12 miles au nord de Jennings et resté en l'état depuis sa fermeture définitive en 1949, avant que son petit-fils eût l'idée d'ouvrir ce monde figé à la visite quelque 40 ans plus tard. Le magasin a été déplacé depuis son lieu d'origine jusqu'ici, en plein cœur de Jennings. On pénètre donc dans un endroit où le temps s'est arrêté. Outre une très belle collection de paniers indiens, on peut y voir les vêtements, outils, jouets, médicaments, produits ménagers, ustensiles de cuisine, aliments que l'on achetait dans la campagne louisianaise des années 1940. L'endroit faisait aussi office de bureau de poste (les boîtes aux lettres sont alignées à l'entrée) et de maison de la presse : l'exemplaire du *Boston Globe* en exposition est daté du 8 mai 1945, et proclame « *War is over in Europe* ». Tout au fond du musée, petite expo sympa et complète sur le téléphone en Louisiane, ponctuée de commentaires en français et de jeux didactiques pour les enfants... On a adoré cet endroit, c'est dit !

🔫 *Zigler Museum :* 411 Clara St. ☎ 824-0114. Tlj sf lun 9h-17h (dim 13h-16h). *Entrée : 2 $.* En plein centre historique, dans cette imposante maison blanche à colonnades du début XXe s, on admire des tableaux de peintres locaux et européens couvrant 6 siècles. Ce n'est pas le Louvre, mais il y a tout de même du Van Dyck, Picasso, Rembrandt, Turner, Audubon...

🔫 🏃 *Le château des Cocodries :* rue de l'Acadie, dans le *Louisiana Oil & Gas Park.* ☎ 616-4311. Depuis la sortie 64 de l'I 10, prendre Elton Rd (route LA 26) vers le nord et tourner tt de suite à gauche dans le parc (panneau) ; c'est juste à côté du Visitor Center. *Tlj sf dim 9h-17h. Entrée gratuite.* Grand parc où l'on peut pique-niquer, signalé par la réplique d'un vieux derrick rappelant que le 1er puits de pétrole de Louisiane fut foré en 1901 à Jennings. En fait de château, il s'agit plutôt d'un enclos grillagé, où 3 gros alligators s'ennuient à mourir, en compagnie d'une étonnante tortue plus que centenaire. De juin à août, ce petit monde est nourri tous les lundis à 13h30. On peut aussi tenir dans ses mains un bébé alligator ; mais attention : même de la taille d'un portefeuille, il peut mordre !

– *Écouter de la musique cajun :* au Strand Theatre, 432 N Main St. ☎ 821-5509. Construit en 1939 dans le style Art déco, ce théâtre accueille régulièrement de bons groupes de musique cajun (se renseigner). L'occasion de passer une soirée sympa dans ce patelin !

OPELOUSAS
25 000 hab. IND. TÉL. : 337

Opelousas est la troisième plus vieille ville de Louisiane. En 1720, les Français utilisèrent en effet ce territoire comme relais pour les voyageurs circulant entre Natchitoches et La Nouvelle-Orléans. La ville tient son nom de la tribu indienne Opelousa (signifiant « jambe noire ») qui y vivait avant d'en être chassée comme du gibier... Opelousas a été proclamée « Capitale mondiale du zydeco » et s'enorgueillit aussi d'être la mère patrie de Jim Bowie, célèbre héros de la bataille de Fort Alamo. On aime bien son atmosphère plutôt paisible, sans compter la campagne alentour qui réserve quelques bonnes découvertes...

Arriver – Quitter

➢ *En voiture,* à 15 miles au nord de Lafayette par l'autoroute I 49, sortie 19B (« Opelousas »), puis vers l'ouest la route US 190. Landry St pour gagner le centre-ville.

Adresses et infos utiles

▣ Visitor Center : *828 E Landry St (route US 190).* ☎ *948-6263 ou 1-800-424-5442.* ● *cityofopelousas.com* ● *À l'entrée de la ville, une maison en bois sur la gauche. Tlj 8h-16h.* Plan de la ville et des communes voisines, infos sur toutes les choses à voir dans la région ; s'y procurer notamment leur dépliant *Mini Tour Guide.* Juste derrière le bâtiment, on peut voir une reconstitution du « vieux village de poste des Opelou-

sas », avec quelques maisons du XVIIIᵉ s : magasin, école, chapelle...

✉ Post Office : *125 Wallior St.* ☎ *942-5079.*

▣ Internet : *à la* **Public Library,** *(bibliothèque municipale), 212 E Grolee St (entre Union et Main St).* ☎ *948-3693. Tlj sf dim 8h-17h30 (17h sam).* Connexions gratuites.

▪ Radios cajuns : *KRVS* sur 88.7 FM, et *KBON* sur 101.1 FM.

Où dormir ? Où manger ?

🏠 On trouve plusieurs motels de chaîne corrects mais sans charme près de la sortie 18 de l'autoroute I 49 : **Holiday Inn, Best Western** et **Days Inn.** Sinon, côté restos, Opelousas est une ville de grande tradition culinaire.

Spécial petit déjeuner

🍩 Mickey's Donuts King : *828 E Landry St (route US 190), juste en face du* Visitor Center. *Tlj 4h-13h. Moins de 5 $.* Une foule d'excellents *donuts* à englou-

tir avec un *mug* de café *regular* sur les bancs à pique-nique plantés de l'autre côté du parking, ou à l'américaine : *in the car* !

Bon marché

I●I Ray & Billy : *887 E Vine St (route US 190).* ☎ *942-9150. Juste à côté du* Visitor Center. *Lun-ven 7h30-18h ; w-e 8h-17h (14h dim). Moins de 5 $.* Bienvenu chez les papes du boudin à Opelousas ! Même si l'endroit ne paie pas de mine, leur boudin est exquis. Pour les *cracklins* (gras de porc frit), on repassera ! Quelques tables à l'intérieur, mais on conseille plutôt de demander un *doggy bag* pour le pique-nique.

I●I The Palace Café : *135 W Landry St (route US 190 ; à l'angle de Market St).* ☎ *942-2142. Tlj sf dim 6h-21h. Moins de 10 $.* Dans la rue principale d'Opelousas, ce resto est tenu depuis 1927 par une famille grecque. Au menu, quelques recettes de grand-mère, comme ces bons *baklavas* faits maison, et de copieuses salades grecques. Sinon, la cuisine familiale est avant tout cajun et

à prix très doux : plats de fruits de mer, *gumbos,* cuisses de grenouilles... La carte change tous les jours mais propose toujours les spécialités de la maison : salade de foies de volaille, aubergines farcies au crabe... Une adresse très fréquentée par le personnel du tribunal d'en face.

I●I Back in Time : *123 W Landry St (route US 190).* ☎ *942-2413. Face à la* Courthouse. *Tlj sf dim 10h-17h ; lunch 11h-14h30. Moins de 10 $.* Juste quelques tables dans cet amusant salon de thé qui fait aussi boutique de bibelots et bric-à-brac un peu kitsch. On peut y manger un sandwich *Al Capone* ou *Charles Lindbergh,* une soupe *Roosevelt,* et encore une salade *King Kong,* dans des proportions bien copieuses. À midi, l'endroit est pris d'assaut par les employés du palais de justice.

De prix moyens à très chic

I●I Le Zinc : *204 N Main St (à l'angle de North St).* ☎ *407-9990. Lun-sam 11h-*

14h et mer-sam 17h-21h ; dim 10h-14h. Plats 7-25 $. Une belle grande salle toute en planches avec un comptoir en zinc et, aux murs, des copies *made in China* de tableaux connus de Dalí, Manet, Picasso, Van Gogh, Rousseau, etc. ; assez grossières certes, mais qui ajoutent au décalage de cet endroit inattendu. Dans l'assiette, la surprise continue : excellente cuisine inventive et pleine de saveurs, travaillant soigneusement les produits frais du cru avec quelques pointes cajuns, mais pas trop. Bon rapport qualité-prix et ambiance à la fois chic, chaleureuse et décontractée. On est sous le charme !

À voir

🍴 *Opelousas Museum and Interpretive Center :* 315 N Main St (à l'angle de Littell St). ☎ 948-2589. Tlj sf dim 9h-17h. Entrée gratuite. Petite visite rapide pour tout connaître de l'histoire d'Opelousas : de la préhistoire à l'époque moderne, en passant par les Indiens, la guerre civile, l'exploitation du coton, la cuisine, Mardi gras, etc. ; le tout évoqué à travers objets anciens et photos.

🍴🍴 *Opelousas Museum of Modern Art :* 106 N Union St (route LA 10 ; à l'angle de Bellevue St). ☎ 942-4991. Mar-ven 9h-17h, sam 13h-17h. Fermé lun, dim et en janv. Entrée gratuite. On est séduit par cet endroit inattendu où sont exposées, dans une charmante maison ancienne, des toiles et sculptures réalisées par de talentueux artistes du cru. Le *folk art* est donc à l'honneur pour le plus grand plaisir des yeux.

À voir. À faire dans les environs

🍴🍴🚶 *Louisiana State Arboretum :* 4213 Chicot Park Rd (route LA 3042). ☎ 363-6289 ou 1-888-677-6100. ● stateparks.com ● À une quinzaine de miles au nord d'Opelousas. Du centre-ville, prendre Union St (route LA 10) vers le nord, puis à gauche la route US 167 en direction de Ville Platte ; de là, tourner à droite sur la route LA 3042, toujours en direction du nord ; c'est un peu plus loin que le Chicot State Park, sur la droite. Tlj 9h-17h. Entrée gratuite. Créé en 1961, ce petit parc conserve religieusement toutes les espèces de la flore louisianaise. Dès l'entrée, on vous offre un livret pour identifier plus facilement les différents types d'arbres, plantes et fleurs, qui s'épanouissent le long des 3 miles du sentier. On progresse donc à pied dans un calme absolu à travers cet univers végétal luxuriant, semé de petits bois et de panneaux explicatifs. À la fois divertissant et instructif ; idéal en famille.

🍴🍴🚶 *Chicot State Park :* 3469 Chicot Park Rd (route LA 3042). ☎ 363-2403 ou 1-888-677-2442. ● stateparks.com/chicot.html ● Suivre le même itinéraire que pour le Louisiana State Arboretum. Tlj 6h-21h (22h ven-sam). Entrée : env 1 $/pers ; gratuit moins de 3 ans. L'un des plus beaux parcs nationaux qu'il nous ait été donné de visiter en Louisiane, situé en plein cœur d'une nature exubérante et lové autour du magnifique lac Chicot. On peut explorer cet environnement remarquable à pied, sur près de 22 miles de sentiers, mais aussi en louant barque à rame ou canoë (environ 10 $/j.). Sur place, également des aires de pique-nique-barbecue et des jeux pour les enfants.

⚐ 🏠 *Camping et cabins :* le parc compte 2 sites de camping pour planter sa tente à la lisière de la forêt, avec sanitaires communs impeccables (emplacement : environ 1 $/j./pers). Et pour encore mieux profiter de cette nature sauvage à souhait, voici de très belles maisonnettes (6-14 personnes) sur pilotis à louer au bord du lac. Nickel et bon confort : au moins 2 chambres, salon, cuisine équipée, sanitaires complets avec douche ou bain, AC, terrasse avec moustiquaire, et cheminée pour certaines (compter 70-125 $). Réservation obligatoire. Prévoir linge de maison, nourriture et répulsif antimoustiques.

🦌 *Washington :* gentil village un peu endormi à seulement quelques miles au nord d'Opelousas. Blotti contre le bayou Courtableau, son centre historique fondé en 1720 offre l'occasion d'une petite balade architecturale. L'endroit est également réputé pour ses nombreuses boutiques d'antiquités en tous genres qui s'étalent sur Main Street.

Manifestations

– *Concours de blagues cajuns :* en avr.
– *Southwest Louisiana Zydeco Music Festival :* le w-e avt Labor Day (1er lun de sept), à Plaisance (route LA 167). Infos : ☎ 942-2392. ● zydeco.org ●

EUNICE
11 500 hab.   IND. TÉL. : 337

Au cœur de la *Prairie cajun,* très différente de la région des bayous du sud de la Louisiane, Eunice était à l'origine le nom de la femme du cheminot Cornelius Curley Duson qui fonda la ville en 1894... Ici, c'est vraiment la campagne. Alors on se lève tôt ; on se couche tôt ; et la fête n'est réservée qu'au weekend. Et quelle fête ! Les vendredi et samedi soir, des groupes de musique cajun se produisent un peu partout en ville et dans les environs ; et ça danse, et ça chante ! Mais à 22h dernier carat, tout le monde au lit ! On conseille donc à tous ceux qui s'intéressent aux traditions cajuns de passer par ici en fin de semaine seulement (sinon, vous seriez déçu) et de faire une halte au fameux *Liberty Theater...*

Arriver – Quitter

➢ *En voiture,* à 42 miles au nord-ouest de Lafayette, prendre l'autoroute I 10 vers l'ouest, sortie 80 (« Crowley »), puis la route LA 13 vers le nord. On peut aussi passer par l'autoroute I 49 vers le nord, sortie 19B (« Opelousas »), puis la route US 190 vers l'ouest.

Adresses et infos utiles

🛈 *Visitor Center :* 200 S C.C. Duson St (route LA 13). ☎ 457-2565. ● eunice chamber.com ● Tlj sf w-e 9h30-14h30. S'y procurer un plan de la ville et la brochure *Cajuns on the Prairie,* pour être au fait des manifestations culturelles du moment... Bon accueil.
✉ *Post Office :* 250 W Laurel Ave (route US 190). ☎ 457-2042. Tlj sf dim 8h30-16h30 (sam 9h-12h).
▣ *Internet :* à la *Public Library* (bibliothèque municipale), 222 S 2nd St (à l'angle de Park Ave). ☎ 457-7120. Tlj sf dim 8h-17h30 (17h jeu-sam). Connexions gratuites.
■ *Acadian Medical Center :* 3501 Hwy 190. ☎ 580-7500. À la sortie est de la ville, sur la gauche en allant vers Opelousas.
■ *Radios cajuns :* KRVS sur 88.7 FM, KBON sur 101.1 FM et KVPI sur 92.5 FM.

Où dormir ?

Bon marché

🏠 *L'Acadie Inn :* 259 Tasso Loop. ☎ 457-5211 ou 457-4719. ● hotboudin. com ● Accès Internet gratuit. En retrait de la route US 190, à gauche, 3 miles env avt l'entrée d'Eunice lorsqu'on arrive d'Opelousas. *Double env 55 $; 4 pers : 66 $; petit déj compris.* Situé dans un cadre verdoyant qui change des habituels parkings goudronnés, on recommande volontiers ce motel indépendant des grandes chaînes standardisées, admirablement calme et parfaitement tenu par une gentille famille. Les chambres sont toutes décorées différemment et confortables : salle de bains, AC, TV, frigo, four micro-ondes, et certaines, les plus grandes, dispo-

sent même d'une kitchenette. Un bon rapport qualité-prix.

🛏 *Howard's Inn :* 3789 E Hwy 190. ☎ 457-2066. *Avt l'entrée de la ville, sur la droite en arrivant d'Opelousas. Double env 55 $; même prix pour 4 pers.* Une barre en brique plantée au bord de la route. Sur 2 niveaux, chambres spacieuses et assez confortables avec salle de bains, AC, TV, frigo et four microondes. Propre et sans bavure. Une bonne adresse malgré le bruit de la route qui passe devant.

Prix moyens

🛏 *Potier's Prairie Cajun Inn Bed & Breakfast :* 110 W Park Ave. ☎ 457-0440 ou 457-8592. • *potiers.net* • *En plein centre, entre la caserne des pompiers et le* Liberty Theater. *Double env 75 $; petit déj compris.* Cette maison rose et vert abrite une dizaine de chambres propres et mignonnes, toutes équipées de salle de bains et kitchenette. Certaines sont même de véritables petits appartements avec un salon pour le même prix. Petite boutique de souvenirs, agréable jardinet à l'arrière et, quand il est là, excellent accueil de Paul, le patron francophone, qui vous initiera à la culture cajun... À deux pas de là, il loue également plusieurs chambres

dans sa propre demeure, une charmante maison blanche de style colonial, décorée façon maison de poupées. Très confortable : salle de bains avec jacuzzi, moustiquaire à l'ancienne au-dessus des lits, etc., mais aussi plus cher : 150 $ la double.

🛏 *Days Inn :* 1251 E Laurel Ave (route US 190). ☎ 457-3040. *Sur la gauche quand on arrive d'Opelousas. Double env 82 $; 4 pers : 93 $.* Classique petit motel de chaîne situé en bord de route. Chambres bien propres et équipées du confort standard américain : salle de bains, AC, TV, frigo et four microondes. Choisir les plus éloignées de la route, moins bruyantes.

Où manger ? Où boire un verre ?

Spécial petit déjeuner

🍶 |●| *Ruby's Café :* 221 Walnut Ave (presque à l'angle de S 2nd St). ☎ 550-7665. *Tlj 6h (7h dim)-14h. Moins de 10 $.* En plein centre historique, un petit resto vert pastel décoré de plaques publicitaires et d'assiettes de grand-mère. On y dévore de bons *breakfasts,* mais

aussi, à l'heure du *lunch,* soupes, *gumbos,* salades, sandwichs et quelques plats du jour inscrits sur l'ardoise. Une excellente adresse à prix doux, fréquentée par des habitués dans une ambiance bon enfant.

De prix moyens à chic

|●| 🍸 *Nick's on Second St :* 123 S 2nd St (à l'angle de Walnut Ave). ☎ 457-4921. *Tlj sf dim-lun 11h-14h ; sam 17h-22h. Plats 8-18 $.* À deux pas du *Liberty Theater,* c'est le plus vieux bar de la ville, ouvert en 1937. Beau patio en brique et fer forgé à l'avant, et

plusieurs salles chaleureusement décorées à l'intérieur. Dans l'assiette, bonne cuisine cajun avec les classiques du genre : crevettes, *crawfish* en saison, *gumbos,* alligator, sans oublier les grillades. À midi, les plats du jour sont une vraie affaire. Musique *live* certains soirs, idéale pour descendre des verres.

|●| *Charlie's* : *1415 E Laurel Ave (route US 190).* ☎ *457-9770. Sur la gauche en venant d'Opelousas. Tlj 10h30-14h30 et 17h-21h ; fermé dim soir. Plats 8-18 $.* Chaleureux resto familial décoré de bois blond, servant d'excellents petits plats cajuns à base de *seafood,* mais aussi des salades, *po-boys,* pâtes et autres viandes savoureuses cuites au gril. Portions copieuses, accompagnements variés et desserts alléchants. À midi, les plats du jour sont vraiment bon marché. Service aussi aimable qu'efficace.

|●| ⟨wine glass⟩ *DC's Sports Bar & Steakhouse* : *1601 W Laurel Ave (route US 190).* ☎ *457-7001. Sur la gauche en venant d'Opelousas. Tlj 11h-22h. Plats 7-20 $.* Un resto-bar avec des écrans TV partout aux murs et jusque sur les tables pour ne rien rater des retransmissions sportives du moment : football américain, basket, baseball, courses de voitures... À la carte, voici de savoureux steaks, cuits selon vos désirs, et puis quelques plats standard de la cuisine cajun (*po-boys, seafood, catfish...*), servis par des gamines en short qui se la jouent un peu. Sympa pour siroter un verre en matant le sport à la télé.

Où écouter de la musique cajun ?
Où danser ?

♪ ♫ *Liberty Theater* : *200 W Park Ave (à l'angle de S 2nd St).* ☎ *457-7389. Entrée : 5 $; enfants 7-12 ans : 3 $; gratuit moins de 6 ans.* Bâtie en 1920, cette magnifique salle de 600 places avec piste de danse devait être un cinéma où l'on passerait des films muets. Faute de moyens, la construction de l'édifice, alors baptisé *Electrical Theater,* resta inachevée jusqu'en 1924, date de son rachat et de son ouverture sous le nom de *Liberty Theater...* Aujourd'hui classé Monument historique, cet endroit offre l'occasion de passer une soirée inoubliable, le samedi entre 18h et 19h30 en assistant à un *show live,* « Le rendez-vous des Cajuns » : 2 orchestres, des humoristes et commentateurs de recettes de cuisine ; tout cela en français d'ici et retransmis en direct sur la radio *KRVS* (88.7 FM). Devant la scène, il y a une piste de danse où les anciens ne se font pas prier pour valser cajun et zydeco. Fabuleuse ambiance !

À voir. À faire

🎭 *Prairie Acadian Cultural Center* : *250 W Park Ave.* ☎ *457-8499.* ● nps.gov/jela/prairie-acadian-cultural-center-eunice.htm ● *Situé à côté du* Liberty Theater, *il fait partie du* Jean Lafitte National Historical Park and Preserve. *Tlj sf lun 8h-17h (18h sam). Entrée gratuite. Demander le dépliant en français à l'accueil.* Un formidable centre culturel consacré à l'histoire vivante de la culture acadienne, devenue cajun. L'histoire, la musique, les métiers, « le bon manger » et toutes les traditions du monde cajun sont ici évoqués de manière vivante et didactique à travers documents, photos, films, objets et outils du quotidien. Également des animations le week-end : concert de musique cajun le samedi à 15h, suivi d'une démonstration de cuisine et de couture. Allez-y sans hésiter : les Français et francophones sont accueillis à bras ouverts.

🍗 *The Eunice Depot Museum* : *220 S C.C. Duson Dr (route LA 13).* ☎ *457-6540 ou 457-2565. Juste à côté du* Visitor Center. *Tlj sf dim-lun 8h-17h (8h30-16h30 en hiver). Entrée gratuite.* Installé dans l'ancienne et toute première gare ferroviaire de la ville, ce petit musée « d'Arts et Traditions populaires » dirait-on chez nous présente, à travers une foule d'objets anciens, la vie passée des Cajuns, leurs métiers, leurs fêtes et traditions, leur histoire, la musique omniprésente... À voir rapidement en passant, avec son vieux wagon attenant.

🎸 *Cajun Music Hall of Fame and Museum :* *240 S C.C. Duson Dr (route LA 13).* ☎ *457-6534. Juste à côté du* Eunice Depot Museum. *Tlj sf dim-lun 9h-17h (8h30-16h30 en hiver). Entrée gratuite.* Un nom bien long pour ce petit musée d'Instruments de musique exposant les photos des stars de la musique cajun et la panoplie des instruments couramment utilisés : violon, accordéon, batterie, basse et puis ces curieux plastrons en tôle ondulée issus de la musique zydeco... On passe un bon moment nostalgique avec ce petit monde que l'américanisation finit d'engloutir, mais qui résiste ! Sur place, vente de disques et d'instruments curieux : « ti-fer » et « quillière ».

🎸 *Marc Savoy Music Center :* *4413 E Laurel St (route US 190).* ☎ *457-9563.* ● *savoymusiccenter.com* ● *À 3 miles à l'est du centre, sur la droite quand on vient d'Opelousas. Tlj sf dim-lun 9h-12h et 13h30-17h ; fermé sam ap-m.* Marc Savoy est un musicien cajun célèbre dans la région et bien au-delà. Il possède ce magasin de musique et aussi une fabrique d'accordéons, d'où une centaine d'exemplaires sortent chaque année (à partir de 1 800 $)... Même si la boutique est ouverte en semaine, c'est assurément le samedi qu'il faut s'y rendre. À 9h pétantes, on se retrouve devant avec une foule de musiciens locaux, « étrangers », jeunes, vieux ; bref, tout le monde est le bienvenu, surtout avec son instrument ! La matinée commence ainsi par du café et un bon bout de boudin et *craklins* maison. Vers 9h30, alors que la file des voitures garées le long de la route US 190 est déjà longue, les musiciens s'installent autour de Marc Savoy, qui joue du piano. Avec une guitare, un accordéon, un harmonica ou une *slide guitar,* on improvise autour d'un air connu ; certains chantent, d'autres esquissent quelques pas de *two-steps,* pour le plus grand plaisir des spectateurs, qui se prennent vite à taper du pied. Une quinzaine de musiciens viennent ainsi chaque samedi pour cette *jam session* bon enfant. Pas mal de gens, des seniors essentiellement, causent français, et on vous accueillent par un tonitruant « Ça va mon ami ? ». Les gens du coin sont toujours ravis de recevoir les francophones de passage et vous passerez certainement l'un des meilleurs moments de votre séjour. Vente de CD, DVD et instruments de musique sur place.

➤ *DANS LES ENVIRONS D'EUNICE*

BASILE

À 11 miles à l'ouest d'Eunice par la route US 190. Ne viendront traîner dans ce coin perdu que les amateurs de « racines profondes », mordus de culture cajun, ceux qui fuient les grands axes. Pourquoi ce nom, au fait ? Parce que le village fut fondé en 1905 par un pionnier cajun qui s'appelait Basile Fontenot.

Où manger ?

🍴 *D.I.'s Cajun Restaurant :* *route LA 97.* ☎ *432-5141. En venant d'Eunice et avt d'entrer dans Basile, prendre à gauche la route LA 97 ; c'est env 10 miles plus loin, sur la droite. Lun-ven 10h30-13h30 ; mar-sam 17h-22h ; fermé dim. Plats 8-18 $.* Paumé en pleine cambrousse, au beau milieu des élevages d'écrevisses, ce resto s'est forgé une solide réputation auprès des gens du cru. On y vient surtout pour leur spécialité : des assiettes gargantuesques mélangeant poisson, crevettes, cuisses de grenouilles, crabe, huîtres et écrevisses (en saison). Également des salades, *gumbos* et autres spécialités plus frugales, cuisinées avec autant de soin et peu de graisse. Bravo ! Si à l'heure du *lunch,* les menus du jour sont une bonne affaire, on conseille plutôt de venir en soirée pour dîner en musique. Du mardi au samedi, un groupe de musique cajun anime la soirée dès 19h. Sur la piste, des couples de tous âges, parfois habillés à l'ancienne mode, dansent la valse ou le *two-step,* sous l'œil attendri des familles qui bâfrent. Formidable ambiance. Enfin, à 22h pétantes, tout le monde paie à la caisse et s'en va. L'endroit se vide en 15 mn. Très tranche de vie...

MAMOU

3 600 hab. IND. TÉL. : 337

Petite ville cajun fondée en 1911 et célèbre pour son bar, *Fred's Lounge,* véritable institution dans la région. Voici donc une matinée sympa en perspective, si vous traînez un samedi dans le coin...

Arriver – Quitter

➢ ***En voiture,*** à 55 miles au nord-ouest de Lafayette, le plus simple est de prendre l'autoroute I 10 vers l'ouest, sortie 80 (« Crowley »), puis la route LA 13 vers le nord. Sachez enfin que la 6th St est la rue principale du village.

Adresse utile

ℹ ***Infos touristiques :*** *dans la mairie* (City Hall), *625 6th St.* ☎ *468-3272.* • *mamou.org* • *Lun-ven 8h-16h.* Pas grand-chose à dénicher, mais vous trouverez un plan de la commune et certainement quelqu'un qui baragouine le français...

Où manger ?

🍽 ***Frenchie's :*** *427 6th St.* ☎ *468-4000. Dans la rue principale, face à* Fred's Lounge. *Tlj sf dim 5h30-21h (22h ven-sam). Plats 5-15 $;* lunch buffet *7-9 $.* Petit resto cajun sans prétention, pas très authentique avec son ambiance *fifties,* mais servant des plats simples, bons et copieux : sandwichs, salades, *gumbos,* pâtes et puis des steaks et des plats typiques de la région à base de poisson, cuisses de grenouille, écrevisses... Excellent rapport qualité-quantité-prix, surtout pour le buffet du midi.

Où boire un verre ? Où écouter de la musique ?

🍷 ♩ ***Fred's Lounge :*** *420 6th St.* ☎ *468-5411. Musique sam 9h-13h30.* Si le valeureux Fred est mort en 1992, à l'âge de 80 ans, la musique, elle, continue tous les samedis matin avec des groupes cajuns de qualité qui jouent en plein milieu du bar. Dépaysement assuré. Énormément de monde dans cette salle où il est difficile de faire rentrer plus de 100 personnes, mais quelle ambiance ! On y vient de tout le pays cajun pour s'en mettre plein les oreilles, et surtout pour danser. Quand la musique s'arrête ici, la foule file à côté, chez *Diana Brass Rail (416 6th St),* pour continuer la fiesta... Le programme musical de *Fred's Lounge* est retransmis en direct sur la radio *KVPI* (92.5 FM). Les *sessions* sont ponctuées de longs monologues dans une langue savoureuse. À ne pas rater !

Manifestations

– Mamou n'a rien à envier à La Nouvelle-Orléans, car son ***Mardi gras*** est très réputé dans tout le pays et attire chaque année des milliers de personnes. Les costumes, masques et chapeaux de fées sont très colorés, la bière coule à flots, et ça guinche

avant le Carême. Les écoles sont fermées le lendemain car, dit-on, les parents seraient incapables d'y accompagner leurs enfants après une telle fête !
– *Festival de musique cajun :* le 1er w-e de sept.

SAINT MARTINVILLE   10 000 hab.   IND. TÉL. : 337

On est séduit par cette petite bourgade au charme désuet et tranquille, assoupie au bord du bayou Teche, avec sa grande place centrale verdoyante à la française. Saint Martinville fut si prospère au XIXe s qu'on y construisit un opéra comme en Europe et une université... Et même si la francophonie de cette époque a bien décliné, aujourd'hui, la ville possède officiellement le plus grand nombre de gens maniant la langue de Molière en Louisiane. De savoureuses rencontres en perspective, donc...

EVANGELINE, *A TALE OF ACADIE*

Tout débute en 1847 avec le poème d'Henry Longfellow, racontant l'histoire d'Evangeline, dont on ne sait si l'origine est vraie. En tout cas, cette aventure légendaire toucha profondément les Américains, qui multiplièrent les versions. Ceux qui y croient vraiment racontent qu'Evangeline n'est autre qu'Emmeline Labiche, et que Gabriel incarne Louis Arceneaux.

> **MYTHIQUE EVANGELINE**
>
> *La tragédie romanesque d'Evangeline fut traduite en 30 langues, puis adaptée avec succès au cinéma dans les années 1920, pour devenir l'emblème du combat des Acadiens, le mythe de l'Acadie libre et éternelle. Aujourd'hui, elle demeure aussi la carte de visite de Saint Martinville...*

Le poète Longfellow met ainsi en scène l'idéal romantique de la femme qui attend l'homme de sa vie... toute sa vie ! Au lendemain de ses fiançailles et à la veille de leur mariage, Gabriel est séparé d'Evangeline par les méchants Anglais qui persécutent les gentils Acadiens. La jeune femme passe alors de longues années à chercher son fiancé, errant dans toute la Louisiane, soignant les pestiférés... Finalement, elle retrouve son grand amour ici même à Saint Martinville, sous un chêne, mais, atteint lui aussi de la peste (c'est maintenant qu'on sort les mouchoirs !), celui-ci meurt dans ses bras. Et toc ! Plus romantique, tu meurs !

Arriver – Quitter

> *La voiture* est le seul moyen d'y accéder. De La Nouvelle-Orléans, prendre l'autoroute I 10 West, sortie 109 (« Breaux Bridge »), puis la route LA 31. De Lafayette, prendre l'autoroute US 90 East en direction de New Iberia, et ensuite à gauche la route LA 96.

Adresses utiles

🚹 *Visitor Center :* 215 Evangeline Blvd (à l'angle de la rue du Nouveau Marché). ☎ 394-2233. ● stmartinparish-la. org ● Tlj 10h-16h30. Nombreuses infos sur la région et bon accueil francophone. Ils organisent aussi des tours guidés en français du centre histo-

rique de la ville (durée : 1h ; 7 $/pers ; réduc).

✉ *Post Office :* 224 S Main St (route LA 31). ☎ 394-6979. Tt proche de la place centrale. Lun-ven 8h30-16h30 ; sam 10h-12h.

📶 *Internet :* à la *Public Library* (biblio-

thèque municipale), 201 Porter St. ☎ 394-2207. Tlj sf dim 8h-20h (17h ven-sam). De la place centrale, prendre la route LA 31 vers le nord ; Porter St est plus loin sur la gauche. Connexions gra-tuites.

Où dormir ?

Peu d'hébergements dans le patelin même.

Campings

⚊ **Catfish Heaven Campground :** *1554 Cypress Island Hwy.* ☎ *394-9087.* ● *catfishheaven.com* ● *À 8 miles de Saint Martinville, prendre la route LA 31 vers le nord (direction Breaux Bridge), puis à gauche la route LA 353. Emplacement tente env 20 $/j.* Un camping récent où les arbres demandent encore à grandir, mais où l'on plante sa tente à l'ombre des pins. Sanitaires bien propres. Petite piscine, aire de jeux pour les enfants, et puis un étang où l'on élève des poissons-chats, tant appréciés dans la cuisine cajun malgré leur sale tête... Idéal aussi pour découvrir le fameux lac Martin, situé à seulement 2 miles (voir le chapitre « Breaux Bridge »).

⚊ **Camping du Lake Fausse Pointe State Park :** voir plus loin « Dans les environs de Saint Martinville ».

Bon marché

⚏ **Beno's Motel :** *7202 Main Hwy.* ☎ *394-5523. À 2 miles au sud de Saint Martinville, en direction de New Iberia, sur la droite. Double env 35 $; 4 pers : 40 $.* Un peu à l'écart de la route, ce petit motel fonctionnel et plutôt modeste propose des chambres correctes et propres, toutes avec salle de bains, AC et TV. Bon rapport qualité-prix, même si le charme est proche de zéro !

De prix moyens à chic

⚏ **The Old Castillo Bed & Breakfast :** *220 Evangeline Blvd.* ☎ *394-4010 ou 1-800-621-3017.* ● *oldcastillo.com* ● *Juste devant le* Visitor Center. *Doubles 80-150 $ selon espace ; petit déj compris.* Édifiée en 1830, cette grande bâtisse en brique fut d'abord une auberge avant d'être transformée en pensionnat de jeunes filles, pour enfin redevenir un hôtel tenu par Mme Castillo, veuve d'un commandant de bateau à vapeur... Moins d'une dizaine de chambres de charme, décorées simplement avec du beau mobilier ancien, un sempiternel plancher qui craque et des balcons donnant sur la place centrale et le bayou Teche pour certaines (nos préférées). Romantique, calme et propre, mais trop cher compte tenu des petites rénovations qui s'imposent çà et là... À vous de voir. Accueil en français.

Où manger ?

Spécial petit déjeuner

⚍ **Danna's Bakery :** *207 E Bridge St (route LA 96).* ☎ *394-8465. Tlj 5h30-17h (5h30-12h30 dim). Env 5 $.* Ouverte depuis 1922, cette boulangerie-pâtisserie au cadre un peu banal propose d'alléchants *donuts, rolls, coo-kies*, etc., que l'on accompagne volontiers d'un café. Quelques tables à l'intérieur, idéales aussi pour une pause entre 2 visites.

⚍ Voir aussi ci-dessous : **Le Petit Paris Café.**

Bon marché

|●| *Le Petit Paris Café :* 116 S Main St (route LA 31). ☎ 394-7159. Tlj 6h30-17h (20h ven-sam ; 14h dim). Moins de 10 $. Installée dans une ancienne banque sur la place centrale, une gentille adresse dont la déco pimpante se veut un peu une fenêtre ouverte sur la France... Dans l'assiette, petite panoplie de savoureux plats cajuns équilibrés et pas gras du tout. Impec aussi à l'heure du petit déj avec d'intéressantes formules spéciales ; musique *jazzy* et sourire de la patronne en prime.

|●| *Café Oaks :* 211 E Bridge St (route LA 96). ☎ 394-8384. Mar-sam 10h30-14h30 ; jeu-sam 17h-19h ; fermé dim-lun. Moins de 10 $. Dans une vieille maison en bois, ce resto tout cosy sert de bons petits plats cajuns équilibrés (de la verdure, enfin !), pas trop gras ni trop sucrés, et dont les goûts honorent la tradition culinaire du cru. Le menu du midi est vraiment une affaire et un petit moment de plaisir à lui seul ! Également bon choix de salades, sandwichs et burgers, dont on se régale sur les quelques tables ou dans le charmant patio derrière la maison. Un resto comme on aimerait en débusquer plus souvent en Louisiane.

À voir

🍴 *Acadian Memorial :* 123 rue du Nouveau-Marché (S New Market St). ☎ 394-2258. ● acadianmemorial.org ● Face au Visitor Center. Tlj 10h-16h. Entrée : env 2 $; réduc. « Un peuple sans passé est un peuple sans futur. » Le ton est donné : pas un musée, ni une exposition, mais un mémorial qui rend hommage à tous les Acadiens, hommes, femmes et enfants confondus, qui furent martyrisés par les Anglais et victimes du « Grand Dérangement ». Une fresque murale évoque cet épisode tragique de l'histoire et un système audio y présente en français les principaux personnages. Également un « mur des noms », où figurent 3 000 personnes déportées (beaucoup de noms typiquement français, évidemment). S'il semble modeste, ce mémorial est important par le fait qu'il existe tout simplement, ce qui implique la reconnaissance officielle de cette tragédie. Quelques reproductions de tableaux sur la période complètent la visite, avec des explications en français. Tous les ans, le 3e samedi de mars, se tient ici le très animé *Acadian Memorial Festival...*

🍴🍴 *African American Museum :* 123 S New Market St. ☎ 394-2250. Face au Visitor Center. Tlj 10h-16h. Entrée : env 2 $; réduc.
Petit musée passionnant qui raconte toute l'histoire des esclaves africains de la région. Originaires pour la plupart du Mali, Ghana et Sénégal, ils étaient souvent « stockés » sur l'île de Gorée, au large de Dakar (Sénégal), en attendant d'être embarqués sur des bateaux négriers voguant vers l'Amérique. Le voyage durait 5 à 12 semaines dans des conditions atroces, et les survivants étaient jetés dans l'enfer des plantations... Peintures, photos, gravures et autres objets (bracelets, instruments de musique...) racontent la suite des événements : l'émergence des « gens de couleur libres » et leur engagement dans la guerre civile américaine, puis la naissance d'une identité créole.
Parallèlement, une autre section du musée raconte, à grand renfort de panneaux particulièrement explicatifs, l'odyssée des Acadiens : de l'Acadie des origines à la Louisiane de nos jours...

🍴 *Saint-Martin-de-Tours Church :* 210 Evangeline Blvd, au cœur de la place centrale. Élevée en 1765, c'est l'une des plus anciennes de Louisiane. Mignonnette comme tout. Intérieur fortement retapé et assez kitsch. Ne manquez pas cette reproduction absolument ringarde de la grotte de Lourdes, d'après une photo du XIXe s ! Pendant plus de 2 siècles, la grand-messe fut dite en français. Cette tradition a disparu, les curés suivants n'étant qu'anglophones. Tout fout le camp !

🍴 *The presbytery :* sur la place centrale, à droite de l'église. Cette grande bâtisse à colonnes de style *Greek revival* abrite aujourd'hui le palais de justice (*Court*

LE PAYS CAJUN ET LES BAYOUS

House). Sur le fronton, les 5 drapeaux flottant au vent évoquent les différents pays qui régirent la Louisiane. Noter celui de la royauté française avec ses fleurs de lys et un autre, plus connu, de la République française...

🎋 *Evangeline Statue : dans le minuscule cimetière, juste derrière l'église en la contournant par la gauche.* Cette jolie statue, dont on voit des reproductions partout, fut offerte à la ville par la grande actrice Dolores Del Rio, qui joua le rôle d'Evangeline, l'héroïne du poème de Longfellow dans un film muet en 1929...

🎋 *Le Petit Paris Museum : 103 S Main St, sur la place centrale, à gauche de l'église.* ☎ *394-7334. Tlj 9h30-16h30. Entrée : 2 $.* Jolie demeure créole livrant un modeste musée à l'étage (commentaires en français), où l'on voit surtout des costumes rutilants portés lors du Mardi gras 1984 par les descendants des familles les plus en vue de la ville. Le thème était alors : « Le mariage des filles de la famille Durant », qui eut lieu en 1870... Nos lecteurs belges remarqueront dans un coin un invité surprise : un Gilles du carnaval de Binche !

🎋 *Evangeline Oak : au bord du bayou Teche, face au* Visitor Center. Ce deuxième plus vieux chêne des États-Unis a été immortalisé par le poète Henry Longfellow. Selon la légende, c'est ici que se retrouvèrent Evangeline et Gabriel au bout de 3 ans de séparation, après avoir été chassés de la Nouvelle-Écosse par les Anglais... Bel endroit pour une rencontre !

🎋 *Les jolies maisons :* construit en 1792, l'*hôtel Old Castillo* était une auberge pour les voyageurs circulant sur le bayou (voir « Où dormir ? »). Et puis, en bordure de la place centrale, le *Duchamps Opera House (201 S Main St),* construit dans les années 1830 dans les styles français et espagnol, avec sa double galerie et sa série de colonnettes. Ce fut longtemps le théâtre de la ville, et c'est aujourd'hui une boutique d'artisanat régional.

Fête

– *La Grande Boucherie des Cajuns : grand événement se déroulant le dim avt le Mardi gras.* On tue le cochon, et c'est l'occasion pour tout le village de se retrouver dans une ambiance chaleureuse. Orchestres de musique cajun, expositions d'objets artisanaux réalisés par les villageois. Une vraie fiesta ! Son origine remonte au XVIIᵉ s. À l'époque, il n'y avait pas de frigo : tuer un cochon pour une famille représentait souvent une charge trop lourde et l'obligation de saler tout de suite. On prit donc l'habitude, entre familles, pour avoir de la viande fraîche plus souvent, de tuer la bête chacun son tour et de distribuer les morceaux aux autres. Mais ce qui était chouette, c'est que tout le monde participait à la « Boucherie », créant ainsi une solidarité et un esprit de coopération bien particuliers. Cette tradition reste très vivante à Saint Martinville.

➤ DANS LES ENVIRONS DE SAINT MARTINVILLE

🎋 *Longfellow – Evangeline State Historic Site : 1 200 N Main St (route LA 31).* ☎ *394-3754 ou 1-888-677-2900.* ● *crt.state.la.us/parks* ● *Depuis la place centrale, prendre Main St (route LA 31) vers le nord ; c'est env 1 mile plus loin sur la droite. Tlj 9h-17h. Entrée : 2 $; gratuit moins de 12 ans.* D'abord, une belle expo relate le « Grand Dérangement », puis la vie quotidienne des immigrés acadiens dans leur nouveau pays : la Louisiane. On y découvre leur culture et leurs métiers à travers une foule d'objets, outils, photos, gravures... Ensuite, rendez-vous dans le joli parc boisé en bordure du bayou Teche pour explorer une authentique maison de planteur construite en 1815, la *Maison Olivier* (demandez la brochure de visite en français), vraiment intéressante car on en voit assez peu de ce style « franco-caraïbocréole ». Mobilier traditionnel assez rustique jusque dans les dépendances... À quelques pas de là, voici la *ferme* avec son four, sa grange, sa charrette, sa prairie et... de vraies vaches ! Enfin jetez donc un coup d'œil sur la maison en bois traditionnelle des bayous...

🍴 *The Oak and Pine Alley :* à 2 miles de Saint Martinville. Depuis la place centrale, prendre la route LA 96 vers l'est, c'est sur la droite (panneau). Si c'est votre route, arrêtez-vous un instant pour jeter un œil à cette belle allée de chênes et de pins, longue de près de 1 mile, qui fut plantée par un certain Charles Durand, cultivateur de canne à sucre. Le lieu en appelle à une bien curieuse légende, lisez donc le panneau... Au bout, demi-tour : c'est privé !

🍴🍴 🚶 *Lake Fausse Pointe State Park :* 5400 Levee Rd (route LA 352). ☎ 229-4764 ou 1-888-677-7200. ● crt.state.la.us/parks ● À env 20 miles de Saint Martinville. Depuis la place centrale, prendre la route LA 96 vers l'est (franchir le pont) sur env 3 miles, puis tourner à droite sur la LA 679 et faire 4 miles avt de prendre à gauche la route LA 3083 jusqu'au bout (4 miles) ; suivre ensuite à droite la LA 352 qui longe la digue ; l'entrée du parc est 8 miles plus loin, sur la gauche. Tlj 6h-21h (22h ven-sam). Entrée : env 1 $. C'est un superbe parc noyé dans une végétation généreuse, au bord d'un gentil lac, avec plein d'oiseaux... et de crocos évidemment ! Pour l'explorer, 3 sentiers pédestres sont à votre disposition, et on peut aussi louer des canoës (env 20 $/j.) et ainsi pagayer sur des circuits bien balisés. Sur place, également des aires de pique-nique-barbecue et des jeux pour les enfants.

⛺ 🏠 *Camping et Cabins :* le parc dispose d'un agréable camping pour planter sa tente à la fois sous les arbres et à côté du lac ; avec sanitaires communs impeccables (emplacement : environ 1 $/j./personne, résa obligatoire). Et pour jouer aux vrais trappeurs, voici des maisonnettes sympas (6-8 personnes) sur pilotis à louer en bord de lac. Nickel et bon confort : 2 chambres, salon, cuisine, salle de bains et cheminée (environ 90 $/j.). Prévoir linge de maison, nourriture et répulsif antimoustiques.

🚶🚶🚶 *Lake Martin :* à slt 10 miles de Saint Martinville. Voir précédemment le chapitre « Dans les environs de Breaux Bridge ».

NEW IBERIA
35 000 hab.   IND. TÉL. : 337

Elle est la seule commune de Louisiane à avoir été fondée par les Espagnols, en 1779. Bientôt rejoints par une foule d'Acadiens, les premiers habitants de Nueva Iberia sont vite assimilés par cette généreuse communauté francophone... Aujourd'hui, l'agglomération vit de l'exploitation industrielle de la canne à sucre, du pétrole et du sel. Gentille ville à défaut d'être vraiment jolie, les routards y trouvent leur compte en découvrant les belles maisons anciennes de Main Street, les agréables rives du bayou Teche, sans oublier les quelques points d'intérêt dans les environs... Et si les soirées n'offrent souvent rien d'autre à faire que de se scotcher devant sa TV au motel, on peut aussi se plonger en frissonnant dans un des polars écrits par la gloire locale, l'écrivain *James Lee Burke* (voir la rubrique « Livres de route »).

Arriver – Quitter

En voiture

Si vous avez des ronds, c'est vraiment le moyen de transport le plus pratique pour se rendre à New Iberia, circuler en ville, explorer les alentours et poursuivre votre

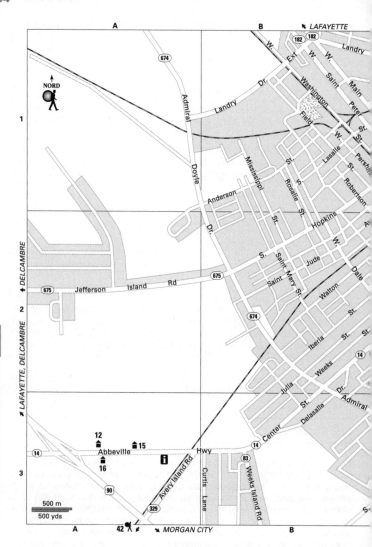

NORD

A   B   ↖ *LAFAYETTE*

← *DELCAMBRE*

↙ *LAFAYETTE, DELCAMBRE*

500 m
500 yds

42   ↙   ↖ *MORGAN CITY*

■ **Adresses utiles**

  ℹ Visitor Center
  ✉ Post Office
  🚉 Gare ferroviaire Amtrak
  @ **2** Iberia Parish Library
  3 Iberia Medical Center
  ✤ **4** Surplus Plus

🛏 **Où dormir ?**

  12 Days Inn

13 Teche Motel
14 The Inn of Iberia
15 Best Western
16 Holiday Inn
17 Estorge-Norton
    House B & B

🍴 🍷 **Où manger ?**

20 Seafood Connection

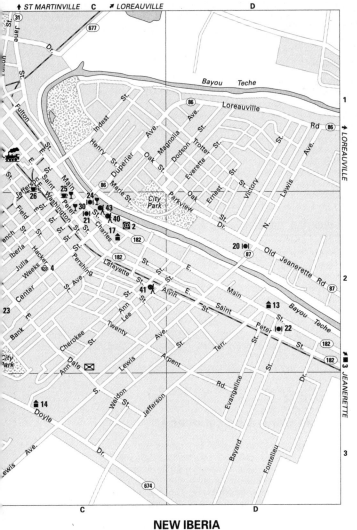

NEW IBERIA

21 Lagniappe Too Café
22 Bon Créole
23 Duffy's Diner
24 Bojangles et Clementine
25 Victor's Cafeteria
26 Coffee Break Café

🍷 **Où boire un verre ?**

24 Bojangles et
   Clementine

25 Napoleon's et Bourbon
   Hall
30 Carabella's

🎭 **À voir**

40 Shadows on the Teche
41 Konriko Rice Mill
42 Avery Island, l'usine Tabasco
   et Jungle Gardens
43 Sliman Theatre

voyage en pays cajun. Et plutôt que d'emprunter la route US 90, on vous conseille franchement la route LA 182, plus campagnarde et tranquille. Elle traverse de gentils patelins au charme souvent désuet, du genre de ceux qu'on voit dans les films : Jeanerette, Franklin, Morgan City...

En train

🚆 **Gare ferroviaire Amtrak** (plan C1) : Rail Rd (à l'angle de Washington St et Hopkins St). ☎ 1-800-872-7245. ● amtrak.com ● Il s'agit juste d'une petite station sans vraiment de guichet ni aucun service, où le train marque un court arrêt en passant. Pour infos et résa, les contacter par téléphone ou Internet.

➤ La ligne *Amtrak Sunset Limited* reliant **Orlando** (Floride) à **Los Angeles** (Californie) dessert New Iberia les lun, mer et ven vers 14h50 en direction de Los Angeles, avec des arrêts à **Lafayette, Lake Charles, Houston** et **San Antonio** (Texas), sans oublier **Tucson** (Arizona)...

➤ Dans l'autre sens, en direction d'Orlando, on grimpe dans le train les mar, ven et dim vers 12h, avec ensuite des arrêts à **Schriever** (Houma/Thibodeaux), **New Orleans,** puis notamment **Pensacola** et **Tallahassee** (Floride)...

Adresses utiles

ℹ **Visitor Center** (plan A3) : 2513 Hwy 14. ☎ 365-1540 ou 1-888-942-3742. ● iberiatravel.com ● Tlj 9h-17h. Plan de la ville et une foule de doc sur la région. Procurez-vous leur brochure *Discover Iberia*, ainsi que les coupons de réduc qu'ils éditent, sans oublier le dépliant pour visiter soi-même à pied le centre historique. Accès Internet gratuit sur place.

✉ **Post Office** (plan C2) : 817 E Dale St.

☎ 364-6972. Tlj sf dim 8h30-16h (8h30-12h sam).

@ **Internet** (plan C2, **2**) : à la **Iberia Parish Library** (bibliothèque municipale), dans le Civic Center, 445 E Main St (route LA 182). ☎ 364-7024. Lun-sam 8h30-20h ; (17h30 ven-sam) ; dim 13h30-17h30. Connexions gratuites.

■ **Iberia Medical Center** (hors plan par D2, **3**) : 2315 E Main St (route LA 182). ☎ 364-0441.

Où dormir ?

De bon marché à prix moyens

🛏 **Teche Motel** (plan D2, **13**) : 1829 E Main St (route LA 182). ☎ 369-3756. Double env 40 $. CB refusées. Au cœur d'un agréable petit parc aménagé au bord du bayou Teche, ce motel propose des chambres sommaires (salle de bains, TV, AC et basta !), mais plutôt propres, installées dans plusieurs maisonnettes en bois. Équipements vieillots, mais bon accueil. Une adresse routarde, comme il y en a trop peu aux

States, et certainement la meilleure affaire de la ville.

🛏 **The Inn of Iberia** (plan C3, **14**) : 924 E Admiral Doyle Dr (route LA 674 ; à l'angle avec Ann St). ☎ 367-3211. Double env 50 $; 4 pers : 60 $; pas de petit déj. Gentil motel donnant sur une belle pelouse avec piscine. Chambres nickel et confortables : salle de bains, AC, TV, téléphone... Une bonne option pour les petits budgets.

Chic

🛏 **Estorge-Norton House Bed and Breakfast** (plan C2, **17**) : 446 E Main St (route LA 182). ☎ 365-7603. Doubles 80-100 $ selon espace et équi-

pement ; 20 $/pers supplémentaire ; petit déj compris. En plein centre, cette jolie maison construite en bois de cyprès au début du XXe s offre 3 belles chambres décorées dans le style *country* avec un goût assuré : boiseries, vieux meubles... L'une d'elles, sous les toits, est un véritable appartement (avec cuisine) plein de charme. Adresse non-fumeurs. Bon accueil.

≜ *Best Western* (plan A3, **15**) : 2714 Hwy 14. ☎ 364-3030. ● *bestwestern.com* ● *Internet gratuit. Juste à l'entrée de la ville, sur la gauche, en arrivant par la route US 90. Doubles 75-95 $ selon affluence ; 10 $/pers supplémentaire ; gratuit moins de 12 ans ; petit déj compris.* Dans un coin sans charme, un motel de chaîne comptant une centaine de chambres impeccables et tout confort. Quelques suites plus chères avec jacuzzi. Jolie piscine dans le jardin.

≜ *Holiday Inn* (plan A3, **16**) : 2915 Hwy 14. ☎ 367-1201 ou 1-800-HOLIDAY. ● *holiday-inn.com/newiberia la* ● *Juste à l'entrée de la ville, sur la droite, en venant de la route US 90. Double env 90 $; 4 pers : 100 $; petit déj inclus.* Si l'approche n'est pas terrible, les chambres, elles, sont toujours impeccables et offrent les standards qui font la réputation du confort US. Demandez-en une donnant sur la piscine. Resto sur place. Une adresse assez banale, mais bonne quand même.

≜ *Days Inn* (plan A3, **12**) : 611 Queen City Dr. ☎ 560-9500. ● *daysinn.com* ● *Juste à l'entrée de la ville, sur la gauche de la route LA 14, en venant de la route US 90. Double env 82 $; 10 $/pers supplémentaire.* Dans ce quartier sans intérêt, mais à quelques minutes en voiture du centre historique, un motel tout à fait standard dans son confort (salle de bains, AC, TV, cafetière...) et sa propreté absolument sans faille. Micropiscine. Du fonctionnel et rien d'autre, mais un bon plan quand même pour ronfler.

Où manger ?

Spécial petit déjeuner

☕ *Victor's Cafeteria* (plan C2, **25**) : 109 E Main St (route LA 182). ☎ 369-9924. *Tlj 6h30-14h (6h30-10h sam). Moins de 10 $.* En plein centre-ville, ce resto-cafétéria propose d'excellents petits déj à composer soi-même selon l'humeur et l'appétit du moment. On commande au comptoir et on vous sert ensuite dans la grande salle toute simple, fréquentée en masse par des habitués de tous milieux sociaux. À midi, ils proposent aussi de bons petits plats cajuns pas chers.

☕ *Coffee Break Café* (plan C1, **26**) : 241 W Main St (route LA 182 ; à l'angle de Jefferson St). ☎ 560-9919. *Tlj sf dim 7h (8h sam)-16h. Env 5 $.* Sans prétention servant *muffins, scones* et autres *cookies,* que l'on s'enfile avec un *espresso.* Également des sandwichs et salades à avaler à l'heure du *lunch.*

Prix moyens

🍴 *Lagniappe Too Café* (plan C2, **21**) : 204 E Main St (route LA 182 ; à l'angle de Julia St). ☎ 365-9419. *Lun-ven 10h-14h ; ven-sam 18h-21h ; fermé dim. Plats 7-20 $.* Attablé dans cette gentille salle coquette comme une maison de poupées, on est vraiment ravi de changer un peu du régime cajun pur et dur et de pouvoir se régaler de salades, quiches, sandwichs et autres plats à base de viandes et *seafood,* préparés avec un soin exquis. Un excellent resto doublé d'un bon rapport qualité-prix.

🍴 *Seafood Connection* (plan D2, **20**) : 999 Parkview Dr (route LA 87). ☎ 365-2454. *Remonter Lewis St et tourner à gauche après avoir franchi le bayou. Tlj 16h-23h. Plats 5-12 $.* On a bâfré sans compter dans cette cantoche où coquillages et crustacés dansent sur les murs blancs. Dans l'assiette, voici de savoureux poissons, crabes, crevettes, huîtres et, en saison, des écrevisses au court-bouillon pour un prix dérisoire. Un resto accueillant et sans prétention, fréquenté par une clientèle familiale béate devant la TV géante.

l◉l *Bon Créole* (plan D2, *22*) : *1409 E Saint Peter St (route LA 182)*. ☎ 367-6181. *Tlj 11h-21h (11h-14h dim)*. *Plats 5-12 $*. Un resto dont la salle rappelle un peu la maison d'un trappeur bardée de trophées de chasse. Côté cuisine, on vient surtout ici pour les bons sandwichs *po-boys*, un peu gras mais pas trop ! Également d'excellents *gumbos*, *seafood*, burgers, et puis les intéressan-tes et copieuses assiettes du jour, servies à midi en semaine.

l◉l *Duffy's Diner* (plan C2, *23*) : *1106 Center St (route LA 14)*. ☎ 365-2326. *Tlj 10h-21h (21h30 sam-dim)*. *Plats 4-15 $*. Un resto propret dont l'ambiance séduira les nostalgiques des années 1950. À la carte, spécialités typiques des *diners* : burgers, sandwichs, salades, etc. ; parfois revus à la sauce cajun pour plus de goût.

Chic

l◉l *Bojangles* (plan C2, *24*) : *101 E Main St (route LA 182)*. ☎ 369-5259. *Tlj sf dim 11h-14h et 17h-22h*. *Env 20 $*. N'est-il pas étonnant de manger japonais dans cette ville perdue en plein cœur de la Louisiane ? Pour se soustraire un peu au régime cajun, voici donc de beaux *rolls*, sushis et sashimis préparés sous vos yeux par une brochette de cuistots et servis dans une ambiance *lounge* décalée, à l'intérieur de cette vieille maison en brique avec balcon en fer sur pilotis. Vraiment excellent et original.

l◉l *Clementine* (plan C2, *24*) : *113 E Main St (route LA 182)*. ☎ 560-1007. *Lun-ven 11h-14h ; mar-sam 18h-21h (22h ven-sam) ; fermé dim*. *Env 30 $*. *Musique live ven et sam soir*. Avec son cadre raffiné et porté haut en couleur par de jolies toiles de peintres locaux, ce resto honore la mémoire de Clementine Hunter, artiste peintre du début XXe s... Côté fourneaux, la cuisine est inventive et réussie, toujours réalisée avec les produits frais du cru. Également des sandwichs et salades pour les fauchés. Certainement la meilleure table en ville.

Où boire un verre ? Où sortir ?

🍸 Le *Napoleon's* (*129 W Main St ; plan C2, 25*) et, juste à côté, le *Bourbon Hall*, sont fréquentés par la jeunesse braillarde qui picole joyeusement. Sur place, quelques billards et des écrans TV pour ceux qui s'ennuient, et souvent des groupes de musique live le week-end. Clientèle un brin moins jeune, mais tout aussi déterminée à en découdre avec la *nightlife* au *Carabella's* (*109 Iberia St ; plan C2, 30*), également très fréquenté en fin de semaine. *Bojangles* (*101 E Main St ;* plan C2, *24*) est un resto-*lounge* un peu plus chic que les précédents, proposant cocktails, vins, bières, etc. dans une ambiance de néons colorés design... Enfin, toujours dans le registre du chicos et décontracté, le bar du resto *Clementine* (*113 E Main St ; plan C2, 24*), tout en couleurs avec ses peintures d'artistes locaux, offre un bon moment pour siroter un verre en écoutant des concerts de musique live le week-end...

À voir

🎥🎥 *Shadows on the Teche* (plan C2, *40*) : *317 E Main St (route LA 182 ; à l'angle de Center St – route LA 14)*. Ticket Office *juste en face : 320 E Main St*. ☎ 369-6446 ou 1-877-200-4924. ● *shadowsontheteche.org* ● *Tlj 9h (12h dim)-16h30*. Visite guidée (durée : 1h) ttes les 30 mn : 10 $; enfants 6-17 ans : 6,50 $. Dépliant en français, et parfois guide francophone (se renseigner). Plantée au bord du bayou Teche, cette maison fut construite en 1834 dans le style *Greek revival* par un riche planteur de canne à sucre qui utilisa l'argile du bayou pour mouler ses briques... À l'époque, près de 200 esclaves travaillaient dans la plantation, qui cessa de fonctionner quand les terres furent vendues après la guerre civile. La maison, elle, demeura dans la même famille pendant 4 générations, conservant ainsi nombre de documents, vaisselle, vêtements, mobilier d'origine, etc. ; bref, toute sa mémoire. À l'intérieur, on visite les parties communes (cuisine...) au rez-de-chaussée et les pièces privées à l'étage, que l'on rejoint par un escalier situé à l'extérieur pour économiser de la place. Chambres pleines de charme,

UN ANCIEN REPAIRE DE *PEOPLE*

La maison fut entièrement rénovée par William Weeks Hall, arrière-petit-fils du premier proprio et artiste peintre qui vécut ici dès 1922, après ses études aux Beaux-Arts de Paris. Il y invita des personnalités du show-biz, comme Cecil B. De Mille, D.W. Griffith, Walt Disney ou encore Henry Miller. Ce dernier consacra d'ailleurs un chapitre à cette maison dans son livre Le Cauchemar climatisé...

notamment celle avec sa méridienne, sa chaise percée, son escabeau pour se hisser dans le lit, sa cheminée en faux marbre noir et sa grosse boîte à pharmacie (la femme du planteur prodiguait des soins à ses esclaves). Également les chambres des enfants avec une amusante maison de poupées et une baignoire atypique... À l'extérieur, on explore un joli parc ombragé de superbes chênes et fleuri d'azalées et de camélias. Bref, une visite intéressante et pas trop longue, qui apporte son lot d'infos originales.

🦵 **Sliman Theatre** (plan C2, **43**) : 129 E Main St (route LA 182). Avec sa jolie façade Art déco, cet ancien cinéma propose parfois des concerts de musique cajun (se renseigner).

🦵 **Konriko Rice Mill** (plan C2, **41**) : 301 Ann St (à l'angle de Saint Peter St – route LA 182). ☎ 367-6163 ou 1-800-551-3245. ● konriko.com ● Visite guidée (durée : 45 mn) tlj sf dim à 10h, 11h, 13h, 14h et 15h ; 4 $; réduc. Guide francophone parfois. C'est le plus ancien moulin à riz d'Amérique, fonctionnant en continu depuis 1913. Situées à une quarantaine de miles de New Iberia, les rizières sont semées par avion (!) en avril, et la récolte du riz a lieu en août. Le reste du temps, les planteurs utilisent leurs champs inondés pour élever les écrevisses... Dans ce grand bâtiment pittoresque en tôle, on ôte l'enveloppe du grain de riz avec une curieuse machine antique, pour ensuite le trier et l'empaqueter. Ici, le riz est toujours transformé d'une façon traditionnelle, sans utiliser les cuissons rapides par haute pression. C'est pourquoi *Konriko* est la marque la plus réputée pour la préparation des plats cajuns. L'enveloppe sert de nourriture pour les poules. Une visite rapide mais un peu décevante, car on passe trop de temps devant un film sur les Cajuns et leur culture, qui vous explique enfin (!) le processus suivi par le grain de riz depuis les champs inondés jusqu'à l'assiette... Boutique et dégustation sur place.

Achats

✇ **Surplus Plus** (plan C2, **4**) **:** 600 Center St (route LA 14). ☎ 367-3064. Tlj sf dim 9h-17h30 (16h30 sam). On y trouve tout le matériel nécessaire pour partir crapahuter dans la campagne et les bayous de Louisiane : vêtements, chaussures et accessoires militaires. Séduira aussi les *fashion victims* !

➤ *DANS LES ENVIRONS DE NEW IBERIA*

🦵 **Avery Island** (hors plan par A3, **42**) : à 11 miles au sud-ouest de New Iberia par la route LA 329 (panneaux depuis la route LA 14). Tlj 9h-17h. Entrée : 1 $. Cette petite île privée est en fait une colline créée par la remontée d'une mine de sel. Accès possible en voiture, limité seulement à l'usine Tabasco et aux Jungle Gardens.

🍴 *L'usine Tabasco (hors plan par A3, 42) :* sur Avery Island. ☎ 1-800-634-9599. ● *tabasco.com* ● *Tlj 9h-16h. Visite guidée gratuite ttes les 30 mn (durée : 20 mn).* Créé sur Avery Island en 1868 par Edmund McIlhenny, un banquier passionné de culture maraîchère, le Tabasco est une sauce pimentée connue dans le monde entier. Son nom est celui d'une ville mexicaine, trouvée au hasard sur un atlas ; ça sonnait bien, c'est ce qui comptait ! La recette se compose principalement de piments très forts, de vinaigre blanc et de sel, enfermés dans une petite bouteille... rouge.
La visite de l'usine se résume en fait à un film de quelques minutes où l'on suit tout le processus de fabrication du Tabasco : de la culture du fameux piment en Amérique centrale et du Sud, à la mise en bouteille, en passant par le broyage, le salage, la macération... Si les dernières minutes du film apparaissent comme de la pub, on y apprend aussi que la récolte des fameux piments se fait à la main, en utilisant un outil appelé « baton rouge », genre de tige permettant de ne cueillir que ceux à la maturité voulue... Ensuite, on observe derrière une vitre le travail à la chaîne des employés *(lun-jeu slt)* qui remplissent 700 000 bouteilles par jour ! Une visite pas franchement passionnante, mais qui peut intéresser les fanas de cette sauce. Grande boutique à côté où l'on peut acheter toute la gamme Tabasco et plein de produits dérivés étonnants...

🚶🚶 🐾 *Jungle Gardens (hors plan par A3, 42) :* sur Avery Island. ☎ 369-6243. *Tlj 9h-17h. Entrée : 6,25 $; enfants : 4,50 $. Plan du site avec ttes les infos à la caisse. Prévoir un répulsif anti-insectes.* C'est un superbe parc à parcourir en voiture sur une grande boucle longeant le bayou Petite Anse et parsemée de plans d'eau. On s'arrête quand on veut pour se balader et admirer sans compter de nombreux échassiers et oiseaux protégés, quelques cerfs et alligators, mais surtout une très grande diversité d'arbres et de plantes de tous les continents... Dans ce charmant petit coin de nature tropicale planté de cyprès largement centenaires, on découvre aussi un étonnant bouddha enfermé dans sa pagode, dominant une jolie mare. Également une tour d'observation devant un énorme étang où nichent des oiseaux aquatiques...

🍴 *Rip Van Winkle Gardens and House (hors plan par A3) :* à Jefferson Island. ☎ 359-8525 ou 1-800-375-3332. ● *ripvanwinklegardens.com* ● *À env 10 miles au sud-ouest de New Iberia, prendre la route LA 14 en direction de Delcambre ; c'est sur la droite (panneau). Tlj 9h-17h. Visite guidée (durée : 30 mn) de la maison ttes les heures : 10 $; 8-18 ans : 8 $; gratuit moins de 8 ans. Entrée jardins seuls : 5 $.* Cette maison fut construite en 1870 dans le style victorien par un acteur de théâtre américain, Joseph Jefferson, qui donna à sa plantation le nom d'un personnage qu'il incarna sur scène 4 500 fois... Elle est superbe et recèle quelques aménagements ingénieux, comme ce puits pour évacuer la chaleur au centre du hall d'entrée... Si la déco est un mélange de styles gothique et *Old South*, les différentes pièces, avec leurs meubles du XVIIIe s, sont vraiment belles, et la vaisselle magnifique... Au bord du lac, le parc est lui aussi très agréable : massifs de fleurs rares, chênes admirables, cyprès, bambous, volières, écureuils, paons... L'un des derniers proprios, Jack Bayless, pilote de guerre puis à la *Pan Am,* est à l'origine de ce joli jardin... Compter 2h30 pour un tour complet et la possibilité d'y pique-niquer.

🏠 *Cottages :* résa obligatoire car souvent complet. Slt 3 beaux cottages (2-4 pers) confortables sont à louer dans la propriété à prix déments : 150 $; breakfast *inclus.*
🍽 *Café Jefferson :* à proximité de la caisse. Tlj 11h-14h. Plats : 5-15 $. Si crapahuter dans ce jardin vous a ouvert l'appétit, pourquoi ne pas déjeuner ici d'un sandwich, *gumbo,* salade ou autres plats du jour goûteux.

À faire

Balade dans les bayous

🏃🏃🏃 🕴 *Lake Martin :* voir plus haut « Dans les environs de Breaux Bridge ».

🏃🕴 🕴 *Lake Fausse Pointe State Park :* voir plus haut « Dans les environs de Saint Martinville ».

Aller à la plage

🕴 ⌂ *Cypremont Point State Park :* 306 Beach Lane. ☎ 867-4510 ou 1-888-867-4510 (n° vert). ● crt.state.la.us/parks ● À env 20 miles au sud de New Iberia, par la route LA 83, direction Weeks, puis à droite sur la LA 319. Tlj 7h-21h. Entrée : 1 $. Ouverte sur *Vermilion Bay* et le golfe du Mexique, la plage de ce petit parc invite forcément au farniente et à la baignade. Également quelques aires de pique-nique ombragées en bord de mer (pas de nourriture sur place).

🛏 *Cabins :* le parc loue aussi plusieurs maisons sympas (8 personnes) sur pilotis avec vue imprenable sur la mer. Résa obligatoire. Nickel et tout confort : 2 chambres, salle de bains, grand séjour, cuisine, terrasse avec moustiquaire (environ 90 $/j.). Prévoir linge de maison, nourriture et répulsif antimoustiques.

ABBEVILLE 12 000 hab. IND. TÉL. : 337

Ici, on se croirait presque en France ! Sans doute est-ce dû au petit centre-ville animé, autour de la charmante place Magdalen Square : belle église en brique dont on voit la flèche de loin, mignonnes maisons, hôtel de ville (en français sur la façade !), Washington Street (sous-titrée « rue du Bas-de-Ville »), joli théâtre, etc. Rien de spécial, si ce n'est justement cette atmosphère de petite ville provinciale, lovée au bord du bayou Vermilion, qui ne semble pas avoir trop souffert de l'américanisation...

Arriver – Quitter

➤ *La voiture* est le seul moyen d'y accéder. Abbeville se trouve à une vingtaine de miles à l'ouest de New Iberia par la route LA 14 ; prendre à gauche quand celle-ci se dédouble pour atteindre le centre historique. Même distance depuis Lafayette, d'où l'on prend la route US 167 vers le sud-ouest.

Où manger ?

|●| *Dupuy's Oyster Shop :* 108 S Main St (à l'angle de Pere Megret St). ☎ 893-2336. Tlj sf dim-lun, 11h-14h et 19h-21h (22h ven-sam). Plats 7-16 $. Ouvert à la fin du XIXᵉ s, ce bar à huîtres est bien réputé en ville. Spécialités de poisson et *seafood* à prix honnête, avec de belles assiettes complètes (*Dupuy's Platters*), des salades, soupes, *poboys*... Les plats du jour (*lunch specials*) sont une bonne affaire. Atmosphère assez intime.

|●| *Black's Oyster Bar :* 319 Pere Megret St (à l'angle de Main St). ☎ 893-4266. Plats dès 7 $. Face à l'église, cette façade antique couleur rouille abrite un

resto réputé pour ses huîtres (oysters) délicieuses et vraiment abordables. On peut enfin en manger crues (demander on the half shell), sans la sempiternelle friture iconoclaste ! Sinon, de bons po-boys pour les fauchés, de l'alligator et, en saison, de sublimes écrevisses, servies dans des bassines ! Une excellente adresse, récemment rénovée.

FRANKLIN

41 900 hab.   IND. TÉL. : 337

Cette petite ville méconnue, qui vit essentiellement de la canne à sucre, offre aux visiteurs un quartier historique intact avec une église de style baroque, quelques traces de l'influence espagnole et de très belles maisons construites avant la guerre civile sur Main Street, la rue centrale arborée... Un coin vraiment idéal pour se détendre entre deux *highways* !

Arriver – Quitter

➤ **La voiture** est le seul moyen d'y accéder. Franklin se trouve à 25 miles au sud-est de New Iberia par la route LA 182. Depuis Houma, prendre la route LA 182 vers l'ouest, ou bien la route US 90 West, et bifurquer à droite sur la LA 182 après Patterson.

Où dormir ? Où manger ?

🛏 |●| *Best Western Forest Inn* : 1909 Main St. ☎ 828-1810 ou 1-800-WESTERN. ● bestwestern.com ● Wi-fi. À la sortie nord de la ville. Double env 90 $, petit déj inclus. Resto tlj sf dim 5h30-21h30. Lunch buffet : 10 $. Sur la route entre Lafayette et Houma, Franklin s'avère un point de chute judicieux. Malgré son architecture de caserne, ce motel de chaîne propose des chambres spacieuses, confortables et très bien tenues. Piscine centrale entourée de fleurs. Côté resto : bonne cuisine couleur locale avec portions généreuses. Déco banale, mais formule intéressante le midi.

🛏 Parmi les magnifiques maisons anciennes de Main Street, l'une d'elles est en fait un *B & B* chicos, **Hanson House** : 114 E Main St. ☎ 828-3217. Double env 125 $; petit déj compris.
|●| *Iberia Street Cashgros* : 503 Iberia St. ☎ 868-0392. Dans la rue juste à droite de l'église. Moins de 10 $. Ouvert en 1963, ce snack-musée est tenu par un vieux Cajun francophone très sympa. Dans cette petite salle pittoresque où sont exposés de nombreux objets anciens, on dévore pour trois fois rien d'honnêtes sandwichs, *po-boys*, burgers, etc., en faisant un gentil brin de causette.

HOUMA

34 000 hab.   IND. TÉL. : 985

À seulement une heure de route de La Nouvelle-Orléans, Houma – du nom d'une tribu indienne – est située au cœur de la région des bayous. C'est une ville très étendue, dispersée même, sans caractère particulier, où il est nécessaire d'avoir une voiture pour circuler. On y découvre tout de même un embryon de centre historique, concentré sur Main Street, entre Church et Gabasse Streets, et puis quelques beaux bâtiments de brique, avec un petit côté conquête de l'Ouest mais peu d'animation...

Ici, c'est plutôt la nature ingrate qui a le dessus, car l'homme doit cohabiter avec les rivières, les marais et la mer ; un environnement étonnant qu'il est possible d'explorer en bateau lors d'excursions guidées dans les bayous.

Parmi les habitants de Houma, beaucoup sont des Cajuns francophones ; et parmi ceux-ci, pas mal tiennent des *B & B* où il est vraiment intéressant d'aller dormir. L'accueil chaleureux et l'immersion immédiate dans cette culture généreuse liée aux bayous demeurent en fait les véritables charmes de cette ville...

LE DERNIER COMBAT DES INDIENS HOUMAS

Dans la région, on dénombre près de 10 000 Indiens houmas, qui sont toujours en bagarre avec le pouvoir fédéral pour la reconnaissance des droits spécifiques accordés aux nations indiennes. Souvent pêcheurs, ils vivent dans des maisons de bois le long des bayous et parlent le cajun, langue dont ils se sentent plus proches que l'anglais. Avec les esclaves noirs et les Cajuns, les Indiens furent pour les Anglo-Américains la dernière roue de la charrette de l'histoire locale. Ils le sont toujours...

Arriver – Quitter

En voiture

➤ De La Nouvelle-Orléans, prendre la route US 90 West, puis la route LA 24 menant à Houma ; soit 57 miles. À l'inverse, si vous arrivez de New Iberia, prendre la route US 90 East.

■ **Adresses utiles**

- **日** Visitor Center *(plan général)*
- **🚌** Gare ferroviaire Amtrak *(plan général)*
- **✉** Post Office *(plan centre)*
- **@ 1** Terrebonne Parish Library *(plan centre)*
- **2** Terrebonne General Medical Center *(plan centre)*
- **◈ 3** Southland Mall *(plan général)*

⚔ 🏠 **Où dormir ?**

- **10** Capri Court Campground *(plan général)*
- **11** Maison Dugas B & B *(plan général)*
- **12** Allie's Cajun B & B *(plan général)*
- **13** Wildlife Gardens *(plan général)*
- **14** Chez Maudrey B & B *(plan centre)*
- **15** B & B Chez Audrey *(plan général)*
- **16** Julia's Cajun Country B & B *(plan général)*
- **17** Cajun House of Hospitality *(plan général)*
- **18** Melancon B & B *(plan général)*

19 Crochet House B & B *(plan centre)*

|●| 🍴 **Où manger ?**

- **30** Dave's Cajun Kitchen *(plan général)*
- **31** A-bear's Café *(plan centre)*
- **32** Big Al's *(plan général)*
- **33** Boudreau and Thibodeau's Cajun Cookin' *(plan général)*
- **34** Coffee Zone *(plan centre)*

🍸 **Où boire un verre ?**

- **41** Downtown Balcony Pub et Aficionados *(plan centre)*

♪ **Où écouter de la musique cajun ? Où sortir ?**

- **31** A-bear's Café *(plan centre)*
- **40** Jolly Inn *(plan centre)*

■ **Excursions dans les bayous**

- **51** Munson's Swamp Tours *(plan général)*
- **52** Annie Miller's Son's Swamp and Marsh Tours *(plan général)*

LE PAYS CAJUN ET LES BAYOUS

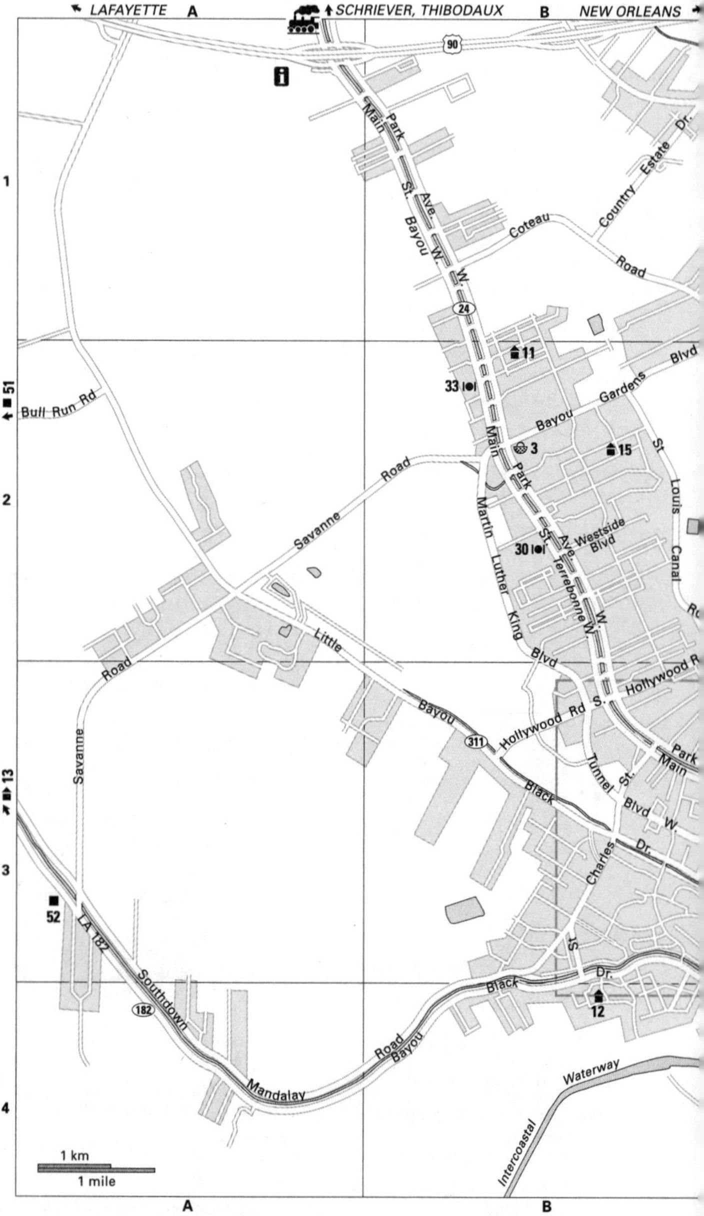

LAFAYETTE
A
SCHRIEVER, THIBODAUX
B
NEW ORLEANS
90
Main
Park
St.
Ave.
Bayou
W.
W.
Country
Estate
Dr.
Coteau
Road
24
11
33
Blvd
Gardens
Bayou
3
15
St
Louis
Canal
Bull Run Rd
51
Road
Savanne
Main
Park
Martin
Luther
King
Blvd
St.
Ave.
Westside
Blvd
30
Terrebonne
W.
Little
Bayou
Road
Hollywood Rd
S.
Hollywood R
311
Hollywood Rd
Savanne
Tunnel
St.
Blvd
W.
Park
Main
Black
Dr.
13
Charles
St.
52
LA 182
Southdown
182
Black
Dr.
12
Road
Bayou
Mandalay
Waterway
Intercoastal
1 km
1 mile
1
2
3
4
A
B

HOUMA (PLAN GÉNÉRAL)

LE PAYS CAJUN ET LES BAYOUS

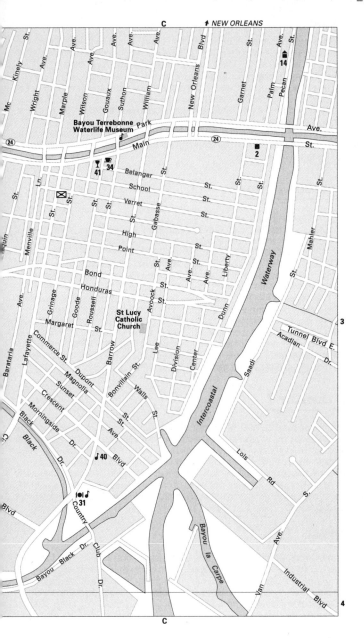

↑ *NEW ORLEANS*

Bayou Terrebonne
Waterlife Museum

St Lucy
Catholic
Church

HOUMA (PLAN CENTRE)

En train

🚉 **Gare ferroviaire Amtrak** (plan général A1) : à Schriever, env 10 miles au nord de Houma par la route LA 24. ☎ 1-800-872-7245. ● amtrak.com ● Il s'agit juste d'une petite station sans vraiment de guichet ni aucun service, où le train marque un court arrêt. Pour infos et résa, les contacter par téléphone ou Internet.

➢ La ligne *Amtrak Sunset Limited* reliant **Orlando** (Floride) à **Los Angeles** (Californie) dessert Schriever les lun, mer et ven vers 13h20 en direction de Los Angeles, avec des arrêts à **New Iberia, Lafayette, Lake Charles, Houston** et **San Antonio** (Texas), sans oublier **Tucson** (Arizona)...

➢ Dans l'autre sens, en direction d'Orlando, on grimpe dans le train les mar, ven et dim vers 13h20, avec ensuite des arrêts à **New Orleans,** puis notamment **Pensacola** et **Tallahassee** (Floride)...

Adresses utiles

🛈 **Visitor Center** (plan général A1) : 114 Tourist Dr. ☎ 868-2732 ou 1-800-688-2732. ● houmatravel.com ● Lun-ven 9h-17h ; w-e 9h30-15h30. Prendre particulièrement leur brochure très complète sur Houma, avec un dépliant permettant de réaliser un tour à pied du centre historique, le programme hebdomadaire des concerts de musique cajun en ville, leur calendrier des prochains événements, sans oublier les quelques dépliants en français... Sinon, documentation abondante et variée sur le pays cajun et la Louisiane en général.

Accueil aimable.

✉ **Post Office** (plan centre C3) : 425 Lafayette St. ☎ 275-8777. Tlj sf sam ap-m et dim.

🖥 **Internet** (plan centre C3, **1**) : à la **Terrebonne Parish Library** (bibliothèque municipale), 151 Civic Center Blvd. ☎ 876-5861. ● terrebonne.lib.la.us ● Tlj sf dim. Connexions gratuites.

■ **Terrebonne General Medical Center** (plan centre C3, **2**) : 81266 Main St (route LA 24). ☎ 873-4141 ou 1-800-256-8377.

Où dormir ?

Pas mal de possibilités pour se loger en ville. Nous vous conseillons vivement les *Bed & Breakfast,* qui sont ici sans prétention, à prix raisonnables et tenus par des familles cajuns francophones accueillantes... au-delà même de ce que vous pourriez imaginer ! Vous pouvez aussi contacter la **Cajun B & B Association** (☎ 879-3285) qui regroupe une vingtaine de *B & B* francophones dans le secteur de Houma et tout le pays cajun, pratiquant des tarifs autour de 65 $ pour une double, petit déj compris. Vous aurez généralement aussi la possibilité d'y souper, moyennant un petit supplément.

CAMPING

⛺ **Capri Court Campground** (plan général C1, **10**) : 101 Capri Court (route LA 316), Bayou Blue. ☎ 879-4288 ou 1-800-428-8026. ● houmanet.com/capri ● Emplacement tente env 15 $. On a vu plus charmant, mais c'est tranquille et ombragé pour planter sa tente près d'un bayou avec possibilité de pêcher. Piscine et laverie. Attention aux crocos !

MOTELS

Concentration de *motels* sur *Martin Luther King Blvd* (plan général B2), parmi lesquels : *Holiday Inn, Ramada Inn, Plantation Inn*... Si ce quartier moderne et commerçant n'a aucun charme, ces motels demeurent confortables et sans histoire, mais pas donnés quand même : *100-150 $ la double*. Ailleurs en ville, il existe bien d'autres motels à moitié prix, mais toujours glauques et abritant souvent trafics, prostitution et marginaux pas toujours sympas... La meilleure alternative semble encore être les *B & B*.

BED & BREAKFAST

– **Petite remarque en préambule :** l'hospitalité débordante des Cajuns qui, dès votre arrivée, vous considèrent comme un membre de leur famille à part entière, pourrait vous sembler un poil trop familière. Certains proprios ont compris qu'une hospitalité bien conçue se distille crescendo, sans empiéter sur l'autonomie individuelle, et se montreront chaleureux mais sans excès. D'autres ont le léger défaut de considérer que vous vous trouvez en terre inconnue et n'auront de cesse de vouloir prendre en charge chaque moment de votre séjour sans vous lâcher d'une semelle. À vous de « sentir » dès la prise de contact téléphonique à quel genre d'accueil vous aurez droit... et de voir si cela vous convient. Résa obligatoire.

Prix moyens

🏠 |●| **Julia's Cajun Country B & B** *(plan général D4, 16) : 4021 Benton Dr, à Bourg.* ☎ 851-3540. ● *juliawcajunctry. com* ● *À 7 miles au sud du centre-ville par la route LA 56 ; juste après l'aéroport, prendre à gauche le pont « Bayou Petit Caillou », puis la 1re rue à droite et de nouveau à la 1re à droite. Double env 65 $; 20 $/pers supplémentaire ; délicieux et copieux petit déj compris. Dîner env 13 $/pers. Accès Internet gratuit.* On est vraiment reçu à bras ouverts par Julia et Enis, un couple de Cajuns francophones ! Leur demeure, située dans un quartier résidentiel tranquille et verdoyant, est pleine de fleurs (fraîches, brodées, séchées ou peintes) ; grande passion de la patronne. Voici donc 5 jolies chambres impeccables et confortables, la plupart avec salle de bains privée. Julia est aussi une cuisinière hors pair qui mitonne des « petits » plats irrésistibles. Enis, lui, s'impose comme un véritable ambassadeur du pays cajun, qui connaît bien le coin et adore en parler. S'il a le temps, il pourra même vous faire découvrir les bayous et, en saison, il vous emmènera un soir voir les pêcheurs de crevettes ou arrangera une partie de pêche (payante) sur le bayou Pointe aux Chênes... Si leur *B & B* est complet, ils vous mettront en contact avec d'autres maisons d'hôtes dans le coin. Bref, voici un de nos grands coups de cœur dans cet attachant pays cajun !

🏠 |●| **Crochet House B & B** *(plan centre B3, 19) : 301 Midland Dr.* ☎ 879-3033 *ou* 1-888-483-3033. ● *crochethouse.com* ● *Double env 65 $; gratuit moins de 16 ans ; bon petit déj compris.* Sally et Leland vous accueillent (en français) avec chaleur et simplicité dans leur jolie maison en bois et brique, avec toits multiples et quelques beaux arbres devant. En tout, 5 chambres nickel et confortables avec salle de bains privée et kitchenette pour certaines. Séjour tranquille assuré. Sur place : piscine, jacuzzi, machine à laver et Internet gratuit.

🏠 **Maison Dugas B & B** *(plan général B2, 11) : 222 Tudor St.* ☎ 879-4189. *Depuis W Park Ave (route LA 24), prendre à droite Oak Shire, puis à gauche Euclid St et enfin à droite Tudor St. Double env 65 $; petit déj compris.* Dans ce quartier résidentiel calme, où les gamins jouent sagement dans les rues après l'école, on est séduit par l'accueil chaleureux de ce gentil couple de Cajuns francophones. Dans leur charmante maison avec jardin, Carroll et Ruby proposent 3 chambres (2-4 personnes) tout confort. On peut aussi y dîner.

🏠 **Allie's Cajun B & B** *(plan général B4, 12) : 120 Lewald Dr.* ☎ 868-5543 *ou* 851-5777. ● *cajun-lodging.com* ● *De-*

puis la route LA 182, prendre El Paso Blvd, puis à droite Texas Ave, à gauche Tulsa St et enfin à droite Lewald Dr. Double env 60 $; petit déj compris. Voici 3 chambres coquettes et impeccablement tenues par la pétulante Allie qui parle français. Sa jolie maison est plantée au cœur d'un quartier résidentiel paisible et plein de verdure. Sur place : machine à laver, Internet gratuit et possibilité d'un bon dîner pas cher.

≋ *Melancon B & B* (plan général D3, *18*) : 1004 Bayou Blue Rd (route LA 316). ☎ 868-4781. Depuis le centre, prendre la route LA 3087, passer le grand Waterway, puis à droite la Bayou Blue Road ; c'est env 1 mile plus loin sur la gauche. Double env 75 $; petit déj inclus. Dans un secteur assez boisé, Marie et Murphy, un gentil couple cajun aux cheveux blancs, habitent une maison typique de la classe moyenne américaine (upper middle class). En tout 3 chambres soignées et confortables, dont une seule avec salle de bains privée. Calme et agréable.

≋ *Cajun House of Hospitality* (plan général D3, *17*) : 48 Killarney Loop. ☎ 872-2384. De Park Ave (route LA 24), prendre Westwood Dr, puis à droite Friendwood Dr et enfin la 3e à droite, Killarney Loop. Double env 55 $; 10 $/pers supplémentaire ; petit déj copieux et dîner cajun inclus. Résa obligatoire car souvent complet. Lucy et Dee (ex-shérif), un charmant couple du 3e âge francophone, vous reçoivent dans leur gentille petite maison installée dans un quartier résidentiel, où chacun aime couper son gazon le dimanche. Juste 3 chambres, simples et sans prétention, mais super propres. Quand vous arrivez à Houma, n'hésitez pas à téléphoner, et Dee viendra vous chercher.

≋ *B & B Chez Audrey* (plan général B2, *15*) : 815 Funderburk Ave. ☎ 879-3285 ou ▯ 790-6380. ● abgeorge.cajun. net ● Double env 65 $; 20 $/pers supplémentaire ; bon petit déj compris. Au bout d'une rue bordée de beaux arbres, voici la maison de la sémillante Audrey, une Cajun francophone qui anime la fameuse *Cajun B & B Association.* Elle propose chez elle deux chambres plutôt confortables et assez bien tenues, dont une très grande... Machine à laver à disposition.

≋ *Chez Maudrey B & B* (plan centre C3, *14*) : 311 Pecan St. ☎ 868-9519. Depuis le centre, prendre le New Orleans Blvd (route LA 182), puis tourner à droite dès que possible pour rejoindre Pecan St, au bord du Waterway. Double env 60 $; copieux petit déj inclus. CB refusées. Ici, Maudrey vous accueille en français avec gentillesse et énergie. Elle loue 4 chambres assez modestes à un prix un peu élevé pour l'aménagement des lieux ; 2 se situent dans sa propre maison, et les 2 autres avec cuisine et salon dans une cabane en bois, juste en face, plantée au bord du *Waterway.* L'ensemble est juste propre, sans plus. Possibilité de faire une lessive et d'y dîner.

Où dormir comme un trappeur au bord du bayou ?

≋ *Wildlife Gardens* (hors plan général par A3, *13*) : 5306 N Bayou Black Dr (route LA 182), à Gibson. ☎ 575-3676. ● wildlifegardens.com ● À 14 miles de Houma par la route LA 182, c'est sur la droite, de l'autre côté du bayou (panneau). Double env 80 $; 15 $/pers supplémentaire ; petit déj dans la salle commune compris. À seulement 2 miles de la route US 90, et pourtant en pleine nature, une adresse marrante et rustique qui conviendra aux amateurs de nature et de petites ou grosses bêtes. Au bord d'un bayou sauvage, ce sont 4 cabanes (2-5 pers) vraiment rudimentaires en bois, avec AC (quand même !) et terrasse équipée de moustiquaire sur pilotis. Ne vous étonnez donc pas si, le matin, une grosse bébête vous fait de l'œil, la gueule ouverte ! Tout autour, balade à pied possible sur un nature trail (payant), où quelques cages enferment tortues, hiboux, alligators, cochons sauvages, loutres... et, en liberté, paons, canards, faisans et dindons.

Où manger ?

Spécial petit déjeuner

🍽 **Coffee Zone** (plan centre C3, **34**) : 7884 Main St (route LA 24). ☎ 223-2422. Tlj sf dim 7h-17h30 (sam 8h-15h). Moins de 10 $. Dans le centre historique, cette agréable cafétéria aux murs de brique propose de belles formules de petit déj, mais aussi des sandwichs, salades et burgers, que l'on avale à midi. Vraiment pas cher.

De bon marché à prix moyens

|●| **Big Al's** (plan général C3, **32**) : 1226 Grand Caillou Rd (route LA 57). ☎ 876-7942. Tlj 11h-21h. Moins de 15 $. Dans une grande avenue commerçante aux enseignes lumineuses résolument modernes, cette baraque en bois dénote complètement. Dans l'assiette, ce n'est qu'une orgie de fruits de mer, préparés avec soin à toutes les sauces, et dont le goût nous a vraiment séduits. Également de copieux sandwichs, po-boys, salades, pâtes... Bon rapport qualité-prix. Une adresse qui fait vraiment l'unanimité ici.

|●| **A-bear's Café** (plan centre C3, **31**) : 809 Bayou Black Dr (route LA 311 ; à l'angle de Barrow St). ☎ 872-6306. Tlj sf dim : lun-ven 10h30-15h ; ven 17h30-21h ; sam 10h30-14h. Plats 5-13 $. Dans cette baraque en bois plantée dans un coin pas vraiment folichon, on découvre un resto coquet avec des nappes à fleurs, où sont servis toutes sortes de plats cajuns particulièrement soignés. Également des sandwichs, salades, gumbos, et un menu du midi particulièrement attrayant. Groupe de musique cajun le vendredi soir.

|●| **Dave's Cajun Kitchen** (plan général B2, **30**) : 6240 W Main St (route LA 24). ☎ 868-3870. Tlj sf dim 11h-21h (11h-14h lun). Plats 4-16 $. Une cabane en bois peinte en gris, où l'on s'assoit dans une salle sans âme mais assidûment fréquentée par les gens du cru toujours de bonne humeur. On y déguste de succulentes écrevisses en saison, mais aussi de très bonnes recettes à base de poisson et seafood. Également des sandwichs, salades et gumbos, sans oublier des plats du jour à prix vraiment doux. Une adresse qui marche !

|●| **Boudreau and Thibodeau's Cajun Cookin'** (plan général B2, **33**) : 5602 W Main St (route LA 24). ☎ 872-4711. Ouv 24h/24. Moins de 16 $. Dans cette jolie baraque en bois, on se régale de spécialités cajuns : gumbos, crawfish étouffée, fried alligator, soft shell crabs... Attention, la plupart des fruits de mer sont frits, mais on peut les commander bouillis ou grillés. Également de bons steaks, burgers, salades, sandwichs et puis d'intéressantes formules à midi.

Où boire un verre ?

🍷 **Downtown Balcony Pub** (plan centre C3, **41**) : 7834 Main St (route LA 24). ☎ 223-3733. Mer-sam 16h-2h. Au 1er étage d'une jolie maison en brique avec – vous l'aurez deviné – un grand balcon en fer forgé, on a bien aimé l'ambiance chaleureuse de ce pub où les jeunes gens du coin descendent des binouzes en fin de semaine, sur fond de musique live.

🍷 **Aficionados** (plan centre C3, **41**) : 314 Belanger St. ☎ 879-2426. Dans la rue juste derrière le précédent. Un peu plus guindé, ce pub est fréquenté par des gens de tous âges qui parfois se mettent à danser, emportés par les grands classiques du rock joués par le pianiste.

Où écouter de la musique cajun ? Où sortir ?

♪ **Jolly Inn** (plan centre C3, **40**) : 1507 Barrow St. ☎ 872-6114. Musique live jeu-ven 20h-minuit, dim 16h-20h. Entrée : 3 $. On y vient surtout le vendredi soir et le dimanche après-midi dans une ambiance de bal musette. Pas de Gilou avec son petit accordéon, mais des « frottoirs à linge », de la musique cajun et des couples sexagénaires (et même bien plus !) qui n'ont pas perdu le rythme pour un sou. Vous serez vite repéré et invité à vous joindre à la valse cajun. Pas de panique, ça n'est pas si difficile que ça ! À notre avis, le meilleur « fais-dodo » de la ville, même si la cuisine proposée est très ordinaire.

♪ **A-bear's Café** (plan centre C3, **31**) : voir précédemment notre rubrique « Où manger ? ». Musique ven 18h-21h. On s'y rend généralement pour écouter un groupe de musique cajun en mangeant, car les orchestres sont de qualité et la cuisine délicieuse. Idéal pour bien pour se chauffer avant d'aller au Jolly Inn voisin.

♪ **Bayou Terrebonne Waterlife Museum** (plan centre C3) : voir plus loin notre rubrique « À voir ». Musique mar et jeu 17h30-19h. Entrée : 1 $. En plein centre, un endroit avec lequel il faut compter dans le petit univers de la musique cajun.

À voir

🚶 **Southdown Plantation House** (plan centre B3) : 1208 Museum Dr. ☎ 851-0154. ● southdownmuseum.org ● Visite guidée (durée : 1h) chaque heure, tlj sf dim-lun 10h-16h. Entrée : 6 $; réduc. Construite en 1861 au cœur d'un plantation de canne à sucre employant 400 esclaves, cette jolie demeure de style victorien et *Greek revival* est aujourd'hui restaurée dans ses couleurs d'origine *flashy* et accueille le musée de la ville. Visite guidée assez soporifique, mais intéressante pour qui souhaite connaître l'évolution de l'économie locale, liée à l'industrie de la canne à sucre, au pétrole, sans oublier la trilogie historique de la région : *fishing, hunting, trapping* (pêche, chasse et trappeurs). On découvre aussi l'histoire de la ville à travers de vieilles photos noir et blanc, comme celles de ces gosses qui allaient à l'école en bateau, les bayous n'étant pas encore canalisés ! Intéressant et rare, une salle est également dédiée aux Indiens houmas...

🚶🚶 🛶 **Bayou Terrebonne Waterlife Museum** (plan centre C3) : 7910 Park Ave. ☎ 580-7200. ● houmaterrebonne.org ● Tlj sf dim-lun 10h-17h (sam 12h-16h). Entrée : 3 $; enfants : 2 $. Un beau musée qui raconte le bayou dans toute sa splendeur, à grand renfort de photos, maquettes, objets et outils du quotidien... On se familiarise ainsi avec les techniques de pêche, de chasse et les animaux rencontrés : alligators, tortues, crevettes, écrevisses, loutres, oiseaux, papillons, etc. Également quelques infos sur le pétrole *offshore*, les ouragans, avec des explications audio en français. Musique cajun live mardi et jeudi de 17h30 à 19h.

🚶 **Lumcon-Louisiana University Marine Consortium** : 8124 Hwy 56, à Cocodrie. ☎ 851-2800. ● lumcon.edu ● Depuis Houma, suivre la route LA 56 vers le sud, en direction de Chauvin et Cocodrie ; c'est sur la droite, un bâtiment moderne accolé à une grande tour. Tlj 8h-16h. Entrée gratuite. Centre de recherches marines constitué par plusieurs universités de l'État de Louisiane. Expos sur la flore et la faune des bayous de la région ; courants marins ; études sur le Mississippi et le golfe du Mexique ; quelques aquariums... Faites la grimpette jusqu'en haut : une tour d'observation vous donne une très belle vue sur les environs ; c'est d'ailleurs le principal intérêt de la visite.

Où assister à une messe gospel ?

■ **Saint Lucy Catholic Church** (plan centre C3) : 1220 Aycock St. Le dimanche à 9h, la chorale locale *The New Rising Sun* met une sacrée ambiance !

Excursions dans les bayous

■ **Munson's Swamp Tours** (hors plan général par A2, **51**) : 979 Bull Run Rd, à Schriever. ☎ 851-3569. ● munsons wamptours.com ● Tours tlj (durée : 2h), généralement à 10h, 13h30 et 16h en été. Tarif : env 20 $. Les touristes ne se bousculent pas dans ce tour-là... et c'est bien agréable ! Guide très sympa, qui s'efforce de parler le français. Depuis son bateau (30 places), on peut voir de nombreux ratons laveurs, et les courageux pourront même apprivoiser des petits bébés alligators...

■ **Annie Miller's Son's Swamp & Marsh Tours** (plan général A3, **52**) : rdv au Bayou Delight Restaurant, 4038 Bayou Black Dr (route LA 182). ☎ 868-4758 ou 1-800-341-5441. ● an nie-miller.com ● Plusieurs tours/j. (durée : 2h). Résa obligatoire. Tarif : env 20 $. Guide anglophone vraiment pro, fils de la légendaire Annie Miller, une spécialiste des alligators très connue dans la région. Jimmy assure des tours en bateau dans les bayous, même s'il y a peu de personnes. Ne vous étonnez pas s'il arrête tout à coup son bateau pour hurler à pleins poumons : « Come on, baby ! » C'est juste une technique perso pour attirer les alligators... et en plus, ça marche !

Achats

◈ **Southland Mall** (plan général B2, **3**) : 5953 W Park Ave (route LA 24). ☎ 876-4765. Tlj 10h-21h (dim 12h-18h). Un grand temple de la consom-mation à l'américaine pour acheter des vêtements, chaussures et accessoires de marques...

Fête

– **Mardi gras :** en Louisiane, c'est le deuxième plus grand événement de ce type après celui de La Nouvelle-Orléans.

THIBODAUX

15 000 hab.   IND. TÉL. : 985

Au cœur du charmant bayou Lafourche, c'est une petite ville assez agréable, peuplée de nombreux et chaleureux cajuns francophones. On y découvre pas mal d'édifices du XIXe s, quelques élégantes maisons plus anciennes bien conservées, sans oublier cette usine sucrière en ruine, *Laurel Valley Village...*

Arriver – Quitter

En voiture

➢ De La Nouvelle-Orléans, prendre la route US 90 West, puis la route LA 24 vers le nord qui mène à Thibodaux ; soit env 58 miles. À l'inverse, si vous arrivez de New Iberia, prendre la route US 90 East. Enfin, à partir de Houma, prendre la route LA 24 vers le nord, sur env 16 miles.

En train

🚆 **Gare ferroviaire Amtrak** (plan C2) : à Schriever, env 2 miles au sud de Thibo-daux par la route LA 20. ☎ 1-800-872-7245. ● amtrak.com ● Il s'agit juste d'une petite station sans vraiment de guichet ni aucun service, où le train marque un court arrêt. Pour infos et résas, les contacter par téléphone ou Internet.

Adresses utiles

- **Visitor Center**
- **2** Lafourche Parish Tourist Commission
- Gare ferroviaire Amtrak
- Post Office
- **1** Thibodaux Regional Medical Centre
- **44** Public Library

Où dormir ?

- **10** Madewood Plantation House
- **11** Naquin's B & B
- **12** Ramada Inn
- **13** A Chateau on the Bayou B & B
- **14** Howard Johnson

Où manger ?

- **20** Fremin's

➤ La ligne *Amtrak Sunset Limited* reliant **Orlando** (Floride) à **Los Angeles** (Californie) dessert Schriever les lun, mer et ven vers 13h20 en direction de Los Angeles, avec des arrêts à **New Iberia, Lafayette, Lake Charles, Houston** et **San Antonio** (Texas), sans oublier **Tucson** (Arizona)...

➤ Dans l'autre sens, en direction d'Orlando, on grimpe dans le train les mar, ven et dim vers 13h20, avec ensuite des arrêts à **New Orleans,** puis notamment **Pensacola** et **Tallahassee** (Floride)...

THIBODAUX

21 Bubbas II Restaurant
22 The Demitasse Coffee & Tea House
23 Politz's
24 Flanagan's
25 Half Shell

Y Où boire un verre ?

20 Fremin's
30 René's Bar

À voir

10 Madewood Plantation
40 Saint-John's Episcopal Church
41 Saint-Joseph Cathedral
42 Courthouse (Palais de justice)
43 Nicholls State University
44 Wetlands Acadian Cultural Center
45 Laurel Valley Village

LE PAYS CAJUN ET LES BAYOUS

Adresses utiles

🛈 Visitor Center (plan D1) : à la chambre de commerce, 318 E Bayou Rd (route LA 308). ☎ 446-1187. • thibodaux chamber.com • Tlj sf w-e 8h30-16h30.

Une foule d'infos et de doc sur la ville et le bayou Lafourche. Se procurer particulièrement le plan de la région, le dépliant proposant un tour à pied du centre historique, la liste des attractions du coin, leur calendrier des prochains événements... Accueil serviable.

🛈 *Lafourche Parish Tourist Commission* (hors plan D1, **2**) : 4484 Hwy 1, à Raceland. ☎ 537-5800. • lafourche-tourism.org • *Juste au croisement de la route LA 1 avec la US 90, à env 15 miles de Thibodaux. Tlj sf dim 9h-16h (sam 10h-15h).* Idéal de s'y arrêter si vous prenez la route LA 1 pour rejoindre Thibodaux en longeant le bayou Lafourche. Infos générales sur la région, liste des excursions, logements et curiosités du bayou Lafourche.

✉ *Post Office* (plan C1) : 910 Canal Blvd (route LA 20). ☎ 446-6932. *Tlj sf sam ap-m et dim.*

@ *Internet* (plan B1, **44**) : à la **Public Library** (bibliothèque municipale), au 1er étage du Wetlands Acadian Cultural Center, 314 Saint Mary St (route LA 1). ☎ 447-4119. *Lun 12h-20h, mar-jeu 10h-18h, ven-sam 9h-17h. Fermé dim.* Connexions gratuites.

■ *Thibodaux Regional Medical Centre* (plan D2, **1**) : 602 N Acadia Rd. ☎ 447-5500.

Où dormir ?

Thibodaux est idéalement située pour y installer son camp de base et partir explorer les fameuses plantations, les bayous et le pays cajun...

De prix moyens à chic

⌂ *Naquin's B & B* (plan A2, **11**) : 1146 W Camellia Dr. ☎ 446-6977. • naquinsbb.com • *Double env 70 $; petit déj compris.* C'est avec un large sourire jovial que Joyce et Franck vous ouvrent la porte de leur maison. En tout, 4 chambres doubles douillettes et impeccables, réparties au rez-de-chaussée et à l'étage, avec 2 salles de bains à partager. Également, pour le même prix, 3 studios (2-4 pers) dans le jardin équipés de kitchenette et louables à la semaine ou au mois. Les charmants proprios vous donnent plein d'infos sur le coin. Et, cédant aux demandes insistantes de ses hôtes gourmands, Joyce a même publié un livre de recettes cajuns, écrit en français, avec en vedette : le daiquiri à la fraise, l'alligator sauce piquante ou encore la fameuse recette pour « conserver les enfants » ! Quant à Franck, bricoleur hors pair et amoureux fou de la France, il a même aménagé, à côté du garage, un petit coin de terrasse avec table de bistrot sur fond de fresque évoquant Paname.

Notre adresse coup de cœur à Thibodaux !

⌂ *Ramada Inn* (plan C1, **12**) : 400 E 1st St (route LA 1). ☎ 446-0561. Fax : 446-0559. *Internet gratuit. Doubles 75-105 $ selon saison.* Devant le bayou Lafourche, ce motel de chaîne offre des chambres équipées du confort standard US : salle de bains, AC, TV, frigo... Propre et sans bavure. Sur place : piscine, connexion Internet gratuite pour les hôtes, sans oublier le resto et son buffet à volonté du midi (sf samedi) à moins de 10 $.

⌂ *Howard Johnson* (plan C1, **14**) : 203 N Canal Blvd (route LA 20 ; à l'angle de la route LA 308). ☎ 447-9071. *Double à partir de 70 $; petit déj compris.* Chambres spacieuses, agréables et nickel, avec salle de bains, AC, TV, téléphone, cafetière, etc. Une petite pointe de déco pour couronner le tout, et vous voilà parti pour une bonne nuit de sommeil après les torrides explorations de la journée.

Où dormir dans les environs ?

Prix moyens

⌂ *A Chateau on the Bayou B & B* (hors plan par D1, **13**) : 3158 Hwy 308, à Raceland. ☎ 537-6773 ou 413-6773. • achateauonthebayou.com • *Du cen-*

tre, *prendre la route LA 308 vers l'est ; c'est à une quinzaine de miles plus loin, sur la droite, en bordure du bayou Lafourche. Double env 75 $; 20 $/pers supplémentaire ; petit déj compris.* Posée entre la route et le bayou, cette jolie maison très bien tenue est décorée avec goût. Accueil (en anglais) dynami-

que et sympa de la patronne, une ancienne instit à l'allure de cheftaine scout qui propose 3 chambres confortables, joliment aménagées et parfaitement isolées des petits bruits de la route. Une bonne adresse à deux pas des attractions du coin.

Très chic

🏠 |●| ***Madewood Plantation House*** *(hors plan par A1, **10**) : 4250 Hwy 308, à Napoleonville.* ☎ *369-7151 ou 1-800-375-7151.* ● *madewood.com* ● *Du centre, prendre la route LA 308 vers l'ouest ; c'est à une quinzaine de miles plus loin, sur la droite, en bordure du bayou Lafourche. Double en ½ pens env 260 $ en sem ; 290 $ le w-e ; 50 $/pers supplémentaire.* Construite en 1846, cette immense demeure de planteur avec ses colonnes ioniques en façade, compte 8 chambres monumentales, décorées

dans le style de l'époque avec des meubles anciens ; sans téléphone ni TV (ça c'est chic !). Un charme fou pour ceux qui en ont les moyens ! Le *package* comprend un apéro avec les autres convives, puis un dîner plantureux aux chandelles dans la grande salle à manger familiale, servi par des mamas *Black* qu'on appelle en agitant la sonnette *(sic !),* puis d'un café-brandy dans le parloir... Possibilité enfin de faire la visite guidée de la maison (voir plus loin « Dans les environs de Thibodaux »).

Où manger ?

Spécial petit déjeuner

🍵 ***The Demitasse Coffee & Tea House*** *(plan B1, **22**) : 424 Saint Mary St (route LA 1).* ☎ *449-0933. Tlj 6h (6h30 sam)-22h ; dim 8h-20h. Moins de 10 $.* Installé dans une boutique d'antiquités (un bien grand mot !), cette surprenante *coffee house* propose une petite pano-

plie de *breakfasts,* avec omelettes, toasts et confiture, pâtisseries, *pancakes,* etc. ; à engloutir avec un *espresso.* Et, à toute heure de la journée, également des sandwichs, salades, sans oublier cette liste de *paninis* longue comme le bras !

De bon marché à prix moyens

|●| ***Half Shell*** *(plan A1, **25**) : 1106 Saint Mary St (route LA 1).* ☎ *449-1106. Tlj sf sam 11h-14h et mer-sam 17h-20h30 (21h30 ven-sam). Env 15 $.* On s'est vraiment empiffré dans ce resto à la déco sobre, mais résolument maritime, proposant les grands classiques de la cuisine cajun : crevettes, écrevisses, *gumbos,* crabes, poissons, poulet... Jetez donc un œil sur les *today's specials,* vraiment bons et à prix intéressants. Une excellente adresse très populaire. Arrivez tôt.
|●| ***Politz's*** *(plan B1, **23**) : 535 Saint Mary St (route LA 1 ; à l'angle de Landry St).* ☎ *448-0944. Jeu 17h-21h ; ven*

11h-13h30, 17h-21h30 ; sam 17h-21h30 ; fermé dim-mer. Plats 5-15 $. Derrière cette façade un peu prétentieuse, une grande salle assez quelconque, mais pleine de monde. Côté fourneaux : spécialités de poisson et fruits de mer, des huîtres aux crabes en passant par les écrevisses. N'oubliez pas de les demander *boiled* non *fried* si vous ne voulez pas voir ces délices enfouies sous une couche de gras. Mieux vaut arriver tôt.
|●| ***Bubbas II Restaurant*** *(plan C1, **21**) : 212 E Bayou Rd (route LA 308).* ☎ *449-0900. Tlj sf dim 11h-14h, 17h-19h. Moins de 10 $.* Une baraque en bois vert

pâle, avec des néons publicitaires en vitrine. On commande au comptoir, essentiellement des sandwichs, *po-boys, gumbos,* salades et autres délicieux plats de *seafood,* pour ensuite les dévorer dans l'une des salles à la déco éclectique. Un resto populaire et bon marché, où le *lunch special* n'est vraiment pas cher.

Chic

|●| *Fremin's* (plan C1, **20**) : 402 W 3rd St. ☎ 449-0333. Mar-jeu 11h-21h ; ven 11h-22h ; sam 17h-22h ; fermé et lundi. Plats 9-20 $. Installé dans la plus belle maison ancienne du centre-ville, avec balcons en fer forgé, lampe à gaz et ventilos, ce resto sert une cuisine soignée et équilibrée : copieux et magnifiques *seafood,* viandes, salades, soupes, sandwichs, pâtes et quelques spécialités italiennes. Éviter quand même la spécialité de la maison, compliquée, lourde, aux saveurs perdues... Fait également bar, à l'étage (voir « Où

boire un verre ? »). Une bonne adresse bien agréable.
|●| *Flanagan's* (plan D2, **24**) : 1111 Audubon Dr. ☎ 447-7771. Lun-ven 11h-21h ; sam 17h-22h ; dim 10h30-21h (jazz brunch dim 12h-14h). Plats 10-20 $. Un genre de pub élégant avec boiseries, cuivres et verre dépolis. À la carte, nombreux plats de poisson, viandes et *seafood.* Également des salades, pâtes, *gumbos* et soupes, un peu moins chers. C'est bon, la musique jazzy est agréable, et le service stylé.

Où boire un verre ? Où sortir ?

🍷 *René's Bar* (plan C1, **30**) : W 1st St (à l'angle de Focus St). Un bar incontournable, rendez-vous des étudiants de la ville qui éclusent les godets dans un brouhaha général tout en regardant les événements sportifs du moment sur un écran TV géant, ou en jouant au billard. Bonne ambiance ! Juste à côté, le *Rox's Bar,* pas mal non plus, est également fréquenté par la même clientèle

qui, selon l'humeur, se décide pour l'une ou l'autre de ces 2 adresses.
🍷 *Fremin's* (plan C1, **20**) : voir plus haut « Où manger ? ». Au 1er étage de cette magnifique maison ancienne, un bar quelque peu cossu accueillant jeunes et moins jeunes dans une atmosphère décontractée, limite festive le week-end.

À voir

🎭 *Wetlands Acadian Cultural Center* (plan B1, **44**) : 314 Saint Mary St (route LA 1). ☎ 448-1375. ● nps.gov/jela/wetlands-acadian-cultural-center.htm ● Tlj dès 9h ; jusqu'à 20h lun, 18h mar-jeu, 17h ven-dim. Entrée gratuite. Partie intégrante du Jean Lafitte National Historical Park et situé dans une jolie bâtisse en brique élevée en 1912, c'est un centre historique sur la vie de la région. Expo intéressante, évoquant à travers photos, vidéos, maquettes, instruments de musique, vêtements, outils et divers objets du quotidien, la vie, les métiers et l'histoire des habitants des bayous et autres marécages *(wetlands)*... Connexions Internet gratuites au 1er étage (voir plus haut la rubrique « Adresses utiles ») et musique cajun live le lundi 17h30-19h et le dimanche 14h. De Mardi gras à fin mai, et de septembre à novembre, ils proposent aussi des visites en bateau sur le bayou Lafourche, se rendant jusqu'à Madewood Plantation (voir plus loin) avec déjeuner sur place (environ 30 $ le package*),* les dimanche et lundi 10h-14h30 ; ou, plus abordable, jusqu'à E. D. White Historic Site, une jolie maison ancienne sans trop d'intérêt (environ 10 $, l'ensemble), le samedi 10h-12h.

🎋 *Saint-John's Episcopal Church (plan B-C1, 40)* : 718 Jackson St (à l'angle de *7th* St). La plus vieille église épiscopale à l'ouest du Mississippi, édifiée en 1843 par l'évêque de l'armée confédérée. Étonnante architecture qui rappelle plus une maison d'habitation qu'une église, avec ses grandes fenêtres à carreaux, ses volets et son haut clocheton. Derrière, un cimetière entouré d'arbres, où reposent quelques personnalités de l'histoire louisianaise...

🎋 *Saint-Joseph Cathedral (plan C1, 41)* : Canal Blvd (route LA 20 ; à l'angle de *7th* St). On repère facilement ses curieux clochers en brique élevés en 1923. Intéressante aussi pour ses vitraux, ses fresques et sa rosace...

🎋 *Courthouse (le Palais de Justice ; plan C1, 42)* : à l'angle de *2nd* St et Green St. Construit au milieu du XIXe s, il se distingue par ses dômes recouverts de cuivre.

🚶 *Nicholls State University (plan D1, 43)* : route LA 1. ☎ 446-8111. • nicholls. edu • Du centre, prendre la route LA 1 en direction de Raceland ; c'est un peu après Audubon Ave, sur la droite. Fermé w-e et vac scol. Campus boisé fréquenté par près de 9 000 étudiants et où l'on peut se promener. Au rez-de-chaussée de la bibliothèque, expos sur l'histoire culturelle de la région. Par ailleurs, le département des archives présente la construction navale traditionnelle de Louisiane. Dans l'auditorium, pièces de théâtre de temps en temps...

Fêtes

– *Paddle Down the Bayou* : *mi-avr.* Pendant 4 jours, le bayou Lafourche, d'habitude si calme, vit au rythme effréné des courses de bateaux à rames, auxquelles succèdent des fiestas mémorables avec grosses bouffes, musique cajun et danse.
– *Cajun Zydeco Music & Dance Exhibit* : *en mars.* Une foule de concerts de musiques cajun et zydeco dans différents endroits en ville (demander le programme), pour que vivent les cultures acadienne et créole. Chaleureuse ambiance à ne pas manquer.

➤ DANS LES ENVIRONS DE THIBODAUX

À voir

🚶 🚶 *Laurel Valley Village (hors plan par D1, 45)* : 595 Hwy 308, sur la route LA 308, à 2 miles à l'est du centre-ville ; tourner à gauche juste après le Laurel Valley Store et faire encore 2 miles. Visite guidée (durée : 45 mn) sur rdv : ☎ 446-7456. Tlj sf lun 10h (12h sam)-16h. D'abord, au bord de la route LA 308, le *Laurel Valley Store* (mer-dim 11h-15h) est une grange pleine d'un incroyable bric-à-brac, transformée en Musée régional. Juste derrière, des machines agricoles, vieux camions, moulin à broyer la canne et quelques bateaux utilisés autrefois sur les bayous... Ensuite, 2 miles plus loin, on découvre de part et d'autre de la route cet étonnant village fantôme. Abandonné depuis des lustres avec ses dizaines de baraques en bois englouties par la végétation, il demeure le témoignage d'une époque révolue, celle des plantations de canne à sucre... Avec sa petite ligne de chemin de fer, Laurel Valley connut en effet la prospérité à la fin du XIXe s avant de sombrer dans l'oubli à l'avènement des machines. Pendant la visite, on explore la raffinerie en brique, une minuscule école, la grue de chargement des fagots de cannes à sucre, les ateliers du ferronnier et du tonnelier, un garage, une grange, un hôtel pour les travailleurs de passage, et surtout les baraquements des anciens esclaves, cabanes surélevées construites sur un modèle unique... Le site est aujourd'hui classé, et une association se charge de la restauration progressive de ces bâtiments. Attention, le village est ceinturé de clôtures électrifiées ; prenez garde en vous y promenant.

🏃🏃 *Bayou Lafourche :* pompeusement surnommé « la plus longue rue du monde » par les gens du cru, il offre de belles découvertes. Cette romantique rivière est aujourd'hui alimentée au moyen de pompes par les eaux du Mississippi, pour finalement se jeter près de 100 miles plus au sud dans le golfe du Mexique. En parcourant les routes LA 1 et LA 308 qui encadrent le bayou Lafourche, lui-même enjambé par plusieurs ponts, on visite de gentils villages, leur église, leurs maisons basses, etc., vivant à un rythme paisible ; le défilé des bateaux en prime. Un charmant spectacle !

🏃🏃 *Madewood Plantation (hors plan par A1, 10) :* 4250 Hwy 308, à Napoleonville. ☎ 369-7151 ou 1-800-375-7151. ● madewood.com ● Du centre, prendre la route LA 308 vers l'ouest ; c'est une quinzaine de miles plus loin, sur la droite, en bordure du bayou Lafourche. Visite guidée en anglais lun-dim 10h-16h. Tarif : 10 $. On découvre avec intérêt l'histoire de cette magnifique demeure bâtie dans le style *Greek revival* en 1846 au cœur de ce qui fut une exploitation de la canne à sucre jusqu'à la guerre de Sécession, longtemps laissée à l'abandon, puis finalement restaurée en 1965. Des photos de famille plutôt récentes montrent que Keith, le fils de la maison, était un copain de classe de Bill Clinton... La maison est aussi un *Bed & Breakfast* de luxe (voir précédemment notre rubrique « Où dormir dans les environs ? »).

🏃 *International Petroleum Museum :* 111 1st St, à Morgan City. ☎ 384-3784. ● rigmuseum.com ● Du centre, prendre la route LA 20 vers le sud pour rejoindre la route US 90 West jusqu'à Morgan City, à env 25 miles ; une fois rendu, c'est au bord de l'eau, juste avt le pont, du côté du centre historique. Visite guidée (durée : 1h) en anglais lun-sam à 10h et 14h. Tarif : 5 $; réduc. C'est un étonnant musée installé sur la toute première plate-forme pétrolière *offshore* qui fut construite dans les années 1950. On y apprend plein de choses intéressantes sur l'or noir et son exploitation au fond du golfe du Mexique...

À faire

🏃 🏃 *Zam's Bayou Swamp Tours :* 141 Kraemer Bayou Rd, à Kraemer. ☎ 633-7881. ● website.intur.net/swamp/index.html ● À 17 miles à l'est de Thibodaux. Prendre la route LA 20 vers le nord, puis tourner à droite sur la route LA 307 ; c'est alors tt droit. Tours (durée : 2h) tlj à 10h30, 13h30 et 15h30. Résa conseillée. Tarif : 15 $; enfants : 7,50 $. Ambiance trappeur avec guides essentiellement anglophones (se renseigner pour les tours en français) tout droit sortis d'un roman de Jack London, aux accents 100 % bayou garantis ! Ils vous font d'abord visiter la ferme aux alligators, ratons laveurs, tortues-*gator* et autres... Puis tour en bateau avec de bonnes explications sur la faune et la flore locales. Le seul hic : le guide attire les alligators avec des *marshmallows* ; et le *McDo*, c'est pour quand ? Bon rapport qualité-prix quand même.

🏃 🏃 *Torres' Cajun Swamp Tour :* sur la route LA 307, à Kraemer. ☎ 633-7739. ● torresswamptours.net ● Continuer tt droit après Zam's (voir ci-dessus), c'est juste après le pont sur la droite. Tours 2-3 fois/j. selon affluence. Résa conseillée. Durée : 1h30. Tarif : 15 $; enfants : 8 $. Même principe que le précédent, mais avec certainement plus de tours en français (se renseigner). Là aussi on vous fait le coup des *marshmallows* ; normal, ce sont les mêmes bébêtes !

GRAND ISLE   1 700 hab.   IND. TÉL. : 985

Ceux qui ont du temps devant eux poursuivront la route LA 1 jusqu'au bout : après avoir traversé une région un peu terne à la platitude toute camarguaise, avec des bayous parcourus par les crevettiers, on franchit un immense pont qui relie le continent à Grand Isle, longue bande de terre plate baignée par une mer grise, avec très peu d'arbres, des kyrielles de maisons sur pilotis et, au loin, les silhouettes des plates-formes pétrolières. Un charme somme toute limité. Ceux qui, à l'évocation du golfe du Mexique, rêvaient de plages de sable blond et de cocotiers en seront pour garder leurs illusions. Munissez-vous, en plus, de très bons produits antimoustiques (voir la rubrique « Santé » au début du guide), car Grand Isle est un lieu très apprécié de ces satanées bestioles. Alors, gare aux insectes et au... shérif : l'un d'entre eux semble avoir élu domicile dans la localité de Golden Meadow et prendre un malin plaisir à vous verbaliser. Roulez à 25 miles/h !

Adresse utile

🏢 *Office de tourisme : dans le bâtiment du* Town Hall. Plein d'infos sur Grand Isle et la région.

Où dormir ?

🏕 *Camping : tt au bout de l'île, dans le City Park, sur la plage.* ☎ 1-877-226-7652. *Emplacements 10-12 $.* Douches et commodités un peu à l'écart des tentes.
🏠 *Cajun Holiday Motel : juste après le pont sur la gauche.* ☎ 787-2002. Fax : 787-3800. *Env 50-150 $.* Ce motel en bois, peint de couleur crème, propose des chambres ou des mini-appartements, avec tout le confort nécessaire. Grande piscine et TV câblée. Accueil d'un froid polaire.

Où manger ?

On a longtemps cherché, mais pas grand-chose à se mettre sous la dent qui sorte quelque peu de l'ordinaire.
🍴 On peut se restaurer simplement chez *Sarah's,* à moins de 1 mile sur la gauche après le *Sandpiper.*

À voir. À faire

🎣 *Grand Isle State Park : tt au bout de l'île.* ☎ 787-2559 ou 1-888-787-2559. ● crt.state.la.us/parks ● *Tlj 6h-21h. Entrée : env 1 $.* C'est l'occasion de prendre un grand bol d'air ! Vous pourrez y pêcher, ou admirer la vue depuis le grand mirador (au loin, on distingue nettement les plates-formes *offshore,* quand même !). Tables de pique-nique ombragées. Pour ceux qui en ont le courage, on peut se baigner, c'est vaseux mais non pollué ! Location de canoës et kayaks. Beaucoup d'oiseaux et... de moustiques (prévoir un bon répulsif).

🎣 Sinon, nombreuses curiosités *entre Thibodaux et Port Fourchon,* à la pointe sud de Lafourche Parish (la région administrative du bayou) : *Plantation Chatchie* (*cottage créole du XIX*[e] s), *South Coast Sugar* (raffinerie située sur la route LA 3199 ; visite en hiver seulement), *Golden Ranch Plantation* (à Gheens, sur la route LA 654 ; à voir pour sa case à esclaves en brique et son moulin à sucre) et le bateau *Petit Caporal* (près de Golden Meadow), le plus vieux crevettier de Louisiane.
Après Leaville, on arrive à *Port Fourchon,* centre de pêche entouré de plages sauvages...

LE PAYS CAJUN ET LES BAYOUS

EN ALLANT VERS L'OUEST ET LE TEXAS

L'ouest et le nord de la Louisiane n'ont que peu de rapports avec ce qui vous a incité à entreprendre un tel voyage. Fini Dixieland, terminé le folklore cajun, oublié les plantations... Ici, on travaille et on lorgne plus vers le Texas que vers le passé. Une autre Louisiane. Qu'on aime moins, assurément.

LAKE CHARLES

72 000 hab.   IND. TÉL. : 337

Est-on encore en Louisiane ? Oui, car les jeux d'argent et les casinos sont ici autorisés, ce qui draine en fin de semaine des hordes de Texans. Car les jeux sont interdits au Texas, État vers lequel Lake Charles, dernière grosse ville louisianaise avant la frontière, semble tournée. Son nom est celui d'un Savoyard, Charles Sallier, qui s'installa au bord du lac à la fin du XVIIIᵉ s. La découverte du soufre (la ville voisine se nomme d'ailleurs Sulphur...) et l'arrivée du chemin de fer donnèrent le signal du développement de Lake Charles. Ensuite vint le pétrole. L'impressionnante raffinerie qui scintille au bord du lac prouve que les affaires tournent rond. Ville avant tout industrielle et portuaire, un peu colonisée par les *red necks* (littéralement les « cous rouges », les Texans), Lake Charles semble avoir quelque peu oublié son âme cajun. Toutefois, au détour du « vieux quartier », quelques maisons anciennes portent encore les traces de ce passé pas si lointain, régulièrement fêté. Et la première chose que le visiteur retient, c'est l'immense pont de l'autoroute I 10 qui enjambe le lac à une hauteur stupéfiante, dominant la ville et le complexe pétrochimique. Les amateurs de sports nautiques trouveront sur le lac de quoi satisfaire leur soif de frissons ; quant aux amoureux de la nature, ils pourront sillonner le fameux *Creole Nature Trail.*

Arriver – Quitter

En voiture

➤ De La Nouvelle-Orléans, prendre l'autoroute I 10 vers l'ouest, sortie 29, soit 205 miles, avec des étapes possibles à Baton Rouge, Lafayette, Crowley, Eunice ou Jennings...

En train

🚆 **Gare ferroviaire Amtrak** (plan C1) : 100 Ryan St (route LA 384). ☎ 1-800-872-7245. ● amtrak.com ● Il s'agit juste d'une petite station sans guichet ni aucun service, où le train marque un court arrêt. Pour infos et résas, les contacter par téléphone ou Internet.
➤ La ligne *Amtrak Sunset Limited* reliant **Orlando** (Floride) à **Los Angeles** (Californie) dessert Lake Charles les lun, mer et ven vers 17h en direction de Los Angeles, avec des arrêts à **Houston** et **San Antonio** (Texas), sans oublier **Tucson** (Arizona)...
➤ Dans l'autre sens, en direction d'Orlando, on grimpe dans le train les mar, ven et dim vers 9h30, avec ensuite des arrêts à **Lafayette, New Iberia, Schriever** (Houma/Thibodaux), **New Orleans,** puis notamment **Pensacola** et **Tallahassee** (Floride)...

En bus

🚌 **Gare routière Greyhound** (plan D2) : 3034 Legion St. ☎ 439-4576. Excentré, à côté de l'autoroute I 210. Tlj 6h-22h.
➢ **New Orleans :** 3 bus/j. dans les 2 sens (durée : 5h).
➢ **Baton Rouge :** env 5 bus/j. aller-retour (durée : 3h).
➢ **Lafayette :** généralement 5 bus/j. dans les 2 sens (durée : 1h15).
➢ **Houston** (Texas) : 6 bus/j. aller-retour (durée : 3h15).
➢ **Dallas** (Texas) : env 5 bus/j. dans les 2 sens (durée : 8h).
➢ **Jennings, Crowley, Houma, Thibodaux, Saint Martinville, Eunice :** aucun bus.

Adresses et infos utiles

🛈 **Visitor Center** (plan C1) : 1205 N Lakeshore Dr. ☎ 436-9588 ou 1-800-456-SWLA. ● visitlakecharles.org ● Par l'autoroute I 10, sortie 29 ou 30A. Tlj 8h-17h (15h w-e). Prendre le plan de la ville et des environs, leur dépliant pour visiter à pied ou en voiture le centre historique et les brochures sur le fameux Creole Nature Trail... Sinon, une foule de doc sur toute la région.
✉ **Post Office** (plan C1) : 921 Moss St (à l'angle de Kirby St). ☎ 437-7444. Tlj sf sam ap-midi et dim.

🖥 **Internet** (plan C1) : à la **Carnegie Memorial Library,** 411 Pujo St (à l'angle de Bilbo St). ☎ 447-3480. Lun-jeu 9h30-17h30 ; ven-sam 10h-14h. Connexions gratuites.
■ **Christus Saint Patrick Hospital** (plan C2, 1) : 524 S Ryan St (route LA 384 ; à l'angle de Foster St). ☎ 436-2511.
■ **Radio cajun :** KRVS sur 90.5 FM.

Où dormir ?

Pas évident de se loger ici : les Texans pleins aux as qui débarquent en masse chaque week-end ont donné de mauvaises habitudes aux hôteliers. Déjà élevés, les prix grimpent encore !

Campings

⚕ **Yogi Bear's Jellystone Park** (hors plan par D1) : 4200 Luke Powers Rd. ☎ 443-1114 ou 1-877-433-2400. ● jellystonelcla.com ● Depuis l'autoroute I 10, sortie 36, prendre Pujol Rd (route LA 397) vers le nord sur env 2 miles, puis tourner à gauche dans Luke Power Rd ; c'est env 1 mile plus loin sur la droite. Emplacement tente env 15 $/j. Cabins 60-90 $/nuit selon équipement. Au bord d'un lac et en lisière des bois, ce camping offre des places de tentes ombragées et calmes, avec sanitaires com-

muns nickel. Également des cabins (4 personnes) différemment aménagées (cuisine dans certaines...) et réparties autour du lac. Ici, l'accueil des enfants étant de prime importance, on leur propose plein de jeux et d'activités : location barques à rames, canoës, voitures à pédales, minigolf, piscine... Les gamins s'éclatent !
⚕ **Sam Houston Jones State Park :** voir plus loin « Dans les environs de Lake Charles ».

De prix moyens à chic

🏨 **Motel 6** (plan D1, 11) : 335 Hwy 171. ☎ 433-1773 ou 1-800-4MOTEL6. ● motel6.com ● Depuis l'I 10, sortie 33, pren-

dre la route US 171 vers le sud ; c'est un peu plus loin sur la droite. Double env 50 $; 3 $/pers supplémentaire

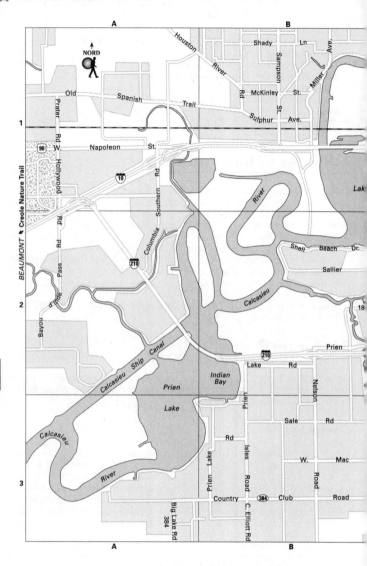

■ Adresses utiles

🛈 Visitor Center
✉ Post Office
🚌 Gare routière Greyhound

🚂 Gare ferroviaire Amtrak
▣ Carnegie Memorial Library
1 Christus Saint Patrick Hospital

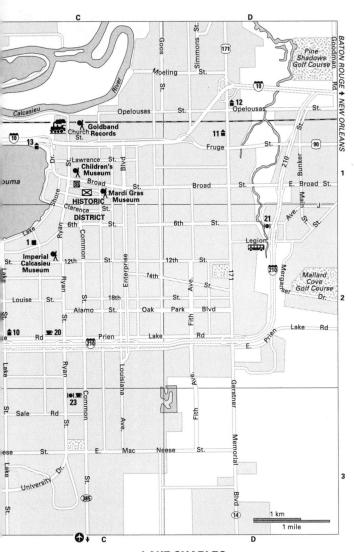

LAKE CHARLES

🏠 Où dormir ?	🍽 Où manger ?
10 Microtel Inn & Suites	**20** KD's Diner
11 Motel 6	**21** Pat's of Henderson
12 Holiday Inn Express	**22** Steamboat Bill's on the Lake
13 America's Best Inns & Suites	**23** Southern Spice

(jusqu'à 4) ; gratuit moins de 17 ans. On ne présente plus cette chaîne de motels aux chambres petites, plutôt basiques (salle de bains et AC), mais très convenables et vraiment nickel. Celles situées autour de la piscine sont plus éloignées de la route mais plus proches de la voie ferrée ; à vous de voir... Une bonne option quand même pour les petits budgets.

🛏 **Microtel Inn & Suites** *(plan C2, 10) :* 3231 Lake St. ☎ 477-4230 ou 1-877-226-0223. • microtelinn.com • *Accès Internet gratuit. Doubles env 80-100 $; 4 pers : 97 $; supplément w-e : 10 $; petit déj compris.* Un hôtel récent dans les tons beiges, avec des chambres spacieuses et confortables : salle de bains, AC, TV, frigo, four micro-ondes, sans oublier kitchenette et petit salon pour certaines. Impeccablement tenu. Sur place : piscine et laverie. Accueil sympa.

🛏 **Holiday Inn Express** *(plan D1, 12) :* 402 N Martin Luther King Hwy *(route LA 171).* ☎ 491-6600 ou 1-800-HOLIDAY. • ichotelsgroup.com • *Accès Internet gratuit. Double env 120 $; 4 pers : 165 $; petit déj compris.* Un grand bâtiment tout neuf et bien isolé du bruit de la route et du chemin de fer. Chambres spacieuses, tout confort et impeccables, comme dans toutes les adresses de la chaîne. Sans surprise donc ! Piscine.

🛏 **America's Best Inns & Suites** *(plan C1, 13) :* 401 Lakeshore Dr. ☎ 439-2444 ou 1-800-237-8466. • americasbestinn.com • *Doubles env 90-115 $; 4 pers : 145 $; petit déj compris.* Cet hôtel propose des chambres très spacieuses et ultra-confortables : salle de bains, AC, téléphone, Internet, TV, salon... Pas de charme particulier, si ce n'est la vue plongeante sur le lac.

Où manger ?

Spécial petit déjeuner

🍽 **KD's Diner** *(plan C2, 20) :* 240 W Prien Lake Rd. ☎ 479-2009. *Ouv 24h/24. Env 5 $.* Ce bâtiment bas quelconque à toit vert abrite un fameux *diner* très couru par les gens du cru. Dans une ambiance « juke-box-néons », on vous sert de bonnes formules de petit déj, histoire de bien se caler avant de partir explorer les alentours. Également de délicieux sandwichs, burgers, soupes, omelettes, etc., à engloutir à toute heure du jour et de la nuit. Une adresse plutôt rare à Lake Charles.

🍽 **Southern Spice** *(plan C3, 23) :* voir ci-dessous.

De bon marché à prix moyens

🍴 **Southern Spice** *(plan C3, 23) :* 3901 Ryan St *(route LA 384 ; à l'angle de School St).* ☎ 474-6065. *Tlj sf dim 7h-21h (22h ven-sam). Env 10 $.* Un cadre qui rappelle un peu la campagne ; plus kitsch tu meurs ! Côté cuisine, on se régale de bons petits plats typiquement cajuns, parfois un peu gras, mais toujours goûteux : *catfish, seafood,* poulet, *gumbos,* mais aussi *po-boys,* salades, omelettes, steaks, burgers... Également d'intéressantes formules de petit déj et d'assiettes déjeuner.

🍴 **KD's Diner** *(plan C2, 20) :* voir plus haut la rubrique « Spécial petit déjeuner ».

🍴 **Steamboat Bill's on the Lake** *(plan C1, 22) :* 1004 Lakeshore Dr. ☎ 494-1070. *Tlj 10h30-22h (23h ven-dim). Env 10 $.* Planté au bord de l'autoroute I 10, ce resto au cadre un tantinet tropical ne désemplit pas. On commande au comptoir, pour ensuite se faire apporter à table des plats cajuns pas franchement raffinés, mais plutôt bon marché : *po-boys, seafood,* salades, *gumbos,* etc. Ambiance bon enfant distillée par une clientèle familiale d'habitués.

Chic

|●| **Pat's of Henderson** (plan D2, 21) : 1500 Siebarth Dr. ☎ 439-6618. Accès par Legion St, à hauteur de la gare routière Greyhound ; ou par l'autoroute I 210, sortie 10A, et prendre alors Siebarth Dr, la contre-allée à côté du garage Mitsubishi. Tlj sf lun 11h-22h. Plats 10-25 $. Dans cette maison neuve à colonnades évoquant les plantations, voici le plus réputé des restos de la ville.

Dommage que la salle ne possède pas l'élégance du bar qui rappelle un peu l'intérieur d'un bateau, avec poissons et oiseaux empaillés. On y sert toutefois une bonne cuisine créole et cajun : crawfish, catfish, crevettes, alligator, préparés de différentes façons et vraiment réussis. Le midi, large choix de specials à prix très doux.

À voir. À faire

🍖 **Balade dans le « Historic District »** (plan C1-2) : Lake Charles s'enorgueillit d'avoir su préserver quelques jolies maisons vieilles d'une centaine d'années. Vous pouvez prévoir une agréable balade à pied ou en voiture, non sans vous être muni du dépliant donné par le Visitor Center, car on ne va pas vous raconter l'histoire de chaque maison ! En gros, le quartier s'étend sur une dizaine de rues (Kirby, Pujo, Moss, Ford et Broad St, pour ne citer que les principales), autour du carrefour de Kirkman et Broad St, à un demi-mile à l'est du lac. Dans ce quartier et pas très loin, on trouve 3 petits musées ; rien d'extraordinaire ; seulement pour tuer le temps !

🍖 **Mardi Gras Museum of Imperial Calcasieu** (plan C1) : 809 Kirby St (à l'angle de Kirkman St). ☎ 430-0043. Mar-ven 13h-17h. Entrée : 3 $; réduc. À Lake Charles, on adore la fête de Mardi gras, et sa célébration fait souffler un vent de folie sur la ville. Dans ce musée très kitsch, on peut voir photos et documents sur les parades ainsi qu'une magnifique collection de costumes exubérants colorés, pailletés et emplumés.

🍖 **The Children's Museum** (plan C1) : 327 Broad St. ☎ 433-9420. ● child-mu seum.org ● Tlj sf dim 10h-17h. Entrée : 5 $; réduc ; gratuit moins de 1 an (!). Reconstitution d'une ville à l'échelle des enfants avec son coffee shop, son marché, ses pompiers, sa station-service, etc., et plein d'activités pour amuser les petits, même si les grands s'y laissent parfois prendre ! Au 1er étage, une amusante section qui se veut une initiation aux sciences, à la musique... Boutique sur place.

🍖 **Imperial Calcasieu Museum** (plan C2) : 204 W Sallier St (à l'angle d'Ethel St). ☎ 439-3797. Tlj sf dim-lun 10h-17h. Entrée : 2 $. Dans cette maison en brique de plain-pied, voici quelques jolies reconstitutions des décors du passé : pharmacie, coiffeur, cuisine, chambres à coucher, salon de musique, etc., mis en scène par des personnages en cire. Mobilier et objets intéressants, et belle collection de jouets. Derrière le musée, au milieu des sculptures contemporaines de Lynda Benglis, originaire de Lake Charles, se trouve l'imposant chêne Sallier, un arbre magnifique...

🍖 **Goldband Records** (plan C1) : 313 Church St. ☎ 439-8839 ou 439-4295. Visite sur rdv. Un vieux magasin de disques, dont une plaque commémorative à l'entrée rappelle les heures glorieuses : fondés en 1949 par Eddie Shuler, les studios Goldband ont réalisé le premier enregistrement de musique zydeco avec la chanson Paper in my Shoe, de Boozoo Chavis, et les débuts de Dolly Parton, à l'âge de 13 ans. Le catalogue de toutes les chansons enregistrées ici sont maintenant détenu par l'université de Caroline du Nord... Un petit pèlerinage hors des sentiers battus, en plein cœur du quartier noir, pour tous les amoureux de musique.

– **Le bord du lac :** première chose à faire en arrivant en ville, passer en voiture sur l'impressionnant pont de l'autoroute I 10 qui enjambe le lac. Superbe vue, surtout la nuit quand brillent les lumières des usines pétrochimiques et autres casinos...

EN ALLANT VERS L'OUEST ET LE TEXAS

Outre une promenade fort plaisante au bord de l'eau (côté est), on peut aussi se livrer à toutes sortes d'activités nautiques. Autre grande occupation, claquer ses sous en compagnie des Texans dans l'un des énormes casinos amarrés sur le plan d'eau !

Fêtes

– **Mardi gras :** celui de Lake Charles est célèbre dans la région. Beaucoup de visiteurs viennent évidemment du Texas pour admirer l'exubérance des costumes et des traditions louisianaises. Réservez longtemps à l'avance votre chambre : les hôtels affichent complet. Les festivités débutent avec l'Épiphanie le 6 janvier et s'étalent sur plusieurs semaines jusque début mars.

– **Contraband Days :** *les deux premières sem de mai. Infos au* ☎ *436-5508 ou sur* ● *contrabanddays.com* ● Lake Charles célèbre les pirates qui, leurs forfaits accomplis dans le golfe du Mexique, trouvaient refuge dans les bayous des environs. Le trésor du plus célèbre d'entre eux, Jean Lafitte, un Français, serait caché quelque part dans le coin... Lors des *Contraband Days :* concerts, parades, régates, courses d'écrevisses et autres réjouissances animent la ville.

> ## ➤ *DANS LES ENVIRONS DE LAKE CHARLES*

🎋🎋 🎋 **Sam Houston Jones State Park** *(hors plan par D1) :* 107 Sutherland Rd. ☎ 855-2665 ou 1-888-677-7264. ● crt.state.la.us/parks ● À env 12 miles de Lake Charles. Depuis l'I 10, sortie 33, prendre la route US 171 vers le nord, puis sur la gauche la route LA 378 et enfin à droite Sutherland Rd, vers l'entrée du parc. Tlj 6h-21h (22h ven-sam). Entrée : env 1 $. Littéralement perdu dans une nature luxuriante, lovée dans les méandres de la rivière Calcacieu, on prend ici un grand bol d'air et de tranquillité en regardant les petits oiseaux... Pour explorer le parc, 2 sentiers pédestres ou possibilité de louer des bateaux à rames *(env 15 $/j.)* et de pêcher. Sur place, également des aires de pique-nique-barbecue et des jeux pour les enfants.

🏕 🏠 **Camping et cabins :** *résa obligatoire. Emplacements env 16 $/j./pers ; maisonnettes env 70 $/j.* Le parc dispose de 2 agréables sites pour planter sa tente sous les arbres et à proximité de la rivière, avec sanitaires communs propres. Et, pour jouer aux trappeurs du dimanche, quelques jolies maisonnettes (6-8 personnes) à louer. Impeccable et bon confort : 1 ou 2 chambres, salon, cuisine équipée et sanitaires complets avec douche, terrasse et moustiquaire. Prévoir linge de maison, nourriture et répulsif antimoustiques.

🎋🎋 🎋 **Creole Nature Trail** *(hors plan par A2) :* infos sur ● creolenaturetrail.org ● Si vous avez loué une voiture, on vous conseille vivement de partir explorer cette région au sud de Lake Charles en suivant la route LA 27 qui forme une boucle à travers la campagne sauvage, flirtant un temps avec le golfe du Mexique... Comptez en tout quelque 180 miles à parcourir, et donc une bonne journée si vous vous arrêtez. Avant de partir, faites le plein d'essence et achetez de quoi manger et boire. Pour commencer, depuis l'autoroute I 10, sortie 20 (« Sulphur »), prendre la route LA 27 vers le sud. On sillonne d'abord des terres agricoles souvent peuplées de troupeaux de bétail, avant de traverser l'**Intercoastal Waterway,** réseau fluvial côtier reliant Brownville au Texas, à New York, en suivant toute la côte Est des États-Unis. On arrive alors à **Hackberry,** village vivant de la pêche. C'est dans les environs, autour du bayou Kelso, que le pirate Jean Lafitte aurait caché son magot... Toujours plus au sud, vers **Hog Island Gulley,** on peut apercevoir les premiers alligators. Marquez alors un arrêt au **Sabine National Wildlife Refuge,** une réserve marécageuse avec sentier pédestre pour observer une multitude d'oiseaux et d'alligators. Petit *Visitor Center* sur place (☎ 762-3816) présentant la faune et la flore de la réserve à l'aide de documents bien conçus...

Continuez sur la route LA 27 jusqu'au golfe du Mexique. Bienvenu sur la **Riviera cajun** ! D'abord, **Holly Beach** est une station balnéaire très populaire avec ses petites maisons en bois sur pilotis, construites ainsi pour mieux résister aux ouragans. La plage, qui s'étend sur une quarantaine de kilomètres est assez prisée par les voisins texans et très fréquentée lors des grandes fêtes nationales... On y vient plutôt pour pique-niquer en famille ou ramasser des coquillages, que pour se baigner : les eaux sont en effet très boueuses, les courants brassant en continu tout le limon déposé par le delta du Mississippi. Et c'est précisément ce limon qui est riche en crevettes et en écrevisses... On ne peut pas tout avoir ! Au loin, les plates-formes pétrolières gâchent un peu le paysage.

Continuer quand même sur la route LA 27 vers l'est, le long de la mer, avant de traverser le **chenal du lac Calcasieu** à bord d'un ferry (24h/24 et très bon marché), croisant ainsi cargos, navires travaillant pour l'industrie pétrolière, bateaux de pêche, de plaisance... On atteint alors le village de **Cameron,** port de pêche à la crevette et chantier naval qui, même s'il n'a rien de très aguichant, a le mérite d'être authentique. En 1957, il fut rayé de la carte par un ouragan...

Poursuivre toujours vers l'est jusqu'à **Creole**, où l'on tourne vers le nord, toujours sur la route LA 27, en direction de Lake Charles. Longeant tranquillement les marais pour en apercevoir les gentils habitants, on arrive au **Cameron Prairie National Wildlife Refuge,** une réserve pour observer oiseaux, ragondins et alligators de près...

Une autre option sympa : zapper Creole et continuer tout droit sur la route LA 82 pour gagner **Oak Grove,** puis **Grand Chenier,** village réputé pour son *Alligator Harvest Festival* (chaque année en octobre). On traverse ainsi 60 miles de marais protégés, avec un arrêt possible au **Rockefeller Wildlife Refuge,** pour ensuite rejoindre Abbeville et New Iberia par le chemin des écoliers...

|●| **Creole Crawdads :** à Creole, au croisement des routes LA 27 et LA 82. Snack en self-service, avec tout un tas de plats peu raffinés, mais à volonté *(all you can eat).*

LES VILLES DU SUD

Pour la carte des villes du Sud, se reporter au cahier couleur.

Si vous abordez les villes du sud des États-Unis par avion, il y a de fortes chances pour que votre première étape soit *Atlanta,* capitale de la Géorgie, où se trouve l'aéroport le plus fréquenté au monde. Grande métropole commerciale aux gratte-ciel étincelants, siège de *Coca-Cola* et de CNN, elle a organisé les Jeux olympiques de 1996 et tente de se donner un vernis culturel en accueillant quelques collections du Louvre. Atlanta n'a plus grand-chose de la ville qui fut incendiée par le général Sherman en 1864, si ce n'est qu'il y subsiste la maison où Margaret Mitchell rédigea l'inoubliable *Gone With the Wind (Autant en emporte le vent)* et dont les protagonistes ont été immortalisés au cinéma par Clark Gable et Vivien Leigh.

Atlanta, c'est aussi la ville natale du pasteur Martin Luther King et, à partir du centre d'accueil à son nom pour la promotion des droits civiques, l'occasion d'aborder la question de la lutte des Afro-Américains pour l'émancipation et la reconnaissance de leur dignité. Creuset de la culture *Black,* Atlanta offre aussi l'opportunité de découvrir la place prépondérante que tient la musique chez les habitants du Deep South, en se rendant le dimanche matin dans une des églises du quartier d'Auburn pour assister (et participer) à une messe gospel, une des matrices originelles (avec le folk irlandais et écossais) de la musique populaire américaine.

Droits civiques et musique, deux fils rouges souvent entremêlés, à suivre donc pour partir à la découverte des autres régions qui forment le sud des États-Unis. *Go west, boys,* en traversant cette chaîne des Appalaches réputée autrefois infranchissable vers le Tennessee et sa capitale, Nashville, creuset de la *country music.* Une ville qui séduit peu par son décor mais qui passionnera les amateurs de musique avec *Music Row,* le quartier où sont installés, au milieu d'une multitude de bars, les sièges des plus grandes entreprises d'édition musicales. Les fondus de *bluegrass,* de *honky-tonk,* de *hillbilly* et de *rockabilly* ne manqueront pas se rendre en pèlerinage au *Grand Ole Opry,* d'où dès 1925 étaient diffusés en direct par radio les concerts du samedi soir jusqu'au fond des campagnes isolées.

Go west again, vers *Memphis* sur les bords du Mississippi, autre haut lieu de la musique comme capitale du *blues* et ville qui vit éclore le talent d'une légende du rock'n'roll : Elvis Presley. Une soirée dans les bars de Beale Street s'avère aussi indispensable que la visite de la propriété du *King* à Graceland. C'est à Memphis également que fut assassiné Martin Luther King. La visite du *National Civil Rights Museum,* installé dans le motel *Lorraine* où eut lieu l'attentat, permet de prendre conscience de la vie des Afro-Américains durant les années de la ségrégation raciale. Memphis est à l'entrée du delta du Mississippi dont le cours majestueux mène naturellement à son embouchure au-delà de La Nouvelle-Orléans.

L'autre approche du sud à partir d'Atlanta consiste à tourner le dos à l'Ouest lointain et à partir vers le sud-est, sur les traces de l'histoire coloniale américaine dans les magnifiques cités historiques des basses-terres du littoral atlantique : *Savannah* et *Charleston.* Ce sont à coup sûr les villes emblématiques de cet art de vivre du sud fait d'hospitalité, de douce nonchalance, du bien-manger (si, si) et de respect des traditions. La préservation exceptionnelle (pour ce pays) de l'architecture élégante des vieilles demeures des planteurs de coton en fait une double étape indispensable pour la découverte de ce Vieux Sud à l'histoire chargée de souvenirs.

UN PEU D'HISTOIRE

Nord-Sud, une opposition durable

À la différence de la Louisiane découverte par les Français, la colonisation des côtes atlantiques s'est faite, comme pour la Nouvelle-Angleterre, au départ des îles britanniques. L'expansion des colonies s'est déployée du nord vers le sud. Le premier territoire de ce qu'il convient d'appeler les États du Sud fut la Virginie, dont Walter Raleigh aborde les côtes en 1584 et qu'il baptise en hommage à Elizabeth Ire, « la reine vierge ». À la suite de l'implantation des premiers colons suivis dès 1670 de huguenots français, la Caroline devient colonie royale en 1712 sous le règne de Charles Ier. La Géorgie tient son nom du roi George II qui favorise vers 1733 l'implantation de colons pour contrer l'influence des Espagnols présents en Floride.

Les habitants de ces territoires se distinguent de ceux de la Nouvelle-Angleterre qui tentent rapidement de prendre leurs distances vis-à-vis de la mère patrie. À la différence des territoires du Nord et des vallées fertiles du Centre atlantique où prospèrent les exploitations agricoles familiales, les États du Sud se développent avant tout sur les grandes exploitations (les plantations) où poussent le coton et le tabac à fort besoin de main d'œuvre et exportés vers les marchés du Nord et de l'Europe. Pour exploiter ces cultures, les propriétaires ont recours aux esclaves amenés d'Afrique. D'emblée cette différence creuse un fossé entre deux formes de société : un Sud agricole et conservateur et un Nord industriel et commerçant.

L'esclavage est une ligne de fracture permanente : pour les nordistes, il est immoral ; pour les sudistes, il fait partie de leur mode de vie. Entre-temps, ce Sud esclavagiste donne des chefs prestigieux à la guerre d'indépendance contre les Anglais, et quatre des cinq premiers présidents des États-Unis sont originaires de Virginie.

Réalités sociales du Sud

À contrario des idées reçues, le Sud est, à cette époque, loin d'être un territoire peuplé en majorité de planteurs et d'esclaves. Près des trois quarts de la population blanche de ces régions n'en possèdent pas. Un recensement fait état en 1860 de 400 000 propriétaires d'esclaves sur une population libre de 8,5 millions d'individus et 4 millions d'esclaves. Être propriétaire d'esclaves ne signifie pas forcément être planteur ; certains travaillent dans l'artisanat et la petite industrie, et la majorité ne possède qu'un ou deux esclaves, alors que d'autres en comptent jusqu'à 2 000... Le nombre d'esclaves est aussi mal réparti dans le Sud que la fortune dans le Nord. En dessous de cette aristocratie de planteurs qui en possédaient de 50 à 200, vient une importante classe active et énergique de fermiers qui en ont de 10 à 50. Mi-paysans mi-planteurs, ils forment l'ossature du Sud. La vie, les traditions, la civilisation du Sud autour de la culture du tabac et du coton, l'esclavage et la plantation symbolisent leur idéal de vie. Tous ces fermiers, propriétaires d'esclaves, sont farouchement attachés à l'esclavage, non seulement parce que c'est la seule main-d'œuvre disponible, mais aussi parce que ce patrimoine de chair représente le seul moyen pour le petit fermier de s'élever sur l'échelle sociale.

Néanmoins, une grande part de la population blanche ne possède pas d'esclave et cultive la terre de ses propres mains. Ces petits fermiers sont plus de 3 millions et habitent le Haut Sud. Leur rêve d'acquérir un ou plusieurs esclaves est peu à peu détruit par les lois fédérales qui limitent l'importation d'esclaves en vue d'en abolir le commerce. Même méprisés, les « petits blancs » sont farouchement esclavagistes, et haïssent le système social qui les tient dans cette infériorité. Par glissement de cette logique fruste, c'est sur les Noirs qu'ils reportent cette haine. Installés sur des terres ingrates à proximité de forêts qui s'enclavent au sein des grandes plantations, ces déclassés sont décrits à l'époque comme « paresseux, ivrognes, incroyants et constituent la race la plus dégradée se réclamant d'une origine anglo-saxonne ». Ces « petits blancs pauvres », dont le nombre atteint un million, se révéleront durant la guerre de Sécession d'excellents hommes de troupe très motivés.

La guerre de Sécession

En 1860, Abraham Lincoln est élu président sur la base d'un programme qui inclut l'abolition de l'esclavage. Mais les raisons du conflit ne tiennent pas dans cette seule question. La guerre de Sécession est une guerre civile, non pas entre deux factions politiques mais entre deux types de civilisations. Elle trouve sa source dans la révolution industrielle. Jusqu'en 1830, les États-Unis sont une nation sans industries et la population y vit selon un modèle ancestral simple : autosuffisance et commerce à petite échelle avec l'Europe. Les États fonctionnent toujours comme à l'époque de l'Empire britannique et des treize colonies. Le Sud riche et prospère en est le fleuron et le modèle. Mais le progrès technique entraîne une part de la société à s'industrialiser. Le Nord explose économiquement et démographiquement. Le Sud a pu conserver le pouvoir politique durant cette transition, mais le Nord, devenu désormais le moteur de la nation américaine, revendique ce pouvoir. Les habitants du Nord ont une vision du monde libérale, très moderne pour l'époque, qui, avec, les intérêts qu'elle comporte, entre en conflit avec les valeurs sudistes.

Au-delà du problème moral, la question de l'esclavage est aussi économique : si les hommes politiques veulent libérer les esclaves, c'est parce qu'ils représentent une concurrence qui freine la libéralisation du commerce et l'expansion de l'industrie. Si elle a pu être perçue en Europe comme « romantique », la guerre a été menée au nom d'une doctrine qui régit encore aujourd'hui la politique étrangère américaine : la défense des intérêts économiques. Par leurs actions politiques, les sudistes ont mis ces intérêts en danger. Ce danger a donc été réduit au silence.

Sans entrer dans le détail des opérations militaires, voici un bref exposé des faits : dès le début 1861, 11 États du Sud se séparent de l'Union (Caroline du Sud, Mississipi, Floride, Alabama, Géorgie, Louisiane, Texas, Virginie, Arkansas, Tennessee et Caroline du Nord) avec l'intention de constituer un pays indépendant : les États confédérés d'Amérique. Son premier et seul président est Jefferson Davis, qui proclame la fondation de l'État le 4 février. La formation des ECA précipite la guerre civile à la suite de l'incursion sur le territoire de l'Union, de l'armée sudiste commandée par le général Robert E. Lee. Par la suite la plupart des combats se déroulent sur le territoire de la Confédération. Au fil du déroulement des affrontements, les ECA connaissent plusieurs capitales : Montgomery en Alabama, puis Richmond en Virginie. Peu avant la fin de la guerre, le gouvernement évacue cette dernière pour s'installer encore plus au sud, mais entre-temps le général Lee s'est rendu aux troupes unionistes à Appomatox.

Les ECA sont battus en 1865, et le dernier des États confédérés, la Géorgie, est réintégrée aux États-Unis en 1870.

Les destructions résultant des opérations militaires menées par l'Union victorieuse (l'incendie d'Atlanta, entre autres), puis les politiques d'exploitation économique, notamment par les *carpetbaggers* (immigrants économiques venant du Nord) associés aux *scalawags* (les natifs du Sud collaborant avec le nouveau pouvoir et perçus comme des brebis galeuses) générèrent vis-à-vis du gouvernement fédéral une amertume tenace parmi les anciens confédérés et leur descendance, et ce pour plusieurs générations.

Reconstruction et ségrégation

Conséquences de cette « pacification forcée » : les difficultés persistantes pendant plusieurs décennies à faire appliquer les *droits civiques* des Noirs dans le Sud et l'exode massif de ceux-ci vers les villes du Nord, poussés par les exactions des organisations terroristes telles que Ku Klux Klan. De fait, l'abolition de l'esclavage crée un nouvel ordre social dans le sud des États-Unis : la ségrégation raciale. Ces textes de loi interviennent pour hiérarchiser et réorganiser la société sudiste après la guerre de Sécession. Si le pays a instauré l'égalité des droits pour tous les citoyens, la population blanche des États ex-confédérés réclame d'être protégée contre les Noirs désormais libres. Les lois dites « Jim Crow » définissent les droits et les restrictions imposées à ceux qui deviendront plus tard les Afro-Américains, mais qui sont encore pour le moment appelés les Nègres.

En légalisant la ségrégation raciale, ces textes indiquent que les citoyens doivent être *separate but equal*. Dans la réalité, ils cantonnent les Noirs à une infériorité de rigueur dans tous les instants de la vie publique et privée.

Ce système ségrégationniste restera en vigueur jusqu'au vote voulu par Lyndon Johnson (un Texan) du *Civil Rights Act* en 1964. Certaines de ces lois sont pourtant toujours inscrites aujourd'hui dans les constitutions des États sudistes.

Néanmoins, au fil des années, les habitants des États du Sud se sont affranchis des effets de l'esclavage et de la division raciale, et vers la fin du XXe s, un regain de fierté régionale s'est manifesté sous la bannière d'un « Nouveau Sud ». Cela s'est concrétisé par le poids du politique : depuis 1976, le seul président à ne pas être du Sud a été Ronald Reagan ; Jimmy Carter venait de Géorgie, George Bush et son fils, George W. Bush, du Texas, et Bill Clinton de l'Arkansas. Le Sud a également attiré des manifestations culturelles internationales comme le Festival annuel de Spoleto à Charleston (Caroline du Sud), et les Jeux olympiques de 1996 à Atlanta (Géorgie). En moins de 50 ans, les États-Unis ont su passer d'un système ultra-raciste et ségrégationniste à une société qui peut voir un Noir accéder aux plus hautes fonctions... tout en cantonnant une grande partie de la population afro-américaine sous le seuil de pauvreté.

C'est un des paradoxes des États-Unis, nation des extrêmes.

LA GÉORGIE

Le plus grand des États du Sud... à l'est du Mississippi. Avec 154 000 km^2 et 8,2 millions d'habitants, c'est aussi l'un des États qui personnifiait autrefois le mieux le « Vieux Sud » rural et conservateur. Mais les clichés liés à la période *ante bellum* sont à ranger au placard. Avec Ray Charles, on se met à fredonner *Georgia on my Mind*, mais c'est la voix puissante et incantatrice du pasteur Martin Luther King qui domine le chœur des voix noires, en revendiquant dignité et reconnaissance pour

GEORGIA ON MY MIND

À propos, saviez-vous que l'hymne de l'État de Géorgie est depuis 1979 Georgia on my Mind*, du regretté Ray Charles ? Justice lui a été rendue lors d'une cérémonie officielle où il a été intronisé citoyen d'honneur de l'État avec excuses rétroactives, car en 1961 le même État, alors fortement ségrégationniste, l'avait boycotté à la suite de son refus de se produire dans des salles de spectacle où les Blancs se trouvaient au parterre et les Noirs au balcon.*

LES VILLES DU SUD

la communauté des anciens esclaves. Et on peut constater que c'est en Géorgie que les progrès de l'intégration sont les plus marquants : Atlanta et plusieurs grandes villes ont élu des maires noirs, et une grande partie de la population, attirée par le renouveau économique et l'ouverture culturelle sur le monde, a une origine extérieure au Sud traditionnel. Ceux qui voudraient malgré tout se tremper dans les charmes d'un passé révolu auront à cœur de faire un tour du côté de Savannah, une adorable cité romantique à l'architecture préservée, en bordure d'une côte encore sauvage où l'on peut goûter aux plaisirs de l'océan.

ATLANTA

416 500 hab.   (4,1 millions avec les banlieues)

IND. TÉL. : voir plus loin la rubrique « Téléphone »

Atlanta est censée, dans notre imaginaire, évoquer le « Vieux Sud » tradition-nel, celui décrit par Margaret Mitchell dans *Autant en emporte le vent*. Un Sud romantique, insouciant, vivant au rythme des récoltes de coton, plein de mai-sons coloniales où résonnaient les rires de beaux jeunes gens et de jeunes filles en crinoline : tout ce beau monde plus enclin à faire la fête qu'à s'occu-per de la misère des Noirs.

Hélas, le visiteur qui arrive à Atlanta doit oublier très rapidement toutes ces belles images. Il débarque dans une grande ville moderne et impersonnelle hérissée d'une ribambelle de gratte-ciel, du plus réussi au plus moche, et entièrement vouée au mythe *Coca-Cola*. La première impression laissée par le *Downtown* est celle d'une ville avant tout dédiée au business, avec peu de quartiers chaleureux. Buildings claquemurés comme des coffres-forts, rues rectilignes comme des canyons à courants d'air et désertes après 18h et, en surface, d'immenses parkings bétonnés. Peu de piétons et des commerces relégués dans des sous-sols aux rues artificielles, et aux alentours quelques attractions destinées à occuper le touriste : les sièges de *Coca-Cola* et de CNN, et l'aquarium dont on dit qu'il est le plus grand du monde. Si Atlanta a toujours été un nœud de communication important aux États-Unis, elle s'enor-gueillit de posséder depuis peu le premier aéroport du monde par la fréquen-tation. Avec le *hub* de la compagnie Delta Airlines, 86 millions de voyageurs y transitent tous les ans dont plus de 7 millions en provenance de l'étranger. L'extension des infrastructures est programmée pour doubler ce chiffre en 2015.

Après une longue période d'expansion, la municipalité a freiné sa boulimie immobilière pour ne pas présenter au monde une ville en chantier lors des J.O. de 1996. Mais à dire vrai, rares sont les touristes qui viennent ici de leur propre chef. On les comprend. Quand on a un temps limité, on ne retient pas forcément Atlanta dans le circuit.

Et pourtant, c'est l'une des villes les plus visitées par les Américains, 19 mil-lions de visiteurs par an, c'est pas rien !... tout simplement parce que c'est la première ville de congrès du pays : colloques, conventions, séminaires, grou-pes de réflexion... Ils se donnent tous rendez-vous à Atlanta, qu'ils soient coif-feurs, médecins, gays, gros, grands, scaphandriers, ébénistes ou autres... Cela explique le nombre de grands hôtels et les prix pratiqués. On comprend alors pourquoi la plupart des gens dans les rues de *Downtown* ne sont pas des Atlantais mais de simples congressistes ou séminaristes dûment badgés comme remède à un anonymat assuré.

Il convient pourtant de nuancer quelque peu ce descriptif cafardeux en signa-lant malgré tout, du côté de *Midtown* et *Buckhead* plus au Nord, des quartiers résidentiels plus attractifs émaillés d'îlots de vie sociale autour de bars, res-tos et boutiques et de très beaux musées à l'architecture contemporaine séduisante, comme le centre culturel *Woodruff* pour les arts.

UN PEU D'HISTOIRE

« Haut lieu de l'histoire », diront certains. « Terrible camouflet », penseront d'autres. Pour tous les Américains, le nom d'Atlanta résonne comme Austerlitz... ou Water-loo. Tout a commencé en 1860 avec l'élection d'Abraham Lincoln, bien décidé à abolir l'esclavage. Les États du Sud prennent peur, et la Caroline du Sud fait séces-sion. De 1861 à 1865, la guerre fait rage avec une cruauté inégalée dans le pays. Les 23 États du Nord (les États de l'Union) se battent contre les 11 États du Sud (États de la Confédération). Résultat, plus de 600 000 morts. Le Sud combat pour sa survie. Toutes les plantations vivent grâce au labeur des esclaves. L'abolition est pour eux synonyme de ruine. Alors ils préfèrent mourir plutôt que céder. Le général Sherman a bien compris l'importance de cette ville lorsqu'il s'empresse de la rayer de la carte en la brûlant, après l'avoir affamée et assiégée au printemps 1864. La ville compte à peine 20 ans d'existence et héberge déjà 20 000 habitants. Sur les 4 000 maisons d'Atlanta, seules 400 échappent au désastre. Une blague circule à l'époque : « Savez-vous pourquoi Sherman n'incendia pas Savannah ? Parce qu'il ne retrouvait pas ses allumettes ! »

Beaucoup de maisons anciennes datent donc plutôt de la fin du XIXe s. Le feu semble d'ailleurs être la bête noire d'Atlanta depuis 1864 : en 1917, ce sont quelque 2 000 immeubles qui s'envolent en fumée dans un nouvel incendie et, en mai 1996, c'est sur la maison de Margaret Mitchell, celle précisément où elle écrivit *Autant en emporte le vent*, que s'abat la terrible malédiction. Ironie du sort, la maison était justement en cours de rénovation avant d'être ouverte au public.

La guerre prend donc fin en 1865, en laissant de profondes cicatrices dans l'esprit des gens du Sud. Finie la vie facile des grandes familles. Reste que l'abolition ne règle pas le problème des Noirs, qui obtiennent la liberté mais sans plus. À l'esclavage se substituent rapidement des lois ségrégationnistes, encore en vigueur il n'y a pas si longtemps. « L'esprit » du Sud ne se ressent plus à Atlanta, bien que la ville ait fait beaucoup pour l'intégration raciale – d'ailleurs une femme noire (mais teinte en blonde !), Shirley Franklin, dirige la mairie d'Atlanta depuis 2002 –, mais les quartiers où vivent les Afro-Américains sont bien séparés du reste.

Martin Luther King story

« I Have a dream, today... »

M. L. King.

Après la guerre de Sécession et l'abolitionnisme, une autre forme de racisme, plus sournoise, se met en place aux États-Unis : la ségrégation. Des lois sévères sont édictées, restreignant le droit des gens de couleur et faisant de l'humiliation leur pain quotidien.

L'un des plus fervents combattants contre la ségrégation fut le pasteur Martin Luther King Jr. Il reste aujourd'hui l'homme qui fit le plus pour la cause des Noirs, avec Nelson Mandela.

> ### LES LOIS SÉGRÉGATIONNISTES
>
> *Les lois « Jim Crow » sont une série de lois promulguées généralement dans les États du Sud au XIXe s (variables selon les États), dans le but de restreindre la plupart des droits accordés aux anciens esclaves après la guerre de Sécession. Les plus importantes organisent la ségrégation dans les écoles et dans la plupart des équipements publics, y compris les trains et les bus.*

Né à Atlanta en 1929, fils d'une famille de pasteurs baptistes, docteur en philosophie et pasteur lui-même, il entame très jeune son combat, notamment en appelant les Noirs à boycotter les autobus municipaux en 1956, dont le règlement contraint les Noirs à s'asseoir dans le fond. Première victoire. Boycotts, *sit in* et marches composent la panoplie non-violente de son action. En 1957, il fonde la conférence des Leaders chrétiens du Sud. La jeunesse américaine non-violente adhère à sa cause. De 1960 à 1963, il combattra toutes les lois qu'il considère « immorales ». Emprisonné à plusieurs reprises sous des prétextes différents, il poursuit son action avec détermination, ce qui provoque des réponses souvent violentes de la part de groupes blancs extrémistes (bombes, menaces, meurtres...).

L'été 1963 porte Martin Luther King à l'apogée de sa popularité, avec la désormais célèbre « Marche de la liberté » qui rassemble 250 000 personnes dans les rues de Washington. Le discours « *I have a dream...* », qu'il prononce à cette occasion,

NORD

A | B

1

14th St.

N5 Arts Center

14th St.

45 ◉

37 ◉

10th St.

N4 Midtown 69

MIDTOWN

8th St.

7th St.

6th St.

5th St.

Ferst Dr.

Stade

3rd St.

4th St.

36 ◉

3rd St.

75

32 ◉

N3 North Avenue

43

◉ 42

Botanical Garden

Piedmont Park

Piedmont

Monroe Dr.

Park

10th St.

31

St.

St. Dr.

Charles Allen Dr.

Monroe Dr.

17

St.

Juniper

Piedmont

35 ◉

11

Ponce De Leon Ave.

North Ave.

Argonne

2

North Ave.

Pine St.

Marietta St.

Alexander St.

Georgia Aquarium

70

Centennial Olympic Park

Harris St.

A. Young

W1 Omni-Dome-World Congress Center

72

41 ◉

Techwood Dr.

Spring St.

Baker St.

35

N2 Civic Center

Pine St.

2

Angier Ave.

Ralp McGill Blvd

Bedford

Highland

Courtland

Piedmont

Freedom

Boulevard

Glen Iris

2 ◉

51

N1 Peachtree Center

76

International Blvd

16

DOWNTOWN

Randolph

J. W. Dobbs Ave.

Auburn Ave.

12 ◉

13

@ St.

M. L. King Jr. Dr.

Five Points

Decatur St.

Edgewood

66

Auburn Ave.

Peachtree Center

AUBURN DISTRICT

Old Wheat St.

Auburn Ave.

62 ◉ 63

J. W. Dobbs Ave.

64

60

61

65

Jackson St.

Boulevard

73 ◉

3

S1 Garnett

74

Trinity Ave.

Central Ave.

Washington St.

Jesse Hill Jr. Dr.

E1 Georgia State

M. L. King Jr. Dr.

E2 King Memorial

Oakland Cemetery

Memorial Dr.

Peters St.

Whitehall St.

20

Mitchell St.

Memorial Dr.

Wooddward

Bryan St.

Hill St.

Boulevard

20

ATLANTA

A | B

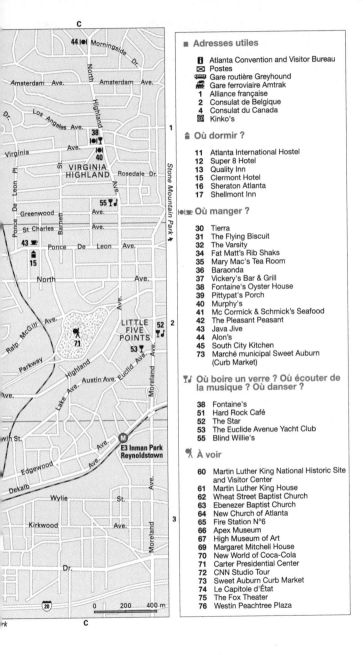

■ **Adresses utiles**

- 🛈 Atlanta Convention and Visitor Bureau
- ✉ Postes
- 🚌 Gare routière Greyhound
- 🚆 Gare ferroviaire Amtrak
- 1 Alliance française
- 2 Consulat de Belgique
- 4 Consulat du Canada
- @ Kinko's

🛏 **Où dormir ?**

- 11 Atlanta International Hostel
- 12 Super 8 Hotel
- 13 Quality Inn
- 15 Clermont Hotel
- 16 Sheraton Atlanta
- 17 Shellmont Inn

🍽 **Où manger ?**

- 30 Tierra
- 31 The Flying Biscuit
- 32 The Varsity
- 34 Fat Matt's Rib Shaks
- 35 Mary Mac's Tea Room
- 36 Baraonda
- 37 Vickery's Bar & Grill
- 38 Fontaine's Oyster House
- 39 Pittypat's Porch
- 40 Murphy's
- 41 Mc Cormick & Schmick's Seafood
- 42 The Pleasant Peasant
- 43 Java Jive
- 44 Alon's
- 45 South City Kitchen
- 73 Marché municipal Sweet Auburn (Curb Market)

🍸 **Où boire un verre ? Où écouter de la musique ? Où danser ?**

- 38 Fontaine's
- 51 Hard Rock Café
- 52 The Star
- 53 The Euclide Avenue Yacht Club
- 55 Blind Willie's

🏃 **À voir**

- 60 Martin Luther King National Historic Site and Visitor Center
- 61 Martin Luther King House
- 62 Wheat Street Baptist Church
- 63 Ebenezer Baptist Church
- 64 New Church of Atlanta
- 65 Fire Station N°6
- 66 Apex Museum
- 67 High Museum of Art
- 69 Margaret Mitchell House
- 70 New World of Coca-Cola
- 71 Carter Presidential Center
- 72 CNN Studio Tour
- 73 Sweet Auburn Curb Market
- 74 Le Capitole d'État
- 75 The Fox Theater
- 76 Westin Peachtree Plaza

ATLANTA

ATLANTA

reste aujourd'hui le texte phare de son action. Il est reçu par J. F. Kennedy qui, rappelons-le, avait fait du combat antiségrégation l'une de ses priorités à la Maison-Blanche. En 1964, il est l'homme le plus jeune à recevoir le prix Nobel de la paix. Mais, bientôt, la non-violence ne fait plus recette. Le mouvement s'émousse, les Noirs s'impatientent. Il se voit débordé par d'autres groupes plus radicaux, comme le Black Power et les Black Muslims de Malcolm X. En 1967, il s'oppose à la guerre du Vietnam.

Le 4 avril 1968, lors d'une visite de soutien à des éboueurs grévistes de Memphis, Martin Luther King est assassiné au balcon du *Lorraine Motel.* Le leader du Mouvement pour les droits civiques et l'égalité raciale avait 39 ans.

À l'annonce de sa mort, des émeutes sanglantes font 46 morts et des milliers de blessés à Washington, Chicago, Baltimore et Kansas City.

Avec Washington, il est le seul Américain à avoir donné droit à un jour de congé pour célébrer sa mémoire et son action.

Depuis les années 1960, la situation des Noirs s'est radicalement transformée. Mais s'il existe désormais une bourgeoisie noire, une tranche non négligeable de la population de couleur est au chômage, vit dans la pauvreté et souvent la misère. Les années Reagan n'ont pas fait avancer les choses, et les acquis sociaux restent particulièrement fragiles.

Coca-Cola story

Au même titre que *McDo, IBM, Nike, Colgate, Microsoft* ou *Gillette,* Coca-Cola est l'un des symboles de la puissance économique américaine dans le monde. De l'invention du breuvage dans l'arrière-boutique d'un petit drugstore à une distribution planétaire, la compagnie a prouvé toute la puissance de son marketing, certains médias allant jusqu'à rebaptiser les J.O. de 1996 « cocacolympiques ».

En 1886, le pharmacien John Stythe Pemberton, professeur Tournesol à ses heures, cherche une boisson « originale, désaltérante et commerciale ». Il multiplie les essais et finalement retrouve, dans ses archives, une vieille recette sénégalaise uniquement connue en France : le *French Wine Cola* inspiré du vin *Mariani* inventé par un chimiste corse. À base de noix de cola aux vertus médicinales, de feuilles de coca décocaïnisées, de sucre et de plusieurs extraits végétaux, sa composition finale est pourtant le fruit du hasard.

En effet, le veilleur de garde ce soir-là, ne sachant comment servir à un client ce tout nouveau breuvage, ajoute de l'eau gazeuse à la boisson originellement prévue plate. Quelle n'est pas la surprise du client, le lendemain, découvrant un *Coke...* sans bulles, que lui tend le pharmacien. La sentence est sans appel : imbuvable ! Le *Coca-Cola* sera à jamais gazeux.

Un an plus tard, Pemberton vend pour 2 300 $ la recette à un businessman avisé, Asa Griggs Candler. La machine *Coca* est en marche, la célèbre bouteille cintrée est lancée en 1915. Ses campagnes de publicité sont enseignées dans toutes les écoles de marketing : on attribue à *Coca-Cola* la modélisation du père Noël en personnage rouge et blanc (au lieu de rouge et vert) pour coller aux couleurs de la marque. Ses campagnes des années 1940-1950, qui lui associent des *pin-up* dessinées par des grands artistes, l'ont rendu populaire auprès des GI's sur tous les théâtres d'opération, et par extension dans tous les pays où sont cantonnées des troupes américaines. Sponsor des J.O., sans interruption depuis 1928, il sera au rendez-vous des grands événements de l'histoire du XXe s. En 1945, à la demande du général Eisenhower, 6 usines sont démontées et attendent au large le retour des petits gars après la défaite du Japon. On fête la victoire au *Coca,* comme d'autres sablent le champagne. Le statut de partenaire historique du mouvement olympique n'est sans doute pas innocent dans le choix d'Atlanta pour l'organisation des J.O. de 1996. Lors du lancement du *New Coke* en 1984, l'économie de Madagascar s'effondre : le *New Coke* utilise une vanilline synthétique en lieu et place de la vanille naturelle dont l'île est le premier producteur mondial. Le retour vers une formule classique après l'échec du nouveau produit fait grimper le prix de la vanille sur les marchés mondiaux.

Un chiffre qui donne le vertige : la boisson est servie 1,3 milliard de fois par jour, à travers le monde. Seules 3 personnes ont accès au coffre-fort, situé au dernier étage de la banque *Trust Company of Georgia*, qui abrite la fameuse recette, mieux gardée qu'un secret d'État. Néanmoins, d'après William Reymond, auteur du livre *Coca-Cola, l'enquête interdite* (Éd. J'ai Lu, Documents), on peut la trouver sans difficulté sur Internet. Voilà en tout cas un or noir qui n'est pas près de se tarir.

Les différents quartiers

Atlanta peut se diviser en plusieurs quartiers très distincts.

– L'axe principal, la colonne vertébrale de la ville, est **Peachtree Street,** qui s'oriente nord-sud. Le **Downtown** est le quartier financier, facilement repérable grâce à ses gratte-ciel. Il se prolonge vers le sud par le quartier de Five Points, carrefour entre les 2 lignes de métro et site de l'*Underground Atlanta*.

– Plus au nord, **Midtown,** sorte d'extension de *Downtown* avec un petit bouquet de buildings épars.

– Plus au nord encore, le quartier de **Buckhead,** sans véritable centre et qui s'étend sur plusieurs kilo-

> ## UNE VILLE QUI A LA PÊCHE
> *À Atlanta, presque une rue sur deux répond au nom de Peachtree. Qu'elles soient Street, Avenue, Road, Way, Court ou Circle, vous avez des chances de vous embrouiller le guidon. Autre piège, il ne faut pas confondre « Peachtree St NE », c'est-à-dire Peachtree St dans sa partie nord-est, et W Peachtree St, qui est carrément une autre rue. Et quand on est sur W Peachtree St SE, on est où, hein ? Savez pas ? Nous non plus ! Même en faisant très attention, vous ne pourrez pas éviter de vous paumer un paquet de fois. Alors, ouvrez l'œil, et le bon ! Et ayez toujours une carte précise avec vous !*

mètres carrés. L'axe central est, toujours et encore, Peachtree Rd. Immenses demeures, témoignages du Sud insouciant et riche autour de W Paces Ferry. Buckhead accueille une vie nocturne intense. En tout cas, c'est là que se réfugient tous les jeunes Atlantais. Nombreux cafés et restos avec terrasse. Les centres commerciaux de Lenox Square et Phipps Plaza de part et d'autre de Peachtree St attendent les inconditionnels du shopping. S'y rendre par les stations Buckhead ou Lenox, ou emprunter le *Peach Shuttle*.

– À l'est de Downtown, l'**Auburn District** où vécut Martin Luther King Jr, quartier noir aujourd'hui classé. Facile d'accès, à pied ou par le bus n° 3 depuis Five Points.

– Et encore un peu plus à l'est, le coin de **Little Five Points,** marginal et agréable. On gagne ce quartier sans problème par le métro Inman Park ou Candler Park ; Little Five Points est situé un peu au nord, entre les 2 stations ; compter 10 mn de marche. On peut aussi prendre le bus n° 3 sur Auburn Ave. Autour de Moreland et Euclid Ave, on croise des punks en short côtoyant des babs et des rastas. Boutiques de fringues, de disques, petits restos et bars.

– Le quartier de **Virginia Highland,** à l'est de Midtown, mérite bien une visite. La vie se concentre surtout à l'intersection de Virginia Ave et N Highland Ave, d'où le quartier tire son nom. Prendre le bus n° 45 (sauf le dimanche) depuis la station N Ave. Superbes maisons noyées dans une végétation luxuriante, quelques jolies galeries et boutiques, et une guirlande de restaurants et de bars à la fois branchés, sympas et élégants. Les jeunes Atlantais aiment y venir dîner, loin de la pollution et des gratte-ciel du centre-ville.

– Évitez de traîner vos baskets dans le *sud* de la ville, au-delà de Five Points. Un peu craignos.

Téléphone

Plusieurs indicatifs téléphoniques selon les quartiers, à composer à chaque fois :
– le 404 pour la plupart des numéros cités (implicite dans le texte) ;
– le 770 pour quelques numéros excentrés (précisé dans le texte) ;
suivis du numéro à 7 chiffres.

Arrivée à l'aéroport

✈ **Aéroport Hartsfield-Jackson :** à une dizaine de miles au sud du centre. ☎ 209-1700 ou 530-7300 ou 1-800-897-1910. ● atlanta-airport.com ● L'aéroport d'Atlanta est assez dément. Tellement vaste qu'un métro futuriste sans chauffeur relie les 5 terminaux entre eux. Résultat : il faut bien compter 1h, parfois un peu plus, entre l'atterrissage de votre avion et votre sortie de l'aéroport ! Ce qui s'explique quand on sait qu'il voit passer près de 80 millions de passagers par an, loin devant Chicago et Los Angeles.

ℹ Visitor Bureau : 9h-21h (w-e 18h).
■ **Bureaux de change :** Thomas Cook dans l'aérogare vols internationaux (concourse E, gate 26). Accessible slt aux voyageurs. Tlj 7h30-22h. Un autre, Travelex, dans l'Atrium, mêmes horaires. Attention : pas de bureaux de change en ville, sauf à l'American Express.
■ **Distributeurs de billets :** dans l'Atrium.

Plusieurs façons de rejoindre le centre-ville :
➤ **Métro Marta :** 5h-1h. On le prend directement dans l'aérogare. C'est le plus pratique, le plus rapide et vraiment le moins cher. Prendre la ligne South-North, station située près du Baggage Claim. Descendez à Peachtree Center si vous voulez être dans Downtown ou à Five Points, un peu plus au sud. Env 20 mn.
➤ **Taxi :** compter 30 $ pour gagner Downtown et 38 $ pour Buckhead.
➤ **Shuttle bus :** à prendre à l'extérieur. Il fait le tour des grands hôtels. Bien plus cher que le Marta, 15 $ env.

Comment se déplacer en ville ?

➤ **Le bus et le métro :** Marta ; tlj 5h-1h. Infos : ☎ 848-5000. ● itsmarta.com ● Ticket unitaire : 1,75 $. Carnet 10 tickets 17,50 $. Visitor Pass de 1, 2, 3 et 4 j. respectivement 8, 9, 11 et 12 $. Weekly Transcard, valable 7 j., 13 $. S'achètent dans les stations Marta, Five Points, Lenox, Lindbergh Center, ainsi que dans les supermarchés et à l'aéroport.
Les machines à jeton et les tourniquets ont été remplacés en 2007 par le système de carte intelligente Breeze. ● breezecard.com ● Disponible dans toutes les stations, 5 $ à l'achat initial. Elle est rechargeable sur base de 20 $ min et jusqu'à 100 $ max, et est utilisable 4 ans. Elle permet le chargement des formules longues durée et, gros avantage, permet de ne pas avoir à la débiter à chaque fois 1,75 $ lors des transferts.
Nous conseillons à ceux qui ne restent que quelques jours de se procurer le **Breeze Ticket,** valable pendant 90 j., mais qui permet de ne charger que les formules et pass inférieurs à 20 $. Disponible dans les **Breeze Vending Machines.**
Deux circuits de bus intitulés joliment **Atlanta Tourist Loop (ATL)** se combinent pour couvrir les grands sites à visiter en les reliant aux principaux hôtels. Le premier Midtown Route 101 (bleu) se prend à Art Center Station (plan A1) ; le second Route 100 (mauve) dessert surtout Downtown et se prend à North Ave Station (plan A2). Fréquence : ttes les 30 mn.

À cela s'ajoute le **Peach Shuttle** (Marta Route 110), une navette qui relie Downtown à Buckhead via la célèbre Peachtree St. Fréquence : ttes les 30 mn 6h-1h. Tarif comme d'habitude 1,75 $ avec transfert possible sur le reste du réseau bus/métro de Marta.

Le métro est simple : 2 lignes, East-West et South-North. Point de rencontre à la station Five Points, au cœur de Downtown, là où se trouve Underground Atlanta. Pratique pour rallier les autres quartiers intéressants de la ville et poursuivre à pied. Dans quasiment toutes les stations, vous trouverez un mensuel gratuit, l'Atlanta on the go, offrant de très bonnes cartes des différents quartiers de la ville.

➤ **La voiture :** une véritable galère pour se garer. Dans le centre-ville, le prix des parkings est dément, mais vous n'avez pas le choix. Ici, pas question de rester 2 mn en double file, on enlève immédiatement votre voiture. Très peu de parcmètres. Les hôtels proposent des forfaits à la journée. Ailleurs, c'est plutôt pratique, la ville étant étendue. Pour ceux qui ont un véhicule, il s'agit de jouer habilement entre transports en commun pour le centre-ville et véhicule privé pour les autres quartiers. Cela dit, 24 000 places de parking gratuites sont réservées à proximité de certaines stations de métro pour ceux qui choisissent les transports en commun.

➤ **Le taxi :** la vie nocturne se trouve, hélas, loin de Downtown. Parfois, un taxi est indispensable. On en trouve en haut de Baker St (plan A2), proche de Peachtree St. Sinon, appelez Checker Cabs, 24h/24 : ☎ 351-1111. Autour de 10 $ la course.

Adresses et infos utiles

Informations touristiques et culturelles

🅸 **Atlanta Convention and Visitor Bureau** (plan A3) : 233 Peachtree St NE Suite 1400. ☎ 521-6600. ● atlanta.net ● Tlj 10h-18h (dim 12h-18h). Demander le plan de la ville, les brochures Atlanta Now, The Welcome Book, Connect Atlanta et éventuellement le Guide to Georgia. Pour les transports en commun, prendre le fascicule intitulé Atlanta on the go. Également une antenne à l'aéroport. Vente du Citypass valable 9 jours et donnant droit à des entrées gratuites dans 6 musées et attractions de la ville, ainsi que d'autres réductions. Prix : 69 $ adultes ; 49 $ 3-12 ans. – Une brigade de charme coiffée de casques coloniaux nommée Ambassador Force patrouille dans les rues et se charge de fournir des infos et d'aider tous les touristes même en français pour certains. Permanence au coin de Peachtree et d'International Blvd.

■ **AtlanTIX :** juste à côté du Visitor Bureau d'Upper Alabama St. ☎ 588-9890. ● atlantaperforms.com ● Marsam 12h-17h, dim 12h-16h. Propose des ristournes sur des attractions touristiques comme Atlanta Historic Center, High Museum of Art, Margaret Mitchell House... Vente de tickets de dernière minute à 50 % pour les concerts, spectacles et le sport. Annexe au Simon Guest Service de Lenox Sq à Buckhead, mêmes horaires.

■ **Alliance française** (plan A1, **1**) : 1 Midtown Plaza 1360 Peachtree St NE, suite 850. ☎ 875-1211. ● afatl.com ● Lun-ven 10h30-19h (17h ven). Uniquement pour les longs séjours.

■ **Journaux d'informations :** Creative Loafing, journal d'informations gratuit et hebdomadaire (tous les mardis). Tout sur la musique, les arts et la vie nocturne. Et puis, ceux qui restent longtemps se familiariseront rapidement avec l'Access Atlanta, supplément de l'Atlanta Journal (tous les jeudis).

Consulats

■ **France** (hors plan par B1) : 3475 Piedmont Rd NE, suite 1840. Dans le quartier de Buckhead. ☎ 495-1660. ● consulfrance-atlanta.org ● Le consu-

lat peut, en cas de difficultés financières, vous indiquer la meilleure solution pour que des proches vous fassent parvenir de l'argent, ou encore vous assis-

ter juridiquement en cas de problème.
■ *Belgique* (plan A2, *2*) : 230 Peachtree St NW, suite 2710. ☎ 659-2150, ext 101. ● atlanta@diplobel.be ●

■ *Canada* (plan B1, *4*) : 1175 Peachtree St, 100 Colony Square, Suite 1700. ☎ 532-2000.

Banques, change, poste et Internet

Distributeurs *(ATM)* un peu partout, accessibles 24h/24. La plupart des banques changent les chèques de voyage et permettent de retirer de l'argent avec une carte de paiement. Les grands hôtels pratiquent le change de liquide mais à des taux peu avantageux.

■ *American Express* (hors plan par B1) : 3384 Peachtree Rd NE, dans le quartier de Buckhead. ☎ 262-7561. Ⓜ Lenox. Lun-ven 9h-17h30 et sam 10h-16h. Fait aussi le change (c'est le seul en ville).
✉ *Bureaux de poste :* 183 Forsyth St (plan A3). Lun-ven 8h30-17h et sam 8h30-12h. Le plus important de Down-

town. Fait poste restante. *Un autre au 240 Peachtree St (plan A2), en sous-sol, à l'entrée de la station de métro. Mêmes horaires. Enfin, dans Midtown, au 1072 W Peachtree St (plan A1).*
Ⓜ *Kinko's* (plan A3) : 100 Peachtree St, au 1er étage de l'immeuble Equitable. Ouv 24h/24.

Transports pour sortir de la ville

🚌 *Gare routière Greyhound* (plan A3) : 232 Forsyth St. ☎ 584-1731. À côté de la station Garnett. Nombreuses liaisons avec toutes les grandes villes. Consigne.
🚆 *Gare ferroviaire Amtrak* (plan A1) : Brookwood Station, 1688 Peachtree

St NW. Au nord de la ville. ☎ 1-800-872-7245. 1 train/j. pour Washington D.C. et New York au nord, et La Nouvelle-Orléans au sud. Deux bagages max/pers. Venir 1h avant le départ pour le contrôle de ceux-ci.

Urgences

■ *Police :* ☎ 9848-4911.

Où dormir ?

Peu d'hébergements bon marché. Cela dit, Atlanta étant avant tout une ville de congressistes, les prix des hôtels varient du simple au triple en fonction des conventions importantes qui s'y tiennent. Primordial de se renseigner auprès de l'office de tourisme avant de venir. Évidemment, tous les hôtels proposent des prix planchers et des prix plafonds aux mêmes moments. D'où l'importance de choisir sa période (même si c'est moins valable pour la période estivale). On peut dire qu'en moyenne, *Downtown* est un peu meilleur marché que Buckhead.
– *Bed & Breakfast :* central de résas ☎ 875-0525 ou 1-800-967-3224. ● bedandbreakfastatlanta.com ● Une trentaine d'adresses réparties par quartiers dans une gamme de prix allant de 95 à 250 $/nuit. L'agence ne prend pas de commission.

Camping (à l'extérieur de la ville)

⛺ *Stone Mountain Campground :* à l'intérieur du parc du même nom et à 16 miles à l'est de la ville. ☎ 770-498-5710. Résas : ☎ 1-800-385-9807. ● stonemountainpark.com ● Pour y aller :

prendre Ponce de León Ave vers l'est et poursuivre vers E 78 jusqu'au panneau « Stone Mountain Park ». Emplacements 25-50 $ selon saison. Dans un environnement extraordinaire. Sous les bois de Géorgie et dominant un beau lac. Douches, barbecue, tables, laverie, épicerie, piscine, espace et calme

absolu… enfin, quand les 400 emplacements ne sont pas occupés.

Très bon marché

🛏 **Atlanta International Hostel** (plan B2, **11**) : 223 Ponce de León NE. ☎ 875-9449 ou 1-800-473-9449. ● at lantahostel.com ● Ⓜ N Ave. Entre Downtown et Midtown. Compter 23 $ en dortoir et 55 $ en chambre ; café et

beignets offerts au petit déj. Une grande maison victorienne du début du XXᵉ s. Cette AJ offre 60 lits en dortoirs. Ensemble bien équipé. Billard dans le salon. Cuisine à disposition. Organisation un peu confuse.

Bon marché

🛏 **Clermont Hotel** (plan C2, **15**) : 789 Ponce de León Ave NE. ☎ 874-8611. Bus n° 2 de la station N Ave. Ouv 24h/24. Double 65 $. Appartement env 170 $/sem. Grande bâtisse de brique dans un quartier calme mais en bordure d'une avenue animée. Un des moins

chers dans sa catégorie. Les chambres sont spacieuses, vieillottes mais propres, équipées de douche, TV et AC. Chambres à la nuit, appartements à la semaine, avec ou sans cuisine. Pas mal pour le prix mais assez tristounet quand même. Accueil méfiant.

De prix moyens à chic

🛏 **Super 8 Hotel** (plan A3, **12**) : 111 Cone St NW. ☎ 524-7000. ● super 8atlanta.com ● Ⓜ Peachtree Center. Wi-fi. En plein Downtown. Doubles 75-130 $, petit déj compris. Un vrai hôtel de plus de 200 chambres, mais qui reste très modeste. Chambres honnêtes, avec salle de bains réduite au strict minimum, TV et AC.
🛏 **Quality Inn** (plan A3, **13**) : 89 Luckie St. ☎ 524-7991. Résas : ☎ 1-800-

228-5151. Ⓜ Peachtree Center. Doubles 90-140 $ selon période, petit déj compris. Au cœur de Downtown, le type même d'hôtel sans fantaisie, mais agréablement confortable. Les chambres ont machine à café, table à repasser, TV, sèche-cheveux et moquette épaisse. Préférez les étages supérieurs pour la vue… sur les gratte-ciel et les parkings. Petit déj insipide.

De chic à très chic

🛏 **Sheraton Atlanta** (plan B2-3, **16**) : 165 Courtland St, à deux pas du centre. ☎ 659-6500. Résas : ☎ 1-866-221-9922. ● sheratonatlantahotel.com ● Ⓜ Peachtree Center. Doubles 90-180 $ selon période. Facile à repérer avec son chapiteau à l'entrée. Chambres ultra-confortables. Patio avec piscine dans une végétation abondante. Équipe d'accueil toujours prête à rendre service.
🛏 **Shellmont Inn** (plan B1, **17**) : 821 Piedmont Ave NE. ☎ 872-9290. ● shellmont.com ● Wi-fi. À 10 mn à pied de la station N Ave. Doubles avec sani-

taires 150-200 $; suite dans un mignon cottage 265-325 $. Petit déj compris. Superbe maison coloniale en bois peint en vert avec vérandas, décorée avec goût (verrière Art nouveau), confortable et cosy, à deux pas du centre. Petit déj généreux dans la tradition du Sud. Le chat s'appelle Mousse. Parking aisé. Beaucoup plus agréable qu'un grand hôtel, au même prix. Accueil débordant.
🛏 **Beverley Hills Inn** (hors plan par A1) : 65 Sheridan Dr NE. ☎ 233-8520 ou 1-800-331-8520. ● beverlyhill sinn.com ● Dans le quartier de Buck-

head, au nord de Midtown. Sheridan Dr est une petite rue perpendiculaire à Peachtree St, sur la droite quand on va vers le nord. Bus n° 23 de la station Arts Center. Doubles 120-180 $ selon période, petit déj compris. Pour séjourner par ici, il vaut mieux avoir un véhicule. Coin résidentiel et calme, au milieu des arbres. Petit immeuble début XXᵉ s s'apparentant plus à un mini-hôtel qu'à un vrai B & B. Vastes chambres agréablement décorées, avec coin-salon, coin-cuisine, à l'atmosphère assez anglaise. Joli patio fleuri pour le petit déj. L'ensemble est très cher et ne conviendra qu'aux portefeuilles bien garnis.

▲ **Stone Mountain Inn** (hors plan par C2) : 1058 Robert E. Lee Dr. ☎ 770-469-3311. ● mariott.com/atlsi ● Wi-fi. Chambres standard 155-200 $ selon saison. En dehors de la ville, puisque situé dans le parc de Stone Mountain. Réplique d'une plantation du XVIIᵉ s pile en face de la montagne pelée. Chambres de belle taille, hyper-confortables. Véranda avec rocking-chairs. Pour un séjour au calme de tout confort avec l'illusion de se retrouver à l'époque coloniale. Golf et fitness. Pub et restaurant attenants.

Où manger ?

Beaucoup de variété dans l'offre, du pire au meilleur. Allez souriez ! On vous a quand même déniché quelques adresses de derrière les fagots.

Spécial petit déjeuner

🍴 **The Flying Biscuit** (plan B1, 31) : 1001 Piedmont Ave. ☎ 874-8887. Ⓜ Midtown. Env 10 $. Dans un micro-quartier gay de Midtown. Resto très populaire pour ses organic breakfasts. Les assiettes sont bien garnies. Pancakes extras et spécialités du Sud. Le tout dans une salle aux couleurs pétantes ou bien en terrasse. Un de nos meilleurs plans pour le petit déj. Toujours plein.

🍴 **Java Jive** (plan C2, 43) : 790 Ponce de León Ave. ☎ 876-6161. Mar-ven 8h-14h, sam-dim 9h-14h30 ; fermé lun. Env 12 $ pour un solide petit déj. Un bâtiment cubique peint en bleu pétard en face du Clermont Hotel. Véritable petit musée de l'American way of life des fifties : tables et chaises aux couleurs acidulées et tubulures chromées, publicités d'époque tout comme la collection d'objets électroménagers. Copieuses omelettes, crêpes, gaufres au sirop d'érable ou au gingembre et véritable espresso (oui, oui) pour ceux qui se désespèrent devant un regular coffee. Les desperate housewives locales s'y donnent rendez-vous pour papoter après avoir déposé les enfants à l'école.

Très bon marché

🍽 **Sweet Auburn Curb Market** (marché municipal ; plan B3, 73) : 209 Edgewood Ave SE. Vers Downtown (bus n° 17 depuis Five Points). Lun-sam 8h-18h. Parking gratuit slt pour ceux qui vont au marché (commentaire dans « À voir »). Petits étals qui proposent des plats préparés copieux et pas chers : saucisses, jambon, country ham, plats chinois et des Caraïbes. Plutôt bon, en plus une animation géniale.

Bon marché

🍽 **The Varsity** (plan A2, 32) : 61 N Ave NW. Dans Midtown et près de l'I 85. ☎ 881-1706. Ⓜ N Ave. Tlj 10h-23h30 (w-e 0h30). Un endroit incroyable, à ne pas manquer. On tranche ici dans le lard de l'Amérique. The Varsity est ni plus ni moins le plus grand *drive-in* (600 voitures à fois) et le plus vaste fast-food des États-Unis. Sorte de mangeoire publique et véritable usine à bouffe où sont débités toute la journée des quintaux de burgers à la chaîne. Les jours de matchs de football, 30 000 personnes visitent les lieux. Dans un couloir, photos dédicacées des personnalités qui sont venues se goinfrer dans cet endroit depuis 1928. Ça fait rire, mais ça peut aussi faire pleurer. D'ailleurs on y débite 1 000 kilos d'oignons par jour. Ici, faut qu'ça roule ! Les serveurs en chemise rouge utilisent un jargon codé pour transmettre les commandes. Le pire, c'est que c'est plutôt bon. On prend son plateau et on file dans l'une des nombreuses salles où trône un poste de TV. Perché sur une chaise-table, le regard vrillé sur l'écran et les dents plantées dans votre chien-chaud, on vous souhaite bon appétit les amis !

|●| **Fat Matt's Rib Shaks** (hors plan par B1, **34**) : 1811 Piedmont Ave. ☎ 607-1622. « BBQ, Beer & Blues », voilà un slogan qui colle à merveille aux lieux. Lors d'un voyage américain, il faut au moins une fois pousser la porte de ce genre de cantoche populaire. Néons criards, tables de bistrot, comptoir où commander son plat. Le choix est simple : *ribs* ou poulet, le poulet en quart ou demi, les *ribs* par 4 ou par 6... et basta !

Prix moyens

|●| **Mary Mac's Tea Room** (plan B2, **35**) : 224 Ponce de León Ave. ☎ 876-1800. Ⓜ N Ave. Dans Midtown. Tlj 11h-21h. Env 15 $; buffet à volonté « special Southern dinner » 17 $. Beau *diner* quinquagénaire, qui n'a pas changé d'un pouce depuis 1941. Ici, on a le respect des traditions. Cuisine simple et sympathique. Soupe *Pot likker* avec pain de maïs servie gratos lors de votre 1re visite. Un morceau d'*American way of life* présenté dans un décor de temps qui passe.

|●| **Baraonda** (plan A2, **36**) : 710 Peachtree St. ☎ 879-9962. Ⓜ N Ave. Au cœur de Midtown. Fermé dim. Prévoir 12 $. Authentiques pizzas au feu de bois. Ambiance rustique : tables et chaises en bois, parquet, belles affiches d'époque. Entre les salades, pizzas et pâtes...

En accompagnement, *beans* ou *potatoes*. Les *ribs* sont gras à souhait et la sauce BBQ décape allègrement l'émail des dents. Prévoyez des paquets de papier pour vous essuyer le menton. On arrive à faire passer le tout en se servant généreusement du *piltcher* d'un litre de bière. Tarte à la noix de pécan en dessert s'il vous reste un peu de place. Petite scène où passent de temps à autre quelques bons musicos locaux prodiguant un blues bien râpeux.

|●| **Alon's** (plan C1, **44**) : 1394 North Highland Ave. ☎ 872-6000. Breakfast dès 7h. Lun-ven 7h-20h ; sam 8h-20h ; dim 9h-16h. Au-delà de Virginia Highland, une boulangerie-traiteur qui propose en plus d'un comptoir de vente particulièrement bien achalandé quelques tables et bancs en terrasse pour manger sur le pouce une de leurs délicieuses spécialités : dinde fumée au poivre, *pastrami* chaud, *bruschetta*, salades composées, *mezze* libanais, nouilles chinoises et poulet grillé... Micro-ondes à dispo pour réchauffer les plats. Au rayon boulangerie, *bagels*, croissants, petits pains au sésame, pains aux raisins et noix de pécan... Bref, de quoi se régaler sur place ou à emporter en pique-nique à bon compte. Attention, les boissons alcoolisées vendues ne peuvent être consommées sur place.

c'est toute l'Italie dans son assiette. La déco étant au diapason, on oublierait presque qu'on est à Atlanta ! Terrasse pas mal non plus.

|●| **Vickery's Bar & Grill** (plan A-B1, **37**) : 1106 Crescent Ave. ☎ 881-1106. Dans Midtown, à 10 mn de la station Midtown. Tlj midi et soir jusqu'à minuit et bar jusqu'à 2h. Plats env 15 $. On vient plutôt le soir dans cette jolie demeure qui tient fièrement le coup au milieu des buildings. Hautes banquettes de cuir rouge. Rendez-vous des branchés, ambiance à l'américaine, bon enfant et décontractée. Cuisine diversifiée. Agréable petite terrasse sous les arbres.

|●| **Fontaine's Oyster House** (plan C1, **38**) : 1026 B N Highland Ave NE. ☎ 872-0869. Bus n° 45 (sf dim) depuis la sta-

ATLANTA

tion N Ave. Tlj sf mar. Super-sandwichs env 10 $; plats 15 $. Dans le très agréable quartier de Virginia Highland, avec ses airs de ville à la campagne. Les Atlantais viennent au *Fontaine's* déguster des huîtres, dans une ambiance joyeuse et conviviale. Mais attention, pas uniquement la banale petite huître crue avec son filet de jus de citron ! Non, ici, on cuisine le mollusque sous toutes les formes possibles et imaginables : à la vapeur, en beignet, frit, en sauce, etc. Pour les réfractaires, quelques plats de poisson et fruits de mer bien préparés. *Tequila lime pie* en dessert. Bières à la pression.

De chic à très chic

|●| *Tierra* (hors plan par B1, 30) : 1425 Piedmont Ave NE. Au nord de Piedmont Park. ☎ 874-5951. Mar-sam 18h-22h. Un resto pour gourmets, à la devanture jaune presque confidentielle cachée au coin d'un petit parking. Salle peinte en rouge et garnie de photos en noir et blanc, véranda. Cuisine de saison revisitant avec beaucoup d'inventivité les classiques latinos et caraïbes. On a donc droit aux marinades de poisson, comme ces maquereaux à la fois doux et épicés. Les fruits sont largement intégrés dans les recettes. Desserts à tomber, comme ce flan cubain au café. Vins chiliens et argentins au verre un peu chers. Dommage, cafés limités au *regular* ou déca. Service efficace.

|●| *Murphy's* (plan C1, 40) : 997 Virginia Ave NE. Dans le quartier de Virginia Highland. ☎ 872-0904. Ouv 8h-23h (minuit ven-sam) ; brunch dim 8h-16h. Prévoir au moins 30 $. Pas de doute ; les Américains ont le don de faire des restos à la fois chaleureux, élégants et décontractés. Belle illustration ici, dans cette maison de brique et bois datant des années 1920, joliment restaurée. Grand bar pour attendre, puis on s'installe dans une vaste salle largement vitrée, œuvres d'artistes locaux accrochées aux murs, dans une ambiance cosy et joyeuse. Terrasse couverte et *wine-club*. Excellente cuisine inventive et vraiment raffinée... D'accord, ce n'est pas l'adresse la moins chère du quartier, mais franchement, offrir cette qualité à ce prix, chapeau ! Quelques autres belles adresses dans ce coin.

|●| *Mc Cormick & Schmick's Seafood* (plan A3, 41) : 190 Marietta St NW. ☎ 521-1236. Tout près du CNN Center. Lun-sam 11h-23h, dim 16h-22h. Repas 30-50 $. Une chaîne de brasseries à la réputation non usurpée. Décor élégant, boiseries, cuivres, lampes Tiffany's, banquettes de cuir vert, déco golf et voile mais atmosphère décontractée. Camp de base des journaleux et cadres du *network* voisin, on peut y déjeuner sur le pouce à prix convenable d'une excellente salade composée, d'un sandwich, de pâtes... Spécialité de produits de la mer, bar à huîtres. En soirée, une tenue un peu habillée est souhaitable. Rapport qualité-prix indiscutable.

|●| *South City Kitchen* (plan A-B1, 45) : 1144 Crescent Ave. ☎ 873-7358. Entre Midtown et Buckhead. Lunch lun-sam 11h-15h30, dîner lun-jeu 17h-23h, ven-sam 17h-minuit, dim 17h-22h. Brunch dim 11h-15h30. Dîner 35-40 $. Au pied des gratte-ciel, un resto à l'allure intime mais parfois bruyant. Long bar pour les isolés. Préférez la véranda pour un peu de calme. Le lieu idéal pour se familiariser avec une cuisine du Sud bien balancée : soupe de crabe, tomates vertes grillées, *jambalaya*, crevettes et coquilles Saint-Jacques sautées, tarte au chocolat et noix de pécan. La bière locale *Sweetwater* est très agréable. Service rapide.

|●| *The Pleasant Peasant* (plan A-B2, 42) : 555 Peachtree St. ☎ 874-3223. À 5 mn à pied de la station N Ave. Tlj sf w-e. Brunch dim 11h-15h. Repas env 40 $. Nous, on préfère y aller le soir, pour son côté romantique et les bougies sur les tables. Musique douce, classique ou jazz, serviettes de coton blanc, murs de brique et serveurs expliquant avec application tous les plats : de l'authentique et du distingué. Large éventail de plats américano-européens (ou l'inverse), élaborés et goûteux. Prix en rapport et serveurs en tenue. Une adresse idéale pour les amoureux. Arriver tôt ou tard car l'adresse est très prisée.

|●| *Pittypat's Porch* (plan A2, 39) :

25 Andrew Young International Blvd, au pied du Westin Hotel. ☎ 525-8228. Ⓜ Peachtree Center. Le soir slt. Plats env 25 $, buffet froid en entrée compris. Véritable institution dans Downtown, ce resto au décor évoquant le Sud tire son nom du personnage Pit-typat Hamilton, figurant dans Autant en emporte le vent. Spécialités régionales, servies en quantité mais saveurs fades. Piano en musique d'ambiance et bar en mezzanine. Très fréquenté, service à la hauteur. En dépannage si rien d'autre n'est ouvert dans le quartier.

Où boire un verre ? Où écouter de la musique ?

Vers Midtown et Downtown

🍸 **Hard Rock Café** (plan A2, **51**) : 225 Peachtree St NE, au coin d'International Blvd. Au cœur de Downtown. Tlj jusqu'à 1h. Ce n'est pas une salle de concert, ni une boîte, mais un simple bar-resto. On indique ce HRC, car il n'y a guère le choix dans le quartier, mais franchement, c'est d'un conventionnel affligeant tant au niveau de la déco que de la clientèle. Et dire qu'il y a parfois 50 m de queue pour entrer là-dedans ! – Et aussi le bar-resto tournant au 72e étage de l'hôtel **Westin Peachtree Plaza** (plan A2-3, **76**) : 210 Peachtree St (et International Blvd). Lire ci-dessous dans la rubrique « À voir ».

À Little Five Points

Plusieurs bars sur Euclid Ave, près de Moreland Ave. Une ambiance post-baba-new-age qu'on aime bien. Commerces originaux, des lieux de rencontre qui changent du désert de Downtown.

🍸 🎵 **The Star** (plan C2, **52**) : 437 Moreland Ave. ☎ 681-9018. Musique live lun-sam 15h-2h ou 3h. Un genre de country bar à la programmation éclectique mais toujours de qualité.
🍸 **The Euclid Avenue Yacht Club** (plan C2, **53**) : 1136 Euclid Ave. Lun-jeu 15h-2h ; ven-sam 12h-3h ; dim 12h-minuit. Repaire de la gentille canaille et des jeunes chevelus du quartier. Bière fraîche et ambiance chaude.

Dans le quartier de Virginia Highland

🍸 🎵 **Blind Willie's** (plan C1, **55**) : 828 N Highland Ave. ☎ 873-2583. Fermé dim. Env 10 $ selon formations. Bands ts les soirs 21h ou 22h-2h ou 3h. Une des meilleures adresses de la ville pour écouter du blues Chicago, Memphis ou New Orleans. Bar chaleureux et authentique.
🍸 **Fontaine's** (plan C1, **38**) : 1026 B N Highland Ave NE. Tlj jusqu'à 4h (minuit dim). Un des bars préférés des Atlantais, et on partage leur enthousiasme. Si vous ne voulez pas y dîner (voir « Où manger ? »), vous pouvez néanmoins vous abandonner dans un des gros canapés en cuir ou vous installer au bar, face à une brigade de serveurs very friendly et super-busy. Animé, plutôt bruyant, chaleureux et vraiment groovy.

À voir

– L'association **Atlanta Preservation Center** propose des tours guidés en anglais, quartier par quartier. Parfait pour les férus d'histoire. Compter 10 $; réduc. Plu-

sieurs points de départ en ville. La plupart des tours ont lieu 2 fois/sem. Rens :
☎ 688-3350 ou 3353. ● preserveatlanta.com ●

Dans le Downtown

🚶 **Downtown :** gratte-ciel pas très beaux et hôtels de luxe. Le centre d'Atlanta, esthétiquement, n'arrive pas à la cheville de ceux de New York, Chicago ou Philadelphie. Et, surtout, il ne dégage aucune chaleur. Pas d'émotions, pas de vibrations. Au milieu des arrogants totems de béton, quelques édifices du début du XXᵉ s ont échappé au lifting par décapitation du centre-ville, comme le *Flat-iron Building,* édifice triangulaire en forme de fer à repasser (à l'angle d'Auburn et Park Pl).
Un des plus beaux immeubles récents, des plus épurés, est le *Pacific Building* sur John Wesley Dobbs Ave, gratte-ciel de granit rose dont un des flancs est en escalier. On rappelle que l'*Atlanta Preservation Center* est une association qui propose des visites guidées hebdomadaires, notamment de l'*Historic Downtown* et du quartier d'Auburn Ave (voir plus haut).

🚶 **Underground Atlanta** (plan A3) : dans le cœur de Downtown. Ⓜ *Five Points. Boutiques ouv lun-sam 10h-21h, dim 11h-19h.* Non, il ne s'agit pas d'un métro, mais des sous-sols du centre-ville, aménagés en miniville souterraine. Sur quelques blocs, les rues portent le même nom que celles en surface. On y trouve restos, bars, boutiques... Mais ce n'est pas la ville, ce sont ses entrailles. L'histoire de ce lieu est intéressante : la ville d'Atlanta ne savait pas trop quoi faire de ces sous-sols désaffectés. On opta pour une sorte de réseau commercial souterrain avec béton à nu, tuyauterie apparente. La première tentative fut un échec retentissant. L'endroit devint un repaire de malfrats et de rats des villes avec drogue, racket, agressions... Un coupe-gorge doublé d'un gouffre financier. L'endroit fut repensé. Dix ans pour faire peau neuve ! L'*Underground Atlanta* nouveau semblait avoir pris.
Mais après quelques années de succès, il semble qu'à nouveau la sauce retombe. Tous les clubs de jazz et de musique qui y étaient revenus ont, une fois encore, déménagé. L'endroit, animé certes, semble de nouveau subir une certaine « ghettoïsation ». Les Blancs n'y viennent plus le soir. Les restos et bars ont, pour la plupart, émigré du côté de Buckhead, au nord de la ville. Après une nouvelle vie, serait-ce une nouvelle mort pour l'*Underground* ?

🚶 **Sweet Auburn Curb Market** (marché municipal ; plan B3, **73**) : 209 Edgewood Ave SE. Lun-sam 8h-18h. Parking sur Jesse Hill Jr Dr, gratuit pdt 1h30 et réservé aux clients. En v'là d'l'authentique, en v'là ! Un vrai marché, avec des étals de légumes en veux-tu en voilà et de la viande véritable, même pas sous cellophane. Un des plus vieux marchés des États-Unis, puisqu'il est là depuis 1923. Bill Clinton lui a rendu visite. Bien sûr, les marchandes américaines ne hurlent pas comme les crémières de chez nous, et pour cause : une moitié des étals est tenue par des Chinois, l'autre moitié par des Blacks. Possibilité de manger sur le pouce pour pas cher. Le quartier est pas mal fréquenté par les *homeless*.

🚶🚶 **State Capitol** (plan A3, **74**) : proche de Downtown. ☎ 656-2844. ● sos.state. ga.us/state_capitol ● Ⓜ Georgia State. Réception au 2ᵉ étage. Lun-ven 8h-17h30. Visite guidée plusieurs fois/j. (résas à l'avance sur Internet) ou en accès libre. Gratuit. Construit en 1889, ce monument s'apparente au Capitole de Washington par son style néoclassique. Aujourd'hui restauré au détail près, on apprécie la clarté des lieux, rehaussée par les marbres blanc et rose du pays. Son dôme est recouvert de feuilles d'or des anciennes mines de Lumpkin, village de Géorgie qui fut le théâtre de la première ruée vers l'or des États-Unis, en 1828. Le résultat est impressionnant. Y entrer pour le plaisir des yeux... Voir l'*atrium,* la *house chamber* ou encore la *senate chamber* avec un mobilier d'époque, astiqué à fond. En revanche, la visite guidée n'est pas très palpitante. Musée avec beaucoup de portraits d'hommes politiques. Pour amateurs seulement.

🍴 **Westin Peachtree Plaza** *(plan A2-3, 76)* : 210 Peachtree St *(et International Blvd)*. Traverser la galerie pour trouver les ascenseurs et demander celui conduisant au sommet. L'hôtel le plus haut des États-Unis (73 étages), n° 2 mondial (le premier étant à Singapour, un *Westin* également), avec restaurant-bar tournant au sommet. Le 72ᵉ étage n'est ouvert qu'à partir de 10h30, jusqu'à 2h. Inutile de dire que la vue est superbe le soir.

🍴 **Centennial Olympic Park** *(plan A2)* : • centennialpark.com • Tlj 7h-23h. Parc commémoratif des J.O. de 1996, bordé de colonnes d'un style hellénistique moderne, en hommage à la patrie des J.O. Jeux d'eau représentant les 5 anneaux, où courent et s'éclaboussent les petits comme les grands. Statue de Pierre de Coubertin au centre du parc. Les curieux noteront des briques gravées de noms *(comemorative bricks)* le long des allées. Pour la petite histoire, chacune d'elles représente une donation faite pour la construction du parc. Pas moins de 468 000 briques furent ainsi vendues. Une manière originale de financer le projet et surtout un vrai succès ! Concert le vendredi soir. Cependant le site manque un peu d'esthétique.

🎥 **CNN Studio Tour** *(plan A3, 72)* : *dans l'immeuble situé à l'angle de Marietta et Techwood St, à proximité du Centennial Olympic Park ; bien indiqué par l'énorme logo sur le bâtiment.* ☎ 827-2300. • cnn.com/tour • Tlj 9h-17h. Tour guidé en anglais ttes les 10 mn. Durée : 55 mn. Résas possible par téléphone (permet d'éviter la queue). Entrée : 12 $; réduc. Interdit moins de 4 ans. CNN est la Mecque de l'actualité américaine, la grande chaîne d'informations connue dans le monde entier depuis la guerre du Golfe. Pourtant, après une trentaine d'années de règne, il semble que le succès de CNN s'essouffle, concurrence des autres chaînes d'info oblige. Le plus spectaculaire est le grand *atrium* intérieur qui s'est greffé sur un bâtiment conçu à l'origine pour servir d'hôtel à l'armée américaine. S'y pressent visiteurs, employés et touristes qui ont tout le loisir de suivre l'actu sur des écrans géants tout en sirotant une boisson gazeuse fabriquée localement (devinez laquelle !). Quant au tour, franchement, ce n'est pas vraiment palpitant. On ne voit pas grand-chose, et il faut très bien comprendre l'anglais pour s'en sortir dans les explications sur tous les centres de rédaction répartis dans les grandes villes. Petite séance de météo pour volontaires. À part la vision de la salle de rédaction (bof !) et une flopée de chiffres qu'on vous assène, la visite ne retiendra que les mordus de l'info ou les étudiants en journalisme. Boutiques avec gadgets inspirés des émissions vedettes et vitrines à la gloire des stars de l'info sur la chaîne. Quelques comptoirs de fast-food pour les pressés à l'heure du déjeuner.

🎥 🚶 **Georgia Aquarium** *(plan A2)* : 225 Baker St *(en face du Centennial Olympic Park)*. ☎ 581-4000. • georgiaaquarium.org • Ⓜ CNN Center ou Peachtree Center. Printemps-été, dim-jeu 9h-18h, ven 9h-22h, sam 8h-20h. Hiver, dim-ven 10h-17h, sam 9h-18h. Entrée : 26 $; réduc. Parking : 9 $.
Cet aquarium dernier cri est ni plus ni moins le plus grand du monde en intérieur. 200 millions de dollars ont été investis dans ce projet pharaonique censé relancer le tourisme local. 100 000 animaux marins s'y cohabitent dans une soixantaine d'aquariums d'eau douce ou salée, répartis en 5 parcours différents, chacun axé sur un environnement spécifique, des eaux froides des océans aux rivages de Géorgie en passant par les rivières et les eaux tropicales. La galerie *Ocean Voyager* constitue assurément le clou de la visite, avec son gigantesque et spectaculaire aquarium (le 2ᵉ plus grand du monde), contenant quelque 22 millions de litres d'eau de mer et représentant la diversité marine de la barrière de corail de la MAR *(Meso American Barrier Reef of Central America)*, située à une heure d'avion d'Atlanta. Effet saisissant, qui donne au visiteur l'impression d'être un plongeur au milieu de la grande bleue. C'est dans cette galerie que vous pourrez voir des requins-baleines qui sont les plus gros poissons du monde (la baleine étant un mammifère) et les premiers du genre à être exposés dans de telles conditions hors d'Asie.
La présence de ces requins-baleines et aussi celle de bélugas russes (baleines blanches) est évidemment largement critiquée par les écolos. On rappelle que ces

animaux développent en captivité des comportements névrotiques, comme le fait de tourner en rond dans un bassin. Cela dit, les bélougas hébergés à Atlanta étaient déjà en captivité, et dans des conditions plus difficiles (dans un parc d'attractions de Mexico). L'aquarium d'Atlanta, quant à lui, prône les valeurs éducatives d'un tel spectacle. Bref, à vous de juger. Énormément de monde les week-end et vacances scolaires. Familles avec poussettes et mômes très bruyants agglutinés devant les vitrines.

🍴 **New World of Coca-Cola** (plan A2, **70**) : 121 Baker Street NW. ☎ 676-5151. ● woccatlanta.com ● Ⓜ CNN Center ou Peachtree Center. Tlj 9h-17h (8h-18h mai-août). Entrée : 14 $ via Internet ; 15 $ sur place ; réduc. Le temple de Coca-Cola, tout moderne, a installé ses pénates en 2007 à côté du gigantesque aquarium. Il est constitué d'un immense bâtiment aux couleurs sobres mais au design Coca-Cola bien identifiable, que d'un vaste jardin avec un plan d'eau. Toute l'histoire de la marque est retracée à travers huit espaces thématiques comprenant un théâtre-usine, l'histoire de la fabrication des bouteilles en verre, un parcours rafraîchissant, un loft Coca-Cola, un film projeté 4 D (la meilleure attraction), une galerie d'œuvres sur la pop culture, une boutique de produits dérivés et collectors. Voilà pour le contenant. Quant au contenu du flacon, il est un peu décevant, surtout au regard du prix de l'entrée. On peut quand même rêver sur ces autocélébrations des marques : à quand, dans nos belles contrées, une visite chez Mamie Nova ou des vacances chez Pernod-Ricard ?

Dans Midtown et vers Buckhead

🍴 **The Fox Theater** (plan A2, **75**) : 660 Peachtree St NE. Ⓜ N Ave. ☎ 817-8700 pour les spectacles. Résas : ☎ 688-3353. ● foxtheatre.org ● Visite guidée lun, mer, jeu et sam. Prix : 10 $, réduc. Sauvé de la démolition, ce théâtre est un témoignage de la décoration folle des années 1930. Style mauresque, avec un zeste d'Art déco. A été transformé en salle de spectacle : cinéma, théâtre, opérettes, conférences...

🍴 **Margaret Mitchell House** (plan B1, **69**) : 990 Peachtree St, dans Midtown. ☎ 249-7015. ● gwtw.org ● Ⓜ Midtown. Tlj 9h30-17h (sam 12h-17h). Visite guidée de 90 min. Entrée : 12 $; réduc. Complètement noyée dans un ensemble de gratte-ciel, cette maison-musée n'intéressera que les passionnés d'Autant en emporte le vent (tout de même prix Pulitzer et record des ventes aux États-Unis, après la Bible). C'est ici que Margaret Mitchell accoucha de son œuvre, dans l'un des apparte-ments de cette demeure construite en 1899. Elle n'y passa, en fait, que 7 ans de sa vie, entre 1925 et 1932. Portraits, objets, costumes, films... et une jolie boutique à l'arrière, business oblige.

🍴🍴🍴 **High Museum of Art** (HMA, centre culturel Woodruff, plan A1, **67**) : 1280 Peachtree St, dans Midtown. ☎ 733-4400. ● high.org ● Ⓜ Arts Center. Mar, mer, sam 10h-17h ; jeu 10h-20h ; dim 12h-17h. Fermé lun. Entrée : 18 $; réduc. Concerts de jazz 3e ven du mois 17h-22h. Audioguide en anglais.
En 2005, le HMA a ouvert trois nouveaux bâtiments au public, instaurant ainsi un village des arts au sein du Woodruff Arts Center. Ces trois édifices, conçus par l'architecte Renzo Piano, ont plus que doublé la surface du musée. Le bâtiment est moderne et lumineux, agencé sur plusieurs niveaux, avec bassins, baies vitrées, atriums et parois composées de porcelaine blanche et d'acier. Les collections pré-sentées sont à la hauteur de cet écrin. Le HMA héberge en permanence plus de 11 000 œuvres. On y trouve un vaste panorama de l'art américain des XIXe et XXe s, dont une section très intéressante afro-américaine, une multitude de tableaux et d'œuvres d'arts décoratifs européens, des collections d'art contemporain, des pho-tographies et de l'art africain. Le musée se distingue comme le seul grand musée d'Amérique du Nord à avoir un département dédié à l'art des traditions populaires et à l'art autodidacte. Dehors, grand mobile de Calder, maison en 3 D de Roy Lich-

tenstein. En vrac, au hasard de la visite à commencer par le haut : l'art américain : *Portrait de madame Morse et ses enfants* de Samuel Morse ; celui de *Ralph Curtis sur la plage de Scheveningen* peint par John Singer Sargent, le plus grand peintre américain de la fin du XIXᵉ et le début du XXᵉ s ; *Angela* de Lilla Cabott Perry, belle variation sur la couleur mauve ; *Etaples Fisher Folk* d'Henry Ossawa Tanner qui ne manque pas de faire penser à Van Gogh.

Dans la section arts décoratifs, un splendide bureau d'acier et noisetier aux lignes épurées dessiné par Frank Lloyd Wright, une étonnante radio dans un grand rond bleu laqué et chromé datant de 1934.

Côté art européen, que du beau : une *Madone* de Giovanni Bellini, Le *Chevalier, la Mort et le Diable* de Dürer ; de Cranach le Vieux, *Le Portrait du duc Henri*. L'*Infante Marguerite* de Velázquez, un *Saint Matthieu* de Rembrandt. Quelques impressionnistes : *L'Automne sur la Seine à Argenteuil* et *Parlement de Londres, effet de brouillard* de Claude Monet ; *La Clownesse assise* de Toulouse-Lautrec. De Pissarro, *La Route de Louveciennes,* d'Émile Bernard *Nature morte à l'orange.* Sans oublier Degas, Corot, Rodin, Daubigny.

Dans la section d'art moderne et contemporain, on peut relever l'*Auto-portrait* de Chuck Close ; *Bleu, Vert, Rouge* d'Ellsworth Kelly *et Dragon* d'Anselm Kiefer. Un peu d'art africain également et une section photographie. À noter qu'une aile du musée accueille jusque fin 2009 des œuvres (peintures, mobilier et pièces d'art décoratif) prêtées par le **Louvre.**

🎎 **Piedmont Park** *(plan B1) : Piedmont Ave et 10ᵗʰ St.* ● *piedmontpark.org* ● *Tlj 6h-23h.* Grand et beau parc où viennent se balader les étudiants. Sculptures en plein air notamment de Niki de Saint-Phalle. Abrite un **Botanical Garden** avec jardin d'orchidées dont la ville est très fière. Piscine en plein air. Parfois, le dimanche, orchestre de musique classique. De mai à octobre se tient à la porte du parc en face de 12ᵗʰ Street un marché bio *(Green Market)* avec démonstrations de cuisine par des grands chefs.

🏛 *Atlanta History Center (hors plan par B1) : 130 W Paces Ferry Rd NW, dans le quartier de Buckhead.* ☎ *814-4000.* ● *atlantahistorycenter.com* ● *Bus nº 23 depuis la station Arts Center. Lun-sam 10h-17h30, dim 12h-17h30. Entrée : 15 $ (très cher donc) ; réduc.* Ce grand centre historique sis dans une belle forêt comprend un édifice moderne qui est à la fois un centre d'accueil et un musée abritant des expos permanentes et temporaires sur l'histoire des États-Unis. Partie consacrée à la guerre de Sécession évidemment, mais aussi à l'établissement des pionniers et d'autres thèmes assez intéressants comme la section qui retrace 100 ans de Jeux olympiques et la culture populaire du Vieux Sud. Si vous êtes dans le coin, vous pouvez y jeter un coup d'œil, mais on trouve le prix d'entrée particulièrement dissuasif.

Possibilité de visiter deux maisons du XIXᵉ s : la **Swan Coach House** et la **Tulie Smith Farm**. *Tour guidé en anglais. Départ ttes les 30 mn 11h-16h.* La *Swan* est une vaste demeure bourgeoise cossue de 1828, plutôt belle mais assez triste. Bien sûr, quelques pièces splendides, quelques éléments de mobilier rares ou originaux (superbes consoles anglaises, boiseries ouvragées sur la bibliothèque, bains de marbre...), mais la visite est globalement ennuyeuse. La *Tulie Smith* est une fermette du XIXᵉ s replacée ici. Son véritable intérêt est d'avoir été l'une des seules à échapper au grand incendie de la ville provoqué par Sherman. On voit la chambre du pasteur et une autre petite pièce réservée aux prédicateurs ambulants et autres colporteurs. À notre avis, visite pas indispensable.

Dans le quartier d'Auburn

Visite obligatoire, d'un intérêt architectural et historique indéniable puisque c'est le quartier natal de Martin Luther King Jr. Autrefois qualifié de « *Sweet Auburn* », on y trouve une série de modestes mais jolies maisons de bois, dont une large partie est

ATLANTA

classée. Le quartier a vécu ses belles années entre 1890 et les années 1960 avec une cohabitation harmonieuse de commerces, d'églises et même de boîtes de nuit. Aujourd'hui, tout ce coin a été réhabilité, et les anciennes maisons sont relouées à des particuliers pour y réinsuffler de la vie. Commencez par le *Visitor Center,* où on vous offre un plan très bien fait, qui permet de se balader facilement dans le quartier. C'est aussi là qu'il faut prendre le billet pour la visite de la maison de Martin Luther King Jr. De plus, tous les édifices préservés sont dotés de panneaux explicatifs en anglais, très intéressants. Une sorte de pèlerinage vers l'une des hautes figures du combat pour la dignité humaine. Plusieurs haltes dans ce coin où règne une atmosphère particulière. Le meilleur jour est le dimanche, jour de la messe dans les églises largement ouvertes aux visiteurs.

🎬🎬🎬 *Martin Luther King National Historic Site and Visitor Center* (plan B3, **60**) : *450 Auburn Ave NE.* ☎ *331-5190 ou 331-6922.* ● *nps.gov/malu* ● *Tlj 9h-17h (hiver), 18h (été). De la station Five Points, bus n° 3, arrêt M.L.K. Le centre est à côté de la nouvelle église et en face d'Ebenezer Baptist Church. Entrée libre. C'est au Center qu'on se procure les billets gratuits mais indispensables pour visiter sa maison natale, à deux pas de là, car le nombre de visiteurs est limité. Mieux vaut vous inscrire dès l'arrivée dans le quartier.*
Du parking, on passe par un chemin pavé de noms qui rappellent les grandes figures des défenseurs des Droits de l'homme. Statue du mahatma Gandhi en train de marcher.
Grand édifice moderne, entièrement dédié au combat du révérend noir en retraçant depuis les origines les étapes douloureuses de la présence des Africains en Amérique : l'esclavage, la ségrégation, la lutte pour les droits civiques... Brochures, superbes photos (dont une prise juste la veille de son assassinat, le 4 avril 1968, au *Lorraine Motel* à Memphis), documents, films émouvants, objets, panneaux instructifs sur sa vie et ses combats. Passionnant et essentiel pour mieux comprendre cette page de l'histoire américaine... dont les Américains ne parlent pas volontiers !
De l'autre côté de la rue, le tombeau de Martin Luther King (et de sa veuve), entouré d'un bassin, où 3 millions de personnes viennent se recueillir chaque année. Bien sûr, la boutique de souvenirs se trouve à deux pas.

🎬 *Martin Luther King House* (plan B3, **61**) : *501 Auburn Ave. Visite guidée en anglais 10h-18h en continu. Résas : voir plus haut. Départ ttes les 30 mn ou ttes les heures selon saison. Gratuit.* Jolie maison de style victorien, où naît le pasteur King en 1929 et où il vit jusqu'à 12 ans. Sa famille fait partie de la classe moyenne supérieure *(upper middle class).* En 1931, Martin Luther King senior (son père) devient pasteur de l'*Ebenezer Baptist Church.* Le fils le seconde dans cette tâche en 1960. Décorée simplement. Plus que le mobilier, l'important, c'est le symbolique de la visite. On y voit bien le mode de vie des années 1930-1940. Même si on comprend mal l'anglais, visite intéressante. Beaucoup d'Afro-Américains y viennent, le visage un peu grave. Pour nombre d'entre eux, la lutte continue.

🎬 *New Church of Atlanta* (plan B3, **64**) : *messes à 7h45 et 11h.* Gigantesque, moderne, sobre et lumineuse, située en face d'*Ebenezer Baptist Church.* On se permet de vous rappeler qu'il s'agit d'offices religieux. Il convient, entre autres, d'être correctement habillé... et, même en mettant vos plus beaux atours, il vous sera difficile de rivaliser avec l'extrême élégance des femmes chapeautées, des gamines parées de robes de dentelles et des hommes en costumes sombres. La messe dure bien 2h en tout. Évidemment, mieux vaut être à l'heure, mais si c'est trop long pour vous, un truc : arriver 30 ou 45 mn après le début. Ce n'est pas irrespectueux ; c'est comme ça que font les locaux. Les premières 30 mn, l'église se remplit petit à petit et la montée en régime se fait en douceur. La seconde heure est superbe de joie, de foi, d'animation... et de ferveur. Là aussi, magnifiques gospels et sublimes voix à la Louis Armstrong et Mahalia Jackson. D'une voix vibrante de stentor, le pasteur déclame son sermon avec emphase, animé par un sens du spectacle indéniable. Les fidèles ponctuent ses phrases de « oh God » sonores. À ne manquer sous aucun prétexte.

À deux pas, *Ebenezer Baptist Church* se visite, mais, depuis la construction de la nouvelle église (située juste en face), on n'y célèbre quasiment plus de messes. C'est ici que le pasteur King officia de 1960 à 1968, ici aussi que l'on célébra ses funérailles et que sa mère fut assassinée en 1974, alors qu'elle jouait de l'orgue...

🎥🎥 **Wheat Street Baptist Church** *(plan B3, 62)* et **Ebenezer Baptist Church** *(plan B3, 63) : face au 364 Auburn Ave pour la première et un peu plus bas pour la seconde. Messe dim à 10h30 pour la Wheat Street Baptist Church.* Peu de Blancs viennent assister à cette messe véritablement spectaculaire, mais ils y sont chaleureusement reçus. Extraordinaire chant gospel ambiance unique pleine de ferveur en compagnie des familles de fidèles endimanchés (on se répète, par respect, ne venez pas en jean-baskets-T-shirt). Ne vous étonnez pas si on vient vous demander votre nom. Vous serez cité au micro en tant que visiteur de marque ! À ne pas louper.

🎥 **Fire Station N° 6** *(plan B3, 65) : sur Auburn Ave, entre Martin Luther King Center et la maison du pasteur. Tlj 9h-18h.* Une des plus vieilles casernes de la ville, construite en 1894, retapée et transformée en musée. On y voit une superbe voiture de pompiers datant de 1927, une *American La France* !

🎥 **Apex Museum** *(African American Panoramic Experience ; plan B3, 66) : 135 Auburn Ave.* ☎ *521-2739.* ● *apexmuseum.org* ● *Bus n° 3 depuis la station Five Points. Mar-sam 10h-17h ; plus en fév et juin-août, dim 13h-17h. Fermé lun. Entrée : 4 $; réduc.* Centre d'étude sur la population afro-américaine, expo, photos, documents sur l'histoire de cette communauté. Reconstitution du *Yates & Milton Drugstore,* le premier commerce d'Atlanta tenu par des Noirs.

En dehors du centre

🎥 **Grant Park** *(hors plan par B3) : Georgia et Cherokee Ave.* Le plus vieux parc d'Atlanta.

🎥🎥 **Cyclorama** *(hors plan par B3) : dans Grant Park, à côté du zoo.* ☎ *658-7625. Entrée par Cherokee Ave, juste en face de Georgia Ave. Bus n° 10 ou 31 de la station Five Points. Tlj 9h20-16h30 (17h30 en été). Entrée : 7 $, réduc.* Belle loco du XIXe s à l'entrée. Visite commentée en anglais, en deux temps (toutes les 30 mn) : un petit film sur la bataille d'Atlanta, qui mit aux prises sudistes et nordistes en 1864. Après le film, présentation d'une sorte de diorama composé d'une gigantesque peinture circulaire servant de toile de fond à une scène tournante, racontant la prise d'Atlanta heure par heure. Cette toile incroyable fut peinte en 1885, et les personnages en relief qui semblent en sortir ont été ajoutés dans les années 1930. Le résultat est étonnant, il faut le reconnaître. Amusant, tous les personnages ont la même tête. Autre curiosité : il n'y a qu'une seule femme et qu'un seul Noir. Intéressant surtout pour la qualité de la mise en scène et du décor. Commentaire nécessitant une bonne maîtrise de la langue. Petit *Musée historique* également sur la guerre de Sécession. Costumes, armes, documents. Tout le monde ne sera pas séduit.

🎥🎥 🚶 À côté, le **zoo** d'Atlanta. ☎ *624-5600.* ● *zooatlanta.org* ● *Tlj 9h30-17h30. Cher : env 18 $; réduc.* Considéré comme l'un des plus beaux des États-Unis. En vedette les deux pandas Lun Lun et Yang Yang qui ont même fait en 1996 un bébé panda (une femelle) nommée Mei Lan, ce qui est rare en captivité. Admirable section serpents, vastes espaces pour les mammifères (beaux gorilles). Une belle récré pour les petits.

🎥 **Carter Presidential Center** *(plan C2, 71) : vers le quartier de Little Five Points ; 441 Freedom Pkwy, entrée sur N Highland.* ☎ *865-7101.* ● *jimmycarterlibrary.org* ●

Bus n° 16 depuis Five Points. Tlj 9h (12h dim)-16h45. Entrée : 8 $; réduc. Centre vraiment grandiloquent pour un petit Président. Bonjour la démesure de l'édifice ! D'autant plus frappant qu'à l'intérieur, les raretés se battent en duel : cadeaux de voyages officiels, photos et écrans vidéo distillant des discours oubliables. Film sur l'histoire des États-Unis avec le commentaire de M. Cacahuète. Le plus intéressant est cette section historique sur les participations des Américains aux différents conflits mondiaux. Une reconstitution du Bureau ovale, quelques documents sur les deux grands dossiers de la présidence Carter : la prise d'otages à l'ambassade américaine de Téhéran (un échec) et la paix israélo-égyptienne à Camp David (un succès). Il a tout de même reçu le prix Nobel de la paix. Pour les spécialistes.

➤ *DANS LES ENVIRONS D'ATLANTA*

🎒🚶🏕 ***Stone Mountain Park :*** *à 16 miles à l'est de la ville.* ☎ *770-498-5690 ou 1-800-401-2407.* ● *stonemountainpark.com* ● *Prendre Ponce de León Ave, puis suivre l'E 78 jusqu'au panneau d'entrée du parc. En transports, bus n° 120 de la station Avondale (arrêt à 1 mile du parc). Ouv 6h-minuit (attractions 10h-18h en théorie, variable selon saison). Compter 8 $ par voiture pour l'accès au parc. Attractions (optionnelles) : pass journée 25 $/pers ; réduc.* Très bien pour une journée au vert si vous restez longtemps à Atlanta. Merveilleux parc naturel où l'on retrouve toutes les essences de Géorgie. Beaux campings, superbes lacs, aires de pique-nique, plagettes, tennis, location de canoës. *Stone Mountain,* c'est tout bonnement le plus gros bloc de granit à ciel ouvert du monde. Il possède une étonnante forme de dôme parfait et semble surgir de la forêt. Malheureusement, on s'est senti obligé de sculpter un bas-relief de 600 m^2 dédié aux confédérés, où apparaissent les frimousses de Jefferson Davis (président des États du Sud durant la guerre de Sécession), Robert E. Lee (chef des armées sudistes) et Stonewall Jackson. Prétentieusement, on surnomme le coin le « Mount Rushmore du Sud ». Encore un coup pour attirer les touristes. Vous pouvez grimper en haut du dôme (2 miles) par un chemin balisé ou préférer le téléphérique qui vous y emmène pour quelques dollars. Les soirs en saison, concerts et spectacles laser sur la montagne. Bonjour la foule !

Achats

Pour ceux qui ont un peu de temps et des sous à dépenser :

🏬 ***North Georgia Premium Outlets :*** *à Dawsonville, à 45 mn au nord d'Atlanta par la route n° 400, à 0,25 mile au sud de la 400 et de la Highway 53.* ☎ *706-216-3609.* ● *premiumoutlets.com* ● *Lun-sam 10h-21h ; dim 11h-19h. Possibilité de prendre une navette de bus depuis Atlanta : départ à 8h30 des* grands hôtels du Downtown, retour 16h30. *Rens et résas :* ☎ *524-3400.* ● *theatlantalink.com* ● *Trajet 45 $.* 140 boutiques de marques (*Ralph Lauren, Nike, Benetton, Gap, Timberland,* etc.) proposant en permanence des remises de 25 à 65 %. De quoi se rhabiller à bon compte.

SAVANNAH

127 000 hab. (310 000 avec l'agglomération)
IND. TÉL. : 912

Certainement l'une des plus jolies villes d'Amérique du Nord, très prisée depuis 30 ans par les cinéastes américains. À 17 miles de l'océan, mais accessible par la Savannah River, on y dénombre près de 2 500 constructions à caractère historique. Particulièrement bien fournie en espaces verts, elle donne à voir, au gré des promenades, de superbes maisons couleur pastel, dans le plus pur style colonial, avec balcons en fer forgé, escaliers en bois et colonnades majestueuses. Aux chênes vénérables pendent des guirlandes de mousse espagnole comme les larmes versées par ce Sud profond qui ne s'est jamais remis d'avoir perdu la guerre. Les trolleys touristiques y côtoient des calèches tirées par des chevaux harnachés de plumes et de grelots. Tout semble calme, incroyablement bourgeois et assoupi... en apparence.

Au contraire de bien d'autres, cette ville possède un vrai passé, au point qu'elle est l'un des rares endroits où sont proposées des visites de maisons hantées... Littéralement bâtie sur ses cimetières, elle abonde de récits d'outre-tombe : les fantômes des soldats morts au combat, leurs veuves éplorées, les esclaves lynchés et autres amants maudits peuplent la nuit les squares et les vieilles demeures. Cette profusion d'apparitions spectrales et de manifestations surnaturelles a provoqué la création d'un centre d'études des phénomènes paranormaux.

« Bienvenue à Savannah, cette ville fantastique qui ressemble à *Autant en emporte le vent* sous mescaline et qui fait passer New York pour une ville fade et ennuyeuse. » La citation est d'un journaliste new-yorkais joué par John Cusack dans le film qui illustre le mieux cette ville pleine d'enchantements, *Minuit dans le jardin du Bien et du Mal*.

UN PEU D'HISTOIRE

En 1733, le général Oglethorpe, philanthrope visionnaire, accompagné d'une centaine de compatriotes, quitte l'Angleterre et décide de s'établir ici, position commerciale stratégique entre la Floride espagnole et les colonies anglaises du Nord. Oglethorpe s'était mis en tête de bâtir une communauté idéale, sans catholiques, sans juges, sans alcool et surtout sans esclaves. On ne peut pas dire qu'il ait été suivi !

WHO'S GOING TO SAVE HANNAH ?

La petite histoire veut qu'une passagère du nom de Hannah se trouvait sur le 1er bateau qui approcha des côtes ; elle tomba par-dessus bord, et tout le monde s'écria alors « Save Hannah », d'où le nom de la ville. Vrai ou faux, nul ne sait, mais telle est la légende.

Si les premiers arrivés avec Oglethorpe sont des Anglais et des Écossais tirés de prison où ils croupissaient pour dettes, ce sont des familles juives fuyant l'Inquisition en Espagne et au Portugal, des huguenots français, puis massivement des Irlandais qui ont assuré le développement de la ville. Cela fait aujourd'hui de Savannah une des villes les plus diversifiées et cosmopolites du Sud. Au cours de la guerre d'Indépendance, la ville est aux mains des Anglais qui l'utilisent comme base pour assaillir les insurgés. Au XIXe s, le coton et le tabac cultivés dans les plantations voisines font la richesse de la ville. D'ailleurs, durant un siècle, le cours mondial du coton est fixé à Savannah. Pendant la guerre de Sécession, le général Sherman, venu d'Atlanta à marches forcées prend la ville en décembre 1864... sans la détruire, à contrario de ses pratiques habituelles, tout cela pour l'offrir comme petit cadeau de Noël au président Lincoln !

Première capitale de la Géorgie, Savannah est aussi la première ville planifiée des États-Unis. James Oglethorpe, en urbaniste éclairé, en dessina le plan, à l'imitation d'un camp militaire romain, avec des rues perpendiculaires qui délimitent l'espace public et l'espace résidentiel. Cette disposition laissant des zones libres pour des parcs et 24 petits squares, tous différents dont 21 subsistent encore. En dépit de la diversité architecturale des bâtiments publics de la ville, une impression d'harmonie se dégage de l'ensemble grâce à cette régularité des îlots urbains, à ses espaces de verdure ainsi qu'à l'omniprésence d'une élégante ferronnerie d'art.

Déclin puis renaissance

Amorcé avec la grande crise de 1929 et la chute des cours du coton, le déclin de la cité s'accentue durant la Seconde Guerre mondiale. Dans les années 1950, par volonté de modernité, la ville se met en tête de raser certains quartiers historiques. Des habitants s'en alarment et fondent la *Historic Savannah Foundation* qui rachète les maisons par lots pour les revendre à des acheteurs qui s'engagent à les restaurer et les entretenir. Le succès est immédiat, des secteurs entiers de la ville sont réhabilités et définitivement préservés. Même le *Riverfront,* composé d'anciens entrepôts et des *warehouse* des cotonniers fait l'objet d'une jolie réhabilitation. De son côté, le *Savannah College of Arts and Design,* en rachetant une cinquantaine d'immeubles à l'abandon, dont une armurerie, une prison, un théâtre et des écoles, apporte une contribution substantielle à la rénovation du patrimoine.

Quand y aller ?

Le printemps est sans doute le moment idéal pour planifier sa visite. Le thermomètre est encore supportable et la floraison abondante. L'automne n'est pas mal non plus. L'été moite et étouffant est à éviter. Si Savannah accueille cinq millions de visiteurs par an, c'est à la Saint-Patrick (le XIXe s a vu une forte immigration irlandaise) que son caractère festif atteint son paroxysme et n'est pas loin d'égaler le célèbre Mardi gras de New Orleans. Pour goûter à ses charmes, un minimum de deux jours est requis, bien qu'il n'y ait que peu de musées vraiment intéressants.

SAVANNAH

- ■ **Adresses utiles**
  - 🛈 1 Visitor Center
  - 🛈 2 Savannah Convention & Visitor Bureau
  - 3 Bicycle Inn
  - ✉ Poste
  - Internet Café
  - Gare ferroviaire Amtrak
  - Gare routière Greyhound

- 🏠 **Où dormir ?**
  - 10 Savannah Pensione
  - 11 Bed & Breakfast Inn
  - 12 Quality Inn
  - 13 Inn at Ellis Square
  - 14 17 Hundred 90
  - 15 River Street Inn
  - 16 Savannah Comfort Suites

- |●| ✈ **Où manger ?**
  - 30 The Express Café
  - 31 Clary's
  - 32 Mrs Wilkes' Dining Room
  - 33 The Café at City Market
  - 34 Lady & Sons
  - 35 Huey's
  - 36 Pirates' House
  - 37 The Olde Pink House

- 38 Pasticcio
- 39 Six Pence Pub
- 40 Bistro Savannah

- ♀ **Où déguster une glace ?**
  - 45 Leopold's Ice Cream

- 🍸 ♪ **Où boire un verre ? Où écouter de la musique ?**
  - 37 Planters Tavern
  - 50 Gallery Expresso
  - 51 Savannah Blues
  - 52 B & B Billiards
  - 53 Club One
  - 54 Savannah Smiles

- 🏃 **À voir. À faire**
  - 70 Trolley Tours
  - 71 First African Baptist Church
  - 72 Owens Thomas House
  - 73 Telfair Museum of Art
  - 74 Juliette Gordon Low Birthplace
  - 75 Ships of the Sea, Maritime Museum
  - 76 Savannah History Museum
  - 77 Mercer House

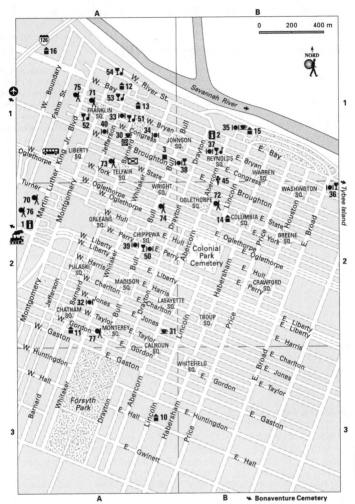

SAVANNAH

Arriver – Quitter

✈ **Aéroport Savannah-Hilton Head International :** *à 10 miles à l'est de Savannah.* ☎ *767-7009.* ● *savannahairport.com* ● *Bus CAT ligne n° 2, tlj sf dim 6h-18h, ttes les 30 mn. Compter 15 $/pers pour rejoindre la ville en navette* (shuttle) *privée ; 30 $ la course en taxi.*

🚆 **Gare ferroviaire Amtrak** *(hors plan par A2) : 2611 Seaboard Coostline Drive, à 3 miles du centre.* ☎ *234-2611 ou 1-800-872-7245. Trains pour New York ou Miami.*

🚌 **Gare routière Greyhound** *(plan A1) : 610 W Oglethorpe Ave, près du* Visitor Center. ☎ *232-2135. Dessert entre autres Atlanta, Miami et New York. Consigne à bagages.*

➤ **En voiture :** depuis Atlanta (250 miles) compter 4-5h de route. De Charleston (100 miles), moins de 2h.

Comment se déplacer en ville ?

➤ **À pied :** le Savannah historique *(Historic District)* est tout petit. C'est donc le meilleur moyen d'apprécier le charme de cette ville. À l'époque de la floraison des glycines, des azalées, des camélias et des magnolias, parcourir les larges et élégantes allées est un plaisir sans cesse renouvelé.
➤ **À vélo :** terrain tout plat idéal pour les pédaleurs sauf lors des grandes chaleurs de l'été.

■ **Location de vélos** (plan A1, **3**) **: Bicy-cle Inn,** 22 W Broughton St. ☎ 233- | 9401. Lun-sam 10h-18h. Compter 20 $/ j. ; 40 $ pour 3 j. ; 80 $ pour 7 j.

➤ **En bus :** la navette *CAT shuttle* (gratuite), un trolley vert d'époque, relie les centres d'intérêt de la ville. ☎ 233-5767. Lun-sam 7h30-19h, ttes les 20 mn ; dim 9h30-17h, ttes les 40 mn. Les arrêts se distinguent par des panneaux verts *CAT shuttle*.
➤ **En trolley :** env 23 $, pour 90 mn env. *Départ du* Visitor Center. Plusieurs compagnies se partagent le marché du tour guidé et commenté de manière plus ou moins originale. Pour les paresseux, possibilité d'appeler la compagnie choisie qui enverra gratuitement un minibus vous prendre à l'hôtel (voir plus loin dans « À voir »).
➤ **En calèche** *(carriage tours)* **:** dès 20 $/pers le parcours de 1h. Mode de visite parfaitement adapté aux caractéristiques de la ville. Tout dépend de la qualité du cocher-guide. Il existe d'autres formules que le parcours classique, comme le *Champagne Tour* (pas besoin de traduire) jusqu'à la citrouille-carrosse pour mariages. On ne vous recommande pas les *Ghost Tours* qui sont vraiment bidons.
➤ Il existe aussi des *Movie Tours* **en minibus** qui vous trimbalent dans les lieux où ont été tournés des films mythiques comme *Forrest Gump, Minuit dans le jardin...* Mais aussi des endroits en référence à des films ou des séries TV dont on n'a jamais entendu parler en Europe. ● *savannahmovietours.com* ●
➤ **Parkings :** il existe des forfaits 48h vendus par l'office de tourisme (parcmètre ou parking public). Pratique si votre hôtel n'en dispose pas.

Adresses utiles

🄸 **Visitor Center** (plan A2, **1**) **:** 301 Martin Luther King Jr Blvd. ☎ 944-0455. Tlj 8h30 (9h w-e)-17h. Bureau d'accueil et de tourisme dans l'ancienne gare, documentation abondante. Point de départ des tours guidés.
🄸 **Savannah Convention & Visitor Bureau** (plan B1, **2**) **:** 101 E Bay St. ☎ 644-6400. ● *savannahvisit.com* ● Lun-ven 8h30-17h. Un autre office de tourisme, moins documenté, proposant un service de résa : ☎ 1-877-728-2662. Ils essaieront de vous trouver une jolie petite pension si nos adresses affichent complet.
✉ **Poste** (plan A1) **:** 118 Barnard St. Lun-ven 8h-17h.
🄳 **Internet Café** (plan A1) **:** 49 E Barnard St, à deux pas de City Market. Tlj 24h/24.
■ **Police :** ☎ 232-4141.

Où dormir ?

Attention ami routard, se loger ici coûte cher, très cher ! Surtout dans le centre historique. Les prix se dégonflent très légèrement dans les hôtels et motels situés en lisière. Si vous êtes motorisé et que vous n'êtes pas trop allergique aux motels de chaînes, vous pourrez faire de sérieuses économies en vous éloignant du centre de quelques miles.

Bon marché

🛏 *Savannah Pensione* (plan A3, **10**) : 304 E Hall St (à l'angle de Lincoln St). ☎ 236-7744. La seule adresse à ces prix dans le centre. Double avec sdb à partager pour 46 $ (et chambres familiales). Ancienne AJ, à présent guesthouse, le proprio s'étant lassé de la faune des AJ. Grande maison coloniale dans un quartier résidentiel, agréable et paisible. Quelques chambres doubles assez grandes mais aménagement sommaire. Air conditionné fluctuant. Cuisine à disposition et supermarché juste en face de la rue. Petite terrasse dans le jardinet attenant. Pas le grand luxe et pas très bien tenu, mais proprio assez amical quoiqu'un tantinet brouillon. Quartier où il vaut mieux faire attention en rentrant le soir.

Chic

🛏 *Bed & Breakfast Inn* (plan A2, **11**) : 117 W Gordon St. ☎ 238-0518. ● savannahbnb.com ● Parking pris en charge. Chambres 150-220 $ selon j. de la sem et taille ; réduc en été, promo sur le site. Petit déj copieux, wine & cheese dans l'ap-m. Dans une vieille maison très bien située, proposant tout le confort possible. Chacune des 20 chambres est personnalisée. Déco cosy. Charlotte, qui prépare le petit déj, parle un peu le français. Petite terrasse noyée dans la verdure derrière la maison. L'adresse que nous préférons à Savannah..., et comme d'autres partagent cet avis, il est préférable de réserver.

🛏 *Quality Inn* (plan A1, **12**) : 300 W Bay St. ☎ 236-6321. Résas : ☎ 1-800-424-6423. ● qualityinnhistoricsavannah. com ● Parking gratuit. Double 150 $ en sem ; 170 $ w-e, petit déj compris. Pas loin de l'animation du Riverfront et de Market Place. Chaîne de motels bien connue et sans surprise. Les chambres sont plus confortables qu'on peut l'imaginer en voyant ce bâtiment d'une banalité affligeante. Celles situées sur le côté sont moins bruyantes. Rien de bien romantique dans tout ça, mais rapport qualité-prix « normal » pour la ville.

🛏 *Inn at Ellis Square* (plan A1, **13**) : 201 W Bay St. ☎ 236-4440. Résas : ☎ 1-877-542-7666. ● innatellissquare. com ● Wi-fi. Double env 140 $ en sem, plus cher le w-e ; petit déj inclus. Dans un entrepôt à coton datant de 1851, en plein centre, dans le quartier de City Market. Chambres confortables et bien équipées, récemment rénovées, même si certaines sont un peu sombres. Celles donnant sur l'arrière sont les plus calmes. Piscine.

🛏 *Savannah Comfort Suites* (plan A1, **16**) : 630 W Bay St. ☎ 629-2001. ● savannahcomfortsuites.com ● Parking gratuit. Wi-fi. Double env 140 $ en formule standard, petit déj sommaire inclus. À 400 m du centre historique au pied du pont à haubans qui relie la Géorgie à la Caroline du Sud par-dessus la Savannah River. Bâtiment sans charme particulier, mais chambres de bon confort et de belle taille. Tranquillité. Pas un coup de cœur mais un bon compromis qualité-proximité-prix.

De plus chic à très chic

🛏 *17 Hundred 90* (plan B2, **14**) : 307 E President St. ☎ 236-7122. Résas : ☎ 1-800-487-1790. ● 17hundred90. com ● Doubles 160-185 $ selon type et saison, petit déj inclus. S'adresser au President's Quarters (en face) à l'arrivée. Dans le superbe quartier ancien de Savannah, une demeure coloniale d'une rare élégance, confortable à souhait, décorée avec goût, cheminées magnifiques, mobilier ancien, dentelles... bref, luxueux, cossu et finalement pas beaucoup plus cher qu'un hôtel d'une grande chaîne quelconque. En prime vous aurez peut-être droit à la visite du fantôme d'une certaine Anna Powers qui s'est jetée depuis le balcon du 3e étage à la suite d'un dépit amoureux. Restaurant réputé en annexe.

🛏 **The President's Quarters** : 225 E President St. ☎ 233-1600. • president squarters.com • Doubles 210-275 $, petit déj inclus. Gérée par la même direction que le précédent, cette *guesthouse* a la particularité de proposer des chambres centrées sur la bio d'un président des USA (avec 19 chambres, tous n'y figurent pas...). Décor et souvenirs en rapport. Cheminées presque partout. Certaines sont très demandées, donc si vous voulez occuper la *J.F. Kennedy suite,* il faut vous y prendre à temps, pour ne pas vous retrouver dans la chambre de Richard Nixon !

🛏 **River Street Inn** *(plan B1, 15)* : 124 E River St ; entrée sur Factors Walk. ☎ 234-6400. Résas : ☎ 1-800-253-4229. • riverstreetinn.com • Doubles 130-200 $ suivant saison et j. de la sem. Très bel hôtel situé dans les anciens entrepôts du marché au coton, au-dessus du resto *Huey's* (voir « Où manger ? »). Meubles splendides, cheminées, boiseries d'époque, bains somptueux et vue sur la rivière. Fitness, sauna, spa... Adresse de charme, vraiment exceptionnelle.

Spécial charme et volupté

• historicinnsofsavannah.com • Sur ce site, choix de *B & B* de charme tous situés dans le centre, bien sûr meublés à l'ancienne et offrant une gamme de *packages* où la sophistication de l'offre atteint des sommets du raffinement. Prix en rapport. Uniquement en cas de voyage de noces ou de chance de cocu à Las Vegas.

Où manger ?

La vie touristique se concentre sur River St et le secteur piéton de City Market.

Spécial petit déjeuner

🍴 **The Express Café** *(plan A1, 30)* : 39 Barnard St, à côté de City Market. ☎ 233-4683. Tlj sf lun et mar 7h-15h (8h le w-e). Env 6 $. Belle oie en enseigne. Cafétéria accueillante proposant des plats simples, sandwichs, *bagels,* tartes salées, *scones, waffles,* toutes sortes de pains et salades. Parfait pour un repas sain et rapide, ou pour un petit déj délicieux avec un vrai café, salade de fruits et croissants. Excellent rapport qualité-prix. Quelques tables sur la rue.

🍴 **Clary's** *(plan A2, 31)* : 404 Abercorn St. ☎ 233-0402. Lun-jeu 7h-16h ; ven-sam 8h-17h ; dim 8h-16h. Env 4-8 $. Un must pour le petit déj, solide et bon marché. Jadis un *drugstore,* cette cantine de quartier déjà centenaire apparaît dans le best-seller *Minuit dans le jardin du Bien et du Mal.* On y sert une cuisine simple et sans chichis. Spécialité de *pies* et soupe fraîche tous les jours. Musique rétro et déco réduite à quelques tableaux sur Savannah et Paris. Service sympa.

🍴 **Huey's** *(plan B1, 35)* : voir plus loin.

Bon marché

🍴 **Six Pence Pub** *(plan A2, 39)* : 245 Bull St. ☎ 233-3151. Tlj midi et soir. Env 10 $. Pub anglais très classique avec murs de tartan, plafond à caissons et cabine de téléphone rouge. Cuisine de pub donc, avec le grand classique : la *ploughman's pie* mais aussi de copieux sandwichs garnis et de généreuses salades. Idéal pour se poser au cours d'une balade dans le quartier historique qui manque un peu d'adresses de ce genre. Julia Roberts a été filmée ici pour une séquence d'*Amour et Mensonges (Something to Talk About,* de Lasse Hallström). Musique live le week-end.

SAVANNAH

Prix moyens

|●| **Mrs Wilkes' Dining Room** (plan A2, **32**) : 107 W Jones St. ☎ 232-5997. Lun-ven 11h-14h slt. Lunch à prix fixe, 13 $. CB refusées. De génération en génération, la cuisinières vous préparent une cuisine familiale typique du Sud. Les convives se partagent des grandes tables. On bavarde et on se sert à volonté, à la bonne franquette. Souvent complet, pas de réservation et longue file d'attente au dehors.

|●| **The Café at City Market** (plan A1, **33**) : 224 W St Julian St, sur City Market. ☎ 236-7133. Midi, salades, sandwichs et en-cas env 10 $; soir, créations plus sophistiquées env 20 $. Plats bien présentés, réalisés avec des ingrédients très frais, façon nouvelle cuisine. Atmosphère à dominante noir et blanc, aussi bien pour ses photos que pour son bar à damiers. On préfère la terrasse, noyée dans la verdure. On profite ainsi de l'animation de City Market, avec parfois des concerts en plein air.

|●| **Lady & Sons** (plan A1, **34**) : à l'angle de W Congress et Whitaker St, dans une bâtisse en brique. ☎ 233-2600. Résa conseillée par tél. ou sur place dès 9h30. Tlj 11h-15h et 17h-23h ; dim 11h-17h, southern buffet 15 $. Salades le midi env 8 $. Le soir, beaucoup plus cher. Resto de cuisine du Sud authentique. Déco style bistro et ambiance jazzy. On mange bien et en quantité. D'ailleurs, Paula Deen, la patronne, est l'auteur d'une série de livres de recettes et passe à la TV sur la chaîne Food Network. Sa notoriété provoque des queues incroyables autour du resto. Service sympa et dynamique.

|●| **Huey's** (plan B1, **35**) : 115 E River St. ☎ 234-7385. Lun-jeu et dim 7h-22h ; ven-sam 7h-23h . Plats 8-20 $, pour ts les goûts et ts les budgets. Petit déj et spécialités cajuns surtout. Dans un ancien entrepôt de coton de 1859. Face au quai, on suit avec plaisir l'agitation de River St. Spécialités louisianaises : po-boy, crab cake, muffaletta, gumbo et écrevisses, excellentes pâtes au jambalaya. Clientèle touristique et familiale.

|●| **Bistro Savannah** (plan A1, **40**) : 309 W Congress St. ☎ 233-6266. Ouv le soir slt, 17h30-22h30 (23h w-e). Près de Market Place, ancien entrepôt aux murs de brique garnis de croûtes contemporaines, tables de bistrot, fauteuils de rotin. Pas mal de bruit. Carte assez courte avec quelques produits de la mer, calamars, moules, clams, et aussi des plats classiques : canard braisé, steaks... Desserts un peu étouffe-presbytériens. Jolis vins californiens. Service speedé. Pas un coup de cœur mais un honnête rapport qualité-prix.

De chic à très chic

|●| 🍸 **Pirates' House** (plan B2, **36**) : 20 E Broad St. ☎ 233-1881. Ouv le soir slt. Carte au moins 20 $. Résa conseillée. Voici la fameuse maison décrite dans L'Île au trésor de Stevenson. Le capitaine Flint serait mort dans une des salles, et son fantôme se manifesterait encore les nuits de nouvelle lune... vérifiez votre calendrier lunaire ! La légende veut aussi qu'un tunnel relie les caves à rhum à la rivière. Une quinzaine de salles en tout dans cette maison mythique assez fascinante mais très touristique. Minuscules pièces en bois, basses de plafond, cheminées, quelques objets de pirates... ça sent la flibuste. La cuisine n'est pas en reste pour autant. Les plats sont délicieux, aux couleurs du Sud. On peut aussi se contenter d'un planter's au bar.

|●| 🍸 **Pasticcio** (plan A-B1, **38**) : 2 E Broughton St. ☎ 231-8888. Ouv le soir slt, dès 17h30 ; lun-jeu jusqu'à 22h, ven-sam 23h30, dim 21h30. Carte au moins 30 $. Resto italien réputé qui fait aussi bar à vin. Adresse branchée avec des grandes baies vitrées qui donnent sur la rue comme dans un tableau de Hopper. Intérieur aux éclairages tamisés, bougies, coin-bar avec canapés. Cuisine au vu de tous où se concocte une fusion-food à dominante italienne, très joliment tournée. Portions « normales », on a donc l'occasion d'essayer à quelques-unes de leurs créations sans rendre sa serviette au premier plat. Beau-

SAVANNAH

coup de couples bien sapés y dînent en amoureux. Service empressé et efficace tout de noir vêtu.

⦿ **The Olde Pink House** (plan B1, 37) : 23 Abercorn St, sur Reynolds Sq. ☎ 232-4286. Tlj 17h-22h30 (23h ven-sam). Env 30-40 $. Dans une maison du XVIIIe s, un resto chic, classique et élégant, mais un peu chichiteux. Clien-tèle raccord avec le lieu mais un peu coincée. Compte tenu du service grande classe, du décor exceptionnel et de la qualité de la cuisine, les prix restent raisonnables. Au sous-sol, le célèbre Planters Tavern (voir ci-des-sous « Où boire un verre ? Où écouter de la musique ? »).

Où déguster une glace ?

♦ **Leopold's Ice Cream** (plan B1-2, 45) : 212 Braughton St. ☎ 234-4442. Une institution locale depuis 1919. Photos anciennes et affiches de ciné aux murs. Pour une glace à la fraise et à la menthe avec pépites de chocolat, à consommer sur place. Il y a aussi des sorbets.

Où boire un verre ? Où écouter de la musique ?

Le quartier autour de City Market (en énorme chantier lors de notre dernier passage) est l'endroit le plus animé le soir. Musiciens de rue, bars, boîtes et bonne ambiance sans risques.

♩ ♪ **Savannah Blues** (plan A1, 51) : juste à côté du Café at City Market (voir plus haut « Où manger ? »). Fermé dim. Un club en sous-sol qui distille du bon blues au fil de la soirée.

♩ ♪ **B & B Billiards** (plan A1, 52) : 411 W Congress St. Débit de boisson en sous-sol. Six billards au fond de la salle. Les amateurs se feront des copains. C'est aussi un endroit sympa pour suivre les événements sportifs.

♩ ♪ **Club One** (plan A1, 53) : 1 Jefferson St. ☎ 232-0200. Le bar le plus excentrique de Savannah, où l'on peut assister au spectacle de Lady Chablis, un travesti devenu célébrité locale après avoir figuré dans Midnight in the Garden of Good and Evil et joué son propre rôle dans l'adaptation cinématographique. Karaoké le mercredi.

♩ ♪ **Savannah Smiles** (plan A1, 54) : 314 Williamson St derrière le Quality Inn. Tlj sf lun-mar dès 19 h, mais il faut attendre 21h pour la musique et l'ambiance. Entrée : 5 $. Un endroit où passer une bonne soirée dans une grosse ambiance. Une idée toute simple : deux pianistes-chanteurs et un batteur pour reprendre en chœur les classiques de la chanson rock. Apportez votre petit billet avec votre morceau préféré au chanteur, et l'on vous le joue en duo sur un rythme effréné. Pas de répit, les standards s'enchaînent et les musiciens (de vrais pros) se relaient en permanence. Bières à prix raisonnable et clientèle de tout âge. Dimanche karaoké.

♩ ♪ **Planters Tavern** (plan B1, 37) : 23 Abercorn St, sur Reynolds Sq. Piano-bar du très chic restaurant The Olde Pink House. Feu de bois dans la cheminée, canapés, ambiance ultra-tamisée pour écouter du jazz et du blues, dans la grande tradition américaine. L'eau minérale est facturée au prix du champagne.

⦿ **Gallery Expresso** (plan A2, 50) : 234 Bull St. Lun-ven 7h30-22h, sam-dim 8h-13h. Coffee house et bar à vin informel. Intérieur rustique, canapés défoncés. Les locaux y viennent au petit matin pour lire le journal. On trouve d'ailleurs de quoi grignoter : sandwichs, plateaux de fromage, muffins, bagels... excellent chocolat et bon café. Pratique pour un petit déj sur le pouce. D'autres viennent en terrasse pour boire un jus et écrire des cartes postales. Repaire des étudiants le soir. Wi-fi. Atmosphère amicale.

À faire

🎭🎭 **Trolley Tours** *(plan A2, 70)* **:** *dépôt en face du* Visitor Center, *234 Martin Luther King Blvd.* ☎ *233-0083.* ● *trolleytours.com* ● *Parking gratuit. Billet env 23 $; réduc.* Pas donné, mais ce système permet de visiter Savannah de façon très agréable en découvrant les différentes maisons, sites, squares et musées importants. Le tour le plus court dure 90 mn, bien pratique quand on manque de temps pour faire un repérage de la ville. Le système est bien organisé : on vous colle un badge sur la poitrine, valable toute la journée, ce qui vous permet de descendre et remonter dans le trolley à votre rythme, en choisissant les visites qui vous tentent le plus. La brochure, donnée au départ, indique les points de passage *(ttes les 30 mn env, 9h-16h30)* et permet de bien visualiser tout ce qui mérite d'être vu. Un supplément d'environ 5 $ vous permettra aussi de choisir une visite en cours de route.
– Les fauchés et les réfractaires au style « bétaillère à moutons » se contenteront du *CAT shuttle* (voir plus haut « Comment se déplacer en ville ? »). Mais sans les commentaires !

À voir

🎭🎭 **Savannah History Museum** *(plan A2, 76)* **:** *303 M. L. King Blvd.* ☎ *651-6825.* ● *chsgeorgia.org* ● *Lun-ven 8h30-17h, sam-dim 9h-17h. Entrée 4,25 $; réduc. À l'arrière du* Visitor Center. On vous conseille cette visite comme prélude à la découverte de la ville. L'espace utilisé est celui de l'ancienne gare de chemins de fer. La visite commence par un film de 18 mn qui retrace les grandes lignes de l'histoire de la ville depuis les rêves de société idéale qui présidèrent à sa fondation par James Oglethorpe. Suit la prospérité économique avec l'arrivée du chemin de fer et la bourse du coton. De part et d'autre de la majestueuse locomotive *Baldwin 403,* les vitrines illustrent la grande histoire et ses aspects militaires

MINUIT DANS LE JARDIN DU BIEN ET DU MAL

Petite bourgade où tout le monde se connaît, Savannah distille une ambiance très particulière, bien restituée dans le roman de John Berendt, adapté au cinéma par Clint Eastwood en 1997. Dans le film, Savannah devient un personnage à part entière. Pour en reconstituer le monde étrange, Clint Eastwood a filmé des lieux emblématiques : le parc Forsyth, le temple Vaudou et le tribunal du comté de Chatham. Hôtel de la fameuse réception de Noël et lieu du meurtre, la maison Mercer est la face visible du « jardin du Bien et du Mal ». À l'opposé, le cimetière de Bonaventure devient un lieu de rencontre entre les vivants et les morts, où se forge le destin des citoyens de Savannah.

comme le siège de Savannah en 1779 avec la participation du comte d'Estaing, vice-amiral à 31 ans, accompagné de ses troupes antillaises, en passant par la guerre de Sécession, bien sûr, et les combats légendaires des *Ironclads,* ces bateaux cuirassés bas sur l'eau et dotés de tourelles blindées. On évoque aussi la participation des régiments composés de Noirs en 1914-1918 et celle du régiment local le 230th *Artillery* du débarquement en Normandie à la bataille des Ardennes. D'autres aspects plus futiles sont abordés : la mode à la Belle Époque et dans les années 1920-1930 (Savannah avait une manufacture de chapeaux), et le banc où se trouve Tom Hanks au début de *Forrest Gump.* À deux pas de là (West Harris St), on peut apercevoir quelques monstres d'acier qui composent l'attraction du *Roundhouse Railroad Museum,* le garage-atelier des chemins de fer qui fonctionna jusqu'en 1963.

🎭🎭 **Ships of the Sea, Maritime Museum** *(plan A1, 75)* **:** *41 M. L. King Blvd.* ☎ *232-1511.* ● *shipsofthesea.org* ● *Mar-dim 10h-17h. Entrée 8 $; réduc.* Un petit musée dans un bâtiment de style *Greek revival* qui ravira les amateurs de belles maquettes et d'histoire maritime. Figures de proue, tableaux de marine. Maquettes de superbe facture comme celle du *Anne* qui transporta les premiers colons en Géorgie, ou celle du *Languedoc* qui achemina le contingent français de la guerre d'indépendance sous les ordres de l'amiral d'Estaing. Maquette de grande dimension qui montre le *Titanic* en train de couler... Pas mal de références aussi au commerce qui passait par Savannah. À propos, le premier navire à vapeur qui a franchi l'Atlantique sans aide des voiles s'appelait le *SS Savannah* ; un cargo à propulsion nucléaire s'est vu aussi baptiser de ce nom. Un musée où passer une heure quand il fait trop chaud. Magnifiques jardins.

🎖 ***First African Baptist Church*** (plan A1, **71**) **:** *23 Montgomery St.* ☎ *233-6597. Tlj 10h-16h. Parfois, un guide vous expliquera l'histoire du lieu. Gratuit. Dim, messes à 8h30 et 11h30.* Cette église, fondée en 1773, ne présente aucun intérêt esthétique ou architectural ; on peut même dire qu'elle est assez laide. Mais son histoire est précieuse pour la communauté afro-américaine. En effet, pendant la guerre civile, de nombreux esclaves s'y sont cachés, et A. Marshall y fut pasteur en 1824... après 50 ans d'esclavage ! C'est le témoignage de sa vie qui a permis de mieux connaître l'histoire des Afro-Américains à Savannah. On le voit représenté sur les vitraux. Tout le monde y est bienvenu à l'office dominical, au milieu des tenues colorées, pour y suivre un service rythmé par les gospels.

🎖 ***Owens Thomas House*** (plan B2, **72**) **:** *124 Abercorn St.* ☎ *233-9743.* ● *telfair. org* ● *Tlj 10h (12h lun, 13h dim)-17h. Visite guidée très encadrée ttes les 30mn : 10 $, incluant l'entrée au musée Telfair ; réduc.* Cette maison est le plus bel exemple d'architecture Régence du pays. Sa façade patricienne se déploie autour d'un portique de fines colonnes ioniques. Les fondations sont en *tabby*, mélange de chaux, sable et coquille d'huître. La pièce où l'on achète les billets était la partie réservée aux esclaves. Le plafond peint en bleu est d'origine, la couleur devant protéger des mauvais esprits. Dans cette même pièce, quelques timides explications sur ce sujet qu'on n'aime toujours pas aborder dans la région. Mais on a vite fait de comprendre l'affligeante réalité de cette époque : les esclaves ont souvent construit ces somptueuses demeures de leurs mains, mais faisaient tout naturellement partie de l'inventaire lors d'une estimation ou d'une vente. Au final, visite plutôt longue et ennuyeuse où chaque meuble, horloge ou moulure de plâtre sont décrits dans les moindres détails. Intéressera tout de même les bricoleurs pour voir au sous-sol un système complexe de plomberie datant de 1819. La grande citerne, elle, servait à conserver la glace apportée du nord du pays. À signaler que Lafayette séjourna dans la maison en 1825. Statue de *highlander* à l'entrée qui présente une furieuse ressemblance avec l'acteur australien Russel Crowe.

🎖🎖 ***Mercer House*** (plan A2, **77**) **:** *429 Bull St.* ☎ *236-6352.* ● *mercerhouse.com* ● *Visites lun-sam 10h30-15h30, dim 12h30-16h. Entrée : 12,50 $; réduc.* Le manoir de style italien bordant Monterey Square fut la propriété du compositeur Johnny Mercer. La maison est devenue célèbre par les excentricités de son ancien locataire, l'antiquaire Jim Williams, dont les fêtes légendaires attiraient la belle société de Savannah. C'est à ces fenêtres que Jim Williams accrocha un jour un gigantesque drapeau nazi afin d'empêcher une équipe de cinéma de filmer sa maison gratuitement. Mercer House fut aussi le théâtre du crime qui est la trame du bestseller *Midnight in the Garden of Good and Evil* de John Berendt et du film éponyme de Clint Eastwood. Jim Williams y tua son amant et mourut d'une crise cardiaque. La visite ne manque pas d'intérêt, notamment pour les très beaux meubles et tableaux.

🎖🎖 ***Telfair Museum of Art*** (plan A1, **73**) **:** *121 Barnard St, sur Telfair Sq.* ☎ *790-8800.* ● *telfair.org* ● *Lun, mer, ven, sam 10h-17h ; jeu 10h-20h ; dim 12h-17h. Entrée : 10 $ (possibilité de ticket couplé à Owens Thomas House) ; réduc.* Dans une grande demeure de style Régence, c'est le plus vieux musée d'Art du sud des États-Unis, mais il ne vous laissera probablement pas de grandes émotions artistiques. Collection permanente de peintures des XIXe et XXe s dont une imposante composition historiciste *Le Prince noir à la bataille de Crécy,* due au pinceau d'un certain Julian Story, le bien nommé. Quelques Français expatriés également : Bouvin, Alfred Smith et Raphaëlli. Un Alfred Stevens, *Jour de régates à Menton.* À l'étage supérieur, une sculpture de Calder et des dessins de Chagall, Dalí et Miró. À noter aussi, la célèbre statue *The Bird Girl* du fameux *Midnight in the Garden of Good and Evil* (on n'y échappe pas !), ainsi que la salle à manger : les murs y ont été entièrement couverts de fresques décoratives par Joseph Dufour en 1814, aidé de 350 ouvriers. L'artiste s'est livré à une interprétation fantaisiste de Paris, avec ses monuments facilement reconnaissables ; mais dans un joyeux désordre, et même des montagnes imaginaires en toile de fond.

🏃 *Juliette Gordon Low Birthplace* (plan A2, **74**) : 10 E Oglethorpe Ave. ☎ 233-4501. ● girlscouts.org/birthplace ● Tlj 10h-16h (dim 11h-16h), fermé mer nov-fév. *Visite guidée incontournable : 8 $; réduc.* Construite entre 1818 et 1821, cette demeure de style Régence, particulièrement luxueuse et richement meublée, appartenait à la fondatrice des *girl scouts* aux États-Unis. Probablement l'une des plus belles maisons anciennes à visiter dans Savannah, donnant une bonne idée du style de vie au XIXe s.

Quelques maisons remarquables

Toutes ne se visitent pas, mais on peut aisément admirer la diversité de leurs façades, la richesse de leurs balcons-terrasses, la luxuriance de leurs jardins tropicaux

🏃 *Isaiah Davenport House* (plan B2) : 324 E State St. ☎ 236-8097. ● davenporthousemuseum.org ● Tlj 10h (13h dim)-16h. Entrée : 8 $; réduc. À côté de Columbia Square, elle offre un parfait exemple d'architecture fédérale (autour de 1815) dont l'austérité est atténuée par un élégant escalier double en fer forgé.

🏃 *Andrew Low House* (plan A2) : 329 Abercorn St. ☎ 233-6854. ● andrewlowhouse.com ● Tlj sf jeu 10h (12h dim)-14h30. Entrée : 8 $; réduc. Elle porte le nom d'un riche négociant écossais qui fit édifier cette maison hellénisante au milieu du XIXe s ; elle possède un jardin raffiné donnant sur Lafayette Sq. Juliette Gordon Low, la fondatrice du scoutisme féminin, y a vécu.

🏃 *Green-Meldrim House* (plan A2) : 14 W Macon St. Sur Madison Square, cette somptueuse villa, de style *Gothic revival* avec oriel et toit crénelé et dont le grand-père de Julien Green a été le commanditaire, a été dessinée par l'architecte new-yorkais John Norris. Ce fut le Q.G. de Sherman après la prise de la ville en 1865.

🏃 Sur **Bull Street,** au sud de Madison Square, une pittoresque bâtisse en brique, avec ses tourelles pointues et son imposante porte flanquée de canons. Elle abrite aujourd'hui le département de *Graphic Design* du *Savannah College of Art and Design.*

🏃 En face, toujours sur Bull St, se trouve le *Scottish Rite Masonic Temple,* très haute et imposante bâtisse à frises dorées et colonnes orangées à chapiteaux corinthiens, que l'on peut apercevoir pendant le générique d'ouverture du film *Forrest Gump.* ● savannahscottishrite.org ●

🏃 *Champion-McAlpin-Fowlkes House* (plan A2) : 230 Barnard St. Sur Orleans Square, altière demeure de style *Greek revival* au monumental portique de colonnes corinthiennes inspiré du temple des Vents à Athènes. Magnifique grille de fer forgé. Son propriétaire Henry McAlpin était le plus riche planteur de la région.

🏃 *Armstrong House* (plan A2) : 447 Bull St. Véritable petit palais italianisant avec porche à colonnes sur la rue qui forme la colonne vertébrale du quartier historique.

Les principaux squares et espaces verts

🎄🎄 *Forsyth Park (plan A3)* **:** grand parc à l'anglaise. À l'ombre des sycomores, magnolias et buissons d'azalées, sa fraîcheur est bienvenue lorsque la ville est écrasée de chaleur. En son centre, les eaux jaillissent d'une gracieuse fontaine où viennent se désaltérer les palombes et les écureuils. Les jeunes mariés viennent s'y faire photographier.

🎄 *Calhoun Square (plan A2-3)* **:** c'est le seul à avoir conservé toutes ses maisons d'origine. Ne manquez pas de faire un tour à *The Book Gift Shop (127 E Gordon St)*, la boutique « officielle » consacrée au livre de Berendt. À un angle, *Massie School,* première école élémentaire de Géorgie (1856).

🎄🎄 *Monterey Square (plan A2)* **:** en son centre, la statue du comte Casimir Pulaski, un Polonais qui se distingua pendant la guerre d'indépendance. Un fort à l'extérieur de la ville porte son nom. Les maisons de ce square valaient autrefois 30 000 dollars, elles se négocient aujourd'hui à plusieurs millions. Deux blocs au nord, *Jones Street* est considérée comme la plus belle rue des États-Unis. Et c'est mérité !

🎄 *Chattam Square (plan A2)* **:** bordé par un ensemble de 15 maisons de même gabarit, à l'architecture identique et aux ferronneries remarquables.

🎄 *Madison Square (plan A2)* **:** bordé par la *St John Episcopal Church.* Concerts de carillon à midi.

🎄 *La Fayette Square (plan A2)* **:** dominé par la cathédrale catholique Saint-Jean-Baptiste. La *Hamilton Turner Mansion* sur le côté est serait hantée par les enfants Hamilton qui font rouler des boules de billard dans les escaliers.

🎄🎄 *Colonial Park Cemetery (plan B2)* **:** en fonction de 1733 à 1850, il abrite les tombes de quelques fameux personnages liés à l'histoire de la ville et à la guerre d'indépendance, dont *Button Gwinnett,* un des signataires de la déclaration d'Indépendance, mort de la gangrène après un duel. Les troupes de l'Union ont campé dans le cimetière en 1865, bousculant pas mal les pierres tombales. Beaucoup de tombes sont flanquées d'un panneau explicatif avec anecdotes savoureuses.

🎄🎄 *Chippewa Square (plan A2)* **:** c'est ici que fut tournée la scène d'ouverture de *Forrest Gump.* Le banc sur lequel était assis Tom Hanks avec sa boîte de chocolats a été placé dans le Musée historique pour éviter qu'il ne soit débité en morceaux par des fans.
En son centre, la statue en bronze de James Oglethorpe, premier gouverneur de Géorgie, est orientée vers le sud, comme pour défendre Savannah des Espagnols installés en Floride.

🎄 *Wright Square (plan A2)* **:** en son centre, la tombe de *Tomochichi,* le chef des Indiens yamacraws, qui permit à Oglethorpe et ses colons de s'installer en paix sur ses terres et fonder la ville. Tomochichi fit le voyage en Angleterre en 1734 et fut reçu par l'archevêque de Canterbury !

🎄 *Columbia Square (plan B2)* **:** jolie fontaine au centre, en provenance de la plantation *Wormsloe,* une des plus anciennes de la colonie. Ce square constituait la limite est de la ville lorsqu'elle était entourée de remparts.

🎄🎄 *River Street (plan A-B1)* **:** au niveau de Bay Street, la rue s'incline en pente douce et il faut descendre à pied jusqu'à River St, le centre touristique de Savannah, une large rue pavée qui donne sur la rivière et qui fut le cœur économique de la ville. C'est ici que les navires chargeaient et déchargeaient leur marchandise, comme l'attestent les larges bâtisses en brique aux façades décrépies qui bordent la rue. Ce sont les anciens entrepôts où se manipulaient les balles de coton transbordées par des esclaves à l'aide de cordes et de poulies. C'est dans ces lieux de dur labeur que s'est bâtie la fortune de Savannah. Sur les bords de la rivière, à présent empruntée par d'énormes porte-conteneurs, on se met à rêver à l'âge d'or du commerce du coton et aux trois-mâts qui rejoignaient l'Angleterre, les cales pleines à craquer de marchandises aujourd'hui disparues. La balade sur les quais est l'un des passages obligés de la ville. La rue, très animée, bordée de restaurants, bars et boutiques qui offrent poupées en jupons et crinolines, drapeaux confédérés, bateaux pirates miniatures et autres souvenirs issus tout droit d'*Autant en emporte le vent*. On y trouve aussi les boutiques où se fabriquent les fameuses **pralines** de Savannah.

🎭🎭🎭 **Bonaventure Cemetery** (hors plan par B3) : *330 Bonaventure Rd, sur le territoire de Thunderbolt à l'est de la ville.* Évoqué dans le célèbre roman *Minuit...*, ce cimetière est la dernière demeure d'habitants célèbres de Savannah, comme Conrad Aiken et le compositeur Johnny Mercer. Les nombreux chênes aux mousses espagnoles lui confèrent une atmosphère envoûtante. C'est là, au milieu des tombes flanquées de statues de pleureuses, que se trouvait la sculpture dite de la *Bird Girl*, rendue célèbre après avoir figuré sur la couverture du roman... Tellement célèbre qu'elle fut transférée au musée *Telfair*.

> **COMME UNE MOUSSE ESPAGNOLE**
>
> *La mousse espagnole de la famille des broméliacées est un genre de crin qui pousse sur les branches des cyprès et les chênes, mais aussi sur les lignes téléphoniques. Les Français lui ont donné ce nom car ils trouvaient que cette mousse ressemblait à la barbe des Espagnols. On l'utilise pour rembourrer des fauteuils et des matelas mais aussi comme bousillage, c'est-à-dire comme isolant pour la construction de maisons.*

Festivals

– **Saint Patrick's Day** : *autour du 17 mars, pdt 3 à 5 j.* Sa célébration revêt un caractère tout particulier à Savannah... et accueille près de 500 000 visiteurs. La deuxième des États-Unis après New York (pourtant, la communauté irlandaise est bien plus importante à Boston). C'est dire ! Certains servent des bières teintées en vert, d'autres des omelettes vertes, les fontaines jaillissent en vert. On voit la vie en vert !

– **Tour of Homes and Gardens** : *3 j. fin mars.* Les tickets se réservent bien à l'avance sur ● savannahtourofhomes.org ● Une sorte de journée portes ouvertes de la ville. Un événement attendu sur le calendrier par les amateurs : une occasion rêvée pour se plonger dans l'histoire de Savannah.

– **Savannah Jazz Festival** : *sur une sem, en principe fin sept.* Un festival attirant les artistes de jazz parmi les plus talentueux.

➤ DANS LES ENVIRONS DE SAVANNAH

🎭🎭 **Mighty Eight Air Force Museum** : *175 Bourne Ave, à Pooler, sortie 102 sur l'I 95.* ☎ 748-8888. ● mightyeighth.org ● *Tlj 9h-17h.* Entrée : *10 $; réduc.* Un de ces musées patriotiques dont les Américains raffolent. Celui-ci raconte l'histoire de la 8ᵉ armée aérienne, qui se constitua à partir de la Géorgie pour rassembler la plus grande armada d'avions de l'histoire et qui compta 350 000 hommes et femmes dans ses rangs. Constituée essentiellement de bombardiers *B17 (Fortress)* et *B29 (Superfortress)*, elle mena de 1941 à 1945 des milliers de missions sur l'Europe occupée par les nazis. Muséographie très bien faite comme souvent aux États-Unis avec un rappel historique de la bataille d'Angleterre qui vit les aviateurs britanniques résister victorieusement aux vagues d'assaut du maréchal

Goering, puis l'entrée en guerre des Américains et le déploiement des escadrilles sur les bases anglaises dans des conditions de confort plutôt précaires. Un vétéran vous tient parfois compagnie pour restituer ses souvenirs émouvants sur les conditions très dures des missions de bombardement sur l'Allemagne, avec un taux de pertes très élevé (26 000 morts et 28 000 prisonniers de guerre) et commenter une mise en scène imagée et très sonore. On ne fait pas trop cas des populations civiles grillées sous le feu des tapis de bombes incendiaires, mais comme les Allemands avaient fait de même pendant le « blitz »... c'était la guerre ! Pour les amateurs, une pièce rare : le *Messerschmitt 163 B, Komet,* un mini-chasseur d'interception mis en service en 1944, propulsé par un moteur-fusée lui permettant d'atteindre 960 km/h, avec un rayon d'action de moins de 100 km et une autonomie en carburant de 7 mn. La centaine d'unités en vol a semé une panique éphémère dans les escadrilles de bombardiers anglo-américains. À l'extérieur, un *Mig 17* russe, un *F-4 Phantom* de la guerre du Vietnam et un bombardier *B-47* de la guerre froide.

🏃 ⟋ **Tybee Island :** prononcer « thaïbi ». À travers un paysage marécageux plus surprenant que beau, un ruban d'asphalte de 18 miles relie Savannah à Tybee Island. Cette station balnéaire peut être un but agréable de balade, même si la ville est dépourvue de charme, hôtels et restaurants en tout genre se succédant platement. On y vient surtout pour la grande plage. Paysages de dunes et océan à perte de vue.
Ne pas manquer le *phare,* qui a fière allure avec ses couleurs anthracite et blanc. Datant de 1773, c'est le plus ancien de Géorgie et le 3ᵉ des États-Unis, témoin de l'activité maritime de la région. Petit musée.

Où dormir ? Où manger dans le coin ?

🛏 **Atlantis Inn :** 20 Silver Ave, Tybee Island. ☎ 786-6044. • atlantisinntybee. com • *Doubles standard 95-185 $; suites à thème 135-225 $; petit déj compris.* Une alternative agréable à la cherté du logement à Savannah et en plus en bord de mer. Au cœur de la station balnéaire, un hôtel style *cottage* en bois datant de 1940 mais complètement rénové avec terrasse en teck sur le toit, piscine et jacuzzi. Chambres à la déco personnalisée un peu délirante, parfois kitsch mais toujours amusante. Certaines suites ont une kitchenette.

🍴 **The Crab Shack at Chimney Creek :** 40 Estill Hammond Rd. ☎ 786-9857. • thecrabshack.com • Sur la droite de l'I 80 avt d'arriver dans l'agglomération (fléché). Env 12-30 $ selon son choix. Parking dans le sable. Pontons et cabanes style *Pirates des Caraïbes* décorées de guirlandes de loupiotes face à la lagune. Plateaux de fruits de mer avec *baked potatoes,* crabes bleus de belle taille, *clam chowder,* crevettes géantes à déguster sans avoir peur de se salir les doigts, la poubelle à déchets se trouve sous la table. Prévoir un lainage en soirée. Petit parc à alligators. Ambiance parfois délirante.

LA CAROLINE DU SUD

Avec une population de 4 millions d'habitants, la Caroline du Sud (capitale Columbia) s'étend sur 83 000 km². C'est le plus petit des États du Sud. Son territoire recèle une considérable variété de paysages, de plages sablonneuses et d'îles subtropicales dans la zone côtière, d'immenses forêts de pins, des champs de coton et de tabac et d'impressionnants sommets dans les montagnes qu'elle partage avec la Caroline du Nord.

SAVANNAH

La Caroline du Sud est aussi riche en histoire et elle a conservé de nombreuses traces de son héritage culturel et architectural, principalement au XVIIIe s, quand l'oligarchie des planteurs incarnait ce *South style way of life* insouciant et fastueux que procuraient la culture du coton et la main-d'œuvre gratuite des esclaves noirs.

Charleston, sur la côte atlantique, en est l'incontestable joyau avec ses rues pavées, ses bâtiments historiques, ses belles demeures et sa douceur de vivre. Entre Savannah et Charleston, nous avons fait une étape par la petite cité de Beaufort qui synthétise parfaitement le charme de ces petites cités un peu assoupies des *lowlands* entre lagune et océan et où se préserve une culture spécifique, venue d'Afrique via les Caraïbes, celle du peuple gullah.

UN PEU D'HISTOIRE

À l'arrivée des premiers Européens, la région était peuplée par les Cusabos, les Catawbas, les Yamasees et les Cherokees. Ponce de León, venu de Floride, découvre cette région en 1512. Les Espagnols établissent un camp près de l'actuelle Georgetown en 1526. En 1562, des huguenots français tentent en vain de fonder une colonie sur l'île Parris et y construisant un fort du nom de *La Caroline* en l'honneur de Charles IX. La région est ensuite explorée par sir Walter Raleigh, entre 1584 et 1587. À l'expiration de la concession en 1663, Charles II octroie le territoire de Caroline à huit propriétaires, qui fondent des établissements privés. *Charlestown,* la première colonie anglaise permanente, est créée en 1670. En 1728, la Caroline devient propriété de la Couronne et en 1730, l'État est scindé entre Nord et Sud. Les deux États prennent une part active à la guerre d'indépendance, repoussant les Anglais à *Fort Moultrie* en 1776, mais perdant Charleston en 1780. La Caroline du Sud devient le 8e des 13 États fondateurs de l'Union, en 1788. La capitale est transférée de Charleston à Columbia. L'État défend le système esclavagiste et s'oppose à l'ingérence du pouvoir fédéral, c'est le premier à faire sécession en 1860. L'attaque de *Fort Sumter,* à Charleston le 12 avril 1861, déclenche l'ouverture des hostilités. L'armée de Sherman envahit la Caroline du Sud en 1865, incendiant Columbia et laissant derrière elle un État dévasté qui réintègre l'Union en 1868. La période de reconstruction est difficile et marquée par la corruption. La Caroline du Sud, comme le Mississippi et la Géorgie, résiste fortement au mouvement des droits civiques. En 1955, le congrès de Columbia promulgue même encore une série de mesures discriminatoires. Finalement, les tribunaux fédéraux, poussés par la contestation des Noirs, obtiennent enfin leur intégration dans les établissements publics dans les années 1960.

La Caroline du Sud reste encore aujourd'hui un état hyper-conservateur et un fief fidèle du parti républicain. La peine de mort y est toujours appliquée. C'est peut-être en Caroline du Sud que s'est le plus maintenue la mentalité sudiste.

BEAUFORT   12 300 hab.   IND. TÉL. : 843

C'est l'étape idéale entre Savannah (à 45 miles) et Charleston (à 70 miles), pour se rendre compte de l'opulence des riches planteurs au XVIIIe s, qui ont fait fortune en cultivant l'indigo et le riz. Son centre historique se parcourt aisément à pied. Ses atouts : une rue commerçante animée, un petit port de plaisance, de magnifiques maisons *ante bellum* (d'avant 1860), une nature luxuriante toute proche et une nonchalance bien sudiste avec beaucoup de gentillesse dans l'accueil. Pour qu'on ne la confonde pas avec sa sœur homonyme de Caroline du Nord, il convient de prononcer « byou-fert » et non « bow-fort ». Beaufort est la patrie de l'écrivain Pat Conroy qui y a situé le cadre de son best-seller *Le Prince des marées*. Les cinéastes aussi ne sont pas restés insensibles aux paysages environnants, comme le scintillement étonnant des eaux de la Beaufort River provoqué par le haut taux de phosphate qu'elle charrie. *The Great Santini*, *The Big Chill* et *Rules of Engagement* ont été tournés à Beaufort. La région a même servi de décor aux scènes censées se dérouler au Vietnam dans *Forrest Gump*. Seul bémol à nos yeux : Beaufort héberge de nombreux militaires et leurs familles du fait de la présence d'une base d'entraînement du *Marines Corps* sur *Parris Island*, d'une base de l'Air Force et d'un hôpital militaire. Certains commerçants se sont mis au diapason de cette clientèle, disons particulière, pour afficher un patriotisme parfois agressif.

PARLEZ-VOUS GULLAH ?

Les Gullah sont des Afro-Américains vivant dans les plaines côtières, où se sont implantés leurs ancêtres au XVIIIe s. Venus des Caraïbes pour travailler dans les champs de riz, ils résistaient mieux à la malaria que les Européens. L'isolement relatif des Gullah leur a permis de conserver de nombreux traits culturels africains, en matière de cuisine, musique, religion, habitat, médecine traditionnelle et vêtement. Ils parlent un créole mâtiné d'anglais et d'emprunts aux langues africaines. Depuis les années 1960, ils luttent pour préserver leurs terres. Dans Forrest Gump, la mère de Bubba Gump, le pêcheur de crevettes, est une Gullah authentique.

Adresse utile

🛈 *Beaufort Regional Chamber of Commerce* : 1106 Carteret St. ☎ 986-5400. Tlj 9h-17h. Au coin de Boundary St et Carteret St, la rue qui mène au centre. ● beaufortsc.com ● Plein d'infos, de brochures et accueil adorable dans un gentil *cottage*.

Où dormir ?

🛌 *Best Western Sea Island Inn* : 1015 Bay St. ☎ 522-2090. Résas : ☎ 1-800-780-7234. ● sea-island-inn.com ● Parking gratuit. Doubles 125-150 $, petit déj inclus (servi dans une annexe). À une portée d'arbalète de la rue principale. Aménagement style motel : chambres classiques de bon confort dans un bâtiment tout en brique et ferronnerie. Accueil affable.

🛌 *B & B Beaulieu House at Cat Island* : 3 Sheffield Court. ☎ 770-0303 ou ☎ 575-0303. Résas : ☎ 1-866-575-7833. ● beaulieuhouse.com ● À 5 mn en voiture du centre historique en direction de Fripp Island. Passer le pont et emprunter l'I 21, puis à droite sur la 802, c'est au bout à côté du golf. Doubles 155-225 $, petit déj inclus. On ne peut louper la façade colorée en rose et vert de ce *cottage* face à la lagune de Chowan Creek. Intérieur bonbonnière, mais toujours de bon goût. Chambres « avec vue » dans les tons pastel, soit dans le bâtiment principal soit dans le *carriage house* en annexe. Toutes ont l'AC. Tenu par Diann et sa fille, d'excellentes cuisinières qui vous garantissent un superbe petit déj dans la véranda. Dîner sur demande. Situation idéale pour observer la nature : oiseaux marins, daims et même dauphins.

🛌 *The Rhett House Inn B & B* : 1009 Craven St. ☎ 524-9030 ou ☎ 1-888-480-9530. ● rhetthouseinn.com ● Doubles 175-300 $ selon saison, j. et confort ; petit déj inclus. Une petite folie pour le portefeuille, d'accord, mais pour une occasion spéciale, pourquoi pas ? Situation enchanteresse en plein quartier historique, cette maison de planteur *ante bellum* (1820) contribue à alimenter les fantasmes qu'on peut nourrir à propos de la vie dans le Sud. Larges fauteuils d'osier dans des vérandas bercées par les alizés qui font se balancer les mousses espagnoles, boiseries précieuses, parquets cirés, escaliers monumentaux, vases de fleurs fraîchement coupées... comme dans un rêve. Barbara Streisand y a séjourné durant le tournage du *Prince des marées*. Vélos à dispo, *afternoon tea* et *evening hors-d'œuvres*. Laissez-vous tenter.

Où manger ?

|●| *Firehouse Books & Expresso Bar :* 706 Craven St. ☎ 522-2665. Lun-sam 7h30-19h, dim 8h-15h. Un endroit original : une ancienne caserne de pompiers reconvertie en librairie-café-snack. On peut venir y prendre un petit déj ou un *lunch* léger : *wraps*, tourte à l'artichaut, salades, *muffins* et *bagels*. Vente de café en vrac. Mezzanine avec canapés pour siroter un thé et consulter la presse. Très agréable. Animations régulières.

|●| *Plum's :* 904 ½ Bay St, on Waterfront Park. ☎ 5251946. Lunch tlj 11h-17h, dîner mar-sam 17h-21h. Adresse très populaire face à la baie pour ses copieux sandwichs et *burgers,* soupes de poisson et salades. On a aimé les *quesadillas* joliment épicées avec crevettes et haricots rouges. Bons vins et bière brassée localement. Quelques tables en véranda.

|●| *11th Street Dockside Restaurant :* 1699, 11th St West, Port Royal. ☎ 524-7433. Du centre historique, longer la baie par Ribaut Rd, prendre à gauche Parris Ave vers le village de Port-Royal et prendre à droite à la hauteur de 11th St. C'est tt au bout face au mouillage des chalutiers. Tlj 16h30-22h. Grande salle tout en boiseries et terrasse couverte face à Battery Creek. Venir au coucher du soleil. Carte traditionnelle de ce genre d'endroit, un peu usine à servir les produits de la mer sans trop de tralala : homards, huîtres, crevettes et crabes à tous les temps, toutes les modes. Pas meilleur, pas moins bon qu'ailleurs, on y vient pour l'ambiance. Préférez la bière, les vins sont médiocres. Prix plutôt soutenus, le poisson doit se faire rare !

À voir. À faire

À moins d'être un fan de constructions militaires et d'avoir envie de se taper le tour des forts qui jalonnent la côte (il y en a huit !), pas grand-chose à voir et à faire si ce n'est se balader dans les rues et admirer les anciennes maisons coloniales, toutes plus belles les unes que les autres. Et cela peut prendre une bonne heure pour en faire le tour. Sur Bay St, la *John Verdier House* de 1805 a une importance historique indéniable, Lafayette y a dormi, puis ce fut un Q.G. de l'armée de l'Union, mais elle est malheureusement vide de mobilier et sa visite se révèle sans intérêt.

Sur Craven Street, une curieuse muraille crénelée annonce la présence de l'***Arsenal,*** ancien dépôt d'artillerie en style néogothique, aménagé en petit musée qui accueille des expos temporaires de qualité variable avant de se voir doter d'une expo permanente à caractère militariste au grand regret de sa conservatrice.

🎯 *Hunting Island State Park :* à 16 miles à l'est de Beaufort. Droit d'entrée 4 $. Tlj 6h-18h (21h en été). ● huntingisland.com ● L'île n'a été habitée qu'à partir de 1930 et garde un caractère sauvage. Sur la grande plage isolée, on pourrait facilement se mettre dans la peau d'un conquistador débarquant au Nouveau Monde si ce n'est que malheureusement le sommet d'un phare émerge bizarrement de la forêt littorale de palmiers et de chênes décharnés par les tempêtes. Pour les amateurs de solitude, un camping s'est installé dans la partie nord.

🏕 *Hunting Island Park Campground :* résas, ☎ 866-345-7275. Emplacements avec connexion électrique 25 $, tentes 18 $.

– Pour tous renseignements sur la culture gullah, contactez à Saint Helena Island, le ***Penn Center*** (16 Penn Center Circle W ; ☎ 838-2432 ; ● penncenter.com ● ;

BEAUFORT

lun-sam 11h-16h), qui se consacre à la préservation de cette culture particulière en organisant depuis la fin des années 1970 un Festival gullah fin mai. ● *gullah festival.org* ●

CHARLESTON   97 000 hab. (avec l'agglomération)   IND. TÉL. : 843

Les mauvaises langues l'appellent la « parfaite carte postale » avec ses altières maisons de planteurs et ses demeures coloniales arrogantes érigées le long de Battery Park, ses fiers clochers d'églises, ses jardins secrets dégoulinant de magnolias et d'hibiscus et ses plantations campagnardes. La cité portuaire de Charleston revendique bien haut ses 300 ans d'histoire et assume sans honte le tir du premier coup de feu de la guerre de Sécession. Toujours en activité, le premier parcours de golf d'Amérique date de 1786. Surnommée la « ville des bonnes manières », les choses semblent s'y passer plus lentement qu'ailleurs.

Voilà pour le passé, mais la ville est aussi entrée de plain-pied dans l'ère moderne en captant la manne céleste du tourisme avec l'attrait de ses restaurants de cuisine locale, ses boutiques d'antiquités et son festival annuel d'art novateur connu sous le nom de *Festival de Spoleto.* Les New-Yorkais l'ont redécouverte après les attentats du 11 Septembre, débarquant en masse pour les week-ends gastronomiques et des promenades digestives en calèche le long des berges, sous les chênes drapés de mousse espagnole. Ils ont racheté à prix d'or les plus belles maisons bi- et même tricentenaires pour s'en faire des pied-à-terre au soleil. Charleston sait se tenir, mais jubile avec délectation de cette dignité retrouvée... elle qui avait subi l'opprobre et le mépris des Yankees de l'Union qui assimilaient son joli nom à une danse de sauvages...

UN PEU D'HISTOIRE

Un groupe de colons anglais et de planteurs de la Barbade débarque sur la côte de Caroline en 1670 entre les embouchures de rivières jumelles, la Ashley et la Cooper Rivers. Charles II d'Angleterre a récompensé ses partisans qui l'ont aidé à renverser Cromwell en leur attribuant des terres dans ce territoire que son père avait baptisé de son nom. Ce premier campement reçoit le nom de *Charles Town* ; les lords qui l'ont reçu sont intéressés par le potentiel économique de cette région et ils ne s'y sont pas trompés ! Au siècle suivant, le comptoir est devenu une ville commerciale importante proche des Bermudes et des grandes Caraïbes. Elle s'est abritée derrières de solides remparts et, malgré les convoitises des Espagnols et des Français, prospère comme plaque tournante de la traite des Noirs pour tout le Sud. Riz, indigo et coton poussent à profusion dans un arrière-pays fertile défriché, drainé et labouré par des milliers d'esclaves.

Le début du XIXe s est l'âge d'or de Charleston. Auparavant, en 1776, la cité avait pris sa part de gloire dans la guerre d'indépendance en célébrant la première grande victoire des insurgés contre les *Red Coats* à la bataille de Fort Moultrie.

Le coton a supplanté définitivement l'indigo et le riz, et sa culture, qui nécessite une main-d'œuvre abondante, provoque le conflit entre abolitionnistes et esclavagistes. Charleston fait le choix de défendre ses intérêts et se coupe du gouvernement fédéral. En avril 1861, le général confédéré Pierre Gustave Toutant de Beauregard (un Louisianais) fait bombarder Fort Sumter aux mains de l'Union. Cet événement déclenche la guerre de Sécession. À son tour, Charleston est assiégée. Cette proximité des combats transforme la riante cité en ville fantôme. Des troupes campent dans Battery Park, et les belles demeures servent de cible aux pièces de marine nordistes embusquées au large. Affamée, Charleston capitule en avril 1865. Les

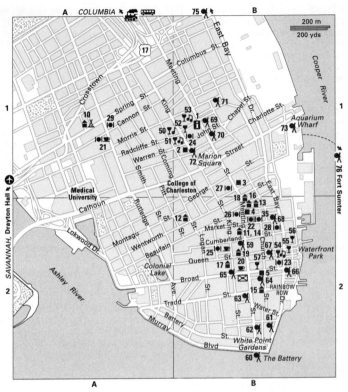

COLUMBIA

East Bay

Cooper River

200 m
200 yds

Crosstown

Spring St.
Cannon St.
Morris St.
Radcliffe St.
Warren St.
Smith St.
Coming St.

King St.
Meeting St.
Columbus St.

Chapel St.
Charlotte St.

Aquarium Wharf

Marion Square

College of Charleston

Medical University

SAVANNAH, Drayton Hall

Calhoun St.

Lokwood Dr.

Ashley River

Montagu St.
Wentworth St.
Beaufain St.

Rutledge Ave.

George St.
Market St.
Cumberland St.
Queen St.
Broad St.

East Bay St.

Waterfront Park

Colonial Lake

RAINBOW ROW

Tradd St.
Battery St.
Murray Blvd.
Water St.

White Point Gardens

The Battery

CHARLESTON

■ **Adresses utiles**

8 1 Charleston Visitor Reception & Transportation Center
8 2 Charleston Area Convention & Visitor Bureau
3 Bicycle Shoppe
4 Bank of America
✉ Poste
🚂 Gare ferroviaire Amtrak
🚌 Gare routière Greyhound

⌂ **Où dormir ?**

10 Charleston's Not So Hostel
11 The Meeting Street Inn
12 1837 Bed & Breakfast
13 Andrew Pinckney Inn
14 Days Inn Charleston Historic District
15 Middleton Family Bed & Breakfast
16 Indigo Inn
17 The Mills House Hotel
18 The Jasmine House

19 The Elliott House Inn

🍴 **Où manger ?**

20 Gaulart & Maliclet Café
21 Hominy Grill
22 TBonz
23 Pearlz Oyster Bar
24 Fish
25 Joseph's Restaurant
26 Hyman's Seafood
27 Jestine's Kitchen
28 Snob
29 Lana's
35 Kaminsky's

🍷 🎵 **Où boire un verre ? Où écouter de la musique ? Où danser ?**

50 AC's Bar & Grill
51 Raval
52 Chai's
53 Club Pantheon
54 South End Brewery
55 Vendue Inn
56 The Griffon
57 The Blind Tiger Tavern

🎬 **À voir. À faire**

5 America by Foot
59 Gibbes Museum of Arts
60 The Battery
61 Edmonston-Alston House
62 Calhoun Mansion
63 Nathaniel Russel House
64 Heyward-Washington House
65 Four Corners of Law
66 The Old Exchange Building & Provost Dungeon
67 Chalmers Street
68 Old City Market
69 Charleston Museum
70 Joseph Manigault House
71 Aiken-Rhett House
72 King Street
73 South Carolina Aquarium
75 Patriots Point Naval & Maritime Museum
76 Fort Sumter

CHARLESTON

esclaves ont déserté les planta-tions, le commerce est au point mort, le Sud est exsangue. Pour ponctuer en apothéose du malheur cette période de vaches maigres, un tremblement de terre de magnitude 7,7 détruit 2 000 maisons en 1886.

Les années 1920 voient un peu de prospérité revenir avec l'arrivée de nombreux immigrants, et la ville entame la restauration de son magnifique patrimoine. Cinquante ans plus tard, 1 400 maisons ont été réhabilitées. La guerre 1941-1945 utilise largement les ressources du port pour convoyer hommes et matériels vers le théâtre d'opérations européen. Mais l'ouragan Hugo frappe durement Charleston en 1989 et vient encore faire douter les habitants de leur destin. Les chantiers

> ## LET'S DANCE THE CHARLESTON
>
> *Le charleston, c'est cette musique endiablée qui a fait danser les Années folles, de 1918 à 1930. Les filles avaient alors les cheveux courts et les jupes itou. On affirme que des New-Yorkais, voyant une bande de jeunes Noirs tortiller les gambettes en cadence dans un orphelinat pour recevoir quelques cents, l'ont ramené dans la ville de la Grande Pomme pour le faire danser au théâtre à Harlem. En 1925, il arrive à Paris où il fait un triomphe. À l'heure où la Ville Lumière découvre le jazz, le charleston anime les bars. Joséphine Baker se pare d'une ceinture de bananes pour le danser et Mistinguett le popularise. Pendant quelques années encore, le monde se trémousse au son de ces cadences syncopées.*

navals ferment, mais la nombreuse jeunesse qui fréquente le réputé *Charleston's College* est le vrai gage de son avenir. Chaque printemps (fin mai-début juin), pour se soutenir le moral, sous la houlette de Gian Carlo Melotti, elle se lance avec ferveur dans l'organisation du Festival des spectacles Spoleto. En combinant investissements vers les nouvelles technologies, tourisme et culture, la vieille dame prouve qu'elle a toujours de beaux atouts à faire valoir. Son passé colonial qui, un temps, a fait sa honte, en fait à présent sa fierté. Ainsi va le cours de l'histoire...

Quand y aller ?

Avec son climat semi-tropical, la cité reste chaude toute l'année durant, mais le printemps est, sans doute, le moment idéal pour planifier sa visite. Le thermomètre est encore supportable et la floraison abondante. À cette époque, les senteurs d'azalée et de jasmin envahissent l'air et les cornouillers se parent de mille couleurs.

Arriver – Quitter

✈ *Charleston International Airport* (hors plan par A1) : à 12 miles au nord de Charleston. ☎ 767-1100. ● chs-air port.com ● Compter 12 $/pers pour rejoindre Peninsula Charleston en navette (shuttle), ttes les 12 mn, et 27 $ en taxi. En voiture : prendre l'I 26, sortie 221 B, puis Meeting St en direction du Visitor Center.

🚌 *Greyhound Bus* (hors plan par A1) : 3610 Dorchester Rd. ☎ 744-4247. Par l'I 26 au nord.

🚃 *Amtrak* (hors plan par A1) : 4565 Gaynor Ave. 8 miles au nord de la ville. Comme pour le bus, quartiers peu sûrs.

➢ *En voiture de Savannah* (100 miles) : moins de 2h. Arrivée par la Hway 17N, franchir la Ashley River puis sortir à Cannon St, puis à droite dans King St, deux blocs plus loin à gauche dans Ann St. Le *Visitor Center* est dans l'ancienne gare.

Comment se déplacer en ville ?

➢ **À pied :** le Charleston historique (Peninsula Charleston au sud de Calhoun St) est assez restreint. C'est donc le meilleur moyen d'en apprécier le charme.

➢ **À vélo :** terrain plat idéal pour pédaler. Consulter la météo sur Weather Channel avant de partir...

■ **Location de vélos** (plan B1, 3) **: Bicycle Shoppe,** 280 Meeting St. ☎ 772-8168. Lun-ven 9h-19h ; sam 9h-18h ; dim 13h-17h.

➢ **En bus :** Carta est le nom du réseau local. Les Routes 210, 211 et 212 mènent au centre. Rens : ☎ 724-7420. Tickets à l'unité : 1,25 $ (change exact). Passes combinant bus et trolley : 4 $/j. ; 9 $/3 j. ; 10 trajets pour 10 $. ● ridecarta.com ●

➢ **Parkings :** nombreux dans la partie sud de Meeting St.

➢ **Taxis :** Yellow Cab, ☎ 577-6565.

Adresses utiles

🛈 **Charleston Visitor Reception & Transportation Center** (plan B1, 1) **:** 375 Meeting St. ☎ 1-800-774-0006. Tlj 8h30-17h. Dans la vieille gare, bureau d'accueil et de tourisme. Doc abondante et personnel affable.

🛈 **Charleston Area Convention & Visitor Bureau** (plan B1, 2) **:** 423 King St. ☎ 1-800-868-8118. ● charlestoncvb. com ●

✉ **Poste** (plan B2) **:** 83 Broad St. Lun-

ven 8h-17h.

🖳 **Internet** (plan B1) **: Charleston Public Library,** 68 Calhoun St. Lun-jeu 9h-21h, ven-sam 9h-18h, dim 14h-18h.

■ **Banque** (plan B2, 4) **:** Bank of America, 200 Meeting St. Distributeurs automatiques un peu partout.

■ **Police :** ☎ 577-7074.

■ **Medical University Hospital** (plan A1) **:** ☎ 792-2300.

Où dormir ?

Hébergement très onéreux dans le centre historique, on s'en doutait. La haute saison, où les prix sont majorés, se situe fin mai lors du Festival de Spoleto et de septembre à novembre. La mode est au B & B de charme. Si vous en avez les moyens, voici un central de réservation qui peut rendre des services ● historiccharlestonbedandbreakfast.com ●

Bon marché

⚠ ♠ **Charleston's Not So Hostel** (plan A1, 10) **:** 156 Spring St. ☎ 722-8383. ● notsohostel.com ● Accès Internet gratuit. Lit en dortoir env 20 $, double avec draps et petit déj en kit 60 $. Check-in 17h-22h. Le seul dans sa catégorie à Charleston. Un bâtiment avec véranda en façade où se trouvent réception, cuisine et dortoirs, plus une annexe au fond du jardin où sont aménagées les 6 chambres privées à thème. Si le cœur vous en dit, vous pouvez prendre des pinceaux et décorer votre porte de chambre. Une plate-forme dans le jardin pour poser une tente (10 $/nuit). Lave-linge et séchoir. Très bonne ambiance routarde, accueil en français. Parking aisé.

Prix moyens

♠ **1837 Bed & Breakfast** (plan B2, 12) **:** 126 Wenthworth St. ☎ 723-7166 ou 723-1837. ● 1837bb.com ● Doubles 89-185 $ selon saison, petit déj inclus. Un peu à l'écart de l'animation du centre dans un coin très agréable, une demeure de planteur avec une annexe *(carriage house)* en brique. Neuf chambres, certaines avec lit à baldaquin en dentelles, et patio rafraîchissant où est servi le petit déj. *Cookies* maison avec le thé l'après-midi. Prix raisonnable pour l'environnement.

Chic

🏠 **Indigo Inn** *(plan B2, 16)* : 1 Maiden Lane. ☎ 577-5900. ● indigoinn.com ● Parking privé. Doubles 119-225 $ selon saison et taille. Grand entrepôt de couleur bleue (indigo !). Réception à la déco chinoise. Chambres indéniablement de caractère, hyper-confortables et meublées avec goût. Le jardin est un havre de tranquillité au cœur de la ville pour siroter une limonade dans la moiteur de l'après-midi. Adresse totalement non-fumeurs.

🏠 **The Elliott House Inn** *(plan B2, 19)* : 78 Queen St. ☎ 723-1855. ● elliotthouseinn.com ● Doubles 150-250 $ selon taille du lit, jour et saison. Promos fréquentes sur le site. Près du *Charleston's College*, une magnifique demeure avec véranda latérale qui donne sur un jardin luxuriant. L'accueil est parfait et les chambres meublées avec goût. Les tapis orientaux rendent l'atmosphère particulièrement cosy. *Wine & cheese* dans l'après-midi. Mignon patio pour prendre le petit déj et mini-piscine où il n'y a vraiment pas de crainte de se noyer malgré la pancarte. Prêt de vélos.

🏠 **The Meeting Street Inn** *(plan B2, 11)* : 173 Meeting St. ☎ 723-1882. ● meetingstreetinn.com ● Doubles 160-210 $. Près du City Market, un immeuble traditionnel de type *single house* avec la véranda sur le côté. 56 chambres pas trop grandes mais toutes avec leur propre échappée sur la véranda. Mobilier XIXe un peu *old-fashioned* avec couvre-lit de dentelle. *Wine & cheese* dans l'après-midi. Adorable patio avec fontaine qui glougloute. Parking payant à la journée. Accueil vraiment gentil. Prix intéressants en basse saison.

🏠 **Andrew Pinckney Inn** *(plan B2, 13)* : 40 Pinckney St au coin de Church. ☎ 937-8800 ou 1-800-505-8983. ● an

drewpinckneyinn.com ● Wi-fi. Doubles dès 120 $ en basse saison, jusqu'à 300 $ sam soir en hte saison, petit déj inclus. Si la couleur miel de la façade évoque l'Italie, le *lobby* vous plonge dans une atmosphère Indes orientales. Tout cela respire l'harmonie. Les chambres standard, tout en étant agréables, ne sont pas de grande taille. Les plus spacieuses ont une kitchenette. Petit déj servi sur la terrasse du toit. Mieux vaut demander une chambre qui soit à l'abri de la rumeur du marché. *Cookies* pour le thé. Adresse non-fumeurs.

🏠 **The Mills House Hotel** *(plan B2, 17)* : 115 Meeting St. ☎ 577-2400 ou 1-800-874-9600. ● millshouse.com ● Doubles 150-250 $. Si vous ne trouvez pas de chambre en raison de l'affluence, essayez cet hôtel. Avec ses 200 chambres et sa quinzaine de suites, ce serait malheureux que l'on ne vous trouve pas un lit. En plus, la situation de cette pièce montée historique peinte en rose est idéale. Magnifiques ferronneries des balcons. Toutes les chambres ont été rénovées et proposent un excellent niveau de confort. Cela s'observe dès l'entrée où les salons reflètent le luxe feutré des grands hôtels du temps passé. Piscine sur le toit, centre de remise en forme et restaurant.

🏠 **Days Inn Charleston Historic District** *(plan B2, 14)* : 155 Meeting St. ☎ 722-8411 ou 1-866-683-8411. ● daysinnhistoriccharleston.com ● Chambres 160-200 $. Hyper-central. Un peu incongru dans un environnement historique, ce motel de chaîne offre, malgré ses prix un peu forcés pour le confort, l'avantage d'avoir un parking gratuit. Les chambres proches de la rue peuvent être bruyantes.

Très chic

🏠 **Middleton Family Bed & Breakfast** *(plan B2, 15)* : 86 Church St. ☎ 722-7546. ● charlestonbandb.net ● Parking privé. Chambre double 175-200 $ et suite familiale 275-300 $, ttes deux avec cuisine ; petit déj inclus. Petite maison de marchand typique du XVIIIe s, au cœur du quartier avec sa porte d'entrée latérale qui donne directement sur la véranda. Comme une incursion dans une machine à remonter le temps.

⌂ *The Jasmine House* (plan B2, **18**) : 64 Hasell St. ☎ 577-5900 ou 1-800-845-7639. ● *jasminehouseinn.com* ●

Env 200 $ avec des fluctuations parfois importantes ; petit déj inclus. Majestueuse façade à colonnades en style *Greek revival*. Les douze chambres sont à l'avenant et affichent une déco franchement néo-gothique ou néo-renaissance, et portent des noms comme Chrisantème ou Mandarine. Balcons avec rocking-chairs. Jardin intérieur ombragé.

Où manger ?

La vie touristique se concentre autour de *Old City Market*. À signaler qu'au sud de Broad Street, c'est le désert. La gastronomie est une affaire sérieuse à Charleston. Les nombreux New-Yorkais qui la fréquentent ont importé leurs exigences en matière de bien-manger. Des chefs de renommée y ont installé leurs fourneaux et rivalisent, parfois à l'excès, dans le genre snob et chichiteux. Heureusement, les adresses de qualité qui ne fusillent pas le client y sont nombreuses, et quelques-unes un peu excentrées valent le détour.

Spécial petit déjeuner

🍴 *Gaulart & Maliclet Café* (plan B2, **20**) : 98 Broad St. ☎ 577-9797. Lun 8h-17h ; mar-jeu 8h-22h ; ven-sam 8h-23h. Un coq et un sanglier tricolores comme enseigne, difficile de faire plus franchouillard. Pour les nostalgiques, un vrai petit déj à la française avec du vrai café, de vrais croissants, et aussi baguette, fromage et jambon, fruits frais, etc., à prendre à l'aise, au coude à

coude, le long d'un comptoir central. Pour suivre : sandwichs et salades et, le soir, selon les jours, couscous, paella, fondue, bouillabaisse ou *yassa*. Invitez vos amis américains pour une assiette d'escargots de Bourgogne, histoire de voir les grimaces qu'ils feront !
– Et aussi *Hominy Grill* (plan A1, **21**) et *Joseph's Restaurant* (plan B2, **25**) : voir ci-dessous.

De bon marché à prix moyens

🍴 *Hominy Grill* (plan A1, **21**) : 207 Rutledge Ave. ☎ 937-0930. Lun-ven 7h30-20h30, brunch w-e 9h-15h. Plats 8-15 $. Salle toute simple, bois blanc, plafond à moulure, chaises western. On vient de loin pour un petit déj américain copieux (délicieuses omelettes). Salades variées et sandwichs pour le *lunch* et plats un peu plus élaborés. Sous une apparente simplicité se cache une vraie cuisine santé privilégiant la fraîcheur et la qualité, beaucoup de céréales et de légumes mais sans négliger l'originalité. Plats végétariens pour les puristes. Desserts à tomber de bonheur. Petite cour avec parasols. Le brunch du w-e est très couru. Pas de résa. Peinture

murale sur le côté vantant les mérites d'une marque de *grits*. Notre coup de cœur à Charleston.
🍴 *Jestine's Kitchen* (plan B1, **27**) : 251 Meeting St. ☎ 843-722. Tlj midi et soir. Plats env 12 $. Cuisine typique du Sud : *po-boy*, huîtres frites, *okra*, beignets de tomates vertes et *grits*, à déguster sur des tables de bois. Bons concombres marinés façon *pickles*, servis en guise d'apéro. En dessert, *Coconut-cream pie* confondante et étonnant *Coca-Cola cake*. Toujours un monde fou, et ils ne prennent pas les réservations.
🍴 *Joseph's Restaurant* (plan B2, **25**) : 129 Meeting St. ☎ 958-8500. Lun-sam

8h-15h ; dim 9h-14h brunch avec live music. *Plats 8-12 $.* Façade bleu-vert avec un banc sur le trottoir. Petite salle décorée sur le thème du jazz, où les employés du coin et quelques touristes aiment se retrouver pour un petit déj où l'omelette au crabe avec des *grits* tient la vedette pendant que le café fume sur sa plaque chauffante. Les sandwichs et les salades de midi sont loin d'être boudés, et la salle fait le plein dès 11h30. Un bon plan économique avant de poursuivre la visite de la ville.

Prix moyens

|●| **Fish** *(plan B1,* **24***) :* 442 King St. ☎ 722-3474. *Lun-ven 11h30-14h et lun-sam 17h30-minuit. Ts les mer 17h30-20h, dégustation de vins avec accompagnement musical. Le midi, plats env 10-12 $, le soir 20-25 $.* Maison victorienne rénovée, déco contemporaine réussie. Véranda sur le côté. Cuisine de marché inventive, axée sur le poisson, très légère et goûteuse, un poil asiatique même. Produits très frais. La salle du haut est aménagée de manière originale avec un grand poisson de papier mâché pendu au plafond. Belle carte des vins.

|●| **Hyman's Seafood** *(plan B2,* **26***) :* Meeting St. ☎ 723-6000. *Ouv le soir slt. Plats au moins 12 $.* Murs de brique, colonnes de fonte, escalier de fer forgé, tables de bois. Adresse populaire. Spécialité de *po-boy,* sandwichs, et les crustacés ont la cote. Tous les produits de la mer à prix doux. Les enfants sont bien accueillis.

|●| **TBonz** *(plan B2,* **22***) :* 80 North Market St. ☎ 577-2511. *Tlj midi-soir. Plats env 15-20 $.* Steakhouse dans une grande brasserie aux murs de brique couverts de tableaux célèbres mais revisités *cow-fashions* (Van Gogh en bovidé est irrésistible). Poulet frit, *ribs, nachos,* salades et steaks de premier choix. Brasse une excellente *ale* locale. Prix raisonnables et service facétieux.

|●| **Pearlz Oyster Bar** *(plan B2,* **23***) :* 153 E Bay St. *Ouv à partir de 16h (14h sam-dim). Happy hours lun-ven 16h-19h.* Long bar, plancher de bois, paroi taggée, façon mur de Berlin, tête du chef en relief. Fenêtres ouvertes sur la rue pour se percher sur de hauts tabourets. Grande ardoise avec les suggestions du jour. Pour se partager un plateau d'huîtres entre copains, goûter au poisson du jour ou grignoter un en-cas à toute heure du jour ou de la nuit. Musique entraînante et bonne ambiance.

De chic à très chic

|●| **Lana's** *(plan A1,* **29***) :* 210 Rutledge Ave. *Résas :* ☎ 720-8899. *Tlj sf dim 11h-15h et de 18h jusqu'au dernier client. Le midi, plats 9-13 $; le soir, 12-25 $. Taxi conseillé le soir (quartier peu sûr).* Petite adresse discrète dédiée à la cuisine italienne assez raffinée. Excellentes pâtes proposées en portions de tailles différentes. Mais aussi *gnocchi, minestrone,* osso-buco... mais pas de pizza ! Possibilité de se planter au bar pour grignoter des tapas et faire la conversation avec les voisins. Carte des vins super soignée. N'oubliez pas de finir avec une *grappa.*

|●| **Snob** *(plan B2,* **28***) :* 192 East Bay St. *Résas :* ☎ 723-3424. *Ouv à midi lun-ven, le soir tlj. Le midi, addition 35 $; facilement 50 $ le soir. Résa conseillée.* L'acronyme ne qualifie pas le type de clientèle ! Il s'agit de l'abréviation de *Slighty North of Broad.* Salle à la déco hybride mais assez réussie ; brique nue, fausses colonnes de marbre, ferronneries, banquettes en tapisserie, lustres de fer forgé et nappes à rayures. Cuisine aussi éclectique que la déco, légèrement teintée Sud, à la fois classique et en même temps innovante. L'essentiel est dans la qualité des produits et la maîtrise des cuissons. Portions réduites proposées aux appétits limités. Service un peu débordé en plein coup de feu.

CHARLESTON

Où manger une pâtisserie ?

|●| **Kaminsky's** (plan B2, **35**) : 78 North Market St. Tlj 10h-2h. Attenant au TBonz. Comptoir pour choisir des douceurs sur la droite en entrant et tables sur la gauche pour déguster à l'aise une portion d'un alléchant gâteau à la noix de pécan. Amusante porte imitation gothique. Cappuccino.

Où boire un verre ? Où écouter de la musique ? Où danser ?

Tous les bars et boîtes de nuit ferment à 2h du mat. Pour sortir, ID (identity card) indispensable ou tout autre document mentionnant l'âge. Les 11 500 étudiants que compte la ville assurent l'ambiance en soirée.

The Griffon (plan B2, **56**) : 18 Vendue Range. ☎ 723-1700. Bar tout de brique vêtu, style anglais avec des dollars qui tapissent le plafond et la date de passage des généreux donateurs.

Vendue Inn (plan B2, **55**) : 19 Vendue Range. ☎ 577-7970. C'est un hôtel et un resto plutôt chic, mais on vous l'indique parce que c'est à Charleston un endroit où l'on peut prendre de la hauteur au bar de la terrasse. La vue n'est pas extraordinaire, mais le sol en bois fait penser au pont d'un bateau. Les places sont chères au coucher du soleil.

The Blind Tiger Tavern (plan B2, **57**) : 38 Broad St. ☎ 723-1700. Pub à l'anglaise, boiseries sombres, plafond à caissons, lampadaires en pâte de verre. Patio extérieur dans de vieux murs. On ne conseille pas d'y manger.

AC's Bar & Grill (plan A1, **50**) : 467 King St et Radccliffe. ☎ 577-6742. Pas de cover charge. Burgers et frites jusqu'à 1h du mat. Ambiance grunge, trois tables de billards. Clientèle assez jeune.

Raval (plan A-B1, **51**) : 453 King St, entre Radcliffe et Warren. ☎ 853-8466. Pas de cover charge. 21 ans requis après la tombée de la nuit. Bar à tapas avec backroom branchée. Déco d'inspiration espagnole. Clientèle plutôt trentenaire.

Chai's (plan B1, **52**) : 462 King St et Ann. ☎ 722-7313. Tapas thaïlandaises avec terrasse et jazz certains soirs. Déco style temple asiatique avec lumières design. Ambiance chicos.

South End Brewery (plan B2, **54**) : 161 E Bay St et Queen St. ☎ 853-4677. Cover 3 $. Ts les jeu, soirée salsa après 22h. Brasserie haute de plafond qui fabrique sa propre mousse. Clientèle de tous âges. La meilleure place est au bar.

Club Pantheon (plan B1, **53**) : 28 Ann St, entre Meeting et King. ☎ 577-2582. Cover charge 5-10 $. Boîte de nuit gay à clientèle mixte. Gogodancer sur le bar. Musique disco ou techno. Drag queen show vendredi et dimanche à minuit.

À faire

Tours guidés

C'est la meilleure façon de découvrir la ville : une ribambelle de guides sont prêts à vous raconter par le menu tous les aspects les plus insolites et les moins sérieux de cette ville à l'histoire foisonnante. Histoire politique, demeures historiques, architecture, guerre de Sécession, guerre d'indépendance, esclavage et liberté, pirates et boucaniers, fantômes et légendes..., il y en a vraiment pour tous les goûts. L'office de tourisme vous aidera dans le vaste choix et vous trouverez à coup sûr quelqu'un parlant votre langue. Compter 20-30 $ par personne selon durée et sujet. ● charles tonwalks.com ●

■ **America by Foot** *(plan B2, 5)* : 45 Broad St. ☎ 577-3800. Promenade guidée avec Dennis, un guide francophone adorable et plein d'humour qui connaît tous les dessous de Charleston. Durée et prix à convenir selon les souhaits. Dennis a vécu à Paris et préfère de loin convoyer des francophones curieux que des groupes descendus pour quelques heures d'un bateau de croisière.

À voir, balade dans la ville

🌺🌺🌺 **Le quartier Battery** *(plan B2, 60)* : c'est depuis les jardins de White Gardens, à la pointe de sa péninsule protégée d'une haute digue, que se mesure l'amplitude du destin de Charleston et de sa baie. Les yeux se portent d'emblée sur le grand large, miroitant au soleil, d'où convergeaient d'Afrique et des Caraïbes les voiles des navires négriers chargés de leur triste cargaison, et vers lequel repartaient en Europe les mêmes vaisseaux, bourrés jusqu'au pont de balles de coton qu'allaient carder et filer les petites mains des ouvrières de Manchester ou de Glasgow. Ce grand large inquiétant d'où pouvait à tout moment surgir un raid de pirates malintentionnés. Barbe-Noire est de ceux-là : en 1718, il bloque le port de Charleston durant une semaine en prenant des notables en otages afin d'obtenir les remèdes qui lui faisaient défaut pour soigner sa syphilis ! Un large plus proche durant l'interminable siège de trois ans, lorsque les canonnières des Yankees pilonnent les arrogantes résidences de l'aristocratie sudiste.
Cette baie fut aussi un terrain de manœuvres où s'expérimentèrent de nouvelles techniques de combat naval. Pour mieux réduire la farouche résistance des défenseurs en 1861, les Yankees interviennent avec les *Ironclads,* ces cuirassés de poche si bas sur l'eau que les meilleurs artilleurs ne pouvaient que faire rebondir les boulets sur leurs superstructures aplaties. Les sudistes trouvent alors la parade en utilisant des mortiers pansus dont le projectile effectue une jolie trajectoire en hyperbole avant de venir percuter à la verticale sa cible flottante. Ces mortiers se trouvent encore sur le parapet de la baie.
Autre souvenir guerrier, sur la pelouse, un petit monument en hommage aux servants du premier sous-marin qui réussit à faire sauter en 1864 un navire nordiste participant au blocus du port. La charge explosive était fixée au bout d'une longue perche et venait percuter la coque de l'ennemi. Les marins du rafiot de poche, le *Hunley* y laissèrent leur peau, mais un navire de l'Union, le *Housatonic* sombra corps et bien. Le *Hunley* a été renfloué et est exposé à l'entrée du musée de Charleston.
À l'opposé de l'océan et face à la digue qui les protège, les opulentes demeures des barons du coton dans un bel alignement de colonnades, de varangues et de balcons bordés de dentelles de fer. Leur disposition est calculée pour offrir aux brises océanes l'angle idéal qui permet d'en assurer une ventilation efficace.

➢ Sur *East Battery,* succession de maisons superbes, au n° 21 la plus emblématique d'entre elles :

🌺🌺 **Edmonston-Alston House** *(plan B2, 61)* : 21 E Battery. ☎ 722-7171. *Visites guidées mar-sam 10h-16h30 ; dim-lun 13h30-16h30. Entrée : 10 $. Pour 25 $ de plus, possibilité de visiter aussi la plantation de Middleton Place.* À l'origine bâtie en style *federal* et rescapée des ouragans et des tremblements de terre, elle date de 1825 et se classe parmi les plus beaux fleurons du style *Greek revival.* Propriété d'une dynastie de planteurs de riz, elle est encore en partie habitée et abrite un mobilier abondant accumulé par ses occupants successifs.

➢ Revenir sur *Meeting* qui sert de colonne vertébrale à la péninsule, au n° 2, la magnifique maison qui fait *B & B* possède de superbes vitraux Tiffany's.

🌺🌺 **Calhoun Mansion** *(plan B2, 62)* : 16 Meeting St. ☎ 722-8205. *Ouv jeu-dim 10h-16h. Visite guidée ttes les 30 mn. Entrée : 15 $.* L'un des trésors de l'architecture de Charleston, ce manoir qui appartenait à George Walton Williams est tout simplement la maison la plus grande de Charleston. Avec ses 35 pièces et son riche mobilier, elle fait voyager ses visiteurs dans le temps. Le salon de musique est coiffé d'une magnifique verrière. George Williams s'est considérablement enrichi en faisant commerce malgré le blocus de la guerre civile, mais surtout en se faisant payer à chaque trajet en or et en argent au lieu d'un dollar confédéré rapidement dévalué. D'où la statue dans le jardin : un Mercure aux pieds ailés, le dieu du Commerce !

➤ De l'autre côté de la rue, la maison à double balcon est construite avec un bois qui imite la pierre.

🍴 ***Nathaniel Russel House*** *(plan B2, 63)* **:** 51 Meeting St. ☎ 724-8481. *Visite lun-sam 10h-17h ; dim 14h-17h. Entrée : 10 $, ticket combiné avec la Aiken-Rhett Mansion.* Autre fleuron du style *federal* (datant de 1808), elle est entourée d'un jardin luxuriant. Elle fut construite par un riche marchand du Rhode Island pour sa famille et ses esclaves. Intérieur raffiné et imposant escalier central en spirale.

➤ Sur sa droite, la ***première église écossaise presbytérienne,*** construite en 1731 par des immigrants qui refusaient de suivre le culte dans une église anglicane. À présent, il leur arrive de le suivre en kilt, au son des cornemuses. Prendre ensuite à droite dans Tradd.

🍴 ***Heyward-Washington House*** *(plan B2, 64)* **:** 87 Church St et Tradd. ☎ 722-0354. *Visite lun-sam 10h-17h ; dim 13h-17h. Entrée : 8 $; réduc.* C'est la maison de Thomas Heyward Jr (érigée en 1772), l'un des signataires de la Déclaration d'indépendance. Elle hébergea George Washington lors de son voyage dans le Sud en 1791.

🍴 ***Four Corners of Law*** *(plan B2, 65)* **:** le carrefour entre Broad et Meeting a une forte valeur symbolique car à chaque coin se trouve un édifice représentatif d'un pouvoir : l'église St Michael's pour la loi divine, l'hôtel de ville *(City Hall)* pour la loi municipale, le palais de justice et le bureau de poste, pour la loi fédérale, le tribunal du comté de Charleston pour la loi de l'État.

➤ Puisque vous êtes là, allez jeter un coup d'œil à l'intérieur de l'*église St Michael's* : George Washington y a fait ses dévotions et des vitraux Tiffany's ornent ses côtés.

➤ Avec *Broad,* on quitte une limite invisible : le sud de Broad est complètement exempt de commerces, au nord, la vie économique a droit de cité.

🍴🍴 ***The Old Exchange Building & Provost Dungeon*** *(plan B2, 66)* **:** au bout de Broad, au 122 E Bay St. ☎ 727-2165 ou 1-888-763-0448. ● oldexchange.com ● *Tlj 9h-17h. Entrée : 7 $; réduc.* Ce bâtiment palladien fut, en 1771, un bureau des douanes édifié par les Anglais, puis une prison et un bureau de poste. C'est maintenant un musée historique fréquenté avec assiduité par les groupes d'écoliers. Pour les accueillir, des guides en costume d'époque les entraînent dans les sous-sols où des mannequins de cire parlant, sortis tout droit de chez *Madame Tussaud,* tentent de rendre crédible une sombre histoire d'insurgé jeté au cachot par le prévôt. Stede Bonnet, un pirate célèbre (ancien aristo dévoyé et lieutenant de Barbe-Noire) y croupit quelque temps avant d'être jugé et pendu en 1718 à la pointe de White Sands Garden. Est évoquée aussi la personnalité d'un flibustier nommé John Rackham (sans doute, Hergé s'en est-il inspiré ?). Aux étages, la grande salle de bal où Washington fut reçu par les autorités de l'État en 1791, pas mal de tableaux et de gravures restituent les épisodes de la guerre d'indépendance (exemplaire de la déclaration de 1776 qui commence par le célèbre *We the People...*), la vie dans les plantations, le marché aux esclaves, la guerre civile, bien sûr, et des photos du tremblement de terre de 1886.

➢ Revenir sur quelques dizaines de mètres à *East Bay* pour admirer (n⁰ˢ 79 à 107) *Rainbow Row*, une rangée de six maisons de marchands aux couleurs de l'arc-en-ciel. Des boutiques occupaient autrefois le rez-de-chaussée.

Remonter East Bay jusqu'à Broad, tourner à gauche et prendre Church, la 2ᵉ à droite. Au coin de Broad et Church, une banque est installée sur le site d'une ancienne taverne – *Shepherd's Tavern* – qui fut le lieu de la première loge maçonnique de Caroline.

🏃 *Chalmers Street* (plan B2, 67) : Charleston est située à l'un des points d'entrée de ce qui est aujourd'hui l'héritage afro-américain du pays, qui influence encore fortement la culture si particulière du

> **SINGLE HOUSE ET DOUBLE HOUSE**
>
> *Autrefois, Charleston percevait ses taxes d'habitation sur la largeur de la maison en front de rue. Résultat : un grand nombre d'entre elles sont construites en longueur sur un terrain étroit. En façade, l'équivalent d'une pièce unique avec au maximum deux fenêtres et sur le côté, dans un mur, une porte qui ouvre non sur l'intérieur mais sur la longue véranda (piazza) qui fait face au jardin, faisant de cet espace agréable et ventilé un élément important de la vie intime à l'abri des regards. La double house, réservée à ceux qui avaient plus de moyens, reprend le même plan, mais en adossant deux maisons dans le sens de la longueur.*

Sud. Au n⁰ 8, une plaque rappelle que l'endroit fut autrefois un marché aux esclaves très actif. Le pavement de la rue est encore d'origine et, sur la droite, la petite maison rose est considérée comme une des plus anciennes de la ville (1696). Ce fut un bistrot de marins. Au n⁰ 38, au-dessus de la porte latérale, une grille en forme de herse destinée à empêcher l'accès aux esclaves échappés lors des révoltes dans les plantations. De là, on peut apercevoir une tour en bois dotée d'une cloche qui servait de guet pour la prévention des incendies. Sur certaines façades de maisons, un disque métallique indique la présence de barres destinées à « tenir » les murs en cas de secousses sismiques. Il est vrai qu'avec 2 000 maisons détruites en 1886, il y avait de quoi prendre certaines précautions.

➢ Revenir sur *Church* et prendre à droite.

🏃 *La Gothic Revival Huguenot Church,* construite en 1845, est l'une des dernières églises protestantes françaises du pays. Noms de familles françaises gravés sur les bancs de prière. En face, le *Dock Street Theater,* un ancien hôtel où se retrouvaient les planteurs « descendus » en ville pour leurs affaires.

🏃 *St Philip's Episcopal Church* est dotée d'un clocher haut de 60 mètres. Pendant le siège, elle a été la cible préférée des artilleurs de l'Union. En face, le cimetière. Parmi les tombes celle de DuBose Heyward, l'auteur de *Porgy & Bess,* repris plus tard par Gershwin.

➢ Prendre *Queen* et tourner à droite dans *Meeting.*

🏃 *Gibbes Museum of Arts* (plan B2, 59) : 135 Meeting St. ☎ 722-2706. ● gibbes museum.org ● Mar-sam 10h-17h, dim 13h-17h. Entrée : 9 $; réduc. En dehors des expos temporaires, ce musée met surtout l'accent sur la production des artistes du Sud. On y parcourt assez rapidement la galerie principale qui présente les œuvres de peintres de la période coloniale. Profusion de portraits, d'influence nettement anglaise, paysages et marines. À l'étage, quelques thèmes plus intéressants : une salle (North Gallery) consacrée à l'impressionnisme, où trône *April (the Green Gown),* une belle composition de Childe Hassan avec une femme allongée sur un banc, habillée d'une longue robe verte sur fond de paravent japonais. Puisqu'on parle du Japon, ne pas rater la salle des estampes de la période Edo dues aux pinceaux d'Hiroshige et Hokusai. Collection assez étonnante de miniatures dans des maisons de poupées. Du côté des contemporains : Jasper Johns, Rauschenberg et Lichtenstein.

➤ Remonter Meeting jusqu'à l'entrée du *French Quarter* où, en face du monumental *Charleston Place Hotel*, se dresse le **Market Hall**, une copie de temple grec qui abrite un *Confederate Museum* peu intéressant. Sous le bâtiment, des boutiques annoncent la zone du marché.

🎭🎭 **Old City Market** *(plan B2, 68)* : enfilade jusqu'au port de halles couvertes construites en 1840 et inspirées par le temple *Fortuna Virilis* à Rome. C'est l'endroit idéal pour trouver les petits souvenirs de bar, offrir aux amis à votre retour. Tout autour, nombre de bars et restaurants qui font l'animation de la ville en soirée. C'est là que vous trouverez des paniers tressés par les mamas noires en *sweet grass,* une herbe des dunes de la côte, héritage d'un artisanat africain importé avec l'esclavage. Prix plutôt élevés, on vous prévient, qui s'explique par la longueur du travail pour les confectionner. Ici s'arrête notre promenade guidée.

À voir encore

🎭🎭 **King Street** *(plan B1, 72)* : rue commerçante à remonter de Beaufain St jusqu'à Spring St, pour relever l'incroyable diversité des styles architecturaux qui jalonnent ce parcours sur environ 500 m. En levant les yeux au-dessus des vitrines de magasins et des devantures de bar, vous aurez le plaisir de découvrir des éléments décoratifs (et même des maisons entières) depuis les demeures géorgiennes, néoclassiques, *federal* et victoriennes jusqu'à l'Art déco de la plus belle facture.

🎭🎭 🏃 **Charleston Museum** *(plan B1, 69)* : *360 Meeting St.* ☎ *722-2996.* ● *charlestonmuseum.org* ● *Lun-sam 9h-17h, dim 13h-17h. Entrée : 10 $ (cher !) ; ticket combiné 16 $ (pour 2 sites) et 22 $ (3 sites), donnant droit à l'entrée de la Heyward-Washington House et/ou la Joseph Manigault House ; réduc.* Dans un bâtiment sans allure, le plus ancien musée des États-Unis (1733) fait découvrir l'histoire naturelle et culturelle de Charleston et de sa région. Devant l'entrée, la silhouette de cigare métallique est ce qui reste du sous-marin *Hunley* dont on parle au début du chapitre « À voir ». Musée un peu fourre-tout mais qui se veut aussi comme tel pour préserver un témoignage de la muséologie ancienne. Le musée du musée, en somme ! On suit un ordre chronologique qui commence par décrire les civilisations amérindiennes avant l'arrivée des Européens, la fondation de Charleston, la culture du riz qui fut la première source de richesse des planteurs. L'épisode de la guerre d'indépendance est illustré par quelques grandes figures de la révolution. De l'esclavage, on retient ces plaques d'identité métalliques que portait l'esclave mais sans nom personnel, juste une fonction, l'adresse de son propriétaire et un numéro de registre. Les esclaves libres en portaient une similaire pendant 6 ans, avant l'émancipation définitive. On a l'occasion aussi de se rendre compte du confort des intérieurs des riches propriétaires et de prendre conscience du développement des transports avant la guerre civile : les bateaux à vapeur, le chemin de fer. On évoque aussi le sort fait aux Indiens avec l'épisode tragique de l'exil forcé des Indiens cherokees chassés de leurs terres vers l'Oklahoma et qui provoqua la mort de milliers d'entre eux. Viennent ensuite les affres de la guerre et le terrible siège de la ville par les soldats de l'Union : photo de Lincoln sans barbe, billets de banque des confédérés, obus des canons de siège... Dans la salle un peu poussiéreuse et consacrée à l'histoire naturelle, un crocodile de 6 m de long et un squelette de mesosaure (un reptile aquatique à grandes dents) vieux de 28 millions d'années. Quelques antiquités égyptiennes (momies) et babyloniennes voisinent bizarrement avec un ancêtre de sous-marin et des squelettes d'animaux. Ne pas manquer les aquarelles naturalistes de James Audubon et la collection d'argenterie de Charleston.

🎭🎭 **Joseph Manigault House** *(plan B1, 70)* : *350 Meeting St, en face de l'entrée du musée de Charleston. Lun-sam 10h-17h, dim 13h-17h. Entrée : 10 $ (visite guidée) ; réduc.* Cette maison fut construite en 1803 pour un planteur prospère également député, Joseph, par son propre frère architecte, Gabriel. Bel exemple d'architecture *federal* à 3 étages. Portail néoclassique, rotondes, jolies courbes, boiseries sculptées et riche mobilier d'époque.

🍴🍴 **Aiken-Rhett House** (plan B1, **71**) **:** 48 Elisabeth St. ☎ 723-1159. ● historiccharleston.org ● Lun-sam 10h-17h, dim 14h-17h. Entrée : 10 $, ticket combiné avec la *Nathaniel Russell House* 16 $ (voir plus haut). Maison d'armateur, bâtie en 1818 et agrandie au milieu du XIXe s pour devenir une des plus imposantes de Charleston. Elle n'a quasiment pas été modifiée depuis cette époque, et cela se voit : les papiers peints d'origine sont en mauvais état et les meubles auraient besoin d'une restauration, mais cela lui donne un cachet d'authenticité. Collection d'objets, peintures et sculptures rapportés par leurs occupants au retour d'un voyage en Europe. À l'arrière, bon exemple de maison d'esclaves et *carriage house* donnant sur une cour pavée.

🚶 🚶‍♀️ **South Carolina Aquarium** (plan B1, **73**) **:** aquarium Wharf. ☎ 720-1990. ● scaquarium.org ● Lun-sam 9h-17h, dim 14h-17h ; tlj jusqu'à 18h d'avr à mi-août. Entrée : 17 $; ticket combiné avec Fort Sumter 27 $; avec cinéma IMAX 22,50 $; les trois 35 $; réduc. Sur le port à côté de l'embarcadère qui mène à Fort Sumter. Ouvert en 2000, il contient 10 000 espèces de plantes et animaux dont loutres, tortues de mer, alligators, hérons bleus, faucons, chouettes, otaries, méduses, murènes, hippocampes, crabes, pythons, requins, etc., mais pas de raton laveur ! L'aquarium reconstitue aussi la faune et la flore des biotopes typiques de la région : les monts Appalaches, le Piedmont, la plaine côtière et l'océan. Spectaculaire bassin d'eau de mer avec plus de 300 espèces.

🍴🍴 **Fort Sumter** (hors plan par B1, **76**) **:** la visite se fait en bateau, embarquement à Liberty Square, 340 Concord St. ☎ 883-3123. De mars à fin nov, 3 départs/j. : 9h30, 12h (sf hiver), 14h30. ● nps.gov/fosu/ ● Entrée : 14 $; réduc. Le site peut aussi être rejoint au départ de Patriots Point.

Situé à 30 mn de Charleston, Fort Sumter est connu des Américains pour avoir été le théâtre des premiers combats de la guerre de Sécession. C'est dire l'importance qu'il revêt à leurs yeux. Conçu pour renforcer les défenses de la côte sud-est après la seconde guerre contre les Anglais en 1812, la construction de Fort Sumter fut

> ### UN PALMIER POUR DRAPEAU
>
> *Sur fond d'azur, à côté d'un croissant d'argent porté par les volontaires de Caroline du Sud pendant la guerre d'indépendance, figure un palmier, le palmetto. Ce palmier nain est considéré ici comme un héros : en juin 1776, lors de la défense de Fort Moultrie dans l'île Sullivan pendant l'attaque de la flotte britannique, les défenseurs ont érigé des remparts à l'aide de troncs de palmiers, abondants sur l'île. Heureuse initiative : le bois de palmier, souple et résistant à la fois, avait la propriété inattendue de faire rebondir les boulets anglais ! Grâce lui a été rendue... sur le drapeau de l'État.*

titanesque : pour consolider le banc de sable près du port, il a fallu acheminer des tonnes de granit et employer des centaines d'esclaves pour ériger des murs en brique d'une soixantaine de mètres de long sur 1,5 mètre de large et 15 de haut. Aménagé pour abriter 650 soldats et 135 canons, Fort Sumter n'était pas encore achevé en 1860 quand la guerre de Sécession éclata.

Six jours après la sécession de la Caroline du Sud, en décembre 1860, les troupes fédérales font mouvement pour trouver refuge à Fort Sumter. Après l'élection de Lincoln, le président confédéré Jefferson Davis demande alors leur retrait. Le général de Beauregard exige en vain leur reddition. Les confédérés donnent l'assaut le 12 avril 1861 et bombardent le fort pendant 36 heures jusqu'à la capitulation des assiégés. C'est la première bataille de la guerre, mais Fort Sumter va en connaître d'autres. En 1863, le fort est toujours une enclave sudiste dans le blocus naval de l'Union. Le 7 avril, il est pilonné par les canons de 9 cuirassés mais sans véritables dégâts. Cet échec est un coup dur pour les nordistes qui emploient alors les grands moyens avec près de 1 000 obus tirés par jour. Après une semaine, les murs sont détruits, mais les confédérés refusent de se rendre. Finalement, durant l'été 1864, les choses évoluent un peu avec des bombardements épisodiques et des tentatives d'assaut. Il faut les troupes de Sherman venant de Savannah pour réduire définitivement le fort le 17 février 1865. Deux années de bombardements et d'assauts répétés ont eu finalement raison des confédérés, qui ne comptent au final que 52 morts et 267 blessés contre 7 millions d'obus d'artillerie ! Quel manque de rendement ! Devenu phare, Fort Sumter sert encore lors de la guerre contre les Espagnols de 1876 à 1897 et est réutilisé durant la Seconde Guerre mondiale avec l'implantation de deux canons. Tous les détails de cette histoire guerrière sont visibles dans la batterie Huger avec armes, objets et panneaux explicatifs. Pour le reste, une belle balade en bateau si le soleil est de la partie.

🍴 **Fort Moultrie** (hors plan par B1) **:** accès par l'US 17 N et la route 703 à l'est. ☎ 883-3123. Entrée : 3 $; réduc. Sur l'île Sullivan, qui offre une vue magnifique sur la ville et le port. Cela dit, pas grand-chose à voir à part des remparts et quelques gros canons.

🍴🍴 **Patriots Point Naval & Maritime Museum** (hors plan par B1, **75**) **:** accès par le pont enjambant la Cooper River. ☎ 1-866-831-1720. ● patriotspoint.org ● Tlj 9h-18h30. Entrée : 15 $; réduc. Un des plus grands musées maritimes du monde. Un porte-avions de l'US Navy, le USS Yorktown, lancé en 1943, est converti en musée dans le port. Pour ceux qui n'ont jamais mis les pieds sur un porte-avions, c'est l'occasion ! Celui-ci n'est plus très jeune puisqu'il était déjà en activité à la bataille de Midway en 1942 contre les Japonais. À ce titre, il est devenu une vedette au cinéma en servant de décor au film Tora ! Tora ! Tora !. Surnommé Fighting Lady, il a encore servi au large du Vietnam et a reçu l'honneur de récupérer les astronautes d'Appolo 8 qui étaient allés faire un tour à proximité de la Lune. On démarre par l'immense hangar intérieur où sont entreposés quelques avions mythiques qui ont servi à son bord. Longs parcours (6 tours différents fléchés) dans les coursives, les salles d'opérations aériennes jusqu'à la timonerie pour s'asseoir dans le fauteuil de commandement du pacha. N'oubliez pas d'aller faire quelques pas sur le pont pour vous rendre compte des dimensions de ce genre de vaisseau, tout en les trouvant bien réduites pour faire « atterrir » un avion. Au mouillage, à côté de ce géant, un sous-marin, le Clamagore, bien rongé par la rouille, le destroyer Laffey et le garde-côtes Ingham. De quoi y passer l'après-midi !

À voir dans les environs

À l'époque coloniale, il n'y avait pas d'autre moyen de rejoindre les plantations que la navigation fluviale sur la Ashley River. Ce n'est heureusement plus le cas de nos jours.

🍴 **Drayton Hall** (hors plan par A1) **:** 3380 Ashley River Rd, à 9 miles au nord-ouest de la ville, pas loin de l'aéroport. ☎ 769-2600. ● draytonhall.org ● Ouv 8h30-17h (16h nov-fév). Visite guidée de 30 mn à 1h ttes les heures (texte en français disponible). Entrée : 14 $; réduc. Riche demeure de 1738, Drayton Hall est une splendide demeure de style géorgien-palladien, construite entre 1738 et 1742, et qui resta jusque dans les années 1970 entre les mains des héritiers du riche planteur John Drayton. C'est la plus ancienne maison de planteur ouverte au public en Amérique. Curiosité : elle n'a jamais été reliée au réseau électrique. Préservée, mais jamais restaurée et vide de meubles, elle intéressera surtout ceux qui se passionnent pour l'aspect architectural de ce genre de maison. En un mot c'est plutôt ennuyeux mis à part quelques considérations politiquement correctes sur la vie quotidienne à l'époque de l'esclavage. Jolie promenade à faire jusqu'à la rivière Ashley.

🎭🎭 *Magnolia Plantation and Gardens* *(hors plan par A1)* **:** 3550 Ashley River Rd, à 14 miles au nord-ouest de la ville *(juste après* Drayton Hall*)*. ☎ 571-1266 ou 1-800-367-3517. • *magnoliaplantation.com* • *Tlj 8h-crépuscule. Entrée : plusieurs programmes à choisir en s'inscrivant à l'arrivée. Prix de base : 15 $, plus 7 $ pour chaque programme.* La plus ancienne plantation de la région avec *Middleton Place. Magnolia Plantation* a appartenu à la famille Drayton durant plus de 300 ans. On y admire l'immense jardin botanique considéré par un ancêtre du *Guide du routard,* le *Baedecker,* comme « le plus beau jardin du monde ». Sur 200 ha, sont plantées 900 espèces de camélias et 250 d'azalées. Le manoir, en *Greek revival,* construit sur les ruines d'une plantation plus ancienne, contient des meubles et objets d'époque (visite guidée). Très touristique tout cela, avec des petits trains qui font le tour en véhiculant une population qui n'a plus beaucoup l'habitude de marcher. Dommage, parce la nature des mangroves peuplées d'alligators (parcours de 1h en canot) et les chemins tracés dans la partie *Audubon Swamp Garden,* où séjournent les aigrettes neigeuses et les hérons bleus au milieu des jacinthes, sont vraiment magnifiques. Essayez donc de venir tôt, avant l'arrivée des cars.

🎭 *Middleton Place* *(hors plan par A1)* **:** 4300 Ashley River Rd, juste après Magnolia Gardens. ☎ 556-6020 ou 1-800-782-3608. • *middletonplace.org* • *Entrée : 25 $, ticket combiné avec Edmonston-Alston House à Charleston. Tlj 9h-crépuscule.* Une centaine d'esclaves ont travaillé de 1741 à 1751 pour le planteur de riz Henry Middleton à la création des jardins et du domaine. Il ne subsiste aujourd'hui de la maison que l'aile autrefois réservée aux invités (visite guidée) et les écuries. Le corps principal fut détruit en 1856 par les troupes de l'Union. Les jardins anglais et leurs pelouses qui descendent en terrasse vers la rivière sont la seule raison à nos yeux de débourser un tel droit d'entrée. C'est au printemps qu'il faut venir pour en apprécier toute la majesté.

Manifestations

– *Spoleto Festival USA* **:** *fin mai-début juin.* • *spoletousa.org* • Des artistes européens et américains s'y retrouvent, dans le domaine de la musique, de la danse, du théâtre et des arts de la scène.
– *Annual Tour of Private Homes & Gardens* **:** *fin mars. Ticket env 35 $!* • *thegardenclubofcharleston.org* • L'occasion de pouvoir pénétrer le temps d'un après-midi dans des demeures privées et de pousser la grille des plus beaux jardins. Mais attention, ce n'est pas donné.

LE TENNESSEE

Voici un de ces États qu'on a bien du mal à situer sur la carte sans se tromper. En gros, c'est le sud-est des États-Unis... Évidemment, si l'on dit Memphis ou Nashville, c'est le déclic et des noms surgissent : le blues, Elvis, Martin Luther King, la soul, Johnny Cash, le combat des Noirs, le Mississippi, le coton, la guerre de Sécession, le Ku Klux Klan, le whiskey... À défaut d'être d'une beauté spectaculaire, cet État, et notamment ces deux villes, concentrent une bonne partie de l'histoire, des luttes et des contradictions de la société américaine. Tout le long du XVIIIe s vit le territoire du Tennessee régulièrement écartelé par les États voisins, avant de finalement rejoindre l'Union en 1796. État esclavagiste, les combats durant la guerre de Sécession furent d'une rare violence. Et ceux pour l'égalité des droits civiques entre Blancs et Noirs semés d'embûches : le Ku Klux Klan ne naquit-il pas dans le Tennessee ? Memphis ne vit-elle pas l'assassinat de Martin Luther King sur son sol ? Mais c'est ici, dans les champs de coton, que les premières voix s'élevèrent pour dire l'humain, le partage, le labeur et la douleur... en musique.

Ainsi le blues, noir par excellence, né à Memphis, donnera au monde les voix les plus chaudes, issues d'une terre fertile et humble. Il fit plusieurs enfants à l'Amérique, dont le rock mais aussi la country, qui éclôt des gorges blanches de Nashville, sans jamais se plaindre de ses profondes racines noires.

Luttes raciales et syncrétisme musical. Une halte dans ces deux villes permet de démêler, au rythme du Mississippi, l'écheveau de la complexité américaine, sans cesser de battre la mesure.

NASHVILLE

570 000 hab. (1,5 million avec les banlieues)
IND. TÉL. : 615

Nashville est située sur les berges de la Cumberland River, en plein milieu de l'État du Tennessee. Tout compte fait, c'est une cité moyenne qui se la joue plutôt grande ville mais qui a de bonnes raisons pour se distinguer de ses voisines : amateurs de *country music*, découvrez-vous !

Vous êtes dans un lieu mythique, d'où sont issus les grands noms de la musique américaine que sont Elvis Presley, Jerry Lee Lewis, Hank Williams et Johnny Cash. Certes, la ville n'en est plus à l'âge d'or, mais on y trouve encore et toujours des wagons d'excellents musiciens, et ce n'est pas un hasard si bon nombre de nos chanteurs français y enregistrent leurs disques, pour s'approcher du « son » Nashville. D'ailleurs M. Eddy Schmoll ne chantait-il pas : « Où sont mes racines, Nashville ou Belleville ? ».

Nashville est à la country ce que Memphis est au blues et La Nouvelle-Orléans au jazz. C'est l'une des destinations favorites des Américains, car c'est le siège du *Grand Ole Opry*, véritable temple de la country. Nous, on lui préfère quand même ses bars mythiques, ses vieux troquets d'anthologie où les chanteurs officient dès le matin ! Tradition oblige, ils coiffent le *Stetson* (chapeau de cow-boy) et chaussent leurs bottes à bouts pointus...

Depuis quelques années cependant, la municipalité veut en faire *The Music City* et a investi des sommes colossales pour « futuriser » la ville, en commençant par lui donner un point culminant, le *Batman Building,* immeuble original qui domine la cité de ses deux petites oreilles. Puis un nouveau *Convention Center,* chargé d'organiser des manifestations musicales (dans tous les styles de musique en passant par le jazz, le gospel, le rock et même le rap...) pour faire découvrir de nouveaux talents à des acheteurs du monde entier. Enfin, elle a déplacé le mythique *Country Music Hall of Fame Museum* dans le centre-ville. Sans oublier le célébrissime *RCA Studio B,* où Elvis a enregistré 20 de ses 40 plus grands succès. C'est une ville où il fait bon passer 2 ou 3 jours, dans un circuit entre la côte Est et le *Deep South*.

Note : ici, comme dans beaucoup d'autres États, l'interdiction d'entrer dans les bars pour les moins de 21 ans peut être assez frustrante pour ceux qui veulent écouter de la musique et qui voyagent avec des enfants. Autant le savoir.

LA COUNTRY

On vient d'abord à Nashville parce qu'on aime la country ou parce qu'on veut la découvrir. Ceux qui ne sont pas sensibles à ce genre musical risquent de s'y emm... ennuyer ferme ! Pour les autres, quel pied !

La country trouve ses origines dans le chant des premiers colons irlandais et écossais qui investirent les Appalaches sauvages, peuplées alors d'Indiens. Ensuite, elle n'a fait que s'approprier les autres genres musicaux en passant du gospel et du

NASHVILLE

blues (eh oui, tout cela est lié !) au swing, du jazz à la musique cajun... On distingue ainsi l'*Old time* des Appalaches, le *Western swing*, la *Cowboy music*, le *Honky tonk* (venu du fond des rades miteux), le *bluegrass*, le *Nashville sound*, le *Cajun country*, les *Songwriters* (très nombreux dans la ville), le *Country boogie* qui annonçait le célèbre *rockabilly* (on ne compte plus les rockers qui ont enregistré à Nashville !)... Mais la country est, avant tout, une musique appréciée par le plus grand nombre des Américains, donc tout le contraire d'un symbole de révolte. Bref, Nashville sera une bonne occasion d'ouvrir devant vous le large éventail de l'Amérique profonde.

> ### UNE MUSIQUE DE TOUS LES JOURS
>
> *Longtemps considérée comme la musique des ploucs (hillbilly music) et des culs-terreux (les rednecks), la country est une musique du terroir, elle est ancrée au plus profond des racines américaines. Elle ne s'oppose nullement à la musique noire, elle est issue des mêmes entrailles. Elle chante le dur travail, les champs, la famille qui se disloque, les éternelles histoires d'amour, les voitures rutilantes, les highways qui n'en finissent pas, la mauvaise récolte, le truck qui est tombé en panne... C'est à Nashville et nulle part ailleurs qu'on réalise les liens musicaux entre la terre et les hommes, quelle que soit la couleur de leur peau.*

Arriver – Quitter

En avion

✈ **Aéroport** *(hors plan par D3)* : à 10 miles à l'est de *Downtown* (15 mn à peine en voiture). Infos : ☎ 275-1675. ● flynashville.com ●
■ **Airport Welcome Center** : tlj 6h30-23h. Pour tout type d'infos.

Pour aller dans le centre

Plusieurs solutions pour rejoindre le centre-ville :
➤ **MTA bus** : 1 bus/h (la ligne n° 18), tlj 8h-minuit. À peine 1,25 $! Trajet en 40 mn (et 20 mn avec l'*Express trip*). Arrêt principal : sur Deaderick, entre 4th et 5th Ave. ☎ 862-5950. ● nashvillemta.org ●
➤ **Gray Line Airport Express** : départ ttes les 15 mn 6h-23h. Minibus desservant les hôtels de *Downtown* et West End. Plus pratique que le bus, mais plus cher évidemment (compter 12 $/pers). ☎ 883-5555.
➤ **Taxis** : moins cher que l'*Airport Express* à partir de 2 pers.

En bus

🚌 **Greyhound** *(plan D2-3)* : 200 8th Ave S, près de Demonbreun, à deux pas de Downtown. ☎ 255-3556. Env 6 bus/j. pour Memphis, Atlanta, Chicago, Détroit et Cincinnati. Consignes et toilettes.

Topographie

L'axe routier principal du centre est Broadway. Il coupe *Downtown* en deux, qui s'organise sur plusieurs blocs entre 1st et 6th Ave, Union et Demonbreun St. Le *Grand Ole Opry*, la grande scène country de Nashville, se trouve, lui, dans la *Music Valley*, à une dizaine de miles au nord-est de *Downtown*.
Pour bien vous déplacer dans Memphis, vous ne pourrez pas faire l'économie de l'achat d'une bonne carte. On en trouve dans toutes les stations-service.

Comment se déplacer en ville ?

Nashville, si l'on compte les banlieues, est très étendue. L'idéal est d'avoir une voiture. Pas de problème de parking, bien que, comme souvent aux States, ils soient payants et assez chers (la combine est de laisser son véhicule sur le parking réservé aux clients d'un magasin, en allant y jeter un œil, bien sûr).

➢ *Music City Taxi :* ☎ 262-0451 (24h/24).
➢ *Allied Taxi :* ☎ 244-7433.

Adresses et infos utiles

Informations touristiques et culturelles

🛈 *Nashville Visitor Center* (plan D2) : 501 Broadway. ☎ 259-4747. ● visitmusiccity.com ● Tlj 8h-17h30 (dim 10h-17h). Dans le hall du *Sommet Center*, où se trouve aussi le *Tennesse Sport Hall of Fame Museum* (pour les fans). Brochures et plan de la ville. Accueil sympa. Internet gratuit. Toilettes.

– Pour s'informer des spectacles et manifestations en cours, se procurer *The Rage* ou le *Nashville Scene* (journaux hebdos gratuits), ou encore le *Nashville Vacation Guide* ou le *Key* (tous deux mensuels). On les trouve dans la rue, les bars, certains hôtels ou au *Visitor Center*.

■ **Adresses utiles**

- 🛈 Nashville Visitor Center
- ✉ Post Office
- ✈ Aéroport
- 🚌 Gare routière Greyhound
- 1 Pharmacie

🛏 **Où dormir ?**

- 11 Music City Hostel
- 12 Best Western Music Row
- 13 Confort Inn
- 14 Guesthouse Inn and Suites
- 15 Ramada Limited at the Stadium
- 16 Hampton Inn
- 17 Holiday Inn Express

🍽 **Où manger ?**

- 20 Demo's
- 21 Jack's Bar-B-Que
- 22 The Old Spaghetti Factory
- 23 Big River
- 24 Fiesta Mexicana
- 25 The Merchants
- 26 Germantown Café
- 27 Rotier's
- 28 Elliston Place Soda Shop
- 29 Calypso
- 30 Bound'ry

🍷 🎵 **Où boire un verre ?**
Où écouter du *bluegrass*, du jazz, de la country ?

- 21 Robert's Western World

- 40 Bourbon Street Blues and Boogie Bar
- 41 Tootsie's Orchid Lounge, Legends Corner
- 42 The Station Inn
- 43 Wildhorse Saloon
- 44 Exit/In
- 45 Rutledge

🎵 **Les grands lieux de la country**

- 50 Grand Ole Opry

🏃 **À voir**

- 50 Opryland
- 51 Country Music Hall of Fame and Museum
- 52 Musicians Hall of Fame and Museum
- 53 Ryman Auditorium
- 54 Tennessee State Museum
- 55 Frist Center for the Visual Arts
- 56 Batman Building
- 57 Van Vechten Gallery
- 58 The Parthenon at Centennial Park
- 59 Belmont Mansion

⚙ **Achats**

- 70 Ernest Tubb Record Shop, Lawrence Records Souvenirs
- 71 Great Escape
- 72 Hatch Show Print

NASHVILLE

Argent, poste, Internet

– *Change :* plus aucune banque ne propose le change pour les touristes à Nashville ! Seule possibilité, l'aéroport. Si vous n'avez pas de carte de paiement, soyez prévoyants.

✉ *Post Office (plan C2) :* 10ᵗʰ Ave S, à l'angle avec Broadway *(sur le flanc droit du* Frist Center of the Visual Arts*). Lun-*

ven 6h-18h, sam 6h-12h30. Autre **poste** plus centrale, *dans la galerie* Arcade, *entre 4ᵗʰ et 5ᵗʰ Ave, Church St et Union St (plan D2). Lun-ven 8h30-17h.*
@ *Internet :* la plupart des hôtels possède une connexion *wi-fi* gratuite et un ou deux ordinateurs à disposition de leurs clients dans le lobby.

Transports

■ *MTA (Metropolitan Transit Authority) :* c'est la société des transports en commun de Nashville. Évidemment beaucoup moins pratique que la voiture, même s'il existe un plan très bien fait avec toutes les lignes (disponible au *Visitor Center*). Vous pouvez aussi appeler le ☎ 880-3970 pour savoir quel

bus prendre pour aller de tel endroit à tel autre. Pas très commode en vérité.
■ *Rent-a-Wreck :* 201 Donelson Pike. ☎ 885-8310. *Lun-ven 7h30-17h, sam 8h-12h.* Location bon marché de voitures d'occase (*wreck* signifie « vieille carcasse » en anglais).

Santé, urgences

■ *Vanderbilt University Medical Center :* dans le Downtown. *1211 22ⁿᵈ Ave S.* ☎ 322-5000. Urgences 24h/24.
■ *Metropolitan Nashville General Hospital :* 1818 Albion St. ☎ 341-4000. À quelques miles du centre.

■ *Pharmacie (plan D2, 1) :* Walgreens, *226 5ᵗʰ Ave N, à l'entrée de la galerie* Arcade, *entre Church et Union St (plan D2).* ☎ 256-4609. *Lun-ven 7h30-17h30, sam 9h-17h.*

Où dormir ?

CAMPINGS

Ça tombe bien pour ceux qui viennent à Nashville pour assister à un concert, les campings sont tous (c'est-à-dire trois, dont un qui n'accepte pas les tentes) dans l'Opryland (la *Music Valley*), tout près du *Grand Ole Opry House,* à une dizaine de miles au nord-est de *Downtown.* Pour y aller depuis le centre, prendre l'I 40 E, puis la sortie 215 B (« Briely Parkway »), puis l'*exit* 12 (« Music Valley Dr »). Les campings sont sur le côté gauche... vu qu'à droite c'est l'autoroute.

⚂ *Yogi Bear's Jellystone Park :* 2572 Music Valley Dr. ☎ 889-4225 ou 1-800-547-4480. ● *nashvillejellystone. com* ● *En été, emplacement 29 $; mobile home 47-52 $ (2 adultes, 2 enfants).* Cabins 4 pers env 105 $ *(avec douche et toilettes, mais sans draps ni serviettes). Moins cher hors saison.* Notre préféré. Certes, l'autoroute est proche, mais on plante sa tente un peu à l'écart, dans un petit bois ou au bord d'un pré avec des meules de foin ! Bien arboré et belles pelouses tondues à l'anglaise. Piscine, laverie, boutique,

minigolf, musique le week-end. Excellent accueil.
⚂ *Nashville KOA Kampground :* 2626 Music Valley Dr. ☎ 889-0286 ou 1-800-562-7789. ● *nashvillekoa.com* ● *Tente 2 pers env 37 $ (sans électricité ni point d'eau). Mobile home pour 2 pers 51 $. Chalets tt simples en bois (sanitaires communs avec le camping) de 1 ou 2 chambres (2-6 pers) 58-68 $.* Attention, les emplacements de tentes sans électricité sont le long de l'Interstate (bruyant et pas sympathique). Ceux avec *hook-up* sont mieux situés.

Confortable, mais moins calme que l'autre, notamment pour les tentes. Pis-

cine, minigolf et *music show* tous les soirs (country, cela va sans dire).

AUBERGE DE JEUNESSE

🛏 *Music City Hostel* (plan B3, **11**) : 1809 Patterson St. ☎ 692-1277. ● mu siccityhostel.com ● À l'est de Downtown. En principe, accueil 17h-22h slt. Env 25 $/pers, sleep sack (sorte de draps) inclus. Entre 30 et 45 lits superposés selon saison, en dortoirs de 4 pers. Wi-fi (gratuit) et accès Internet (payant). Parking possible sur l'arrière (gratuit). Quartier calme. Deux petits édifices de brique rouge, sympas comme tout, aux portes et aux murs peinturlurés. Plein de jeunes musicos qui viennent tenter leur chance en ville. Ils prennent parfois leur guitare le soir autour du petit barbecue. Cuisine équipée, petit salon TV et salles de bains communes. Un peu cher, mais c'est la seule AJ de Nashville. Location de vélos. Pas de couvre-feu (porte à code). Le petit jardin avec tables et barbecue lui donne un côté convivial. L'hiver, certains dortoirs se transforment en chambres privées. Patron adorable et de bon conseil.

MOTELS

Outre les hôtels chic et chers de *Downtown,* il y a des motels un peu partout dans la périphérie : dans l'ancien quartier des studios d'enregistrement (*Music Row,* pas très loin du centre), du côté de l'aéroport (normal !), dans l'Opryland (voir plus haut « Campings » pour la direction), à cause du *Grand Ole Opry,* ainsi qu'au nord de *Downtown,* plus précisément sur Brick Church Pike et W Trinity Lane. Des différents secteurs, c'est ce dernier qui offre le meilleur rapport qualité-prix. Pour y aller : prendre l'I 65 North (plan B1), puis l'*exit* 87 (« Trinity Lane »).
Sinon, vous pouvez aussi glaner des coupons de réduc au *Visitor Center* et téléphoner aux adresses qui vous intéressent pour connaître les possibilités. Le weekend est souvent un peu plus cher (de 10 à 20 %) que la semaine et, en période de festivités, où tout est encore beaucoup plus cher, trouver une chambre peut relever du parcours du combattant !

Près du centre

Prix moyens

🛏 *Best Western Music Row* (plan C3, **12**) : 1407 Division St. ☎ 242-1631. ● bestwestern.com ● Wi-fi, accès Internet. En plein quartier des anciens studios et proche du centre. Doubles 110-130 $ (sem ou w-e), petit déj compris (jus de fruits, café, céréales et donuts). Chambres fraîches et confortables, avec frigo, micro-ondes et salle de bains impeccable. Le bar au rez-dechaussée accueille des groupes de country tous les soirs. Pratique pour ceux qui n'aiment pas traîner la nuit tombée ! Piscine.
🛏 *Confort Inn* (plan C3, **13**) : 1501 Demonbreun St. ☎ 255-9977. ● choice hotels.com ● Parking gratuit. Wi-fi. En sem, quand il n'y a pas de manifestations particulières en ville, compter 80 $ pour 2-4 pers, petit déj-buffet inclus (un vrai bon plan). Mais le w-e, c'est le double (aucun intérêt donc). Un motel qui n'a pas trop l'aspect d'un motel pour une fois. Non loin du *Downtown,* ce qui est pratique. Accueil routinier, mais chambres impeccables et c'est bien là l'essentiel (micro-ondes, frigo...). En choisir une à l'écart des bruits de fond de l'Interstate voisine. Piscine (mais mal située).
🛏 *Guesthouse Inn and Suites* (plan B3, **14**) : 1909 Hayes St. ☎ 329-1000 ou 1-800-777-4904. ● nashvilleguesthou seinn.com ● Wi-fi et accès Internet.

NASHVILLE

Compter 110-120 $ pour 2-4 pers. Petit déj continental inclus, ainsi que les appels locaux. Une centaine de chambres aux couleurs chaudes (ce qui est rare) pour cet hôtel bien rénové. Toutes ont cafetière, frigo et micro-ondes. Relativement calme. Bon accueil.

■ **Ramada Limited at the Stadium** (hors plan par D2, **15**) : 303 Interstate Dr. ☎ 244-6690 ou 1-800-251-1856. Wi-fi et accès Internet. De l'autre côté de la Cumberland River, derrière le stade (prendre à droite après le pont et juste après le stade, en venant de Downtown). En sem 80 $, w-e 110 $, pour 2-4 pers. Petit déj continental compris. Réception agréable et soignée, tout comme l'ensemble de l'hôtel d'ailleurs, qui propose de bonnes chambres avec moquette (éviter toutefois celles à l'arrière, côté autoroute). C'est sûrement aussi le seul de la ville à posséder une piscine intérieure en forme de guitare (mais l'autoroute est juste derrière la cloison et ça fait bizarre) !

Chic

■ **Hampton Inn** (plan B3, **16**) : 1919 W End Ave. ☎ 329-1144. ● hamptoninn nashville.com ● Parking gratuit. Wi-fi et accès Internet. Compter 130-160 $ pour 1-4 pers, avec petit déj (buffet très complet). Moins cher le w-e qu'en sem car c'est un hôtel d'hommes d'affaires. Appels locaux gratuits. Ensemble classe, comme toujours avec les Hampton Inn. Assez central. Bonne literie dans les chambres, piscine. Service de qualité.

■ **Holiday Inn Express** (plan C2, **17**) : 920 Broadway. ☎ 244-4585. ● hiexndt. com ● Parking payant. Wi-fi et accès Internet. Compter 140-180 $ pour 2 pers (sem-w-e). Petit déj-buffet inclus. Un bel hôtel de luxe hyper central, au vaste lobby lumineux, vraiment classe, tout comme les chambres (écran plat, jolies photos en noir et blanc, cafetière...). Piscine mais dommage, le cadre est moche. Belle salle de fitness.

Sur W Trinity Lane/Brick Church Pike (hors plan par B1)

Bon marché

■ **Econo Lodge :** 1412 Brick Church Pike. ☎ 226-3230 ou 1-800-544-6385. Wi-fi et accès Internet. En sem, 34-65 $ pour 2-4 pers. Curieusement bien plus cher pour 4, sf le w-e. Une affaire en semaine et pour deux, vous l'aurez compris. Chambres classiques et de bon confort. Piscine au calme et même entourée d'un peu de verdure, ce qui est rare.

■ **Americas Best Value Inn :** 2403 Brick Church Pike. ☎ 226-9805 ou 1-800-315-2378. ● bestvalueinnnash ville.com ● Doubles 50-60 $ selon sem ou w-e (5 $/pers supplémentaire). Petit déj minimaliste compris (café et donuts). Difficile de faire mieux à ce tarif : chambres confortables, équipées de mobilier neuf, frigo, micro-ondes... L'un des meilleurs rapports qualité-prix qu'on ait vu à Nashville ! Pas de piscine.

■ **Days Inn Trinity Lane :** 1400 Brick Church Pike. ☎ 228-5977 ou 1-800-329-7466. Wi-fi et accès Internet. Pour 2 pers, 50 $ en sem (60 $ le w-e), et 6 $/pers supplémentaire. Petit déj continental inclus. Choisir une chambre loin de la réception (à cause du bruit). Là encore, une assez bonne affaire, en tout cas bien meilleure que le Days Inn Downtown, près du centre. Piscine (coincée par le parking).

■ **Rodeway Inn :** 311 W Trinity Lane. ☎ 227-9696. Wi-fi et accès Internet. Env 43-54 $ pour 2-4 pers en sem. Quelques dollars de plus le w-e. Petit déj léger compris. Tout à fait convenable pour le prix. Pas le grand luxe mais pratique. Échantillon de salle fitness.

Prix moyens

🛏 **Quality Inn & Suites :** 2401 Brick Church Pike. ☎ 226-4600 ou 1-800-4CHOICE. ● choicehotels.com ● Wi-fi et accès Internet. Env 70 $ pour deux en sem, 80 $ le w-e ; petit déj continental inclus (5 $/pers supplémentaire). Motel soigné et accueillant. Chambres sans défaut : frigo, micro-ondes, cafetière... Ensemble rassurant, cosy et chic. Machine à laver à pièces. Salle de petit déj chaleureuse pour une fois. Petit fitness center. Piscine.

À proximité de l'Opryland (hors plan par D3)

Bon marché

🛏 **Country Side Lodge :** 2500 Music Valley Dr. ☎ 316-0145. ● countrysidelodge.com ● Compter 42 $ pour 2 pers (sem ou w-e), avec petit déj (symbolique) et 10 $/pers supplémentaire. Propre et confortable. À l'évidence le moins cher du secteur.

Prix moyens

🛏 **Days Inn :** 2460 Music Valley Dr. ☎ et fax : 889-0090 ou 1-800-DAYS-INN. ● daysinn.com ● Wi-fi. Compter 65-75 $ selon sem ou w-e et même prix 2-4 pers. Petit déj correct inclus. Chambres fraîches et bien équipées, avec même une touche de couleur. Petite piscine extérieure, donnant sur l'autoroute (bonjour l'intimité... mais ça rafraîchit !).
🛏 **Comfort Inn :** 2516 Music Valley Dr. ☎ 889-0086. ● comfortinnopryland. com ● Wi-fi et accès Internet. Compter 80 $ pour 2 pers, un peu plus le w-e. Petit déj continental inclus. Chambres impeccables. Piscine au milieu du parking et devant l'Interstate, ce qui est toujours bien pratique pour garder un œil sur la Cadillac et partir faire un tour en maillot ! Choisir de préférence une chambre vers le fond, à l'écart de l'autoroute.

Où manger ?

Dans le centre

Bon marché

|●| **Demo's** (plan D2, **20**) : 300 Commerce St (angle 3rd Ave, par laquelle on rentre). ☎ 256-4655. Tlj 11h-23h (minuit ven-sam). Lunch special of the day : 4 $! Plats 7-16 $. Un rendez-vous casual et classique, à la déco rassurante et chaleureuse, apprécié des cols blancs du centre-ville le midi et des familles le soir, qui viennent engloutir de copieux plats de pâtes. Bons steaks aussi.
|●| **Jack's Bar-B-Que** (plan D2, **21**) : 416 Broadway Ave. ☎ 254-5715. Lun-jeu 10h30-20h (21h jeu), ven-sam 10h30-22h, dim 12h-19h ; horaires restreints en hiver. Repas 5-10 $. Un self-service qui fait dans les viandes grillées et fumées. Ne pas s'attendre à du grand raffiné ! On mange des pork ribs, texas beef brisket, smoked turkey avec deux sortes de légumes, servis comme à la cafétéria, dans des assiettes en polyester compartimentées... Le midi, souvent la queue. Plusieurs tailles pour les viandes : regular, jumbo et plate. Déco country et hétéroclite, composée de trophées de chasse et d'objets évoquant le Tennessee... Endroit très apprécié des gens du coin. Une expérience en soi.
|●| **The Old Spaghetti Factory** (plan D2, **22**) : 160 2nd Ave N. ☎ 254-9010. Lun-ven 11h30-14h et 17h-22h, sam

NASHVILLE

12h-23h, dim 12h-22h. Plats 7-11 $.
Encore moins cher à midi. Faut-il encore
présenter cette enseigne, qui a essaimé
aux quatre coins de l'Amérique du
Nord ? Bon, d'accord. Voici donc un
resto de chaîne, qui sert des pâtes à
diverses sauces et, surtout, à petit prix,
avec toujours du pain et une salade.
Excellent rapport qualité-prix, donc.
Côté cadre, c'est invariablement un rez-
de-chaussée à la déco début XXe s,
avec un tram (toujours de cette époque)
au milieu de la salle. On aime particulièrement ce qu'ils ont fait ici, la vaste
entrée en bois de rose avec canapé et
cheminée, les fauteuils, vitraux, superbes glaces. Le bar est une pièce de collection à lui tout seul !

|●| **Big River** *(plan D2, 23)* : 111 Broad-
way. ☎ 251-4677. Tlj 11h-23h (minuit
ven-sam). *Grosses salades 6-13 $.* Si
l'on indique ce resto somme toute assez
classique, c'est pour ses superbes salades du midi, copieuses, fraîches et qui
font office de repas. Le reste de la carte
n'est pas inoubliable. Autre point nota-
ble, la terrasse, rare sur Broadway.

|●| **Fiesta Mexicana** *(plan D3, 24)* :
416 4th Ave S. ☎ 259-0110. Tlj 11-22h
*(un peu plus tard sam, plus tôt dim).
Plats 7-10 $.* Cadre coloré pour une déli-
cieuse cuisine mexicaine à prix très raisonnables. À la carte : *chile colorado,
carne asada, bistec a la mexicana,
enchiladas, fajitas texanas...* Musique
sud-américaine. Ça change, et c'est
très bien comme ça ! On aime bien la
grande terrasse surplombant la petite
rue. Bon à savoir, on est juste à côté de
la salle de concert *Rutledge* (voir « Où
écouter de la musique ? »).

Chic

|●| **The Merchants** *(plan D2, 25)* :
401 Broadway, à l'angle de 4th Ave.
☎ 254-1892. Lun-jeu 11h-23h, ven-
sam 11h-minuit, dim 14h-21h. Plats
midi 11-24 $ (sandwich, soupe ou
salade moins chers) ; 20-35 $ le soir.
Deux salles : assez simple au rez-de-
chaussée (atmosphère plus relax), plutôt chic à l'étage, avec des tables bien
apprêtées. Un des bons restos de Nashville, installé dans un ancien hôtel du
centre. En fait, l'ambiance n'y est pas
spécialement délirante, mais la cuisine
a fait ses preuves, avec des plats du
genre *country fried steak, cajun crawfish ravioli* ou *pecan encrusted trout.* On
peut aussi y manger plus simplement le
midi, comme par exemple cet excellent
half rack of ribs servi avec ses *red beans*
fondants et goûteux. À la place des frites, demandez donc la purée, divine.
Clientèle assez propre sur elle et addition plutôt relevée. Service irréprochable.

Au nord du centre

Plus chic

|●| **Germantown Café** *(hors plan
par C1, 26)* : 1200 5th Ave N. ☎ 242-
3226. Tlj 11h-14h (sf sam), 17h-22h (21h
dim-lun). Brunch dim. Plats 12-22 $
(moins le midi).* Pour ceux qui veulent
dîner face à la *skyline* de *Downtown,*
c'est l'adresse idéale ! Pour les autres,
ce sera simplement un excellent resto,
à la déco sobre mais de bon goût, dans
les tons marron violacé très tendance et
avec fleurs fraîches sur les tables. Dans
l'assiette, que du bon, que ce soit le
plum pork (recommandé !), le *coconut
curry salmon,* le *chicken romano* ou les
New Orleans shrimps. Tous les plats
sont précédés d'une petite salade ou
d'une excellente soupe et accompagnés de pain chaud. Service prévenant
et efficace. On appelle ça un sans-
faute !

Du côté d'Elliston Place

Un coin vivant à l'est de *Downtown,* où l'on trouve des restos, boutiques et quelques bars ou clubs de rock.

Bon marché

|●| Rotier's (plan A3, **27**) : 2413 Elliston Pl. ☎ 327-9892. Lun-ven 10h30-22h, sam 9h-22h. Burgers, sandwichs, salades et petits plats moins de 8 $. Daily specials servis jusqu'à 15h. Le soir, plats 8-16 $ env. Ouvert depuis 1945. Intérieur de diner, un peu sombre, avec ses banquettes de moleskine verte. Les murs sont tapissées de récompenses et d'articles vantant la qualité des burgers (surtout du cheeseburger) et l'accueil de la maison. Sinon, chaque jour de la semaine a ses plats, comme le pork barbecue, le roast-beef, le chicken teriyaki, ou le fried chicken breast, toujours servis avec deux légumes au choix.

|●| Elliston Place Soda Shop (plan B3, **28**) : 2111 Elliston Pl. ☎ 327-1090. Tlj 7h-17h30 (sam 7h-15h). Moins de 6-7 $ pour une viande avec 2 ou 3 légumes au choix. La déco n'a pas bougé d'un poil depuis l'ouverture, en 1939 ; c'est d'ailleurs devenu le plus ancien resto en fonction à Nashville. Un des favoris des gens qui travaillent dans le quartier, qui aiment à se poser sur les banquettes turquoise. Pas de la grande cuisine, mais le service est rapide et les prix sont doux. Ici encore, les plats changent selon le jour... Authentique juke-box Wurlitzer au fond de la salle. Bon et rafraîchissant chocolate shake, plus proche de la glace en fait que du milkshake.

|●| Calypso (plan A3, **29**) : 2424 Elliston Pl. ☎ 321-3878. En face de Rotier's. Lun-ven 11h-21h, sam-dim 11h30-20h30. Plats env 7-8 $. Petite salle sans charme aucun avec tables et chaises en plastoc, où l'on sert des plats frais et copieux pour une croûte de pain. Bien pour le midi si on est dans le coin. Spécialités de black bean salad, tuna salad, island burger, chicken breast sandwich ou encore de veggie pita. Tendance vaguement caraïbe.

Chic

|●| Bound'ry (plan B3, **30**) : 911 20th Ave S. ☎ 321-3043. Tlj 17h-23h. Plats 16-29 $. Resto très fréquenté (comme ses voisins d'ailleurs), où l'on viendra plus pour savourer une cuisine fine et inventive, type fusion, que pour se remplir la panse. Fameux pour la qualité de ses steaks, mais cher. Pour limiter les dégâts financiers, les plats sont proposés en testing (portion réduite) ou en entree (plat principal en anglais). Pizzas au feu de bois également (avec du vrai bois d'arbre, ce qui est rare aux States !). On mange au choix dans une salle pleine de fresques ou dans une partie ouverte donnant sur la rue. Service amical et rapide, excellent pain servi avec du beurre de miel (pour patienter) et près de 150 sortes de bières à la carte, dont quelques Yazoo, la bonne bière locale, blonde et trouble ! Bref, un chouette endroit assez branché.

Où manger dans les environs ?

|●| Loveless Motel and Café : 8400 Hwy 100 (à env 16 miles de Downtown). ☎ 646-9700. Prendre Broadway qui devient W End, puis continuer, sur la Hwy 100, jusqu'au Loveless Motel and Café, que vous verrez finalement sur la droite, juste avt une station Shell. Tlj 7h-21h. Petit déj servi tte la journée. Plats 7-17 $. Une adresse coup de cœur. Dans un joli coin de campagne, maisonnette country style, ouverte depuis 1951. Le Tout-Nashville s'y donne rendez-vous pour les petits déj et les déjeuners de fin de semaine. Une cuisine simple, une carte restreinte, mais tout est réalisé avec beaucoup de soin. On vient ici pour les grosses omelettes, le délicieux southern fried catfish et le superbe country ham ou pour le pit-cooked pork barbecue. Sans oublier les salades, bien fraîches et arrosées de vinaigrette à la pêche. Les petits estomacs se contenteront des plats de légumes, à choisir dans la longue liste des home made side dishes. Avec 3 ou 4 veggies, on est calé. Bref, on ne regrette pas la longue route.

Où boire un verre ? Où écouter du *bluegrass*, du jazz, de la country ?

Ami lecteur, puisque musique rime avec alcoolique, sachez que Nashville, en plus de distiller sa propre musique, brasse sa propre bière, la *Market Street*. À noter que la plus forte concentration de bars au m² se situe dans la partie basse de Broadway, dans *Downtown*. La plupart n'ont pas de *cover charge*. On peut donc circuler de l'un à l'autre sans étrangler le porte-monnaie. En revanche, n'oubliez pas le chapeau pour les artistes ! C'est la seule rémunération des musiciens. Et les Américains ne sont jamais radins là-dessus. Ci-dessous, quelques adresses sur Broadway et ailleurs. Si vous avez une voiture, n'hésitez pas à élargir votre zone de découverte sonore au-delà de ce secteur. Bonnes surprises garanties.

Sur Broadway et à proximité

Bourbon Street Blues and Boogie Bar (plan D2, **40**) : 220 Printer's Alley (petite allée entre 3rd et 4th Ave, au niveau de Church St). ☎ 242-5837. ● bourbonstreetblues.com ● Tlj 19h-2h. Groupes à partir de 21h. Cover charge 5 $ en sem et 10 $ ven-sam. Le meilleur endroit où écouter du blues et, croyez-nous, on n'est pas les seuls à le penser, vu l'ambiance qui règne entre les murs... Les formations sont importantes (4-8 musiciens) et la bière coule à flots. Une super adresse.

Tootsie's Orchid Lounge (plan D2, **41**) : 422 Broadway. ☎ 726-0463. Tlj 10h-2h30. Il a toujours tenu le coup, ce vieux troquet. Y jouaient tous ceux qui ne passaient pas au *Grand Ole Opry* voisin. Murs tapissés de photos de chanteurs encadrées et protégées par un plexiglas comme dans un musée. Les musiciens s'y succèdent dès la matinée, mais, bien sûr, c'est en soirée que vous trouverez les meilleures vibrations. C'est un point de passage obligé pour ceux qui aiment la country. Entrée gratuite, mais ne pas oublier de remplir la cagnotte du musicien après avoir vidé sa bière.

Legends Corner (plan D2, **41**) : 428 Broadway Ave (à l'angle de 5th Ave). ☎ 248-6334. Tlj 11h-3h. À côté du *Tootsie's*, un autre rade sympathique dédié à la country. Ici, les murs sont couverts de pochettes de disque de toutes les stars du rock et de la country. Pas de *cover* et, comme au *Tootsie's*, la musique ne s'arrête jamais. Elle est incrustée dans l'air comme les 45 tours dans le comptoir. Possibilité d'y boulotter sandwichs et pizzas. Un lieu qu'on aime bien.

Robert's Western World (plan D2, **21**) : 416 Broadway. Tlj 11h-2h30. À deux pas des deux précédents. Peut-être celui des trois où l'on joue (dès le matin) le *hillbilly* le plus traditionnel. Visez d'ailleurs la panoplie de bottes western qui garnissent le mur ! Si certaines vous tentent, sachez qu'elles sont à vendre. Bien sûr, on peut y grignoter hamburgers et frites, mais c'est vraiment pas bon.

Autres lieux musicaux sur Broadway : vous l'aurez vite compris, la section de Broadway située entre la 1st et la 5th Ave compte nombre de bars. Citons encore **The Second Fiddle** (au n° 420), bien chaud tous les soirs, et à côté le **Blue Grass Inn**, spécialisé dans le *bluegrass*, la country et surtout le *hillbilly*.

Hard Rock Café (plan D2) : 100 Broadway. ☎ 742-9900. Tlj 11h-23h (minuit w-e). Que dire encore sur cette chaîne que l'on trouve partout ? Le décor est toujours le même, avec sa collection de guitares, disques d'or et costumes de scène... Curieusement, c'est un des seuls bars où il n'y a pas de *live music*.

Dans les autres quartiers

Douglas Corner Café (hors plan par D3) : 2106 8th Ave S (angle S Dou-| glas Ave). ☎ 298-1688. À env 2 miles de Downtown. Lun-sam 18h-minuit. Cover charge *env 5-10 $*. Formations variées mais restant dans le giron rock, country, *bluegrass* et *country-blues*. Tous les mardis, *open mike* (micro ouvert). Pas de droit d'entrée ce soir-là. Musiciens souvent excellents. Façade assez sombre, salle tout en longueur avec des briques aux murs, où une clientèle dans la fleur de l'âge vient communier sur l'autel de la musique. Un classique du circuit nocturne. Attention, quartier un peu éloigné et pas vraiment sûr (taxi ou voiture indispensable).

♈ ♪ *Bluebird Café* (hors plan par B3) : 4104 Hillsboro Pike Rd. À env 5 miles du centre. ☎ 383-1461. Tlj 18h-minuit. Entrée env 10 $ et conso min 7 $ imposée (normal, l'endroit est petit). Serré comme la poche arrière d'un jean, chaud comme un four, le *Bluebird* est vite devenu le réceptacle d'un renouveau musical nashvillien. Il attire les *songwriters* de tout le pays, qu'une clientèle assez chicos vient écouter religieusement. Ici, pas de débordement, ni de beuveries... Avec une simple guitare ou en petite formation, les auteurs viennent jouer leurs compositions. Le lundi, c'est *open mike* (en général 18h-21h) : joue qui veut, en s'inscrivant à l'avance. Pour certains, c'est la débâcle, pour d'autres, le début d'une carrière. Car dans la salle, les producteurs veillent parfois. Enquérez-vous du programme avant d'y aller car c'est tout de même à 5 miles de *Downtown*.

♪ *The Station Inn* (plan C3, *42*) : 402 12th Ave S. ☎ 255-3307. • stationinn.com • Ici, on ne joue que du bluegrass *pur et dur*, ts les soirs (sf lun, où c'est western swing) 20h-22h. Prix de l'entrée en fonction du groupe (8-15 $). Open jam *dim* (gratuit ce soir-là) où des grappes de musiciens se retrouvent pour des *bœufs* d'enfer. Atmosphère chaude et enjouée, un peu à l'image de certains pubs irlandais, car la spécificité du *bluegrass*, c'est qu'il n'y a que des instruments à cordes. Ambiance familiale vraiment agréable. Bref, une adresse à ne pas manquer.

♪ *Wildhorse Saloon* (plan D2, *43*) : 120 2nd Ave N. ☎ 902-8248. • wildhorsesaloon.com • Appelez ou passez-y pour vous assurer qu'il y a un groupe. Gigantesque salle de danse dédiée à la country. Des dizaines de couples jeunes ou vieux (parfois habillés pareil !) viennent s'y trémousser, en particulier du mardi au samedi à partir de 20h, quand il y a la *house band* qui joue (petit *cover*). Si vous venez à 17h30, 18h30 ou 19h30, vous pourrez profiter de cours de danse western d'1h, la *line dancing*, offerts par la maison. Un bon moyen pour vous initier à la culture locale... Vous pourrez frimer en rentrant chez vous ! On peut aussi y manger.

♈ ♪ *Exit/In* (plan A3, *44*) : 2208 Elliston Pl. ☎ 321-3340. • exitin.com • Ouv slt quand il y a un groupe. Cover charge 5-20 $ selon groupe. En général, bands 5 fois/sem, vers 20h ou 21h. Plusieurs groupes se produisent à la suite. Grande salle genre ancien entrepôt, mais à taille humaine. Les murs sont noirs et l'atmosphère extra. La programmation est très éclectique et, hors la country, on pourra aussi bien y écouter de la musique irlandaise que du rock alternatif. La liste des groupes qui jouèrent ici est assez éloquente : depuis 1971, BB King, les Ramones, les B52's, Johnny Cash... firent trembler les murs d'émotion. On trouve le programme dans le *Scene Nashville* et le *Rage*.

♈ ♪ *Rutledge* (plan D2-3, *45*) : 410 4th Ave S. ☎ 782-6858. Cover charge 5-10 $. Quasiment ts les soirs, à partir de 21h. Toutes les musiques s'y côtoient : heavy metal, reggae, songwriters, rock ou blues. C'est ça l'éclectisme de Nashville. Toujours de belles prestations et *good vibes* dans cette salle au son impeccable.

♈ ♪ *Mercy Lounge* (hors plan par D3) : 1 Cannery Row (angle 8th Ave). ☎ 251-3020. • mercylounge.com • Musique 6 fois/sem (souvent fermé le dim), en général à 21h. Entrée : 5-10 $. Lun soir, entrée gratuite pour le « 8 of 8th » qui accueille 8 groupes à la suite (à partir de 21h30). La salle a de la gueule (à l'étage d'une ancienne conserverie) tout comme les concerts qu'elle abrite, rock à 90 %. Jetez un coup d'œil au comptoir rouge qui ondule gentiment, incrusté de *pin-up* bien balancées. Une autre salle à côté, la *Cannery Ballroom*, plus grande que le *Mercy Lounge*. Parfois, des concerts dans les deux salles le même soir.

♈ ♪ *Family Wash* (hors plan par D1) :

2038 Greenwood Ave (angle Portland Rd). ☎ 226-6070. ● familywash.com ● Musique tlj à partir de 20h en général. Pas de cover charge, le chapeau circule. Ancienne laverie (on s'en doutait), où l'on lessive de manière alternative toutes sortes de musiques : des songwriters les plus anonymes aux musiciens de blues réputés en ville. Country traditionnelle également. Le mardi soir, soirée short sets où des artistes en devenir (c'est ce qu'on dit quand personne ne les connaît !) présentent 5 chansons de leur cru. Ambiance différente, familiale et margeo à la fois, déglinguée et sympathique. Et puis on y mange très bien, notamment leur spécialité, le traditional shepard's pie (ou la chicken pot pie, 10 $) roboratif et tout simplement excellent (sorte de hachis parmentier aux légumes et viande). Une adresse typique de l'East Nashville.

♫ ♪ **French Quarter Café** (hors plan par D1) : 823 Woodland St (entre S 8th et 9th St). ☎ 227-3100. ● frenchquarter. com ● Tlj 17h-minuit env. Mar et jeu, à partir de 18h, open mike (micro ouvert). Pas de droit d'entrée (ou c'est rare). Min de conso : 5 $. Rythm'n'blues, country, rock, une programmation assez éclectique. Un petit troquet musical un peu à l'écart du circuit traditionnel, sympa comme tout si on reste quelques jours en ville et que l'on veut découvrir d'autres atmosphères. Les soirées open mike sont toujours intéressantes. Gentille cuisine cajun si une petite faim vous saisit l'estomac.

Les grands lieux de la country

Quand on vient à Nashville, c'est presque un crime que de ne pas aller écouter Willie Nelson, Dolly Parton ou Brenda Lee. Tous ces grands et bien d'autres se produisent encore régulièrement dans le temple de la country music, le Grand Ole Opry.

♪ **Grand Ole Opry** (hors plan par D3, 50) : dans l'Opryland (voir plus bas la rubrique « À voir » pour la direction). ☎ 871-OPRY ou 1-800-SEE-OPRY. ● opry.com ● Concerts ven (20h), sam (18h30 et 21h30) et mar (19h) de fin mars à mi-déc. Achat des tickets sur place ou au Ryman Auditorium (36-51 $ env.). Durée : 2h (2h30 pour le concert du sam 18h30). Une des plus grandes scènes de music-hall des États-Unis (4 400 places). Entre 10 et 15 artistes se succèdent pour une, deux ou trois chansons. Se renseigner sur la programmation et les places disponibles en appelant ou en consultant le site internet (4 $ de plus si vous achetez les places par le Net). Attention, certains concerts passent en direct sur la radio locale WSM (AM 650). Un animateur vient régulièrement lire des spots de pub, tandis que le produit vanté apparaît en grand écran derrière les artistes... Comme aux premières heures du Grand Ole Opry. Assez drôle.

♪ **Nashville Palace** : 2611 McGavock Pike. ☎ 884-3004. Même route que pour le Grand Ole Opry, mais sortie suivante (Music Valley Dr). Tlj 11h-2h30. Un genre de grand resto en bois où l'on joue de la country. Trois groupes chaque jour, à partir de 13h, mais il n'est pas rare de voir aussi défiler quelques grands noms de la country. Bonne programmation, à apprécier avec un cat-fish sandwich ou, pourquoi pas, des ribeye steak, la spécialité de la maison.

♪ **Texas Troubadour Theater** : 2416 Music Valley Dr. ● ernesttubb. com ● Pas évident à trouver : situé au fond du parking du centre commercial auquel on accède entre les hôtels Guesthouse Inn and Suites et Fiddler's Inn. Plusieurs types de concerts dans cette salle. Si vous êtes à Nashville un samedi sur les coups de minuit, c'est qu'il faut aller. Des musiciens country jouent en direct pour une émission de radio qui passe sur WSM 650-AM de minuit à 1h. Ne loupez pas cette midnight jam session bien sympa. Autre spectacle extra : un show intitulé Tribute to the King, en hommage à Elvis bien sûr, les lundi et jeudi à 19h. (Infos et résas : ☎ 758-0098 ; 25 $; durée : 2h). Il y a même une cérémonie religieuse country le dimanche matin !

À voir

– Pour ceux qui veulent se faire au moins 4 attractions au choix, dont le *Country Music Hall of Fame*, il peut être intéressant d'acheter le *Total Access Pass,* pour 45 $, au *Visitor Center.* À vos calculettes.

🎭🎭🎭 **Country Music Hall of Fame and Museum** *(plan D2, 51)* : 222 *5th Ave S.*
☎ 416-2001. ● *countrymusichalloffame.com* ● *Tlj 9h-17h. Entrée : 18 $; réduc.* Ce musée mythique, installé au cœur de *Downtown,* est dédié à toutes les stars de la country. Vraiment bien fait : ludique, interactif et, bien sûr, musical. Partout au cours de la visite, des petites alcôves vous permettent d'écouter tranquillement des morceaux emblématiques en rapport avec le thème traité. Un musée à ne pas manquer. La visite commence au 3e étage, qui retrace d'abord l'histoire de la country au travers de photos, documents, affiches, instruments et costumes. Voir par exemple la guitare *National* tout en métal, la curieuse Gibson fabriquée spécialement pour Ray Whitley et bien d'autres merveilles. Au fil de la visite sont évoqués des thèmes spécifiques comme le développement de la country dans les années 1920, la mode des duos (comme les *Delmore Brothers*), la naissance des western musicaux, le *hillbilly* évidemment (musique considérée comme plouc, voire plouquissime), les plus belles heures du *Grand Ole Opry,* la naissance du rock, etc. Des tenues de scènes extra, des instruments vraiment originaux... On apprend aussi que c'est à Nashville que Bob Dylan enregistra *John Wesley Harding.* Parmi les pièces spectaculaires, admirer la délirante Pontiac *Bonneville* de Webb Pierce, une vedette du *Honky tonk,* garnie de flingues chromés et de sièges en cuir incrustés de dollars d'argent. La calandre est rehaussée d'une grosse paire de cornes de vache. Sans oublier la Cadillac *Solid Gold* d'Elvis (1960) avec intérieur en or, tourne-disques, TV, boîte à peigne et cire-chaussures ! De même, vous pourrez y voir son piano recouvert d'or de 24 carats ! Puis les guitares de Chet Atkins, un mur couvert de disques d'or et un vrai studio d'enregistrement.
Au 2e étage, expo temporaire d'un an dédiée à un artiste en particulier (Ray Charles, Hank Williams...). Petit auditorium diffusant quelques anciennes émissions datant du début de la télévision qui faisait la part belle aux artistes country. Des panneaux passent en revue l'historique des stars des *seventies* à la longévité extraordinaire (toujours bien présents pour certains) : Johnny Cash (disparu il y a quelques années), Willie Nelson et la bombe Dolly Parton, pour ne citer qu'eux. Écrans interactifs pour « dialoguer » avec certaines stars.
– Les mordus de cette époque pourront également visiter le **Historic RCA Studio B** (situé sur *Music Row*), où Elvis a enregistré le gros de son répertoire. Pas énormément à voir en fait (hormis le studio lui-même), mais la visite, en anglais, révèle quelques anecdotes sympas. Billets à prendre au *Country Music Hall of Fame.* Coût : 8 $ si on visite aussi le *Country Hall of Fame, 13 $ dans le cas contraire* (transport jusqu'au studio compris) ; réduc. Visites ttes les 30 mn tlj, 10h30-14h30 slt.

🎭🎭 **Musicians Hall of Fame and Museum** *(plan D2-3, 52)* : 301 *6th Ave S.*
☎ 244-3263. ● *musicianshalloffame.com* ● *Tlj sf dim 10h-18h (17h ven-sam). Entrée : 15 $. Réduc.* Une copie du célèbre *Country Music Hall of Fame* ? Pas du tout. Ici, ce ne sont pas les stars qui sont à l'honneur, mais ceux qui gravitent autour et sans qui, justement, les stars n'en seraient pas : *songwriters,* musiciens, producteurs-découvreurs... Ce musée peut donc être considéré comme un complément à la visite du musée précité. Évidemment, seuls les spécialistes y trouveront leur pâture, car les musiciens présentés sont souvent des hommes de l'ombre. Présentation par ville des mouvements musicaux, grâce à des vitrines pleines de beaux instruments, de vidéos et d'entretiens diffusés en boucle. Un petit film de 15 mn introduit le sujet, où de grands musiciens méconnus racontent leur expérience avec tel ou tel grand nom. Amusant : on aperçoit Jimmy Hendrix en guitariste accompagnateur, déjà quelque peu turbulent. Puis expo sur Nash-

NASHVILLE

ville : voir la *stell guitar* de Bobby Garett et l'étonnante guitare *Dobro* métallique sur socle de bois de George Harrison. Évocation de l'industrie musicale de Detroit, avec la célèbre *Motown*. L'Alabama est mise en lumière grâce aux célèbres *Studios Muscle Shoals* où Mike Jagger vint enregistrer (photo rare), ainsi que Sonny and Cher. Vitrines sur Hollywood. Puis Memphis, incontournable : voir la curieuse guitare de Reggie Young, 6 cordes plus 12 (ça commence à faire beaucoup !). Rayon anecdote, ne pas louper le tricot réalisé par Luther Perkins, musicien de Johnny Cash qui jouait des aiguilles quand il s'ennuyait en tournée. Et puis un graveur de disques ayant appartenu à Sam Phillips, sans doute un des premiers du genre ! Et encore l'étrange *talk box* mise au point par Peter Frampton.

> **GOOD VIBES**
>
> *Le musicien Peter Frampton, au-delà de sa belle gueule d'ange, se fit connaître pour avoir créé le système de talk box, où la voix se mêle au son de sa guitare. Un tuyau qui relie la bouche à la guitare permet au chanteur de faire vibrer les sons de sa guitare de telle manière qu'on ne sait plus ce qui est issu des cordes vocales ou des cordes de son instrument. L'opus Frampton Comes Alive connut un franc succès, mais l'invention fut vite oubliée.*

🎸 **Ryman Auditorium** (plan D2, **53**) : *entrée sur 4th Ave, entre Broadway et Commerce St.* ☎ 889-3060. ● *ryman.com* ● *Tlj 9h-16h pour la visite. Achats de tickets pour les concerts 9h-16h ainsi que le soir des spectacles 17h-21h. Concerts : 20-100 $.* Cette salle historique peut se visiter mais, franchement, plutôt que de payer 13 $ pour voir une salle... où seules quelques vitrines distillent de maigres souvenirs, mieux vaut venir pour un spectacle, car certains soirs on peut y écouter du *bluegrass,* de la country ou du music-hall (vers 20h)... Une autre visite un peu plus chère prévoit un petit tour *backstage.*
Le bâtiment, un bel édifice à la façade triangulaire, date de 1892. C'est un capitaine de bateau à vapeur (et homme d'affaires) de Nashville qui le fit construire, pour offrir un lieu de prière à un révérend qu'il considérait comme son père spirituel. Ce n'est qu'à partir de 1943 qu'il accueillit le *Grand Ole Opry,* où défilèrent tant de vedettes comme Hank Williams, Roy Acuff et même Caruso et Charlie Chaplin. En 1974, le *Grand Ole* s'installa dans la *Music Valley* et il fallut attendre 20 ans pour que le Ryman soit restauré et abrite à nouveau des spectacles musicaux. L'hiver, la plupart des grands concerts se déroulent ici, quand le *Grand Ole Opry* de l'Opryland est en hibernation. Belle salle aux bancs en bois, à l'acoustique exceptionnelle. Au temps où les artistes se produisaient dans des stades de foot, on se met à regretter ces music-halls intimes où le micro était accessoire. Possibilité de se faire prendre en photo sur la scène.

🎸🎸 **Tennessee State Museum** (plan C2, **54**) : *505 Deaderick St, dans le Polk Center, au sous-sol.* ☎ 741-2692. ● *tnmuseum.org* ● *Mar-sam 10h-17h, dim 13h-17h. Gratuit.* Sur trois niveaux de sous-sol. Pour tout savoir sur l'histoire du Tennessee. Le 1er sous-sol s'attache à l'épopée humaine depuis le paléolithique, l'arrivée des premiers Indiens (riche section !) jusqu'aux années 1820 : découverte du Mississippi par De Soto en 1541, reconstitutions de cabanes utilisées par les premiers colons, d'un vieux moulin à eau, d'ateliers du XIXe s... Le niveau - 2 couvre la période *antebellum* : présentation d'intérieurs bourgeois, galerie de portraits. Le niveau - 3 traite jusqu'aux années 1920 : fin de la section *antebellum,* puis, en bonne place, la guerre de Sécession (armes, étendards...), la place des Noirs au retour de la guerre, le développement économique et industriel de la ville (New South), évocation de la fièvre jaune de 1878, l'exposition pour le centenaire de Nashville... Nombreux documents d'époque. Même si l'ensemble est un rien vieillot dans la présentation, le musée est assez complet. Expos temporaires.

🎸🎸 **Frist Center for the Visual Arts** (plan C2, **55**) : *919 Broadway.* ☎ 244-3340. ● *fristcenter.org* ● *Lun-mer et sam 10h-17h30, jeu-ven 10h-21h, dim 13h-17h30.*

Entrée : 8,50 $; réduc ; gratuit moins de 18 ans. Dans l'ancienne poste centrale, superbe édifice Art déco de 1934. Pas un musée à proprement parler, car il n'y a pas de collection permanente, mais un superbe centre d'art où se tiennent toujours des expos temporaires de grande envergure. Au programme : les arts visuels, mais pas seulement. Se renseigner sur les expos en cours en cliquant sur le site.

🖌 *Batman Building (plan D2, 56) : 333 Commerce St.* On ne peut pas le manquer, il domine la ville avec son sommet qui rappelle les oreilles du masque de Batman ! C'est l'immeuble de *AT & T*, une société de communications. Ne se visite pas.

🖌 *Van Vechten Gallery (plan A1, 57) : Fisk University, 1000 17ʰ Ave N.* ☎ 329-8720. ● *fisk.edu* ● *Sur le campus de l'université. Tlj sf lun et (en été) dim : mar-ven 10h-17h, sam-dim 13h-17h. Gratuit.* Petite collection privée présentant surtout des artistes américains du XXᵉ s comme Georgia O'Keefe, des dessins de Grosz et de Toulouse-Lautrec. En photo, superbes clichés de Stieglitz.

🖌 *The Parthenon at Centennial Park (plan A3, 58) : entrée sur W End, près de 25ʰ Ave S.* ☎ 862-8431. *Mar-sam 9h-16h30, dim (juin-août slt) 12h30-16h30. Entrée : 5 $.* Grand parc dans lequel on a édifié en 1897, pour le centenaire de la ville, une copie conforme du Parthénon d'Athènes. Mais celui-ci est en ciment et pas en marbre ! Les portes de bronze ont plutôt l'air romaines et seraient les plus hautes du monde (ils sont fous ces Rom... euh, ces Ricains !). À l'intérieur, comble de la contrefaçon, on a installé en 1990, à l'étage, une Athéna haute de 13 m, réplique présumée de la vraie... en fibre de verre, et maquillée comme une voiture volée. Rappelons simplement que l'original était recouvert d'ivoire et d'or. Même si cela surprend nos yeux d'Européens habitués aux ruines grecques, ça a le mérite de nous donner une idée de ce que devait être l'original. Rien de convaincant donc. Seul intérêt réel, une petite collection permanente de peinture américaine du XIXᵉ s et début XXᵉ, très influencées par les impressionnistes français (quelques belles œuvres comme *Rose of Shiraz* de Pushman ou *Nights on the Banks* de G. E. Browne). Petites expos temporaires aussi.

🖌 *Opryland (hors plan par D3, 50) : à une dizaine de miles au nord-est de Nashville. Du centre, prendre l'I 40 E, puis la sortie 215 B (« Briely Parkway »), puis l'exit « Opry Mills ».*
L'*Opryland* est un espace de plusieurs hectares où l'on trouve un centre commercial géant, un hôtel de luxe et bien sûr le *Grand Ole Opry*, le fameux « temple » de la country, où tous les grands de ce genre musical se produisent. Cette belle salle à l'acoustique impeccable (et d'où l'on voit bien de partout) abrite les prestations des plus grands artistes de country et *bluegrass* du pays. Evidemment, les nostalgiques préféreront aller assister à un concert au vieux *Ryman Auditorium*, l'original *Grand Ole Opry*, dans *Downtown*. Pour l'achat des places, voir plus haut la rubrique « Les grands lieux de la country ».
Face à l'*Opryland*, on trouve l'*Opry Mills*, gigantesque *mall* d'environ 200 boutiques, restos à thème, qui se caractérise par sa débauche de vulgarité. La notion du consumérisme poussée à l'extrême. Plus loin, mais toujours dans l'*Opryland*, aller voir le délirant *Gaylord Opryland Hotel*. On n'y vient pas exprès, mais si vous êtes là, ça vaut le coup ! Construction folle issue d'un imbroglio de béton, de verre... et de jungle tropicale. Il y a même une rivière qu'on peut descendre en barque ! L'hôtel forme un vaste triangle, dont certaines chambres donnent sur une forêt intérieure où l'on découvre un petit lac, une cascade, des ponts, des bouquets de bambous, des bananiers... Une gageure architecturale et un sacré casse-tête pour les jardiniers, sans compter le boulot des laveurs de vitres !
Enfin, sur Mc Gavock Pike, à l'extérieur de l'*Opryland*, on trouve le *Willie Nelson and Friends Showcase Museum* (☎ 885-1515 ; *tlj 9h-17h*). *Entrée : 5 $. Juste à côté du Nashville Palace.* Pour tout savoir sur ce chanteur de country toujours gaillard, qui a fait pas mal d'apparitions au ciné.

Pour ceux qui ont du temps

🦡 *Belmont Mansion* (hors plan par B3, **59**) : 1900 Belmont Blvd (près de Wedgewood Ave). ☎ 460-5459. ● belmontmansion.com ● *Lun-sam 10h-16h, dim 13h-16h.* Pour ceux qui n'ont pas de voiture et qui veulent visiter une demeure de maître, celle-ci est proche du centre-ville. Elle date de 1853 et était à l'époque entourée de champs et de forêts. Architecture *Greek revival* classique. C'était la maison d'été d'une famille de planteurs de coton louisianais qui fuyait la canicule des bayous en venant à Nashville (où il ne faisait que 40 °C !). Sa propriétaire, une certaine Alicia Hayes, voyagea beaucoup, notamment en Europe où elle passa plus d'un an. Elle acheta nombre d'œuvres d'art et fit de sa maison une véritable galerie de l'art européen. La visite guidée (guides un peu ennuyeux, dommage) dévoile les charmes des salons cossus et rococo, des riches pièces à vivre, des deux salles à manger, du bureau digne d'un ministre... Dans un boudoir, noter le chauffe-pieds dans lequel on plaçait des charbons de bois. Dans l'une des chambres à l'étage, voir l'exceptionnel « nécessaire de voyage » (en français dans le texte).

🦡 *Belle Meade Plantation :* 5025 Harding Rd. ☎ 356-0501 ou 1-800-270-3991. ● bellemeadeplantation.com ● *À 7 miles au sud-ouest de* Downtown. *Prendre Broadway, poursuivre sur W End qui devient Harding Rd, et emprunter sur la gauche la petite Leake Ave, juste après le panneau indiquant le site ; c'est à 200 m (sur la gauche). Lun-sam 9h-17h, dim 11h-17h. Visite guidée ttes les heures (dernière à 16h). Entrée : 14 $; réduc. Prendre le petit plan à l'accueil.* Vaste plantation avec des écuries du début du XIXe s et agrandie plus tard où furent élevés les plus beaux chevaux de la région. Si vous allez en Louisiane, visite peu indispensable. Si ce n'est pas le cas, allez-y car la visite guidée est intéressante. On découvre avec un guide la *mansion,* riche demeure où tout est d'époque. Nombreux salons : fumoirs pour que les hommes fument, boudoir pour que les femmes boudent (amies lectrices, pas de lettres d'insultes, ce n'est qu'un mauvais jeu de mots !), grande salle à manger... À l'étage, chambres richement meublées, on s'en doute. Partout des tableaux de chevaux : normal, les proprios étaient avant tout des éleveurs, esclavagistes de surcroît, et qui arrondissaient leur bas... de coton en en cultivant. Bref, tout pour réussir sa business ! Il faut d'ailleurs savoir qu'à l'époque les jockeys étaient noirs et devinrent de vraies vedettes. Mais quand les lois ségrégationnistes (après l'abolition donc) furent mises en place, les jockeys se retrouvèrent sans monture et galopèrent en Europe pour gagner leur croûte. Revenons à la visite : à l'étage, jetez un coup d'œil à la douche, véritable ancêtre de la balnéothérapie. Assez impressionnante. Dans la grange à côté de la demeure, la *carriage house,* belle collection de *carriages* (de calèches, quoi !). Intéressantes explications sur la condition des esclaves à Belle Meade dans la petite maison aux esclaves. On peut aussi voir la *Harding Cabin,* une des plus vieilles maisons du Tennessee (1790), tout en rondins, ancienne demeure de la famille qui fit ensuite fortune. Dans le domaine, d'autres petits édifices à visiter.

🦡 *Cheekwood Museum of Art and Botanical Garden :* 1200 Forest Park Dr. ☎ 356-8000. ● cheekwood.org ● *À 2 petits miles après Belle Meade (en venant de Nashville), toujours par Harding Rd. Mar-sam 9h30-16h30 (20h certains j.), dim 11h-16h30. Entrée : 10 $; réduc.* Sur trois niveaux d'une grosse bâtisse géorgienne, des collections de toiles impressionnistes américaines, de vaisselle, d'art décoratif et de photos. La visite vaut plus pour le jardin en fait, magnifique au printemps.

🦡 *The Hermitage, Home of President Andrew Jackson :* 4580 Rachel's Lane. ☎ 889-2941. ● thehermitage.com ● *À 13 miles du centre vers le nord-est. Prendre l'I 40 E puis la sortie 221 A (Old Hickory Blvd) ; ensuite, c'est indiqué. Tlj d'avr à mi-oct 8h30-17h. Hors saison : 9h-16h30. Entrée : 15 $; réduc.* Bâtisse du milieu du XIXe s où vécut pendant 8 ans Andrew Jackson, 7e président des États-Unis, au milieu d'un vaste parc très country. Des guides en costumes mènent la visite qui nous conduit pièce par pièce à travers l'histoire. Jackson vécut là ses dernières années. D'origine irlandaise, il fit beaucoup pendant la révolution américaine. Cette maison fut reconstruite au milieu du XIXe s après avoir brûlé, dans un style *Greek revival* assez ennuyeux. Quelques beaux meubles dans les chambres. Pas vraiment grand-chose à voir, c'est plutôt une ambiance. Dans le jardin, sa tombe et celle de sa femme. Complétant la visite, à 1 mile à l'autre bout du parc, la maison de son neveu, *Tulip Grove.*

À faire

– La compagnie *Gray Line* propose divers **tours de ville,** dont un de 1h, en trolley, qui permet de voir les lieux les plus significatifs de Nashville. ☎ 1-800-251-1864. ● graylinenashville.com ● *Plusieurs départs/j., à l'angle de Broadway et 2nd Ave, à côté du Hard Rock Café (plan D2). Coût : 12 $; réduc. Autres tours de 3h à 6h (40-75 $).*

– **Nashville Nascar Superspeedway** : *à env 30 miles à l'est de Nashville.* ☎ 726-1818. ● nashvillesuperspeedway.com ● *Pour s'y rendre, prendre l'I 40 E puis la sortie 235 (route 840 W) et continuer sur une dizaine de miles, jusqu'à la sortie 65. De mars à septembre, on peut assister certains week-ends à ces célèbres courses automobiles particulièrement impressionnantes. Compter 10 $ pour les qualifications et au moins 30 $ pour les vraies courses.*

Quelques événements musicaux...

... ou folkloriques, à Nashville et dans tout le Tennessee. Les dates et les lieux sont toujours susceptibles d'évoluer. À vérifier bien sûr.
– **Le jour de la Mule** *(Mule Day) :* début avr, à Columbia (41 miles au sud de Nashville). Infos : ☎ 381-9557 ou ● muleday.com ● *Foire très colorée où tout tourne autour de la mule. Courses, ventes aux enchères, concours de banjo, square dance...*
– **Country Music Festival :** *la 2e sem de juin, au Coliseum (LP Field), le stade en bordure de la Cumberland River. Infos :* ☎ 1-800-CMA-FEST. ● cmafest.com ● *Quarante heures de show, concours de violon et square dance avec toutes les grandes vedettes. Ça rappelle Nashville d'Altman. Attention : à cette période, il faut vraiment se lever tôt pour trouver une chambre !*
– **Music City Jam :** *le 1er w-e de sept.* ● visitmusiccity.com ● *Festival de jazz et rock. Sur River Front Park, au bord de la rivière.*
– **Longhorn World Championship Rodeo :** *début nov. À Murfreesboro, ville à 30 miles au sud-est de Nashville.* ● longhornrodeo.com ● *Des dizaines de cowboys et cow-girls parmi les meilleurs, pour un championnat du monde très disputé.*

Achats

☗ **Ernest Tubb Record Shop** *(plan D2, 70) :* 417 Broadway. ☎ 255-7503. *Tlj 9h-22h (jusqu'à minuit ven-sam, tlj 18h en hiver).* Tout ce que vous avez toujours voulu écouter sur la country et le *bluegrass.* Que du neuf, vinyles ou CD. Vendeurs sympas et de bons conseils. Autre boutique au 2416 Music Valley Dr.
☗ **Lawrence Records Souvenirs** *(plan D2, 70) :* 409 Broadway (entre 4th et 5th Ave). ☎ 256-9240. ● lawrencerecordshop.com ● *Mar-sam 10h-18h.* Très longue salle pleine de vinyles 45 et 33 tours, tous neufs. Incroyable ! Quelques CDs aussi. Pour les acharnés.
☗ **Great Escape** *(plan B3, 71) :* 1925 Broadway. ☎ 327-0646. *Près du Vanderbilt Campus. Lun-ven 10h-21h,*

sam 10h-22h, dim 11h-19h. Une des meilleures adresses à notre avis, qui ne vend que de l'occasion. Les CD sont classés par genre et les prix sont imbattables. Tous les styles : country, blues, rock, pop, jazz... Beaucoup de vinyles également, une collection de *comics*, ainsi que des bouquins de photos sur les artistes. Les fans, en fouillant bien, pourront y trouver quelques raretés. Vérifiez bien l'état des CD avant d'acheter.

✪ *Hatch Schow Print* (plan D2, **72**) : 316 Broadway. ☎ 256-2805. Tlj sf dim 9h-17h (sam à partir de 10h). Une imprimerie étonnante, ouverte depuis 1879 et qui continue d'imprimer les affiches sur des machines d'époque, couleur après couleur. On y trouve les affiches de concerts d'Elvis, Johnny Cash... Un super cadeau pour les amateurs.

➤ DANS LES ENVIRONS DE NASHVILLE

🎬🎬 *Jack Daniel's Distillery* : à **Lynchburg**, à 75 miles au sud de Nashville. ☎ 759-6180. • jackdaniels.com • Prendre l'I 65 vers Birmingham, puis l'I 64 vers Chattanooga et enfin l'I 50 jusqu'à Lynchburg (bon fléchage). Visite guidée gratuite tlj 9h-16h30.

Si vous aimez le whisky, voilà une visite à ne pas manquer. C'est dans le petit village de Lynchburg, qui regroupe 360 âmes (enfin, c'est ce que dit la pub car, en réalité, il y en aurait près de 6 000), que siège depuis 1866 la distillerie du célèbre Jack Daniel. La méthode de fabrication est toujours la même et, 5 jours par semaine, pas moins de 1 200 barils de 53 gallons se remplissent de ce whisky à la couleur ambrée et au goût inimitable.

D'une famille de dix enfants, le petit Jack perdit sa mère très jeune et fut confié à un pasteur. Celui-ci fabriquait du whisky... Comme ce n'était pas bon pour son image de marque et, voyant que Jack s'intéressait à la chose, il lui vendit tout son matériel de distillation et celui-ci ouvrit un petit commerce à l'âge de 12 ans (selon la légende) ! Concernant sa mort, l'histoire n'est pas moins originale... On dit qu'un jour, voulant ouvrir son coffre-fort, il oublia la combinaison. De rage, il lui donna tellement de coups de pied qu'il se broya les orteils et, négligeant de se faire soigner, mourut de la gangrène quelques mois plus tard, à l'âge de 61 ans. Ses quatre fils vendirent l'affaire dans les années 1960, obligeant l'acheteur à garder la recette de fabrication et à rester à Lynchburg.

Passons maintenant à la fabrication du *Jack Daniel's*. Il faut d'abord du moût, mélange de trois céréales (maïs, seigle et orge) baignant dans l'eau de Cave Spring, source naturelle qui jaillit toute l'année du cœur des collines de Lynchburg. Sans teneur minérale, elle coule à une température constante de 13 °C. Elle explique l'installation de la distillerie sur ce site. Après cuisson, ce moût fermente puis est distillé dans d'immenses alambics de cuivre de 30 m de haut. Le whisky alors fait 70° ! Il est ensuite filtré sur du charbon de bois (érable à sucre, très présent dans le coin et réputé comme un bois très dur) fabriqué sur place. Il termine sa maturation en tonneau pendant plusieurs années, le bois lui donnant sa couleur ambrée. Puis il est enfin mis en bouteilles. Ce sont toutes ces étapes que vous découvrirez durant la visite, ainsi que le bureau où Jack Daniel fit ses débuts. Rappelons que son whisky a été élu meilleur au monde à l'Exposition universelle de Saint Louis en 1904 ! Mais le plus drôle, c'est que la vente d'alcool était interdite à Lynchburg jusqu'en 1995... À la vôtre !

MEMPHIS 650 000 hab. (1,1 million avec les banlieues) IND. TÉL. : 901

Avec un nom d'inspiration égyptienne, Memphis s'est développée au bord d'un fleuve qui s'est pris pour le Nil, le Mississippi, à la fois couloir de communication entre le nord et le sud, et frontière qui sépare l'est de l'ouest. Sur l'autre rive, on est en Arkansas, l'État de Bill Clinton. Pour les autochtones,

c'est quelque part dans les environs de Memphis que se rejoignent trois com-
posantes de l'univers américain : le Deep South, le Middle West et le Far West.
En plus, on fantasme dur sur Memphis depuis qu'on est tout petit. *Memphis
Tennessee* de Chuck Berry, bien sûr, mais aussi W. C. Handy, qui composa le
fameux *Saint Louis Blues,* et, pour finir, Elvis Presley rendirent célèbre le nom
de Memphis.

Memphis est une étape indispensable pour ceux qui partent à la recherche
des racines du blues. Et là, il y a de quoi faire. Sinon, on découvre une grosse
ville de province assez étendue, qui s'articule autour d'un petit *Downtown* en
bonne partie restauré, traversé par un vieux tram. La municipalité a réhabilité
certaines « dents creuses » du centre pour créer de nouvelles zones de cha-
landises (galerie commerciale autour du *Peabody Hotel*) ou de rencontres
sociales et sportives (comme l'*Autozone Stadium* et le *FedEx Forum,* en plein
cœur de la ville). Pourtant, curieusement, Memphis, à certains moments de la
journée, semble morte. Elle paraît vivre au rythme du Mississippi, qui coule
doucement. Mais ne vous fiez pas à cette première impression, car les soirs
de week-end, elle peut prendre un autre visage. Alors que tout semble désert,
l'animation se concentre sur une rue, une seule : *Beale St.* L'âme du blues se
réveille alors, tel un vieux fantôme, et hante la rue jusqu'à épuisement, jusqu'au petit jour. C'est dans cette rue légendaire qu'a été plantée et qu'a éclos
cette petite graine qui s'appelle le blues (qui a engendré son fils prodigue, le
rock'n'roll). Tous les clubs sont là. Elle a été presque entièrement reconstruite
et est en grande partie piétonne le soir et en fin de semaine. Dans la semaine,
les habitants vont jouer dans les casinos de *Tunica,* et les cow-boys s'enca-
naillent dans des lupanars dont on ne délivrera pas les adresses qui s'étalent
sur des panneaux de pub géants.

Memphis est une ville qui distille sa puissance, son énergie à petite dose. Sa
beauté n'est pas visible à l'œil nu. Ici, pas de vue époustouflante comme à
San Francisco, pas de quartier historique comme à Boston. On ferme les yeux,
mais on ouvre ses oreilles. On se laisse porter par la musique et le cœur bat
plus fort. Memphis émeut. Elle possède un « je-ne-sais-quoi » de décadent et
de fragile qui ne laisse pas indifférent. Ce n'est pas un hasard si Elvis, le premier Blanc à avoir chanté la musique des Noirs, vivait à Memphis et si Martin
Luther King y fut assassiné. Musées dédiés à la musique, aux Droits de
l'homme, maison d'Elvis... il y a plein de choses à voir... et surtout à écouter.

LA GRANDE HISTOIRE DU BLUES À MEMPHIS

Les souvenirs des temps prospères restent profondément ancrés dans certains
entrepôts désaffectés, certaines vieilles enseignes qui se dégradent. Les bords du
Mississippi sont calmes, presque tristes, mais semblent encore résonner des sirènes des *steamers,* des râles des malheureux porteurs de balles de coton et de ce
chant magnifique qui montait le soir des quais assoupis : le blues... Encore le
blues... Il est intimement lié aux rapports entre Noirs et Blancs, cette révolte qui
vient du fond de la gorge et qui imprègne encore aujourd'hui de manière indélébile
les murs de Memphis.

Grand port du coton, brassant beaucoup d'argent, Memphis devint vite un carrefour important et était facilement atteint par bateau de n'importe quel point du
fleuve. Dans les années 1920, le quartier compris entre Beale St (les « Champs-
Élysées » de Memphis) et 4th St est voué aux jeux, à la prostitution, aux bars et, bien
entendu... à la musique. La ville est le lieu de plaisir de tous les fermiers, commerçants et habitants des rives du Mississippi. Des orchestres noirs sillonnent sans
cesse les rues, jouant surtout, au contraire de La Nouvelle-Orléans, avec des instruments à cordes et une sorte de trompette rudimentaire, le *jug,* qui n'est autre
qu'une bouteille vide dont on tire des sons bizarres en soufflant dedans. Les caba-
rets de Beale St vont ainsi distiller pendant des années les accents déchirants du

blues, au milieu de la fureur des bagarres, des soûleries et du jeu. La boîte la plus célèbre de Beale St, *Pee Wee's,* affichait à l'entrée : « Nous ne fermons pas avant le premier meurtre. »

Memphis voit naître ou séjourner nombre de « grands » : Furry Lewis, qui, entre deux blues, vend des médicaments de sa fabrication ; Frank Stokes ; le guitariste Jim Jackson qui crée *Kansas City Blues* ; le Memphis Jug Band ; Gus Cannon ; Memphis Minnie, la grande vedette féminine de Beale St, en robe à carreaux et chapeau de paille et qui compose le big classique *Bumble Bee* ; Memphis Slim qui ne quitte la ville pour Chicago qu'en 1939 ; et puis encore Ma Rainey qui apprend à chanter à Bessie Smith. Avec l'attraction d'autres villes, l'introduction du blues électrifié, le déclin commercial de Memphis, Beale St meurt peu à peu. Et puis le blues noir ne perce pas dans le grand public... jusqu'à Elvis. Mais ça, c'est l'histoire qui suit ! Un grand merci à Gérard Herzhaft qui, grâce à son *Encyclopédie du blues* (Éd. Fédérop), a permis l'élaboration de ce chapitre.

ELVIS STORY...

Quand on s'appelle le King, on mérite bien son paragraphe !
Le 8 janvier 1935, à Tupelo (Mississippi), Gladys Presley met au monde des jumeaux. L'un d'eux meurt à la naissance... Elle appelle l'autre Elvis. Rapidement, la famille part habiter Memphis. Durant l'été 1953, Elvis enregistre pour 4 $ une chanson pour sa môman.
En 1954, c'est l'ère Eisenhower, le puritanisme, la guerre froide, la haine de la différence, et surtout la ségrégation des Noirs. Ces Noirs qui n'ont pas beaucoup de droits, si ce n'est celui de se taire.

> ## VOIX NOIRE — PEAU BLANCHE
> *C'est le racisme de ses contemporains qui empêche une reconnaissance décisive du blues chez les Blancs. Un ingénieur du son doté du sens des affaires, Sam Philipps, à bien compris. Avec une intuition géniale, il se met alors à la recherche de Blancs qui chanteraient dans le style frénétique des Noirs. Un matin, dame fortune sonne à sa porte : un certain Elvis Presley, blanc de peau, noir de voix, veut enregistrer une chanson pour sa maman. Il chantera pour le monde entier.*

Ou bien de chanter. Et encore, pas trop fort, et seulement entre eux. C'est dans cette ambiance bien-pensante du Sud qu'Elvis pousse la porte du *Sun Studio,* où l'on enregistre pour 4 $ ce qu'on veut sur vinyle. Entre deux prises, Elvis prend sa guitare et entonne un vieux standard du rythm'n'blues : *That's all right, Mama.* À cette époque, la musique noire est dans une impasse. Elle est cantonnée aux radios « ghetto ». Pour vendre de la musique noire aux Blancs, il faut qu'un Blanc la chante. En écoutant Elvis, Sam Philipps, le proprio du studio, a le déclic. C'est l'homme qu'il cherchait : un Blanc avec une voix, une sonorité, une sensualité exceptionnelles, proches de celles des chanteurs noirs. Le créneau est libre, Elvis s'y engouffre. Sa chance est d'arriver au bon moment. Il enregistre 5 titres chez Sun Studio (dont *Mystery Train*). Avec sa voix extraordinaire, son sourire d'adolescent, sa douce timidité et son déhanchement provocateur, Elvis embrase le public. Au début, pour plaire aux jeunes de sa génération, il s'affuble de la tenue de cuir du rebelle ; en fait, il est plutôt rebelle malgré lui. D'ailleurs, il enregistre dans tous les styles : country, gospel, rythm'n'blues, rock, pop, bel canto, cantiques de Noël à la Bing Crosby, mélopées sucrées pour grosses dames permanentées de Las Vegas... Le « colonel » Parker, pas plus colonel que vous et moi, rachète son contrat et devient son manager dès 1955. Il règle les grandes lignes aussi bien que les détails de la vie du chanteur. Il en fait un produit marketing complet et cohérent. Opportun, quand on considère les multiples facettes du King. Tantôt de gauche, zazou, rebelle provocateur et sensuel, *movie star* au bronzage nickel, milliardaire excentrique, ceinture noire de taekwondo, ou homme solitaire aux cols de chemise « pelle à tarte »...

De 1956 à 1958, ascension fulgurante. Ses premières apparitions télévisées font scandale. Mouvement de hanches, mèche rebelle, jambes écartées, micro au gardo-à-vous, moue de bébé... grande inspiration... Un cri surgit : « *You ain't nothing but a hound dog...* » Des filles s'écroulent, certaines se griffent le visage, d'autres pleurent, sautent, sursautent, électriques, hystériques... Pour les familles, il a mauvais genre et ce qui les inquiète, c'est que ça plaît à leurs enfants, surtout à leurs filles. Un grand quotidien commente : « À voir monsieur Presley, on se rend compte que sa spécialité n'est pas le chant mais tout autre chose. C'est un virtuose du déhanchement. » On interdit de le filmer en dessous de la ceinture.

De 1958 à 1960, au faîte de sa célébrité, comme ses petits camarades, il part à l'armée. Mais en chemin (en Allemagne), il rencontre Priscilla Beaulieu, qu'il épouse en 1967. À son retour, le « Malin-Colonel » suscite artificiellement dans le public un sentiment de frustration intense. Elvis demeure célèbre par son absence. Ce sera l'idole invisible. Les seuls *shows* TV où il passe sont les plus grands, les plus chers, les plus prisés. Un peu comme les spéculateurs aiment à créer une pénurie de sucre dans les supermarchés. Il distille son image au compte-gouttes. Succès énorme. Elvis enregistre beaucoup mais est invisible sur scène pendant près de 10 ans. Tournage de 31 films dont beaucoup de navets, taillés sur mesure, par le gros légume-Parker. On retiendra surtout *King Créole* et *Jailhouse Rock*. Janvier 1968 : naissance de Lisa-Marie (qui sera par la suite brièvement l'épouse de Michael Jackson). Le King revient en piste en 1969, à Las Vegas. Le public, qui l'a attendu pendant près d'une décennie, est là, intact. Elvis vit alors à Bel-Air et passe son temps à prendre du poids, comme d'autres à en perdre.

1972, c'est la séparation d'avec Priscilla, et commence la boulimie de concerts, de gâteaux... et de médicaments (quelque 30 000 pilules parmi lesquelles narcotiques, sédatifs, amphétamines). « Dis Elvis, y a un truc qui cloche dans ta vie ? » 1973 : première alerte et divorce. 1974-1975 : plus de 150 concerts ; plusieurs alertes. Le 26 juin 1977, il donne son dernier concert dans l'arène de *Market Square* à Indianapolis... Deux mois plus tard, le 16 août, après 111 albums et 500 millions de disques vendus, Elvis Aaron Presley meurt d'une crise cardiaque à l'âge de 42 ans. Il pèse alors 110 kg (voire 158 d'après certaines sources, notamment un documentaire de la BBC). Trop de sandwichs au beurre de cacahuètes, trop de médicaments ? On ne saura jamais vraiment. Comme dit *Libé* : « Le rock vient de perdre le gros de sa troupe. » Le roi est mort, la légende continue. Comme la soupe *Campbell* ou la bouteille de *Coca*, Elvis est devenu une icône de l'Amérique.

Il est le premier à avoir mixé blues, gospel et country avec autant de génie. Il a fait éclater le racisme musical en imprimant profondément sa marque dans la musique des années 1950. Il reste une bête de scène incomparable, féroce et tendre à la fois. Adulé par les foules, de temps à autre les journaux clament son retour ou croient en sa réincarnation et/ou son exil dans un coin du Sud profond.

Graceland, la maison qu'il avait offerte à sa mère, est devenue un lieu de pèlerinage de tous les fans du chanteur aux costards blancs

JOHNNY CASH LE BIEN NOMMÉ

Le son particulier de la guitare de Johnny Cash sur son morceau Walk the Line *est très particulier. Pour obtenir cet effet, Mister Cash eut l'idée de glisser un billet d'un dollar entre les cordes et le manche de sa guitare, lui donnant ainsi un son unique, légèrement feuilleté, un peu traînant, s'accordant merveilleusement à sa voix grave et mélancolique, où le blues des paroles rejoint le rythme, éminemment country.*

incrustés de pierres précieuses. Elvis n'a qu'exceptionnellement chanté à l'étranger (en Allemagne et au Canada) et il a toujours chanté en anglais. C'est ce qui a permis à de nombreux artistes (Johnny, Dick, Eddy...) d'adapter son style et ses chansons.

TOPOGRAPHIE

Memphis est étendue, mais l'animation se limite essentiellement à Beale St, le soir. Les soirs de fin de semaine, la rue est noire de monde. Sinon, le reste de *Downtown* est assez mort et, malgré la tentative de redonner vie à Main St, son activité ne saute pas aux yeux.

Autres secteurs animés les vendredi et samedi soir, Overton Sq et l'angle de Cooper St et Young St, à une vingtaine de blocs à l'est de *Downtown*.

Arriver – Quitter

En avion

✈ *L'aéroport (plan II, F6)* est à env 10 miles au sud de la ville. Pas de kiosque d'information dans le hall.

Pour aller dans le centre

➢ *En bus :* cherchez le panneau « MATA City Bus » à l'extérieur de l'aéroport. C'est le bus n° 2, qui vous conduit jusqu'au nord de *Downtown* (Poplar Ave) en 45 mn. Départ tlj sf dim, env ttes les heures 6h45-17h45. Attention, service réduit le sam. Bref, pas nécessairement très pratique, même si c'est de loin la solution la moins chère (1,50 $; avoir l'appoint).

– *Shuttle gratuit des hôtels :* certains hôtels chic du centre possèdent leur propre *shuttle* qui vient chercher leurs clients à l'arrivée. Se renseigner auprès d'eux et demander s'ils ont un « free shuttle from the airport ». Sinon, dans le hall d'arrivée, un tableau avec la liste des hôtels et des téléphones (appels gratuits) est à la disposition des clients.

➢ *En shuttle :* avec la compagnie *TennCo Express Airport Shuttle*. Service de minibus vous conduisant directement à votre hôtel s'il est dans ou proche de *Downtown*. ☎ 522-0001. ● tenncoexpress.com ● Compter 16 $/pers. Plus pratique et plus rapide que le bus, mais 10 fois plus cher ! À partir de deux, mieux vaut prendre un taxi. Départs tlj, 7h30-21h30, ttes les 30 mn. Pour retourner à l'aéroport, appelez-les la veille, ils passeront vous prendre à votre hôtel. Départ tlj 6h-18h, ttes les heures.

➢ *En taxi :* compter 30 $ pour 2 pers (un peu plus pour 3). Plus intéressant que le *shuttle* à partir de 3 pers.

En bus

🚌 *Terminal de bus Greyhound (plan I, B3) : 203 Union Ave (et 4th St).* ☎ 523-9253. 6 bus/j. pour Atlanta, 5 pour Nashville, 4 pour New York, 5 pour Chicago, 7 pour Los Angeles et 2 pour La Nouvelle-Orléans. La compagnie dessert aussi Clarksdale (3 fois/j.), le village de naissance du blues.

En train

🚆 *Gare ferroviaire Amtrak (hors plan I par B4) :* à l'angle de Main St et Patterson Ave (un peu au sud de Downtown). ☎ 526-0052 ou 1-800-USA-RAIL. Juste 2 destinations : La Nouvelle-Orléans (départ tôt le matin) et Chicago (départ le soir). Plus rapide et moins cher que *Greyhound*.

Comment se déplacer en ville ?

Les centres d'intérêt étant assez éloignés les uns des autres, mieux vaut avoir une voiture. À Downtown en revanche, préférable de se déplacer à pied car les distances sont courtes et le parking jamais très aisé. Si vous n'êtes pas motorisé, voici les différentes possibilités :

➢ *Memphis Area Transit Authority* (MATA) : c'est la société de transport public de Memphis. Pas super facile d'utilisation quand on ne connaît pas bien la ville, mais vous pouvez toujours appeler le ☎ 274-6282 (ou 722-7171) pour savoir comment aller d'un point à un autre. Sinon, il y a leur site web : ● matatransit.com ● où apparaît le détail des différentes lignes. Ou encore le North Terminal, à l'angle de Main St et de Auction Ave *(plan I, C1)*, où vous pouvez retirer des horaires sous forme de dépliants.

➢ *City Wid Cab* : ☎ 324-4202, 24h/24.

➢ *Yellow Cab* : ☎ 577-7777.

➢ *Trolley* : ☎ 274-6282. Ttes les 10 mn env en semaine et 20 mn le w-e. Lun-jeu 6h-23h30 ; ven 6h-1h ; sam 9h30-1h ; dim 10h-18h (horaires légèrement différents pour la ligne est-ouest). Demander le plan à l'office du tourisme. Il s'agit d'anciens trams portugais qui donnent un peu de chaleur à *Downtown*. Il y a trois lignes : deux lignes qui traversent *Downtown* du nord au sud, une sur Main St et l'autre sur Riverside, le long du Mississippi (cette dernière étant plus rapide car il y a moins d'arrêts). La troisième traverse d'est en ouest. Elle longe Madison Ave et se dirige vers *Midtown*. Elle s'avère bien pratique pour ceux qui résident dans ce coin-là et qui ne sont pas véhiculés. Très sympa et peu cher (1 $ le ticket ; 50 cts 11h-13h30).

Adresses et infos utiles

Informations touristiques et culturelles

⊟ *Tennessee State Welcome Center* *(plan I, B2, 1)* : 119 N Riverside Dr. ☎ 543-5333. ● memphistravel.com ● Tlj 9h-18h (17h oct-mars). Un toit vert en forme de clocher sous la passerelle qui mène à Mud Island. Pour toutes infos sur Memphis et l'État du Tennessee, demander l'excellent *Mem-*

■ **Adresses utiles**

⊟ 1 Tennessee State Welcome Center
⊟ 2 Memphis Convention & Visitor Bureau
✉ Postes
🚌 Gare routière Greyhound
🚆 Gare ferroviaire Amtrak
  3 First Tennessee Bank
  4 Monorail pour Mud Island

🛏 **Où dormir ?**

  11 King's Court Motel
  14 Sleep Inn at Court Square
  15 Benchmark Hotel
  17 Holiday Inn Select

|●| **Où manger ?**

  30 Little Tea Shop
  31 Huey's
  32 The Arcade Restaurant
  33 Flying Fish et Big Foot
  34 The Spaghetti Warehouse
  35 Rendez-vous
  36 Blues City Café
  37 Café 61 et Automatic Slim's Tonga Club

🍴☕ **Où prendre un café, une pâtisserie ou le petit déj ?**

  50 Blues City Pastry Shop et Center for Southern Folklore
  51 Bluff City Coffee

🍴♪ **Où boire un verre ? Où écouter du blues ?**

  60 B. B. King's Blues Club
  61 Rum Boogie Café et Blues Hall et King's Palace Café
  62 Alfred's on Beale
  63 New Daisy Theater et Coyote Ugly Saloon
  64 Flying Saucer
  65 Café Soul

✺ **À voir**

  70 Rock'n' Soul Museum
  71 Sun Studio
  74 National Civil Rights Museum
  75 Cotton Museum
  76 Gibson Guitar Factory
  77 Orpheum Theater
  78 Peabody Hotel
  79 Belz Museum of Asian & Judaic Art
  80 Fire Museum of Memphis

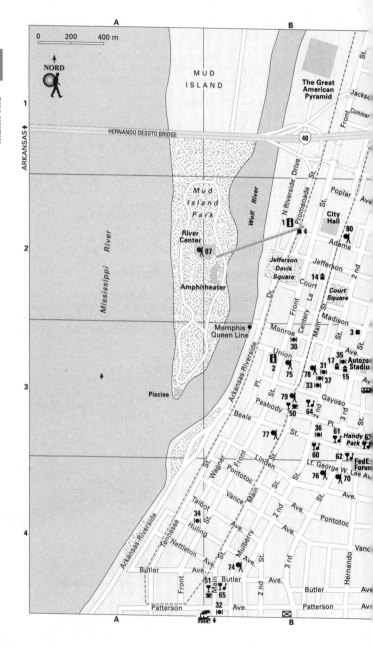

0   200   400 m

NORD

A

B

M U D
I S L A N D

The Great
American
Pyramid

Jackso

HERNANDO DESOTO BRIDGE

40

Front

Commer

M u d
I s l a n d
P a r k

Wolf River

N Riverside Drive

Promenade St.

Poplar   Ave.

City
Hall

80

River
Center

1

4

Adams

2 nd St.

2

87

Jefferson
Davis
Square

Jefferson

Court

14

Court
Square

Mississippi   River

Amphitheater

Front   St.

Centry La.

Main   St.

Madison

3

Ave.

Memphis
Queen Line

Monroe

30

35

Autozo
Stadiu

Union

2

75

31

17

78   37

15

Av

33

Gayoso

3

Arkansas-Riverside Dr.

79

Pl.

2 nd St.

50

64

3 rd St.

Peabody

Piscine

Beale

St.

36

61

Handy 6
Park

77

St.

60

62

FedE
Foru

Front   St.

Linden

St.

Lt. George W. Lee Av

76

70

Pontotoc

Ave.

Talbot

34

St.

2 nd   Ave.

Vance

Pontotoc

Arkansas-Riverside

Wagner   St.

Huling

Ave.

4

Tennesse   St.

Nettleton

Mulberry   Ave.

3 rd   Ave.

Hernando

74

Butler

Ave.

Butler

Ave.

Main   St.

51

65

Front

32

Patterson   Ave.

Patterson   Av

Vanc

A

B

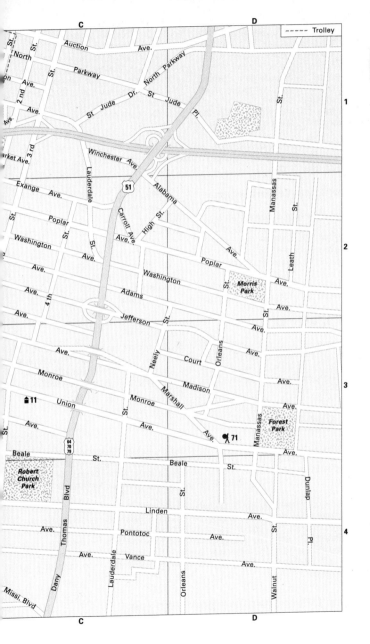

MEMPHIS (PLAN I)

phis *Map and Tourist Guide* qui contient un plan de la ville. Vous y trouverez aussi des coupons de réductions pour les hôtels et motels. Enfin, ils peuvent appeler pour connaître les hébergements disponibles. Statues géantes d'Elvis (pas très réussi) et de B. B. King (très réaliste).

🄸 *Memphis Convention & Visitor Bureau* (plan I, B3, **2**) : 47 Union Ave.

☎ 543-5300. *Lun-ven 8h30-17h.* Pour la ville de Memphis seulement et ses proches environs.
– Sinon, vous pouvez aussi interroger les agents de la *Blue Suede Brigade,* reconnaissables à leur chemise blanche et leur chapeau blanc. Ils circulent dans les rues de *Downtown* et sont là pour répondre aux questions des touristes.

– Pour connaître les événements en cours, se procurer le *Memphis Flyer* (hebdo gratuit qui sort le jeudi) ou le *Memphis Downtowner,* un magazine mensuel. On les trouve un peu partout.

Argent, poste, Internet

✉ *First Tennessee Bank* (plan I, B3, **3**) : 165 *Madison Ave, au 15e étage. Lun-ven 8h30-16h.* Change les euros en liquide moyennant 5 $, et aussi les *travellers* mais là, la commission est prohibitive (15 $) ! Avoir son passeport. Mieux vaut, comme d'habitude, retirer de l'argent aux *ATM* qu'on trouve partout.

✉ *Poste* (plan I, B4) : 555 3rd *St, près de l'angle avec Patterson.*

▣ *Internet :* la plupart des hôtels disposent désormais de connexions *wi-fi* gratuites ou possèdent un ou deux ordinateurs mis à la disposition des clients (souvent gratuit, parfois payant).

Santé, urgences

■ *Pharmacie :* Walgreens, 2 N Main St (angle avec Madison). ☎ 527-0052. *Lun-ven 7h-20h, sam 8h-19h, dim 10h-18h.* Une autre Union Ave près de Mc Lean Ave.

■ *Methodist University Hospital :* 1265 Union Ave. ☎ 516-7000. Le plus proche de *Downtown.* **Regional Medical Center** : 877 Jefferson Ave. ☎ 545-7100.

Où dormir ?

Comme à Nashville (et ailleurs aux États-Unis), le prix des hôtels varie un peu selon le jour de la semaine (le week-end est souvent un peu plus cher), la saison (certains établissements ont des tarifs plus bas en hiver), le taux de remplissage le soir venu et, bien sûr, les festivités qui peuvent avoir lieu. Bref, mieux vaut téléphoner avant de se déplacer.
Beaucoup de motels près de Graceland. On dort tout près du King (qui, rappelons-le, est enterré là), mais loin du centre. Si vous êtes à Memphis mi-août (date anniversaire de sa mort), réservez bien, bien à l'avance. Un bon moyen d'obtenir les meilleurs prix est d'aller à l'office de tourisme pour prendre des coupons de réductions de motels, et de leur demander d'appeler les établissements qui ont retenu votre attention (cela fait partie des services proposés) pour connaître les disponibilités.

Dans Downtown (ou pas trop loin)

Assez bon marché

🛏 *Motel 6* (plan II, E5, **10**) : 210 S Pauline St (une rue qui coupe Union St, à env 2 miles à l'est de Downtown, presque au niveau de l'Interstate 240).

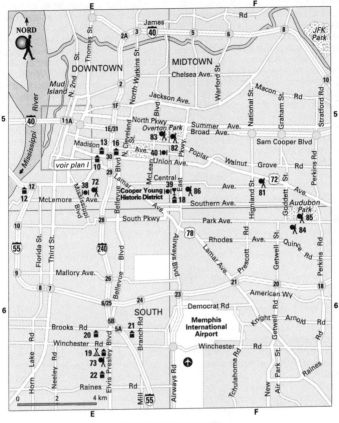

MEMPHIS (PLAN II)

■ **Adresse utile**

✈ Aéroport

⚐ ☗ **Où dormir ?**

- **10** Motel 6
- **12** Super Motel 8 Downtown
- **13** Red Roof Inn
- **16** Holiday Inn Express
- **18** Pilgrim House Hostel
- **19** Memphis Graceland RV Park & Parkground et Elvis Presley's Heartbreak Hotel
- **20** Super 7 Inn
- **21** Airport Inn et Quality Inn
- **22** Days Inn

◖●◗ **Où manger ?**

- **38** The Four Ways Restaurant

- **39** Café Olé et Tsunami
- **40** Umai

⚑ **Où boire un verre ?**

- **39** Java Cabana

⚔ **À voir**

- **72** Stax Museum of American Soul Music
- **73** Graceland
- **81** Memphis Pink Palace Museum & Planetarium
- **82** Memphis Brooks Museum of Art
- **83** Memphis Zoo
- **84** Dixon Gallery and Gardens
- **85** Memphis Botanic Garden
- **86** Children's Museum
- **87** Mississippi River Museum

☎ 528-0650. ● motel6.com ● Env 50-55 $ pour 2 pers en sem et w-e (quelques $ en plus pour 4). Petit déj (minimaliste) inclus. Chambres de Motel 6 égales à elles-mêmes, donc d'un rapport qualité-prix très convenable. Situé non loin de la ligne du trolley (qui passe sur Madison). Une solution envisageable donc pour les non-motorisés.

▪ **King's Court Motel** (plan I, C3, **11**) : 265 Union Ave. ☎ 527-4305. ● king scourtmotel.net ● Env 60 $ en sem et 70 $ le w-e (petite différence de prix entre les chambres à 1 ou 2 lits). Motel modeste et un peu triste mais qui a l'avantage d'être situé au cœur de Downtown (et proche du terminal Greyhound). Tout simplement le moins cher de tout le centre-ville. Il faut dire que c'est le seul du genre à pratiquer ces prix-là. Une véritable aubaine pour les fauchés sans voiture ! Chambres simples et impeccables. Petite piscine (sur le parking !).

▪ **Super Motel 8 Downtown** (plan II, E5, **12**) : 340 W Illinois Ave, au sud de Downtown. ☎ 948-90-05. ● super8mem phis.com ● Wi-fi et accès Internet. Compter 55 $ pour 2 pers et 10 $ de plus pour 4 (même prix sem et w-e). À noter qu'on est au pied du pont de l'Interstate qui traverse le Mississippi. Motel classique, à l'environnement pas folichon, mais aux chambres nickel. Petite piscine. Choisir une chambre sur l'arrière, plus calme.

▪ **Red Roof Inn** (plan II, E5, **13**) : 42 S Camilla St, à l'angle d'Union St. ☎ 526-1050. Wi-fi et accès Internet. Compter 70-75 $ pour 2 pers en sem et w-e, et 5 $/pers supplémentaire. Environnement pas génial certes, mais pas pire qu'ailleurs en fait. Prix surestimés pour ce motel on ne peut plus classique, mais il reste intéressant grâce à sa relative proximité du centre (ligne de trolley toute proche). Chambres propres (choisir celles sur l'arrière à cause du bruit). Petite piscine.

De prix moyens à un peu plus chic

▪ **Sleep Inn at Court Square** (plan I, B2, **14**) : 40 N Front St. ☎ 522-9700 ou 1-800-4CHOICE. ● choicehotels.com ● Parking env 8 $. Doubles pour 2 ou 4 pers 110-180 $, un peu plus avec petit déj. Situation calme, quoique centrale, pour cet hôtel fort bien tenu et qui possède presque un petit charme. Chambres impeccables, calmes et confortables. Petite salle de fitness. Une excellente adresse.

▪ **Benchmark Hotel** (plan I, B3, **15**) : 164 Union Ave. ☎ 527-4100 ou 1-800-380-3236. ● benchmarkhotelmem phis.com ● Wi-fi gratuit. Env 120-140 $ (selon sem ou w-e) pour 1-4 pers. Agréable lobby. Assez chic et très central. Les chambres sont vastes, avec AC et tout le confort, mais rien de bien charmant franchement, surtout compte tenu du prix. Parking payant (on est à Downtown) mais pas encore trop cher.

▪ **Holiday Inn Express** (plan II, E5, **16**) : 1180 Union Ave, non loin de l'Interstate 240. ☎ 276-1175. ● hiexpress. com ● Wi-fi gratuit. À une dizaine de blocs de Downtown (3 mn en voiture). Chambres 1-4 pers 120-180 $, petit déj-buffet correct inclus. Avec cette chaîne de motels, on est rarement déçu. Ensemble plutôt classe, proposant des chambres très confortables. Piscine, presse du jour, parking gratuit...

Chic

▪ **Holiday Inn Select** (plan I, B3, **17**) : 160 Union Ave (juste à côté du Benchmark Hotel). ☎ 525-5491. ● hisdown townmemphis.com ● Chambres 1-4 pers 190-220 $. En plein Downtown. Élégant lobby, couloirs très feu-trés, et environ 200 chambres. Piscine au 4e étage, sur le toit. Plus cher que les autres mais vraiment cossu. Là encore c'est sa situation, centrale, qui est son principal avantage.

Dans le quartier de Cooper-Young

Bon marché

Pilgrim House Hostel *(plan II, E-F5, 18)* : *1000 S Cooper St (angle Young St).* ☎ 273-8341. ● *pilgrimhouse.org* ● *Parking gratuit sur l'arrière. Accès Internet. Ouv tte l'année. Pas de couvre-feu (digicode). Réception au 2e étage. Accueil 16h-20h. Résa par mail conseillée. Compter 15 $ le lit, 40 $ la double. Séjour maxi 7 nuits.* Grand bâtisse claire et sympathique, au cœur du petit carrefour animé de Cooper-Young. Atmosphère cool et tranquille. Abrite plusieurs dortoirs (7-14 lits) et quelques chambres doubles. Sanitaires dans le couloir impeccables. Draps fournis. Deux salons et une vaste cuisine fort bien équipée (2 grands frigos, *toaster...*). Chambres claires, elles aussi de taille généreuse, avec d'épais matelas confortables. Casiers avec cadenas à code à disposition. Le meilleur *deal* en ville pour les voyageurs solitaires, même si c'est un peu éloigné du centre. Location de vélos dans le même building et, à l'entresol, une boutique d'artisanat de commerce équitable *(fair trade).*

Du côté de Graceland

C'est ici qu'on trouve le plus de motels, en raison de la proximité de la maison d'Elvis bien sûr, mais aussi de l'aéroport. N'y dorment que ceux qui sont motorisés, car c'est à 6-7 miles du centre. Les motels se concentrent sur Elvis Presley Blvd et Brooks Rd, une grande artère perpendiculaire qui mène à l'aéroport. On se doit quand même de vous dire que le coin n'a guère de charme. Les rues ont rarement moins de 6 voies et le trafic est important.

Camping

Memphis Graceland RV Park & Parkground *(plan II, E6, 19)* : *3691 Elvis Presley Blvd.* ☎ 396-7125 *ou 1-866-571-9236.* ● *memphisgracelandrvpark.com* ● *Tente 2 pers 23 $; mobile home 34 $; cabane pour 2 pers, tte simple, avec AC 39 $.* À côté de l'hôtel *Heartbreak* et à 2 mn à pied de la résidence éternelle d'Elvis, ce qui constitue la principale qualité de ce lieu. Très vaste et sans âme. Ce n'est certainement pas là que s'est cachée celle du King ! Les allées portent pourtant toutes des noms de chansons de qui vous savez. Piscine de mai à octobre. Laverie, boutique et cuisine d'été pour les campeurs.

Assez bon marché

Super 7 Inn *(plan II, E6, 20)* : *1117 E Brooks Rd.* ☎ 346-0992. *À env 1 mile de Graceland. Accès Internet. Compter 50 $ pour 1 lit (2 pers) ; 65 $ pour 2 pers (un peu plus le w-e). Café gratuit le matin (dégueu, comme d'hab !).* Il s'agit en fait d'un *Motel 6*, même si l'enseigne est différente. Chambres convenables mais en choisir une sur l'arrière, plus calme. Fonctionnel. Petite piscine devant la route.

Airport Inn *(plan II, E6, 21)* : *1441 E Brooks Rd.* ☎ 398-9211. ● *airportinnmemphis.com* ● *Double 45 $, 60 $ pour 4 en sem. Un poil plus cher le w-e. Tarifs un peu plus élevés si on réserve à l'avance. Petit déj simple compris. Accès Internet et appels locaux gratuits.* Ensemble certes sans charme, mais prix très compétitifs. Petite piscine intérieure (bof, bof...).

Prix moyens

🛏 **Quality Inn** (plan II, E6, **21**) : 1581 E Brooks Rd. ☎ 345-3344. Accès Internet. Près de l'Airport Inn. Chambres 1-4 pers 65-75 $ selon sem ou w-e, petit déj continental inclus. Moins cher en hiver. Transport gratuit de ou vers l'aéroport. Un des meilleurs du coin, pour le prix et la qualité des chambres. Elles sont pimpantes et confortables, avec frigo et coffre-fort. Petite piscine. On le recommande.

Chic

🛏 **Elvis Presley's Heartbreak Hotel** (plan II, E6, **19**) : 3677 Elvis Presley Blvd. ☎ 332-1000 ou 1-877-777-0606. ● elvis.com ● Wi-fi et accès Internet. Résa conseillée. Chambres 2 pers 110-135 $ selon sem ou w-e, et 5 $/pers supplémentaire. Petit déj continental compris. Quelques suites thématiques aussi, superbes mais inabordables. Navette gratuite (free shuttle) pour l'aéroport et pour Downtown, tte la journée. Pratique. Tout compte fait, cet hôtel n'est guère plus cher que ceux de certaines chaînes réputées plus cheap. À côté de Graceland, dont il fait d'ailleurs partie, très bel hôtel à la gloire du King, vivement recommandé à ceux qui baignent dans l'Elvismania. Lobby décoré années 1950 bien sûr, et chambres confortables et bien arrangées (micro-ondes, réfrigérateur...), avec photos noir et blanc d'Elvis. Y sont diffusés ses films en continu. Piscine.

🛏 **Days Inn** (plan II, E6, **22**) : 3839 Elvis Presley Blvd. ☎ 346-5500 ou 1-800-DAYS-INN. ● daysinn.com ● Accès Internet. Un peu après Graceland en venant du centre. Compter 100-125 $ pour 2-4 pers (selon sem ou w-e), petit déj compris. Moins cher en hiver. Un des plus chouette Days Inn qu'on ait vus. Ici encore, réception décorée à la gloire du King (même s'il y a à redire sur sa statue !), avec murs de disques d'or (certainement des copies) et des photos de notre ami commun. Piscine en forme de guitare, pour une fois pas trop déprimante. Les chambres sont impeccables, équipées d'une super literie. Et comme au Heartbreak Hotel, on y diffuse sur 3 chaînes, 24h/24, les films de qui vous savez.

Où camper un peu en dehors de Memphis ?

⛺ **T.O. Fuller State Park** (hors plan I par B4) : à 10 miles du centre. ☎ 543-7581. Pour y aller : suivre 3rd St vers le sud sur 5 ou 6 miles, puis prendre à droite Mitchell Rd. Continuer jusqu'au Fuller State Park. Dès l'entrée, suivre les flèches pour le camping. Sur la droite, s'arrêter au Visitor Center pour vous enregistrer (lun-ven 8h-16h30). Si l'accueil est fermé, installez-vous directement sur le site, situé à env 1,5 mile de l'accueil (suivre les flèches) et un ranger passera vous voir. Compter 18 $ pour 2-4 pers, eau et électricité comprise (un peu plus pour les mobile homes). Pour ceux qui sont motorisés, un vrai chouette endroit pour dormir. Pas d'heure d'ouverture ni de fermeture, et on peut s'installer comme on veut. On dort sous les arbres d'une belle forêt (prévoir un bon répulsif antimoustiques). Calme et sûr. Beaux emplacements avec barbecue. Sanitaires propres. Sur place, en supplément, dans le State Park, on trouve une piscine et un golf 18 trous.

Où manger ?

Elle a du goût, la cuisine du Sud ! Les spareribs, ça vous met de la sauce jusqu'aux oreilles et c'est bon ! Spécialité de Memphis, elles se dégustent accompagnées de red beans et de coleslaw. On vous a dégoté quelques bons endroits où en manger.

Dans le centre

Bon marché

|●| **Little Tea Shop** (plan I, B3, 30) : 69 Monroe Ave. ☎ 525-6000. Lun-ven 11h-14h. Env 8 $ le plat. Un des restos les plus populaires du quartier, ouvert depuis 1918 ! C'est la cantine des gens qui travaillent dans le coin... Il faut dire que chaque jour a ses spécialités, et les prix sont alléchants. Le menu est sur la table, un crayon fraîchement taillé à côté. Il suffit de cocher les cases pour passer commande. La salle est vaste, dépouillée. La clientèle est de tous les âges et de toutes les couleurs. Même la couleur des cols est variée : des blancs et des bleus se mêlent pour communier ensemble devant cette véritable cuisine du Sud, *deep soul food,* où l'on trouve, avec le foie grillé, le *pot roast* ou le *corned-beef,* des *turnip greens,* sorte d'épinards locaux au goût fort, une onctueuse purée maison ou encore les célèbres *black eyed peas.* On peut même se contenter d'une *vegetable plate* (3 ou 4 au choix).

|●| **Huey's** (plan I, B3, 31) : 77 S 2nd St. ☎ 527-2700. Tlj 11h30-2h. Plats 5-8 $. Une petite chaîne de burgers sympa, à l'ambiance jeune et relax, qui fait du bon travail pour le prix. Les nappes à carreaux rouges et blancs et les murs couverts de graffitis et signatures lui donnent une atmosphère toute particulière. Excellent *tuna steak sandwich.* Sinon, soupes, salades et, bien sûr, des burgers, qu'on peut même demander végétariens.

|●| **The Arcade Restaurant** (plan I, B4, 32) : 540 S Main St, à l'angle avec G.E. Patterson (terminus sud du trolley). ☎ 526-5757. Tlj 7h-15h. Plats env 7-8 $. Vieux carrelage au sol, banquettes bicolores crème et turquoise. On y mange pizzas, salades, sandwichs et burgers. Rien de bien sorcier (le raffinement est largement remplacé par la quantité),

mais on l'indique surtout parce que c'est le plus vieux café de Memphis (1919), classé aux Monuments Historiques, fréquenté par le King (sa place était au fond à gauche) et par les stars de cette époque... Pour limiter les dégâts pondéraux, on peut opter pour la *veggie plate.* C'est dans ce quartier-là que fut tourné *Mystery Train* de Jim Jarmush et *Walk the Line,* narrant l'histoire de Johnny Cash.

|●| **Flying Fish** (plan I, B3, 33) : 105 S 2nd St. ☎ 522-8CAT. Tlj 11h-22h. Baskets *ou* plates 4-10 $. Une 1re salle en terrasse couverte et une autre intérieure, plus confortable, l'ensemble à cheval entre le fast-food et le vrai resto. Aux murs, portraits de pêcheurs anonymes narrant leur historique de pêche. On commande au comptoir, on attend qu'on vous appelle et on vient chercher sa commande de *catfish, rainbow trout, salmon fillet* ou *grouper,* grillés ou frits, servie avec riz et légumes. Les porte-monnaies moins garnis pourront se contenter des formules *baskets,* pas mal non plus, et finalement suffisants. Excellent service et un résultat de qualité compte tenu des prix modérés. Écrevisses en saison.

|●| **Big Foot** (plan I, B3, 33) : 97 S 2nd St. ☎ 578-9800. Tlj 11h-1h. Salades, sandwichs et burgers 6-9 $. Big food, big taste, big fun... tel est le slogan de cette sorte de *diner* version nord-canadienne, avec des murs en rondins garnis de têtes d'élans, de cerfs et des tables en bois vernissées flanquées de banquettes rouges. Les hamburgers sont copieux et les frites, salées aux gros cristaux de sel, ont l'air trop cuites, mais sont en fait très bonnes, bien croustillantes. Bien pour le midi mais la salle est un peu froide le soir.

Prix moyens

|●| **The Spaghetti Warehouse** (plan I, A4, 34) : 40 W Huling Ave. ☎ 521-0907. Tlj 11h-22h (ven-sam 23h). Plats 7-16 $. Mer, formule 5 $, boisson incluse ! Un

classique du genre, dans un grand entrepôt restauré, qui ressemble à s'y méprendre aux *Old Spaghetti Factory* sans, toutefois, en être un. Le décor est superbe, composé de vieilles affiches de cinéma et du cirque Barnum. On peut manger dans un vieux trolley au milieu de la salle ou dans un lit en laiton transformé en table aux banquettes confortables. Côté cuisine, des pâtes accommodées à toutes les sauces et servies avec une salade et de délicieux petits pains chauds. Service souriant.

|●| **Rendez-vous** (plan I, B3, **35**) : situé dans une petite allée reliant Union et Monroe Ave, entre 1st et 2nd St. ☎ 523-2746. Mar-jeu 16h30-22h30, ven-sam 11h30-23h. Plats 9-18 $. Plusieurs salles en sous-sol, chargées au maximum. Déco surchargée de vieilles gravures, cadres, bibelots anciens, vitrines de fusils... Bref, ambiance brocante, bien chaleureuse. Entre nous, les ribs, la spécialité de la maison, sont un peu chers, mais, bon, on s'en pourlèche encore les babines. On peut se contenter du half rack of ribs, largement suffisant et moins cher. On vient également ici pour l'atmosphère (assez démente les soirs de week-end), rehaussée par des serveurs typés qui s'adressent à vous dans un accent du Sud bien trempé ! Ce qui est sûr, c'est que l'endroit attire toujours autant de monde alors, pensez à réserver ou arrivez avant 19h...

|●| **Blues City Café** (plan I, B3, **36**) : 138 Beale St, à l'angle de 2nd St. ☎ 526-3637. Ouv jusqu'à 1h en sem et 2h le w-e. Le bar ferme 2h plus tard. Plats 12-18 $. Au cœur de l'animation nocturne des fins de semaine, un autre endroit dédié aux ribs. Elles sont au même prix qu'au Rendez-vous mais, ici, on a des frites en plus. Autre différence, la viande, nappée de sauce barbecue au sirop d'érable, se détache toute seule de l'os. Le half rack of ribs peut être suffisant. Tout ça dans une grande salle rugissante, genre diner, qui présente l'avantage insigne, pour les noceurs, de servir jusque tard. Cuisine ouverte sur la salle, dégageant de merveilleux fumets.

Chic

|●| **Café 61** (plan I, B3, **37**) : 85 S 2nd St. ☎ 523-9351. Tlj 11h-23h (minuit ven-sam, 22h dim). Plats 16-22 $. Moins cher à midi (7-13 $). Accueil extra. Ici, la cuisine est le fruit d'une savoureuse et subtile synthèse de diverses tendances culinaires du pays, cajun notamment. Le cadre est relax (salle aux tons rouge-orange, avec des tables couvertes de toiles cirées), la musique rétro, bref, on s'y sent bien. Si vous n'êtes pas en fonds, vous pouvez y venir pour le lunch, plus démocratique.

|●| **Automatic Slim's Tonga Club** (plan I, B3, **37**) : 83 S 2nd St. ☎ 525-7948. Tlj sf sam et dim midi. Sert tard le soir. Plats 16-26 $. Le midi, 8-10 $. Grande salle avec mezzanine, tables en vieux bois émaillé et luminaires amusants. Fréquenté, entre autres, par les amateurs de fine cuisine caraïbe aux accents asiatiques. Parmi les spécialités, on peut citer le coconut mango shrimp, le jamaican jerk duck, le huachinango ou le voodoo stew, une sorte de bouillabaisse créole. Sinon, il y a aussi des salades et des sandwichs pas chers à midi, qu'on peut prendre au bar. Agréable musique, service souriant, pas de doute, on a affaire à une bonne adresse.

À l'est et au sud de Downtown

Bon marché

|●| **The Four Ways Restaurant** (plan II, E5, **38**) : 998 Mississippi Blvd. ☎ 507-1519. Tlj sf lun 11h-19h (17h dim). Compter 7 $ le plat. Un rendez-vous classique de la soul food depuis 1946, où l'on sert chaque jour son lot de petits plats différents (deep fried catfish, roasted turkey, barbecue ribs avec leurs légumes...), tous empreints de l'esprit du Sud, simples et copieux. Très fréquenté par les gens du quartier, mais aussi en son temps par M.L. King, Jesse Jackson et quelques basketteurs de la NBA, comme en témoignent les photos

souvenirs sur les murs.

|●| **Café Olé** (plan II, E-F5, **39**) : 995 S Cooper St (angle avec Young St). ☎ 274-15-04. Tlj 10h30-22h (23h ven-sam). Lunch special 7 $ (lun-ven 11h-15h). Le soir, 10-13 $ le plat très com-plet. Café-resto flirtant avec la filière culinaire mexicaine. Murs colorés comme les assiettes : *fajitas, empana-das, burritos* et *tacos* constituent le fond de la carte. Pas du raffiné, mais du solide.

De prix moyens à chic

|●| **Tsunami** (plan II, E5, **39**) : 928 S Cooper St. ☎ 274-2556. Lun-sam 17h30-22h. Plats 18-28 $, repas complet 35 $ au moins. Un des restos gastronomiques du quartier branché de *Cooper-Young*. Adresse prisée des résidents locaux pour sa cuisine de poisson et sa petite terrasse en bordure d'une avenue calme. Nappes blanches et bougies dans un décor plutôt brut de ciment et de brique. Les artistes du coin se sont chargés de garnir les murs, les cuisiniers de garnir les assiettes : du poisson essentiellement, préparé avec une franche pointe d'exotisme asiatique (tendance thaïe), aux subtiles saveurs. Cependant, la taille des portions décevra les gros mangeurs. Prix assez élevés mais originalité et qualité garanties. On vous conseille le vin au verre car le choix est large et les tarifs sont acceptables (contrairement aux bouteilles).

|●| **Umai** (plan II, E5, **40**) : 2015 Madison Ave (à env 20 blocs du centre). ☎ 405-5241. Ouv le midi mer-ven, le soir mer-sam 17h-22h (23h ven-sam). Brunch dim (12h-16h). Plats 17-20 $, le midi 8-10 $. Une salle qui ne ressemble pas à grand-chose, où l'on sert une cuisine d'inspiration japonaise, mâtinée d'influences françaises, totalement décomplexée, orchestrée par un jeune chef plein de talent. Quelques sushis côtoient sans sourciller un *drunken duck* de bon aloi. Sauces goûteuses qui accompagnent des poissons de première fraîcheur, des algues ou autres produits sentant bon le pays du soleil levant. Laissez-vous guider par votre serveur, tout est bon.

Où prendre un café, une pâtisserie ou un petit déjeuner ?

Dans Downtown

▼ ☞ **Blues City Pastry Shop** (plan I, B3, **50**) : 153 S Main St, à l'angle de Peabody. ☎ 576-0010. Lun-jeu 6h30-22h, ven 6h30-minuit, sam-dim 9h-minuit. Lumineux espace prolongé par une terrasse devant laquelle passe le trolley. En vitrines intérieures, de beaux gâteaux maison, frais, picorant dans les recettes de tous les continents. De la *world pâtisserie* quoi : *cheese cake, cinnamon rolls,* tiramisù, crèmes brûlées, *apel strudel* et mêmes *baklavah.* Sert des petits déjeuners et un *light lunch.*

▼ **Center for Southern Folklore** (plan I, B3, **50**) : 123 S Main St. ☎ 525-3655. Lun-sam 12h-19h (minuit sam). Petits concerts de blues le sam soir à partir de 21h (entrée : 5 $). Un lieu voué à la préservation et à la diffusion de la culture du Sud. C'est à la fois une boutique d'artisanat (livres, affiches, objets divers, CD...) et un *coffee shop*, sympa pour descendre un café l'après-midi.

▼ ☞ **Bluff City Coffee** (plan I, B4, **51**) : 505 S Main St. ☎ 405-4390. Tlj 6h30-20h (22h ven-sam et à partir de 8h dim). Recommandé pour une pause chocolat chaud après la visite du *National Civil Rights Museum* (pas loin). On peut aussi y venir le matin, pour un thé ou un café (beau choix) accompagné d'une modeste sélection de pâtisseries (*bagels, cookies* et *muffins*). Déco design agréable, avec d'énormes photos noir et blanc de Memphis.

Dans le quartier de Cooper-Young

🍽 *Java Cabana* (plan II, E5, **39**) : 2170 Young Ave, près de l'angle avec Cooper St. ☎ 272-7210. Mar-jeu 8h30-22h, ven-sam 8h30-minuit, dim 12h-22h. Petite restauration sur le pouce, et petit déj possible. Dans le quartier branché de Cooper-Young. Sans doute le plus bohème des *coffee shops* de la ville, à l'atmosphère vraiment particulière, à laquelle on est bien sensible : une salle avec vieux canapés, tables et chaises de cuisine en formica, jeu d'échecs, livres... Un petit côté californien. Parfait pour siroter un thé, un café ou l'une de leur *specialty drinks* (qu'on vous laisse découvrir). Expos d'artistes et musique presque tous les soirs, qui commence entre 18h et 20h. Style éclectique mais c'est *open mike* (micro ouvert, joue qui veut) le jeudi. Et toujours du jazz le dimanche.

Où boire un verre ? Où écouter du blues ?

Dans Downtown

Pas la peine de trop chercher, tout se passe essentiellement sur Beale St *(plan I, B3)*. Là, faites comme tout le monde, du *bar-hopping*. Le week-end, les abords sont très surveillés et, à l'entrée du périmètre barricadé, on doit montrer une pièce d'identité *(ID)*, souvent un permis de conduire puisque les Américains n'ont pas de carte d'identité. On passe alors d'un bar à l'autre, au gré de la musique. On peut même se contenter de déambuler et écouter les petites formations qui se produisent en pleine rue et dans les passages entre les immeubles. Calendrier des concerts disponible sur ● bealestreet.com ●, ou dans le *Memphis Flyer*.

Tous les clubs de la ville ont le droit de vendre de l'alcool (et donc de fonctionner) jusqu'à 5h du mat' (chose rare aux States !). Ce qui n'empêche pas l'heure de fermeture de varier selon l'affluence. Certains soirs, minuit, d'autres, 4h. Idem pour le prix d'entrée, en principe proportionnel à la popularité du groupe (mais jamais très cher). Compter 3-5 $, et 10 $ pour les plus grosses pointures. Parfois on y danse. On vous rappelle qu'il faut avoir 21 ans pour entrer, sauf au *New Daisy Theater* (qui est une salle de concert). Le vendredi, possibilité d'acheter un *pass* (bracelet) pour 12 $, qui permet d'entrer librement dans un certain nombre de clubs.

♪ Dans le **W. C. Handy Park,** juste au bas de Beale St, presque tous les soirs d'été, groupe de blues en plein air. Gratuit et sympa.

🍽 ♪ *B. B. King's Blues Club* (plan I, B3, **60**) : 143 Beale St (angle 2nd St). ☎ 524-5464. ● bbkingbluesclubs. com ● Entrée : 5-10 $\$$. Ts les soirs, du blues, du blues, du blues... et de la soul à partir de 19h30 jusqu'à minuit et bien plus tard le w-e. Musique à partir de 13h sam-dim. Pourquoi du blues ? Tout simplement parce que l'endroit appartient vraiment à B. B. King, le roi du blues. C'est aussi un resto servant des plats du vieux Sud : ribs, catfish... Large salle avec mezzanine, où l'ambiance s'échauffe rapidement, menée par des musiciens extraordinaires.

🍽 ♪ *Rum Boogie Café et Blues Hall* (plan I, B3, **61**) : 182 Beale St (angle 3rd St). ☎ 528-0150. Tlj 11h-1h30. Entrée : 3-5 $\$$). Le *Rum Boogie* et le *Blues Hall* sont deux salles aux entrées indépendantes mais communicantes à l'intérieur. Dans la première se produit un groupe local tous les soirs, et dans celle du fond (après le premier bar), des formations plus intimes sont invitées, généralement du blues ou du rythm'n'blues. Niveau toujours excellent dans les deux. Fréquentation surtout « quadras et plus ». N'hésitez pas à pousser la porte qui sépare les deux salles. Pour un droit d'entrée unique, on écoute deux *bands*. Super ambiance, plus ou moins bruyante selon la salle. On peut aussi y ronger des *ribs*, dans un décor chargé de guitares.

🍽 ♪ *King's Palace Café* (plan I, B3,

61) **:** *162 Beale St, à côté du* Rum Boogie Café. *☎ 521-1851. Musique à partir de la fin d'ap-m et jusqu'à 22h en sem, 23h30 le w-e. Pas de droit d'entrée.* Un resto plus qu'un club, mais qui accueille chaque soir un groupe de blues ou de jazz (ou encore des musiciens genre *folk singer*). À la carte : salades, sandwichs, viandes grillées, pâtes et quelques spécialités cajuns... Tout ça reste un peu cher, aussi de nombreux clients se contentent-ils d'y boire un verre.

Alfred's on Beale *(plan I, B3,* ***62****)* **:** *197 Beale St. ☎ 525-3711. Groupes presque ts les soirs (vers 20h-21h). Entrée : 5-10 $.* Un des classiques de Beale St, distillant un excellent son, même si la salle elle-même est moins chaleureuse que les autres. Pour prendre le frais, large terrasse en surplomb de la rue. Venez-y le dimanche soir pour écouter des *jazz-bands* style années 1940. Les anciens y dansent avec plaisir.

New Daisy Theater *(plan I, B3,* ***63****)* **:** *330 Beale St. ☎ 525-8981. • newdaisy.com • Ouv slt les soirs où un musicien se produit.* Beau cinéma rococo transformé en salle de concert. Un des meilleurs lieux de musique de la ville, assez grand pour accueillir les très grandes pointures, mais pas trop quand même, histoire de conserver un contact direct avec l'artiste. Blues, jazz, rythm'n'blues, mais aussi rock progressif. Beaucoup de jeunes. On y danse également. Dernière info : le 1er mardi de chaque mois, soirée boxe ! Marrant, non ? Téléphoner (ou consulter le site) pour connaître les programmes.

Coyote Ugly Saloon *(plan I, B3,* ***63****)* **:** *326 Beale St. Tlj 16h-3h. Petit droit d'entrée ven-sam (5 $), pour les mecs slt.* Changement de concept : ici, ce n'est pas la musique qui est à l'honneur. On vient pour voir des filles, en fait des clientes, se hisser et danser sur le bar au rythme du juke-box (alimenté par les clients) ! Clientèle échauffée. Une plongée presque sociologique au cœur d'une Amérique pleine de contradiction, souvent pudibonde, mais qui le week-end dessert son corset puritain et s'étonne elle-même de son audace.

People's on Beale Street **:** *323 Beale St (presque en face du* New Daisy Theater*). ☎ 523-7627. Dim-jeu 15h-minuit, ven-sam 13h-3h.* Du monde surtout après 17h. Pas un bar à musique, mais un bar à billards. Une dizaine de tables qu'on loue à l'heure. Une halte sympa entre deux clubs de musique.

Flying Saucer *(plan I, B3,* ***64****)* **:** *130 Peabody Pl. ☎ 523-7468. Tlj 12h-1h (2h le w-e). Musique live mer-sam.* Deux vastes salles, dont une climatisée, aux murs et plafonds couverts d'assiettes, de dominos et de pièces d'échecs au-dessus du bar. Amusant. On vous l'indique pour sa grande, non, son énorme sélection de bières, de cidres, de mélanges cidre-bière, sans oublier les suggestions (de bières encore) du jour au tableau noir... Musique un peu lourde mais on vient surtout pour l'ambiance. Un des seuls lieux fumeurs de la rue.

Café Soul *(plan I, B4,* ***65****)* **:** *492 S Main St. ☎ 859-0557. Entrée : 5-10 $ selon groupes.* Café-club tout de bois revêtu, pas sur Beale St mais à proximité, accueillant pratiquement tous les soirs des formations de jazz essentiellement, mais toutes sortes de jazz.

Ailleurs

P and H Café **:** *1532 Madison Ave. ☎ 726-0906. À 15 blocs de* Downtown. *Lun-sam 15h-3h. P and H,* ça veut dire *Poor and Hungry,* pauvre et affamé... Un lieu alternatif qui ne paie vraiment pas de mine de l'extérieur, mais ne vous y fiez pas, l'intérieur a un passé et du caractère. Déco composée de fresques et de quantité de photos, d'affiches... Bonnes bières qu'on peut prendre au *pitch* (idéal si l'on est plusieurs). Clientèle d'habitués, qui viennent écouter *songwriters* inconnus et petits groupes un brin *underground*. Le mercredi soir, les joggeurs s'y retrouvent à partir de 19h pour écouter de l'*acoustic music* ; le jeudi, c'est le rendez-vous des théâtreux qui y viennent après leurs répétitions ; le vendredi, c'est *karakoe night* et le samedi, *live band* plus rock' n'roll. Billards et *darts* attirent aussi beaucoup de jeunes du coin. Si vous avez un p'tit creux, burgers, sandwichs, chilis (pas formidable, mais ça cale). Bref, un de nos coups de cœur !

🍷♪ **Neil's** : 1827, Madison Ave. ☎ 278-6345. Le bar classique très *working class*, avec billards et lumières tamisées, populaire et sympa. Surtout si on est véhiculé car un peu loin du centre. Groupes tous les soirs (à partir de 20h-21h), avec selon les jours jazz, blues, rock ou pop. Bonne atmosphère même si ce ne sont pas forcément des pointures qui s'y produisent.

À voir

🎭🎭🎭 **Rock'n' Soul Museum** (plan I, B4, 70) : 3rd St, à l'angle de Lt. George W. Lee Ave. ☎ 205-2533. ● memphisrocknsoul.org ● Tlj 10h-19h. Entrée : 10 $; réduc ; audioguide compris très bien fait (en anglais slt), diffusant, en prime, des grands classiques musicaux.

Ce beau musée interactif retrace de façon magistrale l'histoire de la musique à Memphis de 1940 jusqu'à la fin des années 1970, en montrant notamment comment est né, ici, le fameux rock'n'roll. Le musée est organisé par grands thèmes, par styles puis certaines vitrines sont consacrées à des artistes emblématiques. Une vraie mine d'or donc, pour qui se passionne pour la musique américaine. On peut aisément y passer 2 ou 3h.

Le circuit commence par les champs de coton et le blues inventé par les Noirs qui peuplaient la région. Evocation des instruments primitifs, le *washboard*, les cuillères... puis c'est l'émergence d'une certaine modernité après 1918 avec l'arrivée de l'électricité et la percée des premières radios. Au fin fond des campagnes, on se réunissait en famille pour écouter les programmes du *Grand Ole Opry* depuis Nashville et, dans les bars, on découvrait les premiers juke-boxes. L'émigration des Noirs vers les grandes villes du Nord apporte le blues dans les clubs. À Memphis, les troquets de Beale St distillent une musique de Noirs, pour les Noirs exclusivement, avant que n'arrive la *WDIA,* la première station de radio qui émet pour eux, et que d'autres radios ne popularisent le rythm'n'blues. Des labels naissent : *Sun* de Sam Philips, qui lance Carl Perkins avec *Blue Suede Shoes,* puis B. B. King (abréviation de Beale Street Blues Boy et qui fut l'un des premiers DJs de radio).

On parcourt ensuite les vitrines dédiées aux nombreux « grands » qui ont fait la musique d'aujourd'hui : Robert Johnson, Willie Dixon, Barbara Pittman, la seule artiste à avoir battu Elvis dans le top en 1957, Jackie Brenston et son premier disque, *Rocket 88,* considéré comme le tout premier rock'n'roll. D'autres belles vitrines sur le *Sun Studio* et ses artistes blancs : Jerry Lee Lewis, Johnny Cash, le country-rocker Charlie Rich et, bien sûr, Elvis *(That's all right, Mama).* Naissance alors de cette sous-culture rock des *teenagers (Sweet Little Sixteen),* dont le pouvoir d'achat croissant intéresse de plus en plus les producteurs. Viennent ensuite les années 1960, avec Willie Mitchell mais aussi les labels blacks : *Satellite Records* (qui faisait jouer des Blancs, comme les Mar-Keys). Hommage aux Studios Stax, avec Otis Redding, Sam & Dave et l'inévitable Isaac Hayes (Shaft). Estella Axton, la marraine du label, était favorable à l'intégration raciale : elle lança Carla Thomas et son père Rufus (qu'on voit souvent jouer en short). Voir encore le piano d'Ike (et Tina) Turner.

À partir de 1968, la musique produite à Memphis s'inscrit en parallèle avec le mouvement pour les Droits civiques, et la *soul culture* se fond dans la *black culture.* Le concert *Wattstax* à Los Angeles en 1972 réunit 100 000 personnes à la suite des émeutes raciales du quartier de Watts. Le *Woodstock* noir marquera les esprits, aussi bien musicalement que politiquement.

🎭🎭🎭 **Sun Studio** (plan I, D3, 71) : 706 Union Ave. ☎ 521-0664. ● sunstudio.com ● Tlj 10h-18h. Tour à la demie de chaque heure (dernier 17h30). Durée : 40 mn. Entrée : env 10 $. Achat des tickets au Sun Café, juste à côté, décoré de photos du King.

Visite guidée du studio où Elvis, à 18 ans, a enregistré ses premiers hits en 1954. Il est découvert en 1953 par Sam Phillips, un ingénieur du son de 27 ans (mort en 2003), toujours à la recherche de sons nouveaux (impressions de rues, mariages, bruits de toutes sortes...). Un an plus tard, en juillet 1954, il met en boîte *That's allright Mama* ! Elvis reste un an et demi chez *Sun* avant de signer chez *RCA* quand Sam revend son contrat à pour 35 000 $. En 2 ans,

> ### SAM EN QUÊTE DE SONS
>
> *Les puristes aiment les précisions historiques : ce n'est pas Sam Phillips lui-même qui découvrit Elvis. C'est sa secrétaire, Marion Keisker, qui accueille le jeune Presley la première fois (Sam est absent ce jour-là) et lui fait enregistrer* My happyness pour sa maman *en juillet 1953. Elle reconnaît d'emblée le caractère exceptionnel de la voix du jeune homme et en parle immédiatement à Sam. Rock'n' roll is on the road.*

c'est une idole. Grâce à sa musique qui mixe blues, gospel et country, il enflamme les foules américaines. Si vous ne maîtrisez pas l'anglais, la visite peut être un peu difficile à apprécier, même si le vieux matériel d'enregistrement et l'atmosphère du lieu parle d'eux-mêmes. Pour les autres, et surtout pour les fans, c'est un pèlerinage quasi obligatoire : mettre les pieds là où tout a commencé !

D'abord, on est conduit dans un petit musée à l'étage, où l'on reste 20 mn à écouter une guide nous racontant les premiers pas du blues et du rock (avec Jackie Brenston, *Rocket 88*) par le biais d'extraits de bandes enregistrées et d'anecdotes étonnantes. Puis on visite la mythique petite salle d'enregistrement, au rez-de-chaussée. Là, vous découvrirez, entre autres, la photo légendaire réunissant Elvis, Carl Perkins *(Blue Suede Shoes)*, Johnny Cash *(Walk the Line)* et Jerry Lee Lewis (*Great Balls of Fire*, en 1957)... et bien sûr le micro d'Elvis, devant lequel vous pourrez, si ça vous chante, vous faire photographier. Pour info, entre 1960 et 1987 le *Sun Studio* ferme, avant qu'il soit protégé en devenant Monument national.

Émouvant pour tous les amoureux de musique, ennuyeux pour quelques-uns... nous, on aime. Les amateurs achèteront l'incroyable CD, *Class of 55*, un véritable monument historique (même si le son n'est pas extraordinaire), qui permet d'écouter en même temps Jerry Lee Lewis, Johnny Cash, Roy Orbison et Carl Perkins. Sachez enfin que la maison est toujours un studio d'enregistrement (on y a vu passer Bono et U2).

🎤🎤 *Stax Museum of American Soul Music* (plan II, E5, **72**) : *926 E McLemore Ave.* ● staxmuseum.com ● *Lun-sam 9h-17h, dim 13h-17h (nov-fév, dès 10h) ; dernière admission 16h. Entrée : 10 $; réduc.*

Situé à l'emplacement de l'ancien studio d'enregistrement du label *Stax,* reconstruit dans les besoins de la visite, ce musée propose un voyage à travers l'histoire de la *soul music* américaine. À côté, des studios d'enregistrement et une académie musicale pour les jeunes du secteur.

On débute la visite par un film de 17 mn présentant les principaux chanteurs de soul, puis on entame un parcours composé de panneaux pédagogiques, vitrines d'objets et costumes, photos, vidéos, interviews... On y rappelle les origines de ce genre musical dans le gospel chanté le dimanche dans les églises dans les années 1930, et son lent développement en parallèle au mouvement pour les Droits civiques dans les années 1960. Le lien entre le gospel, la soul, la country et même le jazz est évoqué en tant que continuité, sans jamais les opposer.

Stax a été fondé par Jimmy Stewart et sa sœur Estelle Axton (dont les 2 premières lettres de leur patronyme formèrent le nom de leur label), des Blancs qui ont promu la musique noire, ce qui constitue quelque chose d'unique dans son genre. Fait exceptionnel à Memphis, *Stax* employait un personnel multiracial et les Noirs avaient beaucoup de respect pour leurs patrons. L'assassinat de Martin Luther King radicalisa malheureusement l'attitude des Noirs et le catalogue *Stax* fut vendu à *Atlantic* en 1974. Les artistes du label s'appelaient Rufus et Carla Thomas, Booker T. & the MG's, Sam & Dave, Isaac Hayes, mais, en plus de ces noms, c'est toute la musique noire qui est évoquée tout au long des vitrines de l'expo, au travers de documents, de costumes, d'enregistrements et d'objets parmi les plus étonnants. Naissance de la soul avec Ray Charles, Sam Cooke, Otis Redding. Incroyable matériel d'enregistrement dont on mesure en les voyant les progrès réalisés en quelques décennies. Parmi les objets de choix, on ne pourra manquer la Cadillac Superfly à la calandre et enjoliveurs chromés ou et à la moquette en moumoute d'Isaac Hayes ou le saxo d'Otis Redding récupéré après le crash de son avion. Évocation du grand concert de Wattstax à Los Angeles en août 1972 avec la célèbre déclaration poing levé de Jesse Jackson *I'm Somebody*. On termine par une reconstitution d'un studio d'enregistrement, puis un mur de pochettes de 33 et 45 tours (tous de chez *Stax* évidemment).

Parcours souvenir et éducatif donc, passionnant pour ceux qui ont vécu ces années fastes mais aussi pour les autres où Aretha Franklin, Ray Charles, B. B. King, Wilson Picket, The Temptations, Gladys Knight, Diana Ross, The Supremes, Salomon Burke, Sidney Robinson, etc., écrivaient parmi les plus belles pages de la musique populaire américaine.

À côté, sur College St, *la petite maison de Memphis Slim* attend sagement sa rénovation.

🎯🎯🎯 *Graceland* (plan II, E6, 73) : 3734 Elvis Presley Blvd. ☎ 332-3322 ou 1-800-238-2000. ● elvis. com ● Mars-oct, lun-sam 9h-17h, dim 10h-16h (à partir de 9h le dim juin-août) ; nov-fév, tlj 10h-16h. Pas de Mansion Tour le mar déc-fév. Flashs et matériel vidéo interdits. Trois packages au choix : le Graceland Mansion Tour (27 $) concentré sur la visite de la maison d'Elvis ; le Graceland Platinum Tour (32 $) qui inclut la maison, Elvis Custom Jets, Automobile Museum, Sincerely Elvis et Private Presley ; et enfin le Graceland Elvis Entourage VIP Tour (68 $), qui propose le même programme, mais avec l'option VIP (pour les vrais

> ### CULTURE D'UN MYTHE
>
> *Quand on visite* Graceland, *on n'apprend rien sur le vrai Elvis. On accepte d'aller à la rencontre d'un mythe, d'un destin comme l'Amérique les aime. C'est l'icône qu'on vient honorer, pas l'homme. Elvis est au rock ce que Bernadette Soubirous est aux miracles. Une enfance pauvre, un don exceptionnel, une foi inébranlable et le miracle se produit. La mort prématurée du King fera germer le mythe. Sa famille sut le mettre en culture. Et les dollars, comme les petits pains, se multiplièrent. La fille d'Elvis, Lisa-Marie, engrange près de 40 millions de dollars par an de bénéfices en entretenant le culte du père.*

fans, donc...). Pour tous ces tours, grosse réduc 7-12 ans, petite réduc étudiants et seniors (plus de 62 ans) ; gratuit moins de 7 ans. L'été, venir le plus tôt possible pour éviter la queue. Attention : parking payant (8 $), en plus du tarif d'entrée.

Graceland, c'est une sorte de « Presley World », que n'aurait pas renié Oncle Picsou. À la sortie de chaque musée, on passe obligatoirement par une boutique où rien n'a été oublié : blousons genre *Teddy*, couvre-lits géants à l'effigie de qui vous savez, sets de table, cartes postales, tasses, verres, porte-clés, stylos, petites voitures, posters (abordables)... et bien sûr tous les CD. Si vous n'achetez rien, c'est que vous êtes vraiment solide ! Enfin, évitez d'y venir les 8 janvier et 16 août, jours anniversaires de la naissance et de la mort d'Elvis, et les jours qui précèdent, car Graceland subit une hausse d'affluence. Les fans viennent de partout... C'est le lieu le plus visité après la Maison-Blanche, avec plus de 600 000 visiteurs par an !

– *Mansion Tour :* compter 1h-1h30. Les nuls en anglais seront heureux d'apprendre que les audiophones ont une version en français. Très bien fait : commentaires concis et simples. Après cette visite, vous saurez tout d'Elvis. Bien sûr, c'est une vision édulcorée, on vous présentera un Elvis insouciant bien sûr, mais surtout donateur généreux et fils aimant. On ne mentionnera ni l'alcool ni la drogue, et on oubliera les kilos qu'il prit à la fin de sa vie, conséquence d'excès dans tous les domaines. De toute façon, quoi qu'on puisse en penser, il restera l'un des plus grands chanteurs du XXᵉ s...

À présent, place à la visite. Graceland, c'est le nom de la maison qu'Elvis acheta à une certaine Mme Grace, à l'âge de 22 ans. Ce n'est donc pas « le pays de la Grâce ». Avec la navette, on franchit un portail de fer forgé pour arriver au bout d'une grande allée où trône la maison... Honnêtement, connaissant le mauvais goût d'Elvis, on pensait trouver un intérieur plus kitsch et plus délirant. Il est vrai que l'on ne visite pas l'étage de la maison où était sa chambre, mais bon, on voit quand même tout le reste... à commencer par le salon, prolongé par une salle de musique, puis la salle à manger et, au sous-sol, la salle de jeux et le salon de TV jaune et bleu avec 3 téléviseurs côte à côte qui permettaient à Elvis de voir plusieurs émissions en même temps. C'était son passe-temps préféré... Pas moins de 14 postes dans toute la maison ! Puis on remonte, pour voir la *Jungle Room,* qu'on vous laisse découvrir. À noter tout de même, le nounours dans le fauteuil de Lisa-Marie. Dans le bureau d'Elvis, on a une idée de ses goûts en matière de lecture : spiritualité, New Age, mais aussi hobbies, sports et documents sur la guerre 1940-1945. On voit aussi son intérêt pour les armes à feu (stand de tir) et les arts martiaux (il était ceinture noire de taekwondo). Attendez, ce n'est pas fini, il y a encore le *Trophy Museum* : des disques d'or et de platine par dizaines. Les spécialistes noteront que la pochette d'un de ses premiers 45 tours fut reprise quelques décennies plus tard par les Clash avec *London Calling*. Affiches de films, objets appartenant au King, section concernant ses 31 films tournés, costumes avec ou sans strass, avec ou sans clous, absolument déments, que seuls Elvis et Luis Mariano pouvaient porter dignement. Les pantalons « pattes de mammouth » des années 1970 sont vraiment fous. Il est amusant de voir qu'Elvis affectionnait les *jumpsuit,* combinaison à l'élégance somme toute limitée. Documents, photos relatant ses actions de charité... collection redoutable de portraits du King. Délirante thèse d'un prof de fac apparentant le physique du King à la statuaire grecque classique d'Apollon ou Hermès. Très intéressant, même si, on le redit, c'est une vision idyllique du chanteur, le véritable Elvis étant plus complexe. Si Elvis a vendu près d'un milliard de disques, il est piquant de noter qu'il n'a écrit aucune de ses chansons, tout en ayant toujours été son propre producteur à l'instinct infaillible.

– *Le Racquet Ball Building :* les murs de cette salle de sport ont été recouverts de disques d'or et de costumes. Diffusion de concerts du King de sa dernière période.

– À la sortie, le *Meditation Garden* où repose toute la famille Presley. Vous verrez sur la droite une toute petite plaque commémorative : c'est celle de son frère jumeau, Jessie Garon, décédé à la naissance. À noter que c'est la grand-mère, Minnie Mae Presley, décédée à 90 ans en 1980, qui a enterré toute la famille.

– *Sincerely Elvis :* ils sont malins à Graceland ! Ils n'ont pas tout laissé dans la maison, histoire de pouvoir montrer d'autres objets, généralement de la partie plus privée de la vie du King. Les expos ici changent chaque année, renseignez-vous pour savoir ce qu'on y voit quand vous y serez.

– *Automobile Museum :* à ne pas manquer si vous aimez les p'tites autos. Une bonne dizaine de bagnoles, certaines ayant été conçues spécialement pour le King. La célèbre Cadillac *Fleetwood* rose bonbon, la Cadillac *Eldorado* violette de 1956, la *Dino Ferrari,* quelques Harley-Davidson, une Honda et même une Rolls-Royce de 1966. Enfin, la série de véhicules de jardin montre combien ce grand gaillard aimait les joujoux. Dans un faux *drive-in,* on vous passe des extraits de films où Elvis conduit un véhicule (assez hilarant).

– *Elvis Custom Jets :* après avoir traversé une aérogare reconstituée des années 1970, on accède à un petit tarmac où l'on peut visiter deux avions qu'Elvis s'acheta en 1975 : le *Hound Dog II* (un petit jet) et, surtout, le *Lisa Marie* (un Convair 880 de 1958), qu'il paya 250 000 $ et aménagea en véritable petit palace volant pour 800 000 $ de plus ! Notez la salle de réunion avec sièges en cuir et ceintures de sécurité avec boucles en or, la salle de jeux de cartes, la chambre avec lavabos (toujours en or)... Incroyable : un soir de février 1976, Elvis s'est même

MEMPHIS

payé le luxe de faire un aller-retour Memphis-Denver avec cet avion (et toute sa bande de potes) pour aller chercher une commande de sandwichs !

– **_Private Presley :_** petit musée (et grande boutique) où l'on découvre Presley durant sa période militaire en Allemagne. Costumes, documents et une interview d'une vacuité totale, réalisé à son retour. On a le désagréable sentiment que ce musée (contrairement aux autres) est un prétexte pour nous faire encore repasser par une boutique !

> ## POTINS DE STARS ET BRUITS DE CHIOTTES
>
> _Elvis aurait un jour déclaré : « Je ne connais absolument rien à la musique. Pour ce que je fais, je n'en ai pas besoin ! ». Et juste avant sa mort, le chanteur aurait informé son entourage : « Je vais lire aux toilettes. ». Crise cardiaque, fin de partie. Le roi est mort, vive le King. Bien après, on retrouva la dernière lecture d'Elvis : un ouvrage sur le Saint-Suaire du Christ à Turin._

Voilà, la visite est terminée... Maintenant, si vous n'êtes pas capable de chanter tout le répertoire d'Elvis en verlan, c'est que vous ne l'aimez pas assez !

🏃🏃🏃 **_National Civil Rights Museum_** (plan I, B4, **74**) **:** 450 Mulberry St. ☎ 521-9699. ● civilrightsmuseum.org ● Tlj sf mar 9h-17h (18h juin-août ; dim à partir de 13h). Entrée : 12 $; réduc. Gratuit lun après 15h. Audio-guide (en anglais) pour 2 $ de plus.

Le 4 avril 1968, Martin Luther King était assassiné au balcon de sa chambre du _Lorraine Motel,_ à Memphis. C'était un des rares établissement de _Downtown_ à accepter les gens de couleur avant les lois de 1954. Quelques décennies plus tard, en 1991, ledit motel est transformé en un musée sur l'histoire du combat des Noirs pour leurs droits. Même si on aurait aimé un peu plus de clarté dans certaines parties de l'exposition, la visite est particulièrement émouvante, souvent poignante. En tout cas indispensable.

L'expo remonte d'abord aux premiers temps de l'esclavage, en 1619, pour mieux faire sentir la ségrégation et la discrimination qui régnaient encore il y a peu aux États-Unis. Dans le _Deep South,_ photos de pancartes pour Noirs et pancartes pour Blancs à l'entrée des lieux publics. Émergence du hideux Ku Klux Klan et de ses lynchages organisés. Le mot viendrait du grec _Keklos,_ qui veut dire « cercle ». Ses membres n'étaient pas seulement racistes anti-Noirs, mais aussi adversaires des catholiques, des juifs, des communistes et de tout étranger. Voir ce slogan, degré zéro de la pensée : _Race mixing is communism._ Au gré de la visite, on apprend qu'en 1940-1945, si les Noirs étaient enrôlés dans l'infanterie (chair à canon bon marché), ils n'étaient pas admis dans la Navy ni l'Air Force, et que l'Army refusait les dons de sang venant des _colored people..._ De même, un vrai bus reconstitué nous fait ressentir la discrimination. Assis sur des sièges à l'avant, on entend le chauffeur qui sommait les Noirs de filer s'asseoir à l'arrière. Évocations des protestations, manifs, sit-in, boycotts... tels furent les moyens employés dans le combat pour l'égalité. Témoignages sur l'importance du mouvement de boycott, notamment celui de Montgomery. Évocation du refus de Rosa Parks de changer de place dans le bus (en 1955) et qui donnera naissance à un large mouvement de solidarité à travers plusieurs États (lire la main courante de la police relatant les faits). On y trouve aussi la célèbre cafétéria _Woolworth_ de Greensboro, où les employés avaient interdiction de servir les Noirs. Pourtant, en janvier 1960, quatre étudiants décidèrent de s'installer. Ils revinrent plusieurs jours de suite sans être jamais servis. Le film montrant la réaction policière et populaire fait froid dans le dos. On découvre peu à peu l'effet boule de neige de la lutte contre la discrimination : Caroline du Sud, Floride... (scènes d'arrestations, de molestations...). Suivent plusieurs discours de Martin Luther King, dont celui, célèbre, concluant la marche sur Washington en août 1963, « _I have a dream »,_ dont l'action était très proche de la non-violence prônée par Gandhi. Reconstitution de la petite cellule du révérend lors de son arrestation en 1963...

On visite enfin la chambre reconstituée du motel, la n° 306, avec le tristement célèbre balcon où le coup de feu du tueur atteignit le révérend King et brisa le rêve. Une couronne y est toujours accrochée.

– *Le bâtiment en face :* la visite se poursuit en traversant la rue. On entre là dans la section qui traite de l'après M. L. King et des hypothèses concernant son assassinat. Un long couloir montre les images des funérailles du pasteur noir, suivi par 150 000 personnes. Son cercueil était tiré par deux mules, l'animal symbolisant les convois de la *Poor People Campaign.* Dans le cortège, Jackie Kennedy, qui, quelques semaines après, suivra le cercueil de son beau-frère, Bob... Interview du pasteur évoquant les raisons de sa venue à Memphis pour soutenir la grève des éboueurs qui travaillaient dans des conditions d'hygiène lamentables. À l'étage, reconstitution de la salle de bains à l'endroit exact d'où l'assassin a tiré.

Voir aussi le 2e étage, qui détaille l'enquête qui aboutit à l'arrestation, en Angleterre, d'un certain James Earl Ray, personnage au passé nébuleux... et qui purgea une peine de prison à vie sans avoir rien révélé de ses motivations... ni sur ses éventuels commanditaires. Condamné à 99 ans de prison après des aveux rétractés, il a finalement toujours clamé son innocence, se disant le lampiste d'une opération montée par le crime organisé et des agents du gouvernement. Il est mort en 1998. De grands panneaux pédagogiques explorent d'ailleurs les différentes pistes de l'enquête, dont celles de la CIA, de l'implication de la mafia...

Enfin, panorama, au 1er étage, de ce que devint le Mouvement pour les droits civiques après 1968, et appel à la responsabilité de chacun pour un monde plus juste et plus pacifique. Difficile de sortir de là sans être un tant soit peu secoué !

À voir encore dans le centre

Beale Street *(plan I, B3) :* on en a déjà parlé plus haut. La rue est fermée tous les soirs. Tout en bas, *W. C. Handy Park,* avec la statue du plus célèbre musicien de la ville avant Presley. Il donna au blues ses lettres de noblesse avec son immortel *Saint Louis Blues,* mais aussi avec *Memphis Blues* et *Yellow Dog Blues.* Beale St a été en grande partie reconstruite dans le style du début du XXe s. Les vendredi et samedi soir, les clubs tournent à plein régime. C'est alors qu'on en saisit les vibrations les plus puissantes. Dans la journée et le soir en semaine, c'est nettement plus calme. Voir plus haut « Où boire un verre ? Où écouter du blues ? ». À noter que tout en bas de la rue, au 352 Beale St, a été démontée et reconstruite ici la **W. C. Handy Home.** ☎ 522-1556. *Mar-sam 10h-17h en été (13h-16h en hiver). Entrée : 3 $.* Petite visite de la modeste maison de bois du père du blues.

Schwab *(plan I, B3) :* 163 Beale St. *Tlj sf dim 9h-17h (parfois plus tard le sam).* Poussez la porte de ce magasin assez extraordinaire. C'est la même famille, d'origine alsacienne, qui le gère depuis 1876. Chez *Schwab,* on trouve de tout dans un joyeux désordre et tout est loin d'être de première qualité. Pourtant, il faut y jeter un œil : du taille-crayon souvenir à la confiture de grand-mère, en passant par les sous-vêtements, les cannes et le livre de recettes d'Elvis (si vous voulez garder la ligne)... Une sorte de *Tati* du début du XXe s, en plus vieillot. Ne manquez pas le rayon jeans et chemises (hommes et dames) pour les personnes, disons, « bien portantes » ; ça va jusqu'à la taille 6X... Impressionnant !

Cotton Museum *(plan I, B3, 75) :* 65 Union Ave. ☎ 531-7826. *Lun-sam 10h-17h, dim 12h-17h. Entrée : env 5 $; réduc.* Intéressant petit musée du coton installé dans l'ancienne bourse du coton de la ville, où l'on peut encore voir le tableau original des cotations et les cabines téléphoniques où s'isolaient les traders, dans lesquels sont aujourd'hui diffusés des documents sur la période. Le musée retrace l'histoire de la culture du coton dans le *Deep South* et, plus spécifiquement, son importance dans l'évolution de la société du Sud. Par exemple, on apprend qu'en 1860, le Sud des États-Unis, qui comptait quatre millions d'esclaves, assurait les trois quarts de la production mondiale de coton. Plus loin, vitrines avec les objets qui contiennent des produits dérivés du coton, des billets de banque aux écrans LCD des appareils électroniques. Enfin, une section est consacrée au blues qui, comme chacun sait, n'aurait sans doute jamais vu le jour sans le coton.

🎭🎭 *Gibson Guitar Factory* (plan I, B4, **76**) : 145 Lt. George Lee Ave, à l'angle de la 3rd St. ☎ 544-7998. ● gibson.com ● Visites ttes les heures lun-sam 11h-16h, dim 12h-16h. Entrée : 10 $. Compter 35-45 mn de visite. Pour les amateurs de belles guitares électriques, visite de l'une des 3 usines qui produit les fameuses *Gibson*. Mieux vaut venir la semaine, aux visites de 12h, 13h ou 14h, car après les ouvriers décrochent. Visite en anglais seulement. Attention, quand les ouvriers travaillent, il y a beaucoup de bruit et il peut être difficile de suivre la visite si votre anglais est moyen. En sortant, vous saurez tout sur les étapes de fabrication de ces merveilleux instruments : préparation, découpage des plaques de bois, formage, collage de la structure, préparation du manche, assemblage, polissage, peinturlurage, laquage... En tout, 3 semaines de travail pour accoucher d'un son parfait.

🎭 *Orpheum Theater* (plan I, B3, **77**) : Main St, à l'angle de Beale St. ☎ 525-3000. ● orpheum-memphis.com ● Vieux théâtre qui accueille toutes sortes de spectacles : cinéma, concerts, comédies musicales. Superbe décoration baroque.

🎭 *Autozone Stadium* (plan I, B3) : en plein centre (angle Union et 3rd St). Programme au ☎ 721-6000, ou à l'office de tourisme. Places 6-20 $. C'est l'occasion de découvrir le base-ball (hein !) et d'encourager l'équipe de la ville, les *Redbirds*, d'autant que le prix des places n'est pas élevé. Il faut dire que c'est assez génial de voir un tel stade en plein centre-ville, alors qu'en général, on les édifie à l'écart. Visite guidée si cela vous tente. À quelques rues de là, le *FedEx Forum* (plan I, B3-4), un autre espace sportif ultramoderne, qui anime le centre-ville de ses soirées basket, tennis...

🎭 *Peabody Hotel* (plan I, B3, **78**) : 149 Union Ave. Datant du début du XXe s, c'est le plus bel hôtel de Memphis. On peut y boire un verre si on est en fonds. Dans la fontaine centrale du *lobby*, quelques canards. À 11h, ils descendent, se dandinant sur l'air de la *King Cotton March*, et à 17h, ils remontent dans leurs appartements, sur la terrasse. On leur déroule alors le tapis rouge et ils prennent l'ascenseur. Ça attire les touristes, les enfants excités et braillards, mais surtout leurs parents qui se bousculent presque pour les prendre en photo ou les filmer. Allez jeter un coup d'œil sur la terrasse. On vous laisse monter sans problème. Vue étonnante. On y a tourné des scènes du *Fugitif*, avec Harrison Ford.

LA DANSE DES CANARDS

La tradition des canards de l'hôtel Peabody *trouve son origine en 1930, quand Frank Schutt, le gérant de l'hôtel, rentra bourré avec un ami d'une partie de chasse. Ils eurent alors l'idée de mettre les canards qui leur servaient de leurres à la chasse dans le bassin. La direction adopta l'idée et en fit une tradition. Les seuls canards au monde à vivre une vie de pacha, doublée d'une reconnaissance de star !*

🎭🎭 *Belz Museum of Asian & Judaic Art* (plan I, B3, **79**) : 119 S Main St. ☎ 523-ARTS. ● belzmuseum.org ● Mar-ven 10h-17h30, sam-dim 12h-17h. Entrée : 6 $; réduc. Niché au sous-sol de la galerie marchande du *Peabody*, ce musée discret (propriété de la famille *Belz*, qui possède aussi le *Peabody Hotel* et la moitié du centre-ville), pas bien grand, présente pourtant une superbe collection de pièces chinoises de la dynastie Qing (1644-1911) et, depuis peu, une section d'art juif tout à fait remarquable. Dans la section chinoise, tigres, dragons, chevaux en jade, défenses d'éléphants et de mammouths (du XVIIIe s) incroyablement sculptées, arbres en agate, stalagmites en cristal, superbe jonque ciselée à double proue, une collection d'étonnants minéraux... bref, un vrai ravissement pour les yeux ! Dans la section juive, on relèvera surtout les boîtes laquées, les peintures de Reuven Rubin et Ofra Friedland, les photos noir et blanc de Frederic Brenner (photographe juif vivant en France) et, surtout, l'exceptionnelle collection de plaques de bronze illustrant des passages de la Bible signées Dani Kafri. En un mot, un musée intéressant, même si vous n'êtes pas particulièrement amateur d'art chinois.

🦌 *La section piétonne de Main Street (plan I, B2-3) :* cette rue qui constitue l'artère principale de *Downtown* fut en partie reconstruite pour tenter de réinsuffler de la vie dans *Downtown*. De vieux trams portugais y circulent. Pourtant, la sauce a du mal à prendre et, même dans la journée, ce n'est pas la grande foule. Un coin assez calme. À noter, le bel immeuble *Kress* au 9 Main St, avec sa façade décorée de mosaïques. Le tram passe ttes les 10 mn et dessert Beale St et le *National Civil Rights Museum.*

🦌 👫 *Fire Museum of Memphis (plan I, B2, 80) :* 118 Adams Ave. ☎ 320-5650. ● firemuseum.com ● *Lun-sam 9h-17h. Entrée : 6 $; petite réduc enfants.* Un musée qui se veut avant tout éducatif, que tous les élèves de la ville connaissent. Le bâtiment principal est installé dans l'ancienne caserne de pompiers, construite en 1910. Dans la partie plus récente, expo de deux superbes camions de pompiers, dont le célèbre *water tower truck,* avec sa tour qui permettait de dominer l'incendie. Petite expo d'équipements de pompiers et belles vitrines de petits camions anciens. Dans l'autre partie, une des premières voitures de pompiers, tirée par des chevaux et équipée d'une machine à vapeur pour activer la pression, assez étonnante. Puis il y a l'étage, avec des écrans pour apprendre aux petits (et grands ?) les précautions pour prévenir les incendies. Si la leçon n'a pas été assez convaincante, la *Fire Room* achèvera de les persuader : vous êtes enfermé dans une salle dans laquelle va se dérouler un incendie vraiment convaincant. Écran géant, son stéréo, fumée dont vous serez protégé par une vitre, sans oublier la chaleur qui monte... Brrr ! Salle sur l'histoire du *fire department* de la ville mettant en relief les plus grands incendies. Enfin, les enfants pourront découvrir l'intérieur d'un camion actuel et d'une ambulance, avec tout son équipement hospitalier.

À voir encore à l'est de Downtown

🦌🦌 👫 *Memphis Pink Palace Museum & Planetarium (plan II, F5, 81) :* 3050 Central Ave. ☎ 320-6320. ● memphismuseums.org ● *Lun-sam 9h-17h, dim 12h-17h. Entrée : 8,75 $; cinéma IMAX : 8 $; planétarium (slt sam) : 4,50 $; billet combiné pour tt : 18 $.*
Une sorte de palais de la découverte sur la géologie, l'histoire et la culture de Memphis et du Sud. Un musée un peu fourre-tout, mais c'est surtout la section « Memphis 1800-1900 » au 1er étage qui retiendra l'attention, avec tous les métiers et les costumes de l'époque, les nombreuses reconstitutions d'intérieurs bourgeois, de boutiques, avec notamment la première épicerie en libre-service (noter les tourniquets d'entrée et de sortie en bois), de cabinets de médecins et de dentistes. Section sur la guerre de Sécession : la scène d'amputation sur un champ de bataille fait vraiment froid dans le dos ! Le musée est plein de vieux objets insolites qu'on prend plaisir à observer. À ne pas manquer, à la fin du parcours, une très belle maquette géante du *Clyde Parke Circus* réalisée par un certain M. Parke dans les années 1930 (notez la ségrégation raciale qui sévissait en ces temps-là !). Au même niveau, une autre petite section évoque le « Memphis 1900-1960 ». Évolution du rôle de la femme dans le foyer, tristement résumé par les progrès en matière d'élèctro-ménager et de maintien de sa silhouette (voir l'incroyable machine à muscler le fessier et le non moins étonnant appareil à friser !).
Par ailleurs, le musée possède des sections naturaliste, géologique et minéralogique au rez-de-chaussée.
Visite du planétarium pour les amateurs et films sur écran géant IMAX (téléphoner pour les horaires). Très sympa si vous avez un après-midi à tuer.

🍽 ***Memphis Brooks Museum of Art*** *(plan II, E-F5, 82)* : *dans Overton Park (accès par Poplar Ave).* ☎ 544-6200. • *brooksmuseum.org* • *Mar-ven 10h-16h (jeu 20h), sam 10h-17h, dim 11h30-17h. Entrée : 7 $; réduc. Gratuit le mer. Audioguide en supplément. Plan délivré à l'entrée.*

Beau musée d'art à taille humaine mais à large spectre, sis dans un grand bâtiment blanc et lumineux. Vaste atrium entouré d'agréables salles. Collections changent régulièrement. Seulement 3 % des œuvres sont présentées à la fois. Entre autres choses, on verra des peintures de l'école italienne des XIVe, XVe et XVIe s (Luca Giordano, Canaletto), des toiles flamandes du XVIe s, comme celles d'Adrien Ysembrant et de Jan Gossaert. Pas mal de sculptures et d'arts décoratifs de toutes les époques depuis l'Antiquité, dont une section précolombienne intéressante ainsi qu'une autre dédiée à l'art africain, de très bonne qualité. L'art contemporain américain est lui aussi présenté en exposition tournante : dans ce domaine, toujours quelques œuvres audacieuses. Côté français, notons Corot et quelques impressionnistes, dont Sisley, Pissarro et Renoir *(L'Ingénue),* Boudin et Bourgereau. Si aucune pièce maîtresse n'est présente, l'ensemble du musée, fort bien agencé, ne manque pas d'intérêt.

|●| *Resto* un peu chic, mais abordable, ouvert pour le déjeuner (mais fermé le lundi), donnant sur une belle terrasse dominant la verdure du parc.

🍽 🚶 ***Memphis Zoo*** *(plan II, E-F5, 83)* : *2000 Prentiss Pl (Overton Park).* ☎ 276-9453. • *memphiszoo.org* • *Tlj 9h-18h (17h nov-fév). Entrée : 13 $; 8 $ enfants. Parking 3 $.* Ouvert en 1906, ce zoo regroupe aujourd'hui 3 500 animaux pour environ 400 espèces différentes... Parmi les plus remarquables, notons les varans de Komodo, les tigres blancs et le célèbre aigle américain. Pas grand-chose à dire de plus... si ce n'est que, désormais, il abrite un couple de pandas géants (Ya Ya et Le Le) en provenance de Chine, installés dans un joli pavillon chinois construit exclusivement pour eux.

🍽 ***Dixon Gallery and Gardens*** *(plan II, F6, 84)* : *4339 Park Ave.* ☎ 761-5250. • *dixon.org* • *Tlj sf lun 10h-16h (17h sam et 13h-17h dim). Entrée : 7 $; réduc.* Les Dixon, gros marchands de coton des années fastes, ont consacré une partie de leur fortune à acheter des tableaux et à faire pousser des fleurs. Dans la maison, on trouve quelques toiles de maîtres impressionnistes réunies dans de jolies salles intimistes : Chagall, Braque, Cézanne, Renoir, Sisley, Morisot, Dufy... L'agréable petit jardin attenant est ouvert au public. Dans les galeries, on peut voir de la porcelaine européenne du XVIIIe s, et surtout de belles expos temporaires. L'ensemble n'a rien d'exceptionnel mais reste agréable.

🍽 ***Memphis Botanic Garden*** *(plan II, F6, 85)* : *750 Cherry Rd, dans le Audubon Park.* ☎ 576-4100. • *memphisbotanicgarden.com* • *Lun-sam 9h-18h (16h30 en hiver), dim 11h-18h. Entrée : 5 $; réduc ; gratuit mar ap-m.* Quelques essences rares, un jardin japonais, une aire de pique-nique, et le tour est joué. Pas passionnant... mais si vous êtes à la Dixon Gallery, c'est en face.

🍽 🚶 ***Children's Museum*** *(plan II, F5, 86)* : *2525 Central Ave (à l'angle avec Hollywood).* ☎ 458-2678. • *cmom.com* • *Mar-sam 9h-17h, dim 12h-17h. Entrée : 8 $; 7 $ enfants.* Si vous avez des mômes, il faut les y emmener. Sinon, la visite n'est pas nécessaire. Ce petit musée ludique met nos petits chérubins au contact du monde des adultes par le biais d'objets qui leur sont habituellement hors de portée. Ainsi, on y trouve une vraie voiture que les enfants tripotent à merci ; ils peuvent retirer de l'argent dans une fausse banque et faire des courses au supermarché (avec les faux billets retirés au distributeur), comme les parents ; ils explorent un vrai véhicule de pompiers ; ils peuvent se déguiser... sans oublier les ordinateurs et l'aéronautique, avec le cockpit d'un 727. Pour ce genre de choses, les Américains ont une bonne longueur d'avance.

🍽 ***Le district historique de Cooper-Young*** *(plan II, E5)* : en fait, un simple carrefour de deux rues, Cooper St et Young St, dans un quartier résidentiel avec de belles maisons traditionnelles du Sud, tout en bois peint, avec vérandas et balcons sculptés. Une petite atmosphère bohème agrémentée de restos, de bars et de boutiques. Si vous êtes dans le coin, on vous recommande quelques adresses, une pour boire un verre, le *Java Cabana,* les autres pour manger. Voir plus haut les rubriques « Où boire un verre ? Où écouter du blues ? » et « Où manger ? ».

Les bords du Mississippi

🍴 **Les bords du fleuve** *(plan I, B2-3) :* une partie des rives du fleuve a été nettoyée et aménagée en promenade, entre Beale St au sud et jusqu'aux alentours de Jefferson Ave au nord. La Memphis River Boat *(45 Riverside Dr, au bout de Monroe Ave, ☎ 527-5694) organise de mars à fin oct des tours de 1h30 env sur le fleuve. Un départ tlj à 14h30 et un 2e sam et dim mai-août. Tarif : env 19 $; réduc.* Balade agréable, sans plus. Il faut beaucoup fantasmer pour retrouver l'atmosphère d'antan.

Plus au nord se trouve la **Great American Pyramid,** une salle multifonctions tout en verre, bâtie en 1991 pour apparenter Memphis à la capitale de l'ancienne Égypte. Raté, la salle a fait faillite.

Mud Island

C'est une île tout en longueur située sur le Mississippi, en face de *Downtown,* où il fait bon passer un moment par beau temps. Elle n'est ouverte que d'avril à fin octobre et fermée le lundi. On y trouve le très intéressant *Mississippi River Museum* pour tout savoir sur l'histoire et l'activité de ce fleuve mythique, le *River Walk,* sorte de maquette géante (elle traverse l'île !) du bas Mississipi, avec tous ses méandres et les villes qui le bordent, et l'*amphithéâtre,* avec ses gradins extérieurs qui peuvent accueillir 5 000 personnes. Sur l'île, location de vélos, de kayaks, de canoës, et tours en pédalo. Parking gratuit accessible 10h-18h.

Comment y aller ?

➢ **En monorail :** la station se situe au 125 N Front St *(plan I, B2, 4).* ☎ *576-7241 ou 1-800-507-6507.* ● mudisland.com ● Fonctionne avr-oct 10h-17h (18h mai-sept). Coût : 4 $, ou 8 $ avec l'entrée au *Mississipi River Museum* (ce qui rend le monorail gratuit si vous comptez voir le musée).
➢ On peut aussi y aller **à pied,** par la passerelle empruntée par le monorail.
➢ Si vous y allez **en voiture,** l'accès se fait par Auction Ave *(plan C1).* On traverse un petit pont puis à gauche au rond-point.

🍴🍴 **Mississippi River Museum** *(plan I, A-B2, 87) :* ☎ *576-7241. Mêmes horaires que le monorail. Fermé lun. Entrée : 8 $; réduc. Audioguide (en anglais) compris.* Prévoir une bonne heure de visite. Histoire des *first people* avant l'arrivée des premiers explorateurs européens. C'est encore à De Soto que l'on attribue la découverte du Mississippi (1539). Les premiers colons français n'arrivèrent qu'un siècle plus tard. Constitution de la colonie française de la Louisiane, vendue aux Américains par Napoléon. Évocation du mode de vie. Après cette brève page d'histoire, le musée retrace surtout l'histoire des bateaux qui voguèrent sur le grand fleuve, faisant halte dans les différents forts (espagnols, anglais et français) installés sur ses rives. D'abord les *lografts,* constitués de plusieurs radeaux attachés, puis les *flatboats,* qui transportaient des familles, puis les *snagboats* (qui permettaient de récupérer astucieusement les gros troncs d'arbres flottants pour éviter qu'ils ne fracassent la coque). Après encore d'autres étapes, les premiers *steamboats* (dès 1811), dont les célèbres *showboats* (bateaux-théâtres). Scènes reconstituées de cet univers composé de strass et paillettes. On monte ensuite sur le pont de la *Belle of the Bluffs,* où flotte une musique d'ambiance, avant de passer à la salle des machines. Puis, un peu en vrac, un petit film documentaire, *Disasters of the Mississippi*, évoquant tous les désastres liés à la vie du fleuve : crues mortelles, accidents de bateaux, explosions de chaudière, inondations et épidémies qu'il a propagées. On poursuit avec la guerre de Sécession sur le Mississippi, où les *steamboats* se transforment en *gunboats* : plusieurs maquettes et impressionnante salle des canons reconstituée ! La construction de *levees* (digues) et de ponts, la percée du chemin de fer, qui concurrence durement le transport fluvial et l'apparition du diesel, qui cause la disparition des *steamboats*. On termine par plusieurs salles où sont évoqués le blues chanté dans les *honky tonky* (les bordels) ou les *juke joint* (les bastringues), le jazz, la soul et le rock, bref, toutes les grandes musiques qui ont vu le jour non loin des berges du Mississippi.

Où écouter une messe gospel ?

■ *Mississippi Boulevard Christian Church* (hors plan I par D3) **:** 70 N Bellevue St. À env 2 miles à l'est de Downtown, sur la gauche en venant par Madison Ave. Difficile de la louper. Un service à 10h ts les dim mat, ouv ts. Sermon diffusé sur écran géant, rythmé par des chants tonifiants et chargés d'émotion ! Orgues, piano, batterie, guitare électrique... et un chœur de 60 voix. Une expérience vraiment unique. Même pas besoin de croire à quoi que ce soit pour être touché au cœur. Tenue correcte de rigueur et puis, par simple correction, il est apprécié que les visiteurs restent jusqu'à la fin, même si l'on peut arriver après le début (c'est accepté).

Achats

Mais qu'est-ce qu'on peut bien acheter à Memphis ? De la musique, pardi !

❀ *Poplar Tunes* (plan I, C2) **:** 308 Poplar Ave. ☎ 525-6348. Lun-sam 10h-20h. Grand magasin de disques près du centre. Nombreux CD *old school*, neufs ou d'occase... Beaucoup de rythm' n'blues, mais pas seulement. Certains sont assez chers, mais la passion du collectionneur n'a pas de prix.
❀ *Shangri-La* (hors plan I par D3) **:** 1916 Madison Ave (à l'angle avec Tucker). ☎ 274-1916. Lun-ven 12h-19h, sam 11h-18h, dim 13h-17h. Petite boutique aux rayons classés par styles. Toutes sortes de musique, du *old blues* au New Age en vinyles, CD neufs et d'occase.
❀ *River Records* (plan II, F5) **:** 822 S Highland St. ☎ 324-1757. Lun-sam 9h-17h30, dim 10h-16h. Assez loin du centre, mais les vrais amateurs de vieux disques s'arrangeront pour y passer car il y a ici plus de vinyles que dans tous les autres magasins de Memphis rassemblés ! Mais quel bordel ! On n'a jamais vu ça. Jazz, *old blues,* soul, pop rock, années 1970 et 1980, en tout quelque 150 000 albums et des tonnes de 45 tours. Il faut prendre le temps de fouiller, de retourner les piles, d'errer sans raison mais avec détermination dans les allées pour dégoter quelques merveilles.
❀ Et puis, bien sûr, les *boutiques du Rock'n'Soul Museum, du Sun Studio et du Stax Studio* (se reporter aux adresses de ces musées, plus haut). Plein de classiques du rock, du blues et de la country. Attention toutefois aux prix.

Manifestations et festivals

Procurez-vous le *Downtowner* (mensuel), le *Memphis Flyer* (hebdo) ou encore le *Key Magazine* (mensuel), pleins d'infos, qu'on trouve un peu partout.

– **7-9 janvier :** commémoration de la naissance du King. Retransmission de concerts d'Elvis ; un bout de gâteau d'anniversaire est même offert aux visiteurs de Graceland !

– **Memphis in May :** c'est le *Beale St Music Festival*, le plus important festival musical de Memphis. ● memphisinmay.org ● Festivités pendant tout le mois de mai, mais la 1re semaine (notamment le 1er week-end) est la plus animée. Les grandes pointures du blues et du jazz descendent dans la ville. Le 3e week-end a lieu le plus grand concours de barbecue du monde. Entre la fête à Neu-Neu et la foire à la saucisse ! Au bord du Mississippi, 2 miles de barbecue où grillent les *ribs*. Très animé le soir. Bon enfant.

– **2-6 juin :** carnaval du coton de Memphis.

– De nombreux autres **festivals de musique** l'été. Tout se passe sur Beale St et dans les rues environnantes. Pour quelques dollars, on vous fournit un bracelet qui donne accès à tous les clubs la nuit du festival. Demandez les dates précises à l'office de tourisme, car elles varient.

– **4 juillet :** pour l'*Independence Day,* grand feu d'artifice au-dessus du Mississippi.

– **Elvis Tribute Week :** la semaine de l'anniversaire de la mort d'Elvis (16 août), Graceland devient folle. Veillée nocturne sur la tombe du King, avec bougies et larmes. Soirée ciné sur le parking de Graceland, avec projection de ses films.

➤ *DANS LES ENVIRONS DE MEMPHIS*

🍴 **Tunica :** *à 25 miles au sud de Memphis, dans le Mississippi.* C'est ici que se retrouve une partie des habitants de la ville, du plus jeune au plus vieux, du plus riche au plus déshérité... chacun avec le secret espoir de faire fortune... Il faut le voir pour le croire ! Sachez que les jeux d'argent sont interdits dans l'État du Tennessee. Pour contourner cette loi, quelques gros bonnets ont décidé d'ouvrir une dizaine de casinos dans l'État du Mississippi tout proche, là où les jeux sont autorisés. Voilà pourquoi Memphis semble désertée le soir !

Tunica est une petite bourgade typique du Sud, à forte majorité noire. Tout autour, c'est la campagne... aujourd'hui illuminée des néons multicolores de gigantesques casinos qui donnent à la zone des airs de Las Vegas (comparaison un peu osée, d'accord). Ils sont regroupés par 2 ou 3 et s'égrènent le long de Tunica Ave... Vous pourrez ainsi choisir entre le *Fitzgeralds,* le *Hollywood,* le *Sam's Town,* le *Resort...* Notre préférence (s'il en est...) va au *Casino Center* qui réunit le *Gold Strike,* le *Sheraton* et le *Horseshoe,* devant lequel siège une Cadillac Fleetwood rouge de 8 portes... Bien sûr, on peut y dormir et se restaurer dans d'immenses cafétérias avec buffet à volonté. À découvrir si vous n'avez pas l'occasion d'aller à Vegas et souhaitez lever un coin du voile de l'*American Dream...*

🛈 *Pour plus d'infos, adressez-vous au Tunica Visitor Center :* 13625 US Hwy 61 N. ☎ *(662) 363-3800.* ● *tunicamiss.com* ● *Pile au bord de la route avant d'arriver dans la zone des casinos.*

OXFORD

Située à 60 miles au sud-est de Memphis, dans le Mississippi (prendre la Hwy 55, sortie Oxford), une mignonne petite ville universitaire de 10 000 âmes, typique du Sud, avec un centre-ville organisé autour du La Fayette County Courthouse de 1872.

🛈 *Informations au* **Convention & Visitors Bureau** *du City Hall, sur le square (ou, le w-e, dans la petite maison jaune à côté).* ☎ *(662) 232-2477 ou 1-800-758-9177.*

MEMPHIS

Où manger ? Où boire un café tant qu'on est là ?

|●| **Ajax Diner :** *118 Courthouse Sq.* ☎ *232-8880. Lun-sam 11h30-22h. Plat du jour 8 $.* Resto accueillant, avec des nappes à carreaux sur les tables. On vous conseille vivement de profiter de l'excellent plat du jour : une viande ou un *Southern catfish* accompagné de deux légumes bien préparés, vous nous en direz des nouvelles !

|●| **Bottletree Bakery :** *923 Van Buren Ave.* ☎ *236-5000. Mar-ven 7h-15h, sam 8h-15h, dim 8h-14h.* Si vous passez par ici un matin, une halte s'impose dans cette exquise boulangerie-table d'hôtes ! Très bons toasts et énorme cappuccino, mais il y a aussi de la brioche, des croissants, des *rolls* et plein d'autres pâtisseries délicieuses.

🍷 **Square Books Café :** *160 Courthouse Square.* ☎ *236-2262.* Il s'agit d'une librairie mais qui possède, à l'étage, un balcon extérieur garni de tables pour siroter un café et grignoter un cookie.

À voir. À faire

🚶 **La maison de William Faulkner :** *Rowan Oak.* ☎ *(662) 234-3284. En arrivant à Oxford par la Hwy 6, prendre S Lamar Blvd vers le centre puis, à gauche, Old Tailor Rd ; c'est 300 m plus loin sur la droite, dans un tournant (pas vraiment bien indiqué). Visite mar-sam 10h-16h, dim 13h-16h. Entrée : 5 $. Gratuit mer et pour les étudiants.*

La demeure de l'un des plus féconds génies de la littérature américaine du XXᵉ s peut se visiter. Dans un beau parc boisé, cette grande maison blanche de 1848 (antérieure à la guerre de Sécession), tout en bois, fut achetée en 1930 par Faulkner pour 6 000 $. Il la baptisa *Rowan Oak* (« chêne-sorbier »), un arbre légendaire, qui n'existe pas dans la réalité. Après l'avoir restaurée, il y vécut jusqu'à sa mort en 1963.

Au rez-de-chaussée, on voit encore sa bibliothèque, son bureau... et un lit, car suite à une chute de cheval, il avait parfois du mal à regagner sa chambre. Rien n'a changé. La vieille machine à écrire *Underwood,* sur laquelle il écrivit la plupart de ses chefs-d'œuvre, est posée sur une table face à la fenêtre. Sur les murs, il a noté à la main le plan du roman *Une fable,* qui lui valut le prix Pulitzer en 1955 : curieux hiéroglyphes d'un génie paradoxal déchiré entre le conservatisme de son milieu social et le non-conformisme tourmenté de son œuvre.

Même riche et mondialement connu, Faulkner attendait toujours la reconnaissance des habitants d'Oxford (*Yoknapatawpha* dans ses livres) qui, choqués par la violence de son univers romanesque, persistaient à voir en lui un artiste sulfureux et complexe, ou, au pire, un clochard marginal et alcoolique. Il obtint en 1949 le prix Nobel de littérature, devint le plus gros propriétaire terrien d'Oxford, mais continua malgré cela à attendre en vain cette reconnaissance villageoise à laquelle il aspirait. Ironie du destin !

🚶 **La tombe de Faulkner :** *au cimetière d'Oxford. Du square, prendre North Lamar jusqu'à la station Chevron puis tourner à droite dans Jefferson Ave ; c'est à 3 blocs, sur la gauche.* Un cimetière très champêtre. Pas une seule croix sur les tombes. Celle de Faulkner, facile à trouver car indiquée, est d'une simplicité déconcertante.

🚶 **Les archives du blues :** *se rendre à la bibliothèque principale, sur le campus de l'université. Lun-ven 8h-17h. Gratuit.* Une mine d'or pour les fanas du genre. Outre la collection de disques personnelle de B. B. King, on peut y consulter plus de 50 000 enregistrements allant du blues classique aux *big-band jazz,* en plus d'archives photos et films, de blues magazines et du matériel de promotion commerciale. Demander le conservateur Greg Johnson. Dans la salle d'à côté, vitrines intéressantes sur Faulkner et affiches de films tirées de son œuvre.

À voir dans les environs d'Oxford

🎬 ***Tupelo :*** *à une cinquantaine de miles à l'est d'Oxford, toujours dans le Missis-sippi.* À Tupelo, une minuscule maison en bois attire chaque année des contingents de jeunes et de vieux venus du monde entier ! C'est ici même que, le 8 janvier 1935, Gladys et Vernon Presley, jeune couple fauché, donnent naissance à des jumeaux, Jesse Garon et Elvis Aaron. Le premier meurt pendant l'accouchement, le second poussera très vite la chansonnette, jusqu'à révolutionner le monde musical... Évidemment, la visite de la petite maison n'a d'intérêt que symbolique (le King n'y passa que 3 ans) et le mobilier est très simple. Quant au petit musée, il présente quelques photos, souvenirs et objets personnels du King. *For real fans only...*
Adresse : 306 Elvis Presley Dr (qui l'eût cru ?). ☎ *(662) 841-1245. Lun-sam 9h-17h30, dim 13h-17h. Entrée : 2,50 $ maison seule, 7 $ maison et petit musée.*

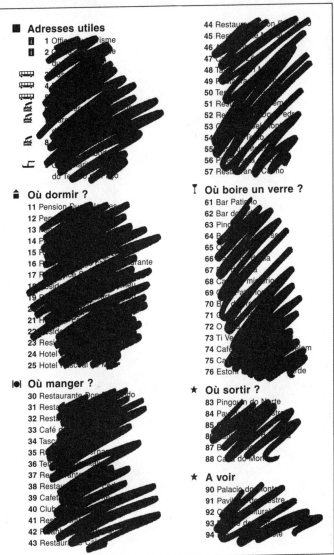

■ Adresses utiles

ℹ 1 Offi~~~~~ isme
ℹ 2 C~~~~~~

44 Restau~~~~~~~~
45 Res~~~~~~~~
46 ~~~~~~
47 ~~~~~~
48 Ta~~~~ M~~~
49 P~~~~~~
50 Te~~~~~
51 Res~~~~~~~~
52 Re~~~~~~~edr~
53 ~~~~~ bel ~op~~
54 ~~~~~~ Tost~~
55 ~~~~~~
56 P~~~~~~
57 Restaurante Casino

â Où dormir ?

11 Pension Du~~~ ~~~~~
12 Pep~~~~~
13 R~~~~~~
14 P~~~~~~
15 P~~~~~~
16 R~~~~~~ ~~~~~~~rante
17 R~~~~~~
18 ~~~~~~
19 ~~~~~~
20 ~~~~~~
21 H~~~~~~
22 ~~~~~~
23 Resi~~~~~
24 Hotel ~~~~~
25 Hotel ~~~~al ~~~~

Ī Où boire un verre ?

61 Bar Patio~~
62 Bar do~~~~
63 Pino~~~~
64 B~~~~~~
65 ~~~~~~
66 ~~~~~~a
67 ~~~~~~
68 Ca~~~ mi~~~ric~
69 ~~~~~ Par~~~lo
70 B~~~~~~
71 ~~~~~~
72 O~~~~~~
73 Ti Ve~~~~
74 Café ~~~~~~~lem
75 Ca~~~~~~
76 Estoril ~~~~~~~de

|●| Où manger ?

30 Restaurante Don~~~~~~do
31 Resta~~~~~
32 Resta~~~~~
33 Café ~~~~~
34 Tasc~~~~~
35 R~~~~~~~~
36 Ter~~~~~~~
37 Res~~~rante~~~
38 Resta~~~~~
39 Cafet~~~~~
40 Club~~~~~
41 Res~~~~~
42 R~~~~~
43 Restaur~~~ CA~~~

★ Où sortir ?

83 Pingo~~ do ~~orte
84 Pav~~~~~~~stre
85 ~~~~~~
86 ~~~~~~
87 B~~~~~~
88 Ca~~ do Mo~~~

★ A voir

90 Palacio do ~~~~nte
91 Pavi~~~~ ~~estre
92 ~~~~~ ~~~tura~~
93 ~~~~~~
94 ~~~~~~~~te

reporters sans frontières

www.rsf.org

N'attendez pas qu'on vous prive de l'information pour la défendre.

"Qui **sauve un enfant,** sauve le **monde**"

oKó - Espace offert par le Guide du Routard

Abusez d'un enfant au soleil et vous passerez 10 ans à l'ombre

La Loi d'extraterritorialité votée en 1994, révisée en 1998, permet de juger un résident et/ou un ressortissant français ayant commis des abus sexuels en France ou à l'étranger. Les peines pour un abus commis sur un enfant sont sévères : jusqu'à 10 ans d'emprisonnement et 150 000 € d'amende.

www.acpe-asso.org
A C P E - 14, rue Mondétour - 75001 Paris
Tél. : 01 40 26 91 51 - acpe@acpe-asso.org

ASSOCIATION CONTRE LA PROSTITUTION DES ENFANTS

Des grands chefs
vous attendent dans leurs
petits restos

Plein de menus à moins de 30 €.

Le guide du **routard**
400 adresses pour se régaler sans se ruiner

Petits restos des Grands chefs
et aussi 250 hôtels de charme

HACHETTE

19.⁹⁰ €

HACHETTE

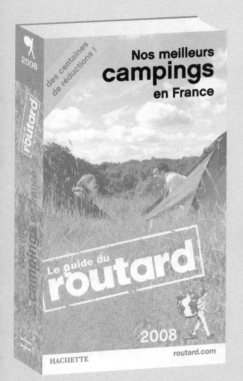

routard
ASSISTANCE
L'ASSURANCE VOYAGE
MONDE ENTIER

VOTRE ASSISTANCE « MONDE ENTIER » LA PLUS ETENDUE

RAPATRIEMENT MEDICAL **ILLIMITÉ**
(au besoin par avion sanitaire)
VOS DEPENSES : MEDECINE, CHIRURGIE, (env. 1.960.000 FF) **300.000 €**
HOPITAL, GARANTIES A 100% SANS FRANCHISE
HOSPITALISE : RIEN A PAYER ! … (ou entièrement remboursé)
BILLET GRATUIT DE RETOUR DANS VOTRE PAYS : **BILLET GRATUIT**
En cas de décès (ou état de santé alarmant) **(de retour)**
d'un proche parent, père, mère, conjoint, enfant(s)
*BILLET DE VISITE POUR UNE PERSONNE DE VOTRE CHOIX **BILLET GRATUIT**
si vous êtes hospitalisé plus de 5 jours **(aller - retour)**
Rapatriement du corps – Frais réels **Sans limitation**

RESPONSABILITE CIVILE «VIE PRIVEE» A L'ETRANGER

Dommages CORPORELS (garantie à 100%) ....(env. 4.900.000 FF) **750.000 €**
Y compris Assistance Juridique (accidents)
Dommages MATERIELS (garantie à 100%) ....(env. 2.900.000 FF) **450.000 €**
(dommages causés aux tiers) **(AUCUNE FRANCHISE)**
Y compris Assistance Juridique (accidents)
EXCLUSION RESPONSABILITE CIVILE AUTO : ne sont pas assurés les dommages
causés ou subis par votre véhicule à moteur : ils doivent être couverts par un contrat
spécial : ASSURANCE AUTO OU MOTO.
CAUTION PENALE ....(env. 49.000 FF) **7.500 €**
AVANCE DE FONDS en cas de perte ou de vol d'argent ..(env. 6.500 FF) **1.000 €**

VOTRE ASSURANCE PERSONNELLE «ACCIDENTS» A L'ETRANGER

Infirmité totale et définitive (env. 490.000 FF) **75.000 €**
Infirmité partielle – (SANS FRANCHISE) **de 150 € à 74.000 €**
(env. 900 FF à 485.000 FF)
Préjudice moral : dommage esthétique (env. 98.000 FF) **15.000 €**
Capital DECES (env. 98.000 FF) **15.000 €**

VOS BAGAGES ET BIENS PERSONNELS A L'ETRANGER

Vêtements, objets personnels pendant toute la durée de votre voyage à l'étranger :
vols, perte, accidents, incendie, (env. 13.000 FF) **2.000 €**
Dont APPAREILS PHOTO et objets de valeurs (env. 1.900 FF) **300 €**

routard
ASSISTANCE
L'ASSURANCE VOYAGE
MONDE ENTIER

BULLETIN D'INSCRIPTION

NOM : M. Mme Melle ☐☐☐☐☐☐☐☐☐☐☐☐☐☐

PRENOM : ☐☐☐☐☐☐☐☐☐☐☐☐☐☐

DATE DE NAISSANCE : ☐☐☐☐☐☐☐☐

ADRESSE PERSONNELLE : ☐☐☐☐☐☐☐☐☐☐☐☐☐☐

☐☐☐☐☐☐☐☐☐☐☐☐☐☐☐☐

☐☐☐☐☐☐☐☐☐☐☐☐☐☐☐☐

CODE POSTAL : ☐☐☐☐☐   TEL. ☐☐☐☐☐☐☐☐☐☐

VILLE : ☐☐☐☐☐☐☐☐☐☐☐☐☐☐

E-MAIL : ....

DESTINATION PRINCIPALE...

Calculer exactement votre tarif en SEMAINES selon la durée de votre voyage :
7 JOURS DU CALENDRIER = 1 SEMAINE

Pour un Long Voyage (2 mois...), demandez le ***PLAN MARCO POLO***
Nouveauté contrat Spécial Famille - Nous contacter

COTISATION FORFAITAIRE 2008-2009

VOYAGE DU ☐☐☐☐☐☐   AU ☐☐☐☐☐☐ = ☐☐
                                                    SEMAINES

Prix spécial (3 à 50 ans) :   **22 € x** ☐☐   = ☐☐☐ **€**

De 51 à 60 ans (et – de 3 ans) :   **33 € x** ☐☐   = ☐☐☐ **€**

De 61 à 65 ans :   **44 € x** ☐☐   = ☐☐☐ **€**

Tarif "**SPECIAL FAMILLES**" 4 personnes et plus : **Nous consulter au 01 44 63 51 00**
Souscription en ligne : www.avi-international.com

Chèque à l'ordre de ROUTARD ASSISTANCE – *A.V.I. International*
28, rue de Mogador – 75009 PARIS – FRANCE - Tél. 01 44 63 51 00
Métro : Trinité – Chaussée d'Antin / RER : Auber – Fax : 01 42 80 41 57

ou Carte bancaire : Visa ☐   Mastercard ☐   Amex ☐

N° de carte : ☐☐☐☐☐☐☐☐☐☐☐☐☐☐☐☐

Date d'expiration : ☐☐☐ ☐☐☐   Signature

Cryptogramme : ☐☐☐☐ Notez les 3 derniers chiffres du numéro à
                                 7 chiffres au verso de votre carte

Je déclare être en bonne santé, et savoir que les maladies
ou accidents antérieurs à mon inscription ne sont pas assurés.
Signature :

Information : www.routard.com / Tél : 01 44 63 51 00
Souscription en ligne : www.avi-international.com

✂ .... Faites des copies de cette page pour assurer vos compagnons de voyage.

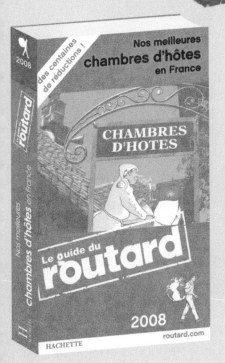

INDEX GÉNÉRAL

P

R

S

T-U

W-Z